はじめに

　映画英語アカデミー学会（ TAME=The Academy of Movie English ）は、会則第２条において「本学会は、映画の持つ教育研究上の多様な可能性に着目し、英語Educationと新作映画メディアEntertainmentが融合したNew-Edutainmentを研究し、様々な啓蒙普及活動を展開するなどして、我が国の英語学習と教育を豊かにすることを目的とする」としています。

　そこで本学会では、毎年3月、ロサンゼルスとビバリーヒルズに本拠を置く映画芸術アカデミーが主催するアカデミー授賞式の時期に合わせて、前年１月から１２月末日までに我が国で発売が開始された新作映画DVD（ブルーレイ、3D、４K等）を対象に、小学校、中学校、高等学校、大学の各部門の英語教育に最も相応しいと思える作品をそれぞれ選考し、「映画英語アカデミー賞映画」として推薦し、普く世に発表しています。これは、映画で英語を学びたい学習者と教育機関で映画を利用して英語教育を実践したいと考えている教育者の方々に対する、教材として相応しい「映画選びのお手伝い」をする本学会の主要な活動なのです。間もなく日本全国の書店の書棚を飾るであろう『第３回映画英語アカデミー賞』も、言うまでもなく、こうした趣旨のもとに出版している学会誌です。

　ところで、日本では毎年100タイトル前後の新作映画が公開されていますが、それらは通例、映画館上映が終了してからおよそ３か月後に、映画会社

各社によりDVDとして発売開始されます。そして、こうした作品が我が「映画英語アカデミー学会」が授与する「映画英語アカデミー賞」の対象となるわけです。とはいえ、現在、我が国で発売中のタイトルが2000を超えるといわれる旧作映画も決して見逃せません。様々な角度から見て、英語教材として新作映画を遙かに凌ぐ、優れたものが数多く存在しているからです。

　そうした事から、本学会では、社会人部門を加え５部門チームを編成し、旧作映画の中からそれぞれ100タイトルを厳選して、平成23年9月より、『先生が薦める英語学習のための特選映画100選』として約100名の著者集団で執筆を開始しました。作業開始から３年近くの歳月を経て、この度、ようやく全ての準備が整い、まずは『小学生編』の発刊にこぎつけることができました。なお、今後、他の部門についても編集作業が整い次第、順次、発行していく予定です。

　我が学会の本活動が、映画で英語を学ぶことに興味を持っておられる学習者、また映画を使った英語教育の実践を考えておられる教育者の方々にとっての映画タイトル選定の、これまでにない斬新な「道しるべ」となり得れば、これ以上の喜びはありません。

　平成26年6月

　　　　　　映画英語アカデミー学会　　　　　　　　会　長　曽根田 憲三

目次

はじめに		2
本書の構成と利用の仕方		6
原稿執筆共通ルール表		8
リスニング難易度		9
映画メディアのご利用にあたって		10

アーサーとミニモイの不思議な国	Arthur and the Minimoys	12
アイアン・ジャイアント	The Iron Giant	14
アイス・エイジ	Ice Age	16
赤毛のアン	Anne of Green Gables	18
穴／HOLES	Holes	20
アニー	Annie	22
アラジン	Aladdin	24
アンドレ／海から来た天使	Andre	26
E.T.	E.T. The Extra-Terrestrial	28
インクハート／魔法の声	Inkheart	30
ウォーター・ホース	The Water Horse: Legend of the Deep	32
ウォルター少年と、夏の休日	Secondhand Lions	34
王様の剣	The Sword in the Stone	36
オズの魔法使	The Wizard of Oz	38
オリバー／ニューヨーク子猫ものがたり	Oliver & Company	40
カールじいさんの空飛ぶ家	Up	42
かいじゅうたちのいるところ	Where the Wild Things Are	44
崖の上のポニョ	Ponyo	46
ガンバレ！ルーキー	Rookie of the Year	48
カンフー・パンダ	Kung Fu Panda	50
奇跡のシンフォニー	August Rush	52
キット・キトリッジ／アメリカン・ガール・ミステリー	Kit Kittredge / An American Girl	54
キャスパー	Casper	56
キャプテン・ウルフ	The Pacifier	58
グース	Fly Away Home	60
グーニーズ	The Goonies	62
くもりときどきミートボール	Cloudy with a Chance of Meatballs	64
グリンチ	The Grinch	66
コララインとボタンの魔女	Coraline	68
サイモン・バーチ	Simon Birch	70
ザスーラ	Zathura	72
サンタクローズ	The Santa Clause	74
幸せの1ページ	Nim's Island	76
ジム・ヘンソンの不思議の国の物語	Five Children and It	78
シャーロットのおくりもの	Charlotte's Web	80
ジャイアント・ピーチ	James and the Giant Peach	82
ジャック・フロスト　パパは雪だるま	Jack Frost	84
ジャングル2ジャングル	Jungle 2 Jungle	86
ジュマンジ	Jumanji	88
シュレック	Shrek	90
ショーツ　魔法の石大作戦	Shorts	92
白雪姫	Snow White and the Seven Dwarfs	94
シンデレラ	Cinderella	96
シンドバッド　7つの海の伝説	Sinbad: Legend of The Seven Seas	98
スクール・オブ・ロック	School of Rock	100
スチュアート・リトル	Stuart Little	102
スノーデイ　学校お休み大作戦	Snow Day	104
スパイキッズ	Spy Kids	106
スパイダーウィックの謎	The Spiderwick Chronicles	108

目　次

日本語タイトル	英語タイトル	ページ
タンタンの冒険　ユニコーン号の秘密	The Adventures of Tintin: The Secret of the Unicorn	110
小さな恋のメロディ	Melody	112
チキチキバンバン	Chitty Chitty Bang Bang	114
チャーリーとチョコレート工場	Charlie and the Chocolate Factory	116
翼のない天使	Wide Awake	118
ティンカー・ベル	Tinker Bell	120
テラビシアにかける橋	Bridge to Terabithia	122
トイ・ストーリー	Toy Story	124
トイ・ストーリー3	Toy Story 3	126
となりのトトロ	My Neighbor Totoro	128
飛べないアヒル	The Mighty Ducks	130
トム・ソーヤーの大冒険	Tom and Huck	132
ナニー・マクフィーの魔法のステッキ	Nanny McPhee	134
ナルニア国物語／第1章：ライオンと魔女	The Chronicles of Narnia: The Lion, the Witch and the Wardrobe	136
ナルニア国物語／第3章：アスラン王と魔法の島	The Chronicles of Narnia: The Voyage of the Dawn Treader	138
ネバーエンディングストーリー	The NeverEnding Story	140
ハックフィンの大冒険	The Adventures of Huck Finn	142
ハリー・ポッターとアズカバンの囚人	Harry Potter and the Prisoner of Azkaban	144
ハリー・ポッターと賢者の石	Harry Potter and the Sorcerer's Stone	146
ピーター・パン	Peter Pan	148
美女と野獣	Beauty and the Beast	150
ヒックとドラゴン	How to Train Your Dragon	152
ピノキオ	Pinocchio	154
秘密の花園	The Secret Garden	156
ファインディング・ニモ	Finding Nemo	158
ファミリー・ゲーム／双子の天使	The Parent Trap	160
ふしぎの国のアリス	Alice in Wonderland	162
フルーク	Fluke	164
ベイブ	Babe	166
ベートーベン	Beethoven	168
ベッドタイム・ストーリー	Bedtime Stories	170
ホーム・アローン	Home Alone	172
ポーラー・エクスプレス	The Polar Express	174
ボビー・フィッシャーを探して	Searching for Bobby Fischer	176
マゴリアムおじさんの不思議なおもちゃ屋	Mr. Magorium's Wonder Emporium	178
マダガスカル	Madagascar	180
マダガスカル3	Madagascar 3: Europe's Most Wanted	182
ミクロキッズ	Honey, I Shrunk the Kids	184
Mr. インクレディブル	The Incredibles	186
ミリオンズ	Millions	188
メリー・ポピンズ	Mary Poppins	190
モンスターズ・インク	Monsters, Inc.	192
モンスター・ハウス	Monster House	194
ライオン・キング	The Lion King	196
ライラの冒険　黄金の羅針盤	The Golden Compass	198
リトル・プリンセス	A Little Princess	200
リトル・マーメイド／人魚姫	The Little Mermaid	202
ルイスと未来泥棒	Meet the Robinsons	204
レミーのおいしいレストラン	Ratatouille	206
レモニー・スニケットの世にも不幸せな物語	Lemony Snicket's A Series of Unfortunate Events	208
ロスト・キッズ	Like Mike	210

索引（原題による一覧表）	212	会則		214
運営細則	216	支部会則		218
発起人	219	理事会		220
ノミネート委員会、リスニングシート作成委員会	221	入会申込用紙		222

本書の構成と利用の仕方

■ 先生が薦める英語学習のための特選映画100選「小学生編」■

本書の編集は映画1タイトルに対して、見開きタイプで、おのおの2ページを配置しています。

左ページには「邦題と原題」から「公開情報」を掲載、右ページには「薦」から「キャスト」を掲載しています。おのおのの内容の詳細については下段をご覧ください。

なお、「ふれあいポイント」は小学生編だけの表題です。学習者が映画を学ぶ初心者ということで「英語を学ぶ」というより「英語にふれあう」ということに配慮しました。この「ふれあいポイント」は、主に、一緒に学習される保護者への留意点として解説していますのでご参考ください。本欄は中学生編以後は学習者本人を対象にした「学習ポイント」となります。

「リスニング難易度」は「お薦めの理由」に加えて、映画で発声されているセリフ音声を英

■総合評価表■

- ●邦題と原題
- ●この総合評価表の執筆者
- ●セリフ紹介＝この映画から学んで欲しい特徴的なセリフ、英語表現の紹介です。
- ●ふれあいポイント＝この欄はこの映画を使用して英語を学習する人たちまたは保護者へのアドバイス。
- ●あらすじ＝簡単な映画ストーリーや展開、特徴、モチーフなどの説明です。
- ●公開情報＝公開日や公開状況、受賞実績など、劇場公開段階での記録です。
- ●映画情報＝原作や製作年、製作費、配給会社など、映画の基本情報の紹介です。

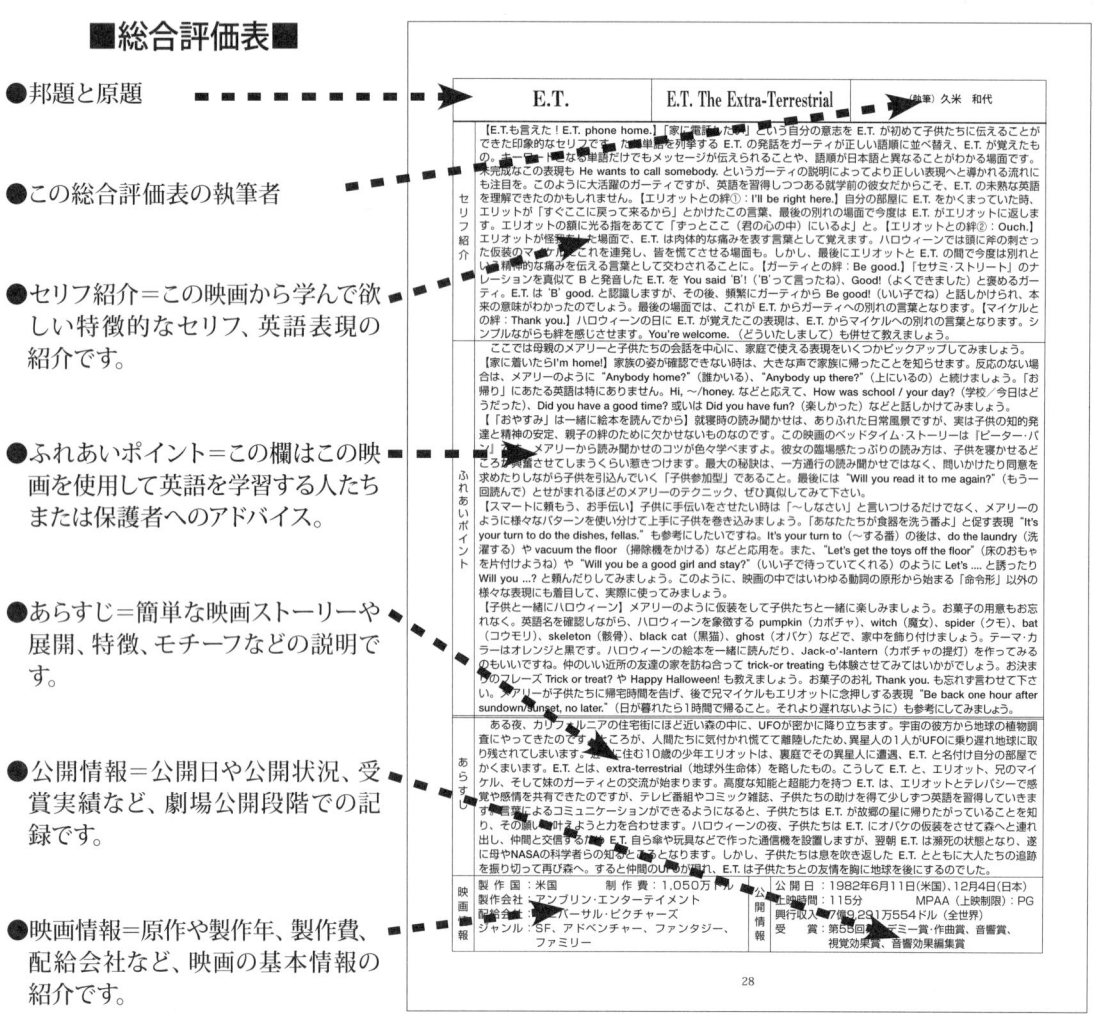

語学的に詳しく9段階に因数分解して、おのおの5段階の評価点数で表したものです。

また、「薦」は先生がお薦めする学校レベルに「●」がつけられていますが「小学生」だけとは限りません。「中学生」他にもお薦めと評価される映画には「中学生」他にも「●」がつけられています。

「授業での留意点」は本学会誌「映画英語アカデミー賞」では「発展学習」とされている欄で、「学習ポイント」でふれられなかった、さらに詳しい学習アドバイスが解説されています。

■索引■

本書の212ページにある「索引」は英語原題による一覧表です。アルファベット順です。

本書の目次とそもそもの本書掲載順序は「邦題」(日本語タイトル)を採用していますので、「原題は分かっているのだけれども…」という方に便利です。

なお、原題冒頭にある定冠詞(the)と不定冠詞(a)は無視して配置しています。

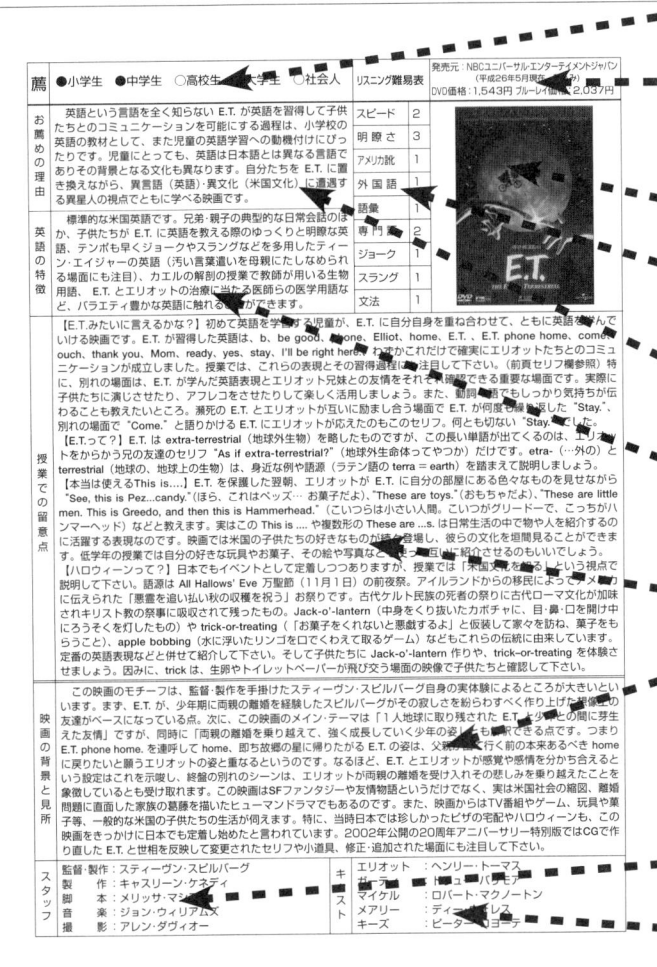

- ●お薦め＝お薦めレベルを小学生から社会人まで（複数有り）
- ●発売元＝DVDとブルーレイ情報です。発売元と価格は時々変わりますからご注意ください。（日付に留意を）
- ●写真＝この映画のDVD表紙の写真です。
- ●リスニング難易表＝この映画の発声者の特徴を9段階各5点満点で評価しました。
- ●お薦めの理由＝小学生から大学生などにお薦めしたい理由の説明をしています。
- ●英語の特徴＝会話の速度、発音の明瞭さ、語彙、専門用語、文法の準拠度など、この映画の英語の特徴を解説します。
- ●授業での留意点＝この映画を学校の授業で使用する為の留意点です。
- ●映画の背景と見所＝あらすじや背景でふれられなかった他の重要事項の説明です。

この映画の歴史的背景、文化的背景の説明、事前知識、映画構想と準備、製作の裏話などの解説です。

- ●スタッフ＝監督など、スタッフの紹介です。
- ●キャスト＝主演など、キャストの紹介です。

7

原稿執筆共通ルール表

(平成26年2月14日現在。本「ルール表」は連絡なく適時更新されます。執筆前に、HPにて最新のものを確認してください。)

■ 一種類の映画につき、1頁 B5サイズで2頁割り当ての統一レイアウトです。
  ・著者色々ご意見ありましょうが『特選映画』『アカデミー賞』共通です、変更できません。
  ・各枠の項目題名は社会人編の「発展学習」など特定の場合以外は変更できません。
  ・各枠の上下にある仕切りラインは原則として移動できません。やむを得ない場合のみ「1行分」のみ増減可能です。それ以上は責任者とご相談ください。
  ・ただし、左頁が右頁に、右頁が次の頁に、ページを超過し、はみ出すことはできません。
  ・各枠内は一行の余りも出ないように、必ず、文章等で原稿を執筆ください。
  ・各枠内のスタイルは執筆者の自由です。図表等などの文章以外の原稿も可能です。
  ・「スタッフ」で「監督」など、絶対に必要な情報は必ず、調べて原稿にしてください。
■ 文章スタイルは「です。ます。」調でお願いします。
■ 「映画情報」は原則的に、以下を参考に記入してください。
     The Internet Movie Database (IMDb) http://www.imdb.com/
■ 「DVD 情報」等は、各販売会社のホームページを参考に記入してください。価格は DVD 会社が設定している税込み価格です。Amazon 等で販売しているディスカウント価格ではありません。
  (参考)http://www.vanda.co.jp/でタイトル検索後、プライスオフ前の価格を採用
■ 「薦」にある各学校種別お薦めマーク『●』は該当部分のすべてに『●』印をおつけ下さい。
■ 「英語の特徴」にある
  ・第1回映画英語アカデミー賞時採用の項目「英語その他」は「英語の特徴」に統合されました。
■ 「リスニング難易度」とは該当映画のセリフに関する、各項目(易)1→5(難)の点数表示です。
  ・これまでスクリーンプレイ社が25年以上にわたって表示してきた評価手法を学会も採用しました。
  ・現在、全9項目に科学的・客観的評価規準はありません。著者の主観によって参考評価ください。
  ・ただし、できるだけ公平・同一の点数規準とするために、評価点数のモデルが次ページにあります。
  ・なお『アメリカ訛』とは、米語を前提として、米国内での地方性、民族性などを意味します。
  ・また『外国訛』とは、米国からみた『外国』の発声特徴を意味します。英国も外国となります。
■ 「セリフの引用」について
  ・英文表記法では、原則、本文内での引用セリフは、「発声者名」に間を空けずに「:」コロン+「半角スペース」等で、
  続けて「セリフ」である。(一例を示すと右となる。 Puss: I do not steal from churches. のように表示する)
  ・ただし、連続したセリフ表示で、行のセリフ開始位置を揃えたい場合は、上記でも、レイアウト上の印「:」コロンとして使用して、各行の左右の位置を揃えても良い。

    Puss: I do not steal from churches.   Puss   : I do not steal from churches.
    Man 2: The boys' orphanage has ……   Man 2   : The boys' orphanage has ……
    Puss: I do not steal from orphans.   Puss   : I do not steal from orphans.

■ 表現
  ・頻繁に登場する「アメリカ」は「米国」、「イギリス」は「英国」と短縮表示します。
  ・価格表示は、「DVD 価格」「ブルーレイ価格」「DVD&ブルーレイ価格」
  ・価格表示は、「3,990円(税込)」「4,935円(税込)」(4桁には「,」を)
  ・「オープニングウィークエンド」ではなく、「オープニングウィーケンド」
  ・製作費や興業収入、オープニングウィーケンドは、「000百万ドル」「000万000ドル」
  ・「公開日」の表示は（日）（米）ではなく、（日本）（米国）
  ・「公開日」は一般への映画興行開始日のことで、映画祭への出展日ではありません。
  ・製作費、製作年、製作国、製作監督と、「制」でなく、「製」の文字で統一します。
  ・「お奨めの理由」ではなく、「お薦めの理由」と表示します。
■ 上記以外に、『ルール』に加えておいた方がよいと思われるご意見があったらご連絡ください。

リスニング難易度

評価項目	評価基準（参考） 易①→⑤難			趣　旨
	タイタニック	フォレスト・ガンプ	ショーシャンクの空に	
Conversation Speed 会話スピード	2	3	3	セリフにおける発声スピード 通常の会話を『3』とする それより遅いを以下に、早いを以上に
Pronunciation Clarity 発音の明瞭さ	2	3	2	セリフにおける発音の明瞭さ 通常の明瞭さを『3』とする わかりやすいを以下に、にくいを以上に
American Accent アメリカ訛	2	3	3	米国英語における米国内の訛り 標準米国英語を『1』として 訛りが強いにしたがって以上に
Foreign Accent 外国訛	3	3	3	米国英語を標準にしての外国訛り 米語を『1』として（英語も『1』） 他国訛りが強いにしたがって以上に
Vocabulary 語彙	4	3	3	語彙の種類と難易度 JACET8000基準に高校生レベル『3』 易しいを以下に、難しいを以上に
Jargon 専門用語	3	2	4	専門用語の種類と多さ 日常会話レベルを『1』として 専門用語の種類と多さで『5』まで
Jokes ジョーク	2	3	3	英語的ジョークの種類と多さ 日常会話レベルを『1』として ジョークの種類と多さで『5』まで
Slang & Vulgarity スラング	2	2	3	英語的スラングの種類と多さ 日常会話レベルを『1』として スラングの種類と多さで『5』まで
Grammar 文法	3	3	3	英語の文法ルールについて 完全に文法ルール厳守を『1』 文法違反、難解文法で『5』まで

映画メディアのご利用にあたって

■ 発売元と価格 ■

　本書は、映画メディア（DVD、ブルーレイ、3Dなど）の発売元と価格に、必ず情報時点を表示しています。発売元は時々変わりますからご注意ください。また、価格は発売元が設定した希望小売価格です。中古価格、ディスカウント価格ではありません。

■ 購入とレンタル ■

　映画メディアは、購入されるか、レンタルされるか、購入者から適法に借り受けるか、となります。最近ではiPadや携帯のアプリでのダウンロードでもお楽しみいただけます。

■ 家庭内鑑賞 ■

　一般家庭向けに販売されている映画メディアは、映画冒頭に警告画面があります。これは、少人数の家庭内鑑賞にのみ目的で販売されていることを意味していますのでご注意ください。また、「無許可レンタル不可」などとも表示されています。

■ レンタルDVD ■

　各種レンタル店でレンタルした映画メディアも同様です。通常は、家庭内鑑賞しかできませんので、上映会はできません。

■ 映画上映会 ■

　不特定多数が鑑賞する映画上映会は、DVD販売会社などによる事前の許可が必要です。各会社にお問い合わせください。

　また、正規に、上映会用映画メディアを貸し出している専門の会社もあります。

　　　　映画上映会の㈱M.M.C.　　ムービーマネジメントカンパニー
　　　　Tel：03-5768-0821　URL：http//www.mmc-inc.jp/

著作権法

　第三十五条　学校その他の教育機関（営利を目的として設置されているものを除く。）において教育を担任する者は、その授業の過程における使用に供することを目的とする場合には、必要と認められる限度において、公表された著作物を複製することができる。ただし、当該著作物の種類及び用途並びにその複製の部数及び態様に照らし著作権者の利益を不当に害することとなる場合は、この限りでない。

　第三十八条　公表された著作物は、営利を目的とせず、かつ、聴衆又は観衆から料金（いずれの名義をもってするかを問わず、著作物の提供又は提示につき受ける対価をいう。以下この条において同じ。）を受けない場合には、公に上演し、演奏し、上映し、又は口述することができる。ただし、当該上演、演奏、上映又は口述について実演家又は口述を行う者に対し報酬が支払われる場合は、この限りでない。

■ 授業におけるDVDの上映 ■

著作権法第三十八条等の著作権法が特に許容する方法によれば、例外的に上映することも可能です。

例えば、映画のDVDを、公教育（民間英語学校を含まない）の授業の目的に沿って、教室で一部または全部を上映して、（無料で）生徒たちに見せることは、著作権法が許容する方法の一つです。

■ テキストの作成 ■

著作権法第三十五条等の著作権法が特に許容する方法によれば、映画のセリフなどを文字に起こして、授業用のテキストや問題を作成することも可能です。

例えば、映画のセリフを教師または生徒が自ら聞き取り、公教育（民間英語学校を含まない）の授業の目的に沿って、映画のセリフをそのまま記載した必要部数の印刷物を作成することは、著作権法が許容する方法の一つです。ただし、学習用教材として一般販売されている書籍をコピーすることは、違法のおそれがあります。

■ 写真の利用 ■

映画DVDの画像をキャプチャーして、印刷物に無断で使用することは違法のおそれがあります。もし必要とあらば、映画の写真を有料で貸し出している会社が、国内でも数社ありますのでご利用ください。

■ ルールを守って英語教育 ■

その他、映画を使用した英語教育には著作権法上のルールがあります。さらに詳しくは、映画英語教育学会発行「著作権ガイドライン」などを参考にしてください。

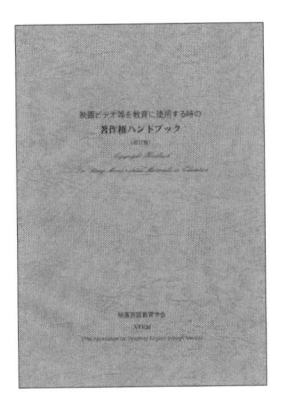

著作権ハンドブック

映画英語教育学会（ATEM, The Association for Teaching Engilish through Movies）では「映画ビデオ等を教育に使用する時の著作権ハンドブック」を発行しています。

著作権の複製権から頒布権などの用語解説に始まり、次に映画ビデオの教育使用に関するさまざまなQ&Aで編集されています。さらに、法的な解説と進み、最後に日本の著作権法全文の紹介と米国オレゴン州で公開された「Copyright Guidlines」の日米対訳もあります。

問い合わせ先
映画英語教育学会事務局
〒169-0075 東京都新宿区高田馬場4-3-12-4階　アルク高田馬場4F
株式会社広真アド内　　http://atem.org/new/

アーサーとミニモイの不思議な国	Arthur and the Minimoys		（執筆）子安　恵子

セリフ紹介

【謎の手掛かり】ルビーを見つけるため、行方不明になってしまった祖父の部屋に何か手がかりがないかと探すアーサーは、祖父の書物の中、一目ぼれしたセレニア王女が描かれた頁にそっとキスを。すると、手掛かりはそこにありました。"To get to the land of the Minimoys, put your trust in Shakespeare."（ミニモイの国へ行くにはシェイクスピアを信じて）と。"Shakespeare? What tribe's he from?"（シェイクスピア？どこの部族？）と最初はわかりませんでしたが、天上からつりさげられた板に書かれていた言葉 "Some words may hide others. William S."（言葉は他の言葉を隠す S）をスタートに、祖父が残した謎を次から次へと解いていきます。

【Sとは？】"S" がシェイクスピアだと分からない骨董屋の男。"'S' for Socrates?"（Sはソクラテス？）。実に笑えるジョークですが、Sとソクラテスの部分を変えるだけで、結構遊べそうですね。

【ボゴ・マタサライ族】ボゴ・マタサライの1人が、ミニモイの国へ行って「悪魔M」と戦うのは君しかいないと促すのに対して、アーサーはボゴ・マタサライの方が大きく強いのでふさわしいのではと言うと、ボゴ・マタサライは "Your heart is the strongest of weapons."（君の心は武器より強い）と答え、アーサーは決意を強くします。

【王様や王女様に】体長2ミリ半になってミニモイの国に降り立ったアーサー。ルビーを見つけるのにたった36時間しかないため、早速王様に会いに行きます。祖父の書物に描かれていた憧れのセレニア王女の横を通る際、王女に対して "My humble respects, Princess Selenia."（セレニア王女様）、そして国王に対面して "My humble respects, your Majesty."（陛下　心から敬意を）と大変丁寧に挨拶をします。

ふれあいポイント

冒険好きの少年が、家族の危機を救うため、体長2ミリ半のミニモイ族が暮らすミニモイの国へと旅するファンタジー・アドベンチャーですから、家族揃って楽しめるでしょう。主人公はどこにでもいそうなごく普通の男の子。そんな男の子が、数々の困難を知恵と機転で乗り越えていく様が、生き生きと描写されています。今映画を見ている皆さんにも、ひょっとしたら起きるかもしれないと思わせるような映画です。皆さんの家にはお庭はありますか？それとも近くの公園かもしれませんね。

【謎解き】ミニモイの国へ行くための謎解き（riddle）も楽しく見られます。板に書かれた言葉「言葉は他の言葉を隠す」がスタートで、祖父からアーサーへ使命を託す言葉が次から次へと書かれているのを辿ります。ミニモイの国へ行ける王国への扉が開かれる日は、
"There's only one per year."（1年に1日しかない）、"The night of the tenth moon, at precisely midnight, the moonlight-passage will open."（10番目の満月の夜、深夜0時きっかりに光の扉が開かれる）。
そこで、庭で望遠鏡のような筒を操作します。
"First ring, for the body, three times to the right."（1つ目の輪　肉体の輪　刻み目を3つ右へ）
"The second ring for the mind, three times to the left."（2つめの輪　精神の輪　刻み目を3つ左へ）
"And the third ring one whole turn for the soul."（3つ目の輪　360度回す 魂の輪）
ついに「光の扉」が開きます。

【戦いの場面】アーサーが体長2ミリ半のミニモイ族の1人となると、実写からアニメーションへと変わります。悪魔Mことマルタザールが率いるゼイド軍との戦いの場面は3回あります。でもどの場面も残酷さはみじんもありません。1回目はモスキート隊を相手にし、爆弾はゼリー状のフルーツのような物。当たっても大丈夫です。2回目の戦いはマックスのバー。レコード盤の上で、ジョン・トラボルタ主演の映画「ステイン・アライブ」の曲にのって踊りながら戦っています。3回目は戦いではありませんが、アーサーが元の大きさに戻ってから、モグラのミノから場所を知らせてもらい、ボールを落とす場面です。小さなゴム・ボールはミニモイの世界では巨大なボールです。アーサーが祖母の菜園のため、ストローを使って作った用水路。そのストローを悪用して、マルタザールがミニモイたちを滅亡させるために作った放水装置を、弾むゴム・ボールは破壊していきます。マルタザールだけ蚊に乗ってどこかへ逃げてしまいます。息子ダルコスを含め皆水の中…と、この場面のみあまりお勧めではありません。でも2～3秒で場面は変わり、ミノの乗ったルビーが浮いて地上に顔をだし、アーサーのもとへと届きハッピー・エンドに。

あらすじ

10歳の誕生日を迎えたばかりの少年アーサー。祖父は行方不明、両親はめったに帰らず、祖母と一緒に暮らしていました。冒険家で博学の祖父が残した書物を読んだり、寝る前に祖母に読んでもらう日々でした。ある日、家が立ち退きの危機にあり、借金返済の期日まであと36時間しかないこと、また祖父がアフリカから持ち帰ったルビーが自宅の庭に埋められていると聞きます。宝物の手掛かりを探すうち、庭の地下に体長2ミリ半のミニモイ族の国があり、そこにルビーがあると知ります。満月の夜、アーサーは体長2ミリ半に縮まりミニモイの国へ。ミニモイの王や王女セレニア、弟ベタメッシュと出会った途端、闇の都ネクロポリスの支配者マルタザールが放ったモスキート隊に襲撃されますが、石の台座に突き刺さった魔法の剣をアーサーは抜き取り、勝利します。王はその力に望みを託し、セレニア王女、ベタメッシュとともに、ミニモイの国を滅ぼそうとする悪魔マルタザールを倒す旅に出ます。ネクロポリスへ到着すると、セレニアはアーサーにキスをし、1人でマルタザールを倒しに行ってしまいます。実は王女のファーストキスには特別な力があるのでした。3人は捕えられてしまい、その牢獄で行方不明だった祖父と再会します。ミニモイの国を滅亡させるための放水装置を逆に利用してマルタザールを倒し、アーサーと祖父は人間の世界に帰ります。ルビーも見つかり、ミニモイの国にもアーサーの家族にも平和が戻ったのでした。

映画情報

原　作：リュック・ベッソン　製作年：2006年
製作国：フランス　製作費：6,500万ユーロ
配給会社：アスミック・エース　言　語：英語
ジャンル：冒険ファンタジー　　カラー
次　作：アーサーと魔王マルタザールの逆襲

公開情報

公開日：2006年11月29日（仏）
　　　　2007年 9月22日（日本）
オープニングウィークエンド：118万5,603ポンド
興行収入：1億5,131万330ドル
上映時間：103分　　MPAA（上映制限）：PG

| 薦 | ●小学生　○中学生　○高校生　○大学生　○社会人 | リスニング難易表 | 発売元：KADOKAWA（平成26年5月現在、税込み）DVD価格：1,944円 |

お薦めの理由	実写と3Dアニメーションとで構成された、児童文学の映画化の冒険ファンタジーとはいえ、『ネバー・ランド』でピーターを、『チャーリーとチョコレート工場』ではチャーリーを演じたフレディ・ハイモアが主人公、それを支える祖母に演技派ミア・ファロー、アニメの声に、ロバート・デニーロ（国王）、マドンナ（セレニア王女）、デヴィッド・ボオイ（マルタザール）、監督にはリュック・ベッソン。大人も十分興味をそそられることでしょう。	スピード	3
		明瞭さ	2
		アメリカ訛	1
		外国語	1
		語彙	2
英語の特徴	アーサーの話す速度はさほどゆっくりではありませんが、英国英語ですので発音は明瞭です。祖母は聞き取りやすい速度で、Arthurと呼びかける /r/ の音は最高のお手本です。セレニア王女の声はマドンナなので、声質は良く発音も明瞭ですが早口で、ベタメッシュも同様に早口です。アーサー、セレニア、ベタメッシュの3人の会話はテンポが早いですが、カジュアルな表現が満載で、日常の会話に役立つでしょう。	専門語	1
		ジョーク	3
		スラング	1
		文法	2

授業での留意点

この映画は知識を持てば持つほど、それだけで聞きとれる単語が増え、また笑える単語や表現が増えて、楽しさが倍増します。それらの単語は Chapter 1～3 の実写部分とアニメの冒頭 Chapter 4 に集中しています。

【部族】アーサーは何でも部族（tribe）にしてしまい、その語は Chapter 1 だけでも5回使われます。まず、祖父がアフリカで作った高架式水路は祖父の発明ではなく、ローマ人の発明だと祖母が説明すると、"Roman? I've never heard of that tribe."（ローマ人？知らない部族だ）祖母が続けて「大昔の部族よ、族長の名はシーザー」と言うと、"Caesar salad?" と反応。ここでジュリアス・シーザーを教えるよい機会かもしれません。せめて名前だけでも。

【板の言葉】行方不明になった祖父の部屋、梁にかけられた板に書かれた言葉の最後に "William S."。S は Shakespeare で、苗字がアルファベットなのはかなり不自然ですが、それを見た骨董屋の男は "S for Socrates?"（S はソクラテス？）という笑える場面です。シェイクスピアもソクラテスも英語で発音できるようになりましょう。

【ボゴ・マタサライ族とミニモイ族】ボゴ・マタサライ族はとても背が高いのです。自然は必ず「正反対の分身」を作るので、隣には歯と同じぐらいのミニモイ族がいました。この2つの部族は「同じ世界観」を持っていたので、とても仲良しでした。これはジョナサン・スイフト作の『ガリバー旅行記』に似ています。ガリバーが旅行した4つの国のうち、1つは巨人の国、2つ目は小さな小人の国でした。これを機会に読み直してはいかがでしょうか。4つ目の国では "Yahoo" という単語もでてきますよ。

【蚊のエサ】モスキート隊を撃退するのに、白くて丸いモコモコとした蚊のエサが登場します。蚊（mosquito）をおびき寄せるのに使うのです。その2つ（2匹？）の名は "Romeo & Juliet"。ベタメッシュが "This is your chance to prove you really love each other."（君たちの愛を証明しろ）と話しかけ、そして「合図したら、そいつを放せ」と兵隊に命じます。日本語字幕はこれだけ。でも英語では "When I blow my whistle, release your Romeo, so he can get back to his Juliet."（笛を吹いたらロミオを放せ。ジュリエットの元に戻るから）です。戦いの最中なので早口ですが、Romeo と Juliet の名前を聞きとれますか？

【魔法の剣】主人公の名はなぜアーサーなのでしょう？ミニモイの国でのモスキート隊との戦いで、武器を持たないアーサーは、石に突き刺さっていた剣をとっさに抜き取り、勝利します。セレニア王女でさえ抜くことができなかった魔法の剣を抜いたことで、"Arthur the hero!" とミニモイたちに称えられます。剣の柄に「この岩から剣を抜きし者が真のイギリスの王である」とあるアーサー王伝説ですね。だから少年の名はアーサーなのです。アーサー王伝説に関しては、ディズニーのアニメ『王様の剣』で説明されていますので、ご覧になってみてください。

映画の背景と見所

【原作】原作はリュック・ベッソンによる児童文学です。2002年からシリーズとしてフランスで出版され、日本でも翻訳・出版されています。本作は第1作の映画化で、第3作と第4作が映画化されています。残念ながら日本未公開ですが、DVDでは手に入ります。

　　アーサーとミニモイたち　　　　　Arthur et les Minimoys (2002)
　　アーサーと禁じられた王国　　　　Arthur et la Cité interdite (2003)
　　アーサーとマルタザールの逆襲　　Arthur et la Vengeance de Maltazard (2004)
　　アーサーとふたつの世界の決戦　　Arthur et la Guerre des Deux mondes (2005)

【映画化】原作の作家であり、『レオン』『ニキータ』の監督をしたリュック・ベッソンが監督・脚本・製作を手掛け、実写と3Dアニメーションが融合したファンタジー・アドベンチャーができあがりました。

【見所】少年アーサーは、祖父が残した手掛かりを解き明かし、ルビーを探すため、自ら体長2ミリ半に縮みミニモイの国に降り立ちます。自宅の庭が巨大な庭となる世界に引き込むカメラ・ワークは、大きさの感覚や風景に対する見方を変えてくれることでしょう。

| スタッフ | 監督・原作：リュック・ベッソン
製　　作：リュック・ベッソン、エマニュエル・プレヴォスト
脚　　本：リュック・ベッソン、セリーヌ・ガルシア
音　　楽：E・セラ　美術：P・ガルシア、P・ルシエ
撮　　影：T・アルボガスト | キャスト | アーサー：フレディ・ハイモア
祖　母：ミア・ファロー　　セレニア：マドンナ
王：ロバート・デ・ニーロ　ベタメッシュ：ジミー・ファロン
マルタザール：デヴィッド・ボウイ
祖　父：ロナルド・クロフォード |

アイアン・ジャイアント	**The Iron Giant** （執筆）高橋　本恵

セリフ紹介	[Superman] ホーガース少年がロボットのジャイアントに寝物語でスーパーマンについて教えるくだりです。 Hogarth : This guy is Superman. Sure, he's famous now. But he only uses his powers for good, never for evil. 　　　　（これはスーパーマン。今は有名だけど。でも、彼は正義のためにしかパワーを使わないんだ。絶対悪用しない。） Hogarth : That's Atomo, the metal menace. He is not the hero, he is the villain. He's not like you. You are a good guy, like Superman. 　　　　（ああ、これは危険なアトモ。英雄じゃなくて悪者だ。君とは違う。君はいいやつだ。スーパーマンみたい。） [You are who you choose to be: 場面１] スクラップ屋のディーンは、ホーガースが母の普段のしつけ方について不平をこぼすと Dean　　 : They don't decide who you are. You do. You are who you choose to be. 　　　　（自分を決めるのは自分自身だ。自分のなりたい自分になればいいんだよ。） [You are who you choose to be：場面２] ミサイルが撃たれて町が瀕死の危機にある時、町を救うためにミサイルに向かって出撃するジャイアントにホーガースが叫びます。 Giant　　 : You stay. I go. No following.（君、ここ。ボク、行く。ついて来るな。） Hogarth : I love you. You are who you choose to be.（大好きだよ。なりたい自分になるんだ。） Giant　　 : Superman.（スーパーマンになるんだ。）
ふれあいポイント	【無垢な子供】発電所の電線に絡みつくジャイアントを見て、電線回路を切断して助けようとするホーガースは必死です。そのジャイアントに森に初めて遭遇すると、その大きさに圧倒されて必死に逃げようとします。そして、鉄のジャイアントは自分を傷つけはしないと知ると、見知らぬ世界からきたジャイアントに言葉を教えます。ホーガース少年が要らぬ予断をもたず誰とでも仲良く付き合う無垢な心を持つ子どもとして映しだされています。Hogarth: "This is called a rock."（これは石って言うんだ）この文に習って …is called … で身近なものを英語で教えることができるでしょう。また、"Where are you from?"（君はどこから来たの？）"Let me see."（そうだ）"That's right."（その通り）なども学習者の子供に身につけて貰いたい表現でもあります。 【人間の心を教える: Souls don't die.】ホーガースとジャイアントは森に出かけます。そこで見たものは、猟師に撃たれて死んでしまった一匹の鹿です。悲しげな表情のジャイアントを見てホーガースが語りかけます。"What's wrong?…I know you feel bad about the deer. But it's not your fault. Things die. It's part of life."（どうしたの？ 鹿が死んだのは君のせいじゃない。生き物は死ぬ。自然の法則だ。）生き物にはみな命があり死んでいくことをジャイアントに話しています。これは、子供達にとってもインパクトのある台詞でもありましょう。生あるものの命が絶えた時の感情を共感的に知ることができましょう。 "You are made of metal. But you have feelings. And you think about things. And that means you have a soul. And souls don't die. Souls don't die."（君は金属製だ。でも君には感情がある。物事を考えられる。魂があるってことだ。魂は死なない。）… "Mom says it's something inside of all good things…and that it goes on forever and ever."（良い物の中には魂が宿っていて、それは永遠に生き続けるんだってさ、ママは。）ホーガースには、はじめは巨大で恐ろしい正体不明の鉄人ジャイアントでも、感情があり魂があると知る。ホーガースは、母に言われた言葉をつなぎ、良い物には魂が宿っており、それは永遠に生き続けるというと、ジャイアントは魂は死なないことを学びます。これは、この映画を見る子どもたちが末長く良い子であってほしいという願いの示唆でもあります。 【英語の中の日本語】子供達にとっては水浴は最高の楽しみです。ホーガースが岩の上から飛び込みながら発する言葉がBanzai！です。ディーンは飛び込みには関心がありませんが、しまいには、ジャイアントもBanzai！といって砲丸のようにお尻から飛び込みます。この飛び込みスタイルは cannonball jump といいますが、こんな所にも日本語が使われていることに驚かされます。この映画の中には、他に日本語はありませんが、現在では、英語の中に色々な日本語が入っています。こうしたことも話してあげて、子供に興味を持たせながら英語の学習を続けさせたいものです。
あらすじ	メイン州の小さな田舎町に降り立った身元不明の鉄のロボット、アイアン・ジャイアントが、発電所の鉄塔に絡みつき動きが取れない時、救い出したのがホーガス少年です。ホーガースはジャンクヤードを営む鉄くずアーチストのディーンと共にジャイアントを町の人や政府役人にはわからないように匿います。これをきっかけにホーガースはジャイアントと友人となり、小冒険を敢行したり大人の策略をかいくぐろうとします。鉄を食べつくすジャイアントは、街にある車や鉄道線路まで食べてしまいます。こうした出来事が広まり、町には政府調査員がやってくることになります。調査員のケントは、これらの事件は、見知らぬ世界からやってきた外的侵入者のしわざではないかと疑いをかけ、ホーガースにその存在を明かすように迫るのです。ホーガースは、証拠を突きつけられジャイアントの居場所を白状することになります。ケントは、ジャイアントが敵の秘密兵器だと思い込んで軍隊を呼んでしまいます。そして、ジャイアントは攻撃を受けます。このジャイアントは、いったん攻撃を受けると、最後の手段として防衛行為の迎撃を繰り出します。最後は、アイアン・ジャイアントが凄まじい反撃をくり出し軍隊精鋭に立ち向かうと、政府司令官は核ミサイルの発射を命じるのです。ジャイアントは町を滅ぼしてしまう核ミサイルが町に落下するのを制止するため宇宙に向かって出撃していき、この町を救うのです。
映画情報	製 作 費：4,800万ドル 製 作 年：1999年 製 作 国：米国 配給会社：ワーナー・ブラザーズ ジャンル：冒険、アニメーション、家族
公開情報	公 開 日：1999年8月 4日（米国） 　　　　　2000年4月15日（日本） 上映時間：86分 レーティング：PG 画面アスペクト比：１６：９LB　シネスコサイズ

薦	●小学生　○中学生　○高校生　○大学生　○社会人	リスニング難易表		発売元：ワーナー・ホーム・ビデオ （平成26年5月現在、税込み） DVD価格：1,543円（スペシャル・エディション）
お薦めの理由	ホーガース少年が、見知らぬ世界からおりてきたアイアン・ジャイアントと小冒険を繰り広げます。その中で、ジャイアントは、自然の摂理やその生命の存在には魂が生き続けることを知ります。また、世の中を取り巻く大人たちの世界には戦争や平和の駆け引きが見え隠れしますが、そんな中でも二人が友情関係をあたためながら言葉を交わす心和む場面は大人も子供と一緒に楽しむことができます。	スピード	3	
^	^	明瞭さ	3	^
^	^	アメリカ訛	2	^
^	^	外国語	1	^
^	^	語彙	3	^
英語の特徴	登場人物が、時折、まくし立てて早口で話す場面も見られます。総じて、子供向けアニメーションでもあり、わかりやすい英語と言えましょう。米国英語ですが、鉄くず彫刻家ディーンは、母音を引き伸ばし気味に発音する「ドロール」(drawl) と呼ばれる南部アクセントですが、学習には問題ありません。子供たちが交わす言葉には、時折、怒りや喜びなどの年齢相応の口語英語が使われています。	専門語	2	^
^	^	ジョーク	2	^
^	^	スラング	2	^
^	^	文法	2	^

授業での留意点	【代表的な口語】どの映画にも口語表現は必ず出てきます。以下に示すのはその代表的なものです。音声から入る英語初修者にとっては、慣れてしまえばすんなり身につけられる表現かも知れません。Outputできなくとも聞いて理解できるようにしたいものを挙げてみます。町の人が政府調査員に見たものを話す場面で "You're not gonna believe this."（信じないかもしれないが）。ジャイアントをかくまっていた場所を白状した後 "I gotta warn Dean."（ディーンに言わなくちゃ）。ホーガースは、政府調査員が家に来ると "Gotta use the bathroom."（ちょっと、おトイレ）と言ってトイレに逃げ込みます。ディーンが自分のジャンクヤードで鉄スクラップがよく食べられてしまうことを "You'd be surprised how many people wanna steal scrap."（意外かも知れないが、スクラップ泥棒が多くてね）と言っています。gonna=going to, gotta=['ve]got to, wanna=want toですが、早口で話す場面でよく使われる表現で、作品の中の他の場面でもよく聞かれますので注意して聞かせてみてください。 【怒り、非難や感嘆】子供同士でやりあう場面では、怒りや非難の感情を表す言葉があります。学校で成績のいいホーガースに級友は "Poindexter."（ガリ勉野郎）と罵ります。ホーガースは、水浴で湖になかなか飛び込んで来ないジャイアントに向かって "Weenie!"（弱虫）と叫びます。ジャイアントは、汽車に衝突して大破しますが、自ら体を元通りにしてしまうとホーガースは "Neato!"（すごい）と感嘆します。これらは、場合によっては大人も使うこともできますが、ネガティブなものについては、使用は慎重にしたいものです。 【俗語】ホーガースの使う台詞の中に出てくる「wig out」はジャイアントにも理解させにくい言葉です。言い換えれば、この作品を観る子供たちにとっても難解なこの俗語は、文脈から理解する必要がありそうです。レストランでペットにしようと思っていたリスが、ディーンのズボンの中に入ってしまい、声を上げそうになったディーンにホーガースは、"Don't wig out."（騒がないで）と制止します。大きな鉄のジャイアントがホーガースの家について来ようとするので、もし来るようなことにでもなれば "Mom will wig out."（ママ興奮しちゃうよ）とホーガースが諭します。俗語は、時には学習者が予期せぬような意味を持っている場合があり、使う場合には慎重さが必要です。この台詞 "Screw our country."（国なんてクソくらい）も政府調査員ケントの台詞に出てきますが、英語学習者には注意が必要です。 【脅威に満ちた核の時代】政府調査員のケントは、見知らぬ世界からきた鉄の巨人のジャイアントが、米国の敵の秘密兵器だと思い込んで軍隊を呼んでしまいます。これは、ソ連が人工衛星スプートニクを打ち上げ、東西が冷戦で緊張関係にあった時代背景をプロットに取り入れたためで、このアニメーション映画を堪能するために、スプートニク打ち上げの1957年はどんな時代であったか歴史をたどることも推奨してみたい。

映画の背景と見所	『アイアン・ジャイアント（The Iron Giant）』は、英国の桂冠詩人で児童文学者でもあるテッド・ヒューズの『アイアン・マン 鉄の巨人（The Iron Man）』を基に作られたアニメーション映画です。登場人物のホーガースはホーガース・ヒューズといい、原著作者の姓を引き継いでいることからも分かる通り、ジャンルは異なるものの原著作の後継作品と言えます。舞台を米国メイン州とし、季節は秋から冬にかけて移りゆく。森のしげる青さから秋の彩、そして冬景色がアニメーションで構成されています。ロボットであるジャイアントのくっきりした輪郭をコンピューターグラフィックで描き上げながら、伝統的な手描きのグラフィックと重なり合う部分は、製作者が手を加えており、手描きの部分とCGの部分が全体的にうまく調和したアニメーションとなっています。登場するジャイアントは9歳のホーガース少年と共にいるうちに、自分の力を破壊することでなく人や社会のために使うことが大切だ、と学んでいくシーンは、英語学習者にとっても心に響く場面でしょう。心優しきロボットのジャイアントとホーガースが繰り広げる心温まる場面が、ここかしこに展開します。ハラハラドキドキ、ほっとしたり、背筋がゾッとする場面ありで、広く大人や子供たちから愛されるアニメーション作品です。時代背景からすると、戦争や平和についても大きなテーマであると言えます。

スタッフ	製作・監督：ブラッド・バード 脚　　本：ティム・マッカンリーズ 製　　作：アリソン・アーバーテ 　　　　　デス・マカナフ 音　　楽：マイケル・ケイメン	キャスト	ホーガース・ヒューズ　：イーライ・マリエンタール アイアン・ジャイアント：ヴィン・ディーゼル アニー・ヒューズ　　　：ジェニファー・アニストン ディーン・マッコーピン：ハリー・コニック・Jr ケント・マンズリー　　：クリストファー・マクドナルド

アイス・エイジ	Ice Age	（執筆）黒澤　純子

セリフ紹介

　旅の途中、溶岩の川の中に落ちそうになるディエゴをマニーは命がけで助けます。自己犠牲をも恐れないマニーにディエゴは"Why did you do that?" "You could have died, trying to save me."（どうしてあんなことをしたんだ？俺を助けようとして、お前は死んだかもしれないんだぞ。）と言います。"That's what you do in a herd. You look for each other."（それが群れですることなんだ。お互い面倒をみるものなんだよ。）と、マニーは当然のように答えます。言葉少ないマニーが、一緒に旅をするものとしての重要な仲間意識を言葉にする場面です。これをきっかけに、ディエゴはマニーとシドに心が傾き始めます。結局元の仲間たちを裏切るディエゴはソトと戦い、致命的な傷を負います。マニーが"You didn't have to do that."（こんな戦いをしなくてもよかったのに。）と言うと、"That's what you do in a herd."とディエゴは答えます。この言葉は、この映画の核を表していると考えられます。

　俗語は、よく耳にするものがいくつか出てきます。wanna=want to、また yummo は yummyが語源で、おいしい食べ物のことです。そして英語を母国語としている子どもたちがいろいろな場面で使う yuck（おえっ、やーだ）です。強い不快な意味を持つ否定的な言葉ですが、映画の中でそのような状況で使っているのかを注意して見ておきましょう。まず、シドがサイに向かって、さらにその周りに糞をまき散らす場面で使っています。また、シドがロシャンのおむつを取りはずし外し、汚れているふり（実際おむつは汚れていません）をして、マニーとディエゴに向かって振り回しながら"yuck"と言う場面です。英語圏の子どもたち（特に低学年）は、仲間同士、学校生活の中でよくこの語を使用していますので、非英語圏の子どもたちも耳にしておくことはよいでしょう。

ふれあいポイント

　【友情】動物たちの友情について考えてみます。人間の子ども（ロシャン）を親の元に返す旅の途中、様々な困難に遭う三頭の動物たち。始めはマニーとシドをだまして、隙を狙って子どもを奪おうとするディエゴですが、命がけで助けてくれたマニーの行動に、ディエゴの気持ちは一緒に旅をしている仲間に心が傾いていきます。その気持ちの推移を見ていきましょう。

　また、動物を狩猟する人間の子どもを皮肉にも助けるというプロットにも言及し、意見を交換するのも良いでしょう。具体的には、一行が洞窟の中で壁画を偶然発見する場面です。マンモスの家族の壁画を見て、マニーは過去を思い出します。子どもと妻を守るために、マニーが人間の前に立ちはだかりますが、次第にマニーが追い込まれていく状況になり、マニーは回想から目が覚めます。この場面は、マニーとシドが助けたロシャンが大人に成長した時、マニーも捕獲の対象になるかもしれないことが暗示されているかのようです。

　【人間の子どもへの愛情】サーベルタイガーのソトは人間を憎悪しています。ソトの言葉 "Especially since his daddy wiped out half our pack and wears our skin to keep warm. An eye for an eye, don't you think?"（特に、彼の父親が俺たちの仲間の半分を殺し、その皮で暖かくなってからは。目には目だろ。）から、人間に復讐することに燃えていることがわかります。ディエゴはソトから、人間の子どもを生け捕りにすることを任せられます。しかし、旅を共にする仲間の友情に心を動かされ、さらに子どもへの愛情も芽生え、最後には子どもを元の仲間から守ります。

　よちよち歩きをし始めたロシャンは、ディエゴに向かって歩き、倒れてディエゴの足に抱きつきます。思わずディエゴは、"Uh, okay. Good job. Um, keep practicin'."（ああ、いいぞ。よくできた。練習を続けろよ。）と、励ます場面はロシャンに愛情を示していると考えられます。このように、始めは人間に対して憎悪心や復讐心を持っていたにも関わらず、皮肉にも人間の子どもを助けることになり、次第に子どもに対し愛情を抱くようになったことにディエゴ自身も気づきます。

　最後に、人間が進んでいった道に追いついてきた時のディエゴとシドの会話に注目します。子どもを助けて、世話をするべきじゃなかったかもしれない、と言うディエゴ。なぜなら、"If we save him, he'll grow up to be a hunter. And who do you think he'll hunt?"（俺たちが彼を助けたら、大きくなって猟師になるだろう。そして誰を狩ると思う？）と、成長した子どもが今度は自分たちを狩りにくるかもしれないとディエゴは言います。シドは、"Maybe because we save him, he won't hunt us."（俺たちが彼を助けたんだから、俺たちのことを狩りはしないよ。）と答えます。シドのこの言葉は楽観的にも聞こえると同時に、子どもに対する信頼を寄せているかのようにも思えます。

あらすじ

　氷河時代が始まろうとしている頃、マンモスのマンフレッド（マニー）は他の動物たちとは反対方向の北に進んでいました。ナマケモノのシドは仲間に置いていかれますが、自分を守ってもらえそうな大きくて強いマンフレッドに無理やり同行します。一方、人間に仲間を殺されたサーベルタイガーのソトは人間に対する復讐に燃え、朝方に人間の集落を襲撃しました。標的は長のルナーの子ども、ロシャンを連れ去ることでした。母親がロシャンを連れて逃げ、行き場がなくなった母親は子どもを抱いて滝に飛び降ります。降り立った時点で母子は生きていましたが、母親は川から浮き上がり、ちょうどそこに出くわしたマンフレッドとシドに子どもを託すように地面に置きます。力尽きた自分は川の中に消えていきます。マニーとシドは子どもを父親の元に返すための旅をすることを決心します。そこに、子どもを生きたまま奪ってこいという命令を受けたディエゴも旅に加わり、三頭の動物と子どもの旅が始まります。途中、一行は危険なめに何回も遭います。その中でも、溶岩の川に落ちそうになったディエゴを命がけで助けたマニーに心が動きます。ディエゴは、次第に懐いてくるロシャンに対しても愛情を感じ始めます。結局ディエゴは、先回りをして一行を待ち伏せしているサーベルタイガーの仲間たちと戦うことになります。ディエゴは傷を負いますが助かり、一行は人間たちに追いつきました。三頭の動物たちは、ロシャンを無事父親に返すことができました。

映画情報

製　作　費：5,900万ドル
製　作　年：2002年
製　作　国：米国
配給会社：20世紀フォックス
ジャンル：アドベンチャー、ファンタジー

公開情報

公　開　日：2002年3月15日（米国）
　　　　　　 2002年8月3日（日本）
上映時間：81分
オープニングウィークエンド：4,630万ドル
受　　　賞：アカデミー長編アニメ映画賞（2002年）

薦	●小学生　●中学生　○高校生　○大学生　○社会人	リスニング難易表		発売元：20世紀フォックス ホーム エンターテイメント ジャパン（平成26年5月現在、税込み）DVD価格：1,533円 ブルーレイ価格：2,571円

お薦めの理由	動物たちの冒険の中で、仲間たちの間で築かれていくのは友情です。数々の困難を乗り越え、最後に子どもを父親の元に返すことができた時、そして共に旅していた動物たちと別れを惜しむような様子を見せる子どもの姿に大きな感動を覚えます。また、映画の中に出てくる表現は、英語圏の子どもたちが日常生活で使うものばかりです。みなさんも多くの表現を覚えて、状況に合わせて発話できるようにしましょう。	スピード	3
		明瞭さ	3
		アメリカ訛	1
		外国語	1
		語彙	2
英語の特徴	会話の速度は平均的で、一般的な米国のアクセントです。外国訛りもなく、聞きやすい英語です。シドの言葉の中で多少聞き取りにくい所がありますが、指導者と一緒に確認することで理解可能でしょう。語彙は標準的なものばかりです。文法は仮定法過去完了を除き基本的な内容です。ジョークは比較的聞き取りやすく、画面で状況を見ながら理解可能でしょう。俗語はいくつか出てきますが、卑語は出てきません。	専門語	1
		ジョーク	2
		スラング	1
		文法	2

授業での留意点

【外国文化との違い】小学校の外国語活動では、外国との文化の違いについての気づきが重要とされています。子どもたちがよく知っている「いないいないばあ」(peek-a-boo)について、日本との視点が違うことに言及するといいでしょう。日本では、大人が手などで自分の顔を隠し、「いないいない」をし、「ばあ」で顔を出して子どもを喜ばせます。しかし映画では、"Where is a baby?"（赤ちゃんはどこかな？）と言いながら、シドがロシャンを探しています。隠れているのは赤ちゃんです。文化が違えば主体は子どもになるのが興味深いところです。

【会話表現】子どもたちが学校生活、日常生活、遊びの中でよく使う表現、覚えておきたい表現に言及します。そのままフレーズで覚えることで、外国語活動の授業中において発話することも簡単にできるでしょう。遊びの名前では、鬼ごっこ、"Let's play tag."（鬼ごっこしよう。）が出てきます。"Wait a minute."（ちょっと待って。）、"We did it!"（やった！）、"I got it."（捕まえた/わかった。）、"Thank you for the help (advice)."（助けて/アドバイスしれくれて/ありがとう。）"This is a (piece of) cake."（こんなの簡単なことだよ。）、"I'm so full."（お腹いっぱい。）、と反対の意味の "I'm starving."（腹ペコだ。）、"Tasty, isn't it?"（おいしでしょ？）、"What's the matter with you？"（どうしたの？）、"I worry about you."（きみのことを心配しているよ。）、"I found a short cut."（近道をみつけたよ。）、"I got lost."（道に迷った。）、"You losers."（きみたちの負け。）、"You're going the wrong way."（きみたち間違った方向に行ってるよ。）などです。さらに、様々な感嘆詞や相槌の言葉も、どのような状況で使っているのか確認しながら覚えていくのも有効でしょう。例えば、Huh?（何？あー。）、Hey（おい）、guys（みんな）、Uh-huh（ふんふん）、"All right."（いいよ。わかったよ。）、"Go ahead."（お先にどうぞ。）などです。また、この映画には、主役の三頭の動物の他にも数種の動物が登場します。日常よく耳にするオオカミ（wolf）、サイ(rhinoceros)は発音と綴り字を確認しておきたいものです。そして17世紀に絶滅したと言われるドードー鳥（dodo）も登場します。今では標本さえ見ることはできませんが、映像で確認できます。

【歴史と環境問題】この映画は歴史の勉強にもなります。まず、氷河時代に入った地球の2万年前とはどのような時代だったのか、大まかではありますが、映画を通して理解できます。映画の最後では、シドが古い氷河時代は好きではなく、地球温暖化（Global warming）が好きだ、という場面があります。昨今地球温暖化に関する様々な問題が取り上げられています。高学年の児童は、氷河時代を年表で確認する作業をすること、そして身近にある地球温暖化の問題について話し合ってみましょう。この映画がきっかけとなり、児童たちに歴史や環境問題にも興味を持つことにも期待します。

映画の背景と見所

　哺乳類の動物三頭が主人公のアニメーション冒険コメディ映画です。三頭の動物の旅のメイン・プロットに加え、コミカルな動きのスクラットが登場し、サブ・プロットの主役を務めています。映画の構成は、スクラットが登場する最初と最後の場面が対象的になっています。火山の噴火が引き起こされる最後の場面は、三頭の動物たちのさらなる旅の行方を視聴者に想像させます。実際、アイス・エイジのシリーズは3まで続いています。

　マンモス、ナマケモノ、サーベルタイガーの三頭の旅の途上遭遇する災難はスリルがあり、スピード感にあふれ、視聴者をはらはらさせます。一見アンバランスに思える動物たち、そして実際それぞれ性格も違う三頭のテンポのいい会話にも注目したいものです。子どもを連れ去る任務を負ったディエゴが、一緒に旅をする仲間に対して、次第に友情を感じていく様子に引き込まれていくでしょう。

　また、準主役のように各場面の最初に登場するスクラットの容貌（リスとねずみの混合種のような動物）とそのユーモラスな動きは視聴者を惹きつけます。このスクラットはメイン・プロットの始まる前の各場面に登場し、次々と災難に出遭います。スクラットの災難がメイン・プロット、三頭の動物たちとどのような関係になっているのか、視聴者に期待と不安を持たせる役割を担っているようです。

スタッフ

監　　督：クリス・ウェッジ
製　　作：ロリ・フォート
音　　楽：デイヴィッド・ニューマン
編　　集：ジョン・カーナカン
製作総指揮：クリストファー・メレダンドリ

キャスト

マンフレッド（マニー）：レイ・ロマーノ
シド：ジョン・レグイザモ
ディエゴ：デニス・リアリー
ロシャン：タラ・ストロング
スクラット：クリス・ウェッジ

	赤毛のアン	Anne of Green Gables	（執筆）黒澤　純子

セリフ紹介	マシューが心臓発作で倒れ、アンが駆け寄り、口にした言葉と、それに対してマシューが言った言葉です。 Anne　　："If I'd been the boy you sent for, I could have spared you in so many ways." 　　　　　（私がもしあなたが雇うはず男の子だったら、いろいろと手伝えたのに。） Matthew ："I never wanted a boy. I only wanted you from the first day.（男の子を欲しいと思ったことはない。最初の日からお前だけだよ、欲しかったのは。）心からアンのことを大切に思っていたマシューの気持ちがわかります。 また、アンに厳しかったマリラもずっとアンを愛していたことを告白します。マシューが亡くなり、マリラの視力も次第に弱まっていることがわかった時のことでした。 Marilla　："I know I've been strict with you. I don't know what I'd do if you'd never come. But you mustn't think that I don't love you as much as Matthew did. It's never been easy for me to say the things from my heart. But you're like my own flesh and blood."（私はお前には今まで厳しくしてきたけど、お前がなかったらくどうしていいか。だけど、私がマシューほどお前を愛していないとは思わないでおくれ。心から率直に物事を言うのは苦手なの。でもお前は今じゃ私の血を分けた子どもと同じだよ。） グリーン・ゲイブルズを売ろうとしていたマリラに言ったアンの言葉です。 Anne　　："You won't have to stay here alone. I'm not going to Redmond." 　　　　　（ここで一人にさせたりしないわ。私はレッドモンドに行かないわ。）
ふれあいポイント	【作品に出てくる食べ物や飲み物】アンはラズベリー・コーデュアル（木苺水：raspberry cordial）と思って出した飲み物でダイアナは酔っ払ってしまいます。ラズベリー・コーデュアルは、ラズベリーと砂糖を煮てこしたものです。アンが出したのは、カラント・ワイン（currant wine：スグリの果実酒）でした。入っていた瓶と中身が違っていたのでした。日本でも比較的馴染みのあるラズベリー（キイチゴ属の果実で赤紫、黒がある）、ブラック・カラント（黒スグリ）、レッド・カラント（赤スグリ）を図鑑などで調べてみましょう。カナダではベリー類は野生で生息していることもあり、住宅地の道端でも摘むことは可能です。散歩をしながらラズベリーをつまんで食べたり、ラズベリージャム用にたくさん摘んでいる人もよく目にします。 　マリラとアンがバリー家主催のサンデー・ピクニックに出かけた時のことです。アンは今まで想像でしか知らないアイスクリームを食べることをとても楽しみにしています。"Oh, you'd be excited too if you were gonna eat ice cream for the first time in your life."（ああ、生まれて初めてアイスクリームを食べるとなれば、誰だって興奮するわ。）と、マリラに言います。この時代は冷蔵庫や冷凍庫はありません。現代のようにお店でもアイスクリームは売っていません。アイスクリームを作ること、保存することがどんなに大変なことか、簡単にいつでも食べることができないのは当然です。アンの時代はどのようにアイスクリームを作ったのか、材料とその調達法、そしてどのように保存したのかを考えて話し合ってみましょう。 【憧れのパフ・スリーブ】アンはクリスマスの夜会にパフ・スリーブのドレスを着ていきたいと思っています。そんなアンの気持ちをマシューは知っています。マシューがプレゼントしてくれたドレスを着てアンは、"It's more exquisite than any dress I could ever have imagined."（私がこれまでに想像したどんなドレスよりも豪華だわ。）と、感動しながら言います。このドレスを買うまでに、マシューは不必要な熊手、干し草、黒砂糖20ポンド（約９キロ）を買う、というマシューの気質を表しているもどかしくも、ほのぼのとした場面があります。 　アンはパフ・スリーブの服を着るのが夢でした。マリラが縫ってくれた服より、「一人だけシンプルで品が良いより、ばかげていても、パフ・スリーブの方がいい。」とアンは言います。パフ・スリーブがどのような服なのかは映像で確認できます。パフ（puff）はふくらみのある、という意味です。ふくらんだ袖の付いた流行のドレスと機能性を重視した普段着のドレスを比較してみましょう。 　『赤毛のアン』は完訳で、また児童向けに縮約版の訳本も出版されています。学校の図書館でも必ずあると思います。映画を観て興味をもったみなさんは是非訳本も読んでみてください。
あらすじ	13歳の孤児のアンはグリーン・ゲイブルズにやってきます。本来、マリラとマシューは男の子を貰い受けるつもりでした。マシューは、初対面から沢山話をするアンに心を奪われました。女の子が家にやってきたマリラは驚き、始めはアンを孤児院に戻すつもりでした。しかし、ちょうど人手を欲しがっている、人使いの荒い家庭に引き取られそうになるアンを、ひとまずグリーン・ゲイブルズで預かることにしました。アンがグリーン・ゲイブルズで暮らしたい気持ちと、アンが素直な子どもだとわかり、マリラとマシューはアンを育てることを決めました。アンは少しずつ家庭の仕事に慣れ、学校生活も順調に過ごし、ダイアナとも親友（心の友）になりました。さらに、学校では１位、２位を争う優秀な生徒になっていき、ついには進学を目指す放課後のクラスに入るほどになりました。 　様々なハプニングを起こしながらも、グリーン・ゲイブルズでの生活に馴染んでいたある日のこと、マシューが心臓発作で亡くなります。アンは、それまで自分に愛情を注いでくれたマシュー、そして彼女が始めから信頼を寄せていた心の友を失ったことをひどく悲しみます。その後、マリラは視力が次第に悪くなる病気になります。アンは町の学校への進学を諦め、グリーン・ゲイブルズに留まるを決心しました。アンは地元の学校で教師をしながら、通信教育で勉強を続けることを選択します。マリラは、心の支えになってくれたアンに感謝します。
映画情報	製 作 国：カナダ、米国、ドイツ 撮影場所：プリンス・エドワード島、オンタリオ南部 配給会社：サリヴァン・エンタティンメント 言　　語：英語 ジャンル：文芸、青春	公開情報	公 開 日：1985年12月5日（カナダ） 　　　　　1986年2月17日（米国） 　　　　　1994年8月6日（日本） 上映時間：141分（日本） 受賞：ジェミニ賞（１０部門で獲得）

薦	●小学生　●中学生　●高校生　○大学生　○社会人	リスニング難易表		発売元：松竹 （平成26年5月現在、DVD発売なし） 中古販売店等で確認してください。
		スピード	3	
		明瞭さ	3	
		アメリカ訛	2	
		外国語	1	
		語彙	3	
		専門語	2	
		ジョーク	1	
		スラング	1	
		文法	2	

お薦めの理由

孤児でありながらも、空想を駆使し、日々明るく前向きに生きるアンの姿、自分の夢に向かって、失敗や挫折を感じながらも、ひたむきに努力する姿を見て欲しいと思います。自分の夢に近づいたものの、愛情を注いでくれたマリラのために進路の変更を決心したアンの家族に対する愛情と思いやりの気持ちや潔さに感動を覚えるでしょう。また、プリンス・エドワード島の自然の美しさも堪能してください。

英語の特徴

英語の速度は標準の米語です。各登場人物は比較的長いせりふを話します。特に、おしゃべりなアンは話し出すと早口で長い時間話をします。語彙は豊富で、仮定法をよく使うアンの言葉は非英語圏の児童たちが聞き取るにはかなり難しいでしょう。しかし、状況に応じてアンは自分の気持ちを話したり、自然描写をしているので、場面を見ながら慣れていきましょう。俗語、暴力的な言葉、卑語は出てきません。

授業での留意点

【赤毛のアンの舞台について】プリンス・エドワード島がどこにあるのか地図で調べてみましょう。カナダ東部セントローレンス湾内にある島で、カナダで最少の州です。どのような産業があるのか調べてみましょう。また、プリンス・エドワード近くのケベック州はフランス語圏の州です。カナダの公用語（英語とフランス語）についても言及することは今後の勉強につながることでしょう。同じく、プリンス・エドワード近くのニューブランズウィック州は地域によって話す言語が違う二言語（英語とフランス語）文化の州です。

また、本のタイトル Green Gables について考えてみましょう。gables は「切り妻屋根」の意味です。原作のタイトルは「緑の切り妻屋根のアン」です。切り妻屋根の形状は、辞書などにも載っています。確認してみましょう。

【アンの勉強している科目】授業の場面が数回あります。国語（カナダでは英語）の時間、単語の綴りを答えます。放課後の特別授業では、ステイシー先生がラテン語（Latin）と代数（algebra）の勉強を始めますよ、と言います。このクラスは進学クラスで、随分と難しい勉強を短期間にしています。アンは13歳で、日本では中学1年生ですが、みなさんが今勉強している教科と比較してみましょう。そして、教科名を英語で言ってみましょう。

また、アンが進学のための特別授業を受けるにあたって、ステイシー先生が保護者であるマリラに許可を取りに家に訪ねてきます。教師や大学進学のことを口にしたステイシー先生にマリラは答えます。"Well, I've-I've always thought that a girl should learn to make a living. It's a very insecure world. Well, of course she can join the class if she wants to."（私は、常々女の子も自立できるようにならなければ、と思っていました。なにしろ不安定な世の中ですしね。それはもちろん、あの子が望むならそのクラスに入れてあげますよ。）マリラは、女性も仕事を持ち、社会でやっていくことに賛成している先駆的な考えの持ち主です。

一方、ダイアナの母親は娘に勉強をさせるより家事をさせることを選びます。"Mother says I should concentrate on learning to run a household instead of poring over books so much."（ママが本に身を入れるより、家事の勉強に集中すべきだって言うのよ。）それを聞いたアンは、ダイアナに "Oh, Diana, I feel as though you've tasted the bitterness of death."（まあ、ダイアナ、まるで詩の苦しみを味わったような気持ちでしょう。）と言います。親友同士のアンとダイアナは保護者の考えの相違により進むべき道が分かれます。少し難しいかもしれませんが、現代の日本における女性の進学や社会進出を考えてみましょう。さらに、1908年に出版された当時のカナダでの状況、そして日本でのその当時について時代（明治41年）について調べて話し合いをしてみましょう。参考までに、日本では、1904年に日露戦争が始まります。文化面では、1905年『我輩は猫である』が出版されました。

映画の背景と見所

カナダの作家、ルーシー・モード・モンゴメリの『Anne of Green Gables』（1908）が映画化された作品です。原作は発売から5か月で1万9千冊売れました。『赤毛のアン』シリーズはその後8作続いています。映画の主役のアンは、3,000人の候補者から選ばれました。映画は3部作となっていて、『Anne of Avonlea』（米国でのタイトル）、『Anne of Green Gables – The Sequel』（カナダでのタイトル）が1987年に、『Anne of Green Gables – The Continuing Story』が1988年に製作されました。また、『赤毛のアン』の映画から2つの部分が取り出され、ミニシリーズとしてテレビで放映されました。

クラスメイトのギルバートが、アンの赤毛のことを「にんじん、にんじん」とからかった時、我慢できなかったアンが、石版でギルバートの頭を叩く場面はとても有名です。アンがどれだけ赤毛のことを気にしているか、また彼女の負けず嫌いの性格と気性の激しさがうかがえます。

ダイアナの叔母ジョセーフィンが寝ているベッドの上に、ダイアナとアンが別室から走りこんでベッドにジャンプする場面、そしてその後激怒したジョセーフィンに謝る場面は、アンの子どもらしさがわかると同時に、アンが言葉巧みで、人の心をつかんでいくことが描かれています。

スタッフ

監督・製作・脚本：ケヴィン・サリヴァン
原　　　　作：ルーシー・モード・モンゴメリ
製　　　　作：イアン・マクドゥゲル
脚　　　　本：ジョー・ワイゼンフェルド
音　　　　楽：ハーグッド・ハーディ

キャスト

アン　　　：ミーガン・ファローズ
マリラ　　：コリーン・デューハースト
マシュー　：リチャード・ファーンズワース
レイチェル：パトリシア・ハミルトン
ダイアナ　：シュイラー・グラント

穴/HOLES　　Holes　　（執筆）松浦由美子

セリフ紹介

スタンリーの家族が、一族にまつわる呪いについて話している場面（Chapter 4）です。
祖父：It was all because of your no-good, dirty-rotten, pig-stealing great-great-grandfather. That's who sealed our destiny.（すべてブタ泥棒のひいひいじいさんのせいで一族の運命が決まった。）
　　　Why do you think none of his inventions work?（なぜ発明が成功せん？）
父　：Pa. I learn from failure.（父さん。失敗から学ぶんだ。）
祖父：Doesn't matter how smart you are.（頭の問題じゃない。）
　　　You need luck --- something we ain't got.（我々にはツキがないんだ。）
母　：Yeah, what about your father, the first Stanley Yelnats?（お義父さんのお父さんは？）
　　　He wasn't so unlucky.（そんなにツキがなかったわけじゃないわ。）
　　　You told me he made a fortune in the stock market.（株でひともうけなさったんでしょ？）
祖父：Some luck.（ちょっとのツキだよ。）
父　：Yeah, he lost everything.（すべて失くした。）
　　　He was robbed by Kissin' Kate Barlow.（キッシン・ケイト・バーロウに襲われて。）
そうしてスタンリーは、伝説的盗賊キッシン・ケイト・バーロウにひいおじいさんが財産を盗まれてしまった話を聞かされます。なぜスタンリーの一族は皆不幸になってしまうのでしょうか。どんな呪いがあるのでしょう。

ふれあいポイント

【自己紹介】Chapter 3はスタンリーがグリーンレイクキャンプの少年たちと初めて会うシーンであり、自己紹介の表現が何度も出てきます。キャンプの少年たちはニックネームを持っています。指導員のペンダンスキーは、"Stanley, meet Rex, Alan, and Theodore."（レックスとアランとセオドアだ。）とまず3人をスタンリーに紹介しますが、レックスは、"My name is X-ray. And that's Squid. That's Armpit."（俺はX線。イカと脇の下だ。）とニックネームで名前を言い直します。テントの中ではさらに二人の少年が寄ってきて、"Hey, I'm Magnet. That's Zigzag."（俺は磁石。こいつはジグザグだ。）と紹介します。少年たちは本名で呼ばれることを極端に嫌っていて、ペンダンスキーに本名で呼ばれると"His name is not Ricky. It's Zigzag, all right?"（やつはリッキーじゃない。ジグザグだ。）と訂正したり、スタンリーが最初うっかり本名で読んでしまうと、"My name is not Theodore. It's Armpit."（俺はセオドアじゃねえ。脇の下だ。）と怒ったりします。Chapter 3を何度も見れば、"My name is ..."や"I'm ..."といった自己紹介の仕方が覚えられるでしょう。やがてスタンリーもニックネームを付けられます。Chapter 10をよく聞いてみましょう。なんというニックネームか聞き取ることができるでしょうか。彼のニックネームは"Caveman"（原始人）ですが、その名で呼ばれた時のスタンリーはなぜか嬉しそうですね。ニックネームで呼ばれることが、仲間と認められた証なのです。逆にニックネームしか知らなかったゼロから、"My name is Hector. Hector Zeroni."と本名を教えられたときは、ゼロとスタンリーの距離が一気に縮まります（Chapter 16）。名前を知った時初めてゼロとスタンリーは、"Nice to meet you, Hector."（よろしく、ヘクター。）"Nice to meet you."（よろしく。）とあいさつをするのです。

【英語のリズム】英語では、強く発音するところと弱く発音するところがあり、それが規則的に繰り返されるために一定のリズムがあります。すべての語を同じ強さで発音する日本語とは違いますね。Chapter 20の、スタンリーの父親が母親に"Honey, would you smell the shoe?"（この靴をかいでみてくれ。）"Smell the shoe."（かいで。）と頼む場面は、英語のリズムを学ぶのによい場面です。母親は"Honey, I don't smell anything."（何もにおわない。）と返事します。まさか、長年にわたる靴の匂い消しの研究がついに完成かと、母はもう一度、"I don't smell anything."（におわない。）と言います。それから夫婦は、"I don't smell anything." "You don't smell anything." "I don't smell anything." "We don't smell anything." "I don't smell anything." "Stanley doesn't smell anything." "I don't smell anything."と手を取り合って歌を歌うように繰り返します。英語に強く／弱く読むところがあり、それを流れるように発音するからリズムが生まれるということがよくわかるでしょう。それはカタカナで「アイ・ドント・スメル・エニスィング」と言うのとは全く別なのです。ぜひ一緒に口ずさんでみてください。

あらすじ

先祖がジプシーの占い師との約束を破ったせいで呪いをかけられ、代々不幸な運命となってしまった少年スタンリーの一家。あるときスタンリーは靴を盗んだという無実の罪を着せられ、少年矯正施設へと送られてしまいます。Camp Green Lake（グリーンレイクキャンプ）という名のその施設はLake（湖）とは名ばかりの砂漠地帯にあり、「人格形成のため」と称し少年たちに一日中穴掘りをさせる過酷な場所でした。砂漠地帯に一面に広がる穴、穴、穴…。恐ろしい所長や禁煙中でイライラする助手のMr.サー、嫌味な指導員のペンダンスキーたちのもと、rattlesnake（ガラガラヘビ）や噛まれたら死んでしまうyellow-spotted lizard（黄斑トカゲ、この映画における想像上の生き物）の恐怖にも耐えながら、少年たちは来る日も来る日も砂漠の真ん中で穴を掘り続けます。スタンリーは徐々に周りの少年たちに受け入れられ、特に誰とも口を利かない少年ゼロはスタンリーに心を開くようになり、スタンリーは読み書きのできないゼロに文字を教えるようになります。少年たちは所長が砂漠の中に何かを探していることに気付き始めますが、それが何なのかわかりません。物語はスタンリーの先祖の話やグリーンレイクキャンプがまだ実際に湖だった頃の話を織り交ぜながら進行し、ラストにはグリーンレイクキャンプの秘密とスタンリーの先祖の呪いの話が結びつきます。はたしてスタンリー一家の呪いは解け、一家は幸せになれるのでしょうか。

映画情報

原　　作：ルイス・サッカー『穴』（講談社）
製 作 費：2,000万ドル　製作年：2003年
製 作 国：米国
言　　語：英語
配給会社：ウォルト・ディズニー・ピクチャーズ

公開情報

公 開 日：2003年 4月18日（米国）
　　　　　劇場未公開　　　　　（日本）
興行収入：7,140万6,573ドル(米国)
上映時間：117分
MPAA（上映制限）：PG

薦	●小学生 ●中学生 ○高校生 ○大学生 ○社会人	リスニング難易表		発売元：ウォルト・ディズニー・スタジオ・ジャパン（平成26年5月現在、税込み） DVD価格：1,543円
お薦めの理由	冒険があり、何世代にもわたる謎解きがあり、友情、家族愛もあり、諸学校高学年以上の児童だったらこのお話にきっと惹きこまれてしまうはずです。時代を超えたいくつかのサブストーリーが展開するので、小学校低学年の児童にはストーリーの理解が少し難しいかもしれませんが、米国の歴史、人種差別、非行、貧困、いじめといったテーマも、この映画から考えることができます。	スピード	3	
^	^	明瞭さ	3	^
^	^	アメリカ訛	2	^
^	^	外国語	4	^
英語の特徴	一般的な米国英語です。専門用語やわかりにくいスラングはありませんが、少年たちが話すスピードはやや速く、Mr.サーをはじめ話し方があまり明瞭ではない登場人物がいます。ラトビアの先祖の場面では、登場人物たちは東欧なまりのある英語を話します。簡単な英語をゆっくり話すので、なまりがあってもこちらのほうが聞き取りやすいかもしれません。汚い表現や残酷な場面、性的な描写はありません。	語彙	3	^
^	^	専門語	2	^
^	^	ジョーク	2	^
^	^	スラング	3	^
^	^	文法	3	^

授業での留意点	【スタンリーの名前】Stanley Yelnats Ⅳ（the fourthと読みます）、スタンリー・イェルナッツ4世。これがスタンリーの名前です。父から息子へと同じ名前を受け継いでいくのはヨーロッパや米国ではよくあることで、その場合、最後にthe second（2世）、the third（3世）、the fourth（4世）… とつけて区別をしていくのです。スタンリーの家族は米国ではめずらしくおじいさんも同居していますが、スタンリーが4世だとするとお父さんは3世、おじいさんは2世ということになります。キッシン・ケイト・バーロウに襲われたのがthe first Stanley Yelnats と呼ばれていたひいおじいさんです。日本では子どもに親と同名をつけることはほとんどありませんから、授業で説明するとよいでしょう。Chapter 1の裁判の場面で、裁判官に "Stanley Yelnats, please rise."（スタンリー・イェルナッツ　起立して）と言われたら祖父、父、息子三人立ってしまう場面は面白いところです。"Stanley Yelnats Ⅳ" と言い直され、おじいさんとお父さんは座ります。Chapter 2では "Stanley Yelnats …the fourth?" とMr.サーに聞かれたスタンリーが自分の名前の由来を語っていますので聞いてみましょう。"Yeah, everyone in my family names their son Stanley. 'Cause it's Yelnats backwards. It's like this… It's a little… It's a …tradition."（代々息子にはスタンリーと、つづりがイェルナッツの逆なので、一種の…伝統で…。）黒板にStanleyのつづりを書いて、確かめてみるのも良いですね。Cavemanというスタンリーのニックネームは、家系とは関係のないスタンリーだけのオリジナルな名前であり、その意味でもスタンリーは嬉しかったのかもしれません。 【スタンリーの先祖と米国の歴史】無実の罪で矯正施設に入れられた現代のスタンリーの物語が、ラトビアにいたスタンリーのひいひいおじいさんの物語と、米国のひいおじいさんの物語という2つの昔話の回想とともに進行します。簡単に米国の歴史について、特に移民や開拓、人種差別についてざっと勉強してから映画を見ると、ストーリーの理解が容易になりますし、面白さが倍増するでしょう。映画を見終わった後は、それらのテーマについて人物を思い浮かべながら具体的に考えることができます。なぜスタンリーの Great-great-grandfather（ひいひいおじいさん）はラトビアから米国へはるばる渡ったのでしょうか。スタンリーの先祖だけでなく、ヨーロッパから「新大陸」へと渡った他のたくさんの人々は、何を求めていたのでしょうか。なぜサムとキャサリンの恋は実らなかったのでしょうか。周りの人々はなぜあんなにも怒っていたのでしょうか。イェルナッツ家に伝わる呪いとは何であり、なぜ解けたのでしょうか。宝箱に書いてあった名前は誰の名前なのでしょうか。それらの疑問を児童に投げかけ答えさせてください。そうして話し合わせることで、映画をよく理解することができるでしょう。映画を観た後に原作を読んでみるのもおすすめです。

映画の背景と見所	恋をしたスタンリーのひいひいおじいさんに、ジプシーの占い師のマダム・ゼローニがこういいます。"Listen to Madam Zeroni. You should go to America. That's where my son is. That's your future, not Myra Menke."（よくお聞き。アメリカへ行くんだ。私の息子みたいに。あんたの未来はマイラじゃない。）恋に破れた彼は、マダム・ゼローニと交わしたある約束をすっかり忘れて船に乗ってアメリカへ渡ります。初期の米国の歴史においては、スタンリーの先祖のようなヨーロッパからの移民が重要な役割を果たしました。マダム・ゼローニの息子も米国へ行ったことは覚えておくとよいですね。 ひいひいおじいさんがマダム・ゼローニとの約束を忘れて米国へ行ってしまうことがイェルナッツ家の呪いの始まりですが、その何百年もの呪いが現代のスタンリーとゼロの友情物語とつながっているのがこの映画の骨子で、スケールの大きなファンタジーでありまたドラマになっています。スタンリーとゼロとの友情だけでなく、おとなしめのスタンリーがキャンプの他の不良少年たちに仲間として受け入れられていく過程も見ものです。おとなしいばかりだと思っていたスタンリーが、他の少年に刃向かっていくのを見たとき、"Hey, nobody messes with the Caveman. Nobody."（誰も原始人に手を出すなよ。誰もだ。）と、彼らはスタンリーを仲間として認めるのです。

スタッフ	監　督：アンドリュー・デイヴィス 製　作：マイク・メタヴォイ、アンドリュー・デイヴィス、テレサ・タッカー＝デイヴィス 原作・脚本：ルイス・サッカー 音　楽：ジョエル・マクニーリー	キャスト	所長：シガーニー・ウィーバー Mr.サー：ジョン・ヴォイト ケイト・バーロウ：パトリシア・アークエット ペンダンスキー：ティム・ブレイク・ネルソン スタンリー：シャイア・ラブーフ

アニー	Annie	（執筆）竹野富美子

セリフ紹介

　ヒロインの孤児アニーが両親さがしのため、時の大統領フランクリン・D・ローズヴェルトに会う場面は、この映画のハイライトでしょう。ローズヴェルトは、アニーの両親探しに奔走する大富豪ウォーバックスに向かって、失業者に職を与え、路頭に迷う孤児を助けたいと協力を頼みます。FDR "I want to feed them and house them and pay them. Enough to send home to their parents. So they can hold their heads up again and proud to be Americans."（子供たちにささやかだが暖かい家庭を与える。米国人であることを誇れるように。）Annie "That's a swell idea."（すばらしいわ。）Daddy Warbucks" It isn't a swell idea , Annie. It's mistaken foolishness. Big-hearted and empty-headed."（大間違いの愚かなアイデアだよ。実現するわけがない。）ローズヴェルトの頼みを断るウォーバックスを遮り、アニーは "There's a song I used to sing in the orphanage when I was sad. It always cheered me up!"（施設で悲しい時に歌った歌があるわ。いい歌よ。）と言って "Tomorrow"（トゥモロー）を歌いだします。ローズヴェルト大統領の理想主義に悲観的な資本家ウォーバックス、反対にローズヴェルトの理想を支持する孤児のアニー。三者の対照がこのセリフで浮き彫りになります。そして「今はつらくても、明日には太陽も昇る」と歌うアニーと一緒に、大統領に命令されたウォーバックスも、次には夫人のエレノアも、更には大統領自身も歌い始め、最後には、いやいや歌っていたウォーバックスの表情も明るくなっていきます。4人が歌う背後には初代大統領ワシントンの肖像画が映し出され、この美しい四重唱によって民主党のローズヴェルト大統領、敵対する共和党員のウォーバックスが和解し、米国のために団結したことが示されています。

ふれあいポイント

【映画の中の歌】『アニー』はブロードウェイのミュージカルとして繰り返し公演されていますが、このように観客を引き付ける理由の一つは、その美しい旋律の曲の数々にあるでしょう。特にアニーの歌う "Tomorrow" の曲は、『アニー』の中でも一番人気のある曲で、その歌詞、メロディーともに素晴らしいものです。8,000人の応募者の中からアニー役に選ばれたアイリーン・クインの愛らしさは特筆もので、その澄んだ歌声もまた彼女の魅力の一つとなっています。アニーの独唱ではアイリーン・クインがゆっくり、表情豊かに歌い上げます。彼女の口の動きをよく見て、アニーになりきって一緒に歌って見るのもよいでしょう。「明日のことを考えていればきっと悲しみはなくなる、心が落ち込んでも顔を上げてほほえみこう言おう、明日はきっと太陽がのぼる」と歌う「トゥモロー」は、逆境にもくじけず前向きに進もうとするアニーを彷彿とさせます。英語の歌詞の中では。韻を踏んでいるday, say, mayなどが、そのほかにもgray, awayなどの単語が[ei]という発音を含みます。この[ei]のeの発音は日本語のエよりも口を大きく開けなければなりません。4人の歌う口の動きをよく見て、発音してみてください。また、歌詞はアニーが独唱で歌い上げた後、ウォーバックスやエレノア夫人が唱和しますが、全く同じ歌詞を繰り返していますので、それほど難しくはありません。この他にもパンチの利いた "It's the Hard-knock Life"（厳しい人生）、哀愁に満ちた "Maybe"（メイビー）などの歌も、英語の発音、リズムを習得するのに良い教材になります。

【アニーの口癖】アニーが驚いたときに発する "Leaping lizards!" という言葉は直訳すると（跳んでいるとかげ）となりますが深い意味はなく、原作の漫画で主人公のアニー独特の造語とされています。アニーと親しくなったウォーバックスも、驚いたときこの言葉を発するようになるのはご愛嬌です。この他に "It's a swell idea"（素晴らしいわ）という表現も、映画の中で何回も登場するアニーのお気に入りのせりふです。この二つの表現を聞き取ることができるでしょうか。お子さんと一緒に、何回登場するか数えてみると、良いリスニングの練習になります。

【時代背景】物語の展開には直接反映されていませんが、時代背景として設定された大恐慌の影は、映画の随所に垣間見られます。例えばウォーバックスや秘書のグレース・ファレルが孤児院の前に乗り付けるリムジンに、群がる路上の子どもたち。あるいは5万ドルの報奨金を狙ってウォーバックスの屋敷に殺到する人達。アニーを招待しようとしたグレースが、反対するミス・ハンニガンを脅すときに言う台詞にも大恐慌の影響を感じ取ることができます。"It's also a fact that he said how many people he had lined up for your job."（あなたの後釜をねらっている人が大勢いるんですよ。）"It's awful to be out of work, isn't it, Miss Hannigan?"（失業してもいいんですか。）米国を襲った大恐慌が、当時の日本にも深刻な影響をもたらしたことはご存じのとおりです。この時代について調べて見るのも良いでしょう。

あらすじ

　舞台は1933年、世界第恐慌による不況で失業者があふれるニューヨーク。11歳の孤児アニーは孤児院で、酒びたりで子ども嫌いな院長ミス・ハンニガンに目の敵にされながら、両親が迎えに来ることを信じて暮らしていました。アニーの両親は10年前「必ず迎えに来る」という置手紙を残して、アニーを孤児院に置いて行ったのでした。アニーは孤児院を脱走しますが、結局警官につかまってしまいます。その頃大富豪オリバー・ウォーバックスは、クリスマス休暇に孤児を一人招待したいと考え、秘書グレース・ファレルを孤児院に派遣します。そこで偶然アニーと知り合ったグレースは彼女を招待することにします。明るくて思いやりのあるアニーが気に入ったウォーバックスは、アニーを養子にしたいと申し出ですが、アニーが両親を探していることを知り、彼女の両親を見つけることを約束します。ウォーバックスは5万ドルの報奨金を用意したり、ローズヴェルト大統領に引き合わせたりするのでした。前向きで希望を失わないアニーに、困難な政局に立ち向かっていたローズヴェルト大統領もまた励まされます。一方、孤児院の院長ミス・ハンニガンは弟たちと組み、この報奨金をだまし取ろうとします。弟のルースターとその女友達がアニーの両親だと偽ってアニーを引き取ろうとするのですが、孤児院の子どもたちがウォーバックスに知らせ、アニーは危機一髪のところを救い出されます。アニーはウォーバックスの養子となって、ともに暮らすことになるのでした。

映画情報

製　作　費：5,000万ドル（推定）
製　作　年：1982年
製　作　国：米国
言　　　語：英語
ジャンル：ミュージカル、ファミリー

公開情報

公　開　日：1982年　5月17日（米国）
　　　　　　1982年12月　4日（日本）
上映時間：127分
興行収入：5,700万ドル
MPAA（上映制限）：PG

薦	●小学生　●中学生　●高校生　○大学生　○社会人	リスニング難易表		発売元：ソニー・ピクチャーズ エンタテンイメント （平成26年5月現在、税込み） DVD価格：1,522円　ブルーレイ価格：2,571円
お薦めの理由	孤児が自らの能力とひたむきさによって、周りの大人たちを感銘させ、幸せな境遇を勝ち取ってゆくという物語は「赤毛のアン」や「小公女」などを始めとする児童文学の王道でしょう。時は世界中を巻き込んだ大恐慌の時代。大人でさえも失業し苦しい状況の中、過酷な環境に置かれても希望を失わず、まっすぐに歩こうとする孤児のアニーと、そんな彼女を助けようと奮闘する大人たちの姿に、見る者も引き込まれてしまいます。	スピード	2	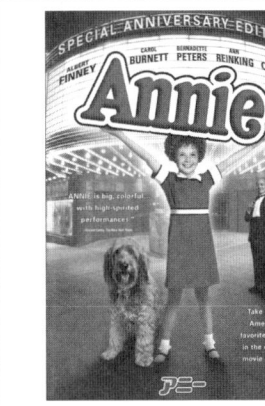
^	^	明瞭さ	2	^
^	^	アメリカ訛	2	^
^	^	外国語	2	^
英語の特徴	主要な登場人物たちは、標準的な米国英語を、わかりやすいスピードでしゃべります。使われる語彙も、日常会話に使われる平易なものが多く、聞き取りやすいでしょう。家族向けの映画として、罵りの言葉などもほとんど見られず、子どもたちにも安心して見せられます。大富豪のウォーバックスは英国のリバプール出身という設定で、英国俳優のアルバート・フィニーが、英国英語を話しています。	語彙	3	^
^	^	専門語	2	^
^	^	ジョーク	2	^
^	^	スラング	2	^
^	^	文法	3	^

授業での留意点	【覚えたい表現】アニーを始めとして、孤児院の子どもたちの会話は、覚えると役に立つ表現が多くあります。例えば冒頭の子どもたちの会話など、場面ごとに整理して会話練習ができるでしょう。まずアニーが友達を慰める時の表現。"It's okay. Everything's gonna be all right. It was only a dream, Molly. It's all right."（大丈夫よ。すべてうまくいくわ。夢を見ただけよ、モリー。大丈夫よ。）また、ケンカを止める時の表現。"Brat, stop! We're gonna get in trouble."（やめて！見つかるわ）"Now. Or you'll have me to deal with."（やる気？やるなら相手になるわよ-）などなど。授業では、この場面を見て登場人物たちは何をしているのか想像させてから、正解を与え、これらのせりふを覚えさせても良いでしょう。 【アニーの説得のレトリック】大富豪ウォーバックスの屋敷に招待されて、大喜びのアニー。しかしウォーバックスはアニーを見て「この孤児は自分の望んだ男の子ではない、すぐに孤児院に連れ戻せ」と言い出します。居丈高なウォーバックスに対し、アニーはひるむことなく話しかけます。アニーの会話は、注意して聞いてみると説得のレトリックとして大変秀逸なものです。"I've got an interesting smile, too sir. Couldn't you learn to like me, sir? Hang me in the bathroom?"（私も笑顔をお見せしますわ。私のこと、好きになるかも知れなくてよ。トイレにかけてみませんか？）このセリフは、アニーと話す前にウォーバックスが言った言葉を受けたものです。ウォーバックスは、自分が取り寄せたモナリザの絵を気に入りません。「送り返せ」と言った後から気が変わり、次のように言い直します。"Wait! There's something interesting in that woman's smile. I might learn to like her. Hang her in my bathroom."（待て！その笑顔は悪くない。もしかしたらこの絵を好きになるかもしれない。トイレにかけておけ。）このやりとりを聞いていたアニーは、そのままウォーバックスのせりふを言い返すのです。そしてその後に続くせりふも、皮肉が効いていて、ウォーバックスの反論を許しません。"It was nice meeting you anyhow. I sure do like your place."（お会いできて良かったわ。いいおうちだわ。）"Well, I've had enough fun to last me for years."（何年も楽しめる思い出ができたわ）"It's really swell idea to have an orphan for a week. A really terrific idea. Even if it is only for your image, even if I'm not the orphan. I'm glad you're doing it"（孤児を招待するというのはすてきな考えよ。それがPRのためで、私が選ばれなくても。）この屋敷に来ることがどれだけ楽しかったかと述べた後、もう十分楽しんだと言い切ることで、相手の注意を惹きます。そして、孤児を招待するという行為が実はPRのためだったことに軽く触れて、ウォーバックスをそれとなくやりこめるのです。授業では、自分ならどのようにウォーバックスを説得するかを児童に考えさせてみましょう。
映画の背景と見所	原作は1920年代から新聞に掲載され、人気を集めた「小さな孤児アニー」という漫画です。この漫画を基に1976年にミュージカルが作られて好評を博し、77年にはトニー賞を受賞しています。その後「アニー」はTV番組にもなり、1997年以降には繰り返し、ブロードウェイや全米ツアーで再演されています。コロンビア・ピクチャーズが映画化権を獲得して製作されたこの映画では、多くのブロードウェイ出演者が脇を固めています。舞台となる時代は、ニューヨーク株式市場の大暴落に端を発した大恐慌が始まり、多くの米国人が収入や職を失って生活の不安に直面するようになった1933年です。この年には「ニューディール」を公約に挙げたフランクリン・D・ローズヴェルトが米国大統領に当選しました。ローズヴェルトは就任と同時に多くの対応策を次々と打ち出して、国民から指導者としての信頼を獲得し、世界の中でもいち早く、大恐慌から抜け出すことに成功します。映画の中ではこのニューディール政策は、アニーに促され、ウォーバックスが協力を了承したことで、ローズヴェルトが実行を決意したことになっています。ローズヴェルトの政策も市井の市民たちの、希望を失わずに前向きな姿勢に支えられてこそ、実を結んだもの。この映画ではアニーの両親探しと、ウォーバックスとの暖かい交流を主題にしながら、アニーのような前向きな姿勢こそが社会をより良い方向へ動かしてゆくのだ、というメッセージを私たちに投げかけています。

スタッフ	監　督：ジョン・ヒューストン 製　作：レイ・スターク 脚　本：キャロル・ソビエスキー 音　楽：チャールズ・ストラウス 撮　影：リチャード・ムーア	キャスト	アニー　　　　　：アイリーン・クイン ウォーバックス　：アルバート・フィニー ミス・ハンニガン：キャロル・バーネット グレース　　　　：アン・ラインキング ルースター　　　：ティム・カリー

アラジン	Aladdin	（執筆）柴田 真季

セリフ紹介

魔法のランプから出てきたジーニーが主人公のアラジンに挨拶をする場面では小学生の英語学習に役立つ自己紹介の際に使用する典型的な表現が含まれています。

Genie　：Nice to be back, ladies and gentlemen. Hi, where're you from? What's your name?
　　　　（どうも、こんばんは。やあ、どこの人？お名前は？）
Aladdin：Uh, Aladdin.　（ア、アラジン）
Genie　：Aladdin! Hello, Aladdin. Nice to have you on the show. Can we call you Al? Or how about Laddi?
　　　　（アラジンね。当番組へようこそ。アルと呼んでいい？それともラディ？）

また、アラジンが魔法のランプを取りに洞窟に入った際に魔法の絨毯と出会った時の会話には、リンキングを用いた日常でよく使用される表現が多く含まれています。

Aladdin：A magic carpet! C'mon. C'mon out. I'm not gonna hurt you.　（魔法の絨毯！おいで、いじめないから）
Aladdin：Take it easy, Abu. He's not gonna bite.　（大丈夫、アブー。かみつかないよ。）

そして魔法の絨毯にランプ探しの協力をお願いします。

Aladdin：Hey, wait a minute. Don't go. Maybe you can help us. You see, we're trying to find this lamp. I think he knows where it is.
　　　　（待って。協力してくれ。ランプを探してるんだ。どうやら彼はランプのある場所を知ってるらしい。）

ふれあいポイント

　子供向けのアニメーション映画であるため、戦争のような悲惨な場面や性的な描写は一切含まれていませんので、その意味では小学生のお子さんと一緒に楽しめる映画となっているでしょう。いわゆるプリンス・プリンセス、ヒーロー・ヒロイン物語に留まらず、魔法の世界も堪能出来るファンタジー映画に仕上がっており知らないうちに映画に夢中になれます。

【語彙学習】画像と共に単語の認識が出来るのも映画学習の利点でしょう。本作品における市場の場面では、お店の人がジャスミンに色々な品物を売ろうと次々に商品に合わせて単語が繰り返されます。ナツメヤシ、イチジク、新鮮な魚といった食料品からシルバーのネックレスといったアクセサリーまで映し出されるので、語彙学習に役立つでしょう。映画を離れてからも食卓等でお子様と色々な食べ物を英語で表現してみるのも有益でしょう。

【主題歌】本作品でも非常に印象に残るのが、様々な賞を受賞した主題歌「ホール・ニュー・ワールド」でしょう。英語も比較的ゆっくりで聞き取りやすいバラード調の歌詞になっていますので、お子様と一緒に歌ってあげて下さい。世の中は知らないことばかり、色々な世界を見てみたいという気持ちが心地良いリズムと魔法の絨毯に乗った開放的な場面と共に歌われています。アラジンとジャスミンのデュエットにもなっていますので、お子様と親御さんとで役割分担をしても良いでしょう。

【色による善悪表現】アラジンでは、善悪の対立を色分けして表現しています。日本とは異なった色彩感覚に触れられるのも面白い点だと言えます。本作品では、善は青色と黄色、悪は赤色と暗い色で表わされています。よって主人公アラジンとヒロインのジャスミンは青系の服、王様サルタンは黄色系の服を着ており、ジーニーは青色の魔人、魔法の絨毯は青色、アラジンの相棒アブーの帽子も青色となっています。一方で、悪党のジャファーは赤色系の服、その相棒イアーゴは赤色、さらに終盤でジャファーが変身するジーニーは暗い赤色です。この様に、視覚的にもお子様には分かりやすいものとなっていますが、日本的な感覚とはまた異なっている点もあるのでお子様と色を英語で発言してみたりした後に、色自体について話合うのも面白いかもしれません。

【発展学習】本作品には過去の有名なディズニー映画に登場する人気キャラクターが出てきます。アラジンが3つ目のお願いでジーニーを自由にすると約束する場面では鼻が伸びた『ピノキオ』が登場します。そんな願い事をする訳がない、嘘をついてはいけないというジーニーの気持ちの表れなのでしょう。またこの他にも、『美女と野獣』の野獣や『リトル・マーメイド』のセバスチャンが出てきます。本作品を見終わってから、こうした作品を鑑賞するのも良いでしょう。また本作品に興味を持ったならばアラジンの続編もありますので、さらに学習に役立ちます。

あらすじ

　魅惑の都アグラバに夢と希望を抱いた貧しいながらも心清らかな青年アラジンがいました。彼は市場で出会ったジャスミンに一目で恋に落ち、盗人として捕まっていた彼女を助け出します。実は、彼女はアグラバ王国のお姫様で、結局役人に捕まったアラジンはお城の石牢に閉じ込められてしまいます。王国の支配を企む右大臣ジャファーの策略で、アラジンは洞窟にある魔法のランプを取ってくることを条件に牢を脱出しました。アラジンは洞窟の途中で魔法の絨毯に出会い、絨毯の協力でなんとか無事にランプを手に入れたものの、ふとした事からそのランプを擦った事で、ランプの魔人ジーニーの主人となります。主人の願いを3つ叶えてくれるジーニーによってアラジンは立派な王子に変身し、王宮のジャスミン姫を訪問します。2人で魔法の絨毯に乗って美しい夜空を飛ぶうちに、ジャスミンもアラジンに好意を持ち始めることに。しかし、権力を握ろうとしていたジャファーは王を催眠術にかけ、ジャスミンとの結婚を狙っていました。そしてアラジンからランプを盗んだジャファーは、アラジンを元の貧乏人の姿に戻し、全ての嘘を明かします。捕まっていたジャスミンを助けに行ったアラジンでしたが、ジャファーはランプを使い、ジーニーのような魔法使いになりたいと望み、叶えられましたが、次の瞬間にランプの中に吸い込まれてしまいます。アラジンは最後の1つの願いでジーニーをランプから解放し、王にも気に入られ、めでたくジャスミンと結婚します。

映画情報

製作国：米国
製作費：2,800万ドル
配給会社：ブエナ・ビスタ
言　語：英語
主題歌：ホール・ニュー・ワールド

公開情報

公開日：1992年11月25日（米国）
　　　　1993年 8月 7日（日本）
上映時間：90分
字　幕：英語字幕/日本語字幕
主題歌：アカデミー歌曲賞受賞

薦	●小学生 ○中学生 ○高校生 ○大学生 ○社会人	リスニング難易表		発売元：ウォルト・ディズニー・スタジオ・ジャパン（平成26年5月現在、税込み）DVD価格：3,024円

お薦めの理由	本作品は子供・家族向けのアニメーションになっており、会話も人間同士あるいは人間と動物とのやりとりが多く、小学生が映画の世界に入りやすい内容となっています。上映時間も90分と比較的短く、子供が大好きな魔法の要素も含まれており、テンポも良い展開であることから集中して取り組めます。テーマは、夢を抱くこと、諦めないこと等、人生で大切にしたい事を改めて教えてくれる作品となっています。	スピード	3
		明瞭さ	2
		アメリカ訛	1
		外国語	2
		語彙	2
英語の特徴	ストーリーはテンポ良く展開されていますが、英語に関しては専門的な用語もほとんど使用されておらず、初歩的な紹介文や日常的な会話等が含まれており、小学生向けの教材には適していると言えます。全体的に深刻ではなく軽いタッチで描かれており、主題歌を含め、主人公アラジンの英語も比較的ゆっくりで聞き取りやすいアメリカ英語になっています。また歌詞も容易であるため一緒に歌って学習出来ます。	専門語	2
		ジョーク	2
		スラング	1
		文法	2

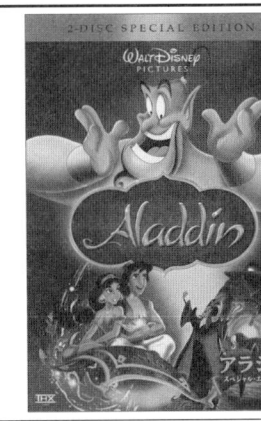

授業での留意点

本作品はファンタジーアニメーションでありながら、魔人ジーニーがアラジンにレクチャーらしくボードを使用して説明する場面もありますので、同様に教室内の黒板等を利用して学習に役立てるのも良いでしょう。

【日本・日本語との相違】日本語と英語との大きな発音の相違点にアクセントがあります。主人公のアラジン(Aladdin)を例に挙げても日本語と英語とでは単語の強弱が異なっています。また、アラビア(Arabia)のように日本語にはカタカナ英語になっているものも多くありますので、そうした違いを鑑賞後にクイズ形式で取り上げてみるのも興味を持って取り組むでしょう。

同様に、日本語と英語とでは敬称等をつける語順が違います。映画の中で出てくるジャスミン姫（Princess Jasmine）等から派生して、山（Mt.）や湖（Lake）、先生（Dr., Prof.）等を例に挙げて学習してみると関連付けて認識するきっかけになります。

そして品物等の数え方も異なります。映画の中には a loaf of bread といった表現も使用されています。日本語には単数・複数表現がそれ程厳密にはありませんが、英語では名詞に関しては常に単数か複数かの違いを示すことが求められます。授業内で教室にある様々な物を取り上げて数えてみたりすると子供達も積極的に参加出来ます。

【ルールから学ぶ表現】本作品の中では、魔人のジーニーがご主人になった人の願い事を何でも3つ叶えるという設定になっていますが、例外も分かりやすい表現で3つ述べられています。

　Ah, rule number one: I can't kill anybody. So don't ask.　　（その1：殺人はダメ。頼まれてもやりません）
　Rule two　：I can't make anyone fall in love with anyone else.（その2：愛情関係もダメ。人の心は変えられない）
　Rule three：I can't bring people back from the dead. It's not a pretty picture, so I don't like doing it! Other than that, you got it!　（その3：死人は生き返らせない。おっかないでしょ。それ以外なら何でも）

映画の後に3つの例外的規則を確認しつつ、どの規則も I can't...という表現で始められているので、自分にあてはめて何か出来ない事を発表させてみるのも良いでしょう。

【セリフを利用しての英語学習】フラッシュカードを用いての学習としては、魔法のランプの受け渡し時に Bring me the lamp. Give me the lamp. という表現が使用されています。カードで「私に○○を持ってきて」「私に○○を渡して」という表現を学習した後、the lamp の箇所を教室内にある色々な物に置き換えて実際に児童同士でやり取りさせる練習も役に立ちます。また、You are a princess. I'm your master. といった自分や相手が何者であるかも述べる文章も出てくるので、様々な人を想定して You are..., I'm... といった表現を学習すると良いでしょう。

映画の背景と見所

本作品は、世界中で知られている不朽の名作『アラビアン・ナイト』（千夜一夜物語）の『アラジンと魔法のランプ』を元に、決して原作の良さを壊すことなく、ディズニー流にアレンジした壮大なファンタジーアニメーション映画になっています。不思議なランプを手にした主人公が、愛する人を守るために冒険に挑む姿を見事に描き、エキゾチックな中東の町を舞台に、冒険によるスリル満載で、ロマンとスピード感に溢れた映画となっています。貧乏人の苦労からの成功、お姫様との真実の恋、悪人の登場、魔法による空想感など、子供が大好きなファンタジーに必要なものが揃っています。登場人物も人間だけではなく、ペットの猿を始め、魔法による変身によって様々なキャラクターも飛び出し、小学生が魅了されること間違いなしの設定となっています。

また魔法の絨毯で世界中を旅する時に流れる本作品のテーマ曲「ホール・ニュー・ワールド」は、世界中が毎年注目するアカデミー賞において、アカデミー最優秀主題歌賞を獲得しており、歌詞の内容もメロディーも非常に魅力的なものになっています。テーマ曲以外にも数々の魅力に溢れた作品になっており、最後には、願いを叶える力は自分自身の努力で生み出していくものだ、と主人公アラジンが悟るまでの過程を画像を通して一緒に見るのも小学生に向けた教材として相応しい点だと言えます。

スタッフ／キャスト

監　督：ジョン・マスカー、ロン・クレメンツ
脚　本：ジョン・マスカー、ロン・クレメンツ、
　　　　テッド・エリオット、テリー・ロッシオ
音　楽：アラン・メンケン
編　集：マーク・A・ヘスター、H・リー・ピーターソン

アラジン　：スコット・ウェインガー
ジャスミン：リンダ・ラーキン
ジーニー　：ロビン・ウィリアムズ
ジャファー：ジョナサン・フリーマン
サルタン王：ダグラス・シール

アンドレ/海から来た天使	Andre	（執筆）坂田智惠子

セリフ紹介

父のハリーの船に自分から乗って来たのに、ミルクを飲もうとせず弱っていく子アザラシにトーニがした約束。
Toni: I know you're sad, you miss your mom. But please don't die. I'll be your best friend forever. And I will always take care of you, I promise. I love you.（ママに会いたいのね。でも死なないで。私が一生のお友達になって一世話をしてあげるから。大好きよ。）(Chapter 4)

その約束に応えてアンドレは、20年以上に渡って毎年春には「家族」のもとに戻って来てくれるのです。映画の最後で大人になったトーニは回想します。
Toni: Many years ago, a seal called Andre made his first historic swim home and his life became legend. Every winter he lived the life of a country gentleman at the aquarium. Every spring my Dad set him free, and every time Andre made the two hundred and fifty mile journey home to spend the summer with us, his family. By the time Andre was twenty four years old, he could hardly see. But that didn't stop him from completing his final trip. In all the journeys since my youth, and on all the journeys I have ahead of me, I know I'll never find a better friend than Andre.（その昔アンドレというアザラシが家へ泳ぎ帰り―伝説を生んだ。毎年アンドレは冬を水族館で過ごし―春になると父が海に放した。そして毎夏決まって400キロもの海を渡り―私たちのもとへ帰ってきた。24歳の時は見えぬ目を押して海を越えたが―それが最後の帰郷となった。私の今までの旅でも、またこれからの旅でも―彼ほどの親友とは巡り会えないだろう。）(Chapter 15)

ふれあいポイント

【トーニの成長】映画の冒頭で鳩と鶏の結婚式を行っているトーニはいかにも幼くて、学校が苦手で親しい友達もいないようです。しかしアンドレのおかげで彼女に意地悪をした子とも仲良くなれました。Chapter 6 でアンドレを海に返すとハリーが決めた時、トーニは「アンドレを本当に愛しているのなら、海に返してあげなきゃ。」と母親に言われても「海に返したら死んじゃうわ。」と泣きます。最初の冬保護のため入れられた納屋を嫌って逃げ出し春まで帰って来なかったアンドレの安全のために水族館に預けることを決心したハリーは、トーニに「愛する者を守るためなら涙もこらえなきゃ。」と諭します。

冬が過ぎて春にアンドレに会いに行くとき、彼女は蝶を空に放してある決心をしたことを父親に示します。"I knew I made the hardest decision in my life. I was about to say good-by to my best friend for the last time.（私は一生で一番つらい決心をした。最愛の友に別れを告げるのだ。）(Chapter 14)"「アンドレは海で暮らすのが一番よ。」(Chapter 15)

【ポーラとスティーブ】ハイスクールに通う思春期の姉ポーラは、ハリーの幼馴染なのに折り合いが良くないビリーの息子マークが好きです。父親がアンドレやトーニとばかりいるので疎外感を感じています。「自由の女神コンテスト」で優勝したかったのも、父親に認めてもらいたかったからなのに、肝心のハリーはビリーに襲われたアンドレを助けに行き、優勝した自分を見てくれません。（ポーラが夜会巻き風の髪形を真似たレスリー・ゴア Lesley Gore は1960年代から活動している歌手です。）スティーブは友達とトーニの先生にひどい悪戯をしかけたりもしますが、父親に内緒で他の漁師の船でバイトをして海での仕事を覚えようとし、父親の悪口を聞かされても耐えています。上の子供たちの成長にハリーは戸惑いを覚えます。"So easy when they were little. All I had to do was carrying them on my shoulders. Then I was their hero.（小さい頃は―肩車するだけで俺は尊敬された。）(Chapter 9)"

【野生動物との付き合い方】実際のハリー・グッドリッジは野生動物を飼育したことで特に処罰はされませんでしたが、1972年の「海洋哺乳類保護法」の成立後は映画の中のハリーのように罪に問われるでしょう。ミルクを飲ませる工夫や、ハリーが泳ぎを教えようとすること以外には、野生動物を人間に依存し過ぎないよう育てることの難しさはこの映画ではほとんど描かれていません。人間にミルクや魚を与えられて育ったアンドレが、母親から教わることなくどのようにして自分で餌を取ることを覚えたのかは不明ですが、驚くべきだと言えるでしょう。映画の最後に見られる本物のアンドレが入っている囲いは舟との衝突を避けるためのもので自由に出入りできました。冬を水族館で過ごすのは、人間に慣れ（過ぎ）たアンドレが越冬地で不用意に人間と接触し危害を加えられるのを防ぐためでした。

あらすじ

1962年、米国北東部メイン州の港町ロックポートの迷子の動物で一杯の家に両親、姉、兄と暮らすトーニは動物好きです。ある日、港長である父のハリーが母親を失ったアザラシの赤ん坊を連れて帰ります。ミルクを飲ませるのにも一苦労でしたが、アンドレと名づけられたアザラシはすくすく育ち、色々な芸も覚え、テレビも大好きです。姉のポーラが付き合っているマークの父ビリーはハリーの幼馴染ですが、最近の不漁はアザラシのせいだと考えアザラシを憎んでいます。トーニのクラスで芸を披露したアンドレは有名になり、小さな港町に大勢の観光客がやって来るようになります。冬になると港が凍るので、アンドレは屋内で過ごさなくてはならず弱ってしまいます。ハリーはアンドレにかまけて港長の仕事をおろそかにしていると非難され、野生動物の強制的な飼育を咎められます。マークと喫煙しているのを見つけられたポーラは彼との交際を禁止されます。マークはアンドレを殺すためポーラと船でアンドレを連れ出します。ポーラに止められ、二人は無事に帰ってきますが、アンドレを追いかけて小さな船に乗ったトーニは嵐の海で遭難しかけます。アンドレがトーニをハリーたちの船まで連れて行き、マークが海に飛び込んでトーニを助けます。アンドレは冬をボストンの水族館で過ごすことになります。「海に返してあげよう」というトーニの提案でアンドレは海に放されますが、「家族」のもとに戻ってきます。それは彼が死ぬまで毎年続きました。

映画情報

製作費：8,000万ドル
製作年：1994年
製作国：米国
言　語：英語
ジャンル：ファミリー、ドラマ

公開情報

公開日：1994年　8月17日（米国）
　　　　1995年　7月15日（日本）
上映時間：95分
MPAA（上映制限）：PG
興行収入：1,680万ドル（米国）

薦	●小学生　●中学生　○高校生　○大学生　○社会人	リスニング難易表		発売元：アップリンク（平成26年5月現在、DVD発売なし）中古販売店等で確認してください。
お薦めの理由	テレビに夢中になり、留守中にこっそりテレビを見、バースデーケーキの蝋燭を吹き消し、サングラスとアロハシャツ姿になり、バスケットが上手で、トーニとツイストを踊るアザラシのアンドレを見るだけで子供たちは大喜びするでしょう。高学年なら、背伸びして御洒落をするポーラの不器用な初恋や、友達とこっそりお酒を味見したり、罰を覚悟でひどい悪戯をしかけるスティーブに共感できるかもしれません。	スピード	3	
^	^	明瞭さ	3	
^	^	アメリカ訛	1	
^	^	外国語	1	
^	^	語彙	3	
英語の特徴	登場するのはメイン州の土地柄か、白人ばかりです。小学校の授業での生徒たちのスピーチから大人たちの罵り合い（PGに指定された理由の一つです）まで色々な英語を聞くことができます。子供たちの英語は聞き取りやすいと思います。なお、アンドレがよくやる舌を突き出して立てるブーという音は米国の口語英語では raspberry（果実のラズベリーです）と呼ばれ、侮蔑・嫌悪・不同意などを表します。	専門語	1	
^	^	ジョーク	1	
^	^	スラング	2	
^	^	文法	2	

授業での留意点

【アザラシ seal とアシカ sea lion】映画でアンドレを演じているのは実はアザラシではありません。アザラシに演技をさせるのが難しいため、代わりに芸達者のカリフォルニアアシカが演じています。最後のエンディング・クレジットで、関連する映画からの場面と交互に現れるので分かりにくいかもしれませんが、本物のアンドレと飼い主のハリー・グッドリッジの16ミリのホームビデオの映像を見ることができます。

アザラシもアシカもどちらも鰭脚類に属しますが、アザラシ科とアシカ科に分けられています。前後肢とも名前の通りに鰭の形をしていますが、アザラシの前肢は短くて体の前方にあり、後肢は後方を向いて前に動かすことができないので、水中では後肢を交互に動かして泳ぎ、陸上では芋虫のように体をくねらせて移動します。一方アシカは前肢が発達していて水中では左右に羽ばたくように動かして泳ぎ、陸上では上半身を立てて前肢を使ってかなり上手に移動します。アシカは首が長く見え、耳介がある点でもアザラシと違っています。

【ロックポート】メイン州ノックス郡にあり、名前の通り海辺の町です。北東にあるアカディア国立公園や、日本の三陸海岸や志摩半島と同様に、海面が上昇したため山や谷が水没してできた「溺れ谷」地形です。2010年の統計では人口が3,300人です。初期の産業としては石灰岩の算出や造船と並び冬期には天然の氷の産出も行われていました。冬の寒さが想像できます。オペラハウスもあり芸術活動の盛んな町として知られています。2008年には「フォーブ」誌の「米国で最も可愛い町」の一つに選ばれました。

メイン州は米国北東部にあり、大西洋に面しカナダと国境を接しています。ニューイングランド6州の内最大の州で、総面積の約8割が針葉樹林で約2,500の湖沼があります。年平均気温は－7～17℃、冬の寒さはとても厳しいです。16～17世紀にはヨーロッパ人たちが夏の漁業や毛皮の取引をしていました。合衆国内で最も白人の比率が高い州です。2010年度の統計では人口の94.4%がヒスパニック以外の白人となっています。その他のニューイングランドの州にはニューハンプシャー、バーモント、メイフラワー号に載ったピルグリム・ファーザーズたちが上陸したマサチューセッツ、ロードアイランド、コネティカットがあります。

【アザラシによる漁業被害】前面に置かれているテーマではありませんが、高学年のクラスでしたら、漁師たち、特にビリーのアンドレに対する反発の背後にある漁業被害と野生動物の保護について考えてみてはいかがでしょうか。

日本の場合、北海道えりも地域では環境省が絶滅危惧種Ⅱ類に指定しているゼニガタアザラシによる漁業被害が深刻です。新聞によると現在この地域に生息している約600頭は観光資源となる一方で、2011年度のサケの定置網漁業の被害額は約3,000億円と見積もられています。

映画の背景と見所

1961年に1頭のゼニガタアザラシの赤ん坊が樹木医のハリー・グッドリッジ一家に飼われ始めました。アンドレと名づけられたそのアザラシは、1986年に26歳で死ぬまで春から夏にロックポートの港を訪れる人たちを楽しませました。港にはアンドレを記念して彼の銅像が建てられています。

カナダ東部からメイン州にかけて生息するゼニガタアザラシは、海が凍る冬にはニューイングランド南部やニューヨーク州のロングアイランド島付近に南下します。アンドレも秋になるとコネティカット州まで行き、春には150マイル（約240キロ）泳いでグッドリッジ家のもとに戻って来ました。後にはマサチューセッツ州のボストンとミスティックの水族館で交代に冬を過ごしました。春にアンドレが海に戻るときは毎年地元のマスコミが取材に来ました。他のアザラシとの縄張り争いに負けたアンドレが死んだ後、飼い主のハリーは『アンドレと呼ばれたアザラシ A Seal Called Andre』という本をロックポート在住の作家リュー・ディーツと一緒に書きました。

1994年に映画化されましたが、アンドレを演じたのはアザラシではなくカリフォルニアのテーマパークで人気者のトリーというアシカです。喜怒哀楽の表現はCGではなく彼の素晴らしい演技です。ハリーの言葉通りに人の言葉が分かるのではと思える程です。トーニと一緒に音楽に合わせて踊る所などは見ものです。

スタッフ	監督：ジョージ・ミラー 脚本：ダナ・バラッタ 製作：アネット・ハンドリー、アダム・シャピロ 原作：ハリー・グッドリッジ、リュー・ディーツ 音楽：ブルース・ローランド	キャスト	トーニ　：ティナ・マジョリーノ ハリー　：キース・キャラダイン サリス　：チェルシー・フィールド ビリー　：キース・ザラバッカ アンドレ：アシカのトリー

| E.T. | E.T. The Extra-Terrestrial | （執筆）久米　和代 |

セリフ紹介

【E.T.も言えた！E.T. phone home.】「家に電話したい」という自分の意志を E.T. が初めて子供たちに伝えることができた印象的なセリフです。ただ単語を列挙する E.T. の発話をガーティが正しい語順に並べ替え、E.T. が覚えたもの。キーワードとなる単語だけでもメッセージが伝えられることや、語順が日本語と異なることがわかる場面です。未完成なこの表現も He wants to call somebody. というガーティの説明によってより正しい表現へと導かれる流れにも注目を。このように大活躍のガーティですが、英語を習得しつつある就学前の彼女だからこそ、E.T. の未熟な英語を理解できたのかもしれません。【エリオットとの絆①：I'll be right here.】自分の部屋に E.T. をかくまっていた時、エリットが「すぐここに戻って来るから」とかけたこの言葉、最後の別れの場面で今度は E.T. がエリオットに返します。エリオットの額に光る指をあてて「ずっとここ（君の心の中）にいるよ」と。【エリオットとの絆②：Ouch.】エリオットが怪我をした場面で、E.T. は肉体的な痛みを表す言葉として覚えます。ハロウィーンでは頭に斧の刺さった仮装のマイケルにこれを連発し、皆を慌てさせる場面も。しかし、最後にエリオットと E.T. の間で今度は別れという精神的な痛みを伝える言葉として交わされることに。【ガーティとの絆：Be good.】『セサミ・ストリート』のナレーションを真似て B と発音した E.T. を You said 'B'！（'B'って言ったね）、Good!（よくできました）と褒めるガーティ。E.T. は 'B' good. と認識しますが、その後、頻繁にガーティから Be good!（いい子でね）と話しかけられ、本来の意味がわかったのでしょう。最後の場面では、これが E.T. からガーティへの別れの言葉となります。【マイケルとの絆：Thank you.】ハロウィーンの日に E.T. が覚えたこの表現は、E.T. からマイケルへの別れの言葉となります。シンプルながらも絆を感じさせます。You're welcome.（どういたしまして）も併せて教えましょう。

ふれあいポイント

ここでは母親のメアリーと子供たちの会話を中心に、家庭で使える表現をいくつかピックアップしてみましょう。
【家に着いたらI'm home!】家族の姿が確認できない時は、大きな声で家族に帰ったことを知らせます。反応のない場合は、メアリーのように "Anybody home?"（誰かいる）、"Anybody up there?"（上にいるの）と続けましょう。「お帰り」にあたる英語は特にありません。Hi, ～/honey. などと応えて、How was school / your day?（学校／今日はどうだった）、Did you have a good time? 或いは Did you have fun?（楽しかった）などと話しかけてみましょう。
【「おやすみ」は一緒に絵本を読んでから】就寝時の読み聞かせは、ありふれた日常風景ですが、実は子供の知的発達と精神の安定、親子の絆のために欠かせないものなのです。この映画のベッドタイム・ストーリーは『ピーター・パン』です。メアリーから読み聞かせのコツが色々学べますよ。彼女の臨場感たっぷりの読み方は、子供を寝かせるどころか興奮させてしまうくらい惹きつけます。最大の秘訣は、一方通行の読み聞かせではなく、問いかけたり同意を求めたりしながら子供を引込んでいく「子供参加型」であること。最後には "Will you read it to me again?"（もう一回読んで）とせがまれるほどのメアリーのテクニック、ぜひ真似してみて下さい。
【スマートに頼もう、お手伝い】子供に手伝いをさせたい時は「～しなさい」と言いつけるだけでなく、メアリーのように様々なパターンを使い分けて上手に子供を巻き込みましょう。「あなたたちが食器を洗う番よ」と促す表現 "It's your turn to do the dishes, fellas." も参考にしたいですね。It's your turn to（～する番）の後は、do the laundry（洗濯する）や vacuum the floor（掃除機をかける）などと応用を。また、"Let's get the toys off the floor"（床のおもちゃを片付けようね）や "Will you be a good girl and stay?"（いい子で待っていてくれる）のように Let's .... と誘ったり Will you ...? と頼んだりしてみましょう。このように、映画の中ではいわゆる動詞の原形から始まる「命令形」以外の様々な表現にも着目して、実際に使ってみましょう。
【子供と一緒にハロウィーン】メアリーのように仮装をして子供たちと一緒に楽しみましょう。お菓子の用意もお忘れなく。英語名を確認しながら、ハロウィーンを象徴する pumpkin（カボチャ）、witch（魔女）、spider（クモ）、bat（コウモリ）、skeleton（骸骨）、black cat（黒猫）、ghost（オバケ）などで、家中を飾り付けましょう。テーマ・カラーはオレンジと黒です。ハロウィーンの絵本を一緒に読んだり、Jack-o'-lantern（カボチャの提灯）を作ってみるのもいいですね。仲のいい近所の友達の家を訪ね合って trick-or treating も体験させてみてはいかがでしょう。お決まりのフレーズ Trick or treat? や Happy Halloween! も教えましょう。お菓子のお礼 Thank you. も忘れず言わせて下さい。メアリーが子供たちに帰宅時間を告げ、後で兄マイケルもエリオットに念押しする表現 "Be back one hour after sundown/sunset, no later."（日が暮れたら1時間で帰ること。それより遅れないように）も参考にしてみましょう。

あらすじ

ある夜、カリフォルニアの住宅街にほど近い森の中に、UFOが密かに降り立ちます。宇宙の彼方から地球の植物調査にやってきたのです。ところが、人間たちに気付かれ慌てて離陸したため、異星人の1人がUFOに乗り遅れ地球に取り残されてしまいます。近くに住む10歳の少年エリオットは、裏庭でその異星人に遭遇、E.T. と名付け自分の部屋でかくまいます。E.T. とは、extra-terrestrial（地球外生命体）を略したもの。こうして E.T. と、エリオット、兄のマイケル、そして妹のガーティとの交流が始まります。高度な知能と超能力を持つ E.T. は、エリオットとテレパシーで感覚や感情を共有できたのですが、テレビ番組やコミック雑誌、子供たちの助けを得て少しずつ英語を習得していきます。言葉によるコミュニケーションができるようになると、子供たちは E.T. が故郷の星に帰りたがっていることを知り、その願いを叶えようと力を合わせます。ハロウィーンの夜、子供たちは E.T. にオバケの仮装をさせて森へと連れ出し、仲間と交信するため E.T. 自ら傘や玩具などで作った通信機を設置しますが、翌朝 E.T. は瀕死の状態となり、遂に母やNASAの科学者らの知るところとなります。しかし、子供たちは息を吹き返した E.T. とともに大人たちの追跡を振り切って再び森へ。すると仲間のUFOが現れ、E.T. は子供たちとの友情を胸に地球を後にするのでした。

映画情報

製作国：米国　　　制作費：1,050万ドル
製作会社：アンブリン・エンターテイメント
配給会社：ユニバーサル・ピクチャーズ
ジャンル：SF、アドベンチャー、ファンタジー、ファミリー

公開情報

公開日：1982年6月11日（米国）、12月4日（日本）
上映時間：115分　　　MPAA（上映制限）：PG
興行収入：7億9,291万554ドル（全世界）
受　賞：第55回アカデミー賞・作曲賞、音響賞、視覚効果賞、音響効果編集賞

薦	●小学生　●中学生　○高校生　○大学生　○社会人	リスニング難易表		発売元：NBCユニバーサル・エンターテイメントジャパン（平成26年5月現在、税込み）DVD価格：1,543円　ブルーレイ価格：2,037円

項目	値
スピード	2
明瞭さ	3
アメリカ訛	1
外国語	1
語彙	1
専門語	2
ジョーク	1
スラング	1
文法	1

お薦めの理由
　英語という言語を全く知らない E.T. が英語を習得して子供たちとのコミュニケーションを可能にする過程は、小学校の英語の教材として、また児童の英語学習への動機付けにぴったりです。児童にとっても、英語は日本語とは異なる言語でありその背景となる文化も異なります。自分たちを E.T. に置き換えながら、異言語（英語）・異文化（米国文化）に遭遇する異星人の視点でともに学べる映画です。

英語の特徴
　標準的な米国英語です。兄弟・親子の典型的な日常会話のほか、子供たちが E.T. に英語を教える際のゆっくりと明瞭な英語、テンポも早くジョークやスラングなどを多用したティーン・エイジャーの英語（汚い言葉遣いを母親にたしなめられる場面にも注目）、カエルの解剖の授業で教師が用いる生物用語、 E.T. とエリオットの治療に当たる医師らの医学用語など、バラエティ豊かな英語に触れることができます。

授業での留意点
【E.T.みたいに言えるかな？】初めて英語を学習する児童が、E.T. に自分自身を重ね合わせて、ともに英語を学んでいける映画です。E.T. が習得した英語は、b、be good、phone、Elliot、home、E.T.、E.T. phone home、come、ouch、thank you、Mom、ready、yes、stay、I'll be right here.、わずかこれだけで確実にエリオットたちとのコミュニケーションが成立しました。授業では、これらの表現とその習得過程にも注目して下さい。（前頁セリフ欄参照）特に、別れの場面は、E.T. が学んだ英語表現とエリオット兄妹との友情をそれぞれ確認できる重要な場面です。実際に子供たちに演じさせたり、アフレコをさせたりして楽しく活用しましょう。また、動詞1語でもしっかり気持ちが伝わることも教えたいところ。瀕死の E.T. とエリオットが互いに励まし合う場面で E.T. が何度も繰り返した "Stay."、別れの場面で "Come." と語りかける E.T. にエリオットが応えたのもこのセリフ。何とも切ない "Stay." でした。

【E.T.って？】E.T. は extra-terrestrial（地球外生物）を略したものですが、この長い単語が出てくるのは、エリオットをからかう兄の友達のセリフ "As if extra-terrestrial?"（地球外生命体ってやつか）だけです。etra-（…外の）と terrestrial（地球の、地球上の生物）は、身近な例や語源（ラテン語の terra = earth）を踏まえて説明しましょう。

【本当は使えるThis is....】E.T. を保護した翌朝、エリオットが E.T. に自分の部屋にある色々なものを見せながら "See, this is Pez...candy."（ほら、これはペッズ… お菓子だよ）、"These are toys."（おもちゃだよ）、"These are little men. This is Greedo, and then this is Hammerhead."（こいつらは小さい人間。こいつがグリードで、こっちがハンマーヘッド）などと教えます。実はこの This is .... や複数形の These are ...s. は日常生活の中で物や人を紹介するのに活躍する表現なのです。映画では米国の子供たちの好きなものが続々登場し、彼らの文化を垣間見ることができます。低学年の授業では自分の好きな玩具やお菓子、その絵や写真などを使って互いに紹介させるのもいいでしょう。

【ハロウィーンって？】日本でもイベントとして定着しつつありますが、授業では「米国文化を知る」という視点で説明して下さい。語源は All Hallows' Eve 万聖節（11月1日）の前夜祭。アイルランドからの移民によってアメリカに伝えられた「悪霊を追い払い秋の収穫を祝う」お祭りです。古代ケルト民族の死者の祭りに古代ローマ文化が加味されキリスト教の祭事に吸収されて残ったもの。Jack-o'-lantern（中身をくり抜いたカボチャに、目・鼻・口を開け中にろうそくを灯したもの）や trick-or-treating（「お菓子をくれないと悪戯するよ」と仮装して家々を訪ね、菓子をもらうこと）、apple bobbing（水に浮いたリンゴを口でくわえて取るゲーム）などもこれらの伝統に由来しています。定番の英語表現などと併せて紹介して下さい。そして子供たちに Jack-o'-lantern 作りや、trick-or-treating を体験させましょう。因みに、trick は、生卵やトイレットペーパーが飛び交う場面の映像で子供たちと確認して下さい。

映画の背景と見所
　この映画のモチーフは、監督・製作を手掛けたスティーヴン・スピルバーグ自身の実体験によるところが大きいといいます。まず、E.T. が、少年期に両親の離婚を経験したスピルバーグがその寂しさを紛らわすべく作り上げた想像上の友達がベースになっている点。次に、この映画のメイン・テーマは「1人地球に取り残された E.T. と少年との間に芽生えた友情」ですが、同時に「両親の離婚を乗り越えて、強く成長していく少年の姿」とも解釈できる点です。つまり E.T. phone home. を連呼して home、即ち故郷の星に帰りたがる E.T. の姿は、父親が出て行く前の本来あるべき home に戻りたいと願うエリオットの姿と重なるというのです。なるほど、E.T. とエリオットが感覚や感情を分かち合えるという設定はこれを示唆し、終盤の別れのシーンは、エリオットが両親の離婚を受け入れその悲しみを乗り越えたことを象徴しているとも受け取れます。この映画はSFファンタジーや友情物語というだけでなく、実は米国社会の縮図、離婚問題に直面した家族の葛藤を描いたヒューマンドラマでもあるのです。また、映画からはTV番組やゲーム、玩具や菓子等、一般的な米国の子供たちの生活が伺えます。特に、当時日本では珍しかったピザの宅配やハロウィーンも、この映画をきっかけに日本でも定着し始めたと言われています。2002年公開の20周年アニバーサリー特別版ではCGで作り直した E.T. と世相を反映して変更されたセリフや小道具、修正・追加された場面にも注目して下さい。

スタッフ
監督・製作：スティーヴン・スピルバーグ
製　　作：キャスリーン・ケネディ
脚　　本：メリッサ・マシスン
音　　楽：ジョン・ウィリアムズ
撮　　影：アレン・ダヴィオー

キャスト
エリオット：ヘンリー・トーマス
ガーティ：ドリュー・バリモア
マイケル：ロバート・マクノートン
メアリー：ディー・ウォレス
キーズ：ピーター・コヨーテ

インクハート / 魔法の声		Inkheart	（執筆）白木　玲子

セリフ紹介	幼い頃、お気に入りの本の主人公に会いたい、勇猛果敢なヒーローになったり、素敵な異性と恋に落ちたいなどと夢見たことはありませんか。この映画は、その願いを半ば叶えてくれます。と言うのも、本作では登場人物と良好な関係は築けないかもしれませんが、現実世界へと飛び出してくる彼らと共に、物語の世界を共有できるからです。作中では、『インクハート』という本が、フィクションと現実を繋ぐ重要な役割を果たしています。異なる2つの世界が共存する不思議な設定ですが、現代を舞台とし、衣食住を確保する日常生活も変わらないため、違和感はありません。現れた登場人物達は意志を持ち、傍若無人に振る舞います。そのため、そのスケールは本の中に留まらず、より一層拡大しています。エリノアはメギーに、本を読めば図書室にいたままでどこへでも行ける、"Books are adventure. They contain murder and mayhem and passion. They love anyone who opens them." （本は冒険よ。殺人、騒乱、情熱、全部入ってる。誰でも楽しめるわ。）と語ります。この言葉こそ、本作の魅力を端的かつ明快に物語っています。また、モーは、"The Written word. It's a powerful thing. You have to be careful with it."（文章には一強い力がある。注意しなさい。）とメギーに告げます。一度書物となって出版されれば、後戻りはできません。文字は、良くも悪くも大きな影響を与えるのです。映画では、モーやメギーは、数多くの童話のストーリーや文字の力を利用することであらゆる危機を乗り越え、カプリコーンの目論見は、メギーが創る新たな物語の力によって敗れます。これらの台詞は本の威力、すなわち、読者が自分の気持ち次第で、思う存分作品世界に浸れること、そして、読書は想像力や情緒を育むだけでなく、社会や人の心をも変えてしまうことを教えてくれるのです。
ふれあいポイント	【多用される名作】映画の中では、数多くの有名な童話が効果的に用いられています。タイトルが挙げられるだけでなく、赤ずきんを筆頭に、ラプンツェル、お菓子の家やガラスの靴、ユニコーンなどの架空の人物や動物、小道具が、〈魔法舌〉を持つモーやダリウスによって本の中から呼び出されます。特に『オズの魔法使い』は、レサが残した本として家族の絆を表すだけではなく、モーが冒頭場面を朗読して嵐を起こし、追手から逃れるための手段として使われます。同じくこの本を朗読したメギーも、犬のトトが現れたのを見て、自分も〈魔法舌〉の力を持っていると気付くように、物語の展開において必要不可欠な作品です。また『アリババと40人の盗賊』は、モーの見事な朗読と〈魔法舌〉の威力、後に一緒に活躍するファリッドの登場を演出します。これらの作品は同じファンタジー児童小説ですし、手に入りやすく読みやすいものばかりです。英語字幕では、引用された物語のタイトルや地の文がイタリック体で表記されるため、台詞との違いも認識しやすくなります。どのような作品が出てくるのかを見つけ、映画に取り上げられた理由を考察したり、各物語を比較対照するのも良いでしょう。 【原作】この映画の原作は、著名なドイツ人女性作家、コルネーリア・フンケの世界的ベストセラー小説『魔法の声』です。本をめぐる冒険ファンタジー3部作の1冊目として出版され、『魔法の文字』『魔法の言葉』という続編があります。残念ながら映画化は本作のみですが、小説はすべて翻訳されています。映画の製作や公開年は、『ハリー・ポッター』や『ナルニア国物語』、『ロード・オブ・ザ・リング』シリーズなどの新旧ファンタジー児童文学が映画化され、ヒットした時期と重なります。同種の映画と比較すると、本作の世界観や規模は小さく、予想外の大事件やどんでん返しも起こりません。そのため、結末が安易に予想できる王道的なストーリーだと言えます。しかし、言い換えれば、それは地味ではあるが道を逸れることはない、節度を守った良質な作品であることを意味します。作者自身も製作に加わっているせいか、小学生に不適切な性や暴力を想起させる場面、放送禁止用語や表現などは含まれていません。カプリコーンと従臣達の外見や言動はいかにも児童文学の悪役らしく、どこかコミカルで憎めません。彼らは時に乱暴な言葉遣いや口調で話し、刀や銃を使いますが、そのせいで誰かの命が奪われることもありません。後半の色調や雰囲気が些か陰鬱になることは否めませんが、残酷な描写はなく、安心して鑑賞できます。英米文学に押されがちですが、ドイツはエーリッヒ・ケストナーの『飛ぶ教室』、ミヒャエル・エンデの『モモ』、同じくエンデの著書で『インクハート』と類似点が指摘される『はてしない物語』など、秀逸な児童・ファンタジー文学の宝庫であり、映画化されている作品も少なくありません。原作を読んでから鑑賞すれば、状況や感情がより詳細に理解でき、迫力ある映像美も実感できることでしょう。
あらすじ	モーは、朗読した物語を現実に呼び出せる〈魔法舌〉という力の持ち主です。9年前、この力を自覚していなかったモーが、娘のメギーに小説『インクハート』を朗読すると、炎を操る曲芸師ほこり指、悪党カプリコーンと手下達が現実世界に現れ、その引き換えにモーの妻レサが本の中へ入ってしまいます。それ以来、朗読することをやめたモーは、レサを取り戻すために、メギーと一緒に『インクハート』を探し求め、各国を旅しています。ついに『インクハート』を見つけた2人の前に、モーに朗読をさせて本の中に戻りたいほこり指や、怪物〈影〉を呼び出し、この世を支配しようと企むカプリコーンが現れます。モーとメギーは、ほこり指、大叔母エリノア、ファリッド、原作者フェノグリオと共にカプリコーンに立ち向かいますが、捕えられ幽閉されてしまいます。カプリコーンは、メギーにも〈魔法舌〉の力があると知り、彼女に朗読させます。すると、〈影〉が現れ、両者は戦いを繰り広げます。しかし、メギーは、窮地に立たされながらも機転を利かせ、悪が滅びる新たな結末の物語を自ら創作します。メギーがその物語を朗読すると、悪党一味は消え、現実化した物もすべて本の中へ戻されます。フェノグリオは愛する物語の中へ入り、ファリッドは現実世界に残ることを選びます。そして、モーとメギー、レサは現実世界で喜び合い、ほこり指はモーの朗読によって『インクハート』の中へ戻り、愛する妻と再会できます。

映画情報	製　作　費：6,000万ドル 製　作　年：2009年 製　作　国：米・英・独合作 言　　　語：英語 ジャンル：ファンタジー	公開情報	公　開　日：2008年12月12日（英国） 　　　　　　2009年 1月23日（米国） 　　　　　　劇場未公開（日本） 上映時間：106分 興行収入：5,749万374ドル

薦	●小学生　○中学生　○高校生　○大学生　○社会人	リスニング難易表	発売元：ワーナー・ホーム・ビデオ（平成26年5月現在、税込み）DVD価格：1,543円　ブルーレイ価格：2,571円

お薦めの理由	映画と本の魅力を存分に味わえる特異な映画です。古書修理を生業とするモー、貴重な蔵書で溢れる図書室を所有するエリノア、本好きで博識なメギー、物語に入りたいと熱望する作家フェノグリオなど、現実世界の人間は本を愛してやみません。読み書き共に活字離れが問題視される昨今、作中通して描かれる彼らの言動は、紙の本とそこに記された文字、それらを読むことの魅力を今一度思い出させてくれます。

スピード	3	
明瞭さ	3	
アメリカ訛	1	
外国語	2	
語彙	2	
専門語	2	
ジョーク	2	
スラング	1	
文法	2	

英語の特徴	会話が大半を占め、時に語り手が回想場面や登場人物の無言の動作の説明、物語の朗読をします。台詞のほとんどが米国英語ですが、エリノアからは英国英語、英語を母国語としないファリッドからは少々ぎこちない発音が聴き取れます。作家であるフェノグリオは、文語体や少々堅苦しい単語や表現を使う時があります。語彙や文法はそれほど難しくないため、内容は十分理解できます。

授業での留意点	【命令文】多くの動詞が、命令文に多用されています。物語は、モー達とカプリコーン率いる悪党の攻防が大半を占めます。モーがメギーを注意したり、カプリコーンが"Lock them up."（牢に入れろ。）と家来に指図したり、"Read the book"（読むんだ。）と朗読を強要する場面では、話し手が相手に命令や要求を伝える文、すなわち、主語を省略し、動詞の原型で始まる肯定の命令文が使われます。モー達がカプリコーンの追手から逃げる場面では、"Watch out!"（危ない。）、"Get in, get in!"（乗って。）、"Hold on."（つかまれ。）など、危機を脱する行動を指示するためにも命令文が用いられます。また、"Don't move."（動くな。）のように、冒頭に'Don't'をつければ、禁止を表す否定の命令文になることが理解できます。一方、メギーが、レサを救出しに行くモーに述べる"Just bring her back."（ママを連れて来て。）や、同じくメギーが、自分たちを残して逃げ去るほこり指に叫ぶ"Don't leave, come back."（行かないで、戻ってきて。）は、同じ命令文でも懇願を表しています。これらの台詞は短文で聴き取りやすく、登場人物の行動と共に発せられます。英語字幕では、緊迫した状況を表すために感嘆符が付けられている時もあり、登場人物の力関係や、彼らが置かれている状況も把握しやすいため、より効果的に語彙を向上することができます。 【完了形】物語を通して、モーも悪党一味も、誰か、あるいは何かを探し続け、良くも悪くもようやく見つけ出します。本の中に戻ることを切望し、長年モーを探していたほこり指は、彼と再会すると"I've been looking for you."（捜したぞ。）と述べます。メギーも、レサを呼び戻すために各地を旅していたモーに、"You've been searching for *Inkheart* all these years."（本を捜してたのね。）と言います。これらの台詞は、今現在進行している行動を表す現在進行形や、過去の状態を現在と結びつける現在完了形ではありません。何かを追い求め続けるという彼らの行為を通して、過去のある時点から現在まで続いてきたある動作が直前で完了した時、またはその動作が今後も続くであろう状況を示す際には、現在完了進行形が用いられることが理解できます。 【正しい英語の読み方】カプリコーンは、〈魔法舌〉の力を持つダリウスにも様々な物語を朗読させていました。しかし、吃音者であるダリウスは、言葉が閊えて流暢に読むことができません。彼の中途半端な朗読によって出現した人間や動物は、顔に文字が彫り込まれていたり、見鼻立ちが均等でなかったりや何かしら不完全な箇所があります。レサも『インクハート』から呼び出されたものの、顔に文字があるだけでなく、声を失い話すことができません。英語は、ただ読めば良いだけではありません。〈魔法舌〉は、英語を読む時の留意点、すなわち発音やイントネーションに注意し、正確に読まなければならないことを気付かせてくれます。

映画の背景と見所	物語のメインとなる本『インクハート』が、主に朗読の攻撃手段として活用され、その内容が十分把握できないこと、そして、〈魔法舌〉のネガティブな面しか描かれないことは残念な点として挙げることができるかもしれません。善悪関わらず、登場人物は人間臭く、奥深く描かれています。フェノグリオが驚くほど傲慢で凶暴な城主となったカプリコーンは言うまでもなく、モーは同じ過ちを恐れるがために朗読をやめ、追い詰められたほこり指がレサやメギーを置き去りにするように、保身のためには苦悩しながらも利己的になってしまう人間の弱い一面を垣間見ることができます。しかし、彼らを結びつけるのは思いやりの心です。モーは約束を果たすためにほこり指を追いかけ、朗読して彼を本の中へ戻し、ほこり指もメギーの叫び声を聞いて引き返し、冷遇しながらもファリッドの面倒をみます。エリノアやファリッドを含め、各々が仲間の存在を気にかけ協力します。何よりも、一冊の本を巡る冒険は、彼らの心の奥底にある家族愛から生じています。モーはレサとメギーを救出するために奮闘し、ほこり指が望郷の念を抱くのは、愛する家族と再会するためなのです。彼らの思いは共通で、そのためならどんな犠牲も厭いません。次元を超えた者同士でも、その言動からは、人間の本質と生きていくために必要な様々な心情が読み取れます。音や色彩を加えた映像技術が、文字だけがモノクロで表記される原作の世界観を見事に表現し、視聴覚を満たしてくれます。

スタッフ	監督・製作：イアン・ソフトリー 原　　作：コルネーリア・フンケ 音　　楽：ハビエル・ナバレテ 編　　集：マーティン・ウォルシュ 美　　術：ジョン・ビアード	キャスト	モーティマ・フォルチャート：ブレンダン・フレーザー メギー・フォルチャート　：イライザ・ベネット エリノア・ローデン　　　：ヘレン・ミレン ほこり指　　　　　　　　：ポール・ベタニー カプリコーン　　　　　　：アンディ・サーキス

ウォーター・ホース	The Water Horse: Legend of the Deep　　　　（執筆）白木　玲子

セリフ紹介	'water horse'（ウォーター・ホース）の生態は、ルイスの台詞から知ることができます。"They're make-believe. A legend from the Celtic past. They're said to be the rarest of all creatures. There can be only one water horse in the world at a time. When the one grows old, it lays a single egg, and then it dies."（架空の動物でケルト人の古い伝説だよ。世界一珍しい動物で、いつも一匹しかこの世に存在しない。そして年をとると卵を1個産んで死ぬ。）その性別についても、"he's girl and boy both. The beast is both mam and dad to the egg. The old water horse dies before the egg hatches, so the new water horse is born an orphan."（1匹がメスとオスの両方なんだ。卵にとっては父親で母親。親は卵が孵る前に死ぬ。生まれる子に親はいない。）と希少で孤独な生物だと語ります。そして、飼い続けたいと願うアンガスに、"Whatever the devil he is, he's meant to swim and be free. The loch is loaded with salmon to eat, and there's plenty of water for him to grow and move around in."（水の中で自由に生きる動物だ。湖には鮭もいるし大きく成長できる。）と諭します。さらにルイスは、道に迷って泣いていた旅人の前に海の精ウォーター・ホースが現れたという古い伝説も知っています。餌を与えて優しく接した旅人は、大切な友達となったウォーター・ホースに、自分を背中に乗せて湖を渡ってくれないかと尋ねました。ルイスは、そのウォーター・ホースが旅人を乗せたのか、潜って旅人を死なせたのか覚えていませんでした。しかし、アンガスはクルーソーの背中に乗って湖を一緒に泳ぎます。孤独な少年だったアンガスは、言葉も通じないクルーソーと信頼と愛情で結ばれます。彼は伝説を実現したのです。それはアンガスとクルーソーが大切な友達であること、そして、後世に語り継がれる存在となった証だと言えるでしょう。
ふれあいポイント	【ネス湖のネッシーと友情】冒頭では "a true tale it is…"（これは本当の物語…）と記されます。この物語はスコットランド北部に実在する "Loch Ness"（ネス湖）と、そこで目撃されたという "monster"（怪物）のネッシーから着想を得ています。水の精ケルピーとも言われるネッシーは、湖面から長い首を出した写真が世界的に有名で様々な論争を巻き起こしました。映画でもその写真を捏造して撮影する場面があるように、現在では作り物を使ったと言う関係者の証言も踏まえ、"fake"（インチキ）であるという説が優勢です。このような現実を背景に、写真の裏に隠されたもう1つの物語、すなわちウォーター・ホースと少年の友情関係をファンタジーとして描いています。父親の帰還を待ち続ける内気なアンガスは、世界で1匹しかいない孤独な存在、かつ父親不在という共通点を持つクルーソーと出会い、"He needs me. I'm his only friend."（僕だけが友達なんだ。）と深い信頼関係で結ばれます。しかし、最終的には "You've the best friend I've ever had. I'll never forget you."（お前は一番の友達だ。いつまでも忘れない。）と、親友を救うために自ら別れを決意します。アンガスは、クルーソーとの友情を通して自分の居場所と愛を見つけるだけではありません。"Not Crusoe. I meant Daddy."（クルーソーのことじゃない。パパだよ。）と、父親が戻って来ないこと、つまり戦死したことを受け入れます。現実と向き合って、悲しみや喪失感を乗り越えるのです。年老いたアンガスはクルーソーとは二度と再会しなかったと語りますが、物語はウィリアムという少年がアンガスと同じように湖畔で青く光る卵を拾う場面で幕を閉じます。伝説は受け継がれていくのです。真偽のほどは分かりませんが、もし興味を抱いたならば、湖には馬の形をした精霊が住んでいるというスコットランドの伝説について調べてみるのも面白いでしょう。 【原作】原作は英国の著名な児童文学作家であるディック・キング＝スミスの The Water Horse で、日本でも『おふろの中からモンスター』（講談社）として翻訳出版されています。映画では戦時中に設定されていましたが、原作は1930年のスコットランドが舞台です。姉のカースティが主人公で、弟アンガスと母、祖父ガミーと出かけた海岸で卵を見つけます。2人の父親は船乗りであまり家にいないものの、元気です。お風呂で生まれたモンスターの名前はクルーソーと同じですが、ルイスではなく、普段ガミガミと小うるさい祖父を中心に、家族全員が意気揚々とクルーソーの世話をする様子がテンポよく書かれています。残虐な描写もなく、随所にイラストも描かれている原作は楽しく読めるため、映画と異なる点を見つけて比較してみましょう。作者は動物を題材にした愛情豊かな作品を多数執筆し、ガーディアン児童文学賞や2010年には大英帝国勲章を受章しています。映画化や邦訳されている小説も多いので、他の作品を読んでみるのも良いでしょう。
あらすじ	第2次世界大戦真っ只中の1942年、アンガス・マクマロウは、母アンと姉カースティと共にスコットランドのネス湖畔の小さな村の屋敷で暮らしています。彼は大好きな父親が戦死したことを知らず、彼の帰りを心待ちにしながら孤独な日々を過ごしています。ある日、アンガスは青く光る不思議な卵を湖で見つけ、家に持ち帰ります。その卵からは伝説の生き物ウォーター・ホースが孵化し、アンガスはクルーソーと名付けて内緒で飼い、友情を築いていきます。その頃、ハミルトン大尉率いる英国軍がアンガスの屋敷に駐屯しに来た上、傷を負い除隊したルイスが下働きとして住み込むことになり、アンガスは気が気でありません。クルーソーの存在を知った姉とルイスは協力してくれますが、アンガスはルイスに説得され、大きく成長したクルーソーを湖に放します。隙を見てクルーソーに会い、背中に乗って湖を泳ぎ回るうちに、アンガスはかつての明るさや笑顔を取り戻します。しかし、クルーソーの噂が広まると、大人達は捕獲を試み、捏造写真を撮って富と名声を得ようとします。また、兵士達がクルーソーを敵艦と誤解し、砲撃命令が下されます。大量の砲弾が発射され、ハミルトン大尉、ルイス、アンが船で追いかける中、アンガスは自分の命も省みず、クルーソーの背中にまたがって海峡へ向かい別れを告げます。クルーソーは防御ネットを飛び越え、大海原で自由に泳げるようになりました。

| 映画情報 | 製作年：2007年
製作国：米国
言　　語：英語
ジャンル：ファンタジー、アドベンチャー
配給会社：ソニー・ピクチャーズエンタテイメント | 公開情報 | 公開日：2007年12月25日（米国）
　　　　2008年 2月 1日（日本）
興行収入：1億307万1,443ドル
上映時間：112分
字　　幕：日本語字幕 / 英語字幕 |

薦	●小学生 ○中学生 ○高校生 ○大学生 ○社会人	リスニング難易表		発売元：ソニー・ピクチャーズ エンタテンイメント（平成26年5月現在、税込み） DVD価格：1,523円 ブルーレイ価格：2,571円

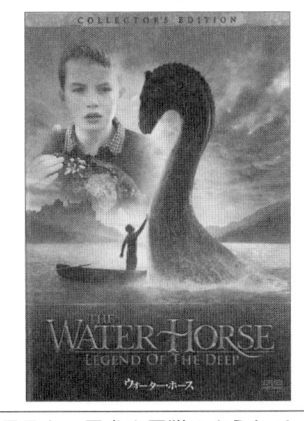

お薦めの理由	少年と生き物が心を通わせる普遍的な物語です。根っからの悪人も登場せず、戦時中とはいえ悲惨な場面も皆無で、誰1人死ぬこともなく血も流れません。天敵ブルドックとの追いかけっこなど、クルーソーが登場してからのトラブルはコミカルで楽しめます。暴風雨の中での砲撃場面は色調が暗くなりますが迫力満載です。シンプルな物語に様々な要素が含まれており、鑑賞後には心が温かくなる佳作です。	スピード	3
		明瞭さ	4
		アメリカ訛	3
		外国語	1
英語の特徴	この物語は年老いたアンガスが幼き頃を回想する形式で進み、現代と過去が行き来します。大半は過去の登場人物達の会話で展開し、時に老人アンガスが語り部となります。湖を表す'loch'、'yes'を意味する'aye'、驚きを表す'jings'などのスコットランド方言に田舎特有の訛りも加わるため、難解な台詞もあるかもしれません。俗語や卑語、性的意味合いを含む英語は一切使われていません。	語彙	4
		専門語	4
		ジョーク	2
		スラング	1
		文法	2

授業での留意点	【クルーソーの世話】幼児期までの小さなクルーソーの可愛らしい表情や仕草を見ると、子犬や子猫のようなペットを思い浮かべます。そんなクルーソーを保護して愛情を注ぐアンガスの言動は人間とペットの関係と重なり、ペットを飼っている方ならば1度は述べたことがあるような親しみ深い台詞が聴き取れます。アンガスは孵化したばかりのクルーソーが怖がっていると、"It's all right. There, there."（大丈夫、何もしないよ。）と安心させ、"Here you go. Come on."（ほら、食べてみる？）と手渡しで餌を与えます。クルーソーが餌を食べると、"That's a good boy."（それでいい。）などと優しく接します。"What can we call you?"（名前をつけなきゃ。）とクルーソーと名付けた後も小屋で世話を続けますが、食欲旺盛な時には"You ate it all. You'll be sick."（全部食べたらお腹を壊すよ。）、"Don't be greedy now."（がっつくな。）と注意もします。また、"I'll take care of you."（僕が手当してあげるよ。）と治療してあげたり、姿が見当たらない時には"Where are you, boy?"（どこなの？）と呼びかけたりします。これらの台詞からは、'boy'が親しみを込めた呼びかけに使われること、'come on'には色々な意味合いがあり様々な状況で使えることが理解できます。もし何かペットを飼っているならば、アンガスがクルーソーに述べる他の台詞も聴き取って、英語を使って世話をしてみるのも良いでしょう。 【戦争】1942年という時代設定には、戦時中の現実的要素が含まれています。まず、"housekeeper"（家政婦頭）であるアンは広大な屋敷の管理を任されており、"handyman"（下働き）のルイスを始めとする召使達を雇っています。軍の駐屯は史実に基づいており、この邸宅にやって来た英国軍は"12 Medium Regiment, Royal Artillery"（砲兵隊第12中連隊）で、"Captain"（大尉）を筆頭に"Lieutenant"（中尉）や"Sergeant"（軍曹）などの役職があります。地位や階級に対する意識は厳格で、作中でも屋敷に寄宿するのは"officers"（将校）のみで、残りの者は"camp outside"（野営）をするように待遇が異なります。"Yes."（はい。）とだけ答えたアンガスが、ハミルトン大尉に"We have a way of addressing officers, don't we?"（上官には何て答えるんだ？）と注意され、"Yes, sir."（イエスサー）と言い直すように、男性の場合には'sir'、女性には'madam'や'ma'am'を付けることで目上の人間に対する丁寧な表現になることも理解できます。色々な役職や武器などの専門用語、対話を聴き取り、登場人物の人間関係を考えてみましょう。また、実際の戦況は描かれませんが、アンが"There's just this war, and death, and people acting insane."（この戦争が死をもたらして、人を変えてしまった。）と述べるように、アンガスの父親の死、アンガスが内気になったこと、英国軍の駐留、ルイスが背中に深い傷を負い除隊したこと、そして、クルーソーが砲撃を受けたこと、これらすべてに影響を与えた戦争について考える機会を与えるのも良いかもしれません。

映画の背景と見所	映画というよりも童話、あるいは童話の挿絵だと言っても過言ではない綺麗な映像に驚かされます。過去の1942年が舞台の時にはどことなく落ち着いた色調で描かれているのに対し、多くの観光客が訪れる現代になると雰囲気も色遣いも明るくなります。各時代が明確に書分けられているため、突然時代が変わっても混同することはありません。また、アンガスやクルーソーが住むネス湖近辺の風景は素晴らしく、雄大な自然を堪能できます。実際の撮影はニュージーランドとスコットランドで行われましたが、湖、森、大地はまるで1枚の風景画のようです。町の様子やマクマロウ家の屋敷を始めとする建造物も、物語の雰囲気と非常に合っています。最も注目すべき点は、CGと特撮を惜しげもなく使って命を吹き込まれた架空の生き物、クルーソーです。登場人物や犬のような実在の人間や動物と絡む場面でも、全く違和感がありません。孵化してから大人になるまでの姿や動き、滑りある皮膚の質感は自然で、豊かな表情からは心情までもが感じられます。幼児期まではやんちゃぶりが生き生きと描かれ、成長後に湖を悠然と泳ぐ巨大な姿は壮大な自然と一体化しています。アンガスを背中に乗せ、湖中に沈む難破船や宝物の間を猛スピードで縦横無尽に泳ぐ場面は迫力と躍動感に溢れ、一緒に潜っている感覚を味わえるでしょう。ストーリー展開に合った調べや効果音、スコットランドの幻想的風景を引き立てるケルト音楽など、音響効果も絶妙です。

スタッフ	監督：ジェイ・ラッセル 脚本：ロバート・ネルソン・ジェイコブス 原作：ディック・キング＝スミス 撮影：オリバー・ステイプルトン、BSC 音楽：ジェームズ・ニュートン・ハワード	キャスト	アン：エミリー・ワトソン アンガス（少年）：アレックス・エテル アンガス：ブライアン・コックス ルイス：ベン・チャップリン ハミルトン大尉：デヴィッド・モリッシー

ウォルター少年と、夏の休日　Secondhand Lions

（執筆）柴田　真季

セリフ紹介

「本物の男とは？」という本作品のテーマに対する答えとして、伯父のハブが主人公の少年ウォルターに初めて、男らしい生き方と人生哲学を説く重要なセリフが登場します。監督でもあり脚本家でもあるマッキャンリーズ氏がこの映画を通して伝えたかった核心部分でもあります。

Uncle Hub: If you want to believe in something, then believe in it. Just because something isn't true, that's no reason you can't believe it. There's a long speech I give to young men, sounds like you need to hear a piece of it. Just a piece. Sometimes the things that may or may not be true are the things that a man needs to believe in the most. That people are basically good; that honor… courage and virtue mean everything; that power and money, money and power mean nothing; that good always triumphs over evil; and I want you to remember this, that love…true love never dies. You remember that, boy. You remember that. Doesn't matter if it's true or not. You see, a man should believe in those things, because… those are the things worth believing in.

（信じたければ信じろ。本当かどうかは関係ない。若者に長い説教をするがその一部を聞かせよう。人には真実かどうかは別として信じるべきことがある。人は生来、善なるもの。自らの誉れ、勇気、高潔さこそが全て。権力と金は全く意味がない。善は必ず悪に勝つ。そして愛は･･･真実の愛は永遠に滅びない。忘れるな。真実かどうかは別に、今言ったことを信じろ。信じるだけの価値がある。良いかね？）

ふれあいポイント

欧米化が進む日本の現代生活においても実際の欧米とは異なる点がまだまだ存在します。そんな文化の相違点について映像を通して触れる事は、感受性の強いお子さんにとって非常に有益なものとなります。

【日米の文化の相違】本作品の中でも日本とは異なった点が幾つか見て取れます。生活習慣もその１つですが、ウォルター少年が一緒に暮らす事になった大伯父の家では、普通に全員が靴を履いたままで生活をし、食事もそのままテーブルでします。米国では寝る時以外は靴を脱がない事、日本のように玄関で靴を脱ぐ習慣がない事等をお子さんとお話されても良いでしょう。

また家の構造に関しても日本とは異なっています。この作品で中心となっており登場人物がよく訪問客を見張って座っているのが porch と言われる、欧米の家ではよく見られる屋根付きの入り口部分があります。日本にも小さなものはよく見かけますがサイズや使用方法が異なる事が多いので、ダイニングやバスルーム等の他の異なる家の構造と共にお子さんにお話されると興味を持つでしょう。

心理学で言うところのパーソナルスペースも日本人と欧米人とでは異なります。一般的に欧米人の方がパーソナルスペースは狭いとされており、本作品でも親愛を表すハグを少年と母親との親子間や、少年と大伯父達との間でされます。映像を見ることによって言葉で説明するよりも分かり易いものとなっていますので、実際にお子さんとハグをして簡単な異文化体験をするのも良いでしょう。

【異文化理解】本作品中の大伯父達による回想場面では、アフリカやヨーロッパの場面が登場します。海を越えてアフリカに渡り、幾多の危機を乗り越えて砂漠の王女と恋に落ちたというアラビアンナイトのような世界観を垣間見る事が出来ます。アフリカのサファリは、ヘミングウェイを始めとして男らしさの最たる象徴とされる事が多く、この作品においても大伯父達はアフリカで活躍し、猛獣や敵と闘い、富を築くという典型的なヒーロー的活躍を経験してきた事を少年に話します。砂漠やアラビアンナイトを扱った作品は他にも数多くありますので、お子さんが興味を持った際には関連した読み聞かせや、映画を一緒に鑑賞される事をお奨めします。

また、アラブの場面ではイスラム教文化の影響で女性は布で顔を隠す風習が見られます。同様にベドウィン族や Sheik（族長）も本作品には出てきますので、部族制や生活習慣についてお話されるのも良いでしょう。

大伯父達によって語られる冒険物語の中には、Europe, Africa, Arabia, France と言った地域から Texas, Montana と言った米国の州まで多くの場所が出てきます。日本と英語における発音やアクセントの違いを理解すると共に地球儀でお子さんと場所の確認をすると有益です。

あらすじ

1960年代のテキサスの田舎に、ある夏の日、少年ウォルターはだらしなく無責任なシングルマザーのメイの勝手な都合で40年間も消息を絶っていた無愛想で面倒見の良くない２人の大伯父さんの家に預けられることになります。母親の魂胆は、大伯父のハブとガースが隠し持っているという大金の在り処を探らせることでした。電話もテレビもない田舎のボロ家に暮らす大伯父達は変わり者で、莫大なお金を目当てにやって来るセールスマン達を銃で脅して追い払うことを楽しんでいます。年も離れた大伯父さん達にウォルターは最初は馴染めず唖然とするばかりでした。そんなある夜、寝室で美女の写った古い写真を見つけ、ハブが夢遊病のように奇妙な行動をとる姿を目撃したことから、ガースに若き日の２人の壮大な冒険とハブの情熱的な恋愛について話してもらう事になります。次第に少年は２人の思いもかけない側面を発見して好感を抱くようになり、大伯父達も徐々に若いウォルターを可愛く思うようになっていきます。共に生活していく中で、一緒に野菜作りをしたり、動物園かサーカスから捨てられた老いたライオンを飼う事になったり、飛行機を組み立てたりと色々な出来事も上手く絡み合っています。名誉ある人生の送り方を大伯父から指南されるという、濃い時間を過ごした夏の休日を経験をした少年と、そんな少年との生活によって忘れていた大切な価値観を取り戻す大伯父達の、誰もが心温まる感動的な成長物語となっています。

映画情報

製作国：米国
製作費：3,000万ドル
配給：ニュー・ライン・シネマ
　　　日本ヘラルド映画
撮影場所：米国テキサス州　　言語：英語

公開情報

公開日：2003年9月19日（米国）
　　　　2004年7月10日（日本）
上映時間：110分
興行収入：約4,200万ドル（米国）
　　　　　約4,800万ドル（日本）

薦	●小学生　○中学生　○高校生　○大学生　○社会人	リスニング難易表		発売元：ポニーキャニオン （平成26年5月現在、税込み） DVD価格：5,076円

お薦めの理由	主人公である少年が夏に田舎の親戚の所に行くという、小学生が夏休みの体験として入りやすい設定になっており、作品中にもう1つの物語が描かれているため、小学生でも集中して鑑賞出来る本作品はお薦めです。戦争の場面は登場しますが残虐な場面はなく、実写ではありますが、冒険ファンタジーあり、動物あり、ガーデニングありと様々な要素が組み込まれた人生哲学も学べる感動作品となっています。	スピード	3
		明瞭さ	3
		アメリカ訛	2
		外国語	1
英語の特徴	舞台設定は米国西部のテキサス州ですが、独特な西部訛りもありませんし、登場人物も非常に限られており、大半が少年と2人の大伯父達との会話から構成されているため聞き慣れていく事で理解し易い英語となっています。医療関係や裁判場面といった難しい専門用語も使用されておらず、田舎での日常生活と回想シーンが中心なので、語彙的にも比較的易しいものが使用されています。	語彙	2
		専門語	2
		ジョーク	2
		スラング	2
		文法	2

授業での留意点

　小学生の新学習指導要領第4章の外国語活動においては、外国語を通じて言語や文化について体験的に理解を深めることや、外国語の音声や基本的な表現に慣れ親しませることが目標として掲げられています。本作品のような映画を使用する事によって、日本と外国との生活習慣等の違いを知る事ができ、映像と共に英語を耳にする事でリズムや音の違いを捉える事が出来る点で非常に役立ちます。

【語彙学習】本作品でまず授業内で学習可能な語彙としては家族の呼び方が挙げられます。作品中で使用されている mum, uncle, nephew, brother 等を鑑賞した後に、関連させて sister, aunt, cousin, grandparents といった語を取り上げると良いでしょう。また日本とは異なり、英語においては本作品でも頻繁に出てくる Uncle Hub（ハブ伯父さん）のように "Uncle" をつける語順が反対であることも取り入れて練習すると役立ちます。

　また作品中で絵付きのカードと共に出てくる野菜には、beans, tomatoes, beats, potatoes, lettuce, pumpkins, cabbage, corns, carrots 等、数多くあります。実際に児童と一緒にカードに野菜の絵を描いた後に、マッチングカードゲーム形式にして学習させると盛り上がります。その他に果物等にも応用するのも楽しく学習するでしょう。

　その他にも本作品には lawyer, detective, sheriff といった職業も登場しますので、さまざまな職業を英語で学習する事も可能です。

【条件からの学習】本作品のクライマックスで主人公のウォルター少年が大伯父達と一緒に暮らす条件として3つを提示するという印象的な場面があります。

1. You two got to stick around until I'm through with high school at least, preferably college. You both got responsibilities now... PTA, Boy Scouts, Little League, the works.
（高校を出るまで傍にいる。出来れば大学まで。保護者の責任だ…PTA、ボーイスカウト、リトルリーグ等々。）
2. You both got to take better care of yourselves. More vegetables, less meat.
（自分達の健康に気を付ける。野菜を採り、肉を減らす。）
3. No more dangerous stuff. No fighting teenagers, no airplanes…At least till I'm through with college.
（危険な事は今後一切禁止。若者との喧嘩や飛行機。少なくても僕が大学を卒業するまで。）

　授業内で条件を確認した後に、保護者の役割として外国と日本との相違について説明したり、小学校から大学までの英語での言い方を学習する事も有益です。また英語に関しても、got to, at least, take care of といった他でも繰り返し使用されている重要イディオムを学習すると良いでしょう。

映画の背景と見所

　本作品は監督であるマッキャンリーズ氏が、"強く正しい男性の存在は成長過程にある子供に大きな影響を与える"という信念に基づいて人生哲学を描いた感動的な物語になっています。作品の邦題は『ウォルター少年と、夏の休日』となっており、少年1人が主人公であるかのような連想をさせますが、原題は『Secondhand Lions』となっており本作品のテーマを象徴したタイトルとなっています。映画の途中で動物園かサーカスからも捨てられた老いたライオンが出てきますが、原題が lions と複数形になっている事からも分かるように、2人の大伯父が少年に出会う前の姿の象徴として描かれています。老いて中古のようなガースもハブも何十年もの人生には冒険と武勇伝が詰め込まれており、百獣の王のライオンみたいな勇者でした。ライオンが最後には力を振り絞ってウォルターを助けたように、大伯父達もウォルターに出会って新たな人生の意義を見出す事になります。お金よりも名誉や勇気が重んじられる世界を知った少年が、何かを信じる事の大切さ、他人のまねをするよりも自分自身を信じることの重要さを知る人生の教訓を語る作品となっています。またダニエルウォレス著の『ビッグフィッシュ-父と息子のものがたり』を原作とした映画『ビッグ・フィッシュ』（2003）も本作品と似た構成をした感動作となっていますので、引き続き鑑賞するのをお薦めします。

スタッフ

監督・脚本：ティム・マッキャンリーズ
製　　作：デヴィッド・カーシュナー
　　　　　スコット・ロス他
音　　楽：パトリック・ドイル
撮　　影：ジャック・N・グリーン

キャスト

ウォルター：ハーレイ・ジョエル・オスメント
ガース　　：マイケル・ケイン
ハブ　　　：ロバート・デュヴァル
メイ　　　：キーラ・セジウィック
スタン　　：ニッキー・カット

王様の剣 — The Sword in the Stone

(執筆) 子安 恵子

セリフ紹介

　王様の剣のつかに金色で書かれた文字です。有名な文ですので、暗記して重々しく言ってみましょう。"Whoso pullet out this sword of this stone and anvil is rightwise king born of England."（この岩から剣を抜きし者が真のイギリスの王である。）もちろんこの言葉からの The sword in the stone の表現は、この映画のキーワードとなっています。古い英語の単語や表現が使われているところが、言ってみるのに興味をそそられませんか？

　帝王学の第1レッスンで、マーリンがワートを魚にして実体験から教える際のセリフです。大きな魚に襲われ助けを求めるワートに対し、すぐに助けようとせず何回も "Use your head." （頭を使え）と言います。そして自分で考えて行動したワートに、"Knowledge is real power."（知恵こそ力）と締めくくっています。

　マーリンとマダム・ミムの決闘の場面は、簡潔な表現ばかりですので、遊ぶ際にも使えるものばかりです。まず "A Wizard's duel"（魔法の決闘）は "a battle of wits"（知恵比べ）とされ、ルールが紹介されます。Rule1: no mineral or vegetables, Only animal（生き物のみ、しかも動物）Rule 2: no make-believe things, like pink dragons and stuff（架空の動物はだめ、ピンクの竜なんかだ）Rule 3: no disappearing（消えるのはなし）そしてRule 4 no cheating（ルール厳守だ）そしてお互い背をあわせ、歩き出すことは、"Pace of ten."（10歩離れなし）と言うのです。

　中世の身分の単語も学べます。ケイについてロンドンへ行くはずだった従者が "mumps"（おたふく風邪）にかかってしまったので、ワートが "squire"（従者）としてケイに付き添うことになります。ということは、ケイは "knight"（騎士）というわけで…。squire は esquire とも表現されます。

ふれあいポイント

　この作品は単語を拾うだけで理解できる場面も多く含まれていますので、ご自宅で親子一緒に楽しめるでしょう。

　【変身】子供たちの興味を引くのは何といっても「変身」でしょう。この作品ではアーサー王伝説から離れて、魔法使いマーリンが少年ワートを魔法で様々なものに変身させることで、ワートに色々なことを教えていきます。

　変身の場面は2つあります。1つ目はワートを変身させ、実体験を通して大切な事を学ばせます。最初は魚、次にリス、そして小鳥へと変身させます。各々の変身からワートは何を学んだでしょうか。低学年には保護者からのヒントが必要でしょう。中学年には少しだけ、高学年は自分で考えてみましょう。小さな魚のワートは大きな魚に食べられそうになり必死に逃げ回りますが、マーリンはひたすら "Use your head!" と言うだけです。ワートは逃げながらも自分で考え、判断し、そして「生きるための勇気」を学びます。リスになったワートは雌のリスに一目惚れされてこれまた逃げ回り、最後に人間に戻ったワートに雌のリスは驚き、そして大変悲しみます。ワートは彼女から「愛」の深さ大切さを知らされるのでした。以前から飛べたらと夢見ていたワートは、念願の小鳥になれて大はしゃぎ。でも鷹に追われ、マダム・ミムの家に落ちてしまいます。ここから2番目の変身の場面になります。

　【魔法の決闘】森に住み人を怖がらせるのが好きな魔女マダム・ミムとマーリンの魔法の決闘、これが2番目の変身の場面です。決闘といっても魔法の知恵比べで、お互い変身し合って相手をギュッと言わせるだけというものです。決闘にはルールがあります。ルール1：変身するのは生き物のみ。ルール2：架空の動物はダメ。ルール3：消えるのはなし。ルール4：ルール厳守。この4つのルールに従い、相手より勝るものへと変身し合うのです。まずマダム・ミムはワニに変身。対するマーリンはなぜかカメに。カメの次はウサギ。マダム・ミムはマーリンのウサギをやっつけるイタチに。マーリンが相手の嫌いな青虫に変わると、それを食べる鶏に変わり、続いてゾウに変身。大きいものには大きいものでとセイウチに。マーリンがネズミになればマダム・ミムはネコに。続いてガラガラヘビになったのでマーリンは天敵のサソリに。そのサソリをつぶそうとサイになると、マーリンはヤギに。マダム・ミムの変身に対してマーリンの変身は正しいかどうか一緒に考えてみましょう。相手に勝つために、皆さんだったら何に変身しますか？最後にマダム・ミムは紫色のドラゴンになります。明らかにルール2に違反。でもマダム・ミムは、ピンク色のドラゴンがいけないと言っただけで紫色だからよいのだと言います。こういう「ずるい」行いを親子で話しあうのにも良い機会です。最後にマーリンは病気のウイルスに変身し、紫色のドラゴンの体内に入ってマダム・ミムを病気にしてしまい、マーリンの勝ちです。これぞいつもマーリンがワートに話していたこと、また1番教えたいこと「知恵こそ力」です。ワートの変身、魚は「勇気」を、リスで「愛」を、小鳥で「知恵」の大切さを学んだのでした。

あらすじ

　中世イギリス、石の台に刺さった剣を引き抜くことができた者は、次の王になるであろうと語り継がれていました。時は流れ、城で働く孤児アーサー（あだ名はワート）は、義兄ケイの命令で森の中へ矢を捜しに行き、魔法使いマーリンと出会います。未来を予言できるマーリンは、里親のエクター卿の城に押しかけ、帝王学としてワートに色々な事を教えます。第1レッスン、まずマーリンの魔法で2人は小魚に変身、城の堀を探検します。大きなカワカマスに追いかけられて命からがら、「生きるための勇気」を学びます。第2レッスンでは、2人はリスに姿を変えます。ワートは雌のリスに一目ぼれされ、「愛の力」が重力よりも強いことを習います。第3のレッスンで、ワートは小鳥になります。飛行中に鷹に襲われ、悪の魔法を使うマダム・ミムの家に落ちてしまいます。ワートを救うため、マーリンはマダム・ミムと決闘することになりますが、ルール破りのマダム・ミムに対してマーリンの「知恵」が勝利します。

　ある日ペリノー卿が、ロンドンで開かれる馬上槍試合の優勝者が次の王になるという知らせを持ってきます。ペリノー卿、エクター卿、ケイはワートを連れてロンドンへと向かいます。試合直前、ケイの剣を忘れてきたワートは慌てて戻り、広場の石の台に刺さった剣を見つけて持っていきます。ワートの抜いた剣は「王様の剣」でした。剣を再び台座に戻し皆が抜こうとしますが、誰も抜けません。ワートが王様の剣を抜き取り、アーサー王が誕生しました。

映画情報

- 原作：T・H・ホワイト
- 製作年：1963年
- 言語：英語
- 配給会社：ブエナ・ビスタ
- 製作：ウォルト・ディズニー・プロダクション
- ジャンル：ファンタジー
- 製作国：米国
- 映像：カラー

公開情報

- 公開日：1963年12月25日（米国）、7月18日（日本）
- ノミネート：アカデミー賞作曲賞
- 上映時間：約79分
- 音声：ドルビー・デジタル
- 画面アスペクト比：4:3　TVサイズ

薦	●小学生 ○中学生 ○高校生 ○大学生 ○社会人	リスニング難易表		発売元：ウォルト・ディズニー・スタジオ・ジャパン （平成26年5月現在、税込み） DVD価格：3,024円
お薦めの理由	アーサー王物語は有名な伝説、英語圏の文化を学ぶ上で必須といえます。石に刺さった剣を抜いて王になること、またその剣はどんな屈強な者たちにさえ抜くことができず、いつしかその剣は忘れ去られてしまっていたこと、石に刺さったその剣を引き抜くことは「真の王」、神に選ばれし正当な跡継ぎの証であることの知識を、この作品は小学生にわかりやすく楽しく描いているので、英語と文化を併用して学べます。	スピード	2	
		明瞭さ	2	
		アメリカ訛	1	
		外国語	1	
英語の特徴	舞台は中世英国ですが、ディズニー製作なので米国英語です。マーリンが時々 can を英国式に発音しますが、全体は米語です。マーリンとフクロウのアルキメデスとのやり取りは、速度・内容共に大人の会話ですが、ワートは少しゆっくりで聞き取りやすいです。マーリンの教えは、読み書きができないワートには知らないことばかり。"What's…?"（それってなぁに？）等、すぐ真似して使える表現が満載です。	語彙	2	
		専門語	1	
		ジョーク	1	
		スラング	1	
		文法	2	

授業での留意点

アーサーは12歳の設定ですが、どうみても9歳か10歳ですから、小学校低学年から高学年まで幅広く楽しめます。
【反対語や省略】低学年には、マーリンの最初のレッスンで魚になった時の歌が一番お薦めです。反対の意味の単語の組み合わせですから、英語字幕を見ながら一緒に歌えます。left and right, day and night, in and out, thin and stout といった具合です。また歌詞以外にも反対語の組み合わせを考えだして、歌詞をどんどん増やして歌を続けていくことも可能です。ただ、繰り返しの箇所の文のみ、説明が必要かと思われます。繰り返しの文 "That's what makes the world go 'round."（それでも世界は回るのさ）の単語 'round ですが、会話では around がこのような発音になることや、他にもエクター卿が them を 'em と発音しています。他にも実際の例、例えば rock 'n' roll など捜してみるのもよいかもしれません。

【昔の表現】高学年は冒頭の歌、それに続くナレーションの箇所が必須でしょう。歌は本の文章を歌っているものですが、英語の字幕にして見ると、文が一定の短さに切れているので、構文の理解がなくても単語から内容を十分くみ取ることができるでしょう。ただし1ヶ所 "The good king had died"（よき王が亡くなった）と過去完了形が出ています。日本語にはない時制で、説明できればよいですが、複雑で難しすぎると思われれば、過去形 died の意味の理解でも十分ですし、過去よりもっと過去の時にこういう言い方をするのだと言い添えるにとどめておくことも可能です。また heir, throne, miracle 等はおそらく知らない単語でしょうが、伝説やおとぎ話には欠かせない単語ですので、これを機会に覚えさせてみてはいかがでしょうか。なお、王様の剣のつかに金の文字で書かれている文は、昔の英語ですので日本語字幕もそれにならっています。例えば "Whoso pullet out this sword"（この剣を抜きし者）という具合ですが、時代劇で自分のことを「拙者」と言ったりするのと同じですから、昔の日本語表現を捜してみるのも興味深いかもしれません。もちろんそれにとどまらず、昔の英語表現を捜すことへとつなげていきたいものです。

【変身の決闘】魔法の決闘の場面では、映画を見ながら変身した瞬間にその生き物の名前を英語で言ってみてはいかがですか。またゲームとして、紙かカードに変身した生き物の名前を表に日本語、裏に英語で書きます。日本語面を上にしておき、2チームに分かれ、カードを取り上げたら裏の英語面を見て皆英語で言います。相手チームはそれに対抗するカードを見つけて取り上げ、英語で対戦していきます。高学年は、英語の面だけを見てやってみてはどうでしょうか。意味を忘れてしまった時、日本語面をちらりと見るのは、最初は…OKです。単語のスペルも覚わります。映画の場面の生き物だけでなく、もっと色々な生き物を変身の決闘のために考え出してください。たくさんの変身カードがあればあるほど、決闘で勝つことができます。さて両チームに分かれて、変身の決闘の始まり、始まり…。

映画の背景と見所

原作は、アーサー王の少年時代を描いたT・H・ホワイトの小説『永遠の王（The Once and Future King）』の第1部「石に刺さった剣」です。アーサー王物語は、中世ヨーロッパの伝説の中で最も有名な伝説・伝承と言われ、世界中に知られています。ワート（アーサー）が抜いた剣は、この伝説に登場してアーサーの血筋を証明する石に刺さった剣で、エクスカリバーと呼ばれます。この剣には魔法の力が宿るとされ、伝説の初期から登場しています。マーリンは、中世伝説における最も高名な魔法使いの1人で、アーサー王の助言者、強力な魔法使いです。

ディズニー製作となれば子供のための教訓や知識は豊富です。小学生にとって見所は2つあります。1つ目はアーサー王伝説そのものを学びます。これは Chapter 2 と Chapter 17、すなわち冒頭と結末です。冒頭での歌による説明、続くナレーションで、次のイングランドの王を待つ剣について言葉のみによって説明され、そして飛んで結末で、ふさわしい者のみがその剣を抜くことができる場面となり、アーサー王誕生が描かれます。2つ目はマーリンがワートに教える帝王学です。帝王学と言っても、時代を超えて小学生が学ぶべきことばかり。言葉でなく魔法を使って、実体験から「勇気」「愛」「知恵」の大切さをワートが自分自身で見つけだし、学んでいく様子は、そのまま今の私たちへの教えとなります。

スタッフ	製作総指揮：ケン・ピーターソン 監　督：ウォルフガング・ライザーマン 脚　本：ビル・ピート 編　集：ドナルド・ホーリデイ 製　作：ウォルト・ディズニー、ロイ・O・ディズニー	キャスト	ワート（アーサー）：リッキィ・ソレンセン マーリン：カール・スウェンソン アルキメデス：ジュニウス・マシューズ エクター卿：セバスチャン・キャボット マダム・ミム：マーサ・ウェントワース

	オズの魔法使	The Wizard of Oz	（執筆）坂田智惠子

セリフ紹介	映画の冒頭で、農場の仕事で忙しいエム叔母さんに、「つまらないことを大げさに心配せず、心配のいらない場所を探しなさい。」と言われます。ドロシーは "A place where there isn't any trouble. Do you suppose there is such a place, Toto? There must be. It's not a place you can get to by a boat or a train. It's far, far way. Behind the moon, beyond the rain…（"心配のいらない場所" そんな所あると思う？きっとあるわね。船や汽車でも行けない所、ずっと遠くの、お月さまの向こう、雨の向こう。）(Chapter 3)" と言い、主題歌の Over the Rainbow（虹の彼方に）を歌います。ここでのドロシーは、幸福はどこか他の場所にあり、そこに行けさえすれば努力なしでも幸福になれると思っています。 　しかし、オズの国での冒険は、望みを叶えるためなら、友達を助けるためなら、たとえどんなに怖くても自分がやるしかないのだということをドロシーに教えます。北の良い魔女グリンだが言うとおりドロシーは、"She had to learn it for herself.（自分で学ばなきゃならないの。）" です。何を学んだのかと問われて、"Well. I – I think that it – it wasn't enough to just want to see Uncle Henry and Auntie Em, - and it's that – if I ever go looking for my heart's desire again, I won't look any further than my own back yard. Because if it' isn't there, I never really lost it to begin with! Is that right?（ドロシー：いいえ、でも…叔父さんや叔母さんに会いたいと思うだけじゃダメ、心から求めるものを探すなら…きっとうちの近くにあるんだわ。うちになければどこを探してもないのよ。そうでしょ？）(Chapter 52)" と答えるほどにドロシーは精神的な成長を遂げたのです。
ふれあいポイント	【原作との相違点】原作の『オズ』シリーズ1冊目の「オズの魔法使い」は色々な出版社から翻訳が出ています。「復刊ドットコム」という出版社からは完訳版15冊も出ています。高学年のお子さんであれば、原作と映画脚本の違いを比べて見るのも良いかもしれません。原作と映画とが異なる理由をきかれたら、原作者と脚本家は違う場合がほとんどだということ、映画には時間の制約があるので原作のエピソード全てを使えるわけではないこと、映画では視覚的・聴覚的な効果を上げることが必要だということを分かりやすく説明してあげて下さい。 　原作との主な相違点を挙げます。原作ではドロシーは実際にオズの国に行きますが、映画では竜巻に巻き込まれて気を失ったドロシーの見た夢になっています。画面では現実がセピア調の白黒映像、オズの国がテクニカラーの鮮明なカラー映像なのでとても分かりやすいです。 　現実のカンザスでドロシーの知っている人たち、農場の下働きの3人（ハンク、ヒッコリー、ジーク）、家出したドロシーが出会う旅の魔術師、意地の悪い近所の大地主ミス・ガルチがドロシーの3人の道連れやオズの魔法使い、西の魔女になっています。冒頭の農場のシーンを見直すと、3人の言葉やポーズ、身のこなしなどがもう一つの役のヒントになっていることがよく分かると思います。ドロシーと同様竜巻に巻き込まれたミス・ガルチの姿は箒に乗った魔女に変わります。 　映画で描かれた The Wicked Witch of the West（西の邪悪な魔女）はアメリカの子供たちの魔女のイメージの基になっていると言われることがあります。黒い長いドレスを着て黒い先の尖った帽子をかぶり箒を手に持つ魔女の姿はハロウィーンの仮装などで日本でもお馴染でしょう。ボームの原作では、東の魔女の姉妹ではなく、第12章にしか出てきませんが、映画ではドロシーのルビーの靴を手に入れようと敵役として大活躍です。2003年にアメリカで初演され、日本でも上演されたミュージカル『Wicked』は西の魔女の視点から描かれたオズの国の物語です。 　【CG以前の映像】今のお子さんはコンピューター・グラフィックスで作った映像に慣れているので、この1939年の映画の特殊効果にびっくりしたり、笑ったりするかもしれません。もしDVDに特典映像で「メイキング」が入っていたら是非それもご覧になって下さい。フィルムの逆回しを用いた家の落下シーン、木綿の束を使った竜巻、案山子や魔女の特殊メイクなど、もの凄く時間と手間を掛けた撮影の工夫が明かされています。 　また小人のマンチキンたちはほとんどが子役ではなく、各地から集められた小柄な体格を生かしてサーカスやボードビルなどで働いていた124名の大人 "The Singer Midgets" です。Midgetは白雪姫に出てくる小人（dwarf）とは違い小柄だけれど全体のバランスは普通の人たちを指します。空飛ぶ猿の役もやっています。
あらすじ	両親を亡くし叔父夫婦に育てられているドロシーは、地主のミス・ガルチに愛犬のトトと引き離されることを恐れて家出しますが、エム叔母さんが心配になり戻ります。しかし家ごと竜巻に巻き込まれ、偉大なオズの魔法使いが支配する国にたどり着きます。（ここまでと最後の現実のカンザスはモノクロ映像です。） 　家は偶然悪い東の魔女の上に落ちました。魔女のルビーの靴はドロシーのものになり、魔女に虐げられていた小人のマンチキンたちは大喜びします。東の魔女の姉妹の一層邪悪な西の魔女に脅されたドロシーは、北の良い魔女グリンダの勧めで偉大なオズの魔法使いに助けてもらおうと黄色い煉瓦の敷かれた道をたどり始めます。それぞれ頭脳、心、勇気が欲しい案山子、ブリキ男、臆病なライオンと出会い道連れになります。途中でルビーの靴を狙う西の邪悪な魔女に妨害されますが、4人は無事エメラルドシティに到着します。しかし望みをかなえる条件として、オズの魔法使いに西の魔女を殺せと言われてしまいます。火をつけられた案山子を助けようとドロシーが水を掛けると、魔女は水に溶けて死んでしまいます。無事戻った4人は、魔法使いが実はカンザスからやってきた普通の人間だと知ります。彼と一緒にカンザスに帰るはずの気球に乗り遅れたドロシーは、北の良い魔女グリンダに教えられて「お家ほど良い所はない」と唱えます。目覚めると、カンザスの家で皆に囲まれていました。
映画情報	製　作　費：277万7,000ドル 製　作　年：1939年 製　作　国：米国 言　　　語：英語 ジャンル：ファンタジー　　カラー（一部セピア色）	公開情報	公　開　日：1939年　8月25日（米国） 　　　　　　1939年11月　　　（英国） 　　　　　　1954年12月25日（日本） 上映時間：101分　　MPAA（上映制限）：G 興行収入：1,479万2,232ドル（1999年1月現在）

薦	●小学生 ●中学生 ○高校生 ○大学生 ○社会人	リスニング難易表	発売元：ワーナー・ホーム・ビデオ（平成26年5月現在、税込み）DVD価格：1,543円　ブルーレイ価格：2,571円

お薦めの理由	ボームの原作『オズ・シリーズ』14冊は、続編が26冊も書かれ、何度も映画化や舞台化がされるほどアメリカの大衆文化に欠かせない存在です。中でもこの1939年製作のミュージカル映画は世界中の人々に愛されています。芸達者な出演者たちの演技、「虹の彼方に」を始めとした忘れがたい数々の挿入曲、手作り感のある特殊撮影の工夫を理屈抜きに楽しみながら、ドロシーの冒険と成長を一緒に体験して下さい。	スピード	3
		明瞭さ	3
		アメリカ訛	1
		外国語	1
		語彙	3
英語の特徴	多くの古い映画同様、台詞の速度はゆっくりめです。舞台出身の俳優が多い出演者たちの発音は、とても聞きやすいはっきりしたものです。ハリウッドの自主検閲制度と言えるThe Production Code/Hays Code（映画製作規定）のおかげか、「汚い言葉」の心配はいりません。主題歌やその他の挿入曲は、英語のリズムの楽しさや韻を踏んだ歌詞の面白さを教えてくれます。	専門語	1
		ジョーク	1
		スラング	1
		文法	1

授業での留意点

【歌の用い方】著作権の関係でこの本では歌詞を引用することはできませんが、是非、歌詞を使って発展学習をなさって下さい。歌が英語学習に適している理由としては、日常よく使われる短い単語が使われている、文法のレベルが高くなく会話的な表現なので理解しやすい、話す時よりもゆっくりとした速さで歌われている場合が多いので聞き取りが容易である、歌詞の中に同じ語句や構文が繰り返されることが多いので覚えやすい、英語のリズムに馴染むのに役に立つ、などが考えられるでしょう。

具体的には、例えば、マンチキンの国でドロシーが歌う"It Really Was No Miracle（奇跡じゃないわ）(Chapter 13)"では、"-itch"という音で終わる言葉がリズミカルに繰り返されます。(rhyming、韻を踏んでいます）東の魔女の死を確認するマンチキンたちの歌"As mayor of Munchikin City（マンチキン市の市長として）"(Chapter 14)では、regally, legally, morally, ethicallyなどと副詞が何度も出てきます。勿論主題歌の"Over the Rainbow（虹の彼方に）(Chapter 3)"は是非クラスで歌ってみて下さい。

【イディオム化した台詞】American Film Institute（AFI　米国映画協会）が2005年に発表した「AFI's 100 years...100 Movie Quotes（米国映画の台詞100選）」には、この『オズの魔法使』から3つの台詞が選ばれています。4位がドロシーの"Toto, I've a feeling we're not in Kansas anymore.（トト、ここはカンザスじゃないみたいよ。）"(Chapter 11)、23位が同じくドロシーの"There's no place like home.（やっぱり　おうちが一番。）"(Chapter 54)、99位に西の魔女の"I'll get you, my pretty, and your little dog too.（だが決して逃がしゃしないよ。おまえとその犬の命はないからね。）"(Chapter 17)が入っています。

この映画が繰り返しテレビで放映されているため、幾つかの台詞は日常の会話で普通に使われるようになっています。"not in Kansas anymore"は「見知らぬ土地にいる」「昔とは勝手が違う」という意味で使われるようです。ドロシーの"Lions, and tigers, and bears! Oh ,my!（ライオンに虎に熊？わあ　どうしよう！）"(Chapter 29)は、何かが怖い時に、オズの都に通じる"the yellow brick road（黄色い煉瓦の道）"は「成功や幸福への道」を言う時に使われることがあります。

【ブリキ男の歌について】"If I Only Had a Heart（心さえあれば）"の歌(Chapter 26)の中で、"Wherefore art thou, Romeo?（ロミオ、どこにいるの？）（DVDの字幕の表示）"という女性の声が聞こえますが、これはシェイクスピアの『ロミオとジュリエット』の有名なセリフです。whereforeは古い言葉でwhyの意味なので、現在の英語に直すと"Why are you Romeo?（何故あなたは（モンタギュー家の一員の）ロミオなの？）"になります。

映画の背景と見所

L・フランク・ボームが1900年に発表した『オズの魔法使　The Wonderful Wizard of Oz』が原作です。前書きでボームは、「民話や神話、グリムやアンデルセンの童話は、何世代にもわたり子供たちを幸せにしてきたがそこには教訓を与えるための恐ろしい側面があった、自分は恐怖や心の痛みを感じることなく子供たちが驚嘆と喜びを味わえる現代的な「不思議な物語」を書いた」と述べています。

MGMが映画化権を買い取り、ジュディー・ガーランドを主役にミュージカル映画化しますが、当初の興行収入は300万ドル余りと振るいませんでした。しかし、その後の映画館での再上映、1956年以降のテレビ放映、1980年のビデオ化を通してずっと子供たちに親しまれ続けています。

原作で「灰色」と描写されている現実のカンザスはセピア調の白黒映像、ドロシーが夢の中で旅をするオズの国はテクニカラーを使った鮮やかなカラー映像です。しかし、その単調な色彩のカンザスこそ、ドロシーを愛し気遣う人たちのいる所であり、そこに帰りたいというドロシーの一途な願いが物語を動かしています。

守られているという印象があるドロシーですが、トトや案山子を守るためにライオンや魔女に立ち向かう強さも持っています。それが結末の彼女の成長を示すセリフへとつながっていきます。

スタッフ	監督：ヴィクター・フレミング、他4名 脚本：ノエル・ラングレー、フローレンス・ライアン 原作：ライマン・フランク・ボーム 撮影：ハロルド・ロッソン　　衣装：エイドリアン 作詞：E・Y・ハーバーグ　　作曲：ハロルド・アーレン	キャスト	ドロシー　　　　　　　：ジュディー・ガーランド 案山子/ハンク　　　　：レイ・ボルジャー ブリキ男/ヒッコリー　：ジャック・ヘイリー 臆病なライオン/ジーク：バート・ラー 西の魔女/ミス・ガルチ：マーガレット・ハミルトン

	オリバー/ニューヨーク子猫ものがたり　Oliver & Company	（執筆）服部　有紀

セリフ紹介	ニューヨークの街で子供が猫のオリバーと遊ぼうとするとママが "Come on, sweetheart. We're late."（行くわよ。）"You can play with the kitty some other time, honey."（遊ぶのは今度ね。）と声をかけます。その子供が行ってしまうと今度は「ニューヨークで最高のホットドッグ」と歌いながらホットドッグ売りが来ます。"Don't ya see I'm pushin' somethin' here? Thank you."（屋台だよ　道をあけてくれ。）と言い、続けて "Hey, it's a beautiful day, eh? Come on, folks."（いい天気だ。いらっしゃい。）と客引きをします。おいしそうな匂いに誘われオリバーが近づくと "Get outta here. Shoo! Get outta here. Go on, kitty."（こら、あっちへ行ってろ。）と追い払われてしまいます。街中には育ちが良さそうなおすまし猫もいますし、その猫の気を引こうと、"Hiya."（どうも。）と声をかけるオス犬ドジャーもいます。屋台の男に飛ばされ、バナナの皮を被るオリバーに自らをドジャー様と呼ぶ犬が "Ooh, you sure picked the wrong guy to get hot dogs from, kid."（悪いのを相手にしたな）と話しかけてきます。"Get away from me！"（来ないで！）とオリバーが言い返します。ドジャーからは "Whoa! Chill out, man."（落ち着け。）"I don't eat cats."（ネコは食わん。）"It's too much fur."（毛ばっかりだ。）という面白いセリフが飛び出し、"I'm not goin' back there again."（もうこりごり）と言って屋台にはもう行きたくなさそうなオリバー。ドジャーはニューヨーカーとも呼べる犬で、"All you gotta do is learn some moves."（コツを教えてやる。）"This city's got a beat."（街のビートを感じろ）"And once you got the beat, you can do anything."（そうすりゃ無敵だ。）とカッコよく言い放ちます。ドジャーの声を有名なビリー・ジョエルが担当していますので、声と共に楽しめます。

ふれあいポイント	【仲間との出会い】ホットドッグ屋がオリバーに "Hey! Hey, get off of me. What's the matter with you?"（おい、離れろ。どうしたんだ？）と言っている様子を見て、ドジャーが "cat-astrophe"（大惨事）という語を使いますが、通常はハイフンが不要な単語です。猫の悲劇なので、catを強調させているところが面白いですね。ニューヨークの路上で生活するには、食べ物をどこからかもらわなくてはいけませんが、ドジャーがその方法をオリバーに見せようとしている時に、オリバーが "When are we gonna get those hot dogs?（いつホットドッグを頂くの？）と尋ねると "Right… now."（今だよ）とタイミングを教えます。ホットドッグ屋からホットドッグを奪うのにオリバーも協力しましたが、不公平にもドジャーは食べ物を独り占めします。"I helped you get those!"（手伝ったのに！）"Half of those are mine!"（半分は僕のだ！）とオリバーも主張します。ドジャーは首にウィンナーをかけ、"Ya want'em? Come and get'em."（欲しけりゃ来い）と挑戦的な態度を取ります。ドジャーは仲間と一緒に船の中で生活していますが、仲間にはいろんな種類の犬がいます。例えば、チワワ、ブルドッグ、グレート・デーンなどです。それに、フェイギンという人間も住んでいます。"Look what I got."（これをゲットした）と言ってアインシュタインはテニスラケットを持ってきました。すると、ティトが "Hey, come on. What we need is some good quality stuff, man."（もっと金目のもんはないのか？）と聞きます。"Check it out."「チェッキラーゥ」（俺のを見ろ）とティトが自慢的に取り出したのは、ボロボロの革財布です。そこからティトとフランシスが言い合いを始めると、"Cut it out, you two."（2匹ともやめてよ）とメス犬が起きました。そして、"So, Francis, you got the food, right?"（フランシス　食料は？）"It was your turn to get the food today."（あんたが当番よ）と言います。フランシスが食べ物を用意していないことを知ると、ティトは "It's newspaper burritos again!"（また新聞のブリットーかよ！）と面白いセリフを言います。 【ジェニーとの出会い】ジェニーのお抱え運転手が車内でジェニーに "Is there anything wrong, Jenny?"（どうしました？）と話しかけていると、車が何かにぶつかり、"What was that?"（今のは何？）とジェニーもビックリし、運転手が外の様子を窺います。なんと、フランシスが車にひかれたふりをしているので、慌てます。その隙にティトとオリバーがその高級車に乗り込みました。車が動き出しそうになり、"What's goin' on here?"（どうなってるんだ？）と運転手は困惑している様子です。"Let's get outta here."（ここから出よう）と仲間達はその場から立ち去りますが、オリバーだけがジェニーの家まで行ってしまいました。"Don't worry kitty. I'll take care of you."（猫ちゃん心配しないで、私が面倒をみるわ）とジェニーが優しく言います。ジェニーの世話役でもある運転手のウィンストンは、"Georgette is not going to like this."（ジョルジェットがお気に召しませんよ）と言います。

あらすじ	ニューヨークの街中で段ボールの中に捨てられた猫オリバーは雨の日も外での寂しい生活を強いられます。時には野良犬に追いかけられたり、屋台や車にひかれそうになったりしながらのストリート生活を送ります。野良猫であるため、人に追い払われることもありますが、その中でも仲間ができ徐々に生活が改善していきます。米国は人種のサラダボウル、それをまさに象徴するかのように個性的な動物、人物が登場します。ノリノリの音楽に乗ってサングラスをかけるニューヨーカーの犬ドジャーはこの街での生き方を知っています。最初はあまり友好的ではありませんが、次第にオリバーを仲間として認め、グループの中に入れます。ある日、オリバーは高級車に乗り込んでしまい、そこで出会ったお嬢様、ジェニーの豪邸でしばらくお世話になります。今までの生活と違いとても心地よく、金色に輝くキャットタグまで着けてもらい、すっかりその家の猫になります。オリバーがいなくなったのでドジャーと仲間たちはオリバーを取り戻そうと救出作戦を考えます。オリバーは仲間の元に帰ってくると、邸宅に戻りたいと言い出し、オリバーのことを仲間としてしっかり意識しているドジャーはやるせなさを態度に表します。その後オリバーとジェニーが悪い男に狙われるというドタバタ劇が待ち受けています。結果的には、オリバーは捜してくれているジェニーと無事再会し、仲間の皆とも一緒に豪邸で楽しく過ごし、万事上手くゆきます。

映画情報	原　　作：チャールズ・ディケンズ 製作年：1988年 製作国：米国 言　　語：英語 ジャンル：ファミリー　カラーアニメーション	公開情報	公　開　日：1988年11月18日（米国） 　　　　　　1990年 7月21日（日本） 上映時間：73分　　MPAA（上映制限）：PG オープニングウィーケンド：402万2,752ドル 興行収入：7,345万885ドル

薦	●小学生 ○中学生 ○高校生 ○大学生 ○社会人	リスニング難易表		発売元：ウォルト・ディズニー・スタジオ・ジャパン （平成26年5月現在、税込み） DVD価格：3,024円
お薦めの理由	登場人物はお子さんから、個性豊かな犬や猫までたくさん出てきます。豊かな表情やニューヨークの街の描かれ方にも着目してみてください。米国らしく、ノリノリで楽しいBGMがかかりますし、こなれた英語にもたくさん触れられます。そして、話し方からも個性が溢れていることに気づかされます。オリバーが、かけがえのない仲間を大都会ニューヨークで獲得していくストーリーをご堪能ください。	スピード	3	
^	^	明瞭さ	3	^
^	^	アメリカ訛	4	^
^	^	外国語	3	^
^	^	語彙	2	^
英語の特徴	ニューヨークが舞台になっていますので、米国英語が多いですが、ジェニーのお抱え運転手が気品のある英国英語を話したり、ニューヨークに住む人々のバックグラウンドが多種多様であることから様々な特徴の英語を聞くことができます。ティトは名前もラテン的でスペイン語交じりの英語を話すこともあります。ノリノリな感じで早口ですので、必要があれば字幕を英語にして確認しても良いでしょう。	専門語	2	^
^	^	ジョーク	3	^
^	^	スラング	3	^
^	^	文法	2	^

授業での留意点

【オリバーの居場所】豪邸に帰ったお嬢様のジェニーがとても嬉しそうにオリバーの食べ物を調理しているとウィンストンが、"I really think we should've waited until your parents...."（まず ご両親の許可を…）と言い出しますが、その時にはもう台所がめちゃくちゃになってしまっています。ウィンストンがジェニーの両親と電話で話している時にジョルジェットが側を通り、ジェニー達がいる部屋の中へ入ろうとするので、"Georgette, I wouldn't go in there if I were you."（ジョルジェット、入らない方がいいぞ）と伝えます。中でオリバーを見つけたジョルジェットは、ウィンストンが予測していた通り驚いて、"What is the meaning of this?"（どういうこと？）と言ってウィンストンを呼びますが、来ないので、"I guess I'll have to handle this myself."（私が何とかしないといけないわ）と言います。そしてオリバーに"Do you happen to know...out of whose bowl you're eating?"（そのボウルが誰だかあなた ご存じ？）と聞きます。ジョルジェットは気高く高級な感じですが、それもそのはず、コンテストで多くの輝かしい賞を受賞しているプードルなのです。いつの間にか家の中に入り、ジェニーと仲良くしているオリバーのことが初めは気に食わない様子です。一方、その頃ドジャー率いる仲間たちは、大邸宅からオリバーを助け出すことを考えていました。この時点ですでに仲間意識が芽生えているのです。計画通り上手くお屋敷に侵入したドジャー達は、再びジョルジェットを驚かせます。お調子者のティトは美しいものに弱く、うっとりした様子でジョルジェットに媚を売ります。どうにかして仲間で力を合わせ、無事オリバーを取り戻した仲間達でしたが、オリバーはどうなっているのか理解できず、"I was happy there. Why did you guys take me away?"（あそこで幸せだったのに）"I have another home now. And someone who loves me."（あそこもぼくの家だよ。愛してくれる人もいる）と言います。これを聞いたドジャーは聞き捨てならないといった表情で、"This place is not good enough for you anymore?（ここではもう満足できないってことか？）と聞くと、オリバーはそのことを否定し、"I like every one of you, but...."（みんな大好きだよ）と言います。しかし、ドジャーに"You wanna leave? Fine! There's the door."（帰りたいなら帰れ）"Go on. No one's stoppin' ya."（誰も止めない）と言われ、気まずい雰囲気の中、渋々出て行こうとします。

【危機から脱してのハッピーエンド】クライマックスに入り、やっとのことでオリバーとジェニーが再会できたと思われた瞬間、あろうことかその直後に悪者サイクスにジェニーは連れ去られてしまいます。オリバーが途方に暮れていると、"Don't worry. We'll get her back."（心配するな。俺たちが連れ戻す）という心強い声が聞こえ、振り向くとその声の正体はなんと、ドジャーだったのです。オリバーは何も恐れることなく、仲間達と協力してジェニーを助け出し、豪邸に戻ります。そして最後は全員仲良くジェニーの誕生日を盛大にお祝いします。

映画の背景と見所

歌の歌詞からもわかるように、ニューヨークでは様々な文化が混ざり合っています。楽しい印象がある一方で、気を付けないとサイクスとフェイギンのような人物も存在するかもしれません。この作品では、動物達をも上手く描き、人間の社会を映し出しているようにさえ感じられます。サイクスは悪者で、フェイギンがお金を借りたことで取り立てにやってきます。貧しい生活を送りながら、返済方法を試行錯誤する中で、お金持ちのお宅でお世話になっているオリバーを利用し、お金を手に入れようとフェイギンが悪巧みをします。「お金を持って来なければ、オリバーとは二度と会えないだろう」という趣旨の手紙を書きますが、待ち合わせ場所に姿を現したのはジェニーでした。こんな小さな女の子が自分の貯金箱を持って来たことに心打たれたフェイギンは、オリバーを開放し、ジェニーの元へ返そうとします。それも束の間、様子を見ていたサイクスが身代金目的でジェニーを誘拐します。一瞬すれ違いしたかのように見えたオリバーとドジャー、それに仲間全員が知恵を出し合い、悪と戦い、見事ジェニーを救い出します。悪者サイクスは電車にひかれて最後となります。この映画での英語の特徴ですが、これまでに挙げた表現も含め"We gotta go."（行かなくちゃ）"Get away."（邪魔するな）などのように音が連結して発音されることがとても多いです。この機会に音に慣れ、何度も口に出して練習し、滑らかな英語を自分のものとして定着させてしまいましょう。

スタッフ	監　督：ジョージ・スクリブナー 脚　本：ジム・コックス　他2人 原　作：チャールズ・ディケンズ 音　楽：J.A.Cレッドフォード 主題歌：ヒューイ・ルイス	キャスト	オリバー　　　　：ジョーイ・ローレンス ドジャー　　　　：ビリー・ジョエル ティト　　　　　：チーチ・マリン アインシュタイン：リチャード・マリガン フェイギン　　　：ドム・デルイーズ

カールじいさんの空飛ぶ家		**Up**	（執筆）大達 誉華

セリフ紹介

"MY ADVENTURE BOOK"（わたしの冒険ブック）を見せる際、エリーはカールに念押しします。
I am about to let you see something I have never shown to another human being. Ever! In my life! You have to swear you will not tell anyone.
（これを見せるのは人類であんたが初めて。生まれて初めてよ。誰にも言わないって約束する？）
うなずくカールに、エリーはさらに畳み掛けます。"Cross your heart! Do it!"（十字を切って誓って！）
言われるままそうして誓ったカールにエリーは冒険ブックの中を見せ、いつか伝説の地である"Paradise Falls"（パラダイスの滝）へ行き、そこに住みたいという夢を語ります。
I'm gonna move my club house there and park it right next to the falls. Who knows what lives out there. And once I get there, well, I'm saving these pages for all the adventures I'm gonna have. Only I just don't know how I'm gonna get to Paradise Falls.... That's it! You can take us there in a blimp! Swear you'll take us! Cross your heart! Cross it! Cross your heart!
（あのクラブハウスを滝のそばに持ってくの。何が棲んでるのかな。夢がかなったら白紙のページに冒険を記録するんだ。ただ、パラダイスの滝までどうやって行けばいいか…。そうだ！あんたが連れてって。飛行船で。そう誓って。十字を切って！）
十字を切って誓ったエリーとの約束を守ろうと、カールじいさんは冒険に旅立ちます。

ふれあいポイント

【実用的な語や表現】教科書や授業でも学習始めに出てくることが多い挨拶、自己紹介の場面がいくつかあります。どのような言葉がどう交わされているかに注目してください。"My name is Ellie." "My name is Russel." "My name is Dug." は場面が変わっても繰り返し出てきます。カールはマンツに "I'm Carl Fredricksen." と名乗ります。自分の名前と置き換え、色々な相手と練習しましょう。

天国の妻エリーに向けたカールの言葉には簡単で便利な表現がたくさん含まれます。家を立ち退かなければならなくなったとき、カールは "What do I do now, Ellie."（エリー、どうしたらいい。）と言葉をもらします。旅が思わぬ展開となってしまったときは "Don't worry, Ellie. I got it."（大丈夫だ、エリー。わしに任せろ。）と語りかけます。とうとう目指す地を目前とした場面では、その美しさに "Ellie, it's so beautiful."（エリー、きれいだな。）とつぶやきます。自分だったらどんなときにこれらの表現を使えそうか考えてみてください。

【ジェスチャー】冒険家マンツの決め台詞は "Adventure is out there!"（冒険はそこにある！）です。この台詞を言いながら親指を立てて前に突き出すのが彼のお決まりのポーズです。親指を立てるジェスチャーはどのような意味を持つのでしょうか。同じ意味を表すのに日本ではどのようなジェスチャーを使いますか？ほかの国ではどうですか？話し合ったり調べたりしてみましょう。

カールにとって思い出深いフレーズは "cross your heart"（十字を切って誓って）です。子ども時代、エリーに言われるままそうしたカールは初めてエリーの冒険ブックを目にし、いつか「パラダイスの滝」へ連れていくことを約束します。日本では約束をする時にどのような言葉を用いますか？その際にはどんな動作をするでしょうか。動作に見られる文化の違いにも注目して下さい。

【発音】身近で簡単な語や表現、聞き覚えのあるそれらを探し、どのように発音されているのか注意して聴いてみましょう。例えば、"good morning" と「グッドモーニング」では音が随分異なるはずです。「アドベンチャー」や「スピリット」、「パラダイス」などは日本でもそのまま使われる語ですが、英語ではどう発音されているでしょうか。日本語でそのまま使われている語でも、日本語の発音だと英語話者に通じないことが多々あります。カタカナの表記に捕らわれず、英語ではどのような音となっているのか確認し、真似て言ってみましょう。

ラッセルやマンツが犬たちに出している基本の指示はほとんどが一語の命令形です。"Sit."（おすわり。）"Shake."（お手。）"Stay."（待て。）など、聞き取りやすく動作も単純です。映像を見ながら語と動作を一致させて覚えましょう。"sit" は日本語サ行の「シ」とは音が異なります。音を真似しながら繰り返し練習して下さい。

あらすじ

冒険に憧れる少年カールと、同じく冒険好きな少女エリーは、エリーが「冒険クラブ」の拠点にしている古い空き家で出会います。仲良くなった2人はやがて大人になり、結婚します。新居には出会いの場である空き家を修繕し、そこで生活を始めます。残念ながら子供には恵まれないものの、2人は仲良く穏やかに暮らしながら、いつか子供の頃から夢見る南米のパラダイスの滝へ行こうと語り合うのでした。

思い出を重ねながら暮らすうち年月は流れ、老年となったカールはふと、未だにパラダイスの滝行きを叶えられていないことに思い当たります。今こそ実現しようと南米へのチケットを手に入れた矢先、妻のエリーは病に倒れ、間もなく帰らぬ人となってしまいます。

思い出あふれる家に1人残され、孤独な生活を送るうち頑固者となっていくカール。開発が進み周囲に次々と高層ビルが建設されていく中で、カールは2人の家を守るべく、頑なに立ち退きを拒み続けます。ところが立ち退きを迫る業者との諍いから思いがけず相手に怪我を負わせてしまい、とうとう立ち退かざるをえなくなります。立ち退き前夜、納戸の奥から妻エリーの遺した冒険ブックを見つけたカールは、エリーとの約束を叶えようと、たくさんの風船で家ごとパラダイスの滝を目指して飛び立とうと決意します。

映画情報

製作費：1億7,500万ドル
製作年：2009年
製作国：米国
言　語：英語
ジャンル：アニメ、冒険、コメディ

公開情報

公開日：2009年5月29日（米国）
上映時間：96分　　MPAA（上映制限）：PG
興行収入：2億9,300万4,164ドル
オープニングウィークエンド：2009年5月31日
受賞：第82回アカデミー賞（作曲、長編アニメ映画）

薦	●小学生　●中学生　○高校生　○大学生　○社会人	リスニング難易表		発売元：ウォルト・ディズニー・スタジオ・ジャパン（平成26年5月現在、税込み）ブルーレイ+DVD価格：4,104円
お薦めの理由	「風船で空を飛ぶ」、これだけでも子供にとってはワクワクすることではないでしょうか。冒険やパラダイス、幻の生物など、ほかにも子供を引きつけそうな要素がたくさん含まれています。学習者と同年代のラッセルは冴えない少年ですが、だからこそ彼の活躍、成長ぶりは学習者にとって励みとなることでしょう。言語も、会話の多くが日常的な語や短文から成っており、文法も単純です。	スピード	1	**カールじいさんの空飛ぶ家**
		明瞭さ	1	
		アメリカ訛	1	
		外国語	1	
		語彙	1	
英語の特徴	標準的な米国英語が話されています。特に子供や動物たちの台詞は短くわかりやすいものがほとんどで、彼らへ向けられた台詞もまた同様です。命令文や単純な構文のほか、簡単な疑問文とそれへの応答もたくさん出てきます。これらが比較的ゆっくりはっきり話されているので、聞き取りもしやすいでしょう。単語や短文の表現は誰でも日常的に使うもの、使えるものが多く、実用的な例となります。	専門語	1	
		ジョーク	1	
		スラング	1	
		文法	1	

授業での留意点

【英語圏の文化】相手へ呼びかけるときに使う言葉が色々出てきます。"gentlemen" "sir" "Mr. Fredricken" "kid" "boy" のほかに、"Hey you!" "dog" や "master" というのもあります。どんな場で誰が誰にどのように呼びかけているか、またその場合どのようなニュアンスがあるのか、場面を見ながら考え話し合ってみましょう。日本では教師に「○○先生」と呼びかけますが、英語では名字に Mr. や Ms. をつけるのが一般的です。適切な挨拶とこれらの呼称を組み合わせ、学習者に先生へ向けて使わせてみましょう。

歩き疲れたラッセルは、カールに "I'm tired. My knee hurts. My elbow hurts, and I have to go to the bathroom."（ぼく疲れた。膝が痛いし肘が痛いし、トイレにも行きたい。）と訴えます。"bathroom" は「風呂場」と解釈してしまいそうですが、多くの場合にトイレ、洗面所、風呂が一カ所にそろっている欧米文化では、トイレも bathroom に含まれます。トイレはほかに "restroom" "washroom" などの言い方もあります。

【物語の舞台と地理】物語の舞台は米国で、カールとエリーが憧れるパラダイスの滝は南米にあります。カールに初めて "MY ADVENTURE BOOK" を見せながら、エリーは南米のことを "It's like America, but south."（「アメリカ」っていっても南なんだ。）と説明します。日本ではアメリカを漢字一字で「米」と表しますが、米国と南米はどう違うのでしょうか。物語を理解するためにも、学習者がきちんと認識できているか確認して下さい。カールとエリーの家の屋根には風見鶏があり、そこには "E" と "W" の文字があります。それぞれ何を表すのか、東西南北の英単語も併せて取り上げましょう。

【表記英語】エリーが "MY ADVENTURE BOOK" に書き留めていた言葉も物語にとって意味深いものです。カールとエリーが出会ったとき、冒険ブックには "Stuff I'm going to do"（いつかわたしがやること）が書かれていました。パラダイスの滝を目前に旅が行き詰まってしまったとき、カールは白紙だと思っていたその後のページに、エリーが自分に宛てて新たに書いたメッセージを見つけます。

"Thanks for the adventure—now go have a new one! Love, Ellie"（楽しかったわ。ありがとう。新しい冒険を始めて！　愛を込めて、エリー）

"Thanks." や "Thank you." は英語学習の経験がない学習者も既に知っているであろう表現です。このあとに "for..." と続けることで、何に対するお礼や感謝なのかを表現できます。なじみのある表現と繋げると、少し発展させた学習内容にも取り組みやすいでしょう。英語では親しい相手に宛てたカードや手紙、あるいはこのようなメッセージの後に "Love," を付けることにも注目してください。

映画の背景と見所

愛する妻を失い孤独に暮らすカールじいさんは無愛想で頑固者。でも、作品の冒頭で描かれているように、元々は優しく穏やかで子供好きです。杖をついて歩き、電動いすで階段を移動し、一人TVの前に座り誰とも話すことなく一日を過ごすカールの様子は、米国の高齢者によくある場面を表していると言えるでしょう。挨拶も手伝いの申し出もマニュアルを棒読みするラッセルは、不器用ではあるものの無邪気で明るい少年ですが、実は複雑な家庭環境におかれています。孤独になりがちな独居老人や両親のそろった環境で幼少を過ごせない子供など、現代の米国が抱える社会問題が作品の中にも垣間見られます。

頑固な老人の愛情深い素顔や、複雑な家庭環境におかれた無邪気な少年の父親への慕情、長年憧れた英雄の利己的な裏の顔など、人はそれぞれ状況や経験によって違った一面が表れることがあり、それが作品でも描かれています。それでも、約束を果たそうとひたむきに努める姿勢や、年齢や生物の種に関係なく相手を思いやる気持ちなど、時代や国を超えて大切にされるべきテーマが込められています。

アニメーションの美しさも見所の一つであり、青空にたくさんの風船がくくり付けられた家が飛び立っていく場面には子供も大人も魅了されるでしょう。

スタッフ	監督・脚本：ピート・ドクター、ボブ・ピーターソン 製　作：ジョナス・リベラ 製作総指揮：アンドリュー・スタントン、ジョン・ラセター 音　楽：マイケル・ジアッキーノ 美　術：リッキー・ニエルバ	キャスト	カール・フレドリクセン：エドワード・アズナー ラッセル　　　　　　：ジョーダン・ナガイ チャールズ・マンツ　　：クリストファー・プラマー ダグ、アルファ　　　　：ボブ・ピーターソン エリー　　　　　　　　：エリザベス・ドクター

43

	かいじゅうたちのいるところ	Where the Wild Things Are	（執筆）石川　淳子

セリフ紹介	マックスの母親への乱暴な発言が多々あります。マックスの"I'll EAT you up!"という、後のかじゅうたち（Wild Thing）を予見させる言葉です。母親と口論になり向かった島では本当のかいじゅうたちが、マックスの出現に、わからないやつは"Eat It"と言う場面につながります。最初に人に対して食べてやると発言したマックスが今度は食べられそうになるのです。自分のやったことをやられることで違うサイドの視点を持ち、そしてより理解する機会となって私たちにも言葉は迫ってきます。またその食べるという行為は、後にかいじゅうKWがマックスに言う「食べちゃいたいほど好き」という意味の裏返しでもあり、マックスも、かいじゅうも無意識にそれが母親・家族に言いたかった部分なのです。"You are out of control"という台詞。こちらは、母親がマックスに言う言葉なのですが、かいじゅうたちの暴走に、今度はマックスが同じ言葉を使います。これにも同様の教訓があり、立場を変えることで、他者の心情を理解するという暗示が込められています。この物語は、同じ台詞を違う人物が反復することにより、他者への理解を深めさせる＝大人になることへの暗示に満ちています。 　絵本にないものとしては、かいじゅうキャロルの"Loneliness"、"Can you keep that out?"という台詞があり、かじゅうたちの心の葛藤＝マックスの心を表現していて、かいじゅうたちの視点こそマックスの置かれた状況であることがわかります。また、絵本にもある台詞、マックスの"Be Stil!"とでてくるのが、「止まれ」という叫びこそが、成長に戸惑い、それに向かうことへの恐怖感などを端的に表します。これらに通底するのは、「仲間」の存在。マックスにとっての唯一の仲間は家族でした。そこから世界に羽ばたくときの心理的逡巡を表しています。
ふれあいポイント	【英語によるかいじゅうの音声】この映画は子供時代＝言語のない世界から、大人時代＝言葉を使う世界へと移り変わる時期を、マックスの独白やかいじゅうたちとの対話により描きます。子供時代の象徴としてかいじゅうたちとの遠吠えにちかいほどのうなり、独特な英語サウンドによるうなり（WhooとかHoooとか）を聞くことが折に触れあります。そのうなり声は言語の形にこそなっていないのですが、心のカオス、ときには大人の情愛を示すこともあり（マックスとのわかれのシーン）、解読ばかりなりがちの英語学習において、そのトーンの違いを探ることで自由な発想ができる幅を持たせてくれます。 　そういった独特な英後音声表現理解の後、内容を追っていくならば、文法を追わない「感じて理解する」ことができる映画となります。 【簡潔な英語による心象表現】かいじゅうたちはマックスの心の投影なので、マックスが家族に言いたかったこと、本当はそう感じていたけど、どのように言ったらいいかわからなかった言葉、を適切に簡単な英語で表現します。例えば、"Is there anyone who..."といった「（味方になる）誰かいないの？」とか"I will be on my own side."「自分が自分の味方さっ！」といった言葉。マックスが言いたかった気持ちを単純な形式の英語で、かいじゅうたちは言います。シンプルな気持ちを言葉にしているだけに、話法もシンプルになり、なおかつ普段の生活に使える音声となって迫ってきます。"See, this guy gets it!"「こいつ、わかってるな～」とか、"Having problem?"「困っているの？」といった相手の行動を伺う日常に使えそうな言葉もふんだんに取り入れられてます。特に、もし君が王なら何でもできるのか？との問いの中で、かいじゅうキャロルが一番にあげる願いとして、「寂しさ」「それは消せるのか？」という非常に繁茂かつ人生の深淵をかいま見せる問いがあります。マックスへの等身大の理解さえできれば、この映画の言語的な壁はとれます。戦争ごっこの際 "You are a bad guy." "You are a good guy."とふたつグループに分けます。気になる存在のKWが現れると、マックスは彼女を自分のチームに入れようとします。それに対して "Yeah, KW, Be a good guy."とキャロルが皮肉を込め言います。この皮肉が単純な故にかいじゅう＝マックスの成長への葛藤が見え隠れする場面です。子供の遊びでしかない戦争ごっこでは、すでに解決できない問題を多く孕みつつもそれしか解決の方法を持たない子供のとまどいがよく現れ、短い言葉一つ一つが、それを表します。結局、戦争ごっこでも当初かいじゅうキャロルが望んでいた「寂しさ」は埋めきれず、本当のけんかになってしまいます。が、これは人間社会、早い段階では小学校という集団世界にあるべき心の成長をどのように越えるべきか、視聴者に共感できる普遍的な問題を取り上げているので細かな言語理解なしで内容想定する学習ができます。
あらすじ	想が大好きな8歳の少年マックスは、母と姉との3人暮らし。しかし、近頃母も姉も自分をあまり構ってくれず、それに怒ったマックスは母とケンカし家出をします。一直線に走りながら、暖かい家庭のある町から寂しい浜辺への風景は早変わりします。浜辺に行き着きそこにあった船に乗って海に、マックスは出て行きます。数十時間が経ち、嵐にも穏やかな波にも見舞われた長い航海の後、たどりついた島には、不思議な生き物「かいじゅうたち」がいます。マックスはかいじゅうと話すこと、言い負かすことによって、畏敬の念を受けるようになります。マックスは彼らの王となり、ダンスや建築、かいじゅうキャロルと暖かい時間を過ごします。時間が経つにつれ、かいじゅうたちの相談は、細やかな人間関係（かいじゅう関係）の機微にもふれるようになります。それらはまだ幼くそういったことから逃げ出すために家出をしていたマックスの手に余るようになります。かいじゅうの親友キャロルは、自分をもてあまし、どうしたら昔のように単純に「楽しく」いられるか悩んでいます。その友KWは、新たな世界を作り、キャロルたち仲間を幼稚に感じているのです。そんなかんじゅうたちの姿にマックスは、いつしか自分を見いだし、様々な考えを持ち、反省し、家族のもとに帰る決心をします。かいじゅうたちと和解し、帰路につきます。そこには暖かな夕食が待っており、マックスの「居場所がある」ことを示してくれます。そうマックスの心次第で。

映画情報			公開情報	
原　作：Where the Wild Things Are 　　　　モーリス・センダック 製作年：2009年　　　　　　　製作国：米国 配　給：ワーナー・ブラザース映画　言語：英語 ジャンル：アドベンチャー・ファンタジー　カラー			公 開 日：2010年1月15日（日本） オープニングウィークエンド：3億2,675万407ドル（米国） 上映時間：101分 MPAA（上映制限）：PG 字　幕：英語字幕/吹替字幕/日本語字幕	

薦	●小学生　○中学生　○高校生　○大学生　○社会人	リスニング難易表		発売元：ワーナー・ホーム・ビデオ （平成26年5月現在、税込み） DVD価格：1,543円　ブルーレイ価格：2,571円
お薦めの理由	着ぐるみのかいじゅうたちの姿、謎の島、美しい砂浜と荒々しいまでの原生林、荒涼たる砂漠。自然の中で飛び回る着ぐるみかじゅうたちのワイルドさが鑑賞者の心の片隅にある子供時代の原風景と重なり懐かしくも暖かな感情を揺り動かす作品です。絵本にはない細かな動きや表情なども見ていてこの物語を飽きさせません。大人への入り口に戸惑うマックスの心をおもしろく描く作品です。	スピード	3	
		明瞭さ	2	
		アメリカ訛	1	
		外国語	3	
		語彙	2	
英語の特徴	かいじゅうたちの発する単純な英語は、日常的な会話にも、十分生かすことができます。使用されているのは、絵本を原本としているので発音も明瞭かつ聞き取りやすい簡易な言語が主流となります。英語学習には最適の作品と言えます。またマックスが実際生活で話した内容に近い内容をかいじゅうたちが単純化した形で繰り返す手法なので、彼らの会話は興味深い上に聞き取りやすくなっています。	専門語	1	
		ジョーク	3	
		スラング	1	
		文法	3	

授業での留意点	【ストーリーを読み取る】この映画の、現実におけるマックスの独白には比喩表現がちりばめられています。その真に表しているものを少しでも理解しようとするなら、映画への理解ひいては、言語への読解力をより深いものへとする土台となります。マックスの独り言には、空想と現実の入り交じった世界観があり、それは幼い子供たちが持ちがちの感情ではあるのですが、もしかしたら大人も敢然と持ち続け不完全燃焼となって心にわだかまっている「何か」の存在を子供であるゆえに敏感に探知しているのかもしれません。 　【日常的な英語表現の取得】かいじゅうの王となったマックスは、かいじゅうキャロルの感じている、友が成長し自分も成長しなくてはいけないときに生じる孤独感を「戦争ごっこ」という幼い手段で感情のもつれをほどこうと努力します。その際でも、やはりキャロルの孤独、親友KWが他の友達を大切にしてしまい自分を見捨ててしまったかのような孤独、を結局消すことができないのです。ゆえにキャロルに憎まれてしまうことになります。逃げる際、かいじゅう仲間のKWが、隠れ場所として提供するのが、彼女のお腹の中。この瞬間、彼は彼らとのやりとりの冒頭で"Eat It!"と言って、啖呵を切った出会いのことを連想したかもしれなく、彼女が本当に彼を守るためなのか、実は食べてしまおうとしているのか瞬時の迷いの末、友情を信じる道を選び、彼女のお腹の中に隠れます。口の中に入り、胃袋の中で、胃液にべとべとになりながら、KWとの会話で"It's hard being family"との彼女の言葉に対し、マックスは"I wish you guys have mom."と言います。この言葉の意味を、授業では取り上げたいです。それは単なる家族への思慕なのか、あるいはもう一段階開けた視野による「絆」を信じる前向きな姿勢がそう言わせたのか。ここでは他者との会話により導き出し感じた「絆」、家族であるけれど、それぞれが自分の世界を持つけれど、やはり家族の絆はそこに確かに存在することを再認識するよう導入したいです。食べられる（食べてしまう）危険を冒し、互いに信じあった結果生まれた絆により、マックスはその存在を確信します。彼は、自分の発した言葉により、最終的に、"I'm going home"という結論を導き出します。 　【主人公の成長に合わせ変わる表現】時が経ち、皆それぞれの世界があり、自分がその仲間にとってのベストでないことを知る焦燥感。その感情がかいじゅうたちとの奇妙な対話となって現れるので、そういったバックグランドもふまえて英文理解を押さえたいです。マックスやかいじゅうたちの話は、彼らの心象合わせ非常に比喩に満ちているので、その台詞（「台詞の紹介」にあるような）など徹底して、押さえたいです。 　再び帰りの船に乗り込むときには、言葉ではなくかいじゅうのうなり声に終始します。それはマックスのできる限りのかいじゅう＝子供時代への別れの挨拶なのです。そこを含めて理解の導入をしたいです。
映画の背景と見所	原作はモーリス・センダックの絵本「かいじゅうたちのいるところ」。コールデコット賞をはじめ数々の賞を受賞し、全世界で2,000万部以上を売り上げた20世紀最高の絵本の1つです。これを『マルコヴィッチの穴』などで知られる鬼才スパイク・ジョーンズ監督が映画化。家出少年と風変わりなかいじゅうたちとの交流と少年の成長を描く物語を、幻想的で不思議な手触りの映像にまとめました。CGとマペット技術を駆使して制作されたかいじゅうはかわいらしく表情も豊かです。絵本が原作だけに子ども向けの内容ではありますが、大人の胸にもクリアに響く物語となります。主人公マックスと「かいじゅう」たちとの交流の軸は、かいじゅうたちのやりとりはマックスとその家族との関係への投影です。昔は単純にみんなでいることが楽しかったのに、そう行かなくなったもどかしさ。かいじゅうたちの中で孤立するかいじゅうKWの姿が、大人への入り口に立つことの意味を投げかけます。大人になりつつあること、それにとまどう自分、その情景を自分のこととして、受け止めることができるようになったとき、マックスの旅は終わ里を迎えます。かいじゅうの集う島に来て、彼らとの交流から心の平静、人とのつながりの難しさ、尊さを知り、母の元に帰ったマックスがかいじゅうから学び成長する姿を見せてくれます。それは普通の暖かな夕食風景という形でマックスを見つめる母親のまなざしが彼の成長を誇らしく感じています。

スタッフ	監督・脚本：スパイク・ジョーンズ 脚　　本：デイヴ・エガーズ 音　　楽：カレン・オー、カーター・バーウェル 撮　　影：ランス・アコード 美　　術：K・K・バーレット	キャスト	マックス　　：マックス・レコーズ キャロル　　：ジェームズ・ガンドルフィーニ KW　　　　：ローレン・アンブローズ ママ　　　　：キャサリン・キーナー ママの恋人　：マーク・ラファロ

	崖の上のポニョ	Ponyo	（執筆）石川　淳子

セリフ紹介	基盤になる台詞として、ポニョが初めて宗介に話しかける場面の"Ponyo loves Sosuke."と宗介の"I'll love you, too"があります。ここからのちに出てくる「ぼくが守ってあげるからね」や、ポニョの「人間になりたい！」というセリフも、この物語の核となる言葉です。これらの言葉が、再び宗介のいる人間の世界を目指す行動力を生み出すのです。愛と責任の言葉は、不安に満ち身動きを許さない現代社会にありながら、子供ゆえの真っ直ぐで純粋な行動力となり、「魚が人間になる」という非現実を私たちにリアルに受け入れさせてくれます。ポニョの言葉は、そのまま行動力と直結し、有言実行の難しさ、しかしながら絶対的な力強さを教えてくれます。その他にもこの物語には魅力的な登場人物があふれています。現実的で行動力のある宗介の母親、力強い父親、慈愛溢れた養老院のおばあさま方、壮大なスケールの海の女神的存在の母親、ポニョの小さくてそれぞれが元気な妹たちなど、この物語の力強い魅力となっています。 　言語の特色として、日常的な言葉、「行ってきます」＝"See you"といった日々の挨拶的な表現以外にも、「すぐ、戻ってくるからね」が"I'll be right back"とか「〜の悪口を言う」が"...is mean to..."と言ったright＝正しい、mean＝意味するといった辞書で引いて最初に出てくる意味合いとは違った表現が頻繁に出てきます。直訳では知り得ない表現として、おいしいじゃん＝not bad、元気だしな＝cheer up、とってもとっても＝lots and lots、おやすみ＝Love and Kisses（相手に直接ではないにしろ）、きれいだね＝That's cool. まもるよ＝take care of, protect you、など、折々に日本文化と違う、英語表現の妙を感じさせる表現があります。
ふれあいポイント	【音声による習得】この映画の活用ポイントとして、生活に必要な基礎言葉を英語のエッセンスを入れつつも翻訳しているので、直訳では知り得ない、本当の英語的発想にたった英語を知ることができます。例えば、「あ、いや」は、"Heavens no."とか「失礼します。」＝"Good day."、「大丈夫だよ」＝"Don't worry."、「ハム食べる？」＝"Want some ham?"（eat使わない）、「私みたいね」＝"That makes two of us."（same使わない）と日本語では"be"を英語ではよく"have"を使うといった表現、他にも「守る」も"take care of"といった表現により"protect"だけでは打ち出せないニュアンスの違いを提供することができます。それにより直訳では味わえない英語の世界をこの映画では、頻繁に打ち出しています。ゆえに音声から体得する学習が必要です。英語音声をそのまま繰り返し反復練習をし、同様の場面にて、即座に口頭で使用することができるよう、シチュエーション練習を行います。その音声が、その事象と直結していることを、繰り返し発生することで体得したいです。 【日常的な異文化行動を探る】英語習得のための日本映画（英語版）なので、本来の日本語表現を他言語にすることにより、深い理解が得られるのも、こういった映画を取り上げる良さでもあります。またジブリ映画は大抵の日本人が一通り見ているので、すでにストーリーを知っている上での英語習得鑑賞となるので、すでに内容を押さえている児童が、新たに英語バージョンから、とらえ違いを見いだすことも可能です。日本文化では、お辞儀をしながらの挨拶が、英語ではそれを必要としない表現となるので、宗介の「みなさん、さよなら」の英語が、"Good-bye, everyone."となり、画面上のお辞儀が不自然な丁寧さを持つこと。年功序列方の社会と実績主義の社会のまったくの相違が画面上では現れており、その不自然さを捜していくのも、日本映画を英語指導の枠組みとして扱う利点となり得ます。なぜ英語ではそのような表現となるのか、なぜ英語文化では日本のようなお辞儀をしないのか、なぜ宗介が養老院のおばあさま方に話すときとてもコミカルになるのか、なぜ英語バージョンではそれが起こらないのか、などを理解すると、より英語らしい英語を体得し、最終的には作り出す原動力となると言えます。 【知っておきたい象徴的な場面】本編には冒頭から印象的な月が登場します。それは、いつもより少し大きめで、気がつくと登場するたびにその存在が大きくなっているのです。宮崎監督は、世界のバランスが崩れたために月が接近し地球が崩壊の危機に襲われていることを月のありように込めているようです。月の接近により引力のバランスが崩れ、海面上昇が起こり、町は海中に沈んでしまうわけです。海に沈んだ養老院の中では、すべての人は平等に自由です。おばあさま方は子供のような元気さを取り戻します。すでに最初からストーリー全体を暗示する場面、こういった象徴的なものを捜しながら視聴するとまた違った興味を引き出す鍵となります。
あらすじ	崖の上の一軒家に住む５歳の少年・宗介は、ある日、クラゲに乗って家出したさかなの子・ポニョと出会います。アタマをジャムの瓶に突っ込んで困っていたところを、宗介に助けてもらいます。宗介のことを好きになるポニョです。宗介もポニョを好きになります。しかし、かつて人間を辞め、海の住人となった父・フジモトによって、ポニョは海の中へと連れ戻されてしまいます。ポニョは、妹たちの力を借りて父の魔法を盗み出し、再び宗介のいる人間の世界を目指します。危険な力を持つ生命の水がまき散らされ、海はふくれあがり、嵐が巻き起こり、妹たちは巨大な水魚に変身して、宗介のいる崖へ、大津波となって押し寄せます。海の世界の混乱は、宗介たちが暮らす町をまるごと飲み込み、海の中へと沈めてしまいます。 　宗介の保育園、母親の勤める老人ホーム、すべてが海の底に沈みます。沈みながらも皆息ができる不思議な体験をします。ホームに行った母親を追いかけ、宗介とポニョも海に潜ります。そこでは体が自由になった老女たちの楽しそうな話し声があります。宗介の母は、海の女神であるポニョの母親グランマンマーレとひとしきり話をし、条件付きでポニョの希望、人になり宗介と暮らすことを許します。それは宗介のポニョへの気持ちが揺るがないこと。それをクリアし、ふたりは一緒に帰ります。荒らしの海で遭難しかけた宗介の父親も無事帰ってきます。
映画情報	製　作　年：2008年 製　作　国：日本 配　　　給：東宝・ウォルト・ディズニー・スタジオ配給 言　　　語：日本語・英語　カラー ジャンル：ファンタジー	公開情報	公開日：2009年8月14日（米国） 　　　　2008年7月19日（日本） 上映時間：101分 MPAA（上映制限）：G 字幕：英語字幕/吹替字幕/日本語字幕

薦	●小学生　○中学生　○高校生　○大学生　○社会人	リスニング難易表		発売元：ウォルト・ディズニー・スタジオ・ジャパン（平成26年5月現在、税込み） DVD価格：5,076円　ブルーレイ価格：7,344円
お薦めの理由	CGによる表現を廃し、全て手で描くアニメーションに挑んでいます。結果、どこか懐かしく、かつダイナミックな画面作りに成功。宮崎監督がこだわったのが海と波の表現。荒れた海を実際に観察して生まれた監督のイマジネーションは、想像をはるかに超えた世界を作り出しています。これまで三鷹の森ジブリ美術館のために作ってきたさまざまな試行の積み重ねがあります。	スピード	3	
		明瞭さ	2	
		アメリカ訛	1	
		外国語	1	
英語の特徴	日常よく使われる表現を直訳ではなくフレーズで体得できれば、非常に有用な英語がこの映画の中にはふんだんに使用されています。例えば、「あら？！」は"My!"、「よかった」は"Way to go!"、「失礼します」は"Good day."と言ったように日本語から英語の直訳では考えつかないような表現をこの映画でつかむことができます。日本語よりも短く調子もいいので、身につく英語の体得に役立ちます。	語彙	2	
		専門語	1	
		ジョーク	1	
		スラング	1	
		文法	2	

授業での留意点	【意訳表現への対処】すでにある日本語バージョンを生かすために英語バージョンのニュアンスを直訳でなく意訳にて、表現しているので、既存の授業中に教えた表現ではない英語使用も多々あること、を先んじて伝える必要があります。同じ「よかった。」という言葉も、場面により"Good."ではなく、"You scared me."だったり"Way to go!"だったり、様々な表現に変わります。日本語において、「よかった」は、不安を想定してのそれから逃れ得たときの「よかった」もあれば、予期せぬよいことが起こり晴れやかな気持ちの「よかった」もあることを先んじて伝えておくと児童の理解に、さらには英語を聴こうとする自然な努力に繋がります。多くの表現の違いは、文化の差であること、異文化を習得することで、言語以上の興味を引き出し、興味が高まります。 【日本語との違い】英語表現が幾重にもなるのは、日本語が語り手の心象により、同じ言葉であっても、内容が変わるからで、それに対応するため、さまざまな英語表現となります。心象は違っても表現言語が同じ日本語、誤解のないように同じ表現をしない英語。ここに文化の差が現れます。多民族国家とそうでない国家による、言語発達に違いが出てきていることを、映画を見るにあたり前もって説明できれば、より有用な言語習得につながります。「失礼します」もそこに入るのか、そこから出るのかで違い、映画では"Good day."が使われることにより、立ち去る時の表現であることがわかります。ちなみに、そこに入る場合の表現は"Excuse me."が妥当であることも説明できます。 その流れで、日本語でよく使用される「すみません」に対する"I'm sorry."と"Excuse me."あるいは"Forgive me."や、"I apologize you."といった多種表現への導入も可能になってきます。単なる挨拶の「すみません」なのか、謝罪の「すみません」なのか、あるいは「非常なる悔恨」の「すみません」なのか、波及的に日本言語のあいまい性について導入することでさらなる言語理解、ひいては英語学習につながります。 【英語文化への導入】また言語を越えて、環境と人との関係もこの映画を媒体とする上で、テーマとなり得ます。日本人の考える自然、と欧米人の考えるそれ、日本人の自然との関わり方、では欧米人では・・・と発展的学習も期待できます。日本人の考える自然は、「神」的存在で、神というのは、一人ではなく複数すべての物質に宿るもの、だから自然界で見られるように、環境は穏やかだけではなく、荒ぶる時もあります。神は守るだけではなく、人を試すかのようにあらぶり非常な運命を人に与えるときもあることそれが日本人の考える自然観で、だからこそ、自然とできるだけうまく共存するすべを模索します。この映画でも、主人公宗介とポニョの関係がそれであり、ふたりは一目で互いに気に入ってしまうわけですが、なぜそれが可能であるか、それはこの物語が指し示す自然との調和とどのような関係になるか考える、そんな時間も持ちたいです。文化の違いを知ることで正しい英語表現に近づけます。

映画の背景と見所	世界の人々が自信を失い、経済政策の行き詰まり、食糧や原油価格の高騰、地球の温暖化問題など、解決の糸口さえ見つけられず、不安を抱きながら漫然と生きている2008年夏以降の現代です。宮崎駿はこのような時代背景をモチーフにしてこの作品に挑みました。下地にした夏目漱石の『それから』の宗助は、この作品の主人公、宗介となり「崖の下の家」に住んでいるというのです。時代は下れど両者崖っぷちに暮らしています。文学的比喩を生かした過去の文学への造詣をもこの作品には込められているのです。また時代の不安定さの象徴として「月」も描いてます。バランスを崩した世界の比喩として描く以外にも、女性の持つ壮大さ・優美さも表現しています。月は昔から、女性の象徴であり、ポニョの母親であるグランマンマーレも登場は夜であり、いつも月光に照らされているような光を浴びています。月は人間の精神をも左右するといわれています。満月の夜には自殺が多いとか、人間の精神に変調をきたすという説もあるほどです。また月齢と潮汐の関係は人間の生死にも影響するとも言われているように、人間という生物は月によって支配されているといっても過言ではないかもしれません。そんな存在として月が登場しているところも必見です。その他、音楽は久石譲で魂を揺さぶる感動的なスコアを書きおろしています。またスイスを拠点に世界で活躍するソプラノ歌手林正子がオープニング主題歌でスケールの大きな歌唱を聴かせているのも注目です。

スタッフ	監督・原作・脚本：宮崎駿 作画監督：近藤勝也 プロデューサー：鈴木敏夫 映像演出：奥井敦 製作担当：奥田誠治・福山亮一・藤巻直哉	キャスト	ポニョ：（声）ノア・サイラス （「シークレット・アイドル　ハンナ・モンタナ」マイリー・サイラスの妹） 宗介：フランキー・ジョナス（ジョナス・ブラザーズの弟） グランマンマーレ：ケイト・ブランシェット

ガンバレ！ルーキー	Rookie of the Year （執筆）戸谷　鉱一

セリフ紹介

　ヘンリーの憧れのピッチャー、ロケット(Rocket)ことチェット・ステッドマン(Chet Steadman)が初の登板で緊張しているヘンリーに言ったセリフです： What are you doing out here? 何をやってる
　　　　　　　　　　　　－ what am I supposed to do? どうしたらいい？
　　　　　　　　　　　　－ Deal from your "have to." つまみ出せ　…
　　　　　　　　　　　　　 It's where the fear lives. 恐れをつまみ出してキメろ
本人は何を言っているか分からないと言っていますが、野球だけに限らず、様々な勝負事に当てはまる、的を射たセリフだと思います。
　次は、今シーズン限りで解雇を通告されたステッドマンがヘンリーを家まで送る車の中で言ったセリフです：
　– What's the matter? どうしたの？
　– Henry … don't take this game too seriously. ヘンリー　野球なんか本気でやるな
Because one day it's gonna be over. いつか終わりがくる
Your gift will be gone. 才能は消えるんだ
Don't forget that. 忘れるなよ
　これは戦力外通告を言い渡されたステッドマンの苛立ちに聞こえますが、後にヘンリーの肩が元に戻り能力が消えることを暗示している意味深なセリフです。

ふれあいポイント

　【反復】作品中には、連続する同じ表現が聞かれます。これらを中心にストーリーを追ってみましょう。'come on,' 'all right,' 'go,' 'yeah,' 'yes' の繰り返しは作品全体を通して頻繁に使用され、それ以外の例は以下のようなものです：
・All right, chuck it in there, baby. よし　しっかりやれよ
　Chuck it in there. Come on. ドジ踏むな
・Okay, baby, put it right in his kitchen! ベイビー
　Come on, put it right in his kitchen! デカいの食らわせろ！　肝っ玉すえてビシッとやれ！
・It's a wild pitch! A very wild pitch! ワイルドピッチです
・All right, Hank, cut some cheese, bub! クサいの1発ブチかませ！
　Cut some big, stinky cheese! プンプンにおうヤツをお見舞いしろ！
・Let's settle down. 続けていこうぜ
　Let's settle down, now. It's time.
・Little help. 助けて
　Little help, now. 出して
・Hang in there! Hang in there, Henry. 頑張れよ
・Let's play some ball! 出してくれ　ゲームは
　Let's play some ball! Yeah! どうなってんだ
・Zoom it in there, Henry! Zoom it! バシッと投げろ
・Bring it in! Get in here! みんな　集まって
　Bring it in! Bring it in!
・No, listen, I can't throw hard anymore. 力が出ないんだよ
　I can't throw hard anymore. 全然ダメだ
・Stop it! Just stop it. Just stop it! やめろ！　よさないか　よせ！
・He got him! He got him! Two away! やったぞ　2アウトだ！
　これらは修辞論の中の反復(Repetition)と言い、日本語でも見られる技法です。反復の最大の目的は強調ですが、意味を統一、拡大、確認し、リズムを生じる効果も持ち、真剣さにも、こっけいさにも、皮肉さにも用いられます。

あらすじ

　ヘンリー・ローウェンガートナーは野球が大好きでシカゴ・カブスの熱烈なファンである12歳の少年です。好意を寄せる女の子ベッキーを前にフライボールを捕ろうとし、転倒して前腕を複雑骨折させてしまいます。4ヵ月後ギプスを取るとヘンリーの腕の伸縮時に変化が起きます。友達ジョージとクラークと一緒にカブスの試合を見に来た時、敵の本塁打が彼らのいた外野席に飛んで来ます。ヘンリーはそこから130メートルあるホームに豪速球で球を投げ返します。それを知った母親の恋人ジャック・ブラッドフィールドはカブスのマルティネラ監督に来て見てもらい、カブスと契約することになります。初登板の日、速さはあるもののコントロールのない投球のヘンリーは敗戦投手として試合を終えます。彼はピッチャーのチェット・ステッドマンにピッチング指導を受け、チームメイトの協力もあってチームを勝利へ導きます。活躍をするようになると忙しくなり、かつての友達との間に溝が出来たこともあり、学校を優先させたいため今季限りのプレーをオーナーのボブ・カーソンに告げます。いよいよリーグ優勝戦の時です。肩に限界が来て降板した先発のチェットに続きヘンリーが大活躍します。カブスのリーグ優勝まであと1イニングの時に、ヘンリーはボールに躓き転倒した弾みで腕は元に戻ってしまいます。知恵を絞り何とか乗り切ります。最後の最後あと1球の時に、グローブに隠されていた名前から分かったことは…。そして投げられた超スローボールの行方は…。

映画情報

製 作 年：1993年
製 作 費：1,270万ドル
製 作 国：米国
言　　 語：英語
配給会社：20世紀フォックス　　　カラー映画

公開情報

公 開 日：1993年7月7日（米国）
　　　　　1994年5月3日（日本）
興行収入：5,357万9,269ドル（米国）
上映時間：104分
字　　 幕：日本語字幕/英語字幕

薦	●小学生 ●中学生 ●高校生 ●大学生 ○社会人	リスニング難易表		発売元：20世紀フォックス ホーム エンターテイメント ジャパン（平成26年5月現在、DVD発売なし）中古販売店等で確認してください。
お薦めの理由	子供が主人公で身近な野球が話題という点と、英語の分かり易さという点からお薦めです。一昔前にあったスポーツアニメの養成ギブスを身に付けてボールを投げたらルール違反です。しかし要は、怪我の功名から自然にそれが起こってしまったようなものです。野球を知っている人ならあり得ないストーリーと思うかもしれませんが、そのあり得ないことがありそうに思わせてくれる所が、この作品の面白い点です。	スピード	3	
^	^	明瞭さ	3	^
^	^	アメリカ訛	2	^
^	^	外国語	1	^
^	^	語彙	3	^
英語の特徴	舞台は米国イリノイ州の北東部、ミシガン湖の南西岸にある都市シカゴです。そこで繰り広げられる物語の子供達と大人達の話す英語は標準的米国発音で、標準的スピードです。子供達が話す英語は短めです。文法違反の登場頻度はありません。スラングは 'She's stacked.' がある程度です。大人と子供の会話頻度は同じ位です。口語特有の短縮表現（going to → gonna, want to → wannaなど）がある程度です。	専門語	1	^
^	^	ジョーク	1	^
^	^	スラング	1	^
^	^	文法	1	^

授業での留意点

【反復】ふれあいポイントで挙げた例は1人の場合の繰り返しです。以下のような対話においては強調が目的で、下線部の語の意味が強調され、その語には強勢が置かれます。実際どのように発音されているかを確認させて下さい。
・It was you? 投手って ママのこと？　　・What the heck was I talking about? 俺は何 言ってる さっぱり分からん
　It was me. そう ママよ　　　　　　　　What the heck was he talking about? 全然分からない
・This arm thing is weird. あの腕は　　　・He is my son! 私の息子よ
　This arm thing is fantastic. 絶対に異常よ すばらしい腕だ　　He is my client! 俺の"依頼人"だ

【音声1】サル・マルティネラ監督がルーキーであるヘンリーの名字 Rowengurtner を言う場面があります。似たような音の名前を呼びますが、微妙に違うので、注意して聞かせましょう。5回目はヘンリーが決め球を投げてくれたので、感謝の気持ちを込めて正式な名前で呼んでいます。しかしその後彼はまた良いボールを投げなかったので、呼び方が変わります：
　Rabbenboozer → Rosenbugger → Garden hoser → Runnamucker → Rowengurtner（5回目）→ Rollengruter
　新人の投手ヘンリーが若過ぎるので、名前を覚えられないのではなく、覚える気がないのが本音です。いわゆる言葉遊びで、日本語の駄洒落のように、英語でも語呂合わせをし、その場を和ませる効果を漂わせます。

【音声2】サル・マルティネラ監督がチェットに交代を促している時、チェットが1球を要求する場面があります。同じ 'one more' でも、感情によって言い方が異なります。その時の監督とチェットがどういう気持ちになっていて、'one more' を発しているのかを考えながら注意して聞かせてみましょう。

【音声3】ピッチングコーチのブリックマがよく 'Oh, boy' というような言葉を用います。'boy' は「少年」ではなく驚き・感嘆などを表す時に使用する間投詞です。彼がピンチに立たされた時に聞かれますので、注意して聞かせてみて下さい。

【文化】ヘンリーの母親メアリーが彼を呼ぶ時、必ずしも名前でないことに注目させて下さい。日本語では親が子供を呼ぶ時に先ずあり得ない "honey" や "baby" という言葉が使われています。英語圏では 'honey' は夫婦間・恋人同士で、また親が子に対して用い、'baby' は親しみを込めた呼びかけに男女ともに用います。

【語彙】ヘンリーが試合を終え帰宅した時の母親とのやり取りにおいて、お互いが 'Hey' という言葉を交わしています。日本語の「行ってきます」、「行ってらっしゃい」、「ただいま」、「お帰り」は、英語では 'See you,' 'Hi' などで表します。日本語を文字通り英訳したような表現は使いませんので、気を付けさせて下さい。

映画の背景と見所

舞台は米国イリノイ州シカゴです。そこに本拠地を置いているプロ野球チームがシカゴ・カブス（Chicago Cubs）です。作品中にも野球場が登場したように、シカゴには彼らの本拠地球場リグレー・フィールド（Wrigley Field）があります。ボストン・レッドソックス（Boston Red Sox）の本拠地球場であるフェンウェイ・パーク（Fenway Park）に次いで2番目に古い球場です。現代のような電光掲示板でなく手動でスコアボードの数字が入れ替えられる懐かしい光景が作品の中でも見られます。その地元の野球球団カブスのファンであり野球好きな少年ヘンリーの奇跡と成長、その友達との友情を描くと同時に、主人公ヘンリーと母親メアリーの親子の絆が所々で見られます。その親子の絆が一番顕著に表れているのが、言葉を交わすことができない距離のはずなのに、お互いはっきりと理解し合っている場面―ヘンリーの立つピッチャーズマウンドと母親のいる観客席を隔て、彼の腕が元の状態に戻り、彼が窮地に陥っている場面―です。ヘンリーには片親しかいませんが、そのような意思疎通ができることは、普段から親から子へ愛情が十分に注がれている証です。作品を見れば分かりますが、愛情は決して甘やかすことではありません。また野球といっても彼らは本来の正式なルールとは逸脱した作戦で勝ってしまいます。そんな点で野球の好き嫌いに関係なく、見て欲しいです。ただルールを理解している方があり得ない箇所が分かってさらに面白いかもしれません。

| スタッフ | 監　督：ダニエル・スターン
製　作：ロバート・ハーパー
撮　影：ジャック・N・グリーン
音　楽：ビル・コンティ
美　術：スティーヴン・ジョーダン | キャスト | ヘンリー　　　　　　：トーマス・イアン・ニコラス
チェット　　　　　　：ゲイリー・ビジー
メアリー　　　　　　：エイミー・モートン
サル・マルティネラ監督：アルバート・ホール
クラーク　　　　　　：ロバート・ゴーマン |

	カンフー・パンダ	**Kung Fu Panda**	（執筆）石川　淳子

セリフ紹介	"Yesterday is history. Tomorrow is a mystery. Today is a gift. That's why it is called the present." 「昨日までのことは歴史。明日のことはミステリー。今日という日は贈り物。ゆえにプレゼントと呼ばれる。」 　４９分くらいにウーグウェイ導師が語る言葉です。オリジナルではなく作家アリス・モース・アールの言葉です。この作品ではこの言葉がすべての場面に通底しています。今日が贈り物なのは、無限に可能性を秘めているからでしょう。昨日は替られなくても今日は替えられる、それによって未来は予想だにしないことが起きるものなのだから、今日くよくよせず信じて前向きに行動する、そういったことを語っています。この物語は勇気の物語であることを導師は教えてくれます。すばらしい言葉です、参考までにこの詩の後半部分を記します。 　「もう一度人生をやり直せるなら、今度はもっと間違いをおかそう。もっとくつろぎ、もっと肩の力を抜こう。絶対にこんなに完璧な人間ではなく、もっともっと愚かな人間になろう。この世には実際それほど真剣に思い煩う事などほとんど無いのだ。もっと馬鹿になろう。もっと騒ごう。もっと不衛生に生きよう。もっと沢山のチャンスをつかみ、行ったことのない場所にもっともっと沢山行こう。もっと沢山アイスクリームを食べ、（中略）もっとシンプルに生きよう。たまには馬鹿になったり無鉄砲なことをして人生に潤いや活気、情熱や楽しさを取り戻そう。人生は完璧には行かない。だからこそ生きがいがある。」・・・となっています。すべてが、主人公ポーや彼を囲むキャラクターたちに共通する「生きる」ことへのエールに繋がっています。単純なコメディではなく、ポーのコミカルさの中にも真摯に生きる姿を、この映画で、発見してもらえれば、この映画はそれだけで成功と言えます。
ふれあいポイント	【日常会話への導入】"Awesome"や"Sorry"など、彼らの日常会話には主語が抜けた表現が多く使われます。英語の基本は「誰が」「どうする」の部分への理解なしには、その生成には到達できないのですが、小学生の導入においては、まずは見知った単語を増やすことから始めることが有効な手段であり、それが児童にとって取っつきやすい学びになります。なのでポーたちが発する略表現を多く導入していくことが学習の鍵となります。 【それぞれのキャラクターの心の動き】亀のウーグェイ導師の言葉や動作には、多くの先人の知恵が詰まっています。何気ない動作や会話の中にも、教訓的要素がふんだんにあるので、聞き逃しないよう示唆していきたいポイントです。ウーグェイ導師の登場場面で、ろうそくを一つずつ消すシーン。あまりに時間がかかりそうなのを案じ、シーフー老師がカンフーの術で一挙に消します。それは無駄のない「合理性」を突き進むことで、生じる誤差、人にとって本当に必要なものは何か、洞察しようとする心を失うことがいかに大きな人の心の損失であるか暗示しています。老師たちはそれを失ってしまったが故に「タイ・ラン」というモンスター弟子を作ってしまい、平和の谷に危機が訪れます。谷に危機をもたらしたのは、他でもない「合理性」を最優先したものの心のおごり、竜の巻物さえ得れば、「世界一の強さ」を身につけられると、思い込んでしまうという間違いを生んでしまいます。本当の強さは、自分自身の中にあり、それはカンフーを操る筋肉でも訓練でもなく、自分の力を信じる自分自身のハートの中にあるのです。それを目覚めさせてくれる存在がパンダのポーであることを、ウーグェイ導師は気づいています。その思って物語を見てみると、また違った視点により気づくことが増えてきます。ウーグェイ導師の行動を中心に再視聴し、本当の強さのあり方を追う、そんな試みもこの映画を興味深く見るための要素となることをポイントとして押さえたいです。 【英語文化における美徳のあり方違い】日本においては、出しゃばらない、前に出すぎないという美徳があり、それは、「疑う心」を持つことすらも、否定します。ポーはまず疑います。自分に世界を救う力があるのかどうか。ポーを一目見たシーフー老師もマスターファイブもすべての聴衆も疑います。カンフー館の一番の長であるウーグェイ導師が谷を救う最強の戦士としてポーを指名しているのにもかかわらず、疑います。竜の巻物に何も書いてないことを発見し落胆したポーに、父親の言葉が迫ります。「最高のレシピ、そんなものはないんだよ」と。つまり最高であろうとする、本人の志だけが、それを遂げさせるのです。ウーグェイ導師の言葉正しいことをやっと受け入れることができるようになります。自分自身で考えて答えを出す、そんな米国らしい美徳がこの映画にはあります。この映画を見る際には美徳のあり方の違いにふれ、どちらがいいか、を考える時間を持つこともお勧めです。
あらすじ	パンダのポーは、父親の営むラーメン屋を手伝いながら暮らしています。中国の山深くにある"平和の谷"には、翡翠城の奥に眠る龍の巻物の奥義を得たものは史上最強の"龍の戦士"になれるという古くからの言い伝えがありました。正義のヒーロー、マスター・ファイブのようにカンフーの達人になることがポーの夢でしたが、体重オーバーで運動神経も全然ないポーには夢のまた夢でした。そんな中、極悪カンフー・ウォリアーのタイ・ランが刑務所を脱獄、伝説の龍の巻物を狙ってこの村に向かっているという一報が入ります。シーフー老師の師匠であるウーグウェイ導師は、タイ・ランに立ち向かう最強の戦士"龍の戦士"を選ぶため、急遽武術大会を開きます。村人たちが見守る中、タイガー、ヘビ、ツル、モンキー、カマキリのマスター・ファイブのすばらしい武術が披露されます。会場に入れなくなったポーは、爆竹をイスに仕込んで会場に飛び込みますが、なぜかちょうどウーグウェイ導師が"龍の戦士"を指したその指先に着地します。ポーが"龍の戦士"に選ばれ、修行が始まります。ところが修行に全くついていけないポーに、シーフー老師はたちどころに限界を感じてしまいます。そんなシーフー老師にウーグウェイ導師は、ただ信じるのみと告げます。信じる難しさを克服できたとき、タイ・ランとの決戦が迫ります。宿敵を倒し、元の平和の中、ポーは、生きることの神髄を知り、噛みしめます。
映画情報	製作年：2008年　　　　製作国：米国 配　給：ドリームワークス（米国） 　　　　アスミック・エース/角川映画（日本） 言　語：英語・日本語 ジャンル：アクション　　　カラー
公開情報	公開日：2008年6月　6日（米国） 　　　　2008年7月26日（日本） 上映時間：92分 MPAA（上映制限）：PG 字　　幕：英語字幕/日本語字幕

薦	●小学生　○中学生　○高校生　○大学生　○社会人	リスニング難易表	発売元：パラマウント ジャパン（平成26年5月現在、税込み）DVD価格：1,944円 ブルーレイ価格：2,700円

お薦めの理由	「人を信じる」ことの希薄な揺れ動く現代社会において、ただ純粋に人を信じることを薦めるこの物語は、説得力を持って視聴者を魅了します。この世に特別な方法はなく、ただあるのは信じる心、ボーの能力を信じカンフーを教えるシーフー老師、巻物には強くなる秘訣などないけどそれがある意味、世の真理でありただ必要なのは己の力を信じる強さなのだと悟るボーの姿は説得力を持って私たちを魅了します。

	スピード	5
	明瞭さ	4
	アメリカ訛	3
	外国語	1
	語彙	2
	専門語	1
	ジョーク	3
	スラング	3
	文法	3

英語の特徴	基本的にはボーの発する日常会話、文法に則すわけでもない、簡略化された英語、主語の省略された英語が続きそのまま全部体得しても、違う場面で使えるレベルの平坦な言語で全編進められています。よって言葉をピックアップして、フラッシュカードなどで見せ、その場面を再現してもらうという教授法も可能な映画となっています。後日、実際の日常で使えるものです。

授業での留意点	【スピード感のある言語の流用】先述した "Awesome!"「すごい〜」とか "Sorry"「すまん」とか "Coming!"「今行くよ」といった短い表現を中心に、英語は日本語より短く多くの内容を伝えることが時としてできる、ミラクル言語であること、日本語とは違ったスピード感を中心に、導入したいです。映画自体もスピード感を非常に重視したものなので、使われる言語も早くて、日本語の速度に慣れている私たちにとっては難しい部分もあるが、それに順応できたときの充実感は、大きいものなので、日本語感と英語感のギャップ、あれがあるからこそ面白いことなのだと言うことを折に触れ伝えたいです。 【音で反応する】スピード感のある言葉を知ってしまえば、今度はよく聞こえるようになります。そのための内容解釈が必要です。"No way!"「ありえないぜ〜」（龍の戦士と偶然指名され連れてこられた部屋で多くの戦士の物品を目の当たりにしてもらったボーの言葉）や "No〜"「まさか！」といった言葉をそんなときに使うものであることを知ってしまうと、ぐっと入り込めますので、何点かピックアップできるようにしたいです。 【体得の確認・応用】先述したように短くて英語ならではの表現いくつかを持ち出し、それを実際の会話にて表現する時間も欲しいです。そのことで、あちらの言語が言語のままでなく、日常使う「日本語」のそれとなって輝くはずです。例えば、"Sorry" にしてもただ発するのではなく、その状況にふさわしく自分の心を乗せる言葉として使用できるまで、使いたいです。棒読みではなく、「言葉」として使えるように何度も、あるいは作り出した環境の中何度も使って体得したいです。そのことで、英語上の言語にも深い理解が生まれます。 【ストーリーの重要性】深い理解への相乗効果として、ストーリーをちゃんと筋道立って、理解するのと同時に、本当に言わんとするプロットも見ていくうちに自ら解いて行くよう導入したいです。パンダのボーの父親が家禽であるアヒルであること、ボーを教えることになるシーフー老師がレッサーパンダであること（ウーグェイ導師が亀であることは納得ですね。）、トラを頂点とするマスターファイブ、悪役となってしまうタイ・ランがユキヒョウであること、それぞれの生き物の特性をそれぞれのキャラクターがちゃんと持っていることを、知って見るとまた違う視点が生まれます。レッサーパンダに関しては、昔は、パンダと言えば、レッサーの方を指していた、それがパンダの出現でかすんでしまった。といういきさつがあります。それをこの語りに当てはめると、老師の時代があり、ボーの龍の戦士としての新たな時代の幕開けを暗示する設定であることがわかります。それ以外にもタイ・ランの立ち位置のこと。彼は本当の意味で悪役にはなれない設定（シーフーによって悪に仕立てられる）なのにストーリーの関係上、単なる悪役に。世の中の悪は悪と割り切れるものそうでないか論じる材料になれば、かなり成功なのでは？と感じます。

映画の背景と見所	この映画は「シュレック」などのドリームワークスによる最新CGアニメです。カンフーの知識だけは一人前のぐうたらなパンダが、伝説の戦士に選ばれて修行を積み、悪の武術家との戦いに挑みます。最初に映画はパロディとして考えられたのですが、監督のジョン・スティーヴンソンたちスタッフは安易なパロディ・コメディにすることには興味を持てず、最終的に映画はコミック・キャラクターによるオリジナルの武侠映画へと変遷していったようです。映画の冒頭は水墨画タッチの手描きアニメーションによって始まります。このオープニングシーンの監督はジェニファー・ユー・ネルソン、アニメーションディレクターのジェームス・バクスターによって作られています。世界観の構築のために、プロダクション・デザイナーのレイモンド・ジバックとアート・ディレクターのタン・ヘンは中国の絵画、彫刻、建築、カンフー映画を研究し数年を過ごしました。ジバックは大きな影響の一つは『HERO』、『LOVERS』、『グリーン・デスティニー』などのカンフー映画の色彩画面からだったと語ります。アニメーターは香港映画の動きを研究、分析し作品の参考にしています。また、監督のマーク・オズボーンは日本のアニメのアクションのタイミングなどの手法も借りたとし、『獣兵衛忍風帖』、『フリクリ』、『カウボーイビバップ』、『サムライチャンプルー』、宮崎駿作品のようなアニメから大きなインスピレーションを受けたと語っています。

スタッフ	原　案：イーサン・リーフ、サイラス・ヴォリス 監　督：マーク・オズボーン、ジョン・スティーヴンソン 脚　本：ジョナサン・エイベル、グレン・バーガー 製作総指揮：ビル・ダマスキ 製　作：メリッサ・コブ	キャスト	ボー　　　　　　：ジャック・ブラック シーフー老師　　：ダスティン・ホフマン タイ・ラン　　　：イアン・マクシェーン マスター・タイガー：アンジェリーナ・ジョリー マスター・ヘビ　　：ルーシー・リュー

奇跡のシンフォニー	August Rush	（執筆）平野　尚美

セリフ紹介

　映画の最初のシーン（Chapter 1）で、主人公「エヴァン」は草原にたたずみ、自然の中にあふれている音楽を全身で受け止めている姿が見られます。そのシーンでのエヴァンのセリフ（モノローグ（独白））は、物語のカギとなる「音楽」について、エヴァンがどう感じているかをわかりやすく示しているものです。"Listen. Can you hear it? The music. I can hear it everywhere. In the wind … in the air … in the light. It's all around us. All you have to do is open yourself up. All you have to do … is listen."（ほら。聴こえる？音楽だ。僕には聴こえる。風の中に。宙（そら）の中に。光の中に。音楽はそばにある。心を開けば聴こえてくる。心の耳を…澄ませば。）このセリフは、映画の最後にも繰り返され、私たちの心に響きます。"The music is all around us. All you have to do is listen."（音楽は聴こえてくる。ただ耳を澄ませば。）

　養護施設のベットで1人思いにふけるシーン（Chapter 1終わりからChapter 2始め）でのモノローグは、エヴァンの「音楽＝（イコール）両親との絆」という思いを表したものとなっています。"Sometimes the world tries to knock it out of you. But I believe in music the way that some people believe in fairy tales."（時々心がくじけそうな時がある。でもおとぎ話を信じている人がいるように、僕は音楽を信じている。）"I like to imagine that what I hear … came from my mother and father."（僕の心に響く音楽は、ママとパパからの贈り物。）"Maybe the notes I hear … are the same ones they heard … Maybe that's how they found each other. Maybe that's how they'll find me."（僕に聞こえるこの調べは、2人が出会った夜に聞いたものかもしれない。音楽が2人を出会わせ、僕ともつながっている。）

ふれあいポイント

　【音楽】作品中に出てくる数多くの音楽は、すべて映画オリジナルで、ロック、クラシック、教会音楽であるゴスペル等、様々なジャンルの音楽が用いられています。（エヴァンが作曲した音楽は、"August's Rhapsody in C Major"（オーガストのラプソディー（狂詩曲）ハ長調）というタイトルがついたものです。（Chapter 23で流れます。））作品のテーマ曲を手掛けたハンス・ジマーは「ライオン・キング」でアカデミー賞を受賞した人物として有名です。また、この作品の主題歌 "Raise It Up" は、2007年度のアカデミー賞にノミネートされました。ソニー社からこの作品のサウンドトラックが販売されていますので、親子で気に入った音楽をさらに楽しむことが出来ます。

　【米国の都市】①作品の舞台は、ニューヨーク（New York City）（ニューヨーク州）のマンハッタンです。米国の地図を手に取り、場所を確認してみると良いでしょう。マンハッタンの詳細な地図があれば、映画に登場する有名な場所を確認でき、より作品を楽しめるでしょう。例えば、Washington Square Arch（ワシントン門）は、Washington Square Park（ワシントン・スクエア公園）内にあり、市民の憩いの場であり、人気のある観光地でもあります。また、エヴァンが音楽の勉強のために通った The Juilliard School（ジュリアード音楽院）や野外コンサートが開かれた Central Park（セントラルパーク）の Great Lawn（グレート・ローン）も確認できるでしょう。

　②NY以外にも、登場人物がマンハッタンに来るまで過ごしていた場所が出てきます。米国の地図でそれらの場所をNYと併せて確認すると、エヴァンと再会することがいかに奇跡的なことであるかが感じられることでしょう。（ライラが住んでいたのは Chicago（シカゴ（イリノイ州にあり、NYから約1,100km離れた都市））、ルイスが住んでいたのは San Francisco（サンフランシスコ（カリフォルニア州にあり、NYから約4,100km離れた都市））になります。）（日本において、東京－大阪間が約400kmですので、その距離と比較しても良いでしょう。）

　【音楽に関係する言葉】①作品のテーマであり、重要語句としてまず挙げられるのは、music（音楽）です。日常生活でよく耳にする語で、作品中に何度も出てきますので、親子で聞き取ってみると良いでしょう。②エヴァンの両親は、共に音楽に関係する仕事についているので、その語を確認してみると良いでしょう。母親である「ライラ」は cellist（チェリスト、チェロ奏者）、父親である「ルイス」はロックバンドの vocalist（ボーカル、歌手）です。また、guitarist（ギタリスト、ギター奏者）でもあります。③作品に出てくる楽器をあらわす語も確認できます。cello（チェロ）、guitar（ギター）、organ（オルガン）、pipe organ（パイプオルガン）が例として挙げられます。その他に、作品後半（Chapter 22・23）にオーケストラが出てきますので、エヴァンのセリフに出てきた楽器 round horns（フレンチホルン）、oboe（オーボエ）や、お子さんの興味のある楽器を取り上げて親子で話し合うのもいいでしょう。

あらすじ

　主人公「エヴァン」は、赤ちゃんの頃からニューヨーク郊外にある児童養護施設で育てられています。エヴァンは、両親が必ず自分の事を見つけてくれると信じ、つらい生活にも耐え毎日を送っています。そんなエヴァンには、秀でた音楽の才能がありました。11歳のある日、耳に入ってくる不思議な音楽に導かれ、施設を抜け出し、ニューヨークのマンハッタンへ向かいます。マンハッタンで身寄りのないエヴァンは、路上でギターを弾く1人の少年「アーサー」を通じて「ウィザード」と呼ばれる男と出会います。ウィザードは、孤児の子どもたちに音楽を指導し、路上で音楽活動をさせ、お金を稼がせていましたが、エヴァンの音楽の才能に目をつけ、荒稼ぎをたくらむのでした。その後、教会に暮らす身寄りのない少女と牧師さんとの出会いをきっかけにして、音楽学校で音楽の基礎知識や表現方法を学びます。一方、エヴァンの母親である「ライラ」は、チェリストとして有名でしたが、11年前のある日、ギタリストでありロック歌手でもある「ルイス」と恋におち、エヴァンを授かります。当時ライラのマネージメントをしていたライラの父親は、子供の存在は彼女の経歴に支障をきたすとして、産まれたエヴァンを秘密裏に養護施設に預けてしまうのでした。心に傷を負ったライラとルイスでしたが、11年という時を経て、別々に過ごしつつも再度音楽と向き合い、音楽に導かれるようにしてエヴァン、ライラ、ルイスは奇跡的な再会を果たすのでした。

映画情報

製　作　年：2007年
製　作　国：米国
製　作　費：3,000万ドル
配給会社：ワーナー・ブラザーズ（米国）
　　　　　東宝東和（日本）

公開情報

公開日：2007年11月21日（米国）
　　　　2007年11月23日（英国）
　　　　2008年 6月21日（日本）
上映時間：114分
MPAA（上映制限）：PG

薦	●小学生　○中学生　○高校生　○大学生　○社会人	リスニング難易表		発売元：ポニーキャニオン （平成26年5月現在、税込み） DVD価格：4,104円

お薦めの理由	主人公エヴァンとその両親であるライラとルイスは、数々のすれ違いがありますが、いくつもの幸運な偶然が重なって、最終的には心温まるエンディングを迎えます。信じる心があれば、思いはいつかなうということを私たちに伝えてくれる作品に仕上がっています。また、エヴァンが信じてやまない音楽の力やその偉大さを、私たちに改めて感じさせてくれます。	スピード	2
		明瞭さ	2
		アメリカ訛	2
		外国語	2
英語の特徴	全体的にはっきりと発音され、また聞き取りやすい米国英語の表現で構成されています。特に、主人公エヴァンは、聞き取りやすいスピードで、はっきり発音されているシーンが数多くあります。また、友人と共にアイリッシュバンドを組んでいるルイスやその兄のセリフ、アフリカ系アメリカ人の牧師さんのセリフなどを比較すると、英語のアクセントの違いが聞き取れます。	語彙	2
		専門語	2
		ジョーク	1
		スラング	2
		文法	2

授業での留意点

【エヴァンの別名】エヴァンは、ストリートミュージシャン「ウィザード」（本名はマックスウェルです。）からAugust Rush（直訳すると「8月の興奮」という意味です。）と名付けてもらいます。この名前をきっかけにして、1〜12月の英語の表現を児童と確認してみましょう。例えば、エヴァンが児童福祉局のジェフリー氏と面談するシーン（Chapter 4（0:14:44以降））で、エヴァンが生まれた月を聞き取ってみて下さい。（December（12月））

【数字表現】作品中に「時間」「日付」「期間」など基本的な数字表現が出てきます。英語を習い始めたばかりの場合は、1〜10までの数字を英語で確認し、その後、映画の1シーンでどの数字が言われたか当ててもらうのも良いでしょう。例えば、ルイスがライラに「ワシントン門で待ち合わせをしよう」と呼びかけるシーン（Chapter 5）で、待ち合わせ時間は何時か聞き取ってみましょう。(ten（10時））同様に、音楽から離れ、金融ビジネスの世界に身を置いているルイスのセリフ（Chapter10）の数字も聞き取ってみましょう。（ten years（10年））、ten percent（10%））また、11以上の数字の表現を知っていれば、上記に紹介した面談シーンで、エヴァンがどのくらいの期間、養護施設で過ごしたか聞き取ってみると良いでしょう。（"Eleven years and sixteen days"（11年16日））また、ライラとジェフリー氏の会話のシーン（Chapter19）のライラのセリフでも同様に確認できます。（"(I've waited) eleven years, two months, and fifteen days."（11年2か月15日。（待ったの）））

英語に慣れ親しんだ児童には、エヴァンが養護施設を抜け出し、道を歩いていた時に出会ったトラックの運転手からお金をいくらもらったかを聞き取らせたり（Chapter 8）（twelve bucks（12ドル）（buckはdollarと同じ意味を表す米国の口語表現です。））、エヴァンの生年月日を聞き取らせてみるのもいいでしょう。（Chapter 4（0:14:44以降））（"Born December seventeenth, nineteen ninety-five."（1995年12月17日生まれ。））これらの数字が確認できたら、その応用として "I was born in ___. / I was born on ___."（私は、___に生まれました。）という定型文の下線部に各自の生年月日を入れて英語で表現してみましょう。

【音階】音楽がテーマの作品なので、教会で出会った少女「ホープ」がエヴァンに音階を教えているシーン（Chapter 21）をみながら、英語で音階を言ってみましょう。「ド・レ・ミ・ファ・ソ・ラ・シ」は、英語で "C, D, E, F, G, A, B." と言います。ホープのセリフは、各語の最初の文字が1つの音名を示しています。また、それと同時に、楽しく英単語も確認できるので、ホープのセリフを真似て繰り返したり、クイズ形式で日本語や英語の音名を声に出して確認してみましょう。（"Every Good Boy Does Fine"（ミソシレファ）"F, A, C, E"（Face）（ファラドミ）"Great Big Dogs Fight Animals."（ソシレファラ）"All Cars Eat Gas."（ラドミソ））

映画の背景と見所

主演をつとめるフレディ・ハイモアは、2005年製作の映画「チャーリーとチョコレート工場」でジョニー・デップと共演した名子役として定評があります。音楽において天賦の才能を持つエヴァン役は、大変自然な演技で、ストーリー終盤のオーケストラを前にしている姿は、見る者を魅了します。数々の偶然が重なり、ストーリーが展開していきますので、非現実だというようにとらえるのではなく、ファンタジーとして見てもらえると良いでしょう。

主人公は、心の中に鳴り響く「音楽」に従い、養護施設を飛び出します。「音楽」は必ず自分の両親へとつながっているという思いを、あきらめることなく抱き続け、行動に移していきます。この思いの強さと行動力というのは、子供だけでなく大人にも必要だということを改めて気付かせてくれます。

また、全編に渡って、様々なジャンルの音楽が登場人物の心情を表しています。背景で流れる音楽は、時には異なるジャンルのものが重なって流れたり、時には激しく、時には物悲しく鳴り響いたりします。そして、作品の終わりに鳴り響くオーケストラの曲は、「オーガストのラプソディー」と名付けられているように主人公が両親からもらったメッセージである「音楽」を表現していて、見ている人すべてに彼の両親への思い、そして心の温かさ、安らぎを感じさせてくれる聞きごたえのあるものとなっています。

スタッフ

監　　督：カーステン・シェリダン
製　　作：リチャード・バートン・ルイス
脚　　本：ニック・キャッスル、ジェームズ・V・ハート
撮影監督：ジョン・マシソン
音　　楽：マーク・マンシーナ

キャスト

エヴァン・テイラー／オーガスト・ラッシュ
　　　　　　　　　：フレディ・ハイモア
ルイス・コネリー　：ジョナサン・リース＝マイヤーズ
ライラ・ノヴァチェック　：ケリー・ラッセル
マックスウェル・ウォラス：ロビン・ウィリアムズ

	キット・キトリッジ/アメリカン・ガール・ミステリー	Kit Kittredge/An American Girl		（執筆）松浦由美子

セリフ紹介	"Don't let it beat you, Kit."（ヤケになるな、キット）―愛用のタイプライターがうまく動かず、いらいらしている主人公のキットに父親のジャックが言った台詞です（Chapter 16）。この場合の"it"は困難な状況を指していて、直訳すると「苦難に打ち負かされるな」となるでしょうか。ジャックがシカゴに出稼ぎに行くことを告げられて、家族が離れ離れになることを受け入れられないキットに、ジャックは昔大事にしていた車の思い出を話し、祖父からかけられたその言葉をキットにも送ります。キットの怒りは鎮まり、ジャックに尋ねます。 Kit ：What if you don't come back?（絶対戻ってくる？） Jack：I, Jack Kittredge, do solemnly swear that I will write to you once a week. 　　　（私、ジャック・キトリッジは誓います。手紙は毎週出すことを。） 　　　And there is nothing in this world that could ever keep me from coming back to you. 　　　（そして何があろうと娘のもとに戻ります。） Kit ：Do you promise, Dad?（約束だよ、パパ。） 　　　Really promise?（絶対戻ってくる？） Jack：I do.（約束する。） 　そうして安心したキットは、父親のいない生活を母親の手伝いをして支えていきます。困難に直面したときのキットの心には、常にこの言葉があったのです。
ふれあいポイント	【英語のおまじない】キットは友達と、"Treehouse Club"という秘密のクラブを作っています。このクラブに入るには入会の儀式があり、そこでは次のようなおまじないの言葉をみんなで唱えます。 "Gwanga, gwanga, galoolie. Kariba, kariba, kariv." 父親のジャックと約束をした場面でも、約束の後にこのおなじないが唱えられます。日本語で「ちちんぷいぷい」と言うのと同様に、この英語は意味のない音の羅列ですが、ぜひキットたちと一緒に声に出して唱えてみましょう。bとvの発音の違いを説明し、まずは英語の音に慣れてみましょう。これはキットたちが考えたオリジナルのおまじないですが、よく使われる英語のおまじないには他にも"abracadabra"や"Hocus-pocus"などがあります。 【英語でお願い】新聞記者志望のキットは、10歳とはいえ、とても丁寧でしっかりした話し方をします。長いセリフが多いですが、キットが捨て犬を見つけて、連れて帰っても良いか母親にお願いする場面（Chapter 4）での英語は、小学生でもしっかりと聞き取れるでしょう。犬を見つけたキットはまず、"Mother, look!"（ママ、見て！）と声を上げます。犬が首から提げている"Grace. Can't feed her anymore"（グレース。エサをもうやれません。）の紙をみたキットはさらに、"Can we take her?"（飼ってもいい？）とマーガレットに尋ねます。誕生日プレゼントもいらない、犬には残り物でいい、一晩だけでいい、などと言い、最後には"Mother."（ママ。）"Please, please, please, please...."（お願い、お願い、お願い、お願い・・・・）と懇願します。それにはマーガレットもついに根負けし"All right. One night only."（いいわ、一晩だけよ。）と言ってしまいます。人に頼みごとをするときの"please"はこの後にも何度も出てきますので、ここで覚えてしまいましょう。 【欲しいものの伝え方】新聞社 The Cincinnati Register の編集長であるギブソン氏には次のような口癖があります。 "I want something new. I want something fresh. I want something real." もちろんギブソン氏は新聞記事のことを言っていて、字幕でも「わしが欲しいのは新鮮でリアルな記事だ！」となっていますが、この"I want something ..."の言い方、somethingの後の形容詞を入れ換えて、自分が欲しいものを伝えるのに使えます。冷たい飲み物が欲しいときは"I want something cold."温かい飲み物ならば"I want something hot."甘いものが食べたいときは"I want something sweet."というように。ギブソン氏のこの表現は、冒頭の場面（Chapter 2）だけでなく、後に記者のビリーがギブソン氏のモノマネをする場面（Chapter 8）でも大げさに出てきますので、印象的で覚えやすいでしょう。親子で一緒にビリーのようにギブソン氏の真似をしてから、知っている形容詞を使って他の表現ができるかどうかたずねてみましょう。先に出てきた"please"を付ければ丁寧になります。
あらすじ	舞台は1934年、大恐慌時代のオハイオ州シンシナティ。新聞記者になることを夢見る10歳の女の子キット・キトリッジが主人公です。大不況の波はキットの家庭をも襲い、職を失った父親はシカゴに出稼ぎへ、残されたキットと母親のマーガレットは生活のために家に下宿人を受け入れることに。そうしてキットの家には、クラスメイトのスターリングとその母親、ダンスの先生のミス・ドーリィ、マジシャンのミスター・バーグ、移動図書館をしているミス・ボンドという個性的な面々が住むようになり、また母親のはからいで"Hobo"（ホーボー）と呼ばれるホームレスの少年ウィルとカウンティが大工仕事を手伝いに通うようになります。不況の中でもユーモアと希望を忘れずに人間らしく生きる家族と下宿人たちの暮らしと、何も持っていないのに森の中で助け合って生きるホーボーたちの暮らしを、大新聞"The Cincinnati Register"に掲載されることを目指して、キットは日々自分のタイプライターで記事にし続けます。あるとき、皆の財産と貴重品をしまった箱が盗まれてしまい、ウィルが真っ先に疑われます。ウィルの無実を信じるキットは、友人のスターリングとルーシーとともに捜査を始め、正確な推理と大胆な行動でついに真犯人をつきとめます。果たして真犯人は誰だったのでしょうか。キットと一緒に推理してみましょう。そして最後、感謝祭の夜に、キットのもとに奇跡が起こります。
映画情報	製　作　費：1,000万ドル 製　作　年：2008年 製　作　国：米国、カナダ 言　　　語：英語 ジャンル：ファミリー、ドラマ　　　カラー映画	公開情報	公　開　日：2008年7月 2日（米国） 　　　　　　2009年3月18日（日本） 上映時間：101分 興行収入：1,765万5,201ドル（米国） MPAA（上映制限）：G	

薦	●小学生　●中学生　●高校生　○大学生　○社会人	リスニング難易表		発売元：ワーナー・ホーム・ビデオ（平成26年5月現在、税込み） DVD価格：4,093円
お薦めの理由	10歳の女の子が、父親と離れたり、自分の部屋を他人に貸さなければならなかったり、生活のためにタマゴ売りをしたりと、大恐慌がもたらす様々な困難を持ち前の明るさと聡明さで乗り切っていくお話で、同年代の小学生の児童には感情移入がしやすいと思います。中学生や高校生、また親子で見ても見ごたえあるヒューマン・ドラマであり、またミステリー仕立てになっているのでキットの推理も十分楽しめます。	スピード	3	
		明瞭さ	2	
		アメリカ訛	3	
		外国語	1	
英語の特徴	使われる英語は正確かつ丁寧で、スラングはほとんどありません。大人の登場人物が多く、ミステリー仕立てということもあり、台詞は多めで早いスピードの箇所もあるので小学生には聞き取りづらいものが多いでしょう。中学生、高校生であれば習った文法を用いて理解できる台詞が増えてきますが、小学生であれば、繰り返し出てくる短い表現から少しずつ練習していきましょう。	語彙	3	
		専門語	2	
		ジョーク	2	
		スラング	1	
		文法	2	

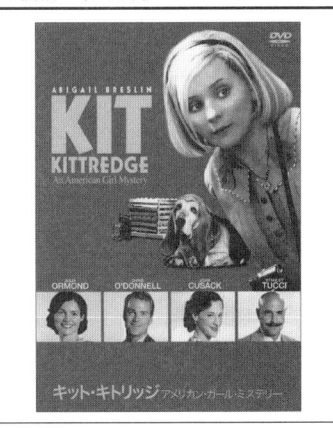

授業での留意点

台詞の英語に関しては小学生には難しいですが、米国の文化を知るのには良い題材です。クラスで映画を観るときには以下の点に注目してみましょう。興味ある点をさらに調べさせても良いでしょう。

【本名と愛称】「キット」というのは実は主人公の本名ではありません。新聞社の編集長に会ったとき、キットは、"Kit Kittredge. Well, actually, it's Margaret Mildred."（キットです。本当はマーガレット・ミルドレッド。）と自己紹介をしています。Thomas を Tom と呼んだり、William を Will や Bill と呼ぶように、英語の名前には本名の他に普段使われる愛称があることがよくあります。子どもが愛称ではなく本名で呼ばれるときは、たいてい大事な話があるときや叱られるときなどです。ではキットはいつ本名で呼ばれているのでしょうか。その場面を、児童に探させ、それはどのようなときなのか児童たち自身に考えさせてみましょう。

【ホーボーの文化】この映画では、"Hobo"（ホーボー）が重要な役割を担っています。最初の街頭での場面（Chapter 1）から、新聞売りが "Hobo crime spree!"（ホーボーがまた強盗をした！）と声を張り上げています。ホーボーとはいったい何なのでしょうか。ホーボーとは、汽車に乗り仕事を求めて町から町へと移動する人々のことで、大恐慌の時代には数多く存在しました。大人たちはホーボーを、「浮浪者」「怠け者」「犯罪者」と侮蔑的な目で見ます。キットたちが初めてホーボーのウィルとカウンティに出会って "Good afternoon."（こんにちは。）と声をかけられたときも、その汚い風貌に少々驚きますが、子どもたちはすぐに皆仲良くなります。ウィルはホーボーの生活を "Train whistles. Engine smokes up, and you run and you jump. And you let it take you to a whole new life. Makes a man feel free."（汽笛が鳴って、煙が上がったら飛び乗るんだ。行き先は新しい町。自由でいいよな。）と描写します。Chapter 11では、"Hobo Jungle"（ホーボーの森）の様子を垣間見ることができます。そこでは持たざる人々が助け合って生きています。泥棒をしたとしてウィルは真っ先に疑われますが、キットはウィルを信じます。Chapter 17まで観たら、誰が犯人だと思うか話し合ってみると面白いでしょう。

【感謝祭】Thanksgiving（感謝祭）はアメリカの重要な祝日の一つで、11月の第4木曜日に祝われ、家族や親戚、友人などが集まってご馳走を食べる日です。お金がないキットの家でも七面鳥を焼き、ささやかな夕食会をしています（Chapter 25）。そこにホーボーたちがたくさんのおみやげを持って訪ねてきます。マーガレットは "Come on in."（入って。）と招き入れ、"Please, won't you join us?"（ぜひご一緒に。）と共に祝うよう誘います。英国から米国に移住したピルグリムたちが、初めての収穫を神に感謝し、知恵を与えてくれたネイティブアメリカンたちと共にご馳走を食べたことが感謝祭の起源と言われていますから、感謝祭にふさわしい夕食会となったのです。

映画の背景と見所

この映画で描かれているのは、物価が激しく下落し、銀行がどんどん倒産し、失業者が町にあふれ、ルーズヴェルト大統領がニューディール政策を行っていた1930年代の米国です。そんな時代の社会を子供の目線で描き出しているところにこの映画の魅力があります。親たちが職を失い、住んでいる家すら差し押さえられる（foreclosure と書かれた看板がしばしば登場します）状況で、キットたちはツリーハウスに集い、マジックやダンスを楽しみ、移動図書館で本を借り、ニワトリの餌袋を素敵なドレスに作り変えて、線路を歩いてホーボーたちの住処を訪ね、さまざまな人々に出会い、多様な価値観を知るという、たとえお金がなくともアメリカ的な生活の持つ最良の部分を楽しんでいるのです。

また、危機に陥ったキットたちを救ってくれるホーボーの知恵にも注目です。Hobo sign（ホーボーのサイン）にはどんなものがあるでしょうか。ホーボーのサインは、どれも全て仲間を助けるためのものです。大人のようにお金も力もないキットたちが、それらのサインを使いこなして見事真犯人を見つけ事件を解決する過程が見所です。楽しみながら観た後で、信じあい、助け合うことが大切であるというメッセージが、この映画を観た児童たちにもきっと伝わるでしょう。

スタッフ	監　督：パトリシア・ロゼマ 脚　本：アン・ピーコック 製作総指揮：ジュリア・ロバーツ 編　集：ジュリー・ロジャーズ 撮　影：デビッド・ボイド	キャスト	キット・キトリッジ　　：アビゲイル・ブレスリン マーガレット・キトリッジ：ジュリア・オーモンド ジャック・キトリッジ　：クリス・オドネル ミス・ボンド　　　　　：ジョーン・キューザック ウィル・シェパード　　：マックス・シエリオット

キャスパー	Casper	（執筆）大達　誉華

セリフ紹介

　キャットが他の男の子とハロウィンのダンスパーティーに行くと知った夜、嫉妬したキャスパーは、キャットを夜景の美しい海辺へ連れ出します。灯台の屋根の縁に2人で腰掛けて、キャットはキャスパーに生前のことを尋ねますが、キャスパーは何も憶えていないと答えます。

Kat 　　: You don't remember what school you went to, how old you were, your favorite song?
　　　　　What about your dad?（通ってた学校、何歳だったか、好きな歌の題名も？パパのことは？）
Casper : Mm mm.（ううん。）
Kat 　　: Not even your mom?（ママのことも？）
Casper : Is that bad?（それいけないこと？）
Kat 　　: No, it's just kind of sad.（いいえ、でも悲しいわ。）

　部屋に戻ったキャットはベッドの上でまどろみながら、死後のことをキャスパーに尋ねます。

Kat 　　: Casper, if my mom's a ghost, did she forget about me?（ママはお化けになって私を忘れちゃった？）
Casper : No, she'd never forget you.（いいや、絶対に忘れてない。）
　　　　　Kat, if I were alive, would you go to the Halloween Dance with me?
　　　　　（キャット、もしボクが生きてたら、ボクと一緒にパーティーに行ってくれた？）

　失ったものへの思いをそれぞれに抱える2人のこれらのセリフは、物語の終末にもつながります。

ふれあいポイント

【自己紹介、他者紹介】日本では相手の名を知らないまま会話を続けることは珍しくありませんが、英語圏では初対面の人と会話をし始めた場合、早い段階でお互いに名乗りあうのが一般的です。その場に他者がいればその人のことも相手に紹介します。英語ではどのように紹介をするのか確認してみましょう。
　ハーヴェイとキャットが初めてキャリガンとディッブスに会った時、キャリガンは "Dr. Harvey, hello. I'm Carrigan Grittenden. And this is Dibs."（ハーヴェイ博士？どうも。私はキャリガン・グリッテンデン。こちらはディッブス。）と挨拶します。誰かを紹介する時は、"This is..."（こちらは…）の表現を使います。また、日本では挨拶の時にお辞儀をしますが、ハーヴェイとディッブスはお互いの顔をしっかり見ながら握手をしています。それを受けてハーヴェイも、"And this is my daughter, Kat."（こちらが娘のキャットです。）とキャットを紹介します。キャリガンとディッブスはキャットを見て、"How nice to meet you."（よろしくね。）"Very nice to meet you."（会えて嬉しいよ。）と言います。名乗りあった後は "Nice to meet you." の言葉が一般的ですが、ここでは強調の "very" が付いたり、同意であるけれど変形の "How nice to meet you." が使われています。このような表現を言われたら、「こちらこそ」の意で "Nice to meet you, too."、より短く言う場合は "You, too." と返しましょう。

【あいづち・返答】対話においては話すことだけでなく聞く姿勢も大切です。日本では相手の話を聞く際「うん」「えぇ」「はい」などの言葉であいづちを打ちますが、英語ではどのような音声で反応するのか確認しましょう。物語には "Uh-huh." のほかにも "Yeah." "Okay." "Alright." "Cool." など色々出てきます。肯定以外の反応では、"Mm mm." "Hey!" "Wait a minute."（ちょっと待ちなさい。）などのほかに、相手の言葉に対して否定的な意味を込めた "Please!"（やめて！）もあります。誰が、いつ、どこで、何に、どのように反応しているか観察し、真似して練習してみましょう。その際は、イントネーションやリズム、声の大きさや表情にも注意して下さい。慣れたら実際の会話の中で、適切なものを選びながら使ってみましょう。

【単語の感情表現】相手に対してではなくても、自分自身の反応や気持ちを表現する言葉が色々と出てきます。初めてキャスパーの姿を見て驚き倒してしまったキャットの反応に、キャスパーは "Man!"（やっぱり！）と嘆きます。物語の冒頭で屋敷内に忍び込んだ男の子や、お化けのおじさん3人組の名前を目にしたキャットも、同じ言葉を漏らします。また、狙い通りハーヴェイ親子を屋敷に呼び寄せたキャスパーや、ヴィックにパーティーへ誘われたキャットは、嬉しさのあまり "Yes!" とつぶやきます。それぞれどのような気持ちを表しているのでしょうか。また、自分ならどんな時にこれらの表現を使えそうかも考えてみましょう。

あらすじ

　キャスパーは明るくてフレンドリーなお化けの男の子。お化け仲間のおじさん3人とホイップスタッフ屋敷に住んでいますが、友達が欲しくてたまりません。ある時、屋敷は遺産相続により強欲なキャリガンの手に渡ります。屋敷に財宝が隠されていると信じるキャリガンは秘宝を見つけ出そうと、相棒のディッブスと一緒に屋敷へ乗り込みます。ところがお化けのおじさん3人組に邪魔をされ上手くいきません。そこでキャリガンは心霊専門の精神分析医ハーヴェイを呼び寄せ、お化け退治を依頼します。ハーヴェイは数年前に妻を亡くして以来、この世に思いを残してさまよっている心霊たちとの接触を試みようと、一人娘のキャットを連れて放浪の生活を送っているのでした。
　屋敷に住み込んでお化け退治をすることとなったハーヴェイ親子。キャットは引っ越しばかりで友達ができず、寂しい思いをしています。そんなキャットと友達になれるのではと期待して、キャスパーは脅かさないよう慎重にキャットの前に姿を現します。最初は驚き怯えたキャットでしたが、キャスパーの優しさを知るにつれ、次第に仲良くなっていきます。一方お化けのおじさん3人組は屋敷への侵入者を追い払おうと、あの手この手でハーヴェイ親子を脅かしたり嫌がらせをしたりします。それにも動じないハーヴェイに3人組は「キャリガンが屋敷から手を引くよう手伝ってくれるのなら、亡き妻に会わせてあげよう」と取り引きを持ちかけます。

映画情報

製　作　費：5,000万ドル
製　作　年：1995年
製　作　国：米国
言　　　語：英語
ジャンル：コメディ、ファミリー、ファンタジー

公開情報

公　開　日：1995年5月26日（米国）
　　　　　　1995年7月28日（英国）
　　　　　　1995年7月29日（日本）
上映時間：100分
MPAA（上映制限）：PG

薦	●小学生　●中学生　●高校生　○大学生　○社会人	リスニング難易表		発売元：NBCユニバーサル・エンターテイメントジャパン（平成26年5月現在、税込み）DVD価格：1,543円
お薦めの理由	子どもにとっては恐い存在の「お化け」ですが、その一方で「でももし友達になれたら…」という想像は、童謡でも歌われています。この映画ではそれが幻想的なCGとコミカルかつ温かな物語で描かれています。学習者と同年代の登場人物や学校などの身近な場面設定は学習者の興味を惹きやすいでしょう。それらを観察することで、異文化について知ったり考えたりするきっかけにもなると思われます。	スピード	2	
^	^	明瞭さ	1	
^	^	アメリカ訛	1	
^	^	外国語	1	
^	^	語彙	2	
英語の特徴	キャスパーやキャットをはじめとするティーンエイジャーの登場人物らのセリフには、その年代の子どもたちがよく使う言葉がたくさん含まれています。必ずしも簡単な語や文法ばかりではありませんが、その分口語表現やイディオムなども豊富に出てきます。SVO、SVCの単純な文が繰り返し使われている場面もあるので、そのままあるいはアレンジするなどして授業に取り入れやすいでしょう。	専門語	1	
^	^	ジョーク	2	
^	^	スラング	1	
^	^	文法	1	

授業での留意点

【異文化】学習者にとって身近な学校での場面が出てきます。そこからどのような文化の違いを見つけられるか話し合ってみて下さい。キャットが通うのは中学校ですが、米国の公立中学には日本の中学のような制服はありません。校内も土足で、教室内の机の形および配置なども日本のそれとは随分違います。キャットが初めてヴィックと会話をする場所は学校の廊下です。米国では廊下にロッカーが並べてあり、生徒らは年ごとに自分のロッカーをあてがわれ、そこに自分の教科書などの持ち物を入れて管理します。そこから必要なものを出し、授業ごとに教室を移動します。キャットが自分のロッカーの扉を開けようとしても扉が引っかかって上手く開けられず困っているとき、ヴィックが横から手を伸ばして手助けをし、"Had that locker last year."（去年使ってたんだ。）と声を掛けます。これらのやりとりも文化背景がわからなければ生徒には理解しにくいかもしれないので、異文化紹介とあわせて補足説明をしてもいいでしょう。

【文句の口語表現】身勝手であくどいキャリガンのセリフにはネガティブなものが少なくありませんが、そのセリフにも便利な表現がたくさん含まれています。遺産相続で自分に遺された物は古びた屋敷だけだと知ったキャリガンは"Wait a minute, this is not fair."（待ってよ、ひどいわ。）と憤慨し、ディップスを"This is all your fault."（ディップス、あんたのせいよ。）と責めます。相続した屋敷に棲み着くお化けを追い出せずいらついたときには"Dibs, do something!"（ディップス、何とかしなさいよ！）と訴えます。お化け退治には何年もかかり得ると言うハーヴェイには"Months, no. Years, forget it."（何ヶ月はダメ。何年なんてとんでもない！）と詰め寄ります。どれも学習者が日常的に使えそうな表現です。"months" "years"の前には"days" "weeks"の語も出てくるので、期間の単位もあわせて学習しましょう。

【ハロウィンに関して】米国の子どもたちにとって楽しみな行事であるハロウィンについて、学習者に紹介してみてはいかがでしょうか。ハロウィンのパーティーには、生徒も先生も様々な仮装をして集まります。その場面を見ながら、ハロウィンの主要な色はオレンジと黒であることや、米国の子どもたちがよくやる仮装なども紹介できるでしょう。例えば、先生は alien（エイリアン）の仮装をしています。DJの少年は Vampire（吸血鬼）です。ダンスフロアには witch（魔女）や angel（天使）、clown（ピエロ）、jack-o-lantern（ジャック・オ・ランタン）、prisoner（囚人）などの姿が見られます。主人公のキャスパー自身は ghost（お化け）で、これも子どもたちに人気のある仮装のうちの一つです。10月31日のハロウィン当日、子どもたちが"Trick-or-treat."（お菓子をくれないといたずらするぞ。）と言いながら近所をまわってお菓子をもらう習慣は日本でもよく知られるようになってきています。

映画の背景と見所

米国メイン州、ハロウィンの頃が物語の舞台となっており、キャットが通うのは"Marshwood Junior High School"（マーシュウッド中学校）です。日本の中学は一般的に12歳から3年間ですが、米国メイン州の中学は10歳から14歳の4年間で、小学校は6歳から10歳の4年間です。

ハロウィンは近年日本でもよく知られるようになり、英語教室などではみんなで仮装をして楽しむ人気の行事となりつつありますが、学校では特に何もしないのではないでしょうか。映画でも描かれているように、米国では家やお店などの街中や教室にもハロウィーンの飾りがほどこされ、学校でもパーティーを開いたりします。また、ヴィックがキャットを誘いそれにキャスパーが嫉妬したように、多くの場合そういったパーティーには男の子と女の子が二人で連れ立って参加します。物語の終末に様々な仮装で集まった生徒たちが踊るパーティーの場面からは、米国のハロウィン、あるいはパーティーの雰囲気がよく伝わってきます。

キャットもキャスパーも親との別離を経験している上、なかなか友達ができず寂しい思いをしています。そして2人とも、生きている世界や生きた時代は違っても、共通して家族や友達を思いやる気持ちを持っています。そんな2人にもたらされる素敵な「ごほうび」は、観る者を温かく幸せな気持ちにしてくれることでしょう。

スタッフ

監　督：ブラッド・シルバーリング
脚　本：ジョセフ・オリオロ、シェリー・ストナー
　　　　ディーナ・オリヴァー
製作総指揮：ジェラルド・R・モーレン
　　　　ジェフリー・R・モンゴメリー

キャスト

キャサリン・ハーヴェイ　：クリスティーナ・リッチ
キャスパー(声)　：マラキ・ピアソン
ジェイムズ・ハーヴェイ　：ビル・プルマン
キャリガン・グリッテンデン：キャシー・モリアーティ
ポール・(ディップス・)プラッカー：エリック・アイドル

キャプテン・ウルフ		**The Pacifier**	（執筆）竹野富美子

セリフ紹介

　軍の極秘任務として、プラマー家4人の子供たちの護衛を託された海軍特殊部隊のウルフ大尉は、やんちゃで反抗的な子どもたちに振り回され、四苦八苦です。特に教頭から「問題児」と名指しされた長男のセス。男らしくあって欲しいとの亡くなった父親の願いもむなしく、父親が薦めていたレスリングチームの練習をさぼり、こっそりと町の劇団の稽古に出かけます。セスの後を追ってきたウルフはそこでうまく演技できないセスを監督が罵倒するのを見かけます。ウルフに気が付いたセスは、あなたにはわからないだろうけど、絶対に劇はやめないと言い張ります。しかしウルフの答えはセスの予測とは違うものでした。Wolfe "I may not understand a whole hell of a lot about this kinda stuff, but definitely understand not quitting."（俺にはこんなものはわからない。だがやめなくていい。）"And from what I see you're pretty good. A little discipline, you could make a go of this."（君には力がある。もう少し練習するだけだ。）"So, The Sound of Music? I saw when I was a kid."（サウンド・オブ・ミュージック？子どもの頃見た。）Seth "Really?"（ほんと？）Wolfe "The idea of a nun ditching her habit for a guy in the military. Nothing wrong with that."（尼さんが軍人のために修道服を捨てる。悪くない。）"Come here. Is performing what makes you happy?"（来い。芝居は楽しいか？）Seth "Yeah, more than anything.（何よりも）Wolfe "All right, fall in."（わかった。戻れ。）根っからの軍人らしく、必要なのは"discipline"（規律、訓練）だと言い、『サウンド・オブ・ミュージック』の見所も、軍人と修道女の恋愛の話に変換してしまっているウルフですが、セスを理解し、応援しようとする彼の誠実さが伝わってくるやり取りです。

ふれあいポイント

【ウルフのせりふ】8歳の時から両親の元を離れて、士官学校で教育を受けてきたウルフの思考は、全て軍隊中心に展開します。ルルに話して聞かせるおとぎ話も、いつの間にか "three elves laid down heavy suppressive fire"「3人の小妖精が集中砲火を浴びせ" "the others maneuvered around to the right flank"「ほかの者は側面攻撃を展開」などと戦闘用語が多用されていきます。ウルフのお気に入りのせりふは "No highway option" で、映画の中では三回登場します。最初がプラマー教授を救出しようとするとき、"We're gonna do it my way. No highway option."（0:04頃）（助け出す。俺に従え。勝手は許さんぞ。）次に応用編として、勝手に家に上がり込んだゾーイの友人たちに向かって命令するときのせりふです。"You're all gonna clean this house spotless. No highway option"（0:41頃）（全員で家中掃除しろ。勝手は許さん。）このせりふを、最後にルルが真似します。からかってきたボーイスカウトの男の子たちを負かした後、"From now on, you do things our way! No highway option!"（1:06頃）（今後はあたしたちに従って。勝手は許さない）と言うのです。この "No highway option" というせりふがいつ出てくるか、お子さんと注意しながら、聞き取ってみるのも良いでしょう。

【子供たちへの接し方】全て軍隊式に展開していくウルフですが、子供たちの問題行動に対して毅然と接しながらも、子供たちを理解しようとする理想的な上司でもあります。勝手にパーティを開いた長女ゾーイに対しては "You call those people your friends?"（あれが友達だと？）"They have no respect for you."（奴らは君などどうでもいいんだ）"You have no respect for yourself!"（君自身もだろ）と言って諭し、セスには芝居をしていて楽しいなら、ミュージカルを辞める必要はないと応援します。ボーイスカウトたちにクッキー売り場を襲われたルルには "I am here to protect you, not cookies"（君を守るためにここにいるんだ。クッキーのためじゃない）と言って直接介入することはせず、彼女たちに自分たちの力で問題を解決するよう、護身術を教えるのです。ウルフはなぜこのようなことを言うのか、このようなことを言われたらどう思うか、お子さんと話し合うのも物語の理解を助けます。

【ピーターパンダ・ダンス】プラマー教授が小さなピーターのために踊っていたダンスがピーターパンダ・ダンスです。プログラムの「ゴースト」を探し出すのに重要なカギとなるこのダンスは、命令文が多用されていて、体の動きを表現する語句を覚えるのに最適です。"Just hop three times like a kangaroo."（3回ジャンプ、カンガルーみたいに）"Side-step twice just like the crabs do."（カニのように2歩横へ）"Three steps forward. One step back."（3歩前へ1歩下がる）など、これらの表現を覚えて、お子さんと使ってみましょう。ウルフの動きを見て、せりふを言ってみても良い練習になります。

あらすじ

　米国海軍特殊部隊の精鋭、シェーン・ウルフ大尉は誘拐されたプラマー教授救出の任務を負いましたが、彼の尽力むなしく教授は殺されてしまいます。傷心の彼に与えられた次なる任務は、殺されたプラマー教授の家族を守ること。プラマー教授は国防省で核発射阻止プログラム「ゴースト」を開発中でしたが、その所在がわかりません。捜索に協力するため、教授の妻ジュリーは急遽スイスに旅立つことに。ウルフはジュリーに代わり、反抗期の高校生からおむつ替えの必要な赤ん坊まで5人の子どもの護衛をし、家にあるかもしれない「ゴースト」を探す極秘任務を担います。しかし軍隊生活が長かったウルフには、やんちゃな子どもたちの世話は想像以上の難題です。事情を知らない子どもたちには、軍隊の規律を押し付けるウルフはただの迷惑なおじさんにすぎません。悪戦苦闘するウルフでしたが、美人のフレッチャー校長の協力のもと、子供たちが抱えている問題に一緒に付き合っていくうちに、次第に子供たちも心を開くようになります。一方、家の地下室に隠し金庫を発見したウルフは、敵国のスパイに寝返った上司のフォーセット大佐から、金庫にあった「ゴースト」を奪われそうになります。しかし家族一団となって協力し、なんとか敵を倒すことに成功します。ウルフはセスのために監督役を引き受けた『サウンド・オブ・ミュージック』が公演される中、舞台のそでにやってきたフレッチャー校長とお互いの愛を確かめることができたのでした。

映画情報

製作費：5,600万ドル（推定）　　製作年：2005年
製作国：米国
言　語：英語
ジャンル：アクション・コメディ・ドラマ
ASCAP映画テレビ音楽賞受賞

公開情報

公 開 日：2005年 3月 4日（米国）
　　　　　2005年10月29日（日本）
上映時間：95分
興行収入：1億1,300万ドル（米国）
MPAA（上映制限）：PG

薦	●小学生　●中学生　●高校生　○大学生　○社会人	リスニング難易表	発売元：ウォルト・ディズニー・スタジオ・ジャパン（平成26年5月現在、税込み）DVD価格：1,543円　ブルーレイ価格：2,571円

お薦めの理由	命知らずのテロリストも難なく打ち負かしてしまう、海軍特殊部隊のこわもての大尉が、赤ん坊から高校生まで5人の子どもの世話に悪戦苦闘するというファミリー向けのコメディです。子供たちから反発されながらも、間違っている行為には厳しく対処する反面、子どもたちの力を伸ばし応援しようとするウルフ大尉は、理想の父親像とも理想の上司像ともいえるでしょう。	スピード　2 / 明瞭さ　2 / アメリカ訛　2 / 外国語　2 / 語彙　3 / 専門語　3 / ジョーク　2 / スラング　2 / 文法　3
英語の特徴	使用されている英語は全般的に標準的な米国英語です。発音も明瞭で、主要登場人物には訛りもなくわかりやすいスピードで話しますので、聞き取りやすいでしょう。ディズニー製作の映画ということで、いわゆる汚い言葉も出てきません。主役のウルフ大尉は軍人という設定上、軍事用語を多用しますが、多くは一般市民も日常生活で普通に使用する単語であり、問題はないでしょう。	

授業での留意点

【登場人物の名前を挙げる】5人の子供たちが登場するファミリードラマですので、家族関係を説明する英語表現を学ぶ良い機会となります。まず、登場人物を説明させてみましょう。最初の30分ほどで主要人物が登場します。ここだけ区切って見せても良いでしょう。登場人物の写真やイラストなどのカードを準備し、児童に登場人物の名前を挙げさせて黒板に掲示していきます。更にワークシートを使って、その人物についてわかることを書かせます。これをペアやグループ・ワークにつなげ、お互いに補足しあうようにしても良いでしょう。その後映像を見て確認します。プラマー教授は冒頭のシーン、ウルフが部下に指示をする場面で"Here is our man. Professor Howard Plummer."として名前が出てきます。ウルフは教授救出の際、"Lieutenant Shane Wolfe, U.S. Navy."と自己紹介をしています。

【自己紹介の練習をする】フレッチャー校長、マーニー教頭の名は中盤（00:28頃）でウルフが子供たちを連れて校長室を訪れる時に見られます。"I'm Murney. Duane Murney." "I'm the VP (Vice Principal) here. I'm in charge of discipline, conduct and truancy from top to bottom, K through 12."（しつけと作法、不登校生を指導する。全学年の）などです。この"I'm ..."（私の名前は...です）"I'm in charge of ..."（私は...係です）というフレーズを使って自己紹介の練習をしてみましょう。ちなみにマーニー教頭の言う"discipline, conduct and truancy"という表現が通常の表現と少しずれているのにお気づきでしょうか。普通は"conduct, discipline and attendance"（学校の規則とそれを破った場合の罰則、及び出席の義務）または労働行為準則として"conduct, discipline and grievance"（規範、懲戒及び異議申し立て取扱い）などの意で使われている表現です。

【人を紹介する】子供たちの名前はウルフがプラマー家を訪問し、ジュリーが子供たちをウルフに紹介する場面（00:08頃）で登場します。"Okay, You've already met Lulu. This is Zoe, Seth, and Peter." "This is Helga and Tyler."この場面は、人を紹介する練習をするのに利用できます。ジュリーがどのように子供たちを紹介しているか注意するように言って、わかったことを発言させます。具体的には子供を紹介する順番や言葉などがあげられるでしょう。人を紹介するとき"This is ..."という言葉を使うこと、紹介する順番はまず年齢や社会的に上の人に対して相手を紹介し、次に目上の人をもう片方に紹介するという手順になること、紹介する際、長男や長女など兄弟の長幼にあまりこだわっていないことなどが確認できると良いでしょう。映画の中で、ウルフは紹介された相手の顔を見て"Hi."と言ってうなずいたり、"Ma'am. Baby"と挨拶をしています。母親から「ウルフ大尉よ」と紹介された後に子供たちが"Hi"と言い、ウルフが"Hi"と返すタイミングに注目させましょう。児童に映画の場面をそのまま再現させたり、友人同士を紹介する練習をすると良いでしょう。

映画の背景と見所

『トリプルX』などに主演し、アクションスターとして知名度を上げてきたヴィン・ディーゼルが初めてファミリーコメディに挑戦したのが本作です。シュワルツェネッガーの『キンダガートン・コップ』などにも見られる設定で、屈強のタフガイが生意気な子どもたちにたじたじという落差が笑いを誘います。しかし子供たちの人物造形や、憎み切れない悪役、チェコ系移民の乳母の設定など、登場人物それぞれに存在感があって、目配りの利いた作品に仕上がっています。不在の父親も同様で、この映画の隠れたテーマの一つになっています。冒頭のシーンで妻に電話をしようとしてあっけなく殺されてしまうプラマー教授ですが、スイス銀行の口座のパスワードが結婚指輪の刻印文字だったり、隠し金庫を開けるヒントが次男のために創作した「ピーターパンダ」の踊りだったりと、彼の家族への愛が伏線となってストーリーが展開します。母親から捨てられ、軍人だった父親に8歳の時から士官学校に入れられていたウルフにとっても、子どもたちの世話をして父親役をする体験は、家族の素晴らしさを知り、人を愛することの大切さを学ぶ貴重な機会でもありました。子供たちを"red one" "red two"と呼んでいたウルフが、名前を呼ぶようになる場面は、彼が人間的に成長したことを示していて印象的です。この映画には『サウンド・オブ・ミュージック』へのオマージュも見られます。どこにそれが登場するのか、注意しながら見るのも楽しいでしょう。

スタッフ

監督：アダム・シャンクマン
脚本：トーマス・レノン、ロバート・ベン・ギャラント
製作：ゲリー・バーバー、ロジャー・バーンバウム
音楽：ジョン・デブニー
撮影：ピーター・ジェイムズ

キャスト

シェーン・ウルフ　：ヴィン・ディーゼル
フレッチャー校長　：ローレン・グレアム
ジュリー・プラマー　：フェイス・フォード
ゾーイ・プラマー　：ブリタニー・スノウ
セス・プラマー　：マックス・シエリオット

	# グース　　　Fly Away Home　　　（執筆）坂田智恵子

セリフ紹介	両親が別れた後母と二人で暮らしていたエイミーは、交通事故で突然母を失います。長く会わなかった父親トーマスにすぐには打ち解けられません。父の恋人スーザンにも反感を持ちます。自然監督官グレンがグースについて "See, geese learn everything from their parents. Everything from what to eat, how to fly, when to migrate, where to migrate…But without parental influence, your geese will get the urge to fly, take off, and not know where they are going.（グレン：グースはすべて親から学ぶ。食べるものや飛び方―渡り鳥の習性も…だが親がいなければ　空は飛べても行き先は分からない。）（Chapter 8）" と説明したのと同様に、エイミーは、彼女が見つけた親を亡くしたグースの雛たちに、自分がこれからどうすればいいのか途方に暮れているのです。 　トーマスはエイミーにグースたちを飛行機で越冬地に導こうと提案します。"I could show them the way by flying with them in my plane….Believe me, this could work. I promise you it'll be okay（トーマス：その行き先を飛行機で教えてやる。…きっとうまくいく。成功する。約束する。）（Chapter 15）"。しかし、そんなに簡単にはいきません。落胆するエイミーを見たスーザンは "You got her all excited about this. Now she feels like you've let her down, AGAIN. Broken promises are the worst. Better not to promise anything.（スーザン：すっかりその気にさせといて―またガッカリさせるなんて。約束を破るなんて最低だわ、約束をしない方がましだわ。）（Chapter 17）"。 　親が子供を愛し面倒を見て導くという約束、自分を信じても大丈夫なのだという約束、信頼に応える行動をするという約束、人間にとってもグースにとっても約束をして守るということはとても大切なのです。
ふれあいポイント	【題名の『グース』】日本語題名はエイミーが育てるカナダガンを表しています。ただし、goose は単数形で、映画では複数形の geese が多く使われています。Canada Goose（カナダガン）はカナダや米国北部、特に五大湖の周辺で夏に繁殖し、冬は暖かい南に渡ります。20世紀前半には数が激減しましたが、法律の改正や保護策のおかげで今は数を回復し、北米では最もありふれた水鳥になっています。その結果、鳴き声や糞に悩まされる人も多く、Chapter 10でグレンが雛たちの羽根の先を切り取るために大きな爪切りを出しながら説明しているように、ペットとして飼われるカナダガンは飛べないようにしなくてはならないという "Ordinance 9314（9314条）" が作られました。 【親子の絆の回復とエイミーの成長】初めはしっくりいかなかったエイミーとスーザンですが、スーザンの "I know I can never replace your mother, nobody can. But if you let me, I can be your friend. And the first rule about friends is they have to trust each other, right? I promise you nothing is going to happen to those geese. I won't let it, and neither will your dad. That's a promise.（スーザン：私はママにはなれない。でもお友達にはなれるわ。友達はお互い信じることが大切よ。グースには何もさせない、絶対に。私とパパで守る。約束よ。）（Chapter 12）" という言葉に心を開いていきます。 　越冬地に向かう旅の途中、エイミーに「どうして会いに来てくれなかったの。」と責められ、"It took me a long time to admit letting both of you go was a mistake….I was afraid, Amy. I was afraid, angry. Mostly at myself. I'm really sorry.（別れたのを失敗だと認められなかった…怖かった。腹も立ってた、自分自身にな。すまなかった。）（Chapter 24）" と正直に気持ちを話す父親に、エイミーは苛立ちだけでなく理解と思いやりの表情を浮かべます。エイミーの成長を見てとることができます。 　目的地を目前にしてトーマスの飛行機が墜落して怪我をした時、彼は父親を気遣いためらうエイミーに一人で16羽を導くようにと励まします。"You can do it. Yes, you can. Because you're so much like your mother. She was brave, you know. She went off, followed her dream. Nobody helped her. You've got that that strength in you, too.（行けるよ。ママを見ろ。勇気があった。一人で夢を追って生きてた。お前もその力がある。）" エイミーが "I wish she was here now.（ママがいれば…。）" と不安がると、さらにトーマスは "She is. She's right next to you. She's in the geese. She's in the sky. She's all around you. And she won't let you down.（いるさ。お前の横にいる。グースと共にいる。あの空に…どこにもいる。見守ってるよ。）" と力づけます。（Chapter 26）グースとの交流と父親を理解していくことで成長したエイミーは一人で出発するのです。
あらすじ	交通事故で母親を亡くした13歳のエイミーは、10年間別れて住んでいた父のトーマスに引き取られることになり、ニュージーランドからカナダに移り住みます。彫刻家のトーマスはグライダーで飛ぶことに熱中し、スーザンという恋人もいました。突然変わってしまった環境に馴染めずにいたエイミーは、ある日開発業者が切り倒した森で親を亡くしたグース（カナダガン）の孵る寸前の卵を見つけ、トーマスに内緒で孵化させます。雛たちは最初に見たエイミーを「母親」と思い込みます。可愛い雛たちとの生活はエイミーに父親との絆や笑顔を徐々に取り戻していきます。 　しかし、渡り鳥であるグースは冬には暖かい越冬地へ渡らなくてはなりません。雛は親鳥から「渡り」を含めた生きる術を学びます。人間である「母親」エイミーにそれができるのでしょうか。トーマスは超軽量飛行機を改良し、その飛行機を使って雛たちを導こうとエイミーに提案します。弟や友人たち、米国の鳥類学者の協力を得て、エイミーとトーマス、16羽のグースは約900キロ離れた米国のノース・カロライナ州に向けて出発します。空軍基地に降りてしまったりハンターたちに狙われたりしながらも一行は飛び続け、マスコミの大きな注目も集めるようになります。目的地の直前でトーマスの飛行機が故障・墜落しますが、エイミーは怪我をした父に励まされ、16羽と無事に到着します。そして翌年の春、グースたちはエイミーの所に無事に戻って来てくれました。
映画情報	製作年：1996年 製作国：米国 言　語：英語 ジャンル：ドラマ、ファミリー 配給会社：ソニー・ピクチャーズ エンタテインメント
公開情報	公開日：1996年9月13日（米国） 　　　　1997年1月2日（日本） 上映時間：107分　　MPAA（上映制限）：PG 興行収入：2,514万3,818ドル オープニングウィークエンド：4,447万854円

薦	●小学生　●中学生　○高校生　○大学生　○社会人	リスニング難易表		発売元：ソニー・ピクチャーズ エンターテインメント （平成26年5月現在、税込み） DVD価格：1,523円

お薦めの理由	母親を失った少女が長く会っていなかった父親に引き取られ、慣れない土地で偶然16羽のガンの雛の「母親」になったことをきっかけに、父親と心を再びつなぎ合わせ成長し自立していく映画です。とにかく、その雛たちが可愛いのです。そして飛行機とガンが一緒に飛ぶ映像、低空から眺める森や畑、町の風景がとても美しい映画です。背景にある環境問題（森の破壊・人間と鳥の共存）にも注意を向けて下さい。	スピード	3
		明瞭さ	3
		アメリカ訛	1
		外国語	2
		語彙	3
英語の特徴	主な登場人物はカナダ人です。ケベック州などを除くとカナダの英語は米国北部の英語とあまり違わないと言えます。エイミー役のアンナ・パキンがカナダ生まれニュージーランド育ちでニュージーランドのアクセントがあるので、監督はエイミーも同じ設定にしています。英語圏に住んでいる人たちには極端な訛りがなければ、あるいはそれを出さない話し方をすれば、お互いに理解するのに苦労はないようです。	専門語	1
		ジョーク	1
		スラング	1
		文法	1

授業での留意点

【imprinting（刷り込み）】「学習」の一つの形で、動物が比較的早い時期にあることを急速に学習しその記憶は強化の必要がなく安定していると動物行動学では考えられています。よく知られた例は、オーストリアの動物学者コンラート・ローレンツが『ソロモンの指輪　動物行動学入門』（早川書房）などの著書で述べた離巣性の鳥でしょう。離巣性というのは鳥の雛が孵化後すぐ、あるいは数日後に巣を離れて親の後を追って行動する性質のことです。地上で営巣するカモ類やキジ類などに見られます。雛を連れて移動するカルガモの姿はニュースなどでお馴染みでしょう。

エイミーの後を一生懸命追いかける雛たちを見て不思議がるトーマスに、自然監督官グレンは説明します。"It's called imprinting. The first living thing a goose sees when it's born, it automatically assumes is its mother. They'll follow her anywhere.（"刷り込み"ってやつだ。孵って最初に見たものを"母親"だと思い込み、追いかける。）(Chapter 9)"。トーマスが雛たちにエイミーではなく自分の後を追わせようとして苦労するのはそのためです。

撮影に当たっては、エイミー役のアンナ・パキンの声を録音し、まだ卵の段階から卵を抱く親鳥の声を聞くように聞かせておいて彼女の声に馴染ませたり、人を追いかけて走る訓練の時に飛行機のエンジン音に慣れるようテープで聞かせながら前を走ったりしています。(Chapter 16)。

【グースたちの旅と撮影】撮影は、カナダのオンタリオ州で大体行われましたが、オンタリオ湖〜アパラチア山脈〜ペンシルバニア州〜メリーランド州〜ヴァージニア州〜目的地の4日間の旅をエイミーたちと飛ぶ16羽のグースは、訓練の成果により実際に飛行機と一緒に飛んでいます。Igor というなかなか飛べなかったグース（エイミーの後ろの袋に入って旅するグースです）がエイミーの飛行機にぶつかってしまう場面や、霧の摩天楼の中を通り抜ける場面などは CG で処理されていますが、それ以外は大体実写だそうです。ヘリコプターや船から撮影された映像もあります。16羽が混じってしまう野生のグースの大群は CG で数を増やしてあります。

【英連邦】気づきにくいですが、開発をめぐる住民集会の会場やグレンの職場に英国のエリザベス女王の写真が飾られています。カナダは英国とその旧植民地だった国々から構成される The Commonwealth of Nations（英連邦）の1員で、エリザベス女王を国家元首とする Commonwealth realm（英連邦王国）の一つです。

カナダの国旗は1965年に現在のサトウカエデのデザインに変えられるまでは、オーストラリアやニュージーランドの国旗のように左上に英国旗（ユニオンフラッグ）が配されていました。国王に任命され代理を務めるカナダ総督がいますが、英国同様に「君臨すれども統治せず」を原則とする立憲君主国なので実際は総理大臣と内閣、連邦議会が実質的な権限を持っています。

映画の背景と見所

この映画は、絶滅危惧種の渡り鳥を超軽量飛行機で越冬地に導くことにより、種の保存を図ろうとしている Operation Migration（渡り鳥作戦）という NPO の創設者の一人であるビル・リッシュマンの実際の体験を元にしています。早く巣を離れて親鳥の後をついて回る習性を持つ鳥を、卵から育て人間を親と思い込ませ、飛行機と共に飛ぶよう訓練し、越冬地に導くのです。鳥は一度飛べばその渡りの経路を覚え、その後は夏を過ごす自分の生まれた繁殖地に自力で戻ってきます。映画では越冬地の湿原の保全がグースたちをそこに連れていく理由になっていますが、この NPO の目的は、越冬地を増やすことで絶滅危惧種の保全に貢献することです。（ちなみに映画に出てくるグース＝カナダガンは危惧種ではありません。）雛の訓練の方法、地上からのサポート、役所に雛たちを奪われることなどはリッシュマンが体験したことです。彼は、撮影に使われたグースの訓練を手伝ったり、飛行機に乗るロングショットのシーンに出演したりしてこの映画に大きく関わっています。特典映像のドキュメンタリーも是非ご覧になって下さい。

映画ではその実話に、母親を亡くし別居していた父親に引き取られた13歳の女の子が、グースを育てその渡りを先導することで、成長した娘の扱いに戸惑う父親との絆を強く結び直し、成長していくフィクションの部分をうまく織り合わせて作られています。

| スタッフ | 監　督：キャロル・バラード
脚　本：ロバート・ロダット、ビンス・マッキュウィン
製　作：ジョン・ビーチ、キャロル・ボーム
原　作：ビル・リッシュマン
撮　影：キャレブ・デシャネル | キャスト | トーマス・アルデン　　：ジェフ・ダニエルズ
エイミー・アルデン　　：アンナ・パキン
スーザン・バーンズ　　：ダナ・デラニー
デイブ・叔父さん　　　：テリー・キニー
グレン・セイファート：ジェレミー・ラッチフォード |

| グーニーズ | The Goonies | （執筆）白木 玲子 |

セリフ紹介

"If I found One-Eyed Willy's rich stuff, I'd pay all my dad's bills."（宝物が見つかれば、パパの借金を返せる。）というマイキーのこの強い思いが、彼を大冒険へと駆り立てます。彼は、自分でも何かできることをして立ち退きを阻止したいと切に願っています。そして、洞窟から井戸で引き揚げてもらおうとする仲間に対して次のように語りかけます。"The next time you see the sky, it'll be over another town. The next time we take a test, it'll be in some other school. Out parents, they want the best of stuff for us. Now they got to do what's right for them. Because it's their time. Their time! Up there. Down here it's our time. It's our time down here."（もう一度空を見れたとしても、別の町の空だ。次のテストは、別の学校のテストだ。パパやママは僕らの幸せを願う。でも今は自分たちのことで手いっぱいだ。懸命に戦ってる。僕らもここで頑張るんだ。）宝を探すのか、それとも諦めて帰るのかという究極の選択を迫られた時、マイキーは宝探しの本来の目的が単なる退屈凌ぎやお金儲けではなく、家族を守るためであると訴え、皆の心を1つにします。その後、救出されたマイキーは、"We had our hands on the future. But we blew it to save our own lives."（もう少しで家を救えたのに、僕らの命を先に考えてしまった。）と、何の役にも立たなかったことを両親に謝ります。しかし、父親は、"You and Brand are safe with your mom and me. That makes us the richest people in Astoria."（お前たちが無事に戻った。パパたちは町一番の金持ちだ。）と答えます。一家にとっての宝物は、宝石やお金ではありません。どこに住もうが家族全員が無事に一緒にいること、すなわち、愛する家族の存在こそが最高の宝物なのです。

ふれあいポイント

【個性的なグーニーズ】〈goony〉は〈まぬけ、ばか〉という意味ですが、作中ではグループ名である'goonies'に「おめでたい仲間」と振り仮名が付けられています。主な登場人物は、そのメンバーで主人公、喘息持ちで病弱の'Mikey'（マイキー）、フラテリー家の母親にまで"You're so quiet all of a sudden. Aren't you called Mouth?"（マウスのくせに静かじゃないか。）と言われるほど口達者なマウス、"I'm hungry."（腹ペコだよ。）と常に食欲旺盛、嘘ばかりつくために皆から信じてもらえないドジで太った'Chunk'（チャンク）、奇異な"inventions"（発明）をする'Data'（データ）に加え、弟マイキーの世話を焼き、1番年上ながらもどこか間が抜けている'Brand'（ブランド）、その彼女でチアリーダーの可愛いヒロイン'Andy'（アンディ）と、彼女の友人で男勝りの'Stef'（ステフ）です。彼らの立場や性格は非常に個性的かつ明確に設定されているため、混同することはありません。そして、フラテリー家との攻防と宝探しでは、各々が得意分野を発揮しながら反発、和解、協力し、時にロマンスを繰り広げながらピンチを切り抜けていきます。特別なヒーローではないどこにでもいそうな普通の子供達が、"Goonies never say 'die'!"（バカ言うな。僕らは "グーニーズ" だぞ。）を合言葉に絆を深めながら突き進む姿は、力を合わせて諦めずに信じ続ければ願いが叶うかもしれないという勇気や希望を教えてくれます。また、困難を乗り越えた後には、彼らがお互いの長所や新たな一面を認め合い、成長する姿も描かれています。各登場人物の特徴を確認し、お気に入りの人物を見つけたり、自分や友達は誰に似ているのか、映画と同じような状況に陥ったら誰のように振る舞うかなどについて話し合ってみるのも良いでしょう。

【宝探し】この物語は完全なるファンタジーではなく、ある小さな田舎町を舞台にしています。様々な現実要素を含んでおり、宝探しを決意した理由も明確であるために、自分の周りにも同じような世界があるかもしれないと感情移入しやすい設定になっています。'pirate'（海賊）と結びついた世界観は人気の少年漫画を想起させ、目的を果たすために危機や謎をクリアして進む設定はロールプレイングゲームのようです。盛り上げるために使われている典型的な小道具、例えば宝の'map'（地図）、'cave'（洞窟）、そこで遭遇する多数の'Willy's tricks'（ウィリーのしかけ）、'skeleton'（骸骨）、'waterfall'（滝）、'pirate ship'（海賊船）などから知っているものを見つけ、英語でどのように表現されているか聴き取ってみましょう。また、マイキーの家の鍵を開ける際のからくりや'attic'（屋根裏部屋）、データが作った"Bully Blinders"（ビックリ・ライト）、"Pinchers of Peril"（万能フック）、"Slick Shoes"（スッテンコロリン）などの発明品は、TVゲームなどの電子機器を使って遊ぶことが多い子供達に、身の回りにあるものを使って考え、想像することの楽しさを教えてくれることでしょう。

あらすじ

米国のオレゴン州、アストリア市にある小さな田舎町グーンドッグ。そこで暮らすマイキー・ウォルシュの家は、銀行に借金を抱えている上、ゴルフ場開発のために立ち退きを迫られていました。もうすぐ町を去らなくてはいけないマイキーは、グーニーズと呼ぶ遊び仲間のマウス、チャンク、データと一緒に、伝説の海賊〈片目のウィリー〉が残した宝の在処を記した古地図を自宅の屋根裏部屋で発見します。マイキー達は宝を手に入れ借金を返そうと考えます。彼らが地図を頼りに岬の灯台レストランに足を踏み入れると、そこには逃走中の犯罪者フラテリー家が潜んでいました。マイキー達、彼らを連れ戻しに来た兄ブランド、女友達のアンディとステフが逃げ込んだ暖炉の地下には洞窟が広がっていました。彼らはウィリーが仕掛けた数々の罠を協力しながら潜り抜け、金銀財宝を積んだ巨大な海賊船に辿り着きますが、取り残されたチャンクから話を聞いたフラテリー家に追いつかれ、宝を横取りされてしまいます。一家の末弟スロースとチャンクのおかげで、皆は崩れる洞窟から脱出し、心配していた家族との再会を喜び、遅れて洞窟から逃げてきたフラテリー家も逮捕されます。さらに、マイキーがビー玉の袋に詰め込んでいた宝石が見つかり、一家は立ち退きを免れます。そんな中、ウィリーの海賊船は帆を揚げて、子供達の話を信じなかった大人を驚かせながら、はるか大海原へと去って行くのです。

映画情報

製作年：1985年
製作国：米国
言　語：英語
ジャンル：アドベンチャー、ファミリー、コメディー
カラー映画

公開情報

公開日：1985年 6月 7日（米国）
　　　　1985年12月21日（日本）
興行収入：6,138万9,680ドル
上映時間：114分
字　幕：日本語字幕/英語字幕

薦	●小学生　○中学生　○高校生　○大学生　○社会人	リスニング難易表		発売元：ワーナー・ホーム・ビデオ（平成26年5月現在、税込み）DVD価格：1,543円　ブルーレイ価格：2,571円

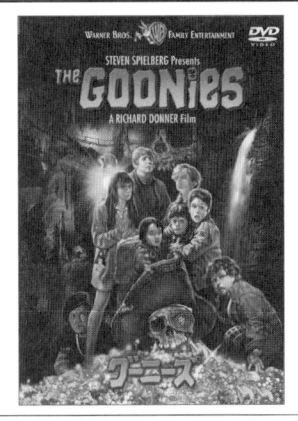

お薦めの理由	前半ののどかな日常生活から、後半は遊園地のアトラクションを体感しているかのような大冒険へと一転します。凶悪犯や銃、死体は出て来るものの、残酷な描写はなく、随所にあるユーモアのおかげで恐怖も感じられません。単純明快なストーリーに宝探しというアドベンチャー要素が加わり、スピード感溢れる冒頭のカーチェイスから最後まで、スリルと興奮を味わうことができます。	スピード	4
		明瞭さ	4
		アメリカ訛	2
		外国語	2
		語彙	3
英語の特徴	米国英語による会話が大半です。腕白な少年少女が仲間や大人と交わす会話はテンポも良く軽妙で、捻りのきいた単語や表現もあります。フラテリー家や大人びたマウスは、時に俗語や性的ニュアンスを含む表現を使います。また、マウスが、スペイン人の家政婦ロザリータに内容を偽ってスペイン語で通訳する時、中国系のデータが家族と中国語で話す時には英語字幕が表示されます。	専門語	2
		ジョーク	4
		スラング	4
		文法	2

授業での留意点	本作は、すべての台詞に日本語字幕が付いている訳ではなく、台詞と字幕が合っていなかったり、意訳や省略されているものが多々あります。しかし、英語特有の面白さは、字幕表記だけでは充分味わえません。台詞回しは巧妙に練られているため、できるだけ英語で聴き取り、ストーリーを楽しんでみましょう。 【言い間違い】類似した発音やスペルを持つ英単語が、ユーモアある言い間違いとして使われています。例えば、"I was just trying to delate myself. No, no...Dictate myself."（今のは雲いばりだ。違った。空 [そら] いばりだ。）と言うマイキーに対し、ブランドが "That's delude yourself."（空 [から] いばりだよ。）と指摘します。'delude oneself'「思い違い、勘違いをする」を思い出せないマイキーは、'delate'「告発、非難する」や 'dictate'「口述する、命令する」と言ってしまうのです。さらにマイキーは、"retrospective."（歴史展）ではなく "retropactum." と訳の分からない単語を言ったり、データも 'booby traps'（しかけ）を 'booty traps'（しかげ）と何度も間違えます。また、字幕は付いていませんが、マイキーの母親が彼の体調を心配しながら "ammonia"〈アンモニア〉と言いますが、ブランドが "peumonia"〈肺炎〉の言い間違いだと気づく場面もあります。似た単語を意図的に用いたこれらの台詞は、意味通りに直訳するとその面白さが半減します。字幕では、小さなスペルの違いを考慮しながら巧みな日本語で訳されていますが、英単語の本来の意味と異なる場合がありますので、各単語の元の意味を調べて確認してみましょう。 【機知に富んだ会話】同じスペルの英単語が、全く異なる意味や品詞として使われるという機知に富んだ会話があります。グーニーズ達はウィリーの罠の1つである骨のオルガンに遭遇しますが、楽譜通りに正しく鍵盤を弾かなければ地面が崩れて死んでしまいます。そこで、ピアノを習っていたアンディが弾くことになります。以下は、数回音符を弾き間違えたアンディが、混乱しながらマイキーと交わす会話です。 アンディ： "I can't tell if it's an A sharp or a B flat."（もうダメ、Bフラットってどこなの？） マイキー： "If you hit the wrong note, we'll all be flat."（間違えたらペシャンコだ。） 日本語字幕はかなり省略して訳されていますが、2人の台詞の最後の2語が同音になっています。まず、半音上げるのか下げるのか分からないと言うアンディは、音楽用語として 'B flat' を使っています。一方、その言葉を聞いたマイキーは、アンディが使った 'flat' に 'be' を組み合わせてまったく同じ発音の 'be flat' を作ることで、「平らな」という別の意味として 'flat' を用いているのです。アンディが譜面通りに弾かなかったら、自分達は皆平らになってしまう、すなわち、落ちてペシャンコになってしまうという危機迫る状況を、機転を利かせた表現を使いながら説明しています。

映画の背景と見所	監督は『スーパーマン』や『オーメン』のリチャード・ドナー、脚本は『ホーム・アローン』の監督や『ハリー・ポッター』初期3作などの製作や監督をしたクリス・コロンバス、そして製作総指揮はスピルバーグというように、この映画には、今ではハリウッドを代表し、子供を描くことに卓越した才能を持つ名高い人物が携わっています。日本でもシンディ・ローパーが歌う主題歌がヒットし、ノベライズ本や数作のTVゲームも発売された人気を博した映画です。同時期には『インディー・ジョーンズ』シリーズや『バック・トゥ・ザ・フューチャー』（1985）などの有名なアクション大作も公開されましたが、子供を主人公にした本作は、時に注意したくなるほどの少年特有の賑やかさ、純粋無垢な笑いと涙、アイディア満載のアクションなど、子供なら一度は憧れる友達との冒険ごっこを体現した後味の良い映画になっています。製作年が古いため、時代背景、登場人物のファッションや会話、彼らが住む家のインテリアや小道具などに時代錯誤が見られるかもしれません。同時に、映像技術の未熟さや画面の粗さも感じられ、多少見づらい箇所もあります。しかし、洞窟や海賊船はセットとして実際に製作されており、まるで現実世界に存在しているのではないかという錯覚をも覚えそうです。最新のCGを駆使した視覚的迫力満載の映画も良いですが、それらとはまた異なる、映画の原点とも言うべき力強さが感じられる作品です。

スタッフ	製作総指揮：スティーブン・スピルバーグ 製作・監督：リチャード・ドナー 製　　作：ハービー・バンハード 脚　　色：クリス・コロンバス 音　　楽：デイヴ・グルーシン	キャスト	マイキー：ショーン・アスティン ブランド：ジョシュ・ブローリン チャンク：ジェフ・コーエン マウス　：コリー・フェルドマン アンディ：ケリー・グリーン

くもりときどきミートボール　Cloudy with a Chance of Meatballs

（執筆）黒澤　純子

セリフ紹介

　小さい時から発明家になりたいと思っているものの、失敗ばかりしているフリントに母親は、自分が息子の発明を信じていること、そしてフリント自身が夢と希望を持ち続けることの大切さを教えます。"The world needs your originality."（世の中はあなたの独自性を必要としているのよ。）、"I know that you're gonna (=going to) do big things someday."（あなたはいつか大きなことをやるわ。）これらの母親の我が子を応援する言葉は、多くの児童にとって、心に響くセリフとなるでしょう。また、自分の発明が結果的に町の人々を困らせる状態になった時のこと。発明した機械の後始末をせず、失望しているフリントに、今まで彼のことを理解していなかった父親の "Good luck, son."（がんばれよ。）という言葉はフリントの気持ちを奮い立たせます。最後の場面での父親の言葉 "I am proud of you."（お前を誇りに思っているよ。）、"You're talented, you're a total original."（お前には才能も独創性もある。）は、子どもたちにとって、親からの一番の賛辞です。"Fishing metaphor means, I love my son."（猟師のことわざは、お前を愛しているという意味なんだ。）この言葉には父親も母親と同じように息子のことを愛し、息子の成功を信じていたことがわかります。

　町の子どもたちがフリントに対して言う "weird dude"（変わったやつ）、"What a freak!"（なんて変わった奴なんだ。）、"nerd"（がり勉）などは、子どもどうし日常でも使用されています。さらに、"super gross"（超まずい）、"cool machine"（かっこいい機械）、"That's awesome."（それはすごい。）の "super"、"cool"、"awesome" は物事を強調したり感心する時などに、日常生活の中で多用されています。

ふれあいポイント

【世界の国々】世界中で異常気象が起きている、というニュースの場面で、パリのエッフェル塔、ロンドンのビッグ・ベン、エジプトのピラミッド、中国の万里の長城という国を代表する名所が出てきます。小学校英語活動で使用されている教科書Hi, Friends 2（6年生対象）でも、ピラミッドと万里の長城の写真が出ており、国名を考え、いくつかの国旗の中から各国の名所と国旗を結び付ける学習項目があります。映画を使って、教科書で学んだことの再確認を行い、さらにエッフェル塔、ビッグ・ベンの映画中のカットを使って国名と首都、国旗、そして国を地図上で場所を確認することも地理の勉強につながるでしょう。

【サムのアレルギーと髪のシュシュ】アレルギー体質のサムを取り上げたいと思います。私たちがよく耳にしているアレルギー（allergy）の正確な英語の発音と綴りを確認したいものです。サムは、"I'm allergic to peanus."（私はピーナツアレルギーなの。）とフリントに言います。食べ物を生産するFLDSMDFRを停止させるための途上、サムとフリントはピーナツのお菓子（peanuts brittle）でできた洞穴を通り抜けなくてはなりません。不幸にもサムはそのお菓子に刺さり、アナフィラキシー・ショック（anaphylactic shock）状態になります。お菓子が刺さった箇所はすぐに腫れあがり、顔もパンパンに腫れて、サムとはわからないような顔になってしまう場面です。アレルギーとはどういうことなのか、アレルギーを起こすとどうなるのか、映像を見ることで学ぶのではないでしょうか。また、女の子が髪を留めているシュシュは、scrunchie/scrunchyと言います。"What is that, a scrunchie?"（何それ、シュシュ？）と言う場面です。

【異常気象について】食べ物を作り出す機械がなぜ異常な状態になってしまったのか考えてみましょう。まず、市長から考えます。今自分は、"I'm just a tiny mayor of a tiny town."（私はちっぽけな町の小さい市長だ。）が、いつかは "I want to people to look at me and say, 'That is one big mayor.'"（人々が自分のことを見て、大きな市長だ、と言われたい。）と思っています。大きな（有名な）市長になるための策は、フリントが発明した機械で、様々な種類の食事で観光客をもてなして町を有名にし、外国からも人々を呼び寄せることでした。町は "Chew and Swallow"（噛んで飲み込む）という名前に替えられ、それまで以上の種類と量の食べ物の注文が出されます。その結果、機械は過剰注文により、スパゲティの竜巻（tornado/twister）を引き起こし、町を破壊していきます。市長は空から降ってくる食べ物を食べ過ぎ、巨体になり、彼の希望通り「ビッグ」になりますが、彼の野心が機械の異常、さらには世界中を巻き込む異常気象を起こした一つの原因になったと考えられます。また、スワロー・フォールズの人々について、なぜ人々が町から逃げなくてはならなくなったかについても考えてみましょう。

あらすじ

　スワロー・フォールズに住んでいるフリント・ロックウッドは小さい時から発明家に憧れ、自分もいつか大きな発明をしたいと日々実験を行っています。しかし、彼の発明はすべて失敗し、町の人々に迷惑をかけていました。人々はこの町の産物であるイワシの料理を毎日食べ、イワシに飽き飽きしていました。そんな町の人々の役に立ちたいと思い、フリントは数々の失敗を経て、ついに水が食べ物に変わる機械 FLDSMDFR（Flint Lockwood Diatonic Super Mutating Dynamic Food Replication）を発明します。その機械はアクシデントから空遠くに飛んでいきますが、その後空から始めに注文したチーズ・バーガーが大量に降ってきます。町の人々は大喜びし、次々に自分たちの食べたいものを注文し続けます。

　大量の注文を受けたため誤作動した機械は巨大な竜巻を引き起こし、様々な巨大な食べ物を空から降らせ、町を破壊していきました。フリントは、自分が発明した機械のコードを停止させるために、サム、ブレントと共に成層圏に向けて出発します。成層圏で機械は巨大なミートボールの核になっていました。食べ物の攻撃にあいながらも、彼らは核を破壊することに成功しました。フリントは仲間とは一緒に町に戻ることはできませんでしたが、鳥に運ばれて戻ってきました。今では息子を誇りに思う父親、町の人々も命がけで町を救おうとしたフリントを温かく迎えます。

映画情報

原　　作：Cloudy with a Chance of Meatballs（絵本）
製 作 費：1億ドル
製 作 年：2009年
製 作 国：米国
ジャンル：アニメーション・ファミリー・コメディ

公開情報

公 開 日：2009年9月18日（米国）
　　　　　2009年9月19日（日本）
上映時間：90分
オープニングウィークエンド：3,030万4,000ドル
興行収入：1億2,487万ドル

薦	●小学生　●中学生　○高校生　○大学生　○社会人	リスニング難易表		発売元：ソニー・ピクチャーズ エンタテインメント （平成26年5月現在、税込み） DVD価格：1,523円　ブルーレイ価格：2,571円
お薦めの理由	フリントは長い間、同級生や町の人々から発明の失敗を笑われてきましたが、彼は自分の夢を捨てませんでした。夢を諦めずに追い求めることの大切さ、そして親は子供を信頼して、いつも応援しているのだというメッセージを受け取って欲しいと思います。また、フリントの父と警察官は息子に"I love you."と言う場面があります。親の子に対する愛情を理解して欲しいものです。	スピード	3	
^	^	明瞭さ	3	
^	^	アメリカ訛	1	
^	^	外国語	1	
英語の特徴	水が食べ物に変化する過程について、フリントが科学的な説明をする際使用する単語は難しく、速いスピードで話します。また、登場人物たちが興奮してしゃべる箇所でも英語のスピードは速いです。それ以外の場面は、標準の速さで聞き取りやすい英語です。コンピューターの関連の語 e-mail, mouse, download, desktop, drag, scan, send などは今後操作する時のために、覚えておくとよいでしょう。	語彙	3	
^	^	専門語	2	
^	^	ジョーク	1	
^	^	スラング	1	
^	^	文法	2	

授業での留意点

【カタカナ語の食べ物】映画にはたくさんの種類の食べ物が出てきます。日常カタカナで使われている食べ物の名前を正しい発音で学習すること、そして綴りも一緒に確認したいものです。例えば、馴染みのあるチーズ・バーガー(cheese burger)、バナナ(banana)、ホットドッグ (hotdog)、ステーキ (steak)、トマトソース・スパゲティ(tomato sauce spaghetti)、フライド・ポテト (fried potato)、ジャンク・フード (junk food)などは、英語の正しいアクセントの場所を確認して発音します。また、目玉焼き (sunny-side up)、ゼリー(jell-O, jelly)、セロリ(celery)、スイカ (water melon)、巻きずし (rolled sushi)、BLTサンドイッチ (bacon, lettuce and tomato sandwich)、手羽先(chicken wings)、食べ放題バイキング (all-you-can-eat buffet)、食べ残し (leftovers)、などは新出単語として、キャンディー・コーン(candy corn)、おみくじクッキー (fortune cookie)、ベイクド・ビーンズ(baked beans)、ナチョ・チーズ(nacho cheese)、トルティーヤ・チップス (tortilla chips) などは異文化の食べ物として指導者の解説を加えながら学習するとよいでしょう。

【会話表現】覚えておくと便利な表現を挙げます。"What's up?"（元気？）、"This is a great idea."（これはすごいアイディアだ。）、"Something is wrong."（何か変だ。）、"May I ask a favor?"（お願いがあるんだけど。）、"We're running out of time."（私たちにはもう時間がないのよ。）、"That was close."（危なかった。）、"Just a second."（ちょっと待って。）、"Exactly."（相手の言うことが的を得ていた時に使う、「そのとおり。」）、"Are you kidding"（冗談でしょ？）、"You're awesome."（君ってすごい。）"That's it."（映画では、2通りの意味「そこまで」、といいアイディアを思いつく時などに使う「これだ！」が使われています。）、"It's your choice."（選ぶのは君だ。）、"It fits perfect."（それはピッタリだ。）などのフレーズを覚えておくと、今後会話で使うことができます。さらに、映画に出てくる動詞 invent（発明する）、grab（つかむ）、throw（投げる）、wait（待つ）、swing（振り動かす）、tie（結ぶ）、fry（揚げる）、boil（茹でる）、dry（乾燥させる）、poach（沸騰させない温度で茹でる; poached eggsポーチド・エッグ）、candy（砂糖漬けにする）も日常生活でよく出てきます。カタカナで私たちの生活にすでに浸透している動詞もいくつかありますが、児童がより理解しやすいように、動作なども取り入れ、確認するとよいでしょう。

最後に、日本語で間違えやすく使用しがちな単語を挙げます。フリントは小学校の時クラスのみんなから"He wants to be smart, but that's lame."（賢くなりたいけど、ただのだめなやつだ。）と笑われる場面があります。この smart は、「賢い」、「洗練された」という意味です。

映画の背景と見所

原作はジュディ・バレット（文）、ロン・バレット（絵）の絵本で、1978年アメリカで出版されました。100万部以上売れているベストセラーです。日本では、青山南氏が翻訳し、2004年、（株）ほるぷ出版から出版されています。米国では3D CGのアニメーションで映画化されましたが、日本では3Dの吹き替え版で上映されました。原作の絵本では主人公の「ぼく」の名前と町の名前は不明ですが、映画では主人公はフリント・ロックウッドという名前、町の名前はスワロウ・フォールズ（Swallow Falls, 後に、Chew and Swallowに改名される）になっています。また、映画では原作にはないSFの要素が入った冒険物語になっています。米国における映画の評価は高く、シリーズの第2弾、くもり2：「食べ残しの復讐」（Cloudy 2: Revenge of the Leftovers）が2014年2月に封切の予定です。

フリントが自分の発明した機械を停止させるため、成層圏に向かうために準備にかかり、空飛ぶ車を作るまでの作業は、彼を立派な科学者と認識する場面でしょう。機械が次々と食べ物を生産して、侵入者であるフリントたちを容赦なく攻撃してくる場面はスリル点です。機会の停止コードの入った USB メモリをフリントが失い観客をがっかりさせる場面、その直後、フリントが父親で電話して停止コードのコピーをメールで送信をお願いするものの、父親がなかなかコピーできないもどかしさを感じる場面は、親子世代の違いを感じる興味深い場面です。

| スタッフ | 監　督：クリストファー・ミラー、フィル・ロード
プロデューサー：パム・マースデン
原　案：クリストファー・ミラー、フィル・ロード
音　楽：マーク・マザーズボウ
製　作：パム・マースデン | キャスト | フリント・ロックウッド：ビル・ヘイダー
サム・スパークス　　　：アンナ・ファリス
ティム・ロックウッド　：ジェームズ・カーン
市長　　　　　　　　：ブルース・キャンベル
アール　　　　　　　　：ミスター・T |

グリンチ	The Grinch	（執筆）高橋　本恵

セリフ紹介

★クリスマスパーティーで、市長は突如マーサ・メイに結婚を申し込みます。
Mayor : Please become Mrs. Augustus May-Who. If you agree to be my wife, along with supply of happiness… you'll be also receiving this: It's a new car! Generously provided by the taxpayers of Whoville!
（君をオーガスタス・フー夫人に。妻になってくれたら一生続く幸せと共にこれを贈る。ピカピカの新車だ。寛大なフーヴィルの納税者に感謝！）
Martha : Well, I ---. （答えてと言われても。）
Mayor : What do you say, Martha? You got 20 seconds on the clock. （マーサ、答えは？決断までの猶予は20秒。）
Martha : These gifts are quite dazzling. （目のくらむプレゼントだわ。）

★シンディはグリンチに招待状を届けに行った時に言いました。
Cindy: I know you hate Christmas… but what if it's all just a misunderstanding? I myself am having yuletide doubts.
（あなたは誤解でクリスマスを嫌いになったのよ。私だってクリスマスには疑問があるわ。）

★父親のルーはシンディの気持ちを代弁して市長に言います。
Lou: You can't hurt Christmas, Mr. Mayor…because it isn't about the gifts or contests or the fancy lights. That's what Cindy's been trying to tell everyone. And me. She's been trying to tell me.
（クリスマスは心です。プレゼントや飾り付けはおまけ。シンディはそう思っています。私はそれがわからず。）

ふれあいポイント

【クリスマスは最大の祝祭】日本でもいろいろな祝祭はありますがクリスマスを祝う人が多くなりました。欧米ではクリスマスは盛大に行われ本編にもあるように大きなツリーの飾り付けがなされます。ベティは隣人のマーサに対抗心むき出しの豪華な飾り付けをしています。"Every year, Martha May Whovier has the best lights. Well, not this year. This year… I'm gonna beat that prim, perfectly little prissy---." （毎年、隣のど派手なマーサ・メイ・フーに負けていたけど、今年は負けないわ。いつも気取ったタカピーな女には。）また、父のルー・フーはたくさん買い込んだクリスマスプレゼントを抱えながら、"Boy, nothing beats Christmas, right." （クリスマスは最高だな。）とシンディに言います。すると、シンディは町中の人が買い物に駆けずり回っているのを見て"Doesn't this seem superfluous? "（ちょっと買いすぎだわ。）と述べて、商業ベースになってきた感のあるクリスマスやそれに浮かれ気分の大人たちをたしなめています。また、グリンチによってクリスマスプレゼントや何もかもが盗まれてしまったフーヴィルの町でしたが、シンディはクリスマスは心でプレゼントや飾り付けはおまけだと言っています。父のルーは"I don't need anything more for Christmas than this right here, my family. "（家族さえいればプレゼントなんか要りません。）と言うと、仕舞いには町の人たちからも支持を受けます。シンディは、クリスマスの祝祭の本来の意味を忘れてしまい、きらびやかな飾り付けとその豪華さを競いあうようなことに警鐘を鳴らしているのかもしれません。日本にもクリスマスを含めいろいろな祝い事があります。お正月、節句、子どもの日などの本来の意味について子ども達に話す機会を持ってはいかがでしょうか。

【シンディの役割】誰もがクリスマス気分でフーヴィルの町は華やいでいるなか、相棒の犬とトランペット山に籠もりクリスマスを楽しめないでいるグリンチでしたが、シンディは、"The cheermeister is the one who deserves a back slap or a toast. And it goes to the soul at Christmas who needs it most. And I believe that soul is the Grinch."（市民の温かい心の表れとしての名誉会長は暖かさを一番求めている人に。当てはまるのはグリンチよ。）と言って、市長にグリンチが千年祭の名誉会長になることを承認させました。みんなの中に入れない孤独で偏屈な怪物グリンチは、シンディの優しさのこもった働きかけによってクリスマスの主役に担ぎ出されフーヴィルの人たちのなかに溶け込んでいきます。あなたの周りにもシンディのような役割を果たすひとを求めている1人ぽっちの人がいるかもしれません。積極的にそんな役割を果たせる子どもになれるように育てたいものです。

【丁寧なお願い】父親のLouはとても丁寧にお願いしています。Would you mind helping me take this to the back room, honey?（これを奥の部屋にもっていっておくれ。）親子といえども、丁寧なお願いをしている場面です。

あらすじ

　フーヴィルでは千年祭の名誉会長を選出しようとしていました。シンディは温かい心を一番求めている人が選ばれるべきだとしてグリンチを指名しました。全身が緑の毛に覆われていたグリンチは屈折した性格でクリスマスを死ぬほど憎んでいますが、市長も渋々彼を任命する事に同意しました。グリンチは、友もなくクランピット山の洞穴に住んでいます。シンディは招待状を届けに行きました。はじめは信じていなかったグリンチもようやくクリスマス・イブのお祝いパーティーに行くことにしました。パーティー会場に到着しクリスマスをみんなと祝おうとしていた矢先、市長はグリンチが幼少時代に恋していたマーサ・メイにプロポーズして豪華な車をプレゼントすると、グリンチには怒りがふつふつと湧きできて、クリスマスツリーを燃やしてしまうなどクリスマスの祝祭行事をめちゃめちゃにしてしまいます。また、クランピット山に帰っていったグリンチは、さらにフーヴィルの住人を失意の底に落としてしまおうと画策し、町中のクリスマスの飾り付けや人々のクリスマスプレゼントを盗んでしまおうとサンタクロースに変装し、相棒の犬マックスとフーヴィルの町にソリに乗って降りていきます。町中のクリスマスプレゼントや飾り付けを持ち去りクランピット山の頂上まで押し上げ山に戻ってみると、人々は悲しみにうちひしがれていると思いきや、フーヴィルの人たちの楽しそうな歌声が聞こえてくるのです。

映画情報

製作費：1億2,300万ドル
製作年：2000年　　　製作国：米国
配給会社：ユニバーサル・ピクチャーズ
　　　　　イマジン・エンターテインメント
ジャンル：コメディ、家族、ファンタジー

公開情報

公開日：2000年11月17日（米国）
　　　　2000年12月16日（日本）
上映時間：104分
字　幕：日本語字幕/英語字幕
レーティング：PG

薦	●小学生　○中学生　○高校生　○大学生　○社会人	リスニング難易表		発売元：NBCユニバーサル・エンターテイメントジャパン（平成26年5月現在、税込み） DVD価格：1,543円　ブルーレイ価格：2,037円
お薦めの理由	幼少期のクリスマスの不幸な体験がもとでクリスマスを嫌悪するグリンチに対して純真な心のシンディが、世の中には悪い人なんていないし孤独な人に手を差し伸べなければならないというメッセージを伝えます。本編では偏屈なグリンチを心の呪縛から解きほぐすお話で成長過程の子ども達の心にも響くストーリーです。また、クリスマスの意味を考えるという社会的な問いかけも含まれています。	スピード	3	
		明瞭さ	4	
		アメリカ訛	2	
		外国語	2	
英語の特徴	主役が苛立ったり、怒りを表したり、威嚇したりする場面では声の調子を変えながら大声を出したりするため英語学習者には聞き取りにくい場面もあります。一方、グリンチの引き立て役とも言えるシンディは明瞭な話口調です。また、この作品は、子ども向け映画ですが大人しか理解できないと思われるユーモア、冗句も含まれています。ナレーションは登場人物と異なる英国英語で語られています。	語彙	3	
		専門語	2	
		ジョーク	3	
		スラング	2	
		文法	2	

授業での留意点

【暖かく迎え入れる心情】 この映画によれば、グリンチがクリスマス嫌いになったのは、下級学年のときのクリスマス行事でした。級友に外見・容貌をからかわれたことに起因しているようです。シンディはフーヴィルの法典には "No matter how different a Who may appear…he will always be welcomed with holiday cheer." （フーらしくない人でもフーヴィルは暖かく迎え入れる。）と謳ってあるとして、グリンチを千年祭の名誉会長に指名しました。これは、フーの人たちと異なった風貌をしたグリンチを分けへだてなく受け入れようとする姿勢です。このシンディの台詞はどんな個性を持った友人でも、それを受け入れ共に認め合うことの大切さをメッセージとして伝えています。クラスにはいろいろな子どもがいて、それぞれの個性を持っています。そうした子どもが互いの個性を認め合う場にしたいものです。

【グリンチはクリスマスが大嫌い】 グリンチのクリスマスに対する気持ちや、その行動をあらわす場面の台詞を取り上げるのもこの映画の鑑賞の仕方で、英語学習にもなります。例えば、サンタクロースの悪口をいっています。こんな場面もあります。自分のすみかの洞窟にもクリスマスの歌声が聞こえてきます。すると、"Blast this Christmas music…Must drown them out." （まったく頭にくる歌だ！）また、サンタクロースがフーヴィルの町からひきあげて行くのを双眼鏡で覗きながら、"Fat boy should be finishing up anytime now. Talk about a recluse. He only comes out once a year and he never catches any flak for it！"（サンタのおっさんの仕事が終わる。あいつも世捨て人。1年に1度しか現れないのに誰も悪く言わない。税金逃れの山暮らしだろ？）この他にも、いろいろな場面があります。子どもたちにそうした場面や台詞を挙げさせてみて下さい。

【使えるようにしたい表現】 ★市長がなにかと理由をつけて、グリンチを名誉会長にさせないようにします。そして、グリンチには賞を与えぬこととフーヴィル法典には書いてあると言います。するとシンディは、Cindy："You made that up! It doesn't say that." （そんなのでっちあげよ。）★ルーがクリスマスは家族がいればプレゼントなんか要らないというと、妻のベティが駆け寄って熱い口づけをしています。それを見た市長は "Oh, give me a break." （いい加減にしろ。）★賞をもらえるということで、グリンチはパーティーに行く決心をします。そして、パーティーも始まり授賞式にやっと間に合いました。すると、シンディは "He made it！" （現れたね！）★グリンチは町から盗んだクリスマスプレゼントを犬のマックスと一緒にクランペット山頂にやっとのことで押し上げることができました。そして、こう言います。"We did it！" （やったぞ！）★町からすべてのクリスマスプレゼントが盗まれてしまったのを知った市長は "I wonder who could've done this." （どこの誰がこんなことを？）

映画の背景と見所

『グリンチ』は1957年にドクター・スースが刊行した『How the Grinch Stole Christmas（グリンチはどうやってクリスマスを盗んだのか）』の子供向け絵本を原作としており、1966年に22分のテレビアニメ版が製作された後に、2000年に映画化されたものです。雪の結晶の中にあるフーヴィルの町や登場人物には曲線を描くような形状が与えられています。突き出して丸みを帯びた鼻を持つ人々は絵本の中から出てきたようなキャラクターで子どもたちを惹きつけます。また、表現された町の色彩効果にも夢に満ちたファンタジーの世界が醸しだされており、子ども達も十分楽しむことができます。このようにセットのデザインから登場人物のメイキャップまでが、原作の持つ世界観に細心の注意を払いながら絵本の世界を再現しています。タイトルキャラクター（the title character）の怪人グリンチには緑でけむくらじゃな風貌が与えられていますが、手の込んだメイクは毎回2時間以上を必要とする顔メイクでもあります。こうしたメイク表現もこの映画がアカデミーメイクアップ賞に輝いた要因です。グリンチ役を演じるジム・キャリーは、もともとコメディアンでありグリンチに扮して自分の持ち味を存分に発揮します。この作品を見る人の大部分は子どもであることを考えるとやり過ぎの感がある場面もありますが、おどけたりはしゃいだりの仕草や風刺をきかせた台詞も見所です。

スタッフ

監　督：ロン・ハワード
製　作：ブライアン・グレイザー
脚　本：ジェフリー・プライス
　　　　ピーター・S・シーマン
音　楽：ジェームズ・ホーナー

キャスト

グリンチ　　　　　　：ジム・キャリー
ルー・ルー・フー　　：ビル・アーウィン
ベティ・ルー・フー　：モリー・シャノン
フーブリス　　　　　：クリント・ハワード
オーガスタス・メイ・フー：ジェフリー・タンバー

	コラインとボタンの魔女	Coraline	（執筆）木下 恭子

セリフ紹介

本当のママとパパがいなくなって気が動転しているコララインは別の世界で別のママと対決をすることを決意して冷や汗をかきながらも自分自身を励ましてゲームをやろうと提案している場面での台詞です。

Coraline ：Be strong, Coraline. Why don't we play a game? I know you like them.
（ガンバレ、私。私とゲームしない？　大好きなんでしょ）
Other Mom：Everybody likes games.
（誰でもゲームは好きよ）
Coraline: Uh-huh. What kind of game would it be? An exploring game. A finding things game.
（どんなゲームをするの？　探検ゲームや物を捜すゲームとか）
Other Mom：And what is it you'd be finding, Coraline?
（何を捜したいの？　コラライン）
Coraline ：My real parents.
（本当の親たち）
Other Mom：Too easy.
（簡単すぎる）

別のママと対決するきっかけの場面であると同時に、正義感が強いコララインの性格が表われた興味深い対話です。

ふれあいポイント

【英語での動作の指示】身近に学べる表現としてパパがコララインに動作の指示をしている会話があります。米国のミシガン州からオレゴン州に引っ越したコララインはまだ友だちがいなくて、退屈そうにしています。仕事で忙しいパパはコララインにピンクパレスについて"You know this house is 150years old."だと古いアパートであることを教えてくれます。パパがコララインに指示したのは"So explore it. Go out and count all the doors and windows and write that down on.... List everything that's blue."（探検しなさい。家中のドアと窓の数を紙に書き、青い物のリストをつくりなさい）ということです。英語での動作指示は文の最初に動詞の原形をおく命令文になることを理解しましょう。

【「忙しい」という英語表現】「忙しい」ことを表す単語は英語ではさまざまなものがあります。園芸雑誌のライターのママはコララインの話につきあう時間もないほど忙しく、"Coraline, I don't have time for you right now."（コラライン、ママは忙しいの）と語っています。また、好奇心の強いコララインに"Where does this door go?"（何のドア？）と家の中のドアについて質問されて、今度は"I'm really, really busy."（今取り込み中なのよ）と別の言葉で自分がいかに多忙であるかを強調しています。英語は日本語の「忙しい」を色々な表現でしていることを理解してもらいましょう。

【英国と米国の違い】この映画は舞台が米国のオレゴン州ですが、原作者は英国人のため映画で英国的なものを見つけることができます。英国のことをインターネットで調べてみるといいでしょう。たとえば、コララインが両親と3人で本屋に出かけた時、外に"Shakespeare Festival"と書かれた旗がありました。シェイクスピアは英国の劇作家としてあまりにも有名です。両親の職業が園芸ライターというのもガーデニング大国の英国で需要のある職業でしょう。家については屋根裏部屋にボビンスキー、2階にコラライン一家、1階にミス・スピンクとミス・フォーシブルと複数の人々が一軒の家を大家から借りて住んでいる形態は英国ではよくあることです。1回見て英国的なものが見つからなかったら何回も繰り返しこの映画を見ましょう。米国英語でよく出てくるスラングが少なく正確な英語でセリフが話されているこの映画は英語学習を映画で始める題材として適していますから、積極的に活用するといいでしょう。

【食前のお祈り】キリスト教を信仰する米国では食事の前に父親が神に祈りを捧げます。コララインの別のパパが"We give our thanks and ask to bless our mother's golden chicken breast."（神への感謝で胸がいっぱい。ありがたきチキンの胸肉）と祈り食事が始まっています。夕食は必ず家族全員でとるのが米国の習慣でもあります。

あらすじ

コララインは米国のミシガン州からオレゴン州へ引っ越した11才の少女です。築150年のピンクパレスアパートで小さなドアを見つけます。まだ友だちがいなくて両親は園芸ライターで締め切りが近い原稿があるため忙しくて相手をしてくれません。そのため、退屈なコララインは好奇心の強さからママに頼んで小さなドアを開けてもらいます。そのドアの向こうには「別の世界」がありました。目がボタンの別のパパとママがそこにはいました。本当の両親と違うのはコララインの願いを何でも叶えてくれて、おいしい食事やかわいい服をママが作ってくれることです。本当のママは料理が好きではなくてパパが料理を作ってくれますが、コララインにはまずそうなものばかりです。学校の制服を買いに行った時コララインが手袋を欲しがっても本当のママは買ってくれません。そのためコララインはドアの向こうの別の世界が楽しくなり、毎晩のようにドアを開けてしまいます。しかし、大変なことが起こってしまいます。それは本当の両親がいなくなってしまったということです。魔女と物を捜すゲームをすることにしたコララインは本当の両親と幽霊の子供たちの目を捜し出そうとします。魔女とのゲームでそばにいて支えてくれているのはワイボーンがえさをやっている黒猫で別の世界では人の言葉を話して適切なアドバイスをしてくれる頼りになる存在です。そして、コララインは恐怖に直面しつつも涙を見せることなく勇敢な行動で両親を救い出します。

映画情報

製作費：6,000万ドル
製作年：2009年
製作国：米国
配給会社：ギャガ
言　　語：英語　　　ジャンル：アニメ

公開情報

公開日：2009年2月 6日（米国）
　　　　2010年2月19日（日本）
上映時間：101分
MPAA（上映制限）：PG12
興行収入：7,024万4,992ポンド

薦	●小学生　○中学生　○高校生　○大学生　○社会人	リスニング難易表		発売元：パピネット （平成26年5月現在、税込み） DVD価格：1,543円　ブルーレイ価格：2,571円
お薦めの理由	英国の児童文学作家ニール・ゲイマンの「コラライン（Coraline）」を原作としたこの映画は個性的な登場人物が魅力的です。ワイボーンは映画のために作られた登場人物で映画と原作を比較してストーリー展開の違いを味わうことができます。口の動きが英語を発音する口の形と合っているので英語の発音で日本語よりも口を横に開くことや唇をとがらすことがわかり発音の理解につながります。	スピード	3	
^	^	明瞭さ	2	
^	^	アメリカ訛	2	
^	^	外国語	3	
^	^	語彙	3	
英語の特徴	舞台は米国で米国英語の発音ですが使用されている表現は英国英語です。場面は家の中が主で11才のコララインの英語表現は小学生にとても参考になるでしょう。英語が話される速度はゆっくりでスラングはほとんどありません。リスニングや会話練習に適しています。英語の歌を歌う別のパパやコララインは強調したい単語は強く発音していて英語の音から興味をもたせることができるでしょう。	専門語	3	
^	^	ジョーク	1	
^	^	スラング	1	
^	^	文法	2	

| 授業での留意点 | 【自己紹介で使う英語表現】ミシガン州からオレゴン州へ引っ越してきたコララインの英語には自己紹介が多くでてくるので練習させてみるといいでしょう。一人目に出会ったワイボーンは "I'm Wybie. Wybie Lovat."（俺はワイビー・ロヴァット）と愛称ワイビーで自己紹介しています。正式な名前を紹介する時は "Short for Wyborne."（ワイボーンの略さ）と言っています。外国人の名前には正式な名前と愛称がありその例をいくつか紹介してあげるといいでしょう。普段は愛称で呼ぶことが一般的です。また正式な名前と始めのアルファベットが同じ愛称とそうでないものと二通りあることを教えてあげるといいでしょう。例えば名前と始めのアルファベットが同じ愛称Joeの名前はJosephで愛称Sueの名前はSusanとなります。始めのアルファベットが違う名前として愛称Billの名前はWilliamで愛称Bethの名前はElizabethとなります。コララインはワイボーンに自己紹介をする時 "It's Coraline."（コララインよ）と話し、名字を知りたいワイボーンは "Coraline what?" と質問していてコララインは "Coraline Jones"（コラライン・ジョーンズよ）と短く答えています。二人目にコララインが自己紹介した相手はピンクパレスアパートの2階に住むボビンスキーで "I'm Coraline Jones."（コラライン・ジョーンズよ）とワイボーンの時より丁寧に自己紹介しています。風変わりなロシア人のボビンスキーは "And I am the Amazing Bobinsky. But you call me Mr. B. because amazing I already know that I am."（わしは偉大なるボビンスキー。じゃが「ミスターB」と呼べ。自分の偉大さは知っておる）と語ります。このように自己紹介は "My name is ..." という言い方の他にも色々あるということと長くて呼びにくい名前には愛称があり、自己紹介で愛称を言うのが一般的だと教えてあげましょう。
【英語表現の短い応答】会話特有の短い語がいくつか使われているので発音をさせたりどんな場面でそれらが使われるか説明してあげるといいでしょう。相手の話をちゃんと聞いている意志表示として "Uh-huh" があります。日本語の「うん」に相当する言葉で同意を表しています。声に出して言ってみましょう。"Hmm" は憤りや不信を表す言葉です。コララインは昨日井戸に落ちそうになって危ない目に遭ったことをママに一生懸命話しているのに話を聞いてもらえず、ママに "That's nice."（よかったわね）と言われてしまったことに憤りを感じて "Hmm" と言っています。痛みを表す言葉としては "Ow" があります。別のママに足をけられたパパが "Ow!" と言っています。また、コララインがボタンの魔女に鼻をつままれた時も "Ow!" と言っています。すぐ痛みを表現する時は "It hurts."（痛い）よりも "Ow" をよく使います。"Gosh" は驚きや不快を表す発声です。この映画では両親の居場所を聞かれた魔女が "Gosh, I have no idea where your old parents are."（古い親のことなんか知らないわ）と不機嫌な気持ちをよく表しています。適切な場面でこれらの短い発声を言えるようにすることは英会話上達の基礎となることでしょう。 |

| 映画の背景と見所 | この映画はニール・ゲイマンの「コラライン」を基にヘンリー・セリックが脚本を手がけたものです。映画版は原作をほぼ忠実に再現していますが、映画で登場するコララインと同じ年のワイボーンは映画のオリジナルキャラクターで原作には登場しません。原作者のニール・ゲイマンは英国人で製作国は米国のため場所の設定は米国のオレゴン州で街並みの感じは英国風です。英語の表現は丁寧で英国英語が使われています。
　コララインが魔女との対決で数々の困難に遭遇した時立ち直る糸口となるような助言をしてくれる黒猫、3人の幽霊の子供たちとの会話は、コララインが魔女と1人ぼっちで戦っていないことを表していて注目です。特に別の世界では人の言葉を話す黒猫は最初の出会いでコララインから "Ger away from me!"（あっちに行け！）と言われたのに困っているコララインを助けようとしている姿にも注目です。また、コララインが魔女との対決に勝利して精神的に成長して自分の後をつけてきてうっとうしく感じられたワイボーンが最後に自分を助けてくれたことに感謝したり、本当の両親と再会できた時素直に喜びを表すコララインの変わっていく姿を描くことに成功しています。コララインは前半は忙しい両親に相手にされず不平不満ばかり言っていましたが、さまざまな助言を受け、反抗的な態度を改めていくところは小学生児童が見習うべきテーマと言えます。 |

| スタッフ | 監督：ヘンリー・セリック
脚本：ヘンリー・セリック
原作：ニール・ゲイマン
音楽：ブリュノ・クーレ
撮影：ピート・コザチク | キャスト | コラライン　　　：ダコタ・ファニング
ボタンの魔女　　：テリー・ハッチャー
ワイボーン　　　：ロバート・ベイリー・Jr
黒猫　　　　　　：キース・デヴィット
コララインのママ：メル・ジョーンズ |

サイモン・バーチ　Simon Birch

(執筆) 久米 和代

セリフ紹介

【親友の証・秘密の合い言葉】 ジョーと親友サイモンとの間には、別れ際にいつも交わす合い言葉がありました。
Joe: See you later, alligator.（じゃあね）Simon: After a while, crocodile.（またね）
別れ際の「じゃあまたね」にあたる See you later. や After a while. に、それぞれ韻を踏む言葉を加えた表現です。前者には later と韻を踏む alligator を、後者には while と韻を踏む crocodile を、言葉遊び・音遊びの感覚で付けるよくあるフレーズです。ちなみに alligator は北米産、crocodile はアフリカ産の「ワニ」のこと。しかし、この親友の「絆の証」が最後には「死の証」となってしまう、なんとも切ない合い言葉なのです。

【ジョーの心に生き続けるサイモン】 Simon: I was just thinking.（考えたんだけど）Joe: Yeah?（うん）Simon: Last year we played in the Squirt League, right?（去年はチビッ子リーグでプレーしたよね）Joe: Uh-huh.（ああ）Simon: This year we're in the Peewees.（今年は少年リーグだよね）Joe: So?（だから？）Simon: Do they want us to play baseball or urinate? Anyway, I was just thinking.（「チビる小便リーグ」って、野球とおしっこ、どっちをさせたいんだろう？まあ、ちょっと思っただけ）ともに「ちびっこ」を表す squirt と peewee ですが、squirt, pee, wee には urinate（排尿する）の意味も。子供離れしたセンスと大人びた世界観が感じられるサイモンのこのジョーク、最後の場面で今度は成人したジョーが、サッカーの試合に向かう息子のサイモンに同じセリフを投げかけます。心の中に親友サイモンの存在を確かめるかのように。Joe: Simon, I was just thinking about it. Last year you played in the Squirt League. Simon: Yeah. Joe: This year you're Peewee, right? Simon: So? Joe: What do they want you to do, play soccer or urinate? Anyway, I was just thinking. 息子の反応は…？やはり芳しくありませんでした。

ふれあいポイント

【Mississippiはストップウォッチ!?】 Mississippi といえば、全米最長のミシシッピ川、或いは米国南部のミシシッピ州を連想させる固有名詞ですが、何とも長ったらしいこの単語、実は知られざる別の顔を持っているのです。水遊びの場面でサイモンに "Time me."（計って）と潜水時間を計るように頼まれたジョーは "One Mississippi, two Mississippi, three Mississippi…"（1、2、3…）と数えます。これは、Mississippi を付けることによって大体1秒間隔でカウントできる言わばストップウォッチ代わりになる賢い数え方です。教科書などには載っていませんが、広く使われているカウント法の１つです。かくれんぼなどの際に親子で試してみて下さい。因みに、この時のサイモンの30～34 Mississippi の潜水記録はその後、54 Mississippi, more than 200 Mississippi へと更新されます。ぜひ注目を。

【お泊まりも親友の証】 友達の家などに「泊まる」は sleep over、名詞は sleepover です。「～の家に泊まる」は sleep over at ～'s です。ジョーに "Mom, can Simon sleep over tonight?"（ママ、今晩サイモン、うちに泊まっていい）と聞かれたレベッカは "Sure, honey, as long as it's all right with Simon's parents."（ええ、サイモンのご両親がよければ）"Would you do me a favor anyway and call your parents?"（お願い、一応ご両親に電話してくれる）と返します。子供に外泊の許可を求められたら相手の両親の許可をもらうように促しましょう。「お泊まり」を兼ねた誕生会などの pajama/slumber party（パジャマ・パーティー）の際も必ず親子で交わされるやり取りです。

【誰のこと？】 体の小さいサイモンは、子供たちから童話や小説の中の様々な登場人物に例えられていました。まずは、『オズの魔法使い』に登場する Munchkin。映画の中では、「出ていらっしゃい、出ていらっしゃい。」という有名なフレーズで始まる歌 Munchkinland とともに姿を現します。なお、munchkin は親などが愛情を込めて小さな子供を呼ぶ時にも使います。Hobbit は同タイトルの『ホビット』或いは『指輪物語』の主人公となっている体の小さな種族のこと。サイモンはまた、『おやゆび姫』に出てくる文字通り親指サイズのお姫様 Thumbelina とも呼ばれていました。親子で一緒に絵本や映画を見ながら、これらの登場人物を確かめてみましょう。

【キリスト生誕劇】 クリスマスが近づくと、教会ではキリストの生まれた馬小屋の場面を再現した飾り付けがなされ、日曜学校の子供たちなどによる Nativity Play と呼ばれるキリスト生誕劇が上演されます。お馴染みのクリスマスキャロルの数々も歌われます。映画では、子供たちによる Joy to the World の替え歌、リーヴィ先生の悪口ソングも登場しましたが、ちゃんと韻を踏んでいます。オリジナルと聞き比べてみて下さい。子供たちのよく知っている日本語のクリスマスソング、親子で英語バージョンにチャレンジしてみましょう。韻を意識すると覚えやすいですよ。

あらすじ

1952年、米国メイン州の田舎町グレイブズタウンで生まれたサイモン・バーチ。極端に小さな体で生まれたため医者には1晩ももたないだろうと言われますが、やがて身長は1mに満たないながらも12才の少年へと成長します。両親から十分な愛情を受けることなく育った彼ですが、ともに野球少年である親友のジョーとその母レベッカ、そして「自分はヒーローになる運命であり、神様の計画を実行するための道具としてこのような体で生まれた」という信念に支えられ、運命の時を待っていたのです。しかしその時が訪れる前に、様々な試練が彼を待ち受けていました。ある日の野球大会でサイモンの放った打球がレベッカを直撃し、彼女は帰らぬ人となってしまいます。それによって一旦は友情に亀裂が入ってしまいますが、何とかその危機を乗り越えた2人は、レベッカの口から明かされることのなかったジョーの父親探しを本格的に始めます。そして日曜学校の冬合宿で、遂に意外な人物ラッセル牧師が父親であることを知るのです。ところが帰り道、日曜学校のバスが凍てつく川に転落する事故が…。その沈みかけたバスの中で動転する子供たちを落ち着かせ、的確に指示を出して全員を救出した「ヒーロー」こそがサイモンだったのです。この事故が原因でサイモンは危篤状態に陥り、一旦は意識を取り戻すものの、ジョーに見守られながら息を引き取ります。しかしその後もサイモンは、ジョーの心の中で生涯忘れることのない友として永遠に生き続けるのでした。

映画情報

製作国：米国　　制作費：3,000万ドル
製作会社：ハリウッド・ピクチャーズ
　　　　　キャラバン・ピクチャーズ
配給会社：ブエナ・ビスタ・ピクチャーズ
ジャンル：ドラマ、コメディ

公開情報

公開日：1998年9月11日（米国）
　　　　1999年6月19日（日本）
上映時間：113分　　MPAA（上映制限）：PG
興行収入：1,825万3,415ドル
受　賞：放送映画評論家協会賞・子役賞

薦	●小学生　●中学生　○高校生　○大学生　○社会人	リスニング難易表		発売元：ウォルト・ディズニー・スタジオ・ジャパン（平成26年5月現在、税込み）DVD価格：1,543円
お薦めの理由	かけがえのない友を得ることの素晴らしさ、そしてその友情は、試練を乗り越えた時に一層深まり、生涯心の支えとなることに気付かせてくれる映画です。サイモンの身体的境遇やジョーの家庭環境をそれぞれが受け止め、友として向き合うシリアスなストーリーながら、2人を優しく見守り支える大人たちの存在、そして美しい音楽と優しく心地よいナレーションによってどこか温かい映画に仕上がっています。	スピード	3	
		明瞭さ	3	
		アメリカ訛	1	
		外国語	1	
		語彙	2	
英語の特徴	全編を通じて流れるジム・キャリーによる回想のナレーションは、落ち着いた語り口で聞きやすく、その表現描写も美しい文学作品のように心に響きます。主役の2人が野球少年であるため、野球独特の表現やスポーツ観戦で使える表現も出てきます。また、教会や日曜学校が舞台であったりサイモンが宗教的な思想を持っていたりするため、「十戒」や「キリスト生誕」など少々説明を要する『聖書』の話も登場します。	専門語	1	
		ジョーク	1	
		スラング	1	
		文法	1	

授業での留意点

ジョーとサイモンの「友情」を象徴するとっておきの場面を、ぜひ授業で取り上げて下さい。美しい草原から森を抜けて秘密の遊び場（石切り場）へと、お決まりのコースを2人で競争しながら向かうシーンです。競争を始める時の表現、ポイント地点を通過する際の合い言葉、目的地での比喩表現の掛け合いにそれぞれ注目を。3度登場するこれらのシーン、最初は2人の仲の良さを冒頭近くで、2度目は壊れかけた絆が戻ったことを中盤で、そして3度目はサイモンが亡くなった後もジョーの心の中に2人の絆が生き続けていることを終盤で、それぞれ比較しながら確認してみましょう。体の小さいサイモンのために遅れてスタートするジョーの優しさにも気付いて欲しいところです。

【競争だよ！用意、ドン！】I'll race you to ~.（~まで競争だ）は、いつもジョーのセリフ。「用意、ドン！」は Ready, [get] set, go! この前に On your mark,（位置について）を加えることも。授業中にも使える表現です。

【チェックポイントの合い言葉は？】倒木を飛び越える時は "Timber!"（倒れるぞ～）。これは元々、木こりたちが木を切り倒す際に注意を促す掛け声です。もう1つは、朽ちかけた橋をくぐってハイタッチする時の "One year good luck!"（一年分の幸運）。3度目のシーンでは手元の落書きにも注目を。他にも "I'll beat you."（僕が勝つよ）、"I know the shortcut."（近道を知ってる）など、子供のよく使う表現も取り上げましょう。

【掛け合いは「比較」が肝心】漫才コンビのような掛け合いは、石切り場で水遊びを始める時のお約束。ジョーの cold に対して freezing と応えた後、marbles（ビー玉）には BBs（BB弾）、prunes（プルーン）には raisins（レーズン）と返す、自身の小さな体を強調したサイモンの言葉選びのセンスに注目です。そして最後の掛け合いは、病室で。ジョーの extra-small とサイモンの extra-extra small でした。彼らのように、同じカテゴリー内で、サイズ、色などの比較ポイントを決めて、ペアで単語を言い合うゲームを行うなど、語彙を増やす工夫をしてみましょう。

【サイモンの死】別れを予感しつつも互いを思いやるジョーとサイモン。終盤の病室の場面では、2人の最後の会話が交わされます。敢えて "You are the best friend I ever have."（君は僕の最高の友達だ）と口にしたジョーとそれに応えるサイモン、友情の証が本当の別れの証となってしまうあの別れ際の合い言葉（前頁・セリフ紹介欄参照）をはじめ、きっと子供たちの心に響く忘れられない表現を学べるはずです。実際に子供たちにも演じさせてみましょう。

【やる気を引き出す褒め言葉】日曜学校のリーヴィ先生が劇の配役を決める際、渋々承諾した子供にかけた Good for you! や Good girl/boy、体育のベーカー先生が水泳部員へかけた Good work! などの褒め言葉、Good job/ choice/ point. などと応用できます。[Job] well done. や Way to go! などとともにぜひ授業でも使って下さい。また、野球の試合で打席に立ったサイモンの選球眼を褒めるコーチの Good eye. やレベッカの Way to watch! も参考に。そして、授業の終わりはリーヴィ先生のように "Class dismissed."（授業はこれで終わり）と締め括りましょう。

映画の背景と見所

『ガープの世界』『ホテル・ニューハンプシャー』などで知られ、現代米国文学を代表する作家ジョン・アーヴィングの『オーエンのために祈りを』を映画化したものです。彼の作品は、登場人物の波乱万丈の人生を描いた人間ドラマが多く、既出の2作品や本作品に続く『サイダー・ハウス・ルール』など、ほとんどが映画化されていることからもその人気が伺えます。さて、この映画でサイモン・バーチを演じたイアン・マイケル・スミスは、自身もモルキオ症候群の患者です。"I'm running out of time."（時間がないんだ）と呟くサイモンの言葉が、現実問題として受け止めざるを得ないイアン自身の言葉としてダイレクトに伝わってきます。"Simon, you're 12 years old. You got all the time in the world."（サイモン、君は12才だろ？先はまだまだ長いよ）と話すベンに "I don't think so, Ben."（そうは思わないよ、ベン）と、全てを悟って覚悟をしているように、ため息まじりに答えるサイモンの表情からは、いかにイアンがこの映画にリアリティーを与えているかがわかります。実際、モルキオ症候群の子供たちの寿命は10才前後と言われています。サイモンの言葉の背景にあるこのような現実を子供たちにも伝えて下さい。この映画は、きっとこうした境遇の子供たちをジョーのように理解し受け入れるきっかけとなるでしょう。

スタッフ	監督・脚本：マーク・スティーヴン・ジョンソン 製作総指揮：ジョン・バルデッチ 製　　　作：ローレンス・マーク/ロジャー・バーンバウム 原　　　作：ジョン・アーヴィング 編　　　集：デヴィッド・フィンファー	キャスト	サイモン：イアン・マイケル・スミス ジョー　：ジョゼフ・マゼロ（少年） 　　　　　ジム・キャリー（成人・ナレーター） ベン　　：オリヴァー・プラット レベッカ：アシュレイ・ジャッド

	ザスーラ	Zathura	（執筆）伊與田洋之

セリフ紹介	宇宙すごろくでゴールして、一刻も早く宇宙から家に帰りたいとみんなが願っていますが、肝心のゲーム盤は地下室にあります。しかし、そこには人食いトカゲがいて危険です。結局、小さなエレベーターに乗れるのはダニーだけなので、ダニーに白羽の矢が立ちます。危険な場所にゲーム盤を取りに行くダニーに兄のウォルターが優しい言葉をかけます。このゲーム盤がないとゲームを続けることができないのです。 Walter : How are you doing in there? （大丈夫か。） Danny : Okay. （うん。） Walter : Listen to me. It's gonna be real easy, okay?（いいか、落ち着いてやれば大丈夫だからな。） Danny : Yeah. Walter : Nothing's gonna happen to you, okay?（心配しなくていいからな。） 　　　　Because I'm your brother. And that's what being a brother means I'll never let anything happen to you, okay?（おれはお前の兄貴だ。兄というのは弟を守るっていう役目があるんだ。） Danny : Yeah. （うん。） Walter : This is just gonna take a few seconds.（すぐに終わるからな。） Danny : Hey, Walter. I'm sorry I cheated.（兄ちゃん、ずるいことしてごめんね。） けんかばかりしていた二人ですが、これがきっかけとなって兄弟の絆が深まっていきます。

ふれあいポイント	【生きた知識】映画の中で、それぞれの人物がどのような言葉のやり取りをしているかに注目しましょう。たとえば、ダニーは兄のウォルターをどんなふうに呼んでいますか。"Hey, Walter." と名前を言っていますね。日本語では、この場合、名前ではなく「ねえ、お兄ちゃん」と言うのが普通です。二人はお姉さんのリサに対しても名前で呼びかけています。相手をどういうふうに呼ぶか、ということは文化によって違いがあるのです。英語の世界では、家庭の外でも、子どもが大人に対して、また大人が子どもに対しても名前で呼び合っています。これが社会全体のルールになっています。 　英語では、自分は"I"、相手は"You"です。では日本語はそれぞれ何と言いますか。"I"は「ぼく」「わたし」「おれ」「わたくし」、"You"は「あなた」「きみ」「おまえ」などたくさんありますね。どの言葉を使うかで気持ちの伝わり方が違います。一方で、日本語はしばしば主語を省略しますが、英語は"I"や"You"を省略しません。このようなことに注意して、映画の中の言葉のやり取りをよく観察して下さい。 【未体験ゾーン】さあ、いよいよゲームが始まって誰も体験したことがない未体験ゾーンに突入です。ダニーが'go'のボタンを押すと、'METEO SHOWER Take evasive action（流星群　回避行動をとれ）'と書かれたカードが出てきます。次の瞬間、家が揺れて大量の流星群に襲われます。外を見ると家は宇宙空間に浮かんでいたのです。怖いことが目の前で次々と起こるので、ダニーは"I'm not playing that thing.（もうこんなゲームやめよう）"と言いますが、ウォルターは"We go home if we win.（上がれば家に帰れる）"、"Take your turn.（続けるんだ）"、"Danny, I just wanna go home, and I can't unless you play.（ダニー、家に帰りたいんだ。でも一人じゃ無理だ）"と反対します。ダニーとウォルターの会話を英語のリズムを付けて、口に出して言ってみましょう。せりふの一部でもいいです。うまくできなくてもいいです。英語の音声が持つ雰囲気に親しむことが大切です。"I'm not playing.（ゲームやらない）"、"Take your turn.（お前の番だ）"という言葉は役に立つ言葉です。 　金色のカードに'SHOOTING STAR Make a wish as it passes（流れ星が来たら願いをかけよ）'と書いてありました。'Make a wish（願いをかける）'のような短い言葉を何度も口ずさめば、自然と英語が身近なものに感じられるようになるはずです。ウォルターが願いをかけると、もう一人のダニーが現れます。ダニーが"You wished for two of me?（ぼくをもう一人呼んだの？）"と聞くと、"No, I wished the astronaut guy had his brother back.（違うよ、宇宙飛行士の弟を戻してって頼んだんだよ）"とウォルターが答えます。最後の"me?"を上げ調子で言い、これに対し、"No"と強く否定しています。

あらすじ	幼いダニーは兄のウォルターにかまってほしいがためにボール投げをしてふざけていると、手元が狂いボールがウォルターの顔に当たってしまいます。怒ったウォルターはダニーを地下室に閉じこめますが、ダニーはそこで「ザスーラ」というボードゲームを見つけます。ルールを読まないまま、ダニーはウォルターを誘って、ゲームを始めます。'go'のボタンを押すと、ゲーム盤の宇宙船が動き、それが止まると、カードが出てきます。カードには次に起こる出来事と何をするべきかが書かれています。最初のカードでは、流星群に襲われ、家ごと宇宙空間に放り出されます。ゲームを進めるとリサが冷凍になったり、ロボットやゾーガン星人が何度も襲ってきたりと、予想もしない事が次々と起こります。途中で宇宙飛行士がカードで呼ばれ、彼は何かと子どもたちの力になってくれます。 　ポイントはダニーとウォルターが交互に順番にボタンを押さなければ、ゲーム盤が動かないということです。一人でゲームをやろうとしてもできないのです。この物語は兄弟が仲良くして協力することが大切だということも同時に教えています。宇宙飛行士にはとんでもない秘密がありました。ウォルターは宇宙飛行士のために、彼の弟を願いをかけて呼ぶと、もう一人のダニーが現れます。みんなはあっけにとられて唖然とします。ここで宇宙飛行士の正体が判明します。ついにゴールし、ブラックホールに吸い寄せられたと思いきや、気がつくとそこは自分の家でした。

映画情報	製　作　費：6,500万ドル 製　作　年：2005年 製　作　国：米国 言　　　語：英語 ジャンル：SFXアクション・アドベンチャー	公開情報	公　開　日：2005年11月11日（米国） 　　　　　　2005年12月10日（日本） 上映時間：113分 MPAA（上映制限）：PG 字　　幕：日本語字幕/英語字幕

薦	●小学生　●中学生　○高校生　○大学生　○社会人	リスニング難易表	発売元：ソニー・ピクチャーズ エンタテインメント （平成26年5月現在、税込み） DVD価格：1,523円　ブルーレイ価格2,571円
お薦めの理由	ゲームボードのスタートボタンを押すと、奇想天外な出来事が次々と現実になります。広大な宇宙空間を背景にして、スピード感あふれるストーリー展開に瞬く間に別世界に引き込まれてしまいます。子どもたちの冒険心をくすぐる臨場感たっぷりのヴァーチャル映画ですが、一方でぎくしゃくしていた兄弟の絆も深まっていきます。暴力シーンなどがないので、安心して子どもに見せることができます。	スピード　3 明瞭さ　4 アメリカ訛　2 外国語　2 語彙　4 専門語　3 ジョーク　3 スラング　3 文法　3	
英語の特徴	この映画では、標準的な米国英語が話されています。スピードは英語の学習者にとっては速いですが、はっきりと発音されています。ダニーはまだ小さな子どもですが、発音が正確で自然な調子で話しています。米国の日常生活で話されている、一般的な表現やイントネーションが使われています。ただし、"wanna" "gonna" "gotta" など、話し言葉で使われる表現がたくさん出てきます。		

授業での留意点

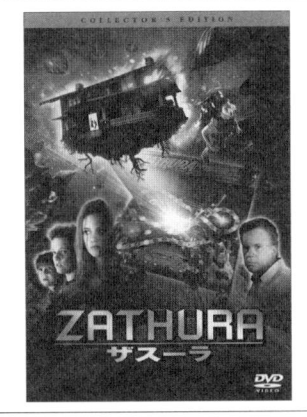

【生きた知識】学校で習うことを、ただ機械的に暗記するだけでは、「生きた知識」を身に付けることにはなりません。子どもは、英語に触れると、無意識のうちに日本語と対比して、両者の違いに気づきます。この映画ではダニーとウォルターの言葉のやり取りがたくさん出てきます。相手のことをどのように呼び合っているかに注目させて下さい。「お母さんはあなたのことを何と呼びますか？」「名前で呼んだり、弟がいれば『お兄ちゃん』とか『お姉ちゃん』と呼ぶこともあるよね。」などと具体的に問いかければ、英語と日本語との違いがより鮮明になるでしょう。名前で呼び合うことは英語の世界では普通のことです。また、英語では兄も弟も 'brother' 姉も妹も 'sister' で、年齢を意識していません。

「君は日本語で自分のことを何と言いますか？」と尋ねて、「わたし」「ぼく」「おれ」という返事を子どもから引き出し、「じゃあ、ダニーやウォルターは映画の中で何と言っている？」「いつも "I" だよね。じゃあ、相手のことは？」「"You" だよね。"I" や "You" は省略しないんだよ。」という導入をすれば、効果的です。

せりふを自然に真似するようになれば、たとえそれが部分的なものでも「生きた知識」となるでしょう。さらに、年上の人と話す時には敬語を使う日本語の「気づき」につながるかもしれません。

【日本語と英語との違い】英語の言語構造では、結論が先にきます。英語は、肯定しているのか否定しているのかが早い段階でわかる構造になっています。つまり、英語には 'not' や 'no' などの否定語を前にもってくる特徴があります。一方、日本語は否定する語が文末にあるので、最後まで聞かないと肯定なのか否定なのかがわかりません。映画の中で、ゲームを続けたくないダニーは "I'm not playing that thing." と言います。否定語 'not' は動詞のすぐ後にあります。日本語にすると「こんなゲームやらない。」です。否定する語は文末です。ウォルターは "There's no turning back until Zathura reached.（旅に出るとザスーラに到達するまで戻れない）" というルールを読みます。この文章も同様に否定語 'no' は動詞のすぐ後にあります。映画の中の実例を引用すれば、効果的な指導につながると思います。

言語教育で頭の痛い問題に発音指導があります。小学校の先生からは、「発音の指導は自信がない。」とか「自分の発音では不安です。」という声をよく聞きます。英語をネイティブスピーカーのように流暢で、きれいに話す必要はありません。相手の話す英語が理解できて、自分の伝えたいことが英語で相手に伝わればそれでいいのです。もちろん英語の音韻構造は日本語よりも複雑で、練習して覚えることはたくさんあります。小学校の段階では、基本的なことに気づかせ、親しませることが大切です。

映画の背景と見所

原作はクリス・バン・オールズバーグです。前作の「ジュマンジ」が大ヒットし、それに続くSFXアクション・アドベンチャー作品です。「ジュマンジ」も「ザスーラ」も、ゲーム盤での出来事が現実の世界で起こるという設定は同じです。この『ザスーラ』では、さらにグレードアップさせて、舞台を宇宙に移しています。奇想天外な出来事が瞬時に起こり、思わず別世界に引き込まれてしまいます。

ダニーは地下室で『ザスーラ』というゲーム盤を見つけます。このゲーム盤はネジで動く旧型で、レトロ調のデザインです。宇宙船が止まると「チーン」と鳴る音もどこかレトロ風です。カードで登場するロボットも一時代前の旧式ロボットです。レトロな雰囲気とハイテクが高度に進んだ現代社会とのミスマッチがなんとも言えないコントラストを醸し出しています。さらに、冒険旅行を大スケールの宇宙という舞台で展開させています。時間と空間を超越させて、度肝を抜いてやろう、という巧みな仕掛けが潜ませてあるのです。

感動的なクライマックス・シーンでは、願いをかけるとダニーがもう一人現れます。ダニーは願いで現れたダニーをけげんそうに見つめます。やがてお互いの手が触れ合うと、光の粒になってダニーに合体します。宇宙飛行士も実は大人になったウォルターで、やはり同じように光の粒になって、ウォルターに合体します。

| スタッフ | 監督：ジョン・ファヴロー
脚本：デビッド・コープ
原作：クリス・ヴァン・オールズバーグ
製作：スコット・クルーフ、ウィリアム・ティートラー
美術：J・マイケル・リーヴァ | キャスト | ウォルター：ジョシュ・ハッチャーソン
ダニー：ジョナ・ボボ
宇宙飛行士：ダックス・シェパード
リサ：クリステン・スチュワート
パパ：ティム・ロビンス |

サンタクローズ		**The SANTA CLAUS*E***	（執筆）久米　和代

セリフ紹介	【サンタはいるの？】子供たちが一度は親に投げかけるこの疑問に、スコット親子を通して believe in（〜の存在を信じる、人を信頼する）というキーフレーズとともに答えてくれる映画です。初めは距離のあった親子ですが、奇しくもスコットがサンタクロースを引き受けたことで、息子のチャーリーにとって「サンタ」を信じることがつまり「父」を信じることに。一方、スコットも自分自身を「サンタ」として受け入れることが息子の信頼に応えることに。こうしてぐっと縮まる2人の距離。...Millions of kids. They all believe in me. They're counting on me. I'm not gonna let them down.（何百万もの子供たちがパパのことを信じて、待っていてくれる。がっかりさせるわけにはいかないんだ）とスコットが「サンタ」としての決意を、You gave me a wonderful gift. You believed in me when nobody did. You helped make me Santa.（お前はパパに素晴らしい贈り物をくれた。他の誰もパパのことを信じてくれなかった時、お前だけが信じてくれた。お前のおかげでパパがサンタになれたんだ）と「父」として息子への感謝の気持ちを伝えると、チャーリーは I love you, Santa Claus. とスコットを Dad ではなく初めて Santa Claus と呼び、スコットも I love you, son. とチャーリーをいつもの sport でも Charlie でもなく初めて son と呼ぶのです。 【新人サンタの面白語録】初めてのサンタ体験は、ハプニングの連続。それを絶妙なジョークで笑い飛ばします。It felt like *America's Most Wanted*.（テレビに出てくる逃亡者って感じ）事件を再現ドラマで検証し実際に多くの指名手配犯を捜し出している米国の人気公開捜査番組のようだったという感想。Merry Christmas to all, and to all a good night! When I wake up, I'm getting a CAT scan!（みなさんメリークリスマス、みなさんおやすみ！起きたらCTスキャンを受けるぞ）前半は2人も読んでいた『クリスマスの前の晩』の最後の一節（原文ではHappy Christmas）です。
ふれあいポイント	【110番は911！】親子で確認したい緊急電話番号です。日本では110番と119番ですが、米国では911番「ナイン・ワン・ワン」の1つだけ。緊急車両の police car（パトカー）、ambulance（救急車）、fire engine（消防車）と、映画にも出てくる the police（警察）、[police] officer（警官）、fire extinguisher（消化器）も併せて確認を。大きな物音に動転して "Hey, Charlie, do you know how to call 911?"（チャーリー、911のかけ方わかってるかい）と尋ねるスコットに、"Sure, 911."（もちろん、911番）と冷めた表情で答えるチャーリー。2人のやり取り、笑えます。 【サンタにプレゼント？】クリスマスイブには、サンタのためにクッキーとミルクを暖炉のそばに置いて寝るのが米国の子供たちの常識です。日本にはないこの習慣、映画の中で探してみましょう。セリフとともに3回確認できます。1回目は、サンタを信じるのは幼稚だと言い出したチャーリーが、万が一という前提ながらそれを用意するよう父親に頼む場面。2回目は、スコットが初めてサンタとして訪れた少女の家でのやりとり。サンタらしかぬそっけない態度が印象的なこの場面、"You're supposed to drink the milk."（ミルクを飲むことになってるのに）と少女に指摘されてしまいます。3回目は、サンタになって1年後に再び同じ少女を訪れた時。はるかにサンタらしくなったスコットの対応には目を見張るものがあります。他にも、スコットがサンタとして訪れる家々の暖炉付近に注目してみましょう。 【クリスマスに食べるのは？】米国では、映画のようにメイン料理に turkey（七面鳥）またはハム、デザートには pie（パイ）、ドリンク（お酒）には eggnog（エッグノッグ）が食卓に並びます。七面鳥は前の晩から解凍しておき、stuffing（詰め物）を中に入れてじっくり焼きます。"Four hours?"（4時間も焼く）とスコットも驚いていましたが、時々肉汁をかけることもお忘れなく。さもなくば、"This bird is dry. Haven't you people heard about basting?"（この鳥、パサパサだ。肉汁かけるってこと知らないのかな）とバーナードが指摘するように失敗してしまいます。また、デザートに日本のようなデコレーションケーキが出てくるようなことはなく、パンプキンパイやアップルパイなどのパイを食べます。これらの定番メニュー、デニーズではことごとく品切れでした。"We're out."（売り切れです）と "We did."（ありました［が、今はありません］）、聞き取れましたか？さあ、今度のクリスマスは親子で米国式のクリスマス料理に挑戦してみてはいかがでしょう？その時はぜひ英語でクッキングを！ 【['T was] the Night Before Christmas『クリスマスの前の晩』】スコット親子も読んでいた、クリスマスシーズン定番の話。毎年、大統領がホワイトハウスに子供たちを招いて読み聞かせをするのもこの本です。語彙は少々難しいですが、プレゼントを届けに来たサンタを目撃するというワクワクする内容です。詩の形式で書かれているのでリズムや韻を強調しながら読みましょう。米国の子供たちなら知っている8頭のトナカイの名前も、楽しく覚えられますよ。
あらすじ	バツイチのスコット・カルヴィンは、玩具メーカーに勤めるエリート社員。離れて暮らす息子のチャーリーと過ごすことになったあるクリスマスイブ、2人でサンタクロースを目撃しますが、サンタは屋根から落ちスーツを残して消えてしまいます。「サンタのスーツを身に着けると、サンタを引き受ける契約を結んだことになる」（Santa Clause）とは知らずそのスーツを着たスコットは、トナカイのソリに導かれサンタとして子供たちにプレゼントを届けることに。この日を境に、チャーリーはスコットに心を開き始めます。そして父親がサンタクロースであると、母親のローラやその再婚相手で精神分析医のニール、更には学校の友達に得意気に話します。一方、日に日にサンタらしくなってくスコットの容姿は、遂には子供たちがプレゼントをリクエストするために行列を作るほどに。これを憂慮したローラとニールは、チャーリーをスコットから引き離そうと調停に持ち込み、父子は会えなくなってしまいます。そして再びやってきたクリスマスイブ、一緒に行きたいというチャーリーを連れてプレゼントを届けていると、スコットは待ち伏せていた警官らに誘拐容疑で逮捕されてしまいます。しかし、エルフのレスキュー隊に救出され、無事サンタの任務に戻ります。そして、ようやくローラとニールもスコットを、即ちサンタを信じる心を取り戻すのでした。

映画情報	製作国：米国 製作費：2,200万ドル 製　　作：ウォルト・ディズニー・ピクチャーズ 　　　　　ハリウッド・ピクチャーズ 配　　給：ブエナ・ビスタ・ピクチャーズ	公開情報	公開日：1994年11月11日（米国） 　　　　1995年10月28日（日本） 興行収入：1億8,983万3,357ドル（全世界） 上映時間：97分 MPAA（上映制限）：PG

薦	●小学生　●中学生　○高校生　○大学生　○社会人	リスニング難易表	発売元：ウォルト・ディズニー・スタジオ・ジャパン（平成26年5月現在、税込み）DVD価格：1,944円

お薦めの理由	子供たちの大好きなサンタクロースという題材は文句なしに子供たちの関心を惹くところですが、日本とは異なる米国のクリスマスの習慣やその背景を知り、クリスマスに関連した様々な英語表現を習得できると同時に、「信じる」ことや「親子の絆」について考えさせられる映画でもあります。また、ちょっと笑えるCGやリアルな特殊メークも、子供たちが楽しく英語に触れられる要因の1つとなっています。	スピード	2
		明瞭さ	3
		アメリカ訛	1
		外国語	1
		語彙	2
英語の特徴	クリスマスに関連した表現と親子の会話が中心の米語です。日本人には馴染みの薄い用語や固有名詞もあり、その意味や背景の説明が必要です。米国のクリスマスの定番ストーリー['T was] the Night Before Christmas の中には、英語が母国語のチャーリーにも理解できなかった聞きなれない硬い表現が出てくる一方、米国の大衆文化を反映したスコットのセリフには、コメディセンスの光るジョークが満載です。	専門語	1
		ジョーク	2
		スラング	1
		文法	1

授業での留意点

【タイトルは？】まず、Santa Claus ではなく Santa Clause、つまり語尾の e が強調されている冒頭のタイトル表示に注目させましょう。そしてエルフのバーナードのセリフから Claus は人、clause は contract（契約）の条項で、Santa Clause は「サンタになるという契約（の内容）」であるとわかるので説明して下さい。発音は、英語ではどちらもサンタクローズです。日本語とは異なる Santa Claus の発音に気付かせて、正しい発音を練習させましょう。

【サンタのリストには何が？】バーナードがスコットに Santa Claus is Comin' to Town『サンタが街にやって来る』の一部を引用してリストの説明をします。子供たちもよく知っているこのクリスマスソング、英語でも楽しく歌えるようにしたいところ。映画で歌われていたのは「サンタさんはリストを作って2度チェック。誰が悪い子で誰がよい子かわかるんだ」の部分。「悪い」「よい」を表す形容詞 naughty と nice は、歌詞の続きとバーナードのセリフで確認できる bad と good と併せて教えましょう。次に、バーナードがリストに書き込むことを指示した PとC。チャーリーによる解説 P for present and C for coal から、それぞれ頭文字であり、よい子にはサンタが stocking（長靴下）に present（プレゼント）を、悪い子には coal（炭）を入れることになっているという背景を説明しましょう。

【プレゼンの基本 Show & Tell】米国の小学校では、Show & Tell という子供たちによるプレゼンの時間があります。実際に家から持参した自分の宝物やペットなどをクラスメートに見せながら、それについて話します。映画では "Career Day"（職業の日）と題し、親を招いて様々な職業について勉強する場面で、チャーリーが "This is my dad, Scott Calvin. He's got a really neat job. My dad is Santa Claus." (僕のパパ、スコット・カルヴィンです。パパはとってもカッコいい仕事をしています。僕のパパはサンタクロースです）と誇らしげに父親の紹介を始めます。子供たちの反応は…、映画で確かめて下さい。また、子供たちのいろいろなNG発言への教師の対応 We don't say~. We say~. も参考になるでしょう。米国では就学前の幼い頃からプレゼンの機会があるため、子供たちは人前で話すことに慣れています。この Show & Tell、毎週数人ずつ担当を決めて、宝物自慢やペット紹介から始めてみて下さい。

【英語でクリスマス】トナカイ（reindeer）、暖炉（fire place）、煙突（chimney）、ソリ（sleigh）、長靴下（stocking）、など、クリスマスに欠かせない言葉を映画の中の英語で確認しましょう。また、日本のクリスマスと異なる点はクイズ形式にして出題してみましょう。Q：誰がプレゼントのおもちゃを作っているの？ A：Elves（妖精のエルフ）、Q：サンタのワークショップ（おもちゃ工場）はどこにあるの？ A：North Pole（北極）、Q：サンタの笑い声は？ A：Ho Ho Ho、Q：チャーリーもお父さんに読んでもらっていたクリスマスの有名なお話は？ A：['T was the the Night Before Christmas『クリスマスの前の晩』など、ヒントになる場面を提示して答えさせましょう。

映画の背景と見所

米国の人気バラエティテレビ番組 Home Improvement (1991-1999) で知られるコメディアン、ティム・アレンの映画デビュー作です。この番組の監督・製作を担当したジョン・パスキンの映画初監督作でもあります。脚本家も元コメディアンという、コメディ色の強いキャストやスタッフ陣によるユーモラスで楽しい映画となっています。主演のティム・アレンの知名度は日本であまり高くありませんが、『トイ・ストーリー』のバズ・ライトイヤー役と聞けば声に聞き覚えのある人も多いはずです。この作品以降、The Santa Clause 2、The Snata Clause 3: The Escape Clauseと続編も発表され、スコット・サンタのその後や青年に成長したチャーリーの姿も見ることができます。この映画では、サンタ役のスコットの特殊メイクにもぜひ注目して下さい。映画の中で体つきや顔つきがどんどんサンタらしくなっていく様は、あまりにもリアルで驚いてしまいます。剃っても剃っても生えて来る髭や、聴診器越しに聞こえる『ジングルベル』調の鼓動、食べ物や身につけるものの好みの「サンタ化」など、とにかく笑えます。そして何より、初めは半信半疑で乗り気でなかったスコットがサンタとしての自覚と責任に目覚め、内面からも確実にサンタらしくなっていく過程は、実は忘れかけていた父親としての自覚と責任を取り戻す過程でもあるのです。こうして、外からも中からも「リアルサンタ」になっていくスコットに注目して下さい。

スタッフ	監　督：ジョン・パスキン 脚　本：レオ・ベンヴェヌーティ、スティーヴ・ラドニック 製　作：ブライアン・ライリー、ジェフリー・シルヴァー、ロバート・ニューマイヤー	キャスト	スコット　：ティム・アレン チャーリー：エリック・ロイド ローラ　　：ウェンディ・クルーソン ニール　　：ジャッジ・ラインホルド バーナード：デヴィッド・クラムホルツ

	幸せの1ページ　　　Nim's Island　　　（執筆）岩塚さおり

セリフ紹介	11歳のニム・ルソーは、南太平洋の孤島で父親のジャックと二人だけで暮らしています。この映画を見て、学校へいかなくてもいいのかなと思われた方もいらっしゃるかもしれませんが、広大な国であるアメリカの教育制度の中にはhome-school（在宅教育制度）というものがあります。Nimの受けていた在宅教育はどんなものだったのでしょう。 　NIM RUSOE : See, I don't have to go to school. I'm home-schooled...Or technically (I'm) island-schooled... Anything else I need to know about the world... I just open one of the books my dad brought for me. With a little imagination I can go anywhere. 　（あのね、私は、学校に行かなくてもいいの。在宅教育を受けているから。厳密に言えば島内教育と呼ぶのかしら。島以外のことで知る必要のあることは、パパが私のために持って来てくれた本の一冊を読めばいいの。ちょっと想像するだけで私はどこにでも行けるの。） 　ニムは、大自然の中で在宅教育制度を受けていたからこそ、想像力豊かに成長し、窮地に陥った時には、お気に入りの冒険小説を執筆する作家に助けを求めようとしたのでしょう。冒険小説を書いているということは、偉大な探検家だと思ったからです。ニムが助けを求めた時のセリフを見てみましょう。 　NIM RUSOE : And the Buccaneer are coming to take over the island.... Come. I need you, Alex Rover. （海賊達が島を乗っ取ろうとしているの。来て、アレックス、あなたの助けが必要なの。）けれど、ニムの信じていた偉大なる探検家兼作家であるアレックス・ローバーは、実は、広場恐怖症に苦しむ女性作家アレクサンドラ・ローバーでした。
ふれあいポイント	【日常会話の短縮形】主人公が11歳の女の子ということと、また動物の登場が多いことで、難しい語彙を含んだ長い会話はありません。けれど、日常会話に多く登場する短縮形がこの作品にもいたるところに見られます。例えば、"I'm not going to be.（私は～するつもりです。）"ではなく、"I'm not gonna be."、"Tell them.（彼らに話なさい。）"ではなく、"Tell 'em."、また、"Help them.（彼らを助けなさい。）"ではなく"Help 'em."という形で英語字幕でも登場します。このような英語は見た目には理解出来るのですが、聞き取る時が難しいので、あらかじめどのように省略されているのかを学習した後で、聞いてみると分かりやすいでしょう。"I'm not gonna be."、"Tell 'em."、"Help 'em."という短縮形を何度も聞いて、リズムを覚えてしまうぐらい学習してみて下さい。短縮形を一度学んでおけば、日常会話でも、短縮形によってリスニング力が妨げられることがないでしょう。 　【語彙の説明】最初、ニムはアレクサンドラを歓迎することが出来ません。ボートから放り出されて溺れかけているアレクサンドラを助けたことから、アレクサンドラは、ニムが大いに尊敬してきたアレックス・ローバーとはかけ離れた存在であったことを知り失望するからです。けれど、アレクサンドラはニムを優しく見守ります。母親のいないニムにとって反発しながらも、アレクサンドラの愛情に満ちた言葉は動物の友達からは得られないものであることに気付くのです。その時に二人で交わす会話の中で、覚えやすいものが幾つかありますので、学習してみましょう。また、字幕の訳は、限られた時間内で文字を入れなければいけないということで、必ずしも英語そのものの訳とは限らないことを知っておきましょう。 　"beautiful"（海がきれいね。）アレクサンドラは、ニムの家の上から眺める島と海の美しさに思わず、"It's beautiful!"と言います。beautifulは、美人の人を描写するよりも、自然の景色やとても素晴らしい人格を持った人を描写する時に使われる形容詞です。 　"It's empty."（空っぽよ。誰もいないわ。）アレクサンドラの海が美しいという言葉に"It's empty."とニムは返します。この表現には、海に誰もいないという意味とともに、父親の帰りを待ちわびながら、父親に会えない寂しさで心の中が空っぽになったニムの心中を表していると考えられでしょう。 　"He's just lost."（迷っているだけよ。）と、アレクサンドラはニムを慰めます。いないのではなくて、ジャックが迷っていると言い換えて、帰ってくる希望をニムに持たせようとします。 　このように、アレクサンドラは、小説家だけに、最悪の状況もニムを悲しませない表現で慰める方法を心得ているなと関心させられます。そして、機転の利いた励まし方を見習いたいと思わせる場面です。
あらすじ	11歳の少女、ニムは海洋生物学者の父親、ジャック・ルソーと二人だけで、南太平洋の孤島で楽しく暮らしています。母親で海洋学者であったエミリー・ルソーは、鯨に飲み込まれてしまっています。孤島には他に人が住んでいませんから、学校はありません。ホームスクールと呼ばれる自宅学習で、ニムの友達である、アシカのセルキー、ペリカンのガリレオ、トカゲのフレッドや、また一か月に一度、島に届けられる本がニムの先生なのです。ある日、ジャックはプランクトンの新種を見つけるためにニムと共に航海へ出かけようとしますが、ニムはチッカの卵がかえるのを見届けなければならず、島に残ることにします。ジャックが留守の間、ニムのお気に入りの冒険小説作家、アレックス・ローバーからジャックのパソコンにメールが届いているのを見つけて、アレックスとメールのやり取りが始まります。アレックス・ローバーのことをニムは偉大なる冒険家であり小説家として尊敬していますが、実は、アレックス・ローバーは男性ではなく、女性で本名をアレクサンドラ・ローバーといい、広場恐怖症のため一歩も外へ出ることの出来ない神経症を患った作家だったのです。そんな中、ジャックは激しい嵐に襲われて、ニムへの連絡が出来なくなります。2日の旅が4日たっても島へ戻らないジャックを心配し、ニムは、冒険家だと信じているアレックスに助けを求めるメールを送ります。アレクサンドラは広場恐怖症と戦いながら何とかニムのもとへ辿り着きます。
映画情報	製作費：3,700万ドル 製作年：2008年 製作国：オーストラリア 言　語：英語 ジャンル：ファミリー、アドベンチャー、コメディ
公開情報	公開日：2008年4月4日（米国） 　　　　2008年9月6日（日本） 上映時間：96分 興行収入：1億7万6,342ドル MPAA（上映制限）：PG

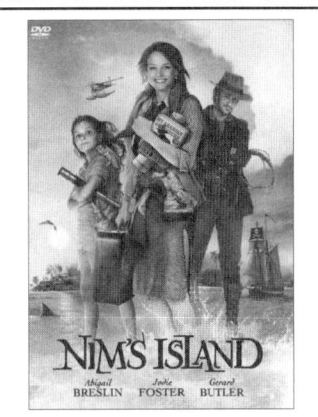

薦	●小学生　●中学生　●高校生　○大学生　○社会人	リスニング難易表		発売元：KADOKAWA（平成26年5月現在、税込み）DVD価格：1,944円　ブルーレイ価格：5,076円
お薦めの理由	11歳と言えば、日本では小学校5-6年生にあたります。そして昨今、中学受験の高まりとともにその年代の小学生達は皆、塾通いに多忙な日々を送っています。その様な児童のために、この作品は、僅かなひと時ではありますが、現実から離れてファンタジーの世界で過ごす楽しい時間を与えてくれるでしょう。また、この作品を見ることによって、将来の夢がみつけられるかもしれません。	スピード	5	
		明瞭さ	3	
		アメリカ訛	4	
		外国語	4	
		語彙	5	
英語の特徴	オーストラリアからの観光客がニムの孤島を訪ねてくる場面で、観光客の話すオーストラリア英語を耳にします。エドモンドがニムを見つけて後を追ったため、エドモンドの姿が見えなくなり心配した両親が、"This is no place for games!"（ゲームをしている場合じゃないのよ）と叫びます。その時、ゲイムの発音がガイムというように聞こえます。エイがアイと聞こえるのがオーストラリア英語の特徴です。	専門語	4	
		ジョーク	4	
		スラング	5	
		文法	3	

授業での留意点

【語彙の説明】この作品の中で、agoraphobia（広場恐怖症）という言葉が何回も聞かれます。この広場恐怖症とは、神経症の一種で、「外出先で何か起きたらどうしよう」「人込みの中で何か起こったらどうしよう」という不安で一杯になり家から外へ出られなくなる神経的な病気です。特に成人早期の女性に多いことで知られてもいます。小学校高学年の児童であれば、成人してから発症する神経症の存在も知っておけば、将来、周囲で何らかの神経症に悩んだ人達に対しても理解を示すことが出来るでしょう。映画を見れば、どのような症状なのか理解出来ますが、やはり、この病気の説明を少し加えるとより、アレクサンドラがいかに大変な思いでニムに会いに行ったか分かるでしょう。広場恐怖症のため、外出も出来ず、外界との関わりの全く無い小説家アレクサンドラにとって、読者ファンの一人、ニムとのメール通信は、かけがえのない外界とのコミュニケーションとなり、また、ニムを唯一の友達と思っていったのではないでしょうか。そんな大切なメール相手がたった11歳で海賊に襲われそうと聞けば、アレクサンドラはニムのために広場恐怖症と戦ってでも助けてあげたいと思ったことでしょう。映画からも分かりますが、広場恐怖症のため、旅の一部始終、不安で落ち着きがありませんが、ユーモアを交えて描かれているため、観る側の笑いを誘います。けれど、患者の視点から見れば、私達が想像以上に大変な神経症であることを心に留めておきましょう

【アレクサンドラとニムにとっての成長物語】アレクサンドラと共に旅をしていたもう一人のアレックス・ローバーは場面から姿を消していきます。アレックス・ローバーの存在については色々な解釈もあるでしょうが、アレックス・ローバーは、アレクサンドラの分身と解釈してはどうでしょう。広場恐怖症に苦しむアレクサンドラは、アレックス・ローバーの登場する冒険小説を描くことによって、常に彼女のもう一方の部分を映し出して来たのです。本当はアレクサンドラも、小説で描くようなアレックス・ローバーのように、あらゆる新しい発見や経験をしたかったのです。それが、ニムの住む島へ辿り着いたことで、実現したのです。同時に、アレクサンドラは広場恐怖症を克服出来たことを意味しているのです。アレックス・ローバーのように、アレクサンドラは、荒波を越えて目的地に辿り着く冒険家になっていたから、アレックスは場面から消えていったのです。よってこの作品は、ニムが動物たちとともに、島を観光で汚されないように守り続けることが出来たという成長物語であると同時に、外界と接触の持てない女性が少女との交流によって精神的な病を克服し、他人に対して愛情を表すことが出来るようになるという小説家アレクサンドラの成長物語でもあります。ニムもアレクサンドラも、自分が抱えている問題を克服することで現実と向き合える女性へと成長したと解釈することで、この作品は単に児童のみならず、年齢に関係なく楽しむことの出来る映画となるでしょう。

映画の背景と見所

この作品は、カナダ生まれで現在はオーストラリアに住む児童文学作家ウェンディー・オルーの『秘密の島のニム』が映画化されたものです。オルーは幼い時から作家になるのが夢で、9歳の時には既に、Spring Island『春の島』を書き、その作品をもとに発展させたものが、『秘密の島のニム』となったのです。9歳の視点で書かれているため、動物と友達になり、動物たちもまるで人間のようにニムと意思疎通が出来る設定で描かれています。動物が登場人物となって、生き生きと映画に表わされているのは、オルーが子供時代に書いた視点が生きた作品だからでしょう。

また、この作品は孤島におけるファンタジーですが、『ロビンソン・クルーソー』のように何もかもが原始的ではありません。テレビはありませんが、通信手段となっている、パソコン、無線が登場し、一ヶ月に一度、必要物資が届けられる場面は、電力の確保と発達した通信手段、運輸システムを認識することが出来、まさに現代が舞台となっています。ニムの父親のジャックは、誰にも居所を教えず、ニムも、「二人だけの島」と呼んで、島が観光化することから守ります。自然と共に暮らしながら、母を亡くしてしまった娘を育て、さらに海洋生物研究家として実績も積んでいくジャックの姿は、シングル・ファーザーの理想的な仕事の仕方、子供の育て方を、スクリーンを通して見せていると言えるでしょう。

| スタッフ | 監督・脚本：マーク・レヴィン、ジェニファー・ブラケット
脚　本：ポーラ・マズール、ジョセフ・クォン
撮　影：スチュアート・ドライバーグ
音　楽：パトリック・ドイル | キャスト | ニム・ルソー　　　　：アビゲイル・ブレスリン
アレクサンドラ・ローバー：ジョディ・フォスター
ジャック・ルソー　　：ジェラルド・バトラー
アレックス・ローバー：ジェラルド・バトラー
エドモンド　　　　　：マディソン・ジョイス |

Five Children and It
ジム・ヘンソンの不思議の国の物語

(執筆) 山﨑 僚子

セリフ紹介

父親の行方不明を聞いたロバートは夜、砂の妖精サミアドのところに行きます。父親にもう一度会いたい。ロバートの願いはこれまでサミアドにお願いしてきたものと全く異なります。何とか願いを叶えて欲しいロバートの切ない気持ちが伝わってくるセリフです。

Robert : Sand Fairy, I need this wish.（あと1回だけ）Psammead : If you wait, I can grant you a wish when dawn comes, but not before.（朝日が昇ったらかなえてやる）Robert : But you'll do it?（ほんと？）Psammead : Yes, but child, what then? The wish will fade at sunset, you know that.（だが日没と共に効き目は消えるぞ）Robert : Maybe this wish won't fade.（消えないかも）Psammead : You know it will.（必ず消える）Robert : What's the point in wishes that don't last?（それじゃ意味が無いよ）Psammead : Magic. Faith. That is nature. I can show you the way, but in the end it is up to you.（魔法は長く続かん。それが宿命だ。助けにはなるが最後は君次第なんだ）

サミアドの魔法は、冒険と少しの混乱、そして多くの学びを子供たちに与えます。サミアドに頼むことのできる願いは、1日限りのものなのです。サミアドは最後のセリフで、ロバートに進むべき道を教えることはできるけれど、自分にできるのはそこまでなのだ、と言っています。"it is up to you." の up to は「…の義務で/…次第で」という意味です。本当に叶えたい願い、永遠に続いて欲しい願いは他力本願では叶えられないものなのです。簡単に諦めてしまうのか、それとも強い意思をもって思い続け、自分の力で願いを叶えようと努力を続けるのか、その選択はその人次第、ということなのかもしれませんね。さて、ロバートの願いは叶うのでしょうか？

ふれあいポイント

【原作は児童文学の金字塔】この映画の原作は、イーディス・ネスビットの Five Children and It です。児童文学の中でも不朽の名作と言われています。その理由のひとつは、それまでの児童文学であまりみられなかった、現実の生活とファンタジーが見事に融合している点にあるのかもしれません。出版から100年以上経ってから、映画化されたのも原作の素晴らしさ故、とも言えるでしょう。さて、この映画の関連書籍として、Harper Collins 出版から絵本が出版されています。映画鑑賞をきっかけに、ぜひ原作の絵本を手にとって児童と一緒に読んでみて下さい。

【英国らしいジョーク】この映画には英国らしいジョークが散見されます。駅に誰も迎えに来てくれなかったため、子供たちは自力で伯父のアルバートの家にたどり着きます。出迎えたマーサは「金曜に来るんじゃなかった？」と言い、"But I have a goose in the oven. Goose is Thursday." と何やら焦っている様子。何のことかわかりませんね。実はこの家では、火曜と水曜がアヒル料理、木曜がガチョウと決まっているのです。ところがマーサの勘違いで1日ずれた料理を食べていて、今日が金曜だということも、迎えに行くことも忘れていたようです。しかも、昨年は10月を1ヶ月まるまる飛ばしてしまったから、1日くらいは問題ないと涼しい顔です。アルバートも、今日が木曜だと勘違いしていました。なぜなら、木曜の匂いがするから。シリルはアルバートに、8歳の誕生日に会ったと話しますが、「シリル？もっと小さかったぞ」と信じてもらえません。シリルが5年も前だからと説明すると、「なら今は君くらいの年だな」と納得したかのように思えますが、"I wonder what's he doing."（元気かな）と遠い目をして言うというオチが待っているのです。英国のジョークやユーモアはこのように、ゲラゲラ笑うというより思わずクスっと笑ってしまうようなものが多いです。ジョークも国によって異なる文化のひとつです。米国映画と比較するのも面白いかもしれません。

【英国の食文化】英国の食事と言えば、あまり美味しくない、というのがほぼ定説となっているかもしれません。Chapter 3では、お昼ごはんを食べる場面があります。ホレスの目の前に置かれたのは、巨大なミート・パイでしょうか。他にも beans（豆）やフルーツ、野菜類がたくさん並んでいますね。先述の "goose"（ガチョウ）や "duck"（アヒル）は七面鳥と並んで、クリスマスなどに英国の家庭でよく食べられる伝統料理です。Chapter 6でも子どもたちだけで食事をする場面があります。シリルがアンシアに "bacon" を薦めます。ゆでたまごやパン、フルーツジュースも見ることができます。そしてChapter 15のサミアドの誕生日会では、リンゴ、クッキー、バースデーケーキを一緒に食べます。この映画を観ることで、当時の英国における中流階級の家庭での、典型的な食事を知ることができます。英国の食事は、児童の目にどのように映ったでしょうか？ 言われているほど不味そうにみえたでしょうか？児童と一緒に、普段食べている食事と違いや共通点を見つけて、話し合ってみて下さい。

あらすじ

この映画は、第一次世界大戦時代の真っ只中、1917年の英国を舞台としています。戦火が激しくなる中、学童疎開が始まります。主人公ロバートを含めた5人の子供たちも、ロンドンから遠く離れた田舎へ、子供たちだけで行くことになります。彼らの父は空軍に所属、母は戦場の看護師だからです。列車から降りると、迎えに来てくれているはずのアルバート伯父さんの姿はありません。5人は仕方なく歩いて、伯父さんの家に向かいます。しかしそこで、数学学者のアルバート、地下室に不気味な研究室をもつ、いとこのホレス、きょうだいを影で見守る謎のお手伝いマーサ、そして砂の妖精サミアドという個性豊かな人々（と妖精）と過ごすことになるのです。入ってはいけないと注意された温室で、子供たちは砂浜への抜け道を見つけ、そこでサミアドと出会います。8311歳になるサミアドは飛び出た2本の触角、長いひげ、ぽっこりのお腹、と妖精からよく連想される姿から程遠い、ちょっと不気味な容姿です。サミアドは1日に1つ、どんな願いでも魔法の力で叶えてくれます。子供たちは、様々な願い事を言いますが、どれも自分たちの望んだ結果にはなりません。また、サミアドの魔法は日没とともに消えてしまいます。そんな折、母が子供たちのところへ来ます。父親の乗った飛行機が不時着し、行方不明になったと知らせに来たのです。父親に無事でいて欲しい、会いたい、切実な願いを叶えてもらうために、子供たちはサミアドのもとに走るのです。

映画情報

製 作 年：2004年
製 作 国：英国、米国、フランス
言　　語：英語
ジャンル：ファンタジー、アドベンチャー
カラー映画

公開情報

公 開 日：2004年10月14日（英国）
　　　　　2004年10月20日（フランス）
上映時間：89分
字　　幕：日本語字幕/日本語吹替用字幕
MPAA（上映制限）：PG

薦	●小学生　○中学生　○高校生　○大学生　○社会人	リスニング難易表		発売元：NBCユニバーサル・エンターテイメントジャパン（平成26年5月現在、DVD発売なし）中古販売店等で確認してください。
お薦めの理由	わかりやすい英語と示唆に富んだストーリー展開が、小学生に特にお薦めしたい理由です。20世紀初頭に時代設定されていますが、現代でもよく使われる英語表現を、多く学ぶことができます。サミアドの容姿や、5人の子供たちが魔法の力に翻弄される様子は、年齢の低い児童でも見ているだけで楽しいはずです。また、第一次世界大戦中の英国の様子という歴史学習へ発展させることも可能でしょう。	スピード	3	
		明瞭さ	1	
		アメリカ訛	1	
		外国語	1	
		語彙	1	
英語の特徴	会話が家庭内、特に子供たち同士の会話で占められているのが特徴です。5人とも非常に明瞭に発音しています。また、子供たちは感情の起伏が激しいですから、喜怒哀楽を表す表現や話す際のイントネーションなどを学ぶのに適していると言えるでしょう。一方で、ホレスは地下にある自分の研究室で、動物を含めた様々なものを解剖、陳列しています。児童によっては不快に感じるかもしれません。	専門語	1	
		ジョーク	2	
		スラング	1	
		文法	1	

授業での留意点

【人称代名詞のit】Chapter 4の子供たちとサミアドの出会いの場面をご覧ください。サミアドに5人は、"You have to stop talking to it. It could be dangerous."、"I bet it has huge fangs and poisonous saliva."（あれ、きっと毒を持ってる。）、"It's an ugly little monster."（あれは化け物だ。）と口々に言います。すると、サミアドは"It?"（アレだと？）と怒りだします。人称代名詞 it は、もの、事柄、性別を無視して新生児、動物などに対して用いられます。サミアドは自分を it ではなく he/him と言って欲しかったのでしょう。それではサミアドのリクエストに応えて上記のセリフを児童と一緒に言い換えてみましょう。"You have to stop talking to him." や "He's an ugly little monster." と言えましたか？ ところでこれまでの英語学習の中で、it はモノ、つまり「それ」という意味だと丸暗記をした記憶はありませんか？ it は前出のものや、周りの状況を受ける働きもあります。映画に出てくる簡単なセリフで、具体的にご説明しましょう。シリルはアルバートに "It's me, Cyril." と、別の場面でサミアドは魔法が裏目に出たことを子どもたちに責められると、"Look, it's not me." 言います。it はこのようにその場の状況を受けますが、日本語の「それ」のような指示的な機能はありません。（この点が指示代名詞の this や that との違いなのです。）it＝モノと児童に教えますと、"It's me, Cyril." のような英語に混乱してしまうかもしれません。また砂浜で、"it's not raining!"、"It's beautiful." と言うセリフや魔法に驚いたシリルが、"It's huge. It's immense." とつぶやく場面がありますね。これらもすべて、その場の状況を体で感じて「綺麗だなあ」、「すごい」と言っているのです。日本語では主語を飛ばしても日本語として完結しますが、英語は原則として主語が必要ですから it が用いられるのです。この it の機能は日本語にはありませんので、難しく感じるかもしれません。映画を通して、登場人物と一緒に美しい砂浜や滅茶苦茶な魔法を観て体感することで、見て感じた状況を It's fine/dark/scary/. などと自然に表現できるようになるでしょう。

【look＋形容詞】Chapter 7でジェインがサミアドのねぐらについて "The hole doesn't look comfortable." というセリフがあります。look の後に形容詞を付けることで「…のようだ」と様子や顔つきなどを表現することができます。サミアドのねぐらは、ジェインには居心地が良くなさそうに思えたのですね。Chapter 15では、アンシアが、サミアドの年齢を聞いて "You don't look that old."（若く見える）と受け答えしていますが、これも同じ使い方です。この場合 that は so と同じような意味だと思って下さい。ジェインやアンシアのように look と形容詞を使って、人や物の様子を表現する練習をしてみましょう。You look good in that T-shirt.（そのTシャツ似合っているよ）などと、児童同士で褒めあってみるのも楽しいですよ。服を主語にしますと、That T-shirt looks great on you. となります。 How do I look? は自分の身なりを相手に聞く表現です。聞かれたら、上記のように褒めてあげましょう。

映画の背景と見所

イーディス・ネスビット（1858-1924）の名作『砂の妖精（Five Children and It）』を元に映画化された作品です。ネスビットは、この作品の続きとして2冊、サミアドが登場する本を書き、それ以外にも児童向けの冒険物語を数多く残しました。『ハリー・ポッター』の著者、J.Kローリングや『ナルニア国物語』のC.Sルイスに大きな影響を与えたと言われています。特に戦争のため、田舎へ疎開する子供たちが、そこで妖精や魔法と出会うという書き出しは、ナルニア国物語と共通しています。日本でも1985年から1986年にかけて、NHKで『おねがい！サミアどん』というタイトルでテレビアニメ化されましたので、記憶に残っている方も多いかもしれません。この映画の根幹を支えるのは、やはり原作と脚本の素晴らしさと言えるでしょう。言いつけられた家事を代わりにやって欲しい、壊した花瓶を弁償するためにお金が欲しい。5人が、最初にサミアドにお願いしたことは、楽をしたい、手っ取り早く失敗を挽回したいという安直な理由からでした。結局、願い事は彼らの意図したようには叶えられず、子供たちは願い事をしなくなるのです。この映画は単なる冒険ファンタジーにとどまらず、子供たちの精神的成長が丁寧に描かれています。一方で、田舎への疎開という両親と離れ離れの生活を余儀なくされた子供たちを通して、戦争が大人だけでなく、子供たちの心にも深い傷を負わせてしまったことを物語っています。

スタッフ	監督：ジョン・スティーヴンソン 製作：サミュエル・ハディダ、リサ・ヘンソン 原作：イーディス・ネスビット 脚本：デヴィッド・ソロモンズ 撮影：マイケル・ブリュースター	キャスト	ロバート：フレディ・ハイモア アルバート：ケネス・ブラナー マーサ：ゾー・ワナメイカー 母：タラ・フィッツジェラルド 父：アレックス・ジェニングス

	シャーロットのおくりもの　　Charlotte's Web	（執筆）坂田智惠子

セリフ紹介

冬にはベーコンにされてしまう運命の春生まれの子豚ウィルバーはクモのシャーロットに声を掛けられます。
Wilbur　　：Hey, since you said Salu-what, you know, that word, does that mean we' friends?
　　　　　　（ウィルバー：ねえ、さっき言ってたオ・ミ・シ・リ…あの言葉は"友達"って意味もある？）
Charlotte：Well, let me think….Hmmm…I suppose it does.（シャーロット：あると思うわ。）
Wilbur　　：Yeah！（ウィルバー：やったあ！）(Chapter 4)
　他の動物たちはクモを気味が悪いと思っていますが、ウィルバーだけはシャーロットはきれいだと言います。段々と彼らも彼女を受け入れて行きます。死期が近づいた彼女はChapter 14でウィルバーにこう感謝します。
Charlotte：Don't you know what you've already done? You made me your friend, and, in doing so, you made a spider beautiful to everyone in that barn.
　　　　　　（シャーロット：もう十分助けてくれたわ。友達になってクモである私を納屋の仲間に入れてくれた。）
だからシャーロットは、自分の命を賭けてウィルバーの命を救おうとするのです。
Wilbur　　：It isn't fair. I want to live! I want to see the snow!（ウィルバー：ひどいよ。ぼく生きたい！雪を見たい！）
Charlotte：And you will. I'm making you a promise right now. I'm not going to let them kill you…. But it is a promise and promises are something I never break.（シャーロット：見られるわ。私が約束する、あなたを殺させたりしない。…何とかする。私は必ず約束を守るわ。）(Chapter 5)

ふれあいポイント

【ウィルバーの起こした奇跡】ウィルバーが住むことになったザッカーマンさんの納屋には、他にガチョウ、羊、牝牛、馬がいます。でもウィルバーが"I'm not so sure being in the same place is the same as being friends.（ずっと一緒にいても友達とは限らないよ。）(Chapter 3)と言ったように、そこに一緒にいると言うだけで、特別なつながりはなく互いに無関心です。クモのシャーロットやネズミのウィルバーに対して偏見を持ち怖がったり軽蔑したりしています。しかし、ウィルバーを救いたいというシャーロットの堅い決意が彼らを変えて行きます。2つ目、3つ目の言葉を探す会議を開くうちに心を通わせ合い、一つのまとまった「家族」になっていくのです。品評会について行くようにと全員でテンプルトンを説得し、一斉に頭を垂れてシャーロットを悼み、卵の袋を見守ります。
　さらに、納屋を超えて外にいる人間たちも変えて行きます。ウィルバーを見物に来た人たち相手にしっかりと商売をしていたザッカーマンさんは品評会の表彰式でこう述べます。
Zuckerman：But it has happened in a time when we really don't see many miraculous things. Or maybe we do. Maybe they're all right there around us, everyday, and we just don't know where to look. There's no denying that our own little Wilbur, he's part of something that's bigger than all of us. And life on that farm is just a whole lot better with him in it. He really is some pig.（ザッカーマンさん：でも現に起きました。我々は奇跡は見えないものと思い込んでいます。でもそうでしょうか。奇跡は毎日、すぐそばで起こっているのでは？ただ気づかないだけで。ここにいるウィルバーは我々全員を合わせたよりもずっと大きな何かの一部であるのは事実です。そして―うちの農場も生き返らせてくれました。彼は本当に"とくべつなブタ"です。）(Chapter 14)
【テンプルトン】ウィルバーに豚に産まれた残酷な現実を突き付けるのは、原作では羊のおばさんですが、映画ではテンプルトンです。ひどい奴だと思って見ているとそうではないことに段々と気がつかされます。"You do realize I'm just here for the food, right?（おれが大事なのは残飯だ。）(Chapter 12)"と、食べ物につられてシャーロットに協力しているように見える彼ですが、「親切ね」と言われると、"Don't go spreading it around.（言いふらすなよ。）(Chapter 9)"とまるで照れているようです。Chapter 14でシャーロットを連れて帰ろうと一生懸命のウィルバーに「一生に一度くらい誰かの役に立ってよ！」と詰め寄られると、危ない目にあいながら言葉を探したのに、"And do I get thanked? No! Well, has it ever occurred to you that even a rat might like a little appreciation? A little, dare I say, love?（感謝の言葉は？なし！ネズミだってな、誰かに感謝されたいんだよ。誰かに愛されてみたいんだって！）"と叫ぶのです。最後にシャーロットに「どうもありがとう、今日まで…」と言われたテンプルトンは一礼します。

あらすじ

　メイン州サマセット郡に住む8歳のファーンは11匹生まれた中で一番小さい子豚が間引きされてしまうのを助け、ウィルバーと名づけ大事に育てます。しかし乳離れしたウィルバーは近所のおじさんの農場に売られます。農場の納屋ではガチョウ、羊、牝牛、馬が飼われています。そして地下の巣穴には大食漢のネズミのテンプルトン。軒に巣を掛けるクモのシャーロットがウィルバーの友達になってくれます。ファーンはいつも訪ねてくれるし、ウィルバーは納屋での生活に満足しています。しかし、テンプルトンから自分がやがて殺されてベーコンにされる運命だと知らされてウィルバーは泣き出します。ウィルバーが特別な豚だと思ってもらえたら殺されずに済むと考えたシャーロットは自分の巣に"some pig（とくべつなぶた）"と書き込みます。奇跡だと評判になり大勢の人がウィルバーを見物にやってきます。その後もシャーロットは他の家畜たちやテンプルトンの協力でウィルバーを褒める言葉を巣に綴ります。ウィルバーは郡の農畜産物品評会に出ることになり、シャーロットのおかげで特別賞をもらいます。死期が近いことを知りながらウィルバー助けることを選んだシャーロットは、卵を産み終えて力尽きてしまいます。テンプルトンに頼んでウィルバーは卵の袋を持ち帰り、大事に見守ります。春が来て袋から出てきたほとんどの子グモは旅立ちますが、3匹は友人として残り、その後もずっとシャーロットの孫やひ孫たちが納屋に住み続けます。

映画情報

製 作 費：8,500万ドル
製 作 年：2006年
製 作 国：米国
言　　語：英語
ジャンル：ファミリー、ファンタジー

公開情報

公 開 日：2006年12月15日（米国）
　　　　　2006年12月23日（日本）
興行収入：1億4,483万7,632ドル（米国）
上映時間：97分
MPAA（上映制限）：G

薦	●小学生　●中学生　○高校生　○大学生　○社会人	リスニング難易表		発売元：パラマウント ジャパン（平成26年5月現在、税込み）DVD価格：1,543円
お薦めの理由	クモは嫌いですか？ベーコンやハムが何で作られたか考えたことがありますか？これは友達の子豚をクモならではの方法で助けるクモのお話です。素晴らしい特殊撮影技術のおかげで、ブタやクモ、ネズミが人間のように演技しています。クモがジュリア・ロバーツ、クモを怖がる馬がロバート・レッドフォード、メスのガチョウが有名な司会者のオプラ・ウィンフリー、という豪華な面々が声を吹き込んでいます。	スピード	3	
		明瞭さ	3	
		アメリカ訛	2	
		外国語	1	
英語の特徴	舞台であるメイン州がヒスパニック系以外の白人の比率が米国で一番高い（2010年度94.4％）なので、人間の登場人物は白人ばかりで強い訛りがなく聞き取りやすいと思います。動物の世界では、牝牛の声担当はSouthern belles（南部美人）と音声解説で紹介され、南部訛りが入っているようです。毅然とした母性あふれるクモ、かかあ天下のガチョウ夫婦などの豪華な出演者たちの台詞回しをお楽しみ下さい。	語彙	3	
		専門語	1	
		ジョーク	1	
		スラング	1	
		文法	1	

授業での留意点

【生と死】生と死はこの映画のテーマの一つです。生まれてすぐ殺されかけたウィルバーは生き残れましたが、10匹の兄弟姉妹たちはどうなったのでしょうか。ファーンがミルクを飲ませる前に映るフライパンの中のベーコン、それが普通の豚の運命なのです。ガチョウのヒナたちは多分ウィルバーを見物に来た人たちに売られてしまい、ガチョウの夫婦はそれを当然のことそして受け入れているようです。シャーロットは他の虫の命を奪うことで自分は生きています。そして時々画面に映る不気味な、まるで収容所のガス室のような燻製小屋。「一つの命をどうやって救うか」を描いたこの映画にはシャーロットの死以外の「死」も描かれています。シャーロットの言うように "Wilbur, we're born, we live, and when our time comes, we die. It's just the natural cycle of life.（シャーロット：ウィルバー、生き物は時が来れば死ぬものよ。命は巡るものなの。）(Chapter 14)"。そして彼女の死は次の世代の生へつながっていき、毎年繰り返されていくのです。

【蜘蛛】ウィルバーはシャーロットが約束したとおり雪を見ることができましたが、シャーロットの命は豚のウィルバーよりずっと短く、卵を産んだら衰弱して死んでしまうのです。彼女のフルネームは Charlotte A. Cavatica。ラテン語の学名 Araneus cavaticus（男性名詞）を女性名詞化したもので、英語では barn spider と呼ばれる丸い巣をつくる夜行性のクモです（コガネグモ科オニグモ属）。米国北東部とカナダではもっとも普通に見かけられるそうです。ただ、シャーロットの姿は2つの主眼と幾つかの小さな側眼を持つコモリグモの一種を基にしています。秋に産まれる卵は袋の中で孵り、ある程度育ってから外に出てきます。子グモは袋から出てしばらくすると腹部を上に向けて細い糸を出し、上昇気流に乗って遠くに散らばっていきます。balooning と英語では呼ばれます。映画の撮影中実際に子グモの飛行が起こり、それを撮影して画面作りの参考にすることができました。

【郡共進会 county fair】農業と畜産業の振興のために郡全体から自慢の農産物・家畜 livestock を出品しその優劣を審査する会です。米国では普通晩夏から秋に行われます。品評会だけではなく、鋤の使い方やロデオなどの技術の競技会や道具の見本市も開かれることがあります。色々な屋台や遊園地があり、大人も子供も大いに楽しみます。ファーンが手に持つチラシにも、livestock、rides、amusements、show と書いてあります。ロバや（何と）ラクダにも乗れるようです。移動遊園地は米国英語で carnival、英国英語では travelling funfair と呼ばれます。色々な乗り物やゲーム機を所有する会社が大体は複数で、様々な催しと契約を結んで短期間（普通2・3日〜数週間）だけ営業します。勿論映画で描かれるように乗り物やゲームには料金がかかります。なお、フェアーに行く前にウィルバー（とテンプルトン）が浴びていたバターミルクはバターを作った後に残る酸味のある牛乳の一種です。

映画の背景と見所

　原作はE・B・ホワイトが1952年に発表した『シャーロットのおくりもの Charlotte's Web』です。原作が講談社英語文庫に、邦訳があすなろ書房から出ています。ホワイトは1899年ニューヨーク州生まれ、週刊誌「ニューヨーカー」の記者・編集者をしていました。1933年にこの物語に出てくるようなメイン州の農場を買いました。動物好きなホワイトは、いずれは殺される家畜の運命に心を痛め、この本を書いたと言われています。彼の3冊の子供向けの本の一つは『スチュアートの大ぼうけん』で、1999年に『スチュアート・リトル』という題名で映画化されました。

　『シャーロットのおくりもの』は1973年にテレビの『トムとジェリー』の初期のシリーズで知られるハンナ＆バーベラプロダクションによるアニメーション映画が作られ、2006年に実写と1種のロボットを使うアニマトロニクスとCGを組み合わせたこの映画が作られました。ロケ地はオーストラリアのメルボルン、原作の挿絵やホワイトの農場などを参考にして4軒の農場が作られました。検疫のため動物を持ちこめなかったので、トレーナーたちは豚の繁殖から始め40匹以上の豚を使ってウィルバーを撮影しました。原作では名前がついていない他の家畜たちは名前を付けられ、大物俳優が吹き替えを務めています。納屋のセットに実際にクモが産卵し、子グモの飛翔を撮影できるという「奇跡」が起こりました。特典映像でメイキングについての楽しい情報が沢山あります。

スタッフ
監　督：ゲイリー・ウィニック
脚　本：S・グラント, キャリー・カークパトリック
原　作：E・B・ホワイト
音　楽：ダニー・エルフマン
視覚効果：ジョン・バートン

キャスト
ファーン　　　　　：ダコタ・ファニング
ウィルバー　（声）：ドミニク・スコット・ケイ
シャーロット（声）：ジュリア・ロバーツ
テンプルトン（声）：スティーブ・ブシェーミ
アイク　　　（声）：ロバート・レッドフォード

ジャイアント・ピーチ　James and the Giant Peach

(執筆) 河合　利江

セリフ紹介

　ある不幸な少年が、勇気を出して夢を叶えていく物語なので、前向きなセリフがたくさん出てきます。夢の実現は、見知らぬ老人との出会いから始まります。ニューヨークを夢見ているジェームズに対し、老人は"And it'll be much closer, once you take the first step."（ぐっと近づくぞ。一歩、足を踏み出せばな。）と励まし、"Not up here, it doesn't. The answers are in here."（頭で考えるな。答えはそこにある。）と言ってジェームズの胸を指差します。怖くてくじけそうになった時は両親の残した言葉、"Try looking at it another way."（見方を変えてごらん。）に助けられます。また、仲間と力を合わせることも夢の実現には大切なこと。危機を脱した時、クモに"Everything we did was part of the brilliant plan of James."（すべてはジェームズの発案よ。）と、感謝されて自信を持ちます。さらなる困難を乗り越え、ジェームズはすっかり皆から頼りにされる存在になります。羅針盤を手に入れて確実にニューヨークに向かい始めた夜、キリギリスの音楽に合わせて、"We wouldn't have get anywhere If it weren't for you, boy."（君がいなかったらどこにも行けやしなかった。）と、皆が歌いだします。そして、皆は"You're what holds us all together."（あなたのお陰で頑張れた。）と歌い、ジェームズがリーダーとなって皆をまとめていることを賞賛します。虫たちとジェームズは家族同然の絆で結ばれ、ジェームズは、"We'll always be together, won't we?"（もうずっと一緒だね。）と言います。ニューヨークの人々が、ジェームズたちを受け入れてくれた時、一人の子供が、"Could we eat some of your peach?"（桃を食べてもいい？）と聞きます。ジェームズが"Go ahead."（どうぞ。）と言い、皆で桃を分かち合います。

ふれあいポイント

　虫たちは皆、個性豊かで愛すべきキャラクターです。お子さんにどの虫がお気に入りか聞いてみたり、それぞれの虫がジェームズに出会う前にどんな生活をしていたのか、ストーリーを一緒に考えるのも楽しいでしょう。それぞれのキャラクターに合ったお話を創作できるよう、ここでは虫たちが映画の中でどんなキャラクターを割り当てられているか、その言動から確認していきましょう。
【てんとう虫／ladybug】皆の心を和ませるやさしいおばさんですが、サメの攻撃からジェームズとキリギリスを勇敢に守ります。でも、大活躍の後は"I can't abide rudeness."（あんまり失礼だもの。）と、あくまでレディーな発言です。ニューヨークでは産科医として活躍します。
【キリギリス／grasshopper】インテリなおじさんで、口ばかりのムカデと何度も衝突します。でも、眠気と戦いながら見張り番をしているムカデを気遣い、役目を交代します。バイオリンの名手で、その音色に惹かれて皆が歌いだします。ニューヨークでは、もちろんバイオリンの腕を振るいます。
【ムカデ／centipede】航海の経験があるから船長はまかせろと言って、実は"I did used to live between two pages of a National Geographic."（「世界の写真」って雑誌で見たんだ。）と言うお調子者のおじさんですが、行動力があり、沈没船から羅針盤を命がけで取ってきます。ニューヨークでは市長に立候補します。
【クモ／spider】以前におばさんたちから助けてくれたジェームズにいつも優しく接します。おばさんたちに連れ戻される事を心配するジェームズに"Nobody can make you do anything, James, if you do not let them."（あなたさえ頑張れば大丈夫よ。）と、励まします。あまり感情を表に出さないミステリアスなお姉さんといった雰囲気ですが、クモの糸を提供したり、ジェームズと一緒にムカデを助けに行ったり勇敢に行動します。ニューヨークではナイトクラブを経営します。
【ミミズ／earthworm】ちょっとしたことですぐにびっくりしてうろたえる、臆病なお兄さんです。ジェームズに"You're a hero."（君はヒーローだ。）と言って励まされ、自信を持ちます。逆にジェームズがサイにたじろいでいるとき、ジェームズが教えてくれた、"Try looking at it the other way."（見方を変えてみるんだ！）と言う言葉で励まします。ニューヨークではスキンクリームの宣伝に起用されます。
【土ボタル／Glowworm】耳があまり聞こえず、ちょっととんちんかんで浮世離れしたおばあさんです。皆にいたわられていますが、暗闇を照らしてくれるので頼りにされている面もあります。ニューヨークでは自由の女神のライトアップに一役買います。

あらすじ

　9歳のジェームズは両親を亡くし、意地悪な2人のおばさんと暮らしています。おばさんたちは、ジェームズに十分な食べ物を与えず、一日中働かせています。ある時、ジェームズは見知らぬ老人から夢が叶う魔法の食べ物をもらいますが、転んで桃の木の根元にそれをこぼしてしまいます。すると何年も実をつけたことがなかったその木に巨大な桃の実が成ります。ジェームズがその桃をかじったときに魔法の食べ物の残りを偶然食べ、誘われるように桃の中に入っていきます。中には人と同じ背丈で、言葉をしゃべる虫たちがいました。おばさんたちに見つかりそうになったので、桃を木から切り離すとゴロゴロと勢いよく転がっていつの間にか海に浮かんでいます。ジェームズは両親がいつか行こうと言っていた夢の街、ニューヨークを目指すことにします。途中で、さまざまな困難に出会いますが、皆で知恵を出し合い、力を合わせてピンチを切り抜けていくうちに、ジェームズと虫たちは家族のような固い絆でむすばれます。とうとうニューヨークについたと思ったら、おばさんたちも執念でジェームズのもとにたどり着き、連れ戻されそうになります。しかし、ジェームズは大人しく言われるがままになっていた以前のジェームズとは違っていました。自分の意志をはっきりと示し、ニューヨークの人々にも認められ、虫たちと一緒に楽しく暮らせることになります。

映画情報

製　作　費：3,800万ドル
製　作　年：1996年
製　作　国：米国
言　　　語：英語
ジャンル：ファンタジー　カラー映画

公開情報

公　開　日：1996年 4月12日（米国）
　　　　　　1996年12月14日（日本）
上映時間：79分　　MPAA（上映制限）：PG
オープニングウィークエンド：402万2,742ドル
興行収入：7,345万885ドル

薦	●小学生	●中学生	○高校生	○大学生	○社会人	リスニング難易表		発売元：ウォルト・ディズニー・スタジオ・ジャパン（平成26年5月現在、税込み）DVD価格：1,543円　ブルーレイ価格：2,571円

お薦めの理由	話のテンポがよく、愉快な虫たちが活躍するので、小さなお子さんも釘付けになるでしょう。実写とアニメーッションが巧妙に組み合わされたファンタジーの世界に浸りながら、夢を持つ事の大切さ、それを実現するための勇気と行動力の大切さを感じさせられます。同じ監督の作品、『ナイトメアー・ビフォア・クリスマス』を見てからこの映画を見ると、細かい仕掛けがあり、違った楽しみ方ができます。	スピード	3
		明瞭さ	2
		アメリカ訛	2
		外国語	3
		語彙	2
英語の特徴	発音が明瞭で、語彙も限られているので聞き取りやすいです。虫たちの会話は冗談を言ってふざけあったり、ケンカをしたり、生き生きした表現が使われています。見知らぬ老人のアクセントはケルト圏のものを思わせ、独特の柔らかさと抑揚があります。魔法の食べ物の説明をしているところは、韻を踏んでいて、まるで言葉遊びか、または呪文のようにも聞こえます。	専門語	1
		ジョーク	3
		スラング	2
		文法	3

授業での留意点

　この映画の主役ともいえる桃。桃に乗って冒険旅行をするというのは、いかにもファンタジーの世界ですね。子供たちと桃をテーマに知識の旅に出るのも面白いでしょう。

【桃の原産地】中国西北部の高山地帯が原産地です。ペルシア経由でヨーロッパに伝わったので、peachの語源は「ペルシア」で、ラテン語で「ペルシアのリンゴ」と言われていたことに由来します。原作者、ダールの住んでいたイギリスの桃は、桜桃に似ていて日本の桃ほど汁気がなく、少し硬めのようです。映画の中の桃も日本の桃と比べるとかなり黄色味が強いです。

【桃が出てくるお話】日本で桃が出てくるお話と言えば「桃太郎」ですね。ジャイアント・ピーチとは不思議な共通点があります。まず、巨大であること。そして、桃太郎が生まれてくることから、桃はお母さんのおなかの役割をしています。ジャイアント・ピーチでは、桃は外敵から守ってくれて、栄養も与えてくれます。ニューヨークに到着すると、もう桃は必要ではなくなり、皆に分け与えられます。つまり、ジェームズや虫たちがさまざまな冒険を乗り越え、精神的な成長を遂げて、桃から新世界に生まれ出たと言えるでしょう。

【巨大な桃の到着地】ニューヨーク市は、しばしばビッグ・アップルというニックネームで呼ばれることがあります。土産物店にはBig Appleと書かれたTシャツや、リンゴをモチーフにした小物がたくさん売られています。なぜそう呼ばれるようになったかは諸説ありますが、1920年代後半にはこの愛称が定着したようです。映画では、ジェームズが住んでいた国は示されていませんが、原作ではイギリスの地方という設定になっています。夢でいっぱいに膨らんだ「ジャイアント・ピーチ」が英国を離れ、大西洋を越えて「ビッグ・アップル」にたどり着くというのは、何ともドラマチックです。

【桃のイメージ】日本では女の子の名前に使われることがありますね。柔らかくて優しいイメージがあります。英語では、すてきな物、魅力的な人に対して使われることがあります。例えば、She is a peach.「彼女はかわいい。」やpeach of a car「すばらしい車」など。peachyという形容詞もあり、Everything is peachy.「すべては順調。」のように使われます。

【桃の種】漢方で薬として使われることがありますが、食用には不向きなようです。映画の中では、"They ate that peach all the way down to the pit...and set it up in Central Park as a permanent house."（みんなは中まですっかり平らげると一公園に種の家を作りました。）とあります。子供たちは桃の種の家に住むジェームズに冒険旅行のお話を聞きに来て、ファンタジーの種がその子供たちの心に撒かれ、育っていくということなのでしょう。

映画の背景と見所

　原作は1961年に出版されたロアルド・ダールの児童文学、*James and the Giant Peach*です。翻訳本は『おばけ桃の冒険』、新訳版で『おばけ桃が行く』もあります。自分で読むなら小学校4年生くらいから。小さなお子さんには、映画のイメージをもとに新たに書き下ろされた絵本、『ジャイアントピーチ　ダールのおばけ桃の冒険』があります。映画のアニメ部分を担当した画家による作画で、独特の世界観があります。

　映画では、皆がそれぞれの夢をかなえるためにニューヨークを目指しますが、原作では色々な世界を見てみたくて冒険に出発し、たまたまたどり着いた陸地がニューヨークだったという違いがあります。ニューヨークの人々に歓迎されるという点は原作と変わりません。これは、ニューヨークに移民局があり、特に19世紀に世界各地から押し寄せる多くの移民を受け入れてきたという史実を反映していると考えられます。そうなると、ジェームズも虫たちも新天地で成功した移民ということになります。『おばけ桃の冒険』のあとがきによると、ダールは4人の子供たちに毎晩お話を語って聞かせ、そうしているうちにできたのが、この物語だったそうです。子供たちに広い世界へのあこがれと好奇心をかき立て、仲間と協力して何かをやり遂げる事の大切さを伝えたいという思いがぎっしり詰まっています。そして、そのメッセージは映画にも余すところなく盛り込まれています。

スタッフ		キャスト	
監　督：	ヘンリー・セリック	ジェームズ：	ポール・テリー
脚　本：	カーリー・カートパトリック他2名	スパイカー：	ジョアンナ・ラムレイ
製　作：	デニーズ・ディ・ノヴィ、ティム・バートン	スポンジ：	ミリアム・マーゴリーズ
音　楽：	ランディ・ニューマン	老人：	ピート・ポスルスウェイト
撮　影：	ピート・コザチク、ヒロ・ナリタ	クモ：	（声）スーザン・サランドン

ジャック・フロスト パパは雪だるま	Jack Frost　　　　　（執筆）高橋 本恵

セリフ紹介

◆チャーリーが悪童ローリー達から下級生を救出するために作戦会議を開きます。
　Charlie : "Huddle up. Remember what we learned in history class? If you want to stop an army, stop the general."
　（みんな集まれ。歴史の授業、覚えてる？ 敵を倒すには敵の大将を倒せ。）

◆1年前、音楽ツアーから帰って来た父のジャックはチャーリーにハーモニカを贈ると、
　Jack　　 : " It has magic power. I am serious. When you play that, no matter where I am…I can hear it. I am telling you."（魔法だぞ。マジな話だ。お前が吹いたら、パパはどこにいても聞こえる。ホントだぞ。）

◆雪だるまの父ジャックとチャーリーの二人は暑い町から脱出し、やっとパイントップの山小屋に着きました。そして、疲れて眠ってしまったチャーリーの寝顔に向かってジャックがつぶやきます。
　Jack　　 : "I was so busy to make mark on the world, I don't know…You are my mark on the world."
　（必死で生きた証を求めたがそれがお前だった。）

◆クリスマスの朝、雪だるまとして蘇った父ともお別れしなくてはなりません。別れ際に雪だるまの父に、
　Charlie : "You know that night you came back? It was because of the harmonica. I wished it. I wished you would be here for Christmas."
　（パパが戻ってきた日、ハーモニカを吹きながら祈ったんだ。クリスマスをパパと過ごせますようにって。）
　Jack　　 : "Thanks for giving me a second chance to be your dad."（お陰でやっと父親らしいことができたよ。）

ふれあいポイント

【英語を話す国の文化や習慣】雪の季節には雪だるま作りも楽しみの1つです。普通、日本では大きめの雪玉の上に小さめの雪の玉を載せて2段重ねの雪だるまを作ります。北米では3段重ねの雪だるまが主流ですが、ジャックも3つの雪玉を重ねて雪だるまを作っています。1番上の雪玉は頭で、2段目は胴体で、1番下は脚部を表象しています。チャーリーは雪の降る夜、ジャックと雪だるまを作ります。鼻には木切れを差し込み、てっぺんにハットを載せマフラーも着けました。雪が降った日にはどんな雪だるまを作りますか。子どもの作る雪だるまは、ジャックの雪だるまとどんな違いのある雪だるまになるのか話し合ってみたいものです。

【成長へのプロセス】正義感の強いチャーリーは、下級生をいじめたりする悪童のローリーとは犬猿の仲でした。ローリーは、父がいないという境遇を背負っています。暑さで溶けそうになった、雪だるまになった父のジャックのことで、イジメっ子のローリーに訴えます。Charlie: "Look, Roy, it's too hot down here. If I don't get him up to the mountains, I'll lose him."（ローリー、ここじゃ暑すぎるんだ。早く山に連れて行かないと死んじゃうんだよ。）ローリーも、雪だるまがかなり辛そうな様子を見ると、父を失くすなんてことは、"It sucks. It sucks big time."（最低だ。やってられねえよ。）と悪童言葉で返します。また、"Snow dad's better than no dad."（雪だるまの親父でもいないよりました。）と言って父の顔も見たことのないローリーは、雪だるまのジャックを山に行く車に載せるのを手伝います。結局、ふたりは和解することになりますが、子どもの世界では争いや仲たがいが起こります。子供同士のそうしたぶつかり合いは子どもの成長には欠かすことができないプロセスです。普段の子供同士の人間模様を観察しながら子供たちの成長の手助けをしたいものです。

【Everybody deserves a second chance】何かのきっかけで子どもは挫折してしまいますが、立ち直るのに仲間や親などの大人の援助が必要な場合があります。父を亡くして以来、心の支えを失い塞ぎ込んでいたチャーリーでしたが、ジャックのバンド仲間のマックからどんな父親だったのかを聞きます。Mac: "He wanted you to be whatever you wanted to be. He didn't care what that was. Just whatever made you happy."（お前のやりたいことをやらせたかったのさ。幸せになれることを。）こんな父の思いを知り、チャーリーの心も揺さぶられ自分からやめてしまったホッケーにも戻ろうとします。そして、何より友人からの一言は大きな励みとなり、ホッケーにも戻り元気な姿を取り戻していきます。チャーリーがチームのみんなに戻りたいと言うと、Dennis: "What? You ditched us, Charlie."（はあ？ お前からチームをやめたんだぜ。）Natalie: "Well, I say we let him back on the team. Everybody deserves a second chance."（いいじゃない。チャーリーをチームに戻してあげよう。もう一度チャンスをあげるべきよ。）

あらすじ

　父のジャックは、音楽活動に明け暮れ、家庭を顧みることもままならぬ毎日を送っていました。ライブツアーを終えて帰った日に、息子のチャーリーに、これを吹けばパパはどこにいても聞こえるという魔法のハーモニカをプレゼントします。チャーリーのホッケーの試合には、見に行くと約束していた当日も仕事の打ち合わせでそれも叶わなくなってしまいました。クリスマスは家族3人で山小屋で過ごそうと約束していたが、自動車事故で亡くなってしまいます。父を亡くして以来、すっかり元気をなくしてしまったチャーリーでしたが、1年後のクリスマス前のある夜、庭に雪だるまを作り終え自分の部屋へ戻り、ジャックからもらったハーモニカを吹き始めました。すると家の前の雪だるまは、ジャックの魂が入り込んだ雪だるまになってしまいます。ジャックは、これまで父親として何もしてあげられなかったという思いから、チャーリーに寄り添い、いたずら悪童をやっつけたり、ホッケーを教えたりして親の務めを果たそうとします。そして、雪だるまのジャックは酷暑をおしてホッケー場に行き、息子のチャーリーの試合を初めて見届けます。母のギャビーは、まだ雪だるまが父だと信じられません。溶けてしまいそうなジャックを見て、チャーリは必死で雪だるまをトラックに載せて山の上の山荘にたどり着きます。チャーリーの居所を心配していたギャビーが二人を家まで連れ戻し、ギャビーも雪だるまが父だと知ることになります。

映画情報

製 作 費：2,700万ドル 製 作 年：1998年 製 作 国：米国 配給会社：ワーナー・ブラザース ジャンル：コメディ、ドラマ、家族、ファンタジー	公 開 日：1998年12月11日（米国） 　　　　　劇場未公開（日本） 上映時間：101分 字　　幕：日本語字幕/英語字幕 レーティング：PG

薦	●小学生　○中学生　○高校生　○大学生　○社会人	リスニング難易表		発売元：ワーナー・ホーム・ビデオ（平成26年5月現在、税込み）DVD価格：2,160円
お薦めの理由	蘇った雪だるまのジャックはチャーリーにスノーボーディングやホッケーを教えたり、雪だるまの自分が壊れてしまうと自分で元の姿に戻してしまうなどのファンタジードラマが展開します。上級生と下級生の雪礫の戦い、子ども達同士で繰り広げる追跡劇、熱血コーチが檄を飛ばすアイスホッケーの試合などの場面やジャックの少しコミカルでウィットのあるセリフも見ている子供たちを愉しませてくれます。	スピード	3	
		明瞭さ	3	
		アメリカ訛	2	
		外国語	1	
		語彙	3	
英語の特徴	英語圏の子どもや大人が日常的に使う言葉や表現が豊富に使われている映画と言えます。その中には、口語表現が多く使われており俗語等も含まれています。しかし、俗語と口語表現との境界線は微妙ではっきりしません。It sucks.（最低だ。）や He's pissed.（彼はカンカンだ。）は、今では英語を話す人達の日常の会話の中でもわりと使われているようです。こうした語彙表現も使われています。	専門語	2	
		ジョーク	2	
		スラング	2	
		文法	2	

授業での留意点

【Way to go!】いろいろな状況に使える間投詞ですが、この作品には2つの異なった状況に使われています。（1）チャーリーがホッケーの試合で得点を入れるとジャックが興奮しながら叫びます。"Way to go, Charlie."（いいぞ、チャーリー。）（2）また、悪童が雪で滑って転ぶと、それを見た周りの下級生が "Way to go!"（いい気味だ。）とこぞとばかりにはやし立てます。（1）では、人の成功を讃える「よくやった！／いいぞ！／その調子で頑張れ！」の意味で使われています。（2）では、まずいことをした人などに皮肉を込めて言う「いいぞ、その調子だ！」で、通常の意味とは逆の意味で使われています。全く別の状況に同じ表現がつかわれていますので学習者には場面を通じて使い方が習得できると思います、この映画を見せるときの留意点に入れておくといいと思います。

【コメディ風のウィットと英語】チャーリーと雪だるまのジャックが悪童たちに追われる雪山チェイスは、子供たちが歓声をあげる場面でしょう。そんな場面にも心安らぐ仕草とコメディ風のウィットに富んだ言葉が含まれています。また、茶目っ気を出してあまり品のないジョークにも取れるセリフもちりばめられています。チャーリーが急傾斜で危険な雪面を上手なトボガンの操縦さばきで乗り切り、追手の悪童たちが転倒するのを知ると Jack : "You the man."（よっ、さすがだな。）Charlie : "No, you the man."（いや、そっちこそ。）Jack : "I'm the snowman."（いや、オレは雪ダルマン。）また、まん丸の雪だるまのジャックが雪斜面を下りながら、狭い2本の木の間をすり抜けると両端のふくらみがすっかり削ぎ落ちてしまいます。するとジャックは Jack : "I slimmed down."（減量成功。おお、スリムになったな。）と上手くウイットを利かせます。更には、雪だるまの snow ball にかけて、少々危なげなジョークも飛び出します。チェイスシーンの迫力ばかりにとらわれず、使われているセリフにも注意して聞かせることによって、この映画とその英語の面白さがさらに広がります。

【基本的な英語表現】以下のフレーズは、学習者のなかには馴染みのある子どももいるかも知れません。初めてという人には是非覚えてほしいと思います。指導者には、場面と照らし合わせながら学習者に定着させてほしいものです。★ギャビーがチャーリーにコーヒーをさし出しながら "Here you go."（はい、どうぞ。）★やっと山小屋について、チャーリーがジャックに "We're here."（着いたね。）★崖から落ちそうなチャーリーに向かってジャックが必死で声をかけて "Be careful. Don't worry. I'm coming."（気をつけろ。心配するな。今行くから。）★チャーリーはすぐに車に乗るようにマックに急かされると "Hold on a minute!"（チョット待ってくれ。）★音楽ツアーから帰ったチャーリーは庭で雪かきをしていたギャビーにおどけながら "Excuse me, Miss."（あの、すいません。）"Can I borrow a couple of bucks?"（ちょっとばかしお金を貸してもらえませんか。）

映画の背景と見所

もともとクリスマスシーズン向けに製作された映画で、1998年のアメリカ映画です。コロラドの山の中の学校が、冬休みを迎える場面からはじまり、雪のコロラドのショットが背景を彩っています。「ジャックフロスト」は「冬将軍、霜の妖精」という意味もありますが、この映画ではジャックフロストは主人公チャーリーの父の名前でもあります。チャーリーは、1年前に自動車事故で父ジャックを亡くし失意のうちに過ごします。そして、クリスマスシーズンに父を想いながら雪だるまを作るとジャックがその雪だるまに乗り移ってやって来ます。作中の雪だる像は、セサミストリートの登場人物も手がけたジムヘンソン製作工房（Jim Henson's Creature Shop）の作品で、アニマトロニクス（animatronics）を駆使した特殊効果もあり普通の雪だるまではできない所作も繰り広げられ映像作りに貢献しています。雪だるまのジャック役はマイケル・キートンで、日本でも人気を博した89年の『バットマン』で主役を演じた役者です。また、キートンはロック・シンガーのジャックとして、そして、家族を愛する父として出演しています。終盤には、彼の味のある演技とそのセリフがこの映画のストーリーラインを輝かせています。ジャックの妻ギャビーはジョン・トラボルタ夫人のケリー・プレストンが好演しています。クリスマスシーズンには、子どもと一緒に是非見たい作品です。

| スタッフ | 監　督：トロイ・ミラー
製　作：アーヴィン・アゾフ、マーク・キャントン
脚　本：スティーブン・ブルーム、ジェフ・セサリオ
　　　　ジョナサン・ロバーツ
音　楽：トレバー・ラビン | キャスト | ジャック・フロスト　：マイケル・キートン
ギャビー・フロスト　：ケリー・プレストン
チャーリー・フロスト：ジョセフ・クロス
マック・マッカーサー：マーク・アディ
シィド・グロニク　　：ヘンリー・ロリンズ |

ジャングル2ジャングル	Jungle 2 Jungle （執筆）高橋 本恵

セリフ紹介	★マイケルはアマゾンのリポリポ村で会えたパトリシアに離婚を切り出します。 Michael : Do you remember 12, 13 years ago maybe… When outta the blue-- we weren't even married a year-- and you walked out on me.（ある日突然、結婚して1年もたたずに君はボクを捨てて出て行った。） Patricia : And now you want a divorce, and you think I'm gonna hit you up for money.（今は離婚したがってるでしょ。慰謝料でゴネられたらどうしようって心配なのね。） Michael : We both want a divorce. And aren't you?（離婚はお互いのためだ。そうだろう？） Patricia : I don't want any money.（お金なんて要りません。） ★ミミ・シクはケンプスター家の水槽の魚を食べてしまいます。それを聞いたリチャードはすごい剣幕です。 Richard : Those fish cost me thousands of dollars?（あの魚が何千ドルするかわかってるのか？） Jan : I think what we have here is an intercultural misunderstanding.（ここで問題なのは文化的な違いだわ。） Richard : Oh, well, why don't you tell that to my fellow dwarf cichlids? Because they can't hear any more.（だったら、魚たちにそう言ってやれよ。もう聞こえないが。） Mimi Siku : Fish taste good.（美味しかったよ。） Richard : Well, let's hope so, Mimi. 'Cause you just downed $10,000 worth of sushi.（そりゃそうだろ、ミミ。1万ドルの寿司を食ったようなものだぞ。）
ふれあいポイント	【名前の由来や意味は？】マイケルはパトリシアから自分に息子がいることを話されます。そして、名前はミミ・シクだと知らされますが、パトリシアは名前の意味を説明します。"Roughly translated it means… cat piss."（大雑把に訳すと、そうねえ、猫のおしっこ。）と言っています。なぜそのような名前をつけたのかと聞くと、そういう名前をつけるのが土地柄なのだということです。ミミ・シクは恋に落ちたカレンの顔にピナリ族のペインティングをしてあげて、「ウクメ」と名づけます。するとカレンは "What does it mean"（どんな意味？）と尋ねると、ミミ・シクは "It means 'sound of rain on rain water.'"（意味は「川にふり注ぐ雨の音い」。）といいます。親が授けた子どもの名前にも親の願いやその意味があるはずです。そんな話をする機会としてみて下さい。 【カラカスは何処？熱帯雨林は何処？】マイケルは別居中の妻パトリシアとの離婚を成立させるためアマゾンのジャングルを訪れました。しかし、頭の軽い婚約者シャーロットはアマゾンの熱帯雨林がどこかもわかりません。ファッションフィルムの撮影中の会話でシャーロットは "Where is the rain forest?"（熱帯雨林ってどこよ？）というと、ファッションフィルムの監督が "Brian, find out where the rain forest is."（ブライアン、熱帯雨林がどこかチェックして。）といって調べさせる始末です。マイケルの乗る飛行機は "American flight 109… leaving JFK at 1:00 p.m., arriving Caracas at 6:22 p.m."（アメリカン航空109便。ケネディ空港午後1時発カラカス着6時22分。）です。その飛行機でカラカスの飛行場に降り立つと、弁護士が待っていてパトリシアはここには来られないと言うと、マイケルが "…I travel 3,000 to get here…"（…5,000キロも旅して…）と言うくだりがあります。ニューヨークからカラカスまでの所要時間は5時間22分。距離にして5,000キロ。子どもたちは飛行機に乗っての6時間余りの旅や5,000キロを移動した体験があるでしょうか。実際の体験にまさるものはありませんが、家族で、日本からは6時間余りで、飛行機ではどのあたりまで移動できるかを調べるのも楽しい旅の疑似体験になるかも知れません。また、南米のカラカスの場所を地図で確認したり熱帯雨林を調べたりしてはいかがでしょうか。 【子どもの知恵や発想】ロシアマフィアのアレクシーはコーヒー先物の証書を奪いにケンプスター家を急襲します。そして、リチャードは縛り上げられ絶体絶命の窮地に陥っています。そこにいたミミ・シクはアマゾン育ちのひらめきでマフィアが一番恐れるクモ放ち、しまいにはマフィアを退散させてしまいます。この場面は、ケンプスターの家族の加勢もありましたが、子どもの思いもよらない発想や行動にはっとさせられることがよくあるものです。子どもの言動をよく観察すると、ふだん大人があまり気にも留めていないことでも、とても大きな意味を持つことがあります。親の視点を堅持しながらこれから成長していく子どものすることをじっと寄り添いながら見守りたいものです。
あらすじ	ニューヨークで先物取引をしているマイケル・クロムウェルは新たな恋人シャーロットと結婚するために婚姻関係にあるパトリシアと正式に離婚手続きをしなければならなくなりました。パトリシアは彼の元を離れベネズエラで部族生活をしているため、マイケルはそこを訪れると13歳になる自分の子供ミミ・シクがいることを知ります。そして、ミミ・シクは父のマイケルとニューヨークに行き、自由の女神から火を持ってくることになります。婚約者のシャーロットは不意の訪問者のミミ・シクに戸惑います。一方、マイケルはミミ・シクをニューヨークの都市生活に適応させようと必死です。ミミ・シクは自由の女神像にのぼり火を取ろうとしますが、その火は本物の燃えさかる火でないことを知り落胆します。また、ミミ・シクはマイケルと一緒に仕事をするリチャード・ケンプスターのところに滞在するうちに、娘のカレンと恋に落ちてしまうとリチャードは娘がミミ・シクに影響されまいかと不安になります。そんなさなか、リチャードがロシアマフィアと取引してしまうと、ミミ・シクはジャングル仕込みの知恵を絞りマフィアを退けます。マイケルは、アマゾンのジャングルに戻るミミ・シクに、自由の女神を模したシガレットライター授けます。マイケルは、仕事漬けの毎日に嫌気が差し、休暇を取ってケンプスター家と一緒にパトリシアのもとを訪れます。カレンとミミ・シクは再会を果たし、マイケルとパトリシアは一緒にやっていくことになります。
映画情報	製作年：1997年　製作国：米国 撮影地：米国、ベネズエラ 配給会社：ウォルトディズニー映画、 　　　　　TF1インターナショナル ジャンル：コメディ、家族	公開情報	公開日：1997年3月7日（米国） 　　　　1998年2月7日（日本） 上映時間：105分 MPAA（上映制限）：PG オープニングウィークエンド：1,281万ドル

薦	●小学生 ●中学生 ○高校生 ○大学生 ○社会人	リスニング難易表		発売元：ウォルト・ディズニー・スタジオ・ジャパン（平成26年5月現在、税込み）DVD価格：1,543円

お薦めの理由

アマゾンで育ったミミ・シクがニューヨークで巻き起こす珍騒動は、思春期直前の子どもたちを画面に釘付けにすることでしょう。コミカルで愉しませてくれる台詞も織り込まれています。また、多少乱暴な言葉遣いや少しはしたない感を抱かされる場面もありますが、これはアマゾンで暮らす人やミミの生活などを忠実に描こうとした場面と考えれば受け入れられましょう。

スピード	3
明瞭さ	3
アメリカ訛	3
外国語	3
語彙	3
専門語	2
ジョーク	2
スラング	2
文法	3

英語の特徴

アマゾンの部族で13年間過ごしたというミミ・シクは、母のパトリシアに英語を教えてもらったのですが、時々、文法に則らないぎこちない英語を話します。また、アマゾンでのシーンでは、一部、部族の人たちの話す言葉が聞かれます。一刻を争う先物取引場の場面ではマイケルやケンプスターの英語は必然的に相当の速さで交わされます。総じて子どもに悪影響を及ぼすような言葉は多く使われていません。

授業での留意点

【『マイ・ウェイ』の一節】マイケルは、初めて会った息子に戸惑いながらも息子との絆の端緒を探ろうとします。パトリシアにはミミ・シクに父親らしいことを言ってあげるようにと言われていると告白しますが、"And I gotta admit, th-this isn't easy for me."（だが、そう急に、父親になれるものじゃない。）と言います。そして "I don't have any regrets. Well, I have regrets. But then again--Too few to mention Hah!"（後悔はしていないが、いや、している。でも、後悔は先に立たずだな。）と言って心のなかの葛藤を吐露します。この台詞はフランク・シナトラの『マイ・ウェイ』の歌詞がベースになっています。『マイ・ウェイ』の一節は "Regrets, I've had a few. But then again, too few to mention. I did what I had to do and saw it through without exemption."（後悔、少しはあるさ。今ここでもう一度、言うには小さすぎるようなことだ。俺は自分がしなけりゃいけないことをやって、それを例外なく見つめてきたんだ。）となっています。『マイ・ウェイ』の一節から引用することによって息子のミミ・シクと会うことのなかった13年間、精一杯生きてきた自分の生き方を、伝えたかったのではないでしょうか。これを期に『マイ・ウェイ』を聞いてみたり、また歌詞を吟味してみてはいかがでしょうか。

【It's a pleasure to meet you.（どうも。よろしくね）】マイケルがミミ・シクをニューヨークに連れて帰り、シャーロットに紹介します。"Mimi Siku, this is Charlotte. And, uh, Charlotte, this is Mimi Siku."（ミミ・シク、シャーロットだよ。ああ、まって、シャーロット。ミミ・シクだよ。）すると、シャーロットは "It's a pleasure to meet you, Mimi Siki."（どうも。よろしくね。）といって返します。これらは人を紹介するときの定番です。This is（人名）．と言って人を紹介します。紹介された人は It's a pleasure to meet you．で返しましょう。そして、そのあと会話が続けられるといいですね。

【So do you と So do I】久しぶりに会ったパトリシアはマイケルを見て "You look good."（元気そうね。）と言うとマイケルは "So do you."（君も。）と言います。これは、You look good, too．の別の言い方で覚えてほしい表現です。また、ケンプスター家に来たミミ・シクにカレンの弟のアンドリューは "What kind of a dumb name is Mimi Siku?"（ミミ・シクなんてダサいなーまえ。）と言います。すると母が "Don't be rude. He probably thinks Andrew is a dumb name."（そんな、失礼でしょ。彼はアンドリューという名前のほうがダサいと思ってるかもよ。）とたしなめます。そこでアンドリューは "So do I."（俺もダサいと思ってるよ。）と言い返します。これは I think so, too．の意味で使っています。次の例も参考にして下さい。A: I want to live in New York.（私、ニューヨークに住みたいな。）B: So do I.（ボクも。）＜この場合、特に口語表現では Me too．と言う場合もあります。＞

映画の背景と見所

『僕は、パリに恋をする（原題：Un Indien dans la Ville）』は1994年にフランスで好評を博したフランス映画作品で、その後ウォルトディズニーが英語吹き替え版をてがけ英語タイトルは Little Indian, Big City で公開されています。『ジャングル2ジャングル（1997）』は、この作品の再上映画化作品（Remake）です。監督はジョン・パスキンで、主演ティム・アレンとのコンビはアレンが映画デビューしたファミリー映画『サンタクローズ（1997）』以来のコンビとなっています。コメディ系を得意とするティム・アレンの他、とりわけマーティン・ショートやデイヴィッド・オグデン・スティアーズが脇役として活躍しながら笑いをとどけている作品ですが、興行成績としては今ひとつ客足を伸ばすことができない作品となっています。互いに全く異なった文明世界を訪れる父と息子が繰り広げるコメディ映画で、ミミ・シクはニューヨークを見て戸惑い、マイケルはアマゾンを訪れ部族カルチャーに唖然とするという点で、異文化クラッシュコメディとも言えましょう。撮影はベネズエラでも行われましたが、ベネズエラの部族社会の断面描写には部族社会に通暁する人類学者を雇い入れ、その部族社会の描写に正確さを期し彼ら固有の文化に敬意を表しています。しかし、この映画はアマゾンジャングルの描写を主眼としていると言うより、腰布をつけたミミ・シクの行動を通してニューヨークジャングルに風刺的な角度の視点を与えているといえます。

スタッフ

監　督：ジョン・パスキン
脚　本：ブルース・A・エヴァンス
　　　　レイノルド・ギデオン
原　案：ティエリー・レルミット
　　　　フィリップ・ブリュノー

キャスト

マイケル・クロムウェル　：ティム・アレン
ミミ・シク　　　　　　　：サム・ハンティントン
パトリシア・クロムウェル：ジョベス・ウィリアムス
リチャード・ケンプスター：マーティン・ショート
シャーロット　　　　　　：ロリータ・ダヴィドヴィッチ

ジュマンジ	JUMANJI （執筆）矢後　智子

セリフ紹介	ゲームでずる（cheating）をして猿になってしまったピーターに、アランは最初は厳しい態度で接します。 "What？ Are you crying? You don't cry, all right? You keep your chin up. Come on. Keep your chin up. Crying never helped anybody do anything, okay? You have a problem, you face it like a man." しかし男の子とはいえピーターもまだ子ども。涙をながすピーターにアランの口調が優しくなります。 "Hey, hey, I'm sorry. Twenty-six years buried in the jungle and I still became my father. It's okay. Come here. I'm sorry. Hey, it's all right. Remember what you told me? It's all right to be afraid." アランがピーターに言った"Keep your chin up."や"It's all right to be afraid."などは人を励ます時に使えそうですね。 また、最後に自分の時代に戻ったアランと父親が歩み寄るシーンでの会話です。心が温まる一場面です。 Father: "You don't have to go to Cliffside if you don't want to. Let's talk it over tomorrow, man-to-man." Alan: "How about father-to-son?" Father: "All right." ・・・(中略)・・・ Alan: "I mean, today in the factory…it wasn't Carl Bentley's fault. I put the shoe on the conveyor belt. Father: "I'm glad you told me, son. Thanks."
ふれあいポイント	【ゲームから飛び出す動物たち】ゲーム盤の中からは、bat, mosquito, lion, monkey, rhinoceros, elephant, zebra, pelican, crocodile, spiderなどの生き物が次から次へと現れます。昆虫や動物などの生き物は、小学生の子どもたちにとっては興味の持てるトピックですので、ここから発展させてさらに色々な生き物の名前を紹介してみましょう。また動物が出てくる絵本もたくさんあるので、それらを取り上げて読み聞かせをしてみるのもよいでしょう。家がアマゾンの様になってしまう場面ではワニが出てきます。ワニは英語ではalligator又はcrocodileですが、日本語ではどちらも「ワニ」なので、字幕ではどちらが出てきても「ワニ」と訳されます。その「ワニ」が出てくる場面でサラが次のように言います。"Alan, you wrestled an alligator for me."（アラン、私のためにアリゲーターと戦ってくれたのね。）その言葉に対してアランは"It was a crocodile. Alligators don't have that little fringe on their hind leg."（それはクロコダイルだよ。アリゲーターは後ろ足に小さい"ひだ"がついてないんだ。）と言います。日本語ではどちらも「ワニ」なので、字幕でアランのセリフは「ワニくらい。捕まえて皮ジャンにしてやる。」と全く異なったものになっています。alligatorはとcrocodileを見分けるには口の形を見るのがよいようです。alligatorの口は上から見ると丸く幅広で、アルファベットの「U」の様な形、一方crocodileの口は尖っていて、アルファベットの「V」の様な形です。歯の見え方も異なります。この映画には象も出てきますが、その象はアフリカゾウ、アジアゾウのどちらでしょうか。高学年の子どもにはalligatorとcrocodileの違いなど動物の特徴について調べさせてみるのも面白いでしょう。 【ゲームに関する英語表現】この映画にはゲームに関する簡単な表現がたくさん出てきます。You roll the dice to move your token.（サイコロをふって君のコマを動かして。）/ You go first.（君が先にどうぞ。）/ Whose turn is it? （誰の番？）/ It's my turn.（私の番だよ。）/ You get another turn.（もう一度君の番だよ。）/ If you roll a 12, you win.（12を出せば君の上がりだよ。）/ Here I go.（さあ、いくよ。）/ You tried to cheat.（君はずるをした。）/ That would be cheating.（それはずるだよ。）etc. 学校や家庭でゲームをする機会はたくさんあるでしょう。これらの表現はそのまま使えるものが多いので、ゲームを行う際に是非使ってみてください。 【励ましの表現】猿になってしまったピーターをアランが励ます場面で、アランが"Keep your chin up."と言います。この表現はあごを上げて下を向かないという動作からもわかるように、「頑張って」「元気をだして」と言う意味です。同じような表現に"Cheer up."があります。簡単な表現なので、落ち込んでいる友だちなどを励ます際に是非使ってみてください。もう1つ同じ場面でアランが使った表現"It's all right to be afraid."も、to be afraidのところを代えてみて、"It's all right to make mistakes." "It's all right to lose."などと使ってみるのもよいでしょう。
あらすじ	1969年、製靴工場を営む名家パリッシュ家の一人息子アランは気の弱い少年で厳格な父に反発を抱いていました。ある日、彼は工場近くの工事現場で、100年前に封印されたボードゲーム「JUMANJI」が入った古い木箱を見つけます。アランがガールフレンドのサラとゲームを始めると、ゲーム盤のメッセージが現実に起こるという不思議な現象が次から次へと起こりました。そして、アランは自分が出した目の結果としてゲーム盤の中のジャングルの世界に吸い込まれ、次に5か8の目が出るまで閉じ込められてしまいました。26年後の1995年、アラン一家が住んでいた屋敷に、幼い姉弟のジュディとピーターが引っ越してきました。ある時二人は屋根裏部屋でゲーム盤「JUMANJI」を発見します。二人がゲームを始めると吸血蚊、猿、ライオンが次から次へと現れました。そしてゲーム盤のジャングルに閉じ込められていたアランも大人になって戻ってきます。ゲーム盤から現れた猛獣たちによって静かな街はパニックに。事態を収拾する方法はただ一つ、ゲームを終わらせること。そのためには26年前にアランとゲームを始めたサラが必要なのでした。頑なに拒むサラを説得しゲームは再開されました。屋敷は人喰い植物に覆い尽くされ、アランを狙うハンターが現れ、動物たちの大暴走が起こり、街はさらなるパニックに。そんな中でも4人はゲームを続け、ついにアランがゲームに上がり、ゲーム盤から現れた全てのものは再びゲーム盤の中に消えたのでした。
映画情報	原　作：クリス・ヴァン・オールズバーグ 製作年：1995年　　　　　製作国：米国、カナダ 製作費：6,500万ドル　　言　語：英語 配給会社：トライスター・ピクチャーズ ジャンル：ファンタジー　　　カラー
公開情報	公開日：1995年12月15日（米国、カナダ） 　　　　1996年 3月20日（日本） 興行収入：2億6,000万ドル 上映時間：103分　　　MPAA（上映制限）：PG 字　幕：日本語字幕

薦	●小学生　●中学生　○高校生　○大学生　○社会人	リスニング難易表		発売元：ソニー・ピクチャーズ エンターテインメント（平成26年5月現在、税込み）DVD価格：1,523円 ブルーレイ価格：2,571円
お薦めの理由	コメディ調の役からまじめな役まで幅広くこなす名優ロビン・ウイリアムズの演技はもちろんのこと、『スパイダーマン』シリーズでヒロイン役を演じたキルスティン・ダンストの子役時代の演技も見ものです。ボードゲームは誰もが一度は遊んだことがあるものでしょうから、ゲームが進んでいく際のワクワク感は誰もが知っており、映画の世界にすぐに入り込めることは間違いないでしょう。	スピード	3	
^	^	明瞭さ	2	
^	^	アメリカ訛	3	
^	^	外国語	2	
^	^	語彙	3	
英語の特徴	米国英語でスピードも速くなく、どの登場人物の英語もとても聞き取りやすいです。簡単な単語や表現が多く使われており、スラングなどはあまり聞かれません。ゲームを進める時に使われる単語や表現を繰り返し何度も聞くことができます。日常表現然りゲームに使える表現然り、子どもたちだけでなく大人の英語学習者にとっても使える単語や表現が満載の映画です。	専門語	2	
^	^	ジョーク	2	
^	^	スラング	2	
^	^	文法	3	

授業での留意点

【ボードゲームから現れるメッセージ】ゲームから現れるメッセージの内容を、キーワードや教師のジェスチャーなどから（または最初から日本語訳を見て）考え、何が起こるか（何が現れるか）を予想してみるのも楽しいでしょう。例えば一番目のメッセージのキーワードは、夜に飛ぶもの/ 逃げた方がよい/ 羽根があって気味が悪いものです。さあ何でしょう。（答えはbat<こうもり>ですね）また、全てのメッセージにはrhymeがあります。ライムとは韻を踏んだ言葉のことです。rhymeは英語の音遊びの特徴の一つなので是非紹介したいです。小学生には少々難しいかもしれませんが、rhymeとは何かを簡単な例で説明した後に（例えば、「bat, cat, dog, ratの中で音が似ているものはどれしょう？」）、それぞれのメッセージを読んで聞かせて、子どもたちにrhymeに気がついたかどうか尋ねてみましょう。

1　At night they fly, you better run…these winged things are not much fun.
2　In the jungle you must wait… until the dice reads five or eight.
3　A tiny bite can make you itch, make you sneeze, make you twitch.
4　This will not be an easy mission…monkeys slow the expedition.
5　His fangs are sharp. He likes your taste. Your party better move poste haste.
6　They grow much faster than bamboo. Take care or they'll come after you.
7　A hunter from the darkest wild…makes you feel just like a child.
8　Don't be fooled. It isn't thunder. Staying put would be a blunder.
9　Every month at the quarter moon…they'll be monsoon in your lagoon.
10　Beware the ground on which you stand…the floor is quicker than the sand.
11　There is a lesson you will learn: sometimes you must go back a turn.
12　Need a hand while you just wait…we'll help you out, we each have eight.
13　You're almost there with much at stake…but now the ground begins to quake.
14　JUMANJI

またrhymeで有名なものにマザーグーズ<Mother Goose>があります。マザーグーズは英米を中心に親しまれている伝承童謡のことで、歌や詩、なぞなぞなどいろいろな形のものがあり、「Mary had a little lamb <メリーさんのひつじ>」のように日本でも親しまれているものもたくさんあります。子どもたちが楽しめる手遊び歌などもたくさんあるので、これを機会に、rhymeのいっぱいつまったマザーグーズを紹介してみるのもよいでしょう。

映画の背景と見所

　1982年に発表されたクリス・バン・オールズバーグの絵本「JUMANJI」及びそれに登場するボードゲーム名からの映画化です。原作の絵本「JUMANJI」は、ジャングルをテーマにしたボードゲームについての物語で、プレーヤーの姉弟がゲームをしていると、プレーヤーのもとに本物の動物たちが魔法のように現れるお話です。この絵本は米国で最も権威のある児童書の賞であるコールデコット賞（Caldecott Medal）を受賞しており、日本語版（邦題「ジュマンジ」辺見まさなお 翻訳）も出版されています。絵本に描かれている挿絵は白黒なので、小さい子ども向けの絵本と言うより、少し大きな子どもたちの方がこの絵本を楽しく読むことができるでしょう。児童書ですが大人も十分に楽しめる絵本となっています。この原作の続編の絵本も後に「Zathura: A Space Adventure」（邦題「ザスーラ」（2005））として映画化されています。この作品もボードゲームをする子どもたちが主人公の物語です。

　主人公のアランがゲームに上がり、ゲーム盤から現れた全てのものが再びゲーム盤に消えてゲームは終わりますが、お話はそこで終わらずに、映画の結末は面白い展開になっています。「スターウォーズ」や「E.T.」「ハリーポッター」の特殊撮影を手掛けたインダストリアル・ライト＆マジックのCG技術により、ゲーム盤から飛び出してくるライオン・猿・サイ・象などの猛獣たちは大変迫力があり、子どものみならず大人も楽しめる映像になっています。

| スタッフ | 監　督：ジョー・ジョンストン
製　作：スコット・クルーフ、ウィリアム・タイトラー
脚　本：ジョナサン・ヘンズレー、他
音　楽：ジェームス・ホーナー
撮　影：トーマス・E・アッカーマン | キャスト | アラン　：アダム・ハン＝バード（12歳のアラン）
　　　　　ロビン・ウィリアムズ
サラ　　：ボニー・ハント
ジュディ：キルスティン・ダンスト
ピーター：ブラッドリー・ピアース |

シュレック	Shrek	(執筆) 柴田 真季

セリフ紹介

本作品は非常にウィットに富み、有名な童話をモチーフにした会話が使用されているのも特徴であります。

Farquaad : Mirror, mirror, on the wall, is this not the most perfect kingdom of them all?
Mirror   : Well, technically, you're not a king.
Farquaad : You were saying?
Mirror   : What I mean is, you're not a king YET. Hah. But, but, you can become one. All you have to do is marry a princess.
Mirror   : Bachelorette number one is a mentally abused shut-in from a kingdom far away. She likes sushi and hot-tubbing any time. Her hobbies include cooking and cleaning for her two evil sisters. Please welcome…Cinderella!

ファークアード卿：鏡よ鏡　私の王国は世界一パーフェクトだろ？
魔法の鏡　　　　：まず、あんたは王じゃない
ファークアード卿：何だと？
魔法の鏡　　　　：今はまだ王じゃないが、プリンセスと結婚すれば王になれる
魔法の鏡　　　　：候補者１！イジメに耐えた悲劇の過去、好物は寿司と温泉。趣味は意地悪な義姉たちの世話。拍手をどうぞ、シンデレラ！

ふれあいポイント

　小学校の学習指導要領のポイントとして挙げられている外国語（英語）の音声や基本的な表現に慣れ親しむのに映画鑑賞は非常に役立ちます。画像を通して自然に目にすることにより、言語だけでなく異文化についても体験的に理解出来るのも利点であります。

　冒頭の Once upon a time… は昔話の典型的な導入方法になっていますので、親御さんが他の絵本の読み聞かせ等をされる時にも耳にする表現であり、お子さんはその表現を聞くことで物語の始まりであると気付くようになります。

【日米の文化の相違】日本とは違って本作品で主人公シュレックが食事をする場面では、お箸ではなくフォークとナイフで食事をし、キャンドルを灯していることが分かります。お子さんと食事の際にそうした違いについてお話をしたりすると、実際に欧米風の食事を楽しむのも異文化理解につながるでしょう。

　また人と出会った時にハグをする習慣や、時には手にキスをする習慣がある事を知るきっかけにもなります。日本と米国では人と人とのスキンシップ度が異なります。しかし、仲直りをする場面では日本と同様に握手をするのです。

【童話とのふれあい】この作品には数多くの童話やおとぎ話のキャラクターが登場してきます。最初の方の場面では魔法の鏡がファークアード卿のお姫様候補として、シンデレラ、白雪姫、フィオナ姫の3人が挙げられます。その他にも、『赤ずきん』、『3匹の子豚』、『ピノキオ』、『ピーターパン』、『眠れる森の美女』等、子供の頃に読むと良い絵本や児童書のキャラクターが画像と共に出てきますので、映画を鑑賞した後に絵本やDVD等でそうした有名な昔話をお子さんにお話しされるのも良いでしょう。

　映画の中でもよく耳にする語彙に怪物を意味するオーガ orga がありますが、欧米ではよく知られた伝承や神話に登場するシュレックのような人の形をした男性の怪物の種族の事を指しますので、女性のオーガスと共に少しお子さんにお話しされると分かりやすいかもしれません。

【色分けによるキャラクター設定】主人公のシュレックとフィオナ姫は緑色をしています。その他にも人から恐れられる『超人ハルク』の主人公ハルク、『オズの魔法使い』の主人公の悪い魔女も緑色の肌をしています。この様に超人的な力を持ちながらも人々から恐れられ、しかし時には外見とは異なる内面を備えるキャラクターは緑色をしていることが多い事が分かります。これは中世ヨーロッパ時代から受け継がれてきた、緑＝悪魔の恐ろしさ、醜さを感じさせる色、というイメージからきており、日本人とは異なる感覚でもあります。

　また本作品に興味を持った際には、続編に『シュレック2』『シュレック3』『シュレック　フォーエバー』、そしてスピンオフに『長靴をはいたネコ』もありますので、続いての英語学習にもなります。

あらすじ

　遠い昔、見た目だけで人々に恐れられている怪物のシュレックが人里離れた沼地で一人気楽に住んでいました。その外見とは裏腹に心優しいシュレックはある日、森の中でおしゃべりなロバのドンキーと出会います。ドンキーは人間の言葉を話すという事で捕まりそうになったところを、シュレックに助けられたと思いシュレックについて行きます。沼地に戻ると、ファークアード卿によって追放された妖精やおとぎ話の主人公達が押し寄せてきました。自分の沼地を取り戻すためにファークアード卿に直談判しに行きますが、美しい姫と結婚して王になりたかったファークアード卿は、そこで交換条件として、ドラゴンのいるお城に幽閉されているフィオナ姫を助け出すように言われます。こうしてシュレックとドンキーはフィオナ姫を救い出して、おとぎ話のキャラクター達を元の場所に返し、平穏な生活を取り戻すために冒険の旅に出ます。しかし、助け出したフィオナ姫には大変な秘密があり、実は陽が沈むとシュレックと同様に怪物になってしまうのでした。そんな姫とシュレックは旅をしていくうちにお互いに惹かれ合っていきますが、シュレックの勘違いで2人は仲違いし、フィオナ姫とファークアード卿の結婚式に臨むことになります。しかしドンキーのおかげで誤解だと気付いたシュレックは結婚式に乗り込み、見事にフィオナ姫を奪還し、シュレックが真実のキスをすると姫は本来の怪物の姿に戻り、2人は怪物同士めでたく結ばれるのでした。

映画情報

製作国：米国
製作費：6,000万ドル
製作年：2001年
製作会社：ドリームワークス・アニメーション
製　作：ジェフリー・カッツェンバーグ 他

原　作：ウィリアム・スタイグ

公開情報

公開日：2001年 4月22日（米国）
　　　　2001年12月15日（日本）
上映時間：90分
興行収入：4億8,500万ドル
受　賞：アカデミー長編アニメ賞（2001年）

薦	●小学生　○中学生　○高校生　○大学生　○社会人	リスニング難易表	発売元：パラマウント ジャパン （平成26年5月現在、税込み） DVD価格：1,944円

お薦めの理由	アニメーションとは思えない世界観、キャラクター達の滑らかな動き、リアルで豊かな表情に仕上げられた映画となっており、ストーリーも明快なので小学生にも理解し易いものとなっています。沢山の動物も登場し、上映時間も90分と比較的短いのでお子さんでも集中して鑑賞出来ます。見かけは恐ろしいが本当は心優しい怪物が主人公で、数々のおとぎ話も登場して異文化理解にも繋がる映画となっています。	スピード	2
		明瞭さ	3
		アメリカ訛	2
		外国語	3
		語彙	2
英語の特徴	主人公のシュレックの英語はあえてスコットランド訛りで話されていますが、それほど強くなく、言葉も少ないキャラクターなだけに聞き取りやすいゆっくりとした英語になっています。最もセリフの多いドンキーは表現・アクセント共にアメリカ英語となっているのでリスニングには有益でしょう。他にも、イギリス英語やラテン系の訛りで話すキャラクターも登場しているので様々な英語に触れられる作品です。	専門語	1
		ジョーク	4
		スラング	1
		文法	2

授業での留意点

　一般的な「美女と野獣」がテーマとなった物語とは一風変わった、主人公が醜い怪物であるという設定と共に、そんな主人公が人懐っこいおしゃべりドンキーと一緒にプリンセスを救い出す冒険物語ですが、そのプリンセスまでもが実は怪物に変身するという意表を突いた展開に子供達もワクワクしながら見るでしょう。悲惨な戦争の場面や性的描写もないため授業では非常に取り上げやすい映画となっています。

【人称・格の学習】この映画の中では短い文のやりとりで人称・格を変えてある会話が何度も登場します。例えばシュレックとキャラクター達との沼地に関してのやりとりでは、This is my swamp. This is our swamp. といった表現が出てきますので、単数・複数の違いも認識できます。他にも、I'm ugly. You're not ugly. や I'm not your type. You are my type. といった短いやりとりでは1人称と2人称の違いと共に、肯定文・否定文の表し方も知る事が出来ます。児童に自分にあてはまる事とあてはまらない事を I'm... I'm not... で分けて学習するのに役立ちます。それ以外にも Are you a princess? She is a princess. という表現も出てくるので、疑問文を学習するのにも良いでしょう。発展学習としては1人称、2人称あるいは3人称に加えて、単数・複数の代名詞、さらには主格・所有格・目的格の部分を変えたりして色々な表現を学ぶきっかけにもなります。

【フラッシュカードでの学習】本作品には I can fly. You can fly. といった可能を表す助動詞を含む文を学習する事が出来ます。上述の人称に加えて、canという助動詞をフラッシュカードで提示することによって、児童が自分が出来る事とお友達が出来る事、あるいは教師が出来る事に分けて文を作成して発表するのも面白いでしょう。

　また、Mirror, mirror, show me the princess. I'll give you your swamp. という表現が出てくるので、下線部をフラッシュカードで取り上げた後に、児童同士がお互いに様々な物を見せてもらったり、渡したりするジェスチャーと共に発話して学習するのも有益でしょう。

【日英での表現方法】数々の有名な童話のキャラクターが登場しますので、画像の中のキャラクターと共に英語での呼び方と日本語での呼び方やアクセントとの比較をしながら学習するのも楽しいでしょう。グリム童話を紹介しつつ、『白雪姫』Snow White、『シンデレラ』Cinderella、『ピノキオ』Pinocchio、『赤ずきんちゃん』Little Red Riding Hood、『3匹の子豚』The Three Little Pigs 等を日本語・英語と対にして発音して違いを強調してみるのも良いでしょう。3匹の子豚や7人の小人に関しては数字の数え方も一緒に教えるのも効果的です。また本作品中には、ロバを始め狼、ネズミ、豚、クマ等、数多くの動物も出てきますので鑑賞後にピクチャーカードを提示して英語での言い方を学習するのも可能です。

映画の背景と見所

　この作品は、1990年にアメリカ人作家ウィリアム・スタイグによって書かれた絵本『みにくいシュレック』を原作としており、2001年に設けられたアカデミー長編アニメ賞の初の受賞作品としても注目された作品となっています。

　主人公のシュレック Shrek はドイツ語あるいはイディッシュ語で「恐怖」を意味する schreck, shrek に由来する語ですが、その語源の通り、本作品は他のいわゆるアニメ映画とは異なり、主人公が人々からは恐れられる醜い怪物に設定されています。しかしそのイメージとは異なり、主人公はいざという時にはヒーローのように振る舞う頼もしさを兼ね備えており、映画のテーマとなっている「見かけで判断してはいけない」という事が様々な形で伝わってくるハートウォーミングな映画となっています。お金や権力では愛を手に入れる事が出来ない、外見より心が肝心というおとぎ話でおなじみのテーマに加え、ちょっと辛口なユーモアや皮肉の効いたパロディー満載でファンタジーの要素もあるため、子供だけでなく大人も映画評論家も各自の視点で楽しめる作品となっています。

　最も古い歴史を持つCG製作会社がフル3DCG長編第2弾として製作した作品であり、作品中には戦う場面もありますが、決して深刻なものではなく軽快な音楽と共に重くなく楽しめるアドベンチャー・コメディ・ファンタジーアニメーション映画となっていますので、すぐに映画の世界に入り込めること間違いありません。

スタッフ	監督：アンドリュー・アダムソン、 　　　ヴィッキー・ジェンソン 製作総指揮：スティーブン・スピルバーグ 他 音　楽：ハリー・グレッグソン＝ウィリアムズ 他 美　術：ジェームズ・ヘジェダス	キャスト	シュレック　　：マイク・マイヤーズ フィオナ姫　　：キャメロン・ディアス ドンキー　　　：エディ・マーフィ ファークアード卿：ジョン・リスゴー 魔法の鏡　　　：クリス・ミラー

ショーツ 魔法の石大作戦　Shorts

(執筆) 服部　有紀

セリフ紹介

　元気な声で町の紹介を始め、ナレーションを務めるのは主人公のトビーです。"I wanna give you an idea of how I start every morning."（まずは毎朝の日課からだ）と言って、矯正している歯のクリーニング方法を紹介してくれます。実際にやって見せ、ジェスチャー付きで "No, no. Not done yet."（まだ終わってない）と言い、最後まで仕上げ、"That's it. Time to eat breakfast."（かんぺき　朝食だ）と導入の部分から見ている人を惹きつけます。トビーの家族はパパとママそれからお姉ちゃんもいます。トビーはママに "Toby, you need friends. Friends are very important."（友達は必要だし　大切なものよ）"Look at your dad and I. We're the best of friends."（パパとママをご覧なさい。私達も親友だわ）と言われますが、この時トビーは学校生活を心から楽しめてはいませんでした。学校にはいじめっ子がいて、いやがらせをされていたのです。トビーにどのようにしてお友達ができるのか見ていきましょう。
　この映画の一つの大きな特徴として興味深いことは、エピソードが順番通りに再生されないことがあります。画面上に再生マークや一時停止マークが出て、トビーが "Go forward a bit"（ちょっと早送り）、"completely out of order"（やっぱ順番が変だ）などと言って早送りや巻き戻しをすることでも楽しませてくれます。Shortsというタイトルは、短編の集まりという意味合いで付けられました。再生したい場面が決まると、"Let's start here."（ここから始めよう）とトビーが言い、皆さんに見せたいエピソードの再生が始まります。あちこちに視聴者の皆さんを楽しませる要素が散りばめられた作品です。他の映画にはなかなかない構成とアイディアですので、この部分も存分にお楽しみください。

ふれあいポイント

　【楽しいおまけ】この映画には児童の皆さんが視覚的にも感覚的にも楽しめるような様々な工夫が見られます。まず、最初の部分に「瞬きせずににらめっこ」をするというおまけが付いています。お互い見合ったままで食べ物をこぼすので、"What's the matter with you two? Clean up this mess."（何してるの　かたづけて）と注意をする表現が聞かれます。兄弟の面倒を見て欲しいときには、"Boys? Come look after your sister."（お兄ちゃんたち妹の面倒を見てて）と言って頼んでいます。日常生活の中でも役に立つ表現だと思います。
　【日常に活かせる表現】願い事を叶えてくれる虹色の石に「友達ができますように」と頼んだトビーがUFOのような形をした友達と一緒に家に帰ると、キッチンで物音がします。"I'll go check on it."（見てくる）と家族に言い、様子を窺います。すると、その友達が勝手に料理を作っていました。あまりに豪華なお料理ができていたので "Did you guys come from a gourmet planet?"（君たちグルメ星から来たの？）とトビーが驚きます。別の場面で、お姉ちゃんが別れたばかりの彼と電話をしているときに、虹色の石を偶然にぎり、"I wish you'd grow up."（もっと成長してよ）と言うと相手の手がとても大きくなったり、体が大きくなったりと思いがけないことが起こります。
　お姉ちゃんがトビーを学校まで送ってあげようと、"Dad says I have to give you a ride."（パパが送ってあげてって言うのよ）と言うと、トビーは "It's okay. I just feel like walking."（いいよ　歩きたい）という表現を使います。feel likeは「〜したい気分」と言う意味で、動詞と組み合わせても幅広く使える表現です。feel likeの後に動詞が続く場合はトビーが言ったように〜ingを付けて I feel like singing. のように使えます。
　【映画の中核となる重要表現】トビーの様子を見ていたエイリアン達が、"He has friends all around."（それに友達はもうできてるよ）"He just doesn't know it yet."（本人がまだ気づいてないだけ）と言います。そして、トビーも大切なことに気づき、"I guess friends can't be wished into existence."（友達は願うものじゃない）、自分の力で作っていくものだと確信します。第1話「ルーギー兄弟と魔法の石」では、ルーギーが "Let's go on an outdoor adventure."（外で冒険しよう）と部屋の中でゲームをしている兄弟に提案します。外に出て虹を発見し、"You know what's at the end of a rainbow, don't you?"（虹の終わりにある物は？）と話しながら虹が出ている所まで行くと、虹色の石を発見します。"It's a wishing rock."（魔法の石だ）ということがわかり、この後様々な人がそれぞれ願い事をすることになります。願い事によっては、人が動物や虫、さらにはウィンナーになってしまうことだってあります。この万能な石を誰もが欲しがるために奪い合いや争いが起こり、大混乱をもたらす原因となります。皆さんはもし本当にこの石が存在したら、どんなことを願うでしょうか？本当に石は必要でしょうか？考えてみましょう。

あらすじ

　主人公トビーが暮らす街にはいろんな人が住んでいます。体を消毒してから家に入る変わった家族やいじわるなクラスメイトなどもいますが、"Imaginary friends"（見えない友達）と遊ぶことが多いトビーにお友達ができるのでしょうか？普段は外で遊ぶことが多いトビーは、ある日虹色の石を手にします。その石に願い事をすると、どんなことでも叶いました。そこで、トビーはお友達が欲しいと頼みました。すると、ユニークな形のお友達が現れます。魔法の石を使うことで、ワニなどの動物が現れたり、人が虫になったり、2人の人間の体がくっついてしまったり、様々な混乱が起きます。また、毎日のようにいじめてくるいじめっ子達に仕返しをするために石を使う場面もありますが、逆に石を奪われ、次第に大人も子供もその石を欲しがるようになり、大混乱となります。人間の欲は果てしなく、小さな願いが叶うだけでは満足しなくなり、秩序も乱れ始めます。日常生活の中で本当の友達を手に入れ、大切なことに気付いたトビーは、石の力を借りることをやめます。人間は力を合わせることが大切であるということを学び、いじめっ子のボスとも握手を交わし和解します。その時にお揃いの歯の矯正がキラリと光ります。子供だけでなく大人達も魔法の石でとんでもない願いを叶えようと目が眩みますが、やがて目が覚めます。最後は、大人も子供も「仲良く団結することの大切さ」を知り、小さな問題も含めて全てが解決に向かいます。

映画情報

予　　算：4,000万ドル（推定）
製　作　年：2009年
製　作　国：米国、アラブ首長国連邦
言　　語：英語
ジャンル：アドベンチャー、ファミリー

公開情報

公　開　日：2009年 8月21日（米国）
　　　　　　劇場未公開（日本）
上映時間：89分
MPAA（上映制限）：PG
興行収入：2,091万6,309ドル（米国）

薦	●小学生　○中学生　○高校生　○大学生　○社会人	リスニング難易表	発売元：ワーナー・ホーム・ビデオ （平成26年5月現在、税込み） DVD価格：1,543円　ブルーレイ価格：2,571円

お薦めの理由	アクション、アドベンチャー、コメディなど様々な要素が詰まった映画で、ワクワク感が止まりません。効果音や特殊効果なども入り、全体的に楽しめる内容になっています。少し単語を入れ替えれば、すぐに実践に活かせそうな表現も盛り沢山です。主人公も子供達ですので、とても馴染みやすいと思います。作品のユニークな表情の中に文化的違いを感じることもでき、学ぶことは言語だけに尽きません。	スピード	3
		明瞭さ	3
		アメリカ訛	1
		外国語	1
		語彙	3
英語の特徴	子供達の発話も含めて聞き取りやすく、主に米国英語です。ただし、夫婦間のやりとり、会社でのビジネス会話の部分は早口だと感じる方もいらっしゃるかもしれません。授業で使用する場合は、ビジネス用語を多く含んでいる部分は避け、お子様に馴染みのある箇所を選ぶと良いでしょう。この作品は、短編集・shortsというタイトルになっていることからも、場面ごとに楽しむことができます。	専門語	3
		ジョーク	4
		スラング	2
		文法	2

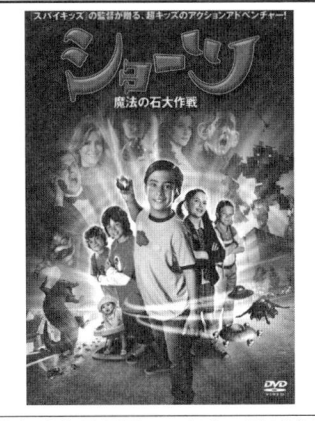

授業での留意点

【注意点】観ていて少しハッとする場面として、トビーがいじめっ子にゴミ箱に入れられる場面、いじめっ子が金魚を口に入れたり、腕を怪我し、足でご飯を食べるシーンがあります。全体的にはコメディタッチで描かれていますし、トビー自身も「やられ方がユニークなんだ」と面白おかしく言っていること、最終的には皆仲良くなることから特に問題はないと思いますが、事前に観ておかれても良いでしょう。また、第4話は実験室でモンスターが生まれますが、児童の皆さんの中には、その映像に少し抵抗があると感じる方もみえるかもしれませんので、状況によっては飛ばしても良いと思います。

【米国らしいジョーク】授業風景が映る場面で、"Loogie, you didn't do your homework, did you?"（宿題してないわね？）と先生がルーギーに尋ねると、"Yeah, I did, but a crocodile ate it."（したけどワニが食べた）と答えます。この答えはよくジョークとして使われるためクラスメイトが笑いますが、"Really, I'm serious."（本当だよ）とルーギーが続けます。場面が飛ぶので後でわかりますが、ルーギーはジョークを言ったのではなく、魔法の虹色の石で出されたワニに本当に宿題を食べられてしまっていたのでした。

【トビーとルーギーの友情の芽生え】トビーがいじめられていることが気になったルーギーは、"Why do you let yourself get bullied like that?"（どうしていじめに抵抗しないの？）と話しかけます。"I don't really think I have a choice."（どうにもできっこない）と語るトビーに、"Doesn't matter who their dad is."（相手の父親が誰であろうとひるむな）"What matters is who you are, who you wanna be."（自分をしっかり持たなきゃ）と励まします。ここは二人の友情が芽生える場面でもあります。この言葉でトビーも、"It shouldn't be this hard to make friends."（友達は今にできるさ）"I'm smart. I'm funny."（ボクは利口で面白いもん）"So, what's wrong with me?"（なのにどこが悪いんだろう？）という表現に見られるように前向きになります。

【英語で願い事】虹色の石を手にすると、"Make a wish."（願い事をしろ）という声が聞こえてきます。"I wish I had friends…"（友達がほしい）と願うと、その願いは叶えられます。この映画を通して、お願い事をするときの表現を多く学ぶことができます。混乱が起きてしまい、収拾がつかない時には、"I wish you were all back to normal!"（全部元に戻れ！）と振り出しに戻すこともできます。"I wish I could fly!"（僕の望みは飛ぶこと！）と言うと鳥になって羽ばたくこともできます。ただし、石は上手く使わなくてはいけません。映画の中で石を握ったままうっかり "I just wish we were closer."（一緒にいたいの）"Really close."（いつも近くに）と言ってしまうと、その後大変なことに…。授業の中で英語で願い事を書き、発表大会をしてみてはどうでしょうか？

映画の背景と見所

この映画は、現代の社会的背景をも反映しています。トビーのパパとママは仲良しですが、仕事で忙しく、家でも携帯電話を手放しません。それどころか、家族で大切なことを話している時でさえ携帯電話をいじっていますし、とても近い距離にいても直接話さず、メッセージを送り合うこともあります。また、トビーは初めパパとママが勤める会社の社長の息子達によっていじめられますが、児童の皆さんにこれらのことはどのように映るのでしょうか？これらの点について感想を聞いても良いと思います。最終的には、パパとママの心は一つになり、いじめっ子とも仲直りすることができ、仲間と力を合わせることがいかに大切かを描いた作品となっています。英語母語話者ならではの顔の表情やジェスチャー、少しジョークを交えて笑いを誘う場面など、異文化に触れることができるのもこの映画の魅力の一つでしょう。最初の方の場面で、いじめっ子のボスのヘルベチカにトビーは「なぜいじめるのかわかった」と言います。"Because you love me."（僕のことが好きだから）さらに "That's right, isn't it?"（当たりだろ？）と尋ねます。小さい頃は本当は大好きなのに嫌っているような態度を取ってしまうこともあるのかもしれませんね。徐々に2人で行動する場面も増え、ラストの場面ではトビーのママが "Is this your special friend?"（お友達かしら？）と聞き、ヘルベチカが自己紹介をします。今やトビーの周りにはお友達がたくさんいて、両親も大喜びです。

スタッフ	監　督：ロバート・ロドリゲス 脚　本：ロバート・ロドリゲス 製　作：ロバート・ロドリゲス　他1名 音　楽：カール・シール　他2名 衣装デザイン：ニナ・プロクター	キャスト	トビー・トンプソン　：ジミー・ベネット ノーズ・ノズワーシー：ジェイク・ショート ルーギー　　　　　　：トレヴァー・ガニョン ヘルベチカ・ブラック：ジョリー・ヴァニエ Mr.ブラック　　　　：ジェームズ・スペイダー

白雪姫

Snow White and the Seven Dwarfs

（執筆）服部　有紀

セリフ紹介

　白雪姫と言えば、魔法の鏡が出てくることで有名です。女王は鏡に向かって "Magic Mirror on the wall, who is the fairest one of all?"（魔法の鏡よ、この世で一番美しい女性は誰？）と尋ねます。魔法の鏡は女王の美しさを誉めた上で、"Skin white as snow."（肌が雪のように白い）「白雪姫」と答えます。その後、このことがきっかけで白雪姫は女王に命を狙われることになり森に逃げ、そこで小鳥達を含む森の仲間に出会います。小鳥達に "What do you do when things go wrong?"（物事が上手くいかない時はどうする？）と問いかけてみると、小鳥達が歌ってみせ、白雪姫はその答えに感激し、"Oh! You sing a song!"（まぁ、歌を歌うのね）と言います。この場面で一気に心が晴れ、幸せへと向かっていくようです。かけがえのない仲間達と出会い、楽しい雰囲気で歌ったりお話したりする様子は、観ている側も元気をもらいますし、「仲間がいかに大切で心の支えになってくれるか」ということも教えてくれます。この場面は景色や動物達の配色も鮮やかで、明るく楽しい気分にさせてくれます。仲良くなった小人達とダンスをしたり歌ったりした後の場面で、小人達が、白雪姫に何かお話をしてほしいと頼み、白雪姫が王子様のことを話し始めます。"Well, once there was a princess."（いいわ。お姫様がいました。）"And she fell in love."（お姫様は恋を）"Anyone could see that the Prince was charming."（すてきな王子様に夢中になったの）"The only one for me."（私の大切な人）"There's nobody like him anywhere at all."（あんな素晴らしい人はどこにもいないの）このように話す白雪姫はとても幸せそうで、小人達もうっとりした様子で聞き入ります。そして、「いつか王子様が迎えに来る」と歌います。

ふれあいポイント

　【白雪姫の視点から見た小人達との出会い】大切な楽しい仲間達と言えば、このお話で欠かせないのが7人の小人達です。白雪姫と小人達の初対面の場面は必見です。どのようにして出会うのでしょうか？白雪姫が森の仲間達と歩いていると、小さなお家を見つけました。窓の外から中の様子を覗き、"Ooh, it's dark inside."（中は薄暗いわ）と言い、ドアをノックします。"Guess there's no one home."（お留守みたい）そして、ドアを開け、"May I come in?"（入っていい？）と尋ねます。中に入ってみると、可愛らしい食器や小さなベッドがあります。"What a cute little chair!"（なんて可愛らしい椅子なのかしら）と言ってその椅子に腰かけます。白雪姫は、小人達が宝石を取る仕事から帰ってくる前に、掃除やお料理などの家事を行います。リス達に "Now, you wash the dishes."（お皿洗いをお願い）、"You tidy up the room."（あなたたちは部屋の片づけ）"You clean the fireplace."（暖炉をきれいにして）"And I will use the broom."（私はホウキで掃くわ）と指示も出します。家に帰ってきた小人達は家の中の様子がいつもと違うことに驚きます。そして、二階で眠っている白雪姫を見つけます。小人達のベッドで眠っているのが美しい女性だということがわかり、「天使のように美しい」、と小人達はうっとりします。目を覚ました白雪姫は、礼儀正しく、小人達に挨拶をします。"How do you do?"（よろしく）"Oh, you can talk! I'm so glad!"（まぁ、話せるのね！嬉しいわ）小人達には楽しく、とてもユニークな名前があります。それぞれ、Doc（先生）Happy（ごきげん）Sneezy（くしゃみ）Dopey（おとぼけ）Grumpy（おこりんぼ）Bashful（てれすけ）Sleepy（ねぼすけ）です。前もって名前を見ていた白雪姫は、7人の名前を当てようとします。そして、"Now, don't tell me who you are. Let me guess."（誰が誰かは言わないで。私に当てさせて）と言います。Let me try.「やらせて」Let me go.「行かせて」など言い換えて日常会話でも使うことができる表現です。"Why, why, why, yes. Yes! That's true."（どうしてわかったの？正解です）白雪姫の推測が当たったので、先生までもが驚いています。

　【白雪姫と対面する前の小人達】白雪姫を一目見て安心した小人達でしたが、なんとその直前まで大騒ぎしていたのです。仕事から家に帰ってくると、誰もいないはずの家に明かりが灯っていました。いったい家の中に誰がいるのでしょうか？かなり困惑した様子で "Maybe a ghost."（幽霊だ）"A demon."（悪魔）"Or a dragon."（ドラゴンかも）などと言いながら、先生が勇気を出して "Follow me."（続け）と言い、こっそりと部屋の中の様子を窺っているときに、くしゃみに吹き飛ばされてぶつかる様子も愛らしいです。最終的には、おとぼけに二階の様子を見に行かせます。その時に、先生は手を震わせながら "Don't be nervous."（ビクビクするな）"Don't be afraid. We're right behind you."（大丈夫　わしらがついてる）と言って励ましています。おとぼけはいつも滑稽でとても楽しませてくれます。

あらすじ

　主人公白雪姫は、見た目も心もとても美しいお姫様です。白雪姫の継母である女王は、魔法の鏡を持っていました。その鏡に、「この世で一番美しいのは誰？」と問います。鏡は白雪姫と答えますが、自分が一番でなければ気が済まない性格です。そこで猟師に白雪姫を殺し、箱の中に心臓を入れてくるように指示を出します。しかし、その猟師は、いざとなると美しく愛らしい白雪姫にそんなことはとてもできず、「お逃げなさい」と言います。森の中に逃げた白雪姫が動物達と歌を歌っているうちに、とても可愛らしいお家を見つけました。興味津々な様子で中に入ると、小さな食器や小さなベッドがあり、ベッドには名前が書いてあるようです。なんと、そこの住人は7人の小人達だったのです。小人達が宝石を取る仕事から帰ってくるといつもと様子が違うことに気づき、そしてベッドで眠っている白雪姫を見つけます。白雪姫が女王に命を狙われていることを知ると、小人達も白雪姫を守ろうとします。ある日、小人達が仕事に出かけ、白雪姫が一人で留守番をしていると、魔女に化けた女王が毒りんごを持ってやって来ます。人のいい白雪姫は、魔女が言うままに、その毒りんごを食べて息を引き取ってしまいました。小人達も、白雪姫に心を寄せていた王子様もとても悲しみ、涙を流します。ところが、王子様が白雪姫にキスをすると、白雪姫が目を覚まします。皆大喜びし、その後白雪姫は白馬に乗った王子様のお城でいつまでも幸せに暮らすことになります。

映画情報

原　　作：グリム兄弟
製 作 国：米国
言　　語：英語
ジャンル：ファミリー、ファンタジー
ディズニーカラーアニメーション

公開情報

公 開 日：1937年12月21日（米国）
　　　　　1950年　9月26日（日本）
上映時間：83分　　MPAA（上映制限）：PG
オープニングウィークエンド：601万7,914ドル
興行収入：1億8,492万5,485ドル

薦	●小学生　●中学生　○高校生　○大学生　○社会人	リスニング難易表		発売元：ウォルト・ディズニー・スタジオ・ジャパン （平成26年5月現在、税込み） ブルーレイ＋DVD価格：5,076円

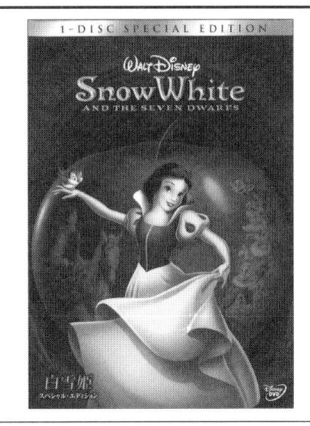

お薦めの理由	長く愛されている本作品『白雪姫』は、世界初のカラー長編アニメ映画です。毎日が楽しくて愉快、そんな素敵な世界へ連れて行ってくれます。小人達は個性的で動きにも特徴があり、何度観ても楽しむことができます。日常表現に加え、英語の歌にも親しむことが可能です。女王は魔女に変身し、白雪姫の命を狙いますが、最終的には崖から落ち、皆幸せに暮らすお話になっていますので、内容的にも安心です。	スピード	2
		明瞭さ	2
		アメリカ訛	2
		外国語	1
英語の特徴	映画の冒頭部分で女王が"Through wind and darkness, I summon thee."（吹きすさぶ風に乗って―暗黒のかなたから出ておいで）"Let me see thy face."（顔をお見せ）と鏡の男を呼び出します。ここではthee「汝に、汝を」、thy「汝の、そなたの」などの古めかしい表現が使われています。その他は聞き取りやすく教材として使用することに適しています。Doc（先生）は焦ると様々な可愛らしい言い間違いをします。	語彙	2
		専門語	2
		ジョーク	3
		スラング	1
		文法	2

授業での留意点	【白雪姫をより楽しむために】この作品は日本語、英語共に絵本でも楽しんでいただけます。とても有名なお話ですので日本語でお話を聞いたことがある方も言語を替えて新鮮な気持ちでお楽しみいただけることでしょう。興味深いことに、映画によっては、日本語で観た場合と英語で観た場合とで受ける印象が変わることさえあります。お気に入りのシーンを英語で表現し、クラスで演じれば個性たっぷりの白雪姫の魅力が新たに誕生することでしょう。また、白雪姫と7人の小人達の絵を描き、フルーツバスケットのようなゲームをしても盛り上がることができそうです。 【魔女が登場する場面】ここでは、白雪姫が毒りんごを食べる有名なシーンから表現を紹介していきたいと思います。ある日のこと、仕事に出かける前に小人達が「留守の間、気をつけるように」と白雪姫に注意を促した矢先、女王は白雪姫がいる家に変装してやって来て、"I'll share a secret with you."（いいことを教えてやろう）"It's a magic wishing apple."（願いが叶う魔法のリンゴなのさ）"One bite and all your dreams will come true."（ひと口食べればどんな望みも叶う）"Now, make a wish and take a bite."（さぁ、願い事をしてかじってごらん）と歩み寄ってきます。少し警戒する表情の白雪姫にさらに"There must be something your little heart desires."（その小さな胸に願い事があるはずだ）"Perhaps there's someone you love."（好きな人はいないかね）と巧みに質問し、白雪姫は"Well, there is someone."（ええいるわ）と答えます。その後、白雪姫は王子様と一緒になれることを願い、りんごをかじり、倒れてしまいます。その後、憧れであった王子様のキスで魔法が解け、目を覚まします。 【日常生活に役立つ表現】白雪姫と小人達の楽しいやり取りの中にも日常で使える表現が多く見られます。白雪姫達が掃除してくれたことに気づき、"Look! The floor, it's been swept!"（見て！床が掃除されている）"Chair's been dusted!"（椅子のほこりがない）"Our window's been washed."（窓もピッカピカ）"…the whole place is clean!"（どこもかしこも綺麗）美味しいお料理も作られているので、"Smells good!"（いい匂いだ）と小人達が口々に言います。また、小人達のお家でお世話になる代わりに、お料理を含めた家事を白雪姫が全て引き受けます。お食事の前には"Let me see your hands."（手を見せてちょうだい）と小人達の手が綺麗かをチェックしています。 「セリフの紹介」でも触れた場面ですが、小人達と楽しく歌い踊った後に白雪姫は"That was fun!"（楽しいわ）と言い、続けて気になっている王子様について話し始めます。小人達は興味深い様子で聞き入り、"Was he strong and handsome?"（王子様は強くてハンサム？）"Was he big and tall?"（背が高い？）"Did he say he loved ya?"（愛していると言われた？）とたくさん質問をします。きっと本当に白雪姫に幸せになって欲しいと願っているからなのでしょう。

映画の背景と見所	『グリム童話』が元になっているお話ですが、原作とは違い、このディズニーによる作品では児童の皆様により安心してお楽しみいただける内容となっています。小人達は帽子の色も性格も7人7色で動きが可愛らしく、表情も豊かで何度観ても愉快で楽しい気分にさせてくれます。この映画で流れる挿入歌もとても有名な曲が多いので、音楽を通して英語の音やリズムに親しむこともできます。お好きな曲を選んで、授業の中やご家庭で一緒に歌うこともとてもお薦めです。映画の内容を理解した上で映像と共に歌うことができれば、もうそれは「白雪姫や小人達との夢の競演」とも呼べるでしょう。白雪姫の人柄から学ぶことは多く、小人達のことを思いやり、家事を行い、仲間達のことを気に掛ける様子は、「お姫様の鏡」でもあります。そのため、皆に好かれ、いつも小人達、森の動物達に囲まれているのです。少々扱いが難しい Grumpy（おこりんぼ）とも何とか仲良くなれないかと、心配している場面も登場しますが、最終的にはあのおこりんぼでさえも心を開き、打ち解けます。白雪姫はりんごを食べるときに"And that he will carry me away to his castle where we will live happily ever after."（そして私たちが永遠に幸せに暮らすお城まで王子様が連れて行ってくれますように）とお願い事をしていますが、この願い事もきちんと叶っています。「心が綺麗で良い行いをすれば、素晴らしい事が返ってくる」そんなことを伝えてくれる名作です。

スタッフ	監　督：デヴィッド・ハンド 脚　色：テッド・シアーズ　他1名 製　作：ウォルト・ディズニー 音　楽：フランク・チャーチル　他2名 撮　影：ボブ・ブロートン	キャスト	白雪姫　　：エイドリアナ・カセロッティ 王子　　　：ハリー・ストックウェル 女王/魔女：ルシル・ラ・ヴァーン 先生　　　：ロイ・アトウェル くしゃみ　：ビリー・ギルバート

	シンデレラ	Cinderella	（執筆）石川　淳子

セリフ紹介	Even miracles take a little time.「キセキだって時間がかかるものなんだよ。」舞踏会に行くためのドレスも馬車もなく、希望を信じていたシンデレラもさすがにうちひしがれ泣いているときに、呼ばれるように出てきたシンデレラの「守りの妖精」の言葉です。シンデレラは、母が早くに逝き見守ってくれた父が逝き、継母と連れ子ふたりの姉にこき使われる毎日すら、のびのびと楽しみ、多くの生き物と交流を持ち偏見のない目で希望を捨てない女性です。継母ら3人以外からはどんな動物にも好かれ（継母の猫ルシファーもある程度なじみ）、いつかくるであろうすばらしい日々に希望を抱きます。時間までに仕事を済ませれば、舞踏会に連れて行ってくれる、継母の言葉を純粋に信じ、早世した母親のドレスを作り直し舞踏会に行けることを喜びます。それが継母の策略で希望のない約束だったことを知ります。二度とはい上がれないくらいの谷に突き落とされたような絶望を、シンデレラは初めて感じ、泣き崩れます。そんなときの暖かな妖精の言葉「キセキには時間がかかり」そのためには準備が必要なのだと、「キセキ」は必要な準備の下なされる必然であることが視聴者の心に輝くのです。さらに"No matter how your heart is grieving, if you keep on believing, the dreams that you wish will come true."との妖精の言葉、その言葉に続き、カボチャが美しい馬車に変わり、彼女の大切な友人ねずみたちが馬に変わり、犬と馬が行者になり・・・。奇跡が起こります。奇跡は待っているだけではいけない。それを信じ希望を持ち前向きな行動をするそれ故に起こるもの、であることをこの物語は強く語りかけます。「奇跡などこの世にはない。」と思いこんでしまう人もこの英語を見てこの妖精の言葉を聞いてそんなこともあり得るのではないだろうかと信じることができる、そんな魔法があるかもしれません。
ふれあいポイント	【よく使われる表現】命令文などの使い方。日常的な会話において、高等教育における文法が意味を薄れさせます。（文法は会話ではなく文章をひもとくものなので初期英語教育ではなくより高度な教育に至ったときに必要とされるものだと認識する中で。）なので、それを逸脱した文章が多く、ゆえに親しみを持って接することができる英語を習得することが、この映画では可能です。"Good heavens child!"「なんてこと！」（childは相手、この場合は目下のシンデレラに相当します。）"surprise surprise～"は「お楽しみ～」となるなど、本来文法上説明困難になりそうな表現も分解することなくそのまま習得することで、幅広く流用可能となります。これらを文法の感じから目ではなく音として認識すれば、何度も発生するうちに「英語」ではなく「言葉」として体感し、体得できるようになります。そのための訓練に時間をかけるのが大切な導入となります。 　　【意外と知られていないストーリー展開】シンデレラは、継母や連れ子ふたりの姉にいじめられる、なんとなく弱々しいキャラクターとして認知されているが、登場から、はっきりと言葉を発する快活な女性であることに、意外性を持って迫ってきます。3人に呼びつけられると"Now what?!"「今度は何？」とか"All right. All right."「わかった、わかった。」とか予想していたシンデレラと違った、はきはきとしたしっかり者のセリフを言います。いじめられっぱなしではなく、最初から触れているように希望を持って前向きに行動することが事態を打破する鍵であることを信じ、強く生き生きと生きる明るい女性がそこにいるのです。そういった意外性を探っていくと、王子がもともとそれほど女性に関心のない男性であること、王さまは、家族が欲しくて王子に結婚してほしかったわけなので、相手の女性の身分は一切問わず、王子が気に入る娘を捜していたこと、舞踏会に何とか間に合って、王子と出会い一晩中ダンスをすることに夢中で、シンデレラは相手が王子であることを知らなかったことなど、この映画には、知られざるストーリー性があり、この物語の整合性を支えています。知られていないストーリーを丹念に引っ張り出すのもこの映画の楽しみとなり、自然と英語表現習得に結びつく鍵となりそうです。 　　【日本文化との共通項】今の日本ではもうそんな習慣はないかと思われがちな子供のための再婚ストーリーがシンデレラの話の骨子です。母親を早くなくした娘を気の毒に思う父親が、娘のために再婚をする。離婚率の高い米国においてそのような発想は非常に低くなっている様子ではあるのにもかかわらず、この物語が日米を問わず人気なのは、共通する社会良識がいまだ根底にあるからなのかもしれません。日米がどんなに近代化しようともシンデレラの物語は人の心の奥底にある「家族」神話への憧憬を表しています。この物語は現代人の無意識化の夢の現実化の物語としてあるのかもしれません。家族問題として捕らえることもできる物語です。
あらすじ	シンデレラという美しく優しい女の子が立派なお屋敷に住んでいました。父親の二度目の結婚相手として新しい母親が来ます。父が亡くなると継母は本性を表し、自分の二人の娘だけ可愛がるようになります。そして継母が財産を浪費したため、屋敷は荒れ果てていきます。朝から晩まで洗濯や掃除、雑巾がけ、皿洗い、朝食の支度などみんなシンデレラに押しつけていました。ある日のこと、お城のプリンス・チャーミング王子が、花嫁選びの舞踏会を開くことになり、シンデレラの家にも招待状が届きます。義理の姉達は大はしゃぎし、継母はシンデレラに、もし全ての仕事が済んだら行ってもいいと言います。シンデレラは亡くなった実母のドレスを手直しして着ていこうとしましたが、三人が仕事をわざと多く押しつけるので時間がなくなってしまいます。そこで、小鳥や鼠達が義理の姉達がいらないといって捨てたサッシュやリボンを使い、綺麗なドレスを作るのですが義理の姉達によって破られてしまいます。シンデレラは悲しみにくれ、父との思い出の噴水の辺りまで行って泣いていたところ、老婆の妖精、フェアリー・ゴッドマザーが現れます。瞬く間にカボチャが馬車に、ブルーノとメジャーが立派な二人の御者に、鼠達が白馬に変わっていきます。「12時になったら魔法は解ける」という忠告を聞いた彼女は、美しいドレスとガラスの靴で着飾り、カボチャの馬車に乗って王子のいる城に向かいます。そこで出会った王子と紆余曲折のすえ、結婚します。

映画情報	原　　　作：シャルル・ペロー 製　作　年：1950年　　　製　作　国：米国 配　　　給：RKO Radio Pictures 言　　　語：英語 ジャンル：ファンタジー　　　　　カラー	公開情報	公開日：1950年2月15日（米国） 　　　　1952年3月 7日（日本） 上映時間：72分 字　　幕：日本語字幕 MPAA（上映制限）：G

薦	●小学生　○中学生　○高校生　○大学生　○社会人	リスニング難易表		発売元：ウォルト・ディズニー・スタジオ・ジャパン（平成26年5月現在、税込み）ブルーレイ+DVD価格：4,104円

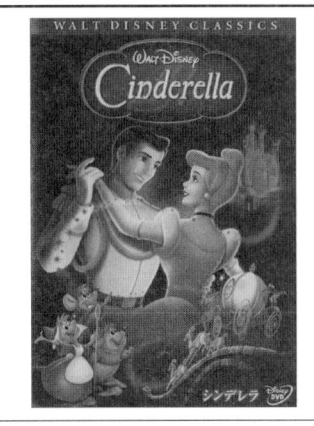

お薦めの理由	シンデレラの話から出世譚を「シンデレラ・ストーリー」、「シンデレラ・ガール」「～ボーイ」と呼ぶようにマスターピースといえる作品です。日本語や日本文化にもこれだけ浸透しているストーリーをディズニーの美しいアニメーションで贈るこの映画、知らずして過ごすのは、あまりにも難しい作品です。これをきっかけにいろいろなバージョンを比べ時代背景を探るきっかけとしたいです。	スピード	3
		明瞭さ	2
		アメリカ訛	1
		外国語	2
		語彙	2
英語の特徴	全体に短い口調が目立つのがディズニー映画の特徴です。映画最後の場面の言葉 "and they lived happily ever after." で表されるように王子とシンデレラがその後どのようにどんな形で幸せになっているのか多くは語られません。希望を持って生きるものとそうでないものの間には純然たる差があり、幸せとは人それぞれであることなどを、短い英語表現で、この物語は強く視聴者に投げかけています。	専門語	1
		ジョーク	1
		スラング	1
		文法	2

授業での留意点	【日常に使える英語表現】"The glass slipper is the only crew" と言う言葉。シンデレラを捜す公爵が言うセリフです。"crew" というのはヒントと言うことで "I don't know." というときには "no crew." という言い方でだいようされる日常語です。"happened to be here."「たまたまここにあるよ。」とか "We've got to get dressed."「今から着替えなくちゃ」とか普段から使えそうな言葉でありながら、日本語をそのまま訳すだけでは出てこないような英語表現が数多く使われます。そういった訳すことでは得られない日常的な会話をピックアップして授業において開示できれば、異文化表現の不思議さ面白さに触れることができます。 【英語らしい音声表現】"step mother"「継母」"true nature"「本性」"charm beauty"「元からの美しさ」"in a minute!"「ちょっと待って」など、面白い表現が多くあります。継母について、ステップ＝段階を踏んで母親になるということで日本語のそれの生成と近いこと、本性がネイチャーとなることは非常に有名ではあることですが、理性に対する本性がネイチャー（自然のままである）という表現は英語らしいのではないでしょうか。日本語ではあまりに自然に近く暮らしてきた文化背景があるせいで、人間本来の本能がイコール自然（ネイチャー）であるとは表現しないのです。チャームという言葉も、ビューティーだけでもいいのに、それがシンデレラのもつ特性でもあるチャームという表現が面白いし、「待って」といえば "wait" であろうに、"in a minute." と動詞表現がない。これは、"sit down." は使用せず "have a seat." と表現する語法と類似しており単なる命令形よりも柔らかい表現で英語にも謙譲語的な表現が数々あること（例えば、"Would you mind if..." もそうである。）を物語り、日本的な謙譲文化がそこにあることを示しています。共通項が見つければ、取っつきにくい外国語も身近に感じられるはずです。 【ストーリーの巧み】シンデレラは、勧善懲悪の典型的なストーリーです。様々な映画やドラマを見知った現代人からすると「お決まり」なストーリーとなってしまい、興味も失せがちなのですが、そこは何千年も語り継がれる物語だけあって、要所要所に的確な現代化を図り、現代でも人気の映画となって君臨します。シンデレラは、家族問題の物語を横軸に、信念を持ち続ける心の問題を縦軸に語られます。家族問題は、「学習のポイント」でも先述したように現代の人々にも共有する問題なのですが、王室もずばり同じ問題で悩んでいると持ってきたところに人々の理想に共感します（実際は別として）。心の問題、はいつの世にもあって信じていても報われないといつしか現代の私たちは諦めがちなのですが、シンデレラのひたむきな心の美しさがそれを払拭させます。余談ですが、一晩中踊っていたのが王子であったことを知らなかったと言明するシンデレラの図は不必要に心の美徳を訴えるようで、少し行きすぎなきらいもあるかもしれません。

映画の背景と見所	シンデレラ の名は他に「灰かぶり姫」や「サンドリヨン」とも呼ばれます。物語はグリム兄弟による「アシェンプテル」やシャルル・ペローによるものが知られていますが、より古い形態を残していると考えられている作品としてジャンバッティスタ・バジーレの『ペンタメローネ』に採録された「チェネレントラ」 が挙げられます。中国にも楊貴妃がモデルと言われる掃灰娘や民話に基づいていると思われる唐代の小説「葉限」などの類話など、それらは古くから広い地域に伝わる民間伝承です。現在知られている中でもっとも古い記録の一つにギリシャの歴史家ストラボンが紀元前1世紀に記録したロードピスの話があります。エジプトのお屋敷に、美しい女奴隷ロードピスが住んでいました。主人は優しい人だったが多くの召使いに十分目が届かず、肌が白く外国人のロードピスはまわりの女召使いからよくいじめられていました。 あるときロードピスが上手に踊るのを見た主人はロードピスに美しいバラの飾りのついたサンダルをプレゼントします。その後、エジプトの王様が大きなお祭りを催します。ロードピスには言いつけどおりオルモク川で服を洗っています。サンダルはハヤブサに持って行かれファラオの前に落とされます。王様は国中からそのサンダルに合う足の娘を探し見つかったら結婚すると宣言します。王はサンダルの合ったロードピスと結婚しました。など、『シンデレラ』物語は多くの説話が土台となって形成され、ゆえに世界中の人々を魅了しています。

スタッフ	製　作：ウォルト・ディズニー、ロイ・O・ディズニー 脚　本：ビル・ピート、テッド・シアーズ、 　　　　ホーマー・ブライトン、ケン・アンダーソン他 音　楽：オリバーウォレス、ポール・j・スミス 作画監督：レス・クラーク、ノーム・ファーガソン	キャスト	シンデレラ　　　　　　　：アイリーン・ウッズ プリンス・チャーミング　：ウィリアム・ピップス トレメイン夫人　　　　　：エレノア・オードリー ドリゼラ・トレメイン　　：ローダ・ウィリアムズ アナスタシア・トレメイン：ルシール・ブリス

シンバッド 7つの海の伝説	Sinbad: Legend of The Seven Seas （執筆）伊與田洋之

セリフ紹介

光を放ちながら世の中を照らす「魔法の書」がなくなり、シラキュースの都は暗い雰囲気に包まれます。「魔法の書」がなければ平和を保つことが難しくなるのです。シンドバッドはその書を盗んだと疑われます。

Proteus: Look me in the eye and tell me.（おれの目を見て答えろ。）
　　　　Did you steal the Book?（本を盗んだのか。）
Sinbad : No.（いや、盗んでいない。）
Dymas : We're heard enough of your lies.（ウソはもううんざりだ。）
　　　　Sinbad, for the last time, give us the Book.（シンドバッド、これで最後だぞ、本を返せ。）
Sinbad : How many times do I have to say it?（何度言ったら分かるんだ）
　　　　I don't have it.（おれは盗んでいない。）
Ambassador: Very well, then. The Delegation of the Twelve Cities finds you guilty of treason, and we sentence you to die.（それでは、12の都市の代表団は被告を反逆罪で死刑とする。）
　　　　Take him away.（彼を連れていけ。）

このようにして、シンドバッドに死刑の判決が下されます。そこへ王子プロテウスが、シンドバッドの身代わりになることを申し出ます。それでシンドバッドは「魔法の書」を取り戻すために旅に出ることになります。「魔法の書」を手に入れなければ、プロテウスは処刑されてしまいます。

ふれあいポイント

【見て体験する】映画の中で、シンドバッドはマリーナ、エリス、プロテウス、海賊の手下などいろいろな人物とコミュニケーションをとっています。様々な場面で、どういう身振りをして、どのように顔の表情を変えながら、言葉のやり取りをしているかに注目しましょう。英語の世界では表情豊かに自分の考えや気持ちを伝えています。これはアニメ映画なので、本物の人間のようではない部分もありますが、コミュニケーションするうえで重要な役割を果たしています。よく観察して下さい。最初の場面でシンドバッドは手下に "After today, we retire to Fiji.（明日からフィジーで休暇だ）" と言いながら、手を左右に大きく開いたあと、手を合わせてパンとたたき、手をこすっています。言葉とともにこの動作でうれしい気持ちを伝えています。海の中で混沌の女神エリスが "Steal the Book for me, and you can buy the beach, and the island and the world.（本を盗んできてくれたら、砂浜も島も世界さえも買うことができるのよ）" とシンドバッドをそそのかします。するとシンドバッドは右手を拳にして、あごに当てます。これは「今考え中」というサインです。この他にもたくさんあります。探してみましょう。「船乗りシンドバッド」は元々アラビアの話ですが、この映画では言葉が英語になっているだけではありません。言葉と一緒に身振りやしぐさも英語圏風になっているのです。

【聞いて慣れる】英語の音声には、強弱アクセントやイントネーションがあります。何度も聞いて慣れてください。シンドバッドは見事な太刀さばきを見せたあと、手下に "Pretty cool, huh?（すごくかっこいいだろ？）" と言います。「プリティクール、ハァ」「プリ」と「クー」を強く発音します。「ハァ」は短く鼻にかけるように発音します。「だろ」という気持ちを出しています。次はエリスのせりふです。"He's so cute（彼とってもかわいい）"「ヒズ、ソゥ、キュート」の「ソゥ」と「キュー」の部分を強く発音してください。手下が船の上でシンドバッドに尋ねます。"So, any idea how we actually get to Tartarus?（それでタルタロス島への行き方を知っているのか）" 最初の部分の "Any idea?（知っているのか？）"「エニ、アイディア」質問しているので「ディア」を上げ調子で発音してください。相手の意見を尋ねたい時によく使う表現です。"I know.（知ってるよ）"「アイノウ」の「ノウ」を強く発音します。これもよく使う言葉です。"Thank you.（ありがとう）" と言われたら "You are welcome.（どういたしまして）" と返します。"Come on.（来て）" が何度も出てきますが、「カモン」の「カ」を強く発音すると、(来い) という意味ですが、「カモーン」と少し伸ばしながら、「モーン」を強く発音すると、(おい、それじゃだめだ) と相手を非難する意味になります。発音の仕方で意味が変わることもあります。カタカナで発音を書きましたが、カタカナでは英語の発音を正確に表現できません。あくまで参考です。自分の耳で確かめてください。

あらすじ

シンドバッドは、襲った船で偶然「魔法の書」を見つけます。「魔法の書」は世界の平和を司るひじょうに価値のある本です。シンドバッドは本を奪おうとしますが、混沌の女神エリスの手下の怪物に邪魔されます。エリスもこの本を奪い、世界を混沌に陥れようと企んでいたのです。結局、王子プロテウスを助け、一緒に都に行きます。「魔法の書」は平和の光を放ち始めます。ところが、シンドバッドはエリスの術策にはまり、「魔法の書」を盗んだという罪をきせられてしまいます。プロテウスはシンドバッドの無実を信じ、彼の身代わりを買ってでます。十日間でエリスから「魔法の書」を取り返さなければプロテウスは処刑されてしまいます。

プロテウスの婚約者マリーナも仲間に加え、シンドバッド率いる海賊はエリスが待つタルタロス島へ向かいます。妖精の海峡では怪しい妖精の歌声で、船乗りたちは魂を奪われ、船を操ることができなくなります。マリーナの機転でこのピンチを切り抜けます。一難去ってまた一難。氷河の谷では、突然現れた白い怪鳥がマリーナを連れ去ってしまいます。シンドバッドは襲いかかる怪鳥の追撃をかわし、マリーナを助け出します。航海を続けると、突然海がなくなり、船は帆を広げて空を飛び、ついにタルタロス島に到着します。そこは砂漠の潮流の中で、様々なものが出ては消え、最後にエリスが現れます。シンドバッドはエリスから「魔法の書」を取り返そうとします。

映画情報

製　作　費：6,000ドル
製　作　年：2003年
製　作　国：米国
言　　　語：英語
ジャンル：アニメ・アドベンチャー

公開情報

公　開　日：2003年7月 2日（米国）
　　　　　　2004年3月12日（日本）
上映時間：85分
興行収入：8,076万7,884ドル
MPAA（上映制限）：PG

薦	●小学生　●中学生　○高校生　○大学生　○社会人	リスニング難易表	発売元：パラマウント ジャパン（平成26年5月現在、税込み）DVD価格：1,944円

お薦めの理由	子どもが楽しめるアニメ・アクション映画です。夢が広がる大海原でシンドバッドの大冒険に目を奪われてしまいます。見たことも聞いたこともない国に連れていってくれます。シンドバッドは自分が処刑されてしまうことがわかっているにもかかわらず、戻ってきます。この映画は約束や友情の大切さも教えています。残酷なシーンや汚い言葉も使われていないので、安心して子どもに見せることができます。	スピード	3
		明瞭さ	4
		アメリカ訛	2
		外 国 語	2
英語の特徴	この映画では、標準的な米国英語が話されています。スピードは速く感じるかもしれませんが、はっきりと正確に発音されています。アニメ映画なので、声優がせりふを吹き込んでいます。そのため、実録の映画と違って、アクション場面でも効果音と重なることが少ないので、その分聞き取りやすくなっています。表現やイントネーションは一般的なものですが、話し言葉で使われる表現はたくさん出てきます。	語 彙	3
		専 門 語	2
		ジョーク	4
		スラング	3
		文 法	3

授業での留意点

【子どもにやさしい外国語学習】認知の発達段階を研究したピアジェという学者は、動機付けの観点から、子どもたちの興味を引き付け、楽しい体験をさせる必要性を説いています。さらに、子どもたちの発達段階を見極め、抽象的な説明ではなく、言葉のしくみや働きを実際に体験させることが大切だと述べています。初期の段階においては、聞いて理解する活動が中心になります。学校の授業では、時として実際の場面と遊離し、機械的に暗記する場になってしまうことがあります。タイミングよく映画を利用することで、効果的な指導につなげることができます。映画の中の言葉のやり取りは、自然で意味のあるものです。何よりも本物を見せることで、大きな効果が期待できます。ただし、映画を精選し、子どもにとって楽しい内容かどうか、テーマやレベルが子どもたちにふさわしいかどうか、吟味が必要です。無理、無駄のない英語活動にするために、利用の仕方、どこに的を絞るのか、検討が必要です。

「ふれあいポイント」では身振りや顔の表情に注目しました。子どもたちにシンドバッドがどういう身振りや顔の表情をしているか探させてください。動作も情報を伝えていますが、一つ一つのしぐさにはルールがあって名前もついています。たとえば、「肩をすくめる」は'shrug one's shoulder'と言い、「私は知らない」とか「私には関係ない」という意味合いです。'nod（うなずく）'や'shake your head（首を横に振る）'など日本語の世界と同じようなものもあります。文化によって身振りが違うことへの「気づき」も指導のポイントの一つです。

【英語の音声】学校での英語教育は英文を読む reading が主体で、先生が文法の説明をして練習問題を解く、英文を日本語に訳す、という活動が中心です。一方、listening は先生の説明はほとんどないまま、ひたすらリスニングの練習問題を聞く、というスタイルが一般的です。そのためリスニングに苦手意識を持っていたり、ネイティブスピーカーのように話せるようになりたいがうまくできない、と感じている人が多いように思います。これは英語の音声に対する知識不足が原因の一つだと考えられます。少しずつ、話し言葉についての知識を増やす工夫が必要です。また、意識を変えることも重要だと思われます。英語をネイティブスピーカーのように流暢で、きれいに話す必要はありません。相手の話す英語が理解できて、自分の伝えたいことが英語で相手に伝わればそれでいいのです。英語の音韻構造は日本語よりも複雑で、覚えることはたくさんあります。小学校の段階では、基本的なことに気づかせ、親しませることが大切です。例えば、日本語では母音は5つですが、英語には母音が11～20個、あるいは28個あるとも言われています。「ア」の音は一つですが、'a'の音は何種類もあります。子音では r（アール）音と l（エル）音を区別しています。また、[p] [t] [k] [b] [d] [g] のような唇で破裂させる音、[f] [v] [θ] [ð] などのような摩擦させる音もあります。英語の音声の領域は日本語よりもずっと広いのです。

映画の背景と見所

米国のドリームワークス社がアニメ長編映画として製作し、話題になりました。ジョン・ローガンが脚本を担当しています。「アラビアンナイト」の中で最も人気の高い海賊シンドバッドの物語がモチーフになっています。ドリームワークス社は「シュレック」シリーズや「シャーク・テイル」も製作しています。

シンドバッドが船で7つの海を又に掛け、未知の国に旅して活躍します。次に何が起こるかハラハラさせられ、否応なしに冒険心が駆り立てられます。また、日常生活では味わうことができない夢やロマンがあります。海賊のシンドバッドはプロテウスを助けます。そのおかげで、プロテウスは「魔法の書」を都に届けることができます。シンドバッドは海賊なのか英雄なのか、疑念を抱かせることで、物語をより深みのあるものにしています。

怪魚に船を引っ張らせて、水上スキーのように船が大海原を滑っていく場面は豪快です。氷河の谷では、シンドバッドは、機転をきかせ、白い怪鳥の追撃を巧みにかわし、見事マリーナを助け出します。特に、盾をスノーボードにして、雪山を猛烈なスピードで一気に滑り下りるシーンは胸をスカッとさせてくれます。やがて海の果てにやって来ます。海は切れてなくなり、船は宙に浮き、帆を広げて空を飛び始めます。行く手にはタルタロス島への入り口であるわずかな隙間が見えます。ここを乗り越えて、エリスの元にたどり着けるのか、感動がピークに達します。

スタッフ	監　督：ティム・ジョンソン 脚　本：ジョン・ローガン 製　作：ミレーヌ・ソリア、 　　　　ジェフリ・カッツェンバーグ 音　楽：ハリー・グレッグソン＝ウィリアムズ	キャスト	シンドバッド：ブラッド・ピット マリーナ　　：キャサリン・ゼタ・ジョーンズ エリス　　　：ミシェル・ファイファー プロテウス　：ジョセフ・ファインズ ケイル　　　：デニス・ヘイスバート

スクール・オブ・ロック　School of Rock

（執筆）松浦由美子

セリフ紹介

バンドバトルのオーディション会場で、みんなを置いて他のミュージシャンたちとトランプをしていたドラムのフレディに向かってデューイが言ったセリフ（Chapter 10）を紹介します。デューイがいかにロックを愛しているのかがわかる言葉です。

Dewey : Rock ain't about getting loaded and acting like a jerk.
（ロックは酔っ払ったり、バカみたいな真似をすることじゃない。）
Now, this is a serious business here, man.（これは真剣勝負なんだよ。）
We've got a mission.（俺たちには使命がある。）
Putting on a great show is the most important thing you can do.
（最高のステージをすることが一番大切なんだ。）
One great rock show can change the world.（1ステージが世界を変える。）
Do you understand me?（わかるか？）

ひとつのバンドとして子どもたちをまとめていくことが結果的にデューイを強い責任感のある教師に変えていっていることがわかる場面でもあります。またデューイのその姿勢は、成績のためにバンドに参加していた子どもたちの意識をも変えていきます。映画の終盤で、やる気を失ってしまったデューイに向かって、今度はフレディが同じ言葉を投げかけるのです。

ふれあいポイント

【英語でよく使う表現】デューイと子どもたちの会話には短くて日常でよく使う表現がたくさん出てきます。"Yes!"（そうだ）や "No!"（いいや）、"Wrong!"（違う）、"That's right!"（その通り）、"Okay." "All right."（いいよ）、"Stop."（やめろ）、"Come here."（こっちへ来い）、"Sit down"（座って）、"Excuse me."（失礼）、"Thank you."（ありがとう）、"What's your name?"（名前は？）といった表現は、大げさで情熱的なデューイの話し方をまねして親子で一緒に練習すれば、楽しみながらすぐに覚えられるでしょう。"Yes" という言葉ひとつをとってみても、話者の気持ちに応じてさまざまな言い方があることがわかります。

【英語の褒め言葉】ロックを通じて子どもたちの才能をどんどん引き出していくデューイはたくさんの褒め言葉を使います。最初に子どもたちにロックの楽器を演奏させたとき（Chapter 5）には、"That's perfect. You're perfect."（完ぺきだ、お前は完ぺきだ。）、"That's really good!"（うまいぞ！）、"That's it!"（そうだ！）、"You're special."（お前たちは特別だ）と言って褒めます。また、自信がないキーボードのローレンスに向かって、"You are cool."（お前はイケてるぞ。）、"You are the cat's pajamas, man. You are the bee's knees."（お前は超人気者でひっぱりだこだ。）と言ったり（Chapter 6）、恥ずかしがりやのトミカを "You've got talent, girl."（お前は才能を持ってるんだぞ。）と鼓舞したり（Chapter 10）、映画の終盤（Chapter 15）では保護者たちを前に子どもたちを "awesome"（優秀だ）、"genius"（天才）、"cool"（すごい）といった言葉を使って称えます。普段から何かできたときには、こういった表現を使ってデューイのように褒めてあげましょう。

【電話での会話】短い表現が言えるようになったら、会話にも挑戦してみましょう。マリンズ校長からの電話をデューイが取ったとき（Chapter 2）の会話を真似すれば楽しく学べるはずです。

Mullins: Is this Mr. Schneebly?（シュニーブリーさんですか？）
Dewey: No, he's not here.（いや、今いない。）
Mullins: Oh, could you take a message for me?（お伝え願えます？）
Dewey: Um, yeah.（ああ。）

下線部に知っている人の名前を入れて会話してみましょう。マリンズ校長役が伝言を言っている途中でデューイのように、"Hold on a second. Oh, you know what? I think he's just coming in right…. Ned, phone!"（待って、ちょうど今帰ってきました。ネッド、電話だ。）といって、声色を変えて、"Hello, this is Ned Schneebly."（はい、シュニーブリーです。）とその人のマネをするのも忘れずに！楽しく電話の表現が覚えられます。

あらすじ

情熱だけが取り柄のロック・ミュージシャン、デューイは、ルームメイトのネッドとそのガールフレンド、パティから家賃の催促をされ、また自身のバンドもクビになり、お金を稼ぐ必要に迫られます。困ったデューイは優秀な教師であるネッドのところにかかってきた電話を利用して彼のふりをし、名門ホレス・グリーン小学校の5年生のクラスに代用教員として雇われます。エリート小学校の真面目で従順な子どもたちにデューイが興味あるはずもなく、初めは、"Just go out and have recess."（遊んでこい。休憩だ。）と言って、ただ給料を手に入れるためだけにやる気なく過ごしていました。ところが音楽の授業を盗み見て、子どもたちが音楽的才能にあふれていることを発見、子どもたちとロックバンドを結成することを思いつきます。バンドバトルの賞金が目当てであるデューイは、子どもたちに "I think it's time we started our new class project."（研究課題を与えよう。）と嘘をついてバンドを始めますが、デューイによるロックの熱血指導は、子どもたちの才能を開花させ、次第にクラスは一丸となってバンドの練習やオーディションといった出来事を乗り越えていきます。困難に直面したときにみせる子どもたちのアイデアには脱帽です。保護者会でデューイが実は偽者の教師だとわかったとき、子どもたちはいったいどうするのでしょうか。デューイ顔負けの「ロックな」その行動に驚かされるはずです。

映画情報

製作費：3,500万ドル
製作年：2003年
製作国：米国
言　語：英語
ジャンル：コメディー　　カラー映画

公開情報

公開日：2003年10月3日（米国）
　　　　2004年4月29日（日本）
上映時間：108分
MPAA（上映制限）：PG13
興行収入：1億3,128万2,949ドル

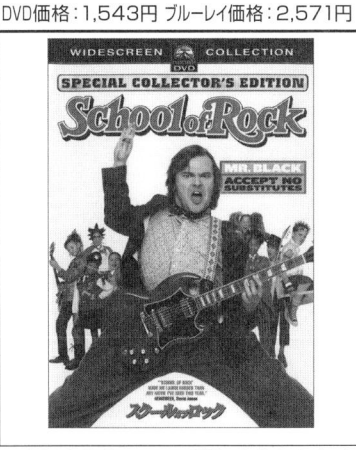

薦	●小学生　●中学生　●高校生　○大学生　○社会人	リスニング難易表		発売元：パラマウント ジャパン（平成26年5月現在、税込み）DVD価格：1,543円　ブルーレイ価格：2,571円
お薦めの理由	名門小学校に通う子どもたちとロックという異色の組み合わせがこの映画の魅力となっています。全編を通じて流れる数々のロックの名曲はこの映画をみる子どもたちには初めて耳にするものばかりでしょう。でも、自分と同じくらいの年の子どもたちが実際に楽器を弾く姿を見て、いくつかのリズムやメロディはきっと児童たちの耳に残るはずですし、短いセリフはきっとまねしたくなるはずです。	スピード	2	
		明瞭さ	2	
		アメリカ訛	1	
		外国語	1	
英語の特徴	標準的な米国英語です。また名門小学校が舞台で登場人物のほとんどは子どもなので、語彙は平易なものが多く、会話のスピードも聞き取りやすいです。汚い言葉は出てきませんが、"You are an alcoholic."（飲んだくれだろ）と言ってきたフレディに向かってデューイが"Shut up!"（うるせえ！）と大きな声で言うシーンがあり、その後たびたびフレディは、"Shut up."や"Shut the hell up."と友達に言います。	語彙	3	
		専門語	1	
		ジョーク	3	
		スラング	2	
		文法	2	

授業での留意点

【英語の文法】この映画には、簡単な英語表現さえマスターしていれば理解できるようなシーンがたくさんあります。そういった場面を取り上げて何と言っているのか聞き取ることができれば、映画の面白さが倍増するはずです。例えば、終盤の保護者会でデューイの正体がばれるシーン（Chapter 15）では、警察官が教室に入ってきて"Apparently, that man is not Ned Schneebly."（彼は偽シュニーブリーです。）と言い、ネッドを引っ張って"This man is Ned Schneebly."（こちらが本物。）と明らかにします。ネッドのガールフレンドであるパティもすかさず"Yeah! He's not even a teacher!"（教師でもないわ。）と付け加えます。マリンズ校長もやってきて、"Ned. Ned, is this true? Who are you?"（ネッド、ネッド、これは本当なの？あなたは誰？）とデューイに尋ね、デューイはついに"My name is Dewey Finn. And no, I'm not a licensed teacher."（俺はデューイ・フィン。本物の教師じゃない。）と正体を明らかにします。自己紹介や人の紹介の表現を覚えてからのリスニングに最適でしょう。

【日米の学校の違い】日本の小学校と、この映画で見られるアメリカの小学校の比較を児童たち自身にさせてみましょう。ホレス・グリーン校には制服があること、カフェテリアでお昼を食べること、出席を取るとき"Here"と返事していること、など児童たちの目線でいろいろ発見してくれるはずです。また、出演する子どもたちは白人ばかりでなく、黒人やアジア系の子もいます。もちろん保護者会に来た親の人種もさまざまです。そこから、アメリカは多様な人種が存在する多民族国家であることを説明しましょう。教室では、そしてもちろんロックバンド内でも、人種や性別にかかわらず子どもたちは協力し、才能を発揮します。

【ロックを通じた英語】教師もロック調の格好をしてくると児童は喜びます。デューイのように"Let's rock!"の言葉も忘れずに。バンドバトルのオーディション会場では、酒を飲みながらタバコを吸うロッカーの姿が映し出されますが（Chapter 10）、それにはデューイの言葉を借りて"Those aren't real rockers. They are posers."（あれは格好だけの偽者だ。）と言っておくといいでしょう。マリンズ校長が見学に来たときの授業場面（Chapter 12）でデューイが歌っていた算数の歌を使って数字を覚えるのも楽しいと思います。"Math is a wonderful thing. Math is a really cool thing."（算数はとってもステキ。算数はとってもクール。）と歌いだし、"So get off your ath and do some math. Math, math, math, math, math…"（降参せず計算しよう。算数、算数、計算、計算…）そして児童に"Three minus four is…"（3引く4は）や"Six times a billion is…"（6掛ける10億は…）"Fifty-four is forty-five more than…"（54は45よりいくつ多い？）と問題を出しましょう。数字を変えていろいろ試しましょう。そのときはわざとデューイのように自分が答えを間違えてみてください。児童たちは映画のように英語で訂正できるでしょうか。

映画の背景と見所

プレップ・スクール（Preparatory school）と言われる米国の私立の小学校が舞台になっています。プレップ・スクールとは、名門大学に進学することを目的とした準備校であり、日本の進学校と違って、勉強ばかりでなく美術や音楽といった芸術分野などにも力を入れ、全人的なエリート教育を行っています。米国の教育システムでは、大学入学に際し成績だけでなくさまざまな課外活動も評価されるのです。そのために、子どもたちはロックバンドが州の全校が参加する研究課題であり、"A win will go on your permanent record. Hello, Harvard, yo."（生涯の栄誉だ。ハーバードから誘いが来る。）というデューイの嘘も簡単に信じてしまったのです。

この映画の最大の見所は、それまで親や教師の言うとおりにやってきた真面目な子どもたちが、破天荒なデューイによるロックの熱血指導を通じて新たな自分を発見して成長し、大活躍する点にあります。デューイは、楽器だけでなく、歌のうまい子にはバックコーラス、力自慢の子にはセキュリティ、おしゃれな子には衣装係など、それぞれの得意分野が発揮できる役をクラス全員に与えます。デューイに褒められた子どもたちが見せるとびきりの笑顔に注目です。楽器は出演する子どもたちが実際に弾いていますし、バンドバトルで歌う曲も、デューイによってロックの精神を教えられたギタリストのザックが作曲したという設定になっています。

スタッフ	監　督：リチャード・リンクレイター 製　作：スコット・ルーディン 製作総指揮：スコット・アヴァーサノ、 　　　　　　スティーヴ・ニコライデス 脚　本：マイク・ホワイト	キャスト	デューイ　：ジャック・ブラック マリンズ　：ジョーン・キューザック ネッド　　：マイク・ホワイト パティ　　：サラ・シルヴァーマン ケイティ　：レベッカ・ブラウン

スチュアート・リトル　　Stuart Little

(執筆) 河合 利江

セリフ紹介

　スチュアートがジョージと仲良くなったきっかけは、ジョージの部屋でおもちゃで遊んだ時でした。はしゃいでいたスチュアートが急に大人しくなり、"It's the first time I've fit in since I got here."（ここに来て初めて受け入れられた気が…。）と言います。ジョージと打ち解けたことで、自分の居場所をようやく得た気持ちが表れています。
　ジョージはスチュアートと一緒に完成させた模型ヨットが貧弱だとからかわれ、レースに自信をなくしています。そんな息子に父親は、"The thing that matters is to never stop trying."（努力することが大事なんだ。）と言って励まします。困難があってもあきらめずに挑戦し続けるという姿勢は、この映画のモチーフともいえます。
　スチュアートは壊れて使えないリモコンの代わりにヨットに乗り込んで操縦し、見事優勝します。ゴールの瞬間、観客の一人が、"Who is that mouse anyway?"（あのネズミ、どこから？）と言うと、ジョージはすかさず、"That's no mouse. That's my brother."（あれは僕の弟だよ。）と誇らしげに答えます。スチュアートはかけがえのない自分の弟だとジョージが気づいた場面です。
　映画の冒頭で、スチュアートをリトル家に連れて来たとき、母親が "They say every Little can find this house."（リトル家のわが家よ。）と言います。日本語字幕では分かりにくいですが、まるでスチュアートがもともと家族であるかのような言い回しです。このセリフはリトル家の絆の強さを表していて、スチュアートがリトル家から引き離された時もこの絆を信じて "Every Little in the world can find the Little house."（リトル家の者なら必ずリトル家を探せるはずだ。）と言います。この言葉でスチュアートは自分を励まして困難に立ち向かい、自力で家にたどり着きます。

ふれあいポイント

　家庭の日常生活の場面が多いので、毎日のように使う表現がいくつもあります。普段の生活で使える場面があったら取り入れるとよいでしょう。お子さんに英語のシール手帳を作ってあげて、英語で言えたらシールを1枚貼る、というルールを作ると積極的に英語を使うようになります。
　【毎日使える表現】ジョージが待ちわびていた弟を迎える日が来たとき、"It's today!"（今日だ！）と言っています。楽しみな日が来たときに使ってみましょう。ジョージが、どんな弟が来たのか期待に胸を膨らませて学校から帰ってくる場面では、"Mon, Dad, I'm home!"（ママ！パパ！ただいま！）と元気よくドアを開けています。英語の方が日本語よりも直接的な表現ですね。弟がねずみだということにがっかりしたジョージは、"I have to go."（用事が…。）と言ってその場を去ります。用事を思い出したとき、その場をちょっと離れたいときに使います。食事の時、ジョージはわざとスチュアートに意地悪して、"Could you pass the gravy?"（ソースを回して？）と頼みます。グレービー・ソースはちょっと特殊ですが、"gravy" を "salt"「塩」、"pepper"「コショウ」、"soy source"「醤油」に置き換えて、取ってほしい物を頼む事ができます。寝る時の挨拶はもちろん、"Good night."（おやすみ。）ですが、リトル家のママのように、"Good night, sweetie."（いい夢を。）と、返してあげるといいでしょう。スノーベルが不満をぶつけにスチュアートの部屋にやって来たときスチュアートは、"Well, maybe I can help you. What do you like?"（僕が何とかしよう。）と言ってスノーベルの気持ちを静めようとします。誰かが忙しそうにしていたり、困っていそうなときに使う表現です。朝はママからの声かけ、"George, time to get up."（ジョージ、起きて。）で一日の始まりです。返事は "Okay, mom."（分かったよ。）です。スチュアートがジョージの部屋で一緒に遊んでいるとき、ラジコンカーにスチュアートを乗せる事を思いついたジョージは "I have an idea."（名案がある。）と言います。何かいい事を思いついたら言ってみましょう。また、ジョージは、スチュアートがラジコンカーに見とれているとき、"Go ahead. Check it out."（乗っていいよ。）と促します。自分のおもちゃを誰かに試してほしいときに使えます。"check it out" の発音は、単語と単語が連結して音が変化していますので注意して何度か聞いて、聞こえたまま発音してみましょう。
　【紹介の表現】スチュアートとジョージが初めて出会う場面では、"Stuart, this is George. George, this is Stuart."（スチュアート、これがジョージよ。ジョージ、弟のスチュアート）とリトル家のママがお互いを紹介しています。実際にお子さんがお友達を紹介するときに、もちろん使えますが、より積極的に使う機会を増やすため、家にある人形やぬいぐるみに名前がついていたら、お子さんにこの表現を用いて紹介してもらうといいでしょう。

あらすじ

　リトル一家は優しいパパ、ママと息子のジョージの3人家族。一家は養子を迎えることにし、ジョージは新しい弟が来ることを心待ちにしています。児童養護施設でリトル夫妻が選んだのは、ネズミのスチュアート。誰からも選んでもらえずに施設暮らしが長いにも関わらず、陽気に話しかけてきたスチュアートを夫妻はたちまち気に入ってしまったのです。しかし、スチュアートはジョージにもペットとして飼われている猫のスノーベルにも歓迎されません。持ち前の明るさで、ジョージとは少しずつ打ち解けていきますが、スノーベルはますます面白くありません。野良猫たちに頼んで、スチュアートを家から追い出してしまいます。実の両親だと名乗ってスチュアートを迎えに来たネズミの夫妻は、実は偽物だったことが分かり、スチュアートは急いでリトル家に戻ろうとします。途中で野良猫たちに追いつめられますが、何とか逃げ切り、家にたどり着きます。せっかく戻ったのに家には誰もおらず、スノーベルにだまされて、再び家を出ていきます。自分の間違いに気づいたスノーベルは、スチュアートを連れ戻そうとしますが、野良猫に阻まれます。スチュアートとスノーベルは協力し合って野良猫を追い払うことに成功し、一緒に家に戻ると、スチュアートを探してへとへとになっている家族の姿が。スチュアートを見て家族は大喜びし、スチュアートは家に帰れたのはスノーベルのおかげだと言って、スチュアートとスノーベルは暖かく家の中に迎え入れられます。

映画情報

製作費：1億3,300万ドル
製作年：1999年
製作国：米国
言　語：英語
ジャンル：ファミリーエンタテイメント　　カラー映画

公開情報

公開日：1999年12月17日（米国）
　　　　2000年　7月15日（日本）
上映時間：84分
MPAA（上映制限）：PG
興行収入：3億13万5,367ドル（米国）

薦	●小学生　●中学生　●高校生　●大学生　●社会人	リスニング難易表		発売元：ソニー・ピクチャーズ エンターテインメント（平成26年5月現在、税込み）DVD価格：1,523円　ブルーレイ価格：2,571円

お薦めの理由	スチュアートの表情、仕草がとてもかわいらしく、シーンによって毎回変わる服装は、どれもおしゃれで目を楽しませてくれます。小さくてもそのハンディにへこたれることなく前向きにがんばるスチュアートから、たくさんの元気をもらえるはずです。また、スチュアートががんばる理由は、いつも家族のため。心のよりどころとなる家族の大切さに改めて気づかされるでしょう。	スピード	3
		明瞭さ	2
		アメリカ訛	2
		外国語	1
		語彙	2
英語の特徴	リトル家の人たちの会話は、テンポはやや速めですが、語彙が限られているので比較的聞き取りやすいです。野良猫たちの会話は、ニューヨークなまりでスラングもあり、唯一、聞き取りにくい部分です。スチュアートの長いセリフの場面がいくつかあって、優しく相手を励ましたり、感謝の気持ちを述べたり、説得したりします。この場面の英語は明瞭で、内容もまとまっているので聞き取りやすくなっています。	専門語	1
		ジョーク	3
		スラング	3
		文法	2

授業での留意点

　明るいコメディータッチのこの映画は、ウィットに富んだ会話が随所に見られます。そのようなときに用いられる表現は英語特有のものが多いですし、「含み」がありますので直訳では意味が伝わりません。字幕ではうまく工夫して訳されていますが、それらの表現を本来の意味から確認しておきましょう。

【ハウスツアー】初めてスチュアートをリトル家に迎え入れたとき、パパが"Would you like a tour?"（探検するかい？）とスチュアートに聞きます。ここでの"tour"はハウスツアーのことで、家の中を案内するよというパパの提案なのですが、スチュアートは"I don't have any money."（無料なの？）と答えます。こんな立派な家を見て回るにはお金がかかりそうという気持ちが込められているのでしょう。

【肯定的な表現】リトル家の親戚にスチュアートを紹介したとき、一同は一瞬言葉を失います。「ねずみじゃないか…。」と思わず出そうになったのでしょう。そして、親戚の一人が"adorable"（かわいいわ！）と叫んで沈黙を破ります。一同はその表現に賛同し、ほっとした空気が流れます。"adorable"は小さくて愛くるしい者や動物に対して使う形容詞です。スチュアートをどう肯定的に表現するべきか、気遣うリトル家の親戚のやさしさが伝わりますね。

【慣用表現】スノーベルが野良猫の親分にスチュアートの始末を頼んだ時、悪事が広まらないか心配して"He'll keep this hush-shush?"（親分は口が堅いか？）と友達の野良猫、モンティに尋ねます。モンティはちょっとふざけて"You kidding? Cat's got his tongue."（猫舌だからね。ホットなゴシップは苦手さ。）と答えます。字幕は猫を使った日本語表現をあてはめているので意味のズレがあります。"Cat has got your tong?"という慣用表現があり、直訳は「ねこが舌を持って行ってしまったの？」です。猫のように警戒して黙っている人に対して使う表現です。舌を持って行かれた者も猫という事に加えて、貫禄たっぷりのボス猫にこの表現をあてはめるという二重の面白さがあります。

【おとぎ話】"fairy tale"という語が印象的に何度も出てきます。「おとぎ話」という意味ですが、字幕ではすべて意訳されています。"Fairy tale is a real."というセリフでは"fairy tale"は「夢」と訳されています。また、スチュアートの偽の両親が迎えに来たとき、スチュアートは"I thought I was in a fairy tale."（せっかく夢がかなったのに。）と言います。偽の父親は"Fairy tales are made-up stories, Stuart."（夢は夢だ。）と言って説得します。スチュアートにとっての"fairy tale"は大好きな家族と一緒に暮らすことなのです。そして、ラストシーンではジョージが"At the end of a fairy tale."（やっとかなったね）と、スチュアートに言います。スチュアートにとっての夢の終わりは現実の始まりで、観客に取っては映画の終わりということになります。

映画の背景と見所

　原作はE. B. ホワイトの同名小説で、日本で邦訳版も出版されましたが、現在は絶版です。米国では定番にして人気の児童文学です。スチュアートはネズミなのになぜ人間の言葉を話せるのでしょう。映画の中では、全くあり得ない事ではなく、スチュアートは少数派の「人間」のように扱われています。養護施設の担当者はスチュアートを養子に選んだリトル夫妻に対し"Are you quite certain you're prepared to handle his uniqueness?"（本当に大丈夫？あの子はちょっと…変わってますよ。）と確認しています。スチュアートはハンディキャップを背負った者、または特殊な能力を持つ者と同じ位置づけなのです。リトル家のパパは、"His uniqueness is a perfect fit for the Little family."（どうかご心配なく！うちはユニークな家族でして。）と答えますが、担当者はさらに、"We try to discourage couples from adopting children outside their own species. It rarely works out."（人間でない子はいろいろ問題が…。）と懸念を示します。つまり、種族が違うとうまくいかない可能性が高い事をほのめかしているのです。これは、人種の違いによる文化摩擦を思い起こさせるセリフです。スチュアートをマイノリティの表象として見ると、人々がどのようにスチュアートと接しているか、スチュアートが自分の姿を見て拒絶したり、とまどっている人々とどのように心を通わせていくかという視点でもう一度見てみると、違った楽しみ方ができるかもしれません。

スタッフ	監　督：ロブ・ミンコフ 製　作：ダグラス・ウィック 脚　色：M・ナイト・シャマラン、グレッグ・ブルッカー 特殊視覚効果/シニア・スーパーバイザー：ジョン・ダイクストラ 衣装デザイン：ジョゼフ・A・ポロ	キャスト	スチュアート　　：（声）マイケル・J・フォックス ミセス・リトル　：ジーナ・デイヴィス ミスター・リトル：ヒュー・ローリー ジョージ　　　　：ジョナサン・リップニッキー スノーベル　　　：（声）ネイサン・レイン

スノーデイ 学校お休み大作戦 / Snow Day

（執筆）竹野富美子

セリフ紹介

小学生のナタリーは、兄のハルが持っているスーパーヒーローのフィギュアが大好きです。ハルの部屋にこっそり侵入、フィギュアを盗んで遊んでいるとハルが帰ってきてフィギュアを取り上げました。これは売り物にするのだから触ってはいけない、と言うハルにナタリーは憤慨します。Natalie "Sell them? You can't split us up."（売るの？仲間を手放すの？）Hal "Teams split up all the time. It happens."（別れはつきものだ）仲間は解散することもある、というハルの言葉に納得できないナタリーですが、このやりとりは翌日の雪の日にも繰り返されます。「去年言ってた通りあの除雪作業員をやっつけるんでしょ、勝てば2日続きの休校よ」とハルを誘うナタリーに、ハルは女の子に会いに行くからと断ります。休校より大事なことがあるというのがナタリーには信じられません。Natalie "You're gonna waste a snow day on some girl? But we're a team."（女の子のために勝負から逃げるの？仲間でしょ）Hal "And we always will be. But I gotta go solo today, all right?"（そうだね、でも今日はひとりでやりだいんだ）Natalie "That's okay. I don't need you anyway."（どうせ当てにしてないわ）一連のやりとりから、ハルとナタリーは仲の良い兄妹であることが分かります。ナタリーはいつものようにハルに遊んでもらいたいのですが、ハルにとってこの雪の日は特別なようです。"As for me, I stood on the threshold of a brave new world."（僕は新しい世界に踏み出すことにした）という彼の呟きは、彼が子供から大人への一歩を踏み出したことを物語っています。後にナタリーはハルに頼る事なく除雪作業員を「やっつける」ことに成功し、ハルはその健闘をたたえて、大事にしていたスーパーヒーローのフィギュアをナタリーに譲るのでした。

ふれあいポイント

【雪にまつわる表現】雪の降る地域にお住いの方ならば、お子さんは雪の日にどんなことをして遊ぶのがお好きでしょうか。かまくらづくり、雪だるま作り、雪合戦、雪そりなど、映画を見ていると雪の日の子どもの遊びは、案外どこも同じものなのだという感想を抱かれると思います。舞台は豪雪都市として知られるニューヨーク州のシラキュース。スケート靴や毛糸の帽子、雪そりなど雪の日に遊ぶ準備はばっちりなのに、例年にない暖かい気候が続き、雪の降らない冬を迎えている子供たち。彼らのストレスは想像に難くありません。それだけに久しぶりに雪が降り、しかも雪のために学校が休校という事態に、子供たちは大喜びです。この映画を見ながら、雪の日の遊びで使われる表現を覚えていきましょう。雪だるまは "a snowman"、「雪だるまを作る」は "to make a snowman" です。"I don't know about this. Couldn't we just make a snowman?"（0:28）（ただ雪だるまを作るだけじゃだめなの？）というウェインのせりふがあります。雪合戦は "a snowball fight"、雪の玉は "a snowball" で、ナタリーが除雪作業員のロジャーを襲う時、チェットに "Snowball now."（0:28）（雪玉を用意して）と言っています。雪のかまくらは "a snow fort" あるいは "an igloo"、除雪車は "a snowplow"、そりは "a sleigh" などとなります。

【日常表現を覚える】この映画は子どもたちの日常を描いているだけに、日常良く聞かれる表現が頻繁に登場しますので、注意して聞いてみると良い日常会話の練習になります。例えば人から何か言いつけられたときや、からかわれたときに言い返す時、くだけた言い方ですが "give me a break"（勘弁してよ）という表現があります。出かけようとしているところをお母さんから弟の面倒を見てくれと頼まれたハル、"Common, Mom, give me a break. There's no way I can stay home."（0:21）（勘弁してよ、お母さん、留守番なんて断る）と反論します。あるいは苦労しながら雪かきしている男の人にハルが話しかけます。"Hey, beautiful day, isn't it?"（気持ちのいい日ですね）これに対して "Give me a break!"（0:23）（冗談じゃないよ）という答えが返ってきます。同種の断る表現に "No way." もあります。「もう一日学校を休校にしたい」と要求するナタリーの脅迫電話に対して、除雪作業員のロジャーが答えるのが "No way!"（0:51）です。喧嘩を売る言葉としてこの映画で良く使われているのが "House of Pain" です。お前なんか叩きのめしてやるという意味で "Welcome to my House of Pain" といった表現をします。この映画ではチャック・ウィーラーが "Disappear before you get free passes to the Chuck Wheeler House of Pain!"（0:35）（早く帰らないと痛い目に会わせてやる）と罵るとき、またチャックが雪に閉じ込められてしまって "What's going on?"（どうなってる）と言うのに対し、チェットとウェインが "Welcome to Chet and Wayne House of Pain."（1:20）（地獄にようこそ）と答える場面で出てきます。

あらすじ

冬だと言うのに暖かいニューヨーク州の郊外。小学生のナタリーは雪が降るのを待ち望んでいます。そんなある日突然雪が降り出し町は一面真っ白に。子供たちが待ちに待った雪による休校です。ナタリーは仲間と作ったかまくらにこもり、兄のハルは憧れのクレア・ボナーを一目見ようと外出します。クレアは学校一の人気者。最近恋人と別れたことを聞きつけて、彼女の周りには大勢のファンが集まり、声をかけることもできません。それでも偶然の放送事故を利用し、彼女への愛を宣言したハル。次第に彼女も注目するようになります。忙しいビジネスウーマンのお母さんも、雪に閉じ込められてこの日ばかりはお休みに。末っ子のランディと一緒に雪合戦を楽しむのでした。一方休校を満喫したナタリー。何とか前代未聞の2日続きの休校にできないかと仲間たちと作戦を練ります。最大の障害は子供たちの宿敵、除雪作業員のロジャー。彼が仕事に励めば励むほど、道路が整備され交通機関が回復してしまいます。ナタリーは仲間たちとロジャーを襲って除雪車を乗っ取り、除雪された雪を元に戻して2日続きの学校閉鎖に成功します。その頃ハルはクレアの元恋人とクレアを張り合い、彼女の歓心を得ますが、最後にはいつも傍にいてくれた女友達のレーンへの愛に気が付きます。番組を下されそうになっていた気象予報士のお父さんも、雪の日のどさくさに乗じて、ライバル番組の予報士の化けの皮をはがすことに成功、雪の日はまさに皆に奇跡をもたらしてくれたのでした。

映画情報

製作費：1,300万ドル（推定）
製作年：2000年
製作国：米国
言　語：英語
ジャンル：コメディ、ファミリー

公開情報

公開日：2000年 2月11日（米国）
　　　　劇場未公開（日本）
上映時間：89分
MPAA（上映制限）：PG
興行収入：6,000万ドル（米国）

薦	●小学生　●中学生　●高校生　○大学生　○社会人	リスニング難易表		発売元：パラマウント ジャパン（平成26年5月現在、税込み）DVD価格：1,543円
お薦めの理由	子供たちにとって、雪の降る日は特別です。あたり一面真っ白になって見慣れた風景が別世界となって広がり、雪のために学校も休校。これに力を得て、日頃憧れていたことに子供たちが挑戦、ドタバタはあるけれど何とか成功してしまう。そんな祝祭日の奇跡のような一日を、映画は生き生きと描き出します。"It's snow day! Anything can happen." と叫ぶナタリー。きっと見る子供たちも共感するでしょう。	スピード	2	
^	^	明瞭さ	2	
^	^	アメリカ訛	2	
^	^	外国語	2	
^	^	語彙	3	
英語の特徴	主な登場人物は中産階級出身ということで登場人物たちは標準的な米国英語を、わかりやすいスピードでしゃべります。家族向けの映画として、罵りの言葉などもほとんど見られず、子どもたちにも安心して見せられます。子供たちの間の会話が中心なので、複雑な構造の文もあまり見られず、日常で良く使われる表現、基礎的な語彙が多用されていますので、聞き取りもしやすいと思います。	専門語	2	
^	^	ジョーク	2	
^	^	スラング	2	
^	^	文法	2	

授業での留意点

【登場人物】映画ではブランドストン家の二人の子供たち、小学生のナタリーと高校生のハルがそれぞれ中心となって、同時進行で物語が展開します。二人の家族構成と交友関係を確認し、どのように彼らが行動したかを児童にまとめさせると良いでしょう。まず、家族構成です。父親トム・ブランドストン、母親ローラ、兄ハル、妹ナタリー、末っ子のランディがおり、両親はそれぞれmeteorologist（気象予報士）business womanであることが説明できると良いでしょう。トムが meteorologist であることは、冒頭（02:33頃）の場面で紹介されます。家族構成が確認できたら、ナタリー、ハルの交友関係をおさらいします。ナタリーでは宿敵「雪かき男」ロジャーとペットのトゥルーディ、仲間のチェット・フェルカー、ウェイン・アルワース、ケン・ウィーバー校長先生がでてきます。ハルの友人としては幼馴染のレイン・レオナード、ビル・コーン、憧れのクレア・ボナー、彼女の元ボーイフレンドのチャック・ウィーラーが登場します。これらの登場人部の名前はそれぞれ、ウィーバー校長（0:03）、クレア（0:05）、チャック（0:07）、雪かき男とトゥルーディ（0:19頃）、チェットとウェイン（0:27頃）ビル（0:35,0:51）、レイン（1:07,1:21）の順で出てきます。チェットやビルの名前は、あまりはっきりとせりふの中に出てくるわけではないので、なかなか聞き取れないと思います。初めから提示しておいても良いでしょう。児童に登場人物の名前を挙げさせ、もし出てこなければ "Natlie's friend" などのようにその人物を描写させ、用意したカードやイラストを黒板に掲示します。その後映像を見て確認します。

【エピソードのまとめ】雪が降った日のナタリーに焦点をあてて、彼女が何をしたかをエピソードにまとめてみましょう。自分の言葉でまとめることによって、英語の表現方法を習得することができます。"What does Natalie do?" "What does Natalie do next?" などの質問で、物語の筋を確認します。ナタリーの行動を時系列順に挙げてゆくと①Natalie falls in a snow fort and meets Chet and Wayne.（かまくらの中に入ってチェット、ウェインと会う。）②She throws a snowball at Snowplowman.（雪かき男に雪玉を投げつける。）③Snowplowman chases them and destroys their snow fort.（雪かき男から追っかけられて、かまくらを壊される。）④She catches Snowplowman's pet while Wayne acts as a decoy.（チェットに死んだ真似をさせ、雪かき男のペットを捕獲する）⑤She makes a threatening call to Snowplowman.（雪かき男に脅迫電話をかける）⑥She trades his pet for Wayne.（ウェインとペットを交換する）⑦She attacks Snowplowman with other kids and takes over the snowplow.（仲間と雪かき男を襲い、彼の除雪車を奪い取る）となるでしょう。答えにつまるようであれば、キーワードを提示してやり、それを使って児童が大まかに説明できれば良いかと思います。

映画の背景と見所

　人気コメディアン、チェヴィー・チェイスとクリス・エリオットが脇を固め、主役の子供たちの演技を支えています。チェヴィー・チェイスが、仕事場ではもう一つ冴えず苦境にさらされながらも、家族に思いやりのある優しい父親役を演ずる一方、クリス・エリオットは嬉々として悪役を演じ、子供たちの憎悪をがっちりと受け止めます。特に必見なのは、子供たちの憎まれ役になるウィーバー校長先生とエリオット演じる除雪作業員。雪の日の解放感も手伝って、悪ふざけが過ぎるのでは、と大人が心配しそうなくらい雪つぶてを投げられる校長先生、かわいがっているペットの鳥を人質にとられ四苦八苦する除雪作業員のロジャー。二人の悪役を見ていて気持ちがいいのは、彼らが校長と言う権威に頼ることなく、また警察沙汰にするなど、大人の社会のルールを子供たちの悪ふざけに押し付けることなく、子供たちの世界に単身で乗り込み、彼らと対等に戦っていることにあるでしょう。仲間の男の子を引き連れてロジャーを相手に奮闘するおてんば娘ナタリーをゼナ・グレイがかわいらしくかつ元気いっぱい演じ、思春期に差し掛かり、それまでの人間関係から大きく一歩踏み出そうとするハルをマーク・ウェバーが瑞々しく演じています。撮影はカナダのアルバータ州で行われました。特典映像を見ると撮影では雪を確保するために、トラック450台分の雪を運ばなくてはならなかったようです。そのかいあって、映画では見事な雪景色を堪能することができます。

スタッフ / キャスト

スタッフ		キャスト	
監　　督	クリス・コーチ	ハル・ブランドストン	マーク・ウェバー
製　　作	ジュリア・ピスター　アルビー・ヘクト	ナタリー・ブランドストン	ゼナ・グレイ
製作総指揮	レイモンド・ワグナー	トム・ブランドストン	チェヴィー・チェイス
脚　　本	ウィル・マクロブ、クリス・ヴィスカルディ	除雪作業員ロジャー	クリス・エリオット
音　　楽	スティーヴ・バーテック	ローラ・ブランドストン	ジーン・スマート

	スパイキッズ	**Spy Kids**	（執筆）久米　和代

セリフ紹介

【"cool" が言えなきゃ cool じゃない!?】典型的な若者言葉 cool（カッコいい）は、人にも物にも使えます。
Carmen: Our parents can't be spies! They're not cool enough! （パパとママがスパイなわけない！イケてないもの！）
Juni: That's cool. （あれはイケてるけど）隠し扉の出現に cool な反応をする弟。タイミングも絶妙でした。

【おっと危ない！使っちゃいけないあの言葉】子供たちには先生や親から「使ってはいけない」と教えられている言葉が幾つかあります。その1つが swear word（罵り言葉）の shit ですが、やはり思わず口走ってしまうことも。さてそんな時、子供たちはどうするでしょう？映画では、カルメンによる Oh! Shi...take mushroom. という苦肉の策が登場します。Oh, shit!（おっと、くそ！）と言いかけ、弟の手前、同じ音で始まる shiitake mushroom（椎茸）と誤魔化します。さしずめ「くそ」を「くそ…ら豆」（そら豆）や「くそ…うとうヤバい」（相当ヤバい）などと言い直したようなもの。学校や教科書では教えませんが、マナーとして人前で使わないためにも覚えておく必要がある言葉です。

【スパイ・キッズの本当のミッションとは？】両親を無事救い出すミッションを終えた、カルメンの一言です。
Spy work, that's easy. Keeping a family together, that's difficult. And that's the mission worth fighting for.（スパイの仕事は簡単。だけど家族をまとめるのって難しい。それこそ頑張る価値のあるミッションよ）大人には少々耳が痛い内容かもしれませんが、実はこのセリフ、ロドリゲス監督自身の言葉でもあるのです。彼は「家族が一緒にいること自体不可能な任務だが、苦労してみるだけの価値はある。人生において家族程報われるものはないと思っているから。家族が結束を固めて頑張ることは、一生を掛けて一番やりたいことだ。（HPより）」と語っています。この映画を通じて彼が伝えたかったメッセージ「家族の絆の大切さ」を噛みしめながら声に出して真似したいセリフです。

ふれあいポイント

【ベッドタイム・ストーリー】映画の冒頭部分は、ごくありふれた一日の終わり、つまり就寝時の親子の会話から始まります。欧米では一般的に、親が子供を寝かしつける際に bedtime story（ベッドタイム・ストーリー）の読み聞かせをします。それは、おとぎ話や昔話であったりすることがほとんどですが、親の創作話であったりもします。この映画で母親のイングリッドが話したのは、秘密にしている自分たちの実話でした。就寝時の読み聞かせは、単に子供たちを寝かしつけるためだけではなく、子供の知的発達を促し、親子のコミュニケーションを深める役割を持っています。ベッドタイム・ストーリーの典型的なパターンを押さえれば、オリジナルストーリーも簡単です。この素晴らしいツールをぜひ利用して下さい。まず、この映画のベッドタイム・ストーリーは、Once upon a time,（昔々…）で始まります。この他にも Long time ago, の表現もよく使われます。そして There was... 或いは There lived... などと続きます。さしずめ「あるところに〇〇が住んでいました」というところです。映画では、"There was a man and a woman..."（ある男と女が…）と母親が言うや否や間髪を入れず "And they were both spies."（そして二人ともスパイでした）と姉のカルメンが続けます。そして、ベッドタイム・ストーリーの典型的な終わり方は And they all lived happily ever after.（みんなその後いつまでも楽しく暮らしました）、つまりハッピー・エンドで「めでたし、めでたし。」と終わるのがお決まりのパターンなのですが、母親の話にはそれがなかったため "No 'happily ever after'?" とカルメンが不満そうに聞き返します。その理由は、映画で確かめてみて下さい。

【就寝時に使える英語】就寝時の典型的な表現も映画で確認しましょう。"Time for bed."（寝る時間よ）、"Did you brush your teeth?"（歯は磨いた？）、"Don't forget to brush your teeth."（歯磨き忘れないでね）、"Lights out."（明かりを消して）も使ってみましょう。また、親としては一日の終わりに "Everything OK at school?"（学校はどう？）と、イングリッドのように聞きたいところですね。そして、子供に「おやすみなさい」と声をかける際に、[Good] night. や Night/Nighty-night. などに加えて、Sleep tight/well.（ぐっすり眠りなさい）や Sweet dreams.（よい夢を見てね）なども一言加えてみて下さい。一日の終わりも、ぜひ英語で締めくくりましょう。

【「いってらっしゃい」も英語で】子供を見送る際の一言 "Have a good day." も覚えておきましょう。他に Have fun [at school]. や Take care. など Bye. や See you. 以外にも使ってみましょう。子供が小さいうちは I love you, ～. などのやり取りも加わります。ちなみにこの Have a good/nice day. は、day の代わりに one もよく代用されますが weekend/holiday/trip などと言い換えると、子供の見送り以外にも様々なシチュエーションで別れ際のあいさつとして使えます。旅立つ人には Have a safe trip.（気をつけていってらっしゃい）などと言ってみましょう。

あらすじ

小学生のカルメンとジュニの姉弟の間には、毎日喧嘩が絶えません。おまけにカルメンは時々学校をさぼることを、ジュニは1人も友達がいないことをそれぞれ親に隠している始末。一方、経営コンサルタントの父グレゴリオと母イングリッドも、自分たちがかつて凄腕の「スパイ」であったことを子供たちに隠して暮らしていました。ある日、そんなどこかぎこちない一家に危機が訪れます。かつてグレゴリオたちが極秘に製作した「第3の脳」（the third brain）を狙う悪の組織によって、両親が誘拐されてしまうのです。「第3の脳」とは、「最高のスパイの知識」がインプットされた人工知能のこと。彼らはその「第3の脳」を埋め込んだ子供型アンドロイドで最強の「スパイキッズ」軍隊を作ろうと企んでいたのです。両親がスパイであったことを知ったカルメンとジュニは、今度は自分たちが「スパイ」として両親を救い出すミッションを担うことになります。初めて訪ねた発明家の叔父マチェットから様々なガジェットを手に入れて敵地に乗り込むと、そこには2人にそっくりなアンドロイドの「スパイキッズ」が。悪戦苦闘の末、2人で協力して無事両親を助け出し、家族で見事悪の組織の陰謀を阻止することに成功します。そして疎遠だった叔父も戻り、皆が失いかけていた家族との絆を取り戻すことができたのでした。

映画情報

製作国：米国　　　　　制作費：3,500万ドル
製作会社：トラブルメーカー・スタジオ
　　　　　ディメンション・フィルムズ
配給会社：ミラマックス、アスミック・エース
ジャンル：アクション、アドベンチャー、ファミリー

公開情報

公 開 日：2001年　3月30日（米国）
　　　　　2001年12月15日（日本）
興行収入：1億4,793万4,180ドル（全世界）
上映時間：88分　　　　MPAA（上映制限）：PG
受　　賞：放送映画批評家協会賞・ファミリー映画

| 薦 | ●小学生　●中学生　○高校生　○大学生　○社会人 | リスニング難易表 | 発売元：ワーナー・ホーム・ビデオ（平成26年5月現在、税込み）DVD価格：1,543円　ブルーレイ価格：2,571円 |

お薦めの理由	子供版 *007* ともいえる映画ですが、普段はあまり意識することのない「家族」の大切さに気付かせてくれる、ぜひ家族で一緒に見たい映画です。両親が誘拐されるという絶体絶命のピンチが、姉弟や家族の絆を深めるチャンスに変わっていく様も見応えがあります。また、子供たちがワクワクするスパイグッズとともに、ちょっと真似してみたくなるような身近な英語表現がたくさん詰まった映画でもあるのです。	スピード	3
		明瞭さ	3
		アメリカ訛	1
		外国語	3
		語彙	1
英語の特徴	主役一家がメキシコ系アメリカ人という設定のため、スペイン語訛りを頻繁に耳にすることになりますが、全般に聞き取り易いスピードの米語です。罵り言葉の一つ shit が一度使われかけたものの、ほかに卑語等は出てきません。姉弟の口げんかの際の悪口も小学生が多用する許容範囲のもの。また、英語圏でもそのまま通じる日本語の単語が幾つか登場するのも、日本通のロドリゲス監督の映画らしいところです。	専門語	1
		ジョーク	1
		スラング	1
		文法	1

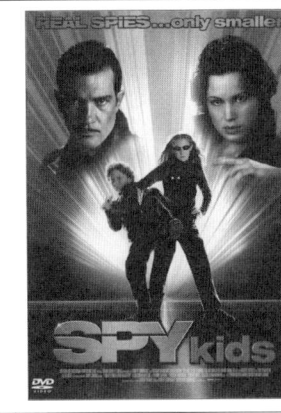

授業での留意点

【お姉ちゃんはいつも命令調】 主役の姉弟の会話は、やはり姉が主導権を握っています。そんな姉は弟に対して命令文を多用します。基本的な動作を促す命令あり、励ましありの表現は身近な内容ばかり。例えば、"Hurry up!"（急いで）、"Stop it!"（やめて）、"Go away!"（あっちに行って）、"Don't touch anything!"（何も触らないで）"Hang on!"（つかまって／頑張って）"Close your eyes."（目を閉じて）など、簡潔でわかりやすいので、子供たちにもできるだけピックアップさせましょう。簡単に意味を確認した後は、ペアやグループで、指示を命令文で出し合い言われた動作をするなど、子供たちが命令文を理解し使いこなせるように工夫を。さて、そんなカルメンも姉として、同じく叔父のマチェットも兄として、それぞれの両親から Watch/Look out for ~. Take care of ~. Make sure ~ knows right from wrong. / Show ~ right from wrong. と、弟の面倒を見るように言われ続けてうんざり気味でした。こちらの命令文には具体的な兄弟や友達の名前を入れると、子供たちも母親や父親気分を味わいながら練習できるかもしれませんね。

【危機一髪！脱出できるかな？】 カルメンとジュニが家から潜水艇で脱出する場面も、命令文の指導に活用できます。「ドアを閉めるのは青色のボタン、出発は緑色のボタンを押しなさい」という内容の命令文が、少しずつ単語を変えて繰り返し出てきます。まず、Hit the blue button to seal the door, and the green button to go. そして Press the blue and green buttons. や Blue to close, green to go. から hit と press、seal と close の互換性が、またその後のキーワードだけで素早く伝えている Blue one first! Blue, then green! からは、順序を表す first と then が学べます。いずれも子供たちのレベルに合わせて段階的に教えましょう。例えば、低学年ではまず色の名称 blue と green から確認、次に順序の first, then を。これらを組み合わせるだけでもコミュニケーションには十分です。ほかの色も取り上げて教えましょう。次に、動詞 press/hit の確認をして命令文に繋げます。脱出場面らしくスピード感のある早押しゲームの要領で色の名称と順序の確認を。高学年では、更に「〜するために」の不定詞部分（to~）も導入しましょう。

【学校生活の英語】 小学生が主役とあって、principal（校長先生）、skip school（学校をさぼる）、pick on（〜をいじめる）、call ~ names（〜の悪口を言う）、P.E.（体育）、fire drill（避難訓練）、late for school（遅刻する）など学校生活に関連した表現が登場します。併せて math（算数）や social studies（社会）などの各教科名も指導しましょう。

【英語で兄弟喧嘩】 弟の悪口を言いたい放題の姉。scaredy cat（臆病者）に始まり butterfingrs（ドジ）、meahead（ばか）など枚挙に暇がありません。一方、弟は得意の口まねをして姉を苛つかせます。口まねの部分は子供たちにも楽しく挑戦させて下さい。因みに、弟が "Better stop calling me names. Stop it or I'll call you names."（悪口やめた方がいいよ。やめないと僕が言う）と、一瞬で姉を黙らせた唯一の悪口とは？子供たちと確認しましょう。

映画の背景と見所

『デスペラード』『レジェンド・オブ・メキシコ／デスペラード』などのアクション・ムービーで知られるロバート・ロドリゲス監督ですが、3人の息子たちも一緒に楽しめる映画を作りたいという思いで初めて手掛けたファミリー・ムービーが『スパイキッズ』です。この映画は、彼自身の監督作品で初めて全米映画興行収入が1億ドルを突破するヒット作となり、その翌年には『スパイキッズ2：失われた夢の島』、翌々年には3D映像も楽しめる『スパイキッズ3-D：ゲームオーバー』が製作されます。そして1作目から10年目にあたる2011年には、立体映像に加え、なんと匂いも体感できる4D仕様の『スパイキッズ4D：ワールドタイム・ミッション』が発表されて話題になりました。ロドリゲス監督の映画には、彼のルーツ色が色濃く表れるのが特徴です。テキサス出身のメキシコ系アメリカ人である彼の作品には、この映画同様ラテン系の俳優を主役にすることが多く、出演者もアントニオ・バンデラスやダニー・トレホらが常連となっています。今や米国の人口の16%以上を占め、2050年には30%を超えるであろうと言われているヒスパニック系アメリカ人。そんな彼らの英語に触れることも、決して無意味ではないはずです。ロドリゲス監督の映画のもう1つの特徴、自身も得意とし担当もするギター演奏をメインにしたラテン・ミュージックはこの映画でも健在です。標準的な米語・米国文化とはひと味違う「メキシカンな」英語と文化が味わえる映画です。

| スタッフ | 監督・脚本・製作・音楽：ロバート・ロドリゲス
製　　　　作：エリザベス・アヴェラン
製作総指揮：ボブ・ワインスタイン
　　　　　　ケイリー・グラナット
　　　　　　ハーヴィー・ワインスタイン | キャスト | グレゴリオ・コルテス　：アントニオ・バンデラス
イングリッド・コルテス：カーラ・グギーノ
カルメン・コルテス　　：アレクサ・ヴェガ
ジュニ・コルテス　　　：ダリル・サバラ
フェーガン・フループ　：アラン・カミング |

スパイダーウィックの謎	The Spiderwick Chronicles　　（執筆）山﨑　僚子

セリフ紹介

　ジャレッドは新居の秘密の屋根裏で、great-great uncle（高祖父母の兄）のアーサー・スパイダーウィックが書いた『妖精観察図鑑』を見つけます。「この本を読んではならぬ。一文字たりともならぬ」とメモが張られていましたが、ジャレッドはページを開いてしまうのです。「一文字たりともならぬ」などと言われると、読んでみたくなりますよね。好奇心の強い子供ならなおさらでしょう。図鑑は、著者の次のような警告から始まります。ごく普通の少年が、妖精の世界に入っていく、始まりの場面です。Arthur Spiderwick（Voice）: Dear reader, what you now hold in your hands is the culmination of a life's work. And you will soon see, as I have, that there are fantastical creatures living among us, hidden through mimicry and magic. This book will give you the tools and techniques needed to lift the veil and see the unseen. Once you have this sight, you will never see things the same way again. But be forewarned, the secrets you are about to learn have been kept hidden for ages, secrets that many of this realm would prefer to stay hidden. …The secrets herein are powerful, more powerful than even I was aware.（読者へ。本書は私の人生の集大成である。私たちの周囲には空想上のものとされてきた生き物たちが実在した。彼らの世界を見られるよう、本書にその方法を記す。見る力を手にすれば、読者の世界は一変する。だが、彼らの存在は、長い間秘密とされてきた。本来は隠されておくべき世界だ。…ここに記された秘密の重大さは想像を絶する。）この本との出会いから、ジャレッドたちの生活は急展開します。妖精の秘密を悪者マルガラスたちに狙われ始めるのです。果たして、子供たちだけで守ることができるのでしょうか？

ふれあいポイント

【原作は児童書】この映画は、The Spiderwick Chronicles シリーズを基にして映画化されました。原作のシリーズは日本語にも翻訳されていますが、ぜひ英語の原書を手に取ってみてください。シリーズ第1作目、The Field Guide は、作者ホリー・ブラックと、イラストレーターのトニー・ディテルリッジがある本屋に立ち寄ったところ、店員から手紙を渡された、というエピソードから始まります。手紙はマロリーからでした。マロリー直筆の手紙が、原作に収められているのです。小学生がこの原作すべてを読みこなすのは難しいかもしれません。しかし、マロリーの直筆の手紙を見るのはワクワクすると思いますよ。イラストも多少含まれていますので、小学生のうちは保護者の方がイラストの部分を中心に読み聞かせてあげてください。映画を鑑賞した後なら、ストーリーも追いやすいでしょう。そして中学生になれば、十分読みこなすことができるレベルの英語ですので、今度は一人で読んでみるように薦めるなど、児童の成長に合わせて活用できるといいのではないでしょうか。原作以外にも映画との関連書籍として、妖精観察図鑑（英語）も出版されています。こちらは、妖精やゴブリンがイラストを中心に紹介されており、絵本に近い書籍です。小学生でも十分楽しむことができますので、お薦めです。

【「美味しい」表現】Chapter 5で、シンブルタックがはちみつ付きのクラッカーを美味しそうに食べる場面があります。「美味しい」にあたる delicious 以外の英語を知りましょう。シンブルタックは "Oh! My, my, my. That is just tasty, tasty, delicious honey. So good! So yummy, yummy, yummy!"（ああ、もうもう。ホッペタが落ちる。うまいし、甘いし、サイコー！うますぎ。止まらない。）と言います。美味しい、と聞くと、最初は delicious 以外の単語はなかなか出てこないかもしれません。しかし映画を通して、tasty、good、そして yummy と語彙の幅が広がります。他にも lovely や nice などの表現も「美味しい」という意味で、よく使われますよ。次の食事の時間に、ぜひ「美味しいね」を児童と一緒に、たくさん英語で表現してください。

【西洋の伝説上の存在】この映画には、西洋で伝承されている伝説の生物が多く登場します。マルガラスは ogre（オーガー）という怪物で、妖精図鑑を狙う悪者のボス的な存在です。その配下にいるのが goblin（ゴブリン）です。彼らは際立って醜く描かれていますので、すぐに悪役だとわかるでしょう。しかし sprite（スプライト）という妖精は愛らしく描かれているのですが、アーサー・スパイダーウィッグをさらってしまいます。シンブルタックは怒ると外見と性格が豹変します。このあたりだけは、なぜ悪者ではないスプライトが父娘を引き離すのか、シンブルタックはなぜ突然、醜い姿になるのか理解に苦しむかもしれません。児童がわかりにくいようであれば、説明の必要があるかもしれません。

あらすじ

　ニュー・ヨークで暮らしていたグレース一家の、母親と長女マロリー、双子のジャレッドとサイモンが、田舎に引っ越してくる場面からこの映画は始まります。80年前に失踪したアーサー・スパイダーウィックの家を、母親が相続したのです。両親の離婚を主人公のジャレッドだけは知らず、電話をかけてきた父親にそっけない態度の母親を責めてしまいます。新居での初めての夜、ジャレッドは屋根裏で古い本を見つけます。それはアーサー・スパイダーウィックが、人間には見えない妖精の存在と、彼らを見る方法を記した妖精観察図鑑でした。その後マルガラスと彼が率いるゴブリンたちは、図鑑を狙って、きょうだいたちに襲いかかります。マルガラスたちは、妖精の秘密をつかんで妖精と人間を滅ぼし、全世界を支配しようとしているのです。ジャレッドたちはアーサー・スパイダーウィックの娘ルシンダを探し、彼女の助言で失踪したアーサー・スパイダーウィックに会うため、妖精の世界に行くことになるのです。この映画は妖精の秘密を守るために、子供たちが魔物とたたかう物語です。しかし、その舞台は遠いおとぎの国ではなく、現代の米国です。『ハリー・ポッター』のように魔法使いが出てくるわけでもありません。両親の離婚と見知らぬ土地での新生活という極めて現実的な問題と向き合う子供たちが、数々の困難を乗り越えて、知恵と力で家族と妖精の世界を守り抜く、冒険ファンタジー映画です。

映画情報

製　作　年：2008年
製　作　費：9,000万ドル（推定）
製　作　国：米国
言　　　語：英語
ジャンル：アドベンチャー、ファンタジー

公開情報

公　開　日：2008年1月31日（米国）
　　　　　　2008年4月26日（日本）
上映時間：96分
MPAA（上映制限）：PG
オープニングウィークエンド：255万579ポンド

薦	●小学生　○中学生　○高校生　○大学生　○社会人	リスニング難易表	発売元：パラマウント ジャパン（平成26年5月現在、税込み）DVD価格：2,700円　ブルーレイ価格：3,065円

お薦めの理由	舞台が現代の米国で、ファンタジー映画にありがちな長い架空の国の名前や、複雑なストーリー展開がありませんので、小学生がすんなり映画の世界に入り込める点がお薦めの理由です。子供たち同士の会話は短めで、自然なスピードで話されますので、聞き取ったり、真似をしたりするのに良い素材だと思います。特に、双子は児童と同世代ですので身近に感じられるでしょう。	スピード	3
		明瞭さ	1
		アメリカ訛	1
		外国語	1
		語彙	2
英語の特徴	米国映画ですが、主要な登場人物を演じるのは英国出身の俳優です。しかし、英国英語と米国英語の違いに神経質になる必要はないと思われます。明瞭な発音と自然なスピードで話されています。きょうだいが、マルガラスを中心とした悪役のゴブリンと戦う場面では、大勢のゴブリンが殺されます。特に低学年の児童が視聴する際、度々見受けられる暴力的な場面に注意が必要かもしれません。	専門語	2
		ジョーク	1
		スラング	1
		文法	1

授業での留意点

【知らない単語の意味を質問する】英語を母語とする人でも、会話の中で自分が知らない単語に出くわすことがあります。辞書で調べることも重要ですが、会話の途中で、いちいち調べていては円滑な会話の妨げとなるでしょう。Chapter 5の場面から、相手に単語の意味を教えてもらう言い方を学びましょう。ジャレッドは、サイモンに"What does 'appease' mean?"（appease って？）と質問します。サイモンは"You know, placate, pacify, assuage."（懐柔する、鎮圧する、緩和する）、"To make nice"（なだめること）と答えます。What does ...（単語やフレーズ）mean? という表現を、重要パターンとして覚えましょう。ジャレッドのセリフを何度も聞いて同じように発音してみます。特に文末に注意して聞いてみましょう。この質問表現は、Yes や No では答えられませんから、最後はイントネーションを下降調にします。次に黒板かカードなどに様々な単語を用意し、appease を異なる単語に言い換えて練習します。この時、単語の意味を質問することを恥ずかしいことだと思わないように、児童に伝えてください。英語を母語とする人達でも、流行語や造語などたまたま知らなかったりすることは、よくあることだと思うのです。わからないまま会話を進めてしまうより、何がわからないのかはっきり相手に伝えることもコミュニケーションにおいては肝要です。

【いろんな can】Chapter 6 では、can を使ったいくつかの表現がでてきます。まず、ジャレッドは、ホグスクィールに"Can you help me save my brother? Please?"（一緒に弟を助けて。お願い。）と言います。その後、何とか家に着いたきょうだいが屋上から外を見ると、ゴブリンが家の周りを包囲しています。驚くマロリーに、ジャレッドは"I know, I can see."（見えてる）と答えます。いまだ信じられないマロリーは"This can't be happening."（こんなことあり得ない）と繰り返します。最初の Can you help me...? は「お願い」を表し、Please をつけることで、より丁寧な言い方になっています。次の I can see. は「できる」の意味ですね。最後の"This can't be happening."は「可能性」を表します。ほんの数分の場面の中にも、上記のようにいろんな意味の can が出てきます。日本人には分かりにくい、こういった表現も、それぞれの場面を良く観て、会話を聞いているうちに感覚が身についてきます。他の助動詞についても、注意して観てみましょう。

【英語の音声】Chapter 7 で、ジャレッドが"I heard you."（聞こえてる）というセリフがあります。heard と you が合わさって、「ジュ」と発音されている点に注目しましょう。これは2つの隣り合った音が互いに影響しあい、変化しているのです。この場面のすぐ後にサイモンが、"If you step outside that circle, they'll get you."というセリフがあります。この get you も同様に同化し「チュ」のように発音されています。

映画の背景と見所

この映画は、米国で2003年から出版された児童文学書、The Spiderwick Chronicles シリーズの5冊が原作となっています。映画化に際して、原作からいくつかのプロットの変更があるものの、ジャレッドたちきょうだいやマルガラス、シンブルタックなど、主要な登場人物は原作と同様です。また、映画の舞台は米国ですが、英国に伝わる妖精や精霊が登場します。シンブルタックは、普段はブラウニーという精霊で、怒ったり不機嫌になったりするとボガートに変身します。ボガートとは、ケルト神話の中のいたずら好きの精霊で、ブラウニーは、スコットランドや北部イングランドで伝承されている、民家に住みつく精霊のことです。ハリー・ポッターに登場するドビーというキャラクターは、このブラウニーをモチーフに作られた、と言われています。英国にはこのように多くの妖精が、私たちの目には見えないだけで、身近に存在するものなのだと親から子へ長い間伝承されているのです。この映画を通して、西洋の世界の伝説的な存在を多く知ることができます。現代のごく普通の子供たちが、1冊の本との出会いから、突然妖精や精霊の世界に関わっていきます。そして魔物たちとの対決を余儀なくされ、きょうだいは団結していくのです。魔法使いでもない普通の子供たちが互いの長所を引き出し合いながら、問題の解決を模索し、精神的に成長していく姿が印象的に描かれています。

| スタッフ | 監　督：マーク・ウォーターズ
脚　本：キャリー・カークパトリック、
　　　　デヴィッド・バレンバウム、ジョン・セイルズ
原　作：ホリー・ブラック
音　楽：ジェームズ・ホーナー | キャスト | ジャレッド・グレース/
サイモン・グレース　：フレディ・ハイモア（二役）
ヘレン・グレース　　：メアリー＝ルイーズ・パーカー
マルガラス　　　　　：ニック・ノルティ
マロリー・グレース　：サラ・ボルジャー |

	タンタンの冒険 ★ユニコーン号の秘密★	The Adventures of Tintin: The Secret of the Unicorn	（執筆）矢後　智子
セリフ紹介	サッカリンに3枚の羊皮紙を奪われモロッコの海岸で途方にくれるタンタンとハドック船長。必ず次の手を考えつくタンタンに、ハドック船長は次にはどんなプランがあるかと尋ねます。しかし、今回タンタンは「もう終わりです。僕らはみじめな敗者です。」と答えます。そんなタンタンにハドック船長は次の様に言い返しました。"Failed?" "They are plenty of others willing to call you a failure. A fool. A loser. A hopeless souse! Don't you ever say it of yourself. You send out the wrong signal. That is what people pick up. Do you understand? You care about something, you fight for it. You hit a wall, you push through it. There is something you need to know about failure, Tintin. You can never let it defeat you."（"敗者?" 敗者と呼ばれることはある。"ばかもの" "負け犬" "よれよれの酔っぱらい" だが自分からそう言うな。間違ったことを発信すると人はそれを信じてしまう。目的があれば突き進め。壁がじゃまならぶっ壊せ。くじけそうになったら自分に言うんだ "負けるもんか" と。)酔っ払っていつも失敗ばかりしているハドック船長ですが、この時ばかりは船長らしい態度を見せました。船長が言った "You hit a wall, you push through it!" という表現、何か難しいことに挑戦している人、またはそのような状況に負けそうになっている人に、「頑張れ!」という気持ちを込めて使えそうです。ハドック船長のsending out signalという言葉から、タンタンはサッカリンの行き先を探し当てる方法を思いつきます。さすがタンタンです。タンタン、ハドック船長二人の冒険はまだ終わりません。		
ふれあいポイント	少年記者タンタンとその愛犬スノーウィー、そしてハドック船長が、悪党サッカリンと沈没船ユニコーン号の財宝を巡って争奪戦を繰り広げる冒険物語です。暗号を記した手紙の発見、誘拐、船からの脱出、海での遭難、飛行機で墜落、砂漠を放浪、モロッコの王国でのバイクアクションと、初めから終わりまで目が離せないストーリー展開は、子どものみならず大人も十分に楽しめます。特にバイクでのチェイシングシーンは、まるで自分がバイクに乗っているようにさえ感じる臨場感あふれる映像となっています。ストーリー、映像の両方を十分に楽しむことができる作品です。さて映画の中で使われている言葉や表現についていくつか見ていきましょう。【英語とフランス語】まず映画の中でTintinがなんと呼ばれていたか気が付きましたか。ご存知の方も多いかと思いますが、「タンタンの冒険」はベルギーの漫画家エルジェによって描かれたフランス語のコミックです。ですので、日本ではTintinはフランス語読みのまま「タンタン」と呼ばれています。一方この映画は英語で製作されているのでTintinは「ティンティン」と発音されています。またハドック船長のおじいさんのフランソワ・ド・アドックは映画ではSir Francis Haddockですが、日本語ではフランス語読み(hの音を発音しない)でアドック卿と呼ばれています。ちなみに、haddockは私たちもよく食べる魚のタラのことです。日本人はたくさんの種類の魚を食べるので、魚の名前をいろいろと覚えてみるのも楽しいでしょう。さてハドック家のお屋敷の名前は映画ではMarlinspike Hall＜マーリンスパイクホール＞と呼ばれていますが、よく見てみてください。映画では玄関の門にChâteau de Moulinsart＜ムーランサール城＞と書いてあります。これはフランス語で、château（読み方：シャトー）はフランス語で城という意味です。タンタンの相棒は英語ではSnowy、原作のフランス語ではMilou（読み方：ミルゥ）という名前です。【登場人物の職業】この物語に出てくる人々の職業を英語で言ってみましょう。まずタンタンの職業は何でしょうか。彼はjournalist＜ジャーナリスト/ 記者＞ですね。色々な事件や出来事について取材をして、それらを記事にする人のことです。トムソン＜Thomson＞とトンプソン＜Thompson＞の二人はpolice officer＜刑事（又は警察官）＞です。"We are police officers." と言っている場面に気が付きましたか。この二人が追っているのはpickpocket＜スリ＞のアリスティデス・シルクでした。また船長はcaptainなのでハドック船長はCaptain Haddockです。ハドックのおじいさんであるフランソワ・ド・アドック卿も船長でしたね。彼の船ユニコーン号にはたくさんのcrew＜船員＞がいましたが、pirate＜海賊＞のレッド・ラッカムにみな殺されてしまいました。サッカリンはそのレッド・ラッカムの子孫です。タンタンの相棒の犬＜dog＞のスノーウィーの種類はwhite fox terrier＜ホワイト・フォックス・テリア＞。英国原産で、名前からもわかるようにキツネ狩りに用いられる犬です。		
あらすじ	少年記者タンタンと愛犬のスノーウィーは、ある日ノミの市で古い帆船の模型を見つけました。タンタンがそれを購入した直後、ある男からは「その船には関わってはいけない」と、もう一人の男サッカリンからは「買い取らせて欲しい」とせがまれます。タンタンはその模型に何か秘密があるとにらみ図書館で調べたところ、それは海賊に襲撃され積んでいた財宝と共に消えた帆船ユニコーン号の模型でした。タンタンが家に戻るとユニコーン号の模型は盗まれていました。怪しかったサッカリンを探るために、タンタンは彼の住むムーランサール城へ忍び込みます。するとそこにはもう1つのユニコーン号の模型があったのでした。タンタンが再び家に戻ると今度は部屋が荒らされていました。しかしタンタンは模型のマストに隠されていた秘密の暗号が記された羊皮紙を見つけます。サッカリンが欲しかったのは羊皮紙だと気がついた直後に、羊皮紙を入れた財布はスリに盗まれ、タンタンもサッカリンの手先に誘拐されカラブジャン号に囚われの身となります。そこで同じく囚われの身になっていたカラブジャン号の船長ハドックと出会い、ハドックこそがユニコーン号の唯一の生存者で船長のアドック卿の子孫だと知ります。またユニコーン号の模型は実は3つあり、暗号を記した羊皮紙も3枚あることに気が付きます。ハドックと船から脱出に成功したタンタンは、ユニコーン号の謎を解くために、3つ目の模型を狙うサッカリンを追うのでした。		
映画情報	原　　作：エルジュ　　　製 作 年：2011年 製 作 国：米国、ニュージランド 製 作 費：1億3,000万ドル　　言　　語：英語 配給会社：パラマウント映画　　　　　　カラー ジャンル：アニメーション、冒険ファンタジー	公開情報	公 開 日：2011年12月１日（日本） 　　　　　2011年12月21日（米国） オープニングウィークエンド：970万ドル（米国） 興行収入：3億7,400万ドル　　上映時間：107分 MPAA（上映制限）：PG

薦	●小学生　●中学生　●高校生　○大学生　○社会人	リスニング難易表	発売元：KADOKAWA （平成26年5月現在、税込み） DVD価格：1,944円　ブルーレイ価格：2,700円

お薦めの理由	本では読んだことがなくても、タンタンを知らない人はほとんどいないでしょう。冷静なタンタンと酔っ払って何をしでかすかわからないハドック船長のやりとりはとても面白いです。スティーブン・スピルバーグが監督を務め、最新鋭のパフォーマンス・キャプチャー技術を駆使したアニメーション映画なので、ストーリーはもちろんのこと、実写ともアニメーションともとれる映像にも引きこまれます。	スピード	3
		明瞭さ	3
		アメリカ訛り	2
		外国語	4
		語彙	3
英語の特徴	主人公のタンタンは英国英語を話します。またサッカリンは米国人という設定ですが強い米国訛りはなく、タンタンの話す英語と同様に聞きやすいです。一方、ハドック船長、および船員たちはスコットランド訛りがあり、聞きなれないと少々理解しづらい時があるかもしれません。物語の展開に合わせて会話が早く進んでいくことが多いので、話すスピードも早くなることが多いです。	専門語	3
		ジョーク	4
		スラング	3
		文法	3

授業での留意点	【面白い言葉遊び】この物語の登場人物たちは面白い口ぐせを持っています。例えば、新聞広告を見て驚いたトムソンとトンプソンが言ったセリフは、"Great Scotland Yard!" 驚きの言葉なのでそのまま訳されるのではなく、「うそだろ！」「たまげたな！」などと訳されています。一方タンタンが驚いた時によく口にするセリフは、"Great snakes!" これは原作のフランス語では "Sapristi!" とか "Mon Dieu!" です。dieuは神様という意味で、"Mon Dieu!" は英語の "My God!" と同じ意味になります。なぜタンタンが "Great snakes!" と言っているかはよくわかりませんが、単なる口ぐせなんでしょう。面白いですね。ハドック船長が驚いた時に言うセリフはたくさんあります。"Billions of blue blistering barnacles!" / "Thundering barnacles!" / "Ten thousand thundering typhoons!" / "Blistering treasure!" / "Blistering barnacles!" / "Thundering typhoon!" などなど。blisteringやthunderingがよく使われているのは、どちらも「すごい、大変な」という意味を表現した単語なので強調の意味で使っているのでしょう。barnacleは「フジツボ」という意味で、日本語でもそのまま「びっくりフジツボ！」と訳されています。"Billions of blue blistering barnacles!" は、原作のフランス語では "Mille millions de mille milliards de mille sabords!" で「こんちくしょう！」の意味になるそうです。大げさな感じを表すのにフランス語ではmのつく単語を並べて言葉遊びをしているので、英語ではbのつく単語を重ねてそれを表現したのでしょう。また、この映画にはユーモアーにあふれた場面がたくさん出てきます。例えば飛行機の燃料がなくなった場面で、タンタンが "We are running on fumes."（ガスで飛んでる）と言うと、それを聞いたハドック船長は自分のゲップを燃料タンクの中に吹き込みます。また、サッカリンが狙っている3つ目のユニコーン号の模型は防弾ガラスのケースに入っていますが、ケースについているメーカー名をよく見るとNEVER BREAK社（日本語訳ではワレナーイ社）となっています。ハドック船長はサッカリンをsour-faced man with sugary nameと呼んでいますが、これはサッカリンの名前が人工甘味料のサッカリンとよく似ていることから、そう呼んでいるのですね。ユーモアーいっぱいのこの映画から、自分のお気に入りの場面を、是非見つけてみてください。 　【英語の方言】タンタンの話す英国英語は聞きやすいですが、ハドック船長とその船員たちはスコットランド訛りの英語を話すので、彼らが "Aye." と言ったり、"Aye, aye, Captain!" と返事をしているのを聞くことができます。aye（読み：アイ）はスコットラン語で、英語のyesにあたります。「アイアイサー」という表現を聞いたことはありませんか。それは "Aye, aye, sir!" と言っているのですね。またハドック船長がボートの上で火を炊き、"You look a little cold, so I lit a wee fire." と言います。このweeもスコットランド語の1つで、英語ではsmallになります。

映画の背景と見所	ベルギー、エルジュの傑作コミック「タンタンの冒険」の初映画化です。このシリーズでは、ニッカポッカにくるっとはねた前髪がトレードマークのタンタンと相棒のスノーウィーが世界中を舞台にスリル満点の冒険を繰り広げます。原作は全部で24冊あり、フランス語の作品ですが、全世界50カ国語以上に翻訳されています。それらは、どれも面白く、痛快で、夢があり、子どもだけでなく大人も楽しめるストーリーが多いです。この映画は、原作の「なぞのユニコーン号」と続編の「レッド・ラッカムの宝」に、サハラ砂漠を舞台にした「金のハサミのかに」の合体したストーリーです。日本でも翻訳コミックが出版されていますが、映画と一緒に是非英語版に挑戦してみましょう。コミックなので小説などに比べるとずいぶんと読みやすく感じるはずです。 　監督は「ジョーズ」「インディー・ジョーンズ」シリーズ、「E.T.」などの監督を務めたスティーブン・スピルバーグ、製作には「キングコング」の監督を務めたピーター・ジャクソンとスピルバーグがあたっています。実際の俳優の演技をコンピュータに取り込むパフォーマンス・キャプチャー技術を使ったフルデジタル3Dアニメーションで、映像の新しさが目を引きます。タンタンを「リトルダンサー」のジェイミー・ベルが、ハドック船長の敵役サッカリンを007のダニエル・クレイグが演じており、これらの俳優陣がこの映画をさらに見応えのあるものにしています。

スタッフ	監　督：スティーブン・スピルバーグ 製　作：スティーブン・スピルバーグ 　　　　ピーター・ジャクソン 脚　本：スティーヴン・モファット、エドガー・ライト 　　　　ジョー・コーニッシュ	キャスト	タンタン　　　　　　　　　　：ジェイミー・ベル ハドック船長/フランソワ・ド・アドック卿： 　　　　　　　　　　　　　　アンディー・サーキス サッカリン/レッド・ラッカム：ダニエル・クレイグ トンプソン　　　　　　　　　：サイモン・ペッグ

小さな恋のメロディ	Melody	（執筆）松浦由美子

セリフ紹介

　ダニエルとメロディが墓地でデートする場面から、ダニエルのひたむきな恋心が伝わってくるセリフをみてみましょう。"Here lies my beloved and beautiful Ella Jane, wife and lifelong friend. Thank you for fifty years of happiness."（妻であり、生涯の友であったわが愛するエラここに眠る。50年の幸せに感謝をささげよう。）という、墓碑に刻まれた碑文がメロディの目に留まり、メロディはダニエルに尋ねます。

　Melody : Fifty years' happiness. How long is fifty years?（50年の幸せかあ。50年ってどのくらい？）
　Daniel : A hundred and fifty school terms, not including holidays.（休暇をのけて150学期だ。）
　Melody : Will you love me that long?（私を愛し続ける？）
　ダニエルはうなずきますが、メロディは無理だと言います。
　Daniel : Of course. I've loved you a whole week already, haven't I?（もちろん愛し続ける。だってもう一週間愛し続けてるんだよ？）

　英国の学校も日本と同じ3学期制で、50年という途方もなく長く感じられる年数を、学校の学期数という自分たちの尺度で測り直しています。11歳のダニエルにとって、メロディのことを考えていたこの一週間は50年という歳月にも負けないものです。あふれ出る思いを、自分が知っている限られた語彙で表現しなければいけないもどかしさは誰しも経験したことがあるのではないでしょうか。子どもたちは狭い世界の中で生きていますが、その中で抱く思いは無限であるということを私たちに思い出させてくれます。

ふれあいポイント

【英国人と紅茶】英国人は世界で最も紅茶を飲むとも言われますが、この映画の中でも、登場人物たちは頻繁に紅茶を飲んでいることに気付くでしょう。ダニエルがメロディの家で紅茶をごちそうになる場面を観察してみましょう（Chapter 25）。"Come on up to the table."（かけなさい。）とメロディの母親に言われたダニエルはテーブルにつきます。学校帰りにメロディの家に寄ったのですから、お菓子を食べるのだと思いきや、みんなは紅茶と一緒に何を食べているでしょうか。ハムです。これは、ハイ・ティーと呼ばれる主に労働者階級の習慣で、肉類が紅茶とともに用意されます。おなかをすかせて帰ってきた子どもたちにはうれしいものですね。

【学校の様子】英国の学校の風景についてお子さんと話し合ってみるのも楽しいでしょう。ダニエルもメロディも制服を着ていますね。特にメロディの制服はギンガムチェックでかわいらしいものです。先生たちは厳しそうですが、生徒たちはなかなか言うことを聞かず、"Quiet!"（静粛に！）とよく言われています。また体罰も行われており、ダニエルやオーンショーは靴でお尻を叩かれていました。学校で子どもたちがタバコを吸っていたりするのにはびっくりですが、現代の日本の子どもたちがすることと全く変わらないこともたくさん見つけられます。また、学校でダンスパーティが開かれて、普段はこわい先生たちと一緒に踊ったりするのにも驚きです。ダニエルがオーンショーの助けを借りて、メロディに一緒に踊ろうと誘うシーンをみてみましょう（Chapter 19）。丁寧なダニエルと単刀直入なオーンショーの言い方の対比がとても面白いところです。

　Daniel : My friend and I are wondering if you like to …（僕たち、もし君たちが…。）
　Ornshaw : Come on, do you want to dance?（踊るかい？）
　Daniel : Do you like to dance?（踊る？）
　Ornshaw : Come on! Do you want to bloody dance!?（どうするんだよ！？）

　オーンショーは「おい」や「ほら」など注意を喚起したいときに "Come on." をよく使っています。want to は wanna と発音されています。

【「結婚したい！」】映画の終盤では、ダニエルとメロディの口から "want to"（〜したい）という表現が何度も出てきます。"We want to get married."（僕たちは結婚したいんです。）と校長先生にダニエルは言います。メロディは、今は結婚できない、と説得する家族に、"But we want to be together now."（いま一緒にいたいのよ。）と訴えます。まだまだ学ぶことがたくさんあるのだと諭す父に、"I know, but why is it so difficult when all I want to do is be happy?"（幸福になりたいだけなのになぜいけないの？）と言ってメロディは泣き出してしまいます。

あらすじ

　英国郊外のパブリック・スクールに通うダニエルは、過干渉な母親を持つ、少々気の弱い少年です。そんな彼は、反抗的でやんちゃなクラスメイト、オーンショーと不思議と惹かれあい仲良くなります。爆弾作りの実験に参加したり、バスに乗って街に遊びに行ったり、貧しいオーンショーと自分との境遇の違いを知ったりすることで、世間知らずで母親の言うなりだったダニエルの世界は少しずつ広がっていきます。

　あるとき、オーンショーに誘われ女子生徒たちのバレエの練習風景を覗き見たダニエルは、そこにいた少女、メロディに恋をします。もうメロディのことしか考えられないダニエル。内気だったダニエルはどこへやら、メロディをダンスに誘ったり、食堂で隣に座ろうとしたりと、気持ちを伝えるために果敢に、そして夢中で行動します。やがてメロディもダニエルに惹かれるようになります。

　そんな二人が、愛し合っているからという理由で、今すぐ結婚する！と宣言をしたから周りはびっくり仰天。大人たちはなんとか説得を試みますが二人はまったく聞く耳を持たず、クラスメイトたちのからかいにも動きません。おとなしかったダニエルの激しい情熱に、オーンショーやクラスメイトたちは協力して結婚式を計画します。それは子どもたちを管理しようとする大人たちに対する最大の反抗ともなっていくのです。

映画情報

製作年：1971年
製作国：英国
言　語：英語
配給会社：ヘラルド
ジャンル：ドラマ、ロマンス　　カラー映画

公開情報

公開日：1971年4月21日（英国）
　　　　1971年6月21日（日本）
上映時間：103分
MPAA（上映制限）：PG
興行収入：2億1,896万7,620ドル

薦	●小学生　●中学生　●高校生　●大学生　●社会人	リスニング難易表		発売元：ポニーキャニオン （平成26年5月現在、DVD発売なし） 中古販売店等で確認してください。
お薦めの理由	どの場面もみずみずしい感動であふれている青春映画の名作です。どの年代の人が見ても、それぞれの年でそのときにしかできない感じ方ができると思います。子どもたちの口から発せられる教師への反抗の言葉や、交わされる愛の言葉は、シンプルでストレートであり、それだけに私たちの心に響きます。英語学習者であれば何と言っているのか聞き取ってみたいと思うはずです。	スピード	3	
^	^	明瞭さ	3	
^	^	アメリカ訛	1	
^	^	外国語	4	
英語の特徴	典型的な英国英語で、"Have you got～?"といった疑問形や"can't"[ka:nt]の発音、[ai]の発音を[ei]と発音したりといった特徴を聞くことができます。"bloody"というイギリス的な強意表現がしばしば出てきますが、これはあまり丁寧な表現ではありません。例えば、オーンショーがダニエルに怒って「君の金は使わない」と言う時に"I don't need your bloody money."と言います（Chapter 11）。	語彙	3	
^	^	専門語	3	
^	^	ジョーク	2	
^	^	スラング	2	
^	^	文法	3	

授業での留意点	【学校の英語】Chapter 26から学校で使われている英語をさらに詳しくみてみましょう。まず、出欠を取るとき。ダニエルのクラスでは子どもたちは男性の先生に向かって"Here."と答えています。"Sir."と答える子もいますね。メロディのクラスでは女性の先生に対し"Yes, Miss."と返事をしています。 　また、英国の学校にはどのような教科があるのか、二人の会話から聞き取ってみるのもおもしろいでしょう。 Melody : I should be doing English with Miss Fairfax by now.（今ごろは英語の時間だわ。） 　　　　　What should you be doing?（あなたは？） Daniel : Ah, I don't know. Geography, I think.（わからない。地理だろう。） Melody : I quite like geography.（地理好きよ。） Daniel : So do I.（ぼくもだ。）Melody, do you like new math?（メロディ、新しい算数が好き？） Melody : They are OK.（好きよ） Daniel : I think I like history best.（ぼくは歴史が一番好きだ。） Melody : Ew! Daniel : Well, sometimes I like it, but mostly I hate it.（歴史は時々好きだけど、でも嫌いだ。） 【Why～?の文】オーンショーが教師から"Why?"と執拗に聞かれ、"Because～"の文で反抗的に答える印象的なシーンがあります（Chapter 22）。正確には because は接続詞なので、"Because～."だけでは文章が完成しませんから、口語的な表現になります。正しく言うには because をつけない、あるいは"That's because～"で答えます。 Mr. Dicks : And why did I invite you, Ornshaw?（なぜ私が君を呼んだと思うかね？） Ornshaw : Well, because I couldn't translate the Latin, sir.（ラテン語が訳せなくて。） Mr. Dicks : Why, Ornshaw? Why?（なぜ話せないんだ？なぜ？） Ornshaw : Because it's a bloody silly out-of-date language do you mean, sir?（だって時代遅れの言葉だからじゃないですかね、先生？） Mr. Dicks : Two was it, Ornshaw. I think we'll make it four.（鞭二つだったな。四つにしよう。） 　　　　　　And why do you think it's a silly out-of-date language, Ornshaw?（なぜ時代遅れの言葉と思うのかね） Ornshaw: Well, because I couldn't speak to a dead Roman even if I knew the bloody lingo, sir.（死んだローマ人とは話ができません。）
映画の背景と見所	撮影の舞台はロンドンの郊外です。制作当時の英国は長年の経済低迷に苦しんでおり、二階建てバスや黒塗りのタクシーといった現在も変わらぬロンドンの風物詩とともに、廃墟などの荒涼とした風景も散見されます。この映画で描かれているのは、そのような中でもはちきれそうなエネルギーとともに輝いている子どもたちの世界です。 　「パブリック・スクール」は、日本語に訳せば「公立学校」になりますが、英国では有名私立学校のことを指します。英国の公立学校は State School と呼ばれており、それに対して私立学校は Private School, Independent School と呼ばれます。中でも伝統のある有名私立のことを Public School として区別していて、ダニエルが通う学校もこの種類に当たります。厳しい校則や抑圧的な授業スタイルに子どもたちは息苦しさを感じています。さまざまな疑問や限りない好奇心を持った子どもたちと、型にはめようとする大人たちとのやりとりは、どこの国でも、そしていつの時代でも変わらぬものなのかもしれません。 　後半のダニエルとメロディの夢中な恋はもちろん見ものですが、前半のダニエルとオーンショーとがゆっくりと友情をはぐくんでいく過程の描写にも心を揺さぶられます。それらの経験を経て、全て母に任せきりだったダニエルは成長していくのです。ラストは未来を感じさせるすばらしいものです。
スタッフ	監　督：ワリス・フセイン 製　作：デヴィット・パットナム 脚　本：アラン・パーカー 撮　影：ピーター・サシツキー 編　集：ジョン・ヴィクター・スミス
キャスト	ダニエル・ラティマー：マーク・レスター メロディ・パーキンズ：トレイシー・ハイド オーンショー　　　　：ジャック・ワイルド ダニエルの母　　　　：シーラ・スティーフェル 校長先生　　　　　　：ジェームズ・カズンス

チキチキバンバン	Chitty Chitty Bang Bang	（執筆）伊與田洋之

セリフ紹介

　ジェレミーとジャマイマという二人の子どもが大好きなポンコツ車が解体されようとしていることを知って、車を売らないように所有者のコギンズさんにせがむ場面です。子どもたちが頼まなかったら、車は解体され、そもそもこの物語自体が成立しなくなってしまう重要なセリフです。

　Jemima ：Please. You can't sell our lovely car to that nasty man.　（お願いだから、大好きな車をあんな人に売らないで。）

　Coggins ：Well, I'm sorry, children, but I'm afraid I already have.　（すまんな、もう売ってしまったんだよ。）

　Jeremy ：I know. Daddy will buy it for us, won't he, Jemima?　（パパが買い取ってくれるよ。そうだよねえ。）

　Jemima ：Of course he will.　（もちろんそうよ。）

　Jeremy ：Promise you won't let it go until we come back.　（ぼくたちが戻ってくるまで売らないって約束して。）

　Coggins ：Well, 30 shillings mind, not a penny less.　（わかった。でも30シリング以下ではダメだぞ。）

　Jeremy ：Please promise.　（約束して。）

　Jemima ：Please.　（約束よ。）

　子どもたちが懇願したおかげで、かつてはグランプリで優勝したことがあるこのポンコツ車の運命が変わります。改造されてチキチキバンバンという名前が付けられ、海の上を走ったり、空を飛んだり、銀幕の中で大活躍します。

ふれあいポイント

【ミュージカル】この映画を見始めるとすぐに気づくと思いますが、子どもや大人が劇の中で音楽に合わせて歌ったり、踊ったりする場面がたくさん出てきます。こういう形式をミュージカルと呼んでいます。ミュージカルは日本ではあまり身近ではないかも知れませんが、外国では、特に米国では高校生くらいになると、協力してみんなでミュージカルを上演することがよくあります。ニューヨークのブロードウェーというところでは人気のあるミュージカルが上演されています。

　この映画はファンタジー・ミュージカルといわれていて、空想の物語とミュージカルが組合わされています。ポッツという家族を中心にして、トルーリーという女性が関わり合いながら、ファンタジーの世界を冒険旅行します。冒険をしながらいろいろな場面で歌ったり、踊ったりします。特に製菓工場の中で全員が踊る場面やポッツがバンブーダンスで大喝采を受ける場面は見応えがあります。また、映画のタイトルと同じ「チキチキバンバン」という曲が全編にわたり印象的な彩りを添えています。この映画の他にも『サウンド・オブ・ミュージック』や『メリー・ポピンズ』などの有名なミュージカル映画があります。

【生きた英語表現】映画の中で使われている覚えやすい表現を紹介します。①"You're in the way.（邪魔だよ）"、ジェレミーが動かないポンコツ車に乗ってハンドルを握り、車の前に来た人に「ぼくの運転の邪魔になる。」と言います。②車で送ってもらう時に、トルーリーに"What's your name?（名前は何）"と聞かれ、二人の子どもはそれぞれ、"I'm Jemima."，"And I'm Jeremy."と答えています。名前を聞かれた時、"My name is ..."の他に"I'm ..."という答え方もあります。また、ジャマイマはトルーリーに「あなたの名前は何。」と聞き返す時、"What's your name?"ではなく、"What's yours?"という聞き方をしています。③"Not at all.（どういたしまして）"ポッツが池にはまった車からトルーリーを出してあげた時「ありがとう」と言われて、こう応答しています。"You are welcome.（どういたしまして）"という表現と一緒に覚えましょう。④"Lovely, just lovely.（本当に美しい）"、海辺でトルーリーが「美しい景色ね。」と言ったことに対して、ポッツがこのように応じています。"Lovely"は日常生活でよく使われている言葉で、心が和らぐ表現です。⑤"I'm coming, I'm coming!（今、行きます）"、おもちゃ職人が子どもさらいに「入り口のドアを早く開けろ。」と催促されて、こう言っています。呼ばれた人のところに行く時はこの表現を使います。⑥"Just a minute!（ちょっと待て）"踊る人形に疑問をいだいたボンバースト男爵が言うセリフです。役に立つ表現です。⑦"Where are you going?（どこに行くの）"ジャマイマが出かけようとする父親に言う言葉です。

あらすじ

　映画が始まると、暗転したまましばらくレースカーの爆音だけが鳴り響いています。このオープニングで車が何か重要な役割を果たすだろうと予感できます。事実、解体寸前のポンコツ車は発明家ポッツによって改造され、魔法の車に生まれ変わります。車は「チキチキバンバン」と名付けられ、ポッツと二人の子どもやトルーリーを乗せて、海の上を自在に走ったり、空を飛んだりして大活躍します。

　ポッツは子どもにせがまれて、ポンコツ車を改造し、ピカピカのチキ号に生まれ変わらせます。ポッツ一家はチキ号に乗って、トルーリーと一緒に海辺に出かけます。ここでポッツの空想の物語が始まります。ボンバースト男爵はなんとかしてチキ号を手に入れようとします。しかし、捕まえようとするとチキ号はホバークラフトに早変わりし、波の上を滑るように走ります。ある時は翼を出して、大空に飛び上がります。男爵のスパイは、おじいさんをポッツと間違えて誘拐し、城へ逃げ込みます。チキ号も後を追いますが、不意をつかれて子どもたちもさらわれて城に連れて行かれます。ポッツとトルーリーは、おもちゃ職人の案内で洞窟に行き、隠れていた子どもたちと協力して、悪漢を攻撃し、家族を助け出します。冒険旅行から現実の世界に戻り、ポッツとトルーリーが乗ったチキ号はゆっくり空中に浮かび、再び飛び始める…。

映画情報		公開情報	
製　作　費	1,000万ドル	公　開　年	1968年12月16日（英国）
製　作　年	1968年		1968年12月21日（日本）
製　作　国	英国	上映時間	143分
言　　　語	英語	字　　幕	日本語字幕/英語字幕
ジャンル	ファンタジー・ミュージカル	画面アスペクト比	1.33：1

薦	●小学生　●中学生　○高校生　○大学生　○社会人	リスニング難易表		発売元：20世紀フォックス ホーム エンターテイメント ジャパン （平成26年5月現在、税込み） ブルーレイ価格：5,076
お薦めの理由	子どもが楽しさを味わえるストーリーです。映画の中で、車が海の上を走ったり、翼を出して空を飛んだりします。スパイたちは、奇想天外の方法でチキチキ号を捕まえようとしますが、間が抜けていて、失敗の連続です。ユーモアたっぷりで、いつの間にかファンタジーと笑いの世界に引き込まれてしまいます。暴力シーンや汚い言葉も使われていないので、安心して子どもに見せることができます。	スピード	3	
		明瞭さ	4	
		アメリカ訛	2	
		外国語	2	
英語の特徴	この映画では、時代が少し古いせいか、時々、聞き慣れない単語や言い回しも出てきますが、全体として、標準的な英語が話されています。はっきりと発音されていて、聞き取り易いと思います。スピードは登場人物によって差はありますが、概ね普通の会話の早さです。舞台は20世紀初頭の英国ですが、多くは米国式の発音になっています。「チキチキバンバン」を始めとして、数々の曲の中の英語も標準的です。	語彙	3	
		専門語	2	
		ジョーク	3	
		スラング	3	
		文法	3	

授業での留意点

【ミュージカル】日本には「歌舞伎」や「能」といった特有の伝統的な舞台芸術があって、その洗練された芸術性は日本国内外を問わず、高い評価を得ています。一方、欧米では、特に米国でミュージカルというジャンルが19世紀後半に生まれ、発展しました。ミュージカルというのは演劇、音楽、ダンスを有機的に融合させた、新しい舞台芸術です。ミュージカルは、欧米人にとっては生活の中で大きな地位を占めていて、ロンドンやニューヨークなどでは定期的に有名なミュージカルが上演されています。早期英語教育の段階からミュージカルに触れさせることは、異文化理解につながるだけではなく、豊かな情操をはぐくむことに大いに役立つと思います。

　この映画はファンタジー・ミュージカルといわれています。ファンタジーの世界を冒険しながら、素晴らしい音楽に出会える機会を与えてくれています。全編にわたって何度も歌われる「チキチキバンバン」を始めとする数々の曲は、子どもたちにとって親しみやすいものばかりです。歌ったり、踊ったりする登場人物に注目してください。身振りや豊かな顔の表情で、巧みにコミュニケーションをはかっています。実はこのことが、英語圏の文化の神髄で、言葉だけではなく、言葉以外のコミュニケーションの手段も大切にしているのです。しかし、日本人はあまり得意ではありません。このような文化の違いを、この映画の中で子どもたちに教えることができると思います。

【日本語と英語との音声の違い】英語を教える上で重要なポイントが、発音の指導です。まず、英語のもつ音声やリズムなどの特性に気づかせることが大切です。一つの方法として、登場人物の子ども、ジェレミーとジャマイマの話す英語に注目させてください。例えば、トルーリーをピクニックに誘う時、ジェレミーは"We're going to the seaside.（ぼくたちは海に行くんだ）"と言いますが、「ウィーアーゴーイングトゥザ」までは弱く短く速く発音していますが、「シーサイド」の「シー」の部分は体全体で勢いをこめて、思いっきり強く「シー」と発音しています。これが英語の発音です。ジャマイマも続けて"On a picnic.（ピクニックよ）"と言いますが、「オンナ」は弱く短く発音して、「ピクニック」の「ピ」に力を込めて、とても強く発音しています。

　日本語の発音はメトロノームのようです。一つ一つの音を同じ間隔で切って、平らな調子で発音します。一方、英語には強弱アクセントやイントネーションがあって、リズムがあります。そのリズムもカンガルーが跳びはねるように、いつも一定ではありません。例えば、日本語のマクドナルド（ma-ku-do-na-ru-do）は6音節ですが、英語のMcDonaldは3音節です。外国人に日本語を教える時、「マクドナルド」を、一つずつ音を切って「マ・ク・ド・ナ・ル・ド」と発音するわけですが、外国人たちはみんな大声で笑います。英語のMcDonaldの発音と大きく違うので、日本語の音がおかしくて笑うのです。よほど大げさに強弱やリズムをつけないと英語の音にはなりません。

映画の背景と見所

　原作はイギリス人作家イアン・フレミングです。イアン・フレミングは有名な007シリーズの作者でもあります。この作品は子ども向けに書かれたミュージカル・ファンタジーの最高傑作と言われています。悪者が様々な攻撃を仕掛けますが、主人公はスーパーカーを駆使して、目の覚めるような方法でピンチを切り抜けます。筋書きが007シリーズとそっくりです。『チキチキバンバン』という題名は、車のエンジンが出す音で、この魔法の車の名前にしました。銃の発射音も「バン(bang)」です。フィナーレの場面は、名城といわれるドイツのノイシュバイシュタイン城で撮影されました。

　映画の感動をさらに鮮明しているのは、美しいイングランドの街や農村風景を背景にして、主題歌の「チキチキバンバン」の軽快な音楽とストーリーのおもしろさです。ミュージカル映画なので、音楽だけではなく歌や踊りが様々な形でふんだんに出てきます。特にポッツやトルーリーとともに製菓工場の従業員たちが、一糸乱れることなく一斉に踊る場面や、バンブーダンスの素早い動きには目を奪われてしまいます。しかし、何と言っても最高の見せ場は、冒険旅行のフィナーレで、大勢の人が見守る中、トルーリーが「ギイギイ」というゼンマイの音に合わせ、人形のおもちゃのように踊るシーンです。

スタッフ	監督・脚本：ケン・ヒューズ 作詞・作曲：ロバート・M・シャーマン 製　　作：アルバート・R・ブロッコリ 原　　作：イアン・フレミング 美　　術：ケン・アダム	キャスト	ポッツ　　　　：ディック・バンダイク トルーリー　　：サリー・アン・ハウズ ジェレミー　　：アドリアン・ホール ジェニファー　：ヒーザー・リプレイ ボンバースト男爵：ゲルト・フレーベ

チャーリーとチョコレート工場　Charlie and the Chocolate Factory	（執筆）子安　惠子

セリフ紹介

　祖父母2人からの暖かい言葉を紹介しましょう。1人目はジョージーナおばあちゃん。聴力がかなり落ちているようで、皆との会話のやりとりでトンチンカンな受け答えをするのですが、素晴らしい言葉を2つ言っています。1つは、お誕生日にしかチョコレートを買ってもらえないにも関わらず、金のチケットの事を話すチャーリーに、おばあちゃんは "Nothing is impossible."（この世に不可能はないわ）と励まします。2つ目は、ウォンカ氏が全工場をチャーリーに譲る、ただし家族は残していくことという申し出をチャーリーが断り、ウォンカ氏が去ります。最高の状態からまた元の貧しい状況に戻ってしまうチャーリーに対して、"Things are going to get much better."（どんどんいいことがあるよ）と声をかけ、事実おばあちゃんの言葉通りになっていくのです。

　2人目はジョージおじいちゃん。チャーリーは金のチケットを家族に見せた後、見学へ行かず高額で買いたい人に売るといいます。バケット家にはお金が必要とわかっているのです。その時ジョージおじいちゃんはチャーリーをそばに呼び、"There's plenty of money out there. They print more every day. But this ticket … there's only five of them in the whole world … and that's all there's ever going to be."（お金は毎日印刷されて世間に出回っとる。だが金のチケットは世界にたった5枚しかない。二度と手に入らん。）と言い、続いて "Only a dummy would give this up for something as common as money. Are you a dummy?"（それをあっさり金に換えるのはトンマだ。お前はトンマか？）と尋ねます。チャーリーは "No, sir."（違います）と。本当に大切なものを見抜く力、そしておじいちゃんにも sir をつけて答えるチャーリー。貧しさなんて立派な人間になるには何の関係もありませんね。

ふれあいポイント

　映画からは英語が学べるというだけでなく、舞台となる国の文化や習慣も同時に学ぶことができる素晴らしさがあります。この映画は、子供としてのマナー、保護者にとって子供のしつけという観点からしてもお手本にできます。

【普通の子？】映画は "This is a story of an ordinary little boy named Charlie Bucket."（この少年が物語の主人公チャーリー・バケットだ）という言葉で始まります。チャーリーは「普通の子」であると強調されているので、どの子供にとっても受け入れやすいでしょう。そして "He was not faster or stronger or more clever than other children."（足の速さも力も人並みで頭もふつう）と続けば、運動や勉強が苦手な子たちはチャーリーを身近な少年に、得意な子は少し寛容な気持ちが持てるかもしれません。"His family was not rich or powerful or well-connected."（両親はお金も地位も、人脈もない上に）まではよいのですが、"In fact, they barely had enough to eat."（食べ物にも困るほど貧しかった）となり、傾いた家、屋根には穴があいていて、雪の降る中暖房もない様子を目にすると、自分とは少し違うかなと思い始める子がでてくることでしょう。けれどもそんな環境にあっても、帰宅した時には元気に挨拶をするチャーリー。「ただいま」を直訳する英語はありませんが、ちゃんと帰宅時に挨拶はします。そういう時は何て言っているのかな？パパが帰ってきた時は？と親子で見つけるのも楽しいことでしょう。そして寝る時間、チャーリーは、両親や祖父母たち全員にきちんと「お休みなさい」を言っていく、よくしつけられた子なのです。

【家族の愛】チャーリーは単によい子というだけでなく、家族全員から愛されているということも、またひしひしと伝わってきます。ですから、素晴らしい副賞が手にできるのにもかかわらず、家族を連れて行けないとわかると、"Then, I'm not going."（じゃ、行かない）と断ってしまうのです。そして "I wouldn't give up my family for anything. Not for all the chocolate in the world."（家族は一番大切だもん。世界中のチョコよりね。）と答える場面は、小さな子には、少し保護者の説明が必要になるかもしれません。

　最後の場面も同様に保護者からの説明が必要でしょう。ウォンカ氏は、全工場を譲るという副賞をチャーリーに拒否されてから気分が落ち込み、すべてが上手くいかなくなっています。そこで、道端で靴磨きをしているチャーリーに会いに行き、アドバイスを受ける場面です。ウォンカ氏が "I don't feel so hot. What makes you feel better when you feel terrible?"（元気が出ない。特効薬はないかな？）と尋ねると、チャーリーは一言 "My family."（家族）と答えます。でもウォンカ氏は、家族なんてやりたい事をジャマするだけだと述べるのに対して、チャーリーは "Usually they're just trying to protect you because they love you."（愛しているから心配なのさ）と諭します。この言葉は、まだ両親からあれこれ言われる年頃の小学生への、チャーリーからの最高のアドバイスとなるでしょう。

あらすじ

　失業中の父、母、寝たきりの祖父母2組と、貧しいけど幸せに暮らしている家族思いの心優しい少年チャーリー。そこには、15年間誰もいないのに世界一のチョコレートを作り続ける不思議なチョコレート工場がありました。ある日、工場の経営者ウィリー・ウォンカ氏は「生産するチョコレートの中に5枚だけ金色のチケットが入っている。そのチケットを持つ子供は工場の見学が許される上、想像を超える副賞がつく。」と発表しました。世界中がチケット争奪戦となり、食いしん坊の肥満少年オーガスタス、お金持ちで超わがままな少女ベルーカ、いつもガムを噛んで勝つことがすべての少女バイオレット、テレビとゲームが好きで反抗的な少年マイク、という個性的すぎる4人の子供たちとチャーリーがチケットを手にします。4組の親子と、ジョーおじいちゃんとチャーリーはウォンカ氏に工場内へと招かれます。そこはチョコレートの川が流れ、木や舟はキャンディというお菓子の国でした。しかし見学する中、チョコレートの川で溺れかける、ブルーベリーになってしまう、ゴミ箱に捨てられる、テレビの中に入れられてしまうと、子供たちは1人ずつ姿を消してゆき、最後に残ったのはチャーリー。副賞は「全工場を譲る」、でも家族を連れて行くことはできないというもの。チャーリーには受け入れがたく、辞退します。けれどもウォンカ氏の問題が解決されたので、副賞を受け取り、チャーリーと彼の家族そしてウォンカ氏は、一緒に楽しい日々を暮らすことになりました。

映画情報

原　作：ロアルド・ダール『チョコレート工場の秘密』
製作年：2005年　　　　　　　製作国：英国、米国
製作費：1億5,000万ドル　　　製作場所：英国、米国
配給会社：ワーナー・ブラザーズ　言語：英語
ジャンル：ファンタジー・コメディ

公開情報

公開日：2005年7月15日（米国）、9月10日（日本）
オープニンブウィークエンド：5,617万8,450ドル
興行収入：2億6,45万9,076ドル（米国）
　　　　　53億5,000万円（日本）
上映時間：115分　　　　MPAA（上映制限）：PG

薦	●小学生　○中学生　○高校生　○大学生　○社会人	リスニング難易表	発売元：ワーナー・ホーム・ビデオ（平成26年5月現在、税込み）DVD価格：1,543円　ブルーレイ価格：2,571円

お薦めの理由	原作は1964年に出版されたロアルド・ダールの『チョコレート工場の秘密』。30ヶ国語に翻訳され、1300万部以上の売り上げで、子供と大人の両方から愛されています。英国ではハリー・ポッター、指輪物語に続く第3位の人気です。原色のお菓子の森、砂糖菓子でできた舟、76リットルのチョコレート素材が使われた川等が実物大に作られ、くるみを割るリス100匹は半年かけて調教されました。	スピード	2
		明瞭さ	2
		アメリカ訛	1
		外国語	3
		語彙	2
英語の特徴	ウィリー・ウォンカ氏を除いては英国英語で、チャーリーも英国英語で発音は明瞭です。金のチケットを手にした4人、オーガスタスはドイツのデュッセルドルフからでドイツ語訛りの英語を、ベルーカは英国バッキンガムシャー、バイオレットがジョージア州アトランタ、マイクはコロラド州デンバーと、各々少しずつ発音が違いますから、訛りのある英語になれる手始めとして格好の映画といえるでしょう。	専門語	1
		ジョーク	2
		スラング	1
		文法	2

| 授業での留意点 | 映画はナレーションで始まりナレーションで終わります。その語り口はゆっくりで丁寧です。子供たちがまねるには最適といえるでしょう。英語の字幕を出して、字幕を見ながら音声に重ねて話すことが十分できる速さです。
【ナレーター】ナレーションでは、徐々に音声を小さくしていき、最終的には音声を完全に消して、子供たち自身が映画のナレーターになるのです。映画に参加した気持ちになれること請け合いです。ナレーションは途中にも少しありますが、主にChapter 2「ウィリー・ウォンカのお話し」とChapter 31「甘い幸せ」にまとまっています。
【チャーリー】クライマックスへの序となるChapter 29「勝者の選択」で、今度はチャーリーになってみてはいかがですか。ウォンカ氏のセリフは多くて速いですが、チャーリーのセリフはどれも短いものです。ナレーション同様、字幕を見ながらチャーリーのセリフと重ねて話してみます。今回はウォンカ氏とのやり取りの会話なので、消音にはできません。けれどもチャーリーのセリフは短いので、暗記してしまうことは十分可能です。そうすれば字幕を消して英語の音声だけにできます。あまり音を大きくしなければ、チャーリーの声は小さいので、チャーリー役の子供の声がチャーリーの声にかぶせて消してしまえ、完全にチャーリーになりきってウォンカ氏と会話できます。
続くChapter 30「チャーリーのアドバイス」は、一番難度の高い場面です。靴磨きの場面でのチャーリーは今までになく雄弁で、ウォンカ氏の事を語り、その上アドバイスまでしてしまいます。ナレーションの練習、そしてChapter 29でチャーリーになりきってウォンカ氏とやり取りをした後でしたら、今までよりはもう少し練習が必要でしょうが、字幕を見ながら素晴らしいアドバイスをするチャーリーになることができると思います。ウォンカ氏に付き添ってウォンカ氏の父親のもとに行く場面では、チャーリーのセリフは歯科医院のドア前であるだけです。ここまでくれば、最後のChapter 31「甘い幸せ」でのチャーリーのセリフをこなすことが、十分できるようになっていることでしょう。チャーリーは、ウォンカ氏とだけでなく、父、母、祖父母たちとのやり取りがあります。チャーリーのセリフは、どのセリフもそんなに長くありません。ナレーター役の人、チャーリー役の人、そして両親や祖父母たちの役など、それぞれが担当して映画の登場人物になることができます。この映画は、学習者たちが映画の登場人物になり、映画を作り上げていくことができる作品としてお薦めです。ただし、4人の子供たちの英語は、悪い性格を強調して話させている悪い見本ですから、あまり丁寧に扱わない方が良いと思われます。
【トラウマ】ウォンカ氏の子供時代は原作にはありません。なぜウォンカ氏はparentsの言葉が言えないのか、なぜフラッシュ・バックを起こすのかは、議論の対象になります。余りにも厳しい父に育てられてトラウマとなっている点など、映画の理解の手助けとなるでしょう。また愛情一杯に育てられたチャーリーとの比較も興味深いものです。 |
|---|---|

| 映画の背景と見所 | ウォンカ・チョコレートは日本で手に入ります。スイスのネスレ社の全面的に協力により、英国版、米国版、豪州版が製造・販売されました。国によりサイズや包装が異なりますが、日本では映画と同じ包装の赤いパッケージの板チョコが、輸入食品を扱う専門店やバラエティショップで買えます。映画の公開時には500万ポンドを投入した大キャンペーンが行なわれ、映画と同じ包装のウォンカ・チョコレートには、期間限定で金のチケットが入れられ、英国では米国ネスレ社工場とワーナー・スタジオを、豪州では英国のネスレ社工場見学へと招待されました。
原作には登場しないウィリー・ウォンカの父親のウィルバー・ウォンカ。歯科医としては名医ですが、ハロウィーンでウィリーが集めてきたチョコレート・キャンディを、歯に悪いと言って取り上げただけでなく、暖炉に投げ込んで焼いてしまいます。米国では、ハロウィーンのお菓子を取り上げることは親としては絶対にしてはいけないことなのです。息子がショコラティエになることに反対し、ウィリーを見捨てて消えてしまう冷酷な父親として登場します。ところが映画の最後で、ウォンカ・チョコレート工場や成功に関する記事をすべてスクラップし、何十年と会っていなくても、ウィリーの歯を見ただけで息子だと分かるなど、どれだけ深く息子を愛し、誇りに思っていたかが判明して和解する場面。セリフはほとんどありませんが、映画の中で一番心温まる最高の見所です。 |
|---|---|

| スタッフ | 監　督：ティム・バートン　脚　本：ジョン・オーガスト
製　作：ブラッド・グレイ、リチャード・D・ザナック
編　集：クリス・レベンゾン、A.C.E.
製作総指揮：ブルース・バーマン、グレアム・パーク、他
衣　装：ガブリエラ・ベスックチ | キャスト | ウィリー・ウォンカ　：ジョニー・デップ
チャーリー・バケット　：フレディ・ハイモア
ジョーおじいちゃん　：デビット・ケリー
父　　　　　　　　　：ノア・テイラー
ウィルバー・ウォンカ　：クリストファー・リー |
|---|---|---|---|

	翼のない天使	Wide Awake	（執筆）戸谷　鉱一

セリフ紹介

原題のWide Awake（すっかり目が覚めている）と邦題の「翼のない天使」とがつながるセリフです：
- ジョシュア　　　： "Fifth grade was the most rigorous year yet."　"5年生は大変な年で…"
- Sister Sophia　： Rigorous or toughest?　"困難な年"
　　　　　　　　　 Eye contact, Joshua.　ちゃんと目を見て …
- ジョシュア　　　： It's like I was asleep before and finally woke up.　"去年まで僕は寝ていたんだ"
　　　　　　　　　 You know what?　I'm wide awake now."　"そして今年やっと目を覚ましたんだと"

これは5年生最後の日の1年を振り返る発表の場面です。ジョシュアの心境の変化がうかがえる重要なセリフです。次はクラス写真を撮る場面からのセリフで、作品のクライマックスを迎える時です：
- ジョシュア：They need you for the class picture.　記念写真を
- 少年　　　：I'm not in your class.　クラスが違う …
- 少年　　　：Not David.　そうじゃない
- ジョシュア：I better get back.　They're taking a picture.　戻らないと　写真撮るから
　　　　　　　You mean Grandpa?　じじのこと？

長い夢から覚めたジョシュアが最後に見たものは、一人の少年―翼のない天使―です。彼の 'You don't have to worry. He's happy now.' は祖父の安否を暗示する意味深なセリフです。

ふれあいポイント

【音声】否定語の 'not' を使った表現が作品を通してたくさん聞かれます。'not' の音に注意して、それを含む表現を中心に聞き取りをしましょう：

I'm not goin' anywhere.　どこにも行かん
Just try to agree with the nuns and not give them any trouble in class, okay?
シスターには逆らうな　教室では静かにしろよ
Quizzes will be held every two weeks not during holy days and not during the play-offs.
テストは2週間ごと祝日とプレイオフの時はナシ
She's not baptized, so that means she's going to hell, right?
僕の叔母は洗礼を受けてません　叔母は地獄に落ちるんですか？
And my dad's best friend... He's not baptized, either.　父の親友も洗礼を受けてません
Seth Greenberg rides my bus. He's not baptized.　バスの運転手グリーンバーグもだ
No, the Bible's not wrong.　聖書は正しいわ
you're not allowed to lie to me, right?　神父様はうそをつきませんよね
Joshua, the pope is not God.　ジョシュア　法王は神じゃないのよ
You're not concentrating.　集中しないからだ
He's not afraid of anything. Not anything.　すごく無鉄砲で怖いものなし
I'm not gonna go. I can't leave.　転校なんてしない
That's not funny! Is that funny?　何がおかしいの？
Hey, Frank, you're not gonna blow chunks on me, are you?　また吐きそうなの？
I did all right. And remember I'm not involved with this at all.　僕はちゃんと出来たから
You're supposed to be sick, not having galactic battles.　どうせ　ずる休みだと思ったよ
Last day. Let's not be late. Come on.　終業式だぞ　急げ
You will not be punished.　罰はないから
I'm not in your class.　クラスが違う
Not all angels have wings.　僕は知ってる　翼のない天使がいること

あらすじ

ジョシュア・ビールはカトリックの男子校に通う5年生です。大好きでいつも一緒だった祖父が亡くなった後、死をまだ理解できない彼は、神に興味を持ち、祖父が大丈夫か確かめるために神を捜し始めます。彼は先ず、祖父が好きだったフットボールチームに入ります。それからジョシュアは神を捜すことを任務と呼び、親友のデイビッド・オハラにその任務を話します。彼はジョシュアを姉のニーナの女子部に来るギアリー枢機卿に会わせるため協力してくれます。掃除用モップをかぶり変装しキャスター付きバケツに乗って、シスター達の気を引きます。そこで素敵な女の子ホープに出会います。彼女の助けもあって、ジョシュアは枢機卿には会えたものの、彼は神様とは交信できないただの老人であることが分かります。また告白の時間に、ジョシュアは神父に神を捜していることを告げます。そんな中ある日デイビッドが学校を休みます。ずる休みとばかり思って様子を見に彼の家を訪れるジョシュアは、発作で気を失っている彼を発見します。ジョシュアに助けられ、神を信じていなかったデイビッドは、これを機に神を信じ始め、彼に任意を続けるように言います。しかし反対にジョシュアの方に心境の変化が起こりつつあり、長い夢から覚めるのは5年生最後の日です。その日クラス写真を撮る時に廊下に出ていき、ジョシュアより小柄な少年との出会いで、クライマックスに達します。そこで不思議な出来事に遭遇します。ジョシュアの夢や思いは叶うのでしょうか。

映画情報

製作年：1998年3月20日
製作費：600万ドル
製作国：米国　　　　　　　　言語：英語
配給会社：ミラマックス フィルム
ジャンル：ファミリー、ドラマ　　カラー映画

公開情報

公開日：1998年3月20日（米国）
　　　　劇場未公開（日本）
興行収入：28万2,175ドル（米国）
上映時間：約87分
字幕：日本語字幕

薦	●小学生　●中学生　●高校生　●大学生　○社会人	リスニング難易表		発売元：アスミックエース （平成26年5月現在、DVD発売なし） 中古販売店等で確認してください。

お薦めの理由	神の存在は分かりませんが、信じる者には奇跡が起こることの可能性を与えてくれる心温まるストーリーです。また死について考えるのは、大人になってからのように思えるかもしれません。しかしはっきりとは理解できなくても、本能的に漠然と子供ながらも考えたことが誰にでもあったのではないでしょうか。笑える場面もありますが、全体を通して真剣で真面目な作品ですので、小学校高学年以上にお薦めです。	スピード	3
		明瞭さ	4
		アメリカ訛	3
		外国語	1
		語彙	3
英語の特徴	登場人物の英語は米国発音です。文法において'am [is, are] not'の縮約形'ain't'が'It ain't easy.''Then you ain't doin' it right.'のように使われています。'ain't'は無教育者の語または方言とされますが、米口語では教育ある人々にも用いられることがあります。ただ標準語法として確立はしていません。性表現において、婉曲的に男子の生理現象を表す'biological reaction'が使用されている程度です。	専門語	1
		ジョーク	1
		スラング	1
		文法	2

授業での留意点

【語彙関連】'not'以外に'no'や'nothing'や'neither'や'never'を使ったセリフも多く用いられています。以下はそれらの一部です。なぜ否定的な表現がこれだけ多いのかも作品のテーマから考えさせてみましょう：

- I don't get it.　　変なの
- Me neither.　　そうだ

"But there is no peace.　"だが平和などない"
And besides, if there was no school... there'd be no rules to break.
学校がなければ規則破りもできないしさ
Strike one, strike two. He never strikes out.　すでに2ストライク
Dude, nothing is gonna go wrong.　大丈夫　僕がシスターの気をそらしとくから
The nuns have their rules; no food on the trays, no crumbs left on the table.
残さず食べること　食卓は汚さないこと
And we have our rules; never eat the tuna casserole...　僕らにも規則が…　蒸し焼きは無視
No reason. I just hear it's a nice city to visit.　知らない　でもいい所らしいよ
Mm-hmm. And it has nothing to do with the fact that... that's where the Vatican is and that's where the pope lives?　バチカンに法王がいるからじゃないのか？
You can move on slowly. There's no rush.　ゆっくり進みましょうね
Nothing, mostly.　特には何も
Well, there's still some magic, but it gets less and less every year.
1年ごとに魔法の力が小さく見えてきて
Nothing's happening.　何も起きない
What if you get there and you find out there is no God?　もし神様がいなかったら、誰がじじを守るの？
Um, no chunk-blowing, Frank, okay?　吐かないで　フランク　我慢してね
You don't gotta be scared no more.　もう大丈夫だ
It was no miracle.　違うよ
My dad didn't help me, neither.　自分で作ったんだ

映画の背景と見所

舞台はペンシルベニア州フィラデルフィアのWaldronAcademy Catholic School for Boysです。米国では地域によって教育制度や学校制度が異なります。初等教育は、一般に6歳（1年生）からElementary Schoolにおいて始まり、11歳（6年生）～14歳（9年生）から、中・高等教育がJunior High（またはMiddle）SchoolやSenior High SchoolやHigh Schoolにおいて始まります。米国の学校というと開放的で、生徒の自由奔放な姿を想像するかもしれませんが、とりわけカトリックや軍隊の学校では、他の学校には義務のない厳しいしつけが行われるそうです。この作品中の学校も伝統を重んじるカトリックの学校です。規律における厳しさの面で、昔の日本の学校を思わせる所があります。例えば、体育の時間に、両腕を上げて回し、怠け者が出たら最初からやり直すという体罰的なことを押し付けられたり、一人の食事の食べ残しも許さず全員に連帯責任を課されたりする場面が登場します。先生が静かにするように言うと、騒いでいた生徒達はぴたりとおしゃべりを止め姿勢を正す今の日本では珍しい学校風景が見られます。

主人公のジョシュア・ビールが祖父の死を機に、家族、友達、様々な出来事を通して、心の成長を遂げていきます。その過程を追っていくことに価値があります。ジョシュアの神を捜す真剣で真面目な場面やカトリックの厳しい規律の合間に息抜きのような笑える―神をも恐れない―場面が見られるのも見所です。

スタッフ	監督・脚本：M・ナイト・シャマラン 製　　作：ケイリー・ウッズ、キャシー・コンラッド 撮　　影：アダム・ホレンダー 編　　集：アンドルー・モンドシェイン 音　　楽：エドマンド・チョイ	キャスト	ジョシュア　　　：ジョゼフ・クロス パパ　　　　　　：デニス・リアリー ママ　　　　　　：ダナ・デラニー シスター・テリー：ロージー・オドネル おじいちゃん　　：ロバート・ロッジア

| | ティンカー・ベル | Tinker Bell | （執筆）平野 尚美 |

セリフ紹介	もの作りの才能に恵まれた妖精『ティンカー・ベル』は、人間の住む「メインランド」に行くことが出来ないと知り、自分の才能に疑問を持つようになります。仲間の妖精たちに仕事を教えてもらい、別の才能を習得しようとしますが、どれもうまくいかないティンカー・ベルでした。そんな中、妖精の粉の番人『テレンス』と言葉を交わし、テレンスの良いところを見つけ伝えているうちに、これまでの自分の考え方を見直すきっかけを掴みます。このシーン（Chapter 12）での会話は見逃せないでしょう。"You know my name?" と驚くテレンスに対して、ティンカー・ベルはどうしてそのように反応するのかわかりません。テレンスは "Well, I don't know. I'm just the dust keeper guy. I'm not exactly seen as the most important fairy in Pixie Hallow."（僕なんて単なる粉の番人だ。ピクシーホロウでは、大して大事な妖精じゃない。）と答えるのですが、そんなテレンスに "Terence ... What are you talking about? You're probably the most important one there is! Without you, no one would have any magic! Why, your talent makes you who you are. You should be proud of it! I mean ..."（テレンス、あなた何を言っているの。あなたなしではみんな魔法を使えないわ。自分の才能を大切にしなきゃ。誇りを持つべきよ。）と励ますティンカー・ベル。その言葉に対して、テレンスは短く一言 "I am."（持ってるよ。）と答えるのでした。 　ティンカー・ベルは、一度は台無しにしてしまった春の準備に再度取り掛かるようみんなに呼びかけます。その際の "Because I'm a tinker. It's who I am. And tinkers fix things."（私はもの作りの妖精。それが私。作るのが仕事です。）というセリフは、ティンカー・ベルが自分の才能を受け入れ、迷いのない気持ちを伝えているものといえます。
ふれあいポイント	【原作本とシリーズ本】スコットランド生まれの作家ジェームス・マシュー・バリーによって書かれた不朽の名作の中に、主人公『ピーター・パン』のパートナーとして妖精『ティンカー・ベル』が登場します。現在、児童書が多数出版され、また、ディズニーが1953年に映画を公開して以降、今もなお人気がある作品といえます。また、講談社が文庫本のシリーズ（ディズニーフェアリーズ文庫）を出しており、ティンカー・ベルや妖精の仲間たちの話が描かれています。関連の本を読んだり、映画を見ることにより、さらに物語の世界観を広げ楽しむことが出来るでしょう。 【キーワード】この作品に頻繁に出てくる言葉や重要な語を親子で確認してみましょう。① talent：日本語で今日用いられていて、テレビ等に出演している芸能人や著名人を指す語「タレント」と対応するのではなく、「才能」という意味になります。（talent は、その他に「才能ある人々、人材」という意味はありますが、「（テレビ）タレント」を指す英語は a celebrity, a TV star, a TV personality 、もしくは、an actor, a singer のような具体的な職種を表す語となります。）② fairy：「妖精」という意味になります。才能によって呼び方が異なりますので、ティンカー・ベルの仲間がどのように呼ばれているか聞き取ってみましょう。（例えば、ティンカー・ベルは、"a tinker fairy"（もの作りの妖精）『ロゼッタ』は、"a garden fairy"（植物の妖精）『イリデッサ』は、"a light fairy"（光の妖精）『シルバーミスト』は、"a water fairy"（水の妖精）『フォーン』は、"an animal fairy"（動物の妖精）です。）③ pixy dust：「妖精の粉」という意味になります。この妖精の粉によって妖精たちは魔法を使え、必要不可欠なものといえます。④ lost things：「まよいもの」と訳されています。メインランドからネバーランドの海岸に流れ着いたもので、それらを利用してティンカー・ベルは様々なものを発明します。また、海岸沿いにあった壊れたオルゴールを、もの作りの才能に恵まれているティンカー・ベルが１人で組み立て直すシーン（Chapter 10）があります。このオルゴールがきっかけとなり、ティンカー・ベルはあこがれのメインランドに行けることになります。 【昆虫や動物の名前】妖精たちは、昆虫の体の色塗り、春に開花する植物の花びらの色塗りなど、春の準備に大忙しです。映画に登場する昆虫や動物、もしくは植物を一緒に取り上げて、どのように英語で言うか確認してみると良いでしょう。例えば、植物の妖精が背中を赤く塗っているテントウムシ（a ladybug）、ティンカー・ベルと友達になり、仕事のお手伝いをしてくれるシーン（Chapter 4）で登場する『チーズ』という名前のねずみ（a mouse）、ティンカー・ベルが発明品を女王に紹介するシーン（Chapter 6）で登場する赤ちゃんシマリス（a baby chipmunk）、ティンカー・ベルが光の妖精の仕事を教えてもらっているシーン（Chapter 8）でお尻が光っているティンカー・ベルを追いかけるホタル（fireflies）などがあります。
あらすじ	人間世界の美しい季節の移り変わりは、妖精が手掛けたもので、その妖精たちは、ネバーランドにある妖精の谷『ピクシー・ホロウ』で暮らしています。そのピクシー・ホロウに、１人の妖精『ティンカー・ベル』が誕生するところから物語は始まります。ティンカー・ベルは、もの作りの才能に恵まれ、同じ才能を持つ仲間たちと共に暮らしていましたが、人間が住む世界『メインランド』に春を届けるための準備をしている妖精たちを見て、ティンカー・ベルは憧れをいだくのでした。その後、もの作りの妖精はメインランドに行くことが出来ないことを知り落ち込むティンカー・ベルに対して、もの作りの妖精のまとめ役『フェアリー・メアリー』は、自分の才能に誇りを持つべきだと諭します。しかし、ティンカー・ベルはそれに耳を貸さず、それどころか仲間に自然に関係する仕事を教えてもらえば、自分の才能が変えられるかもしれないと考えるのでした。ところが、どの仕事も上手くいかず、さらには、終わりかけていた春の季節の準備を台無しにしてしまうティンカー・ベル。落ち込んでいた時に、妖精の粉の番人テレンスとの会話を通して、もの作りの妖精としての誇りを取り戻していくのでした。そして、ティンカー・ベルは本領を発揮して、短時間で春の準備ができるようにいろいろな道具を発明します。妖精みんなの協力のもと、予定通り「春」をメインランドに届けられるようになるのでした。

| 映画情報 | 製作年：2008年
製作国：米国
製作費：4,800万ドル
配給会社：ウォルト・ディズニー・スタジオ
言語：英語 | 公開情報 | 公開日：2008年12月23日（日本）
上映時間：78分
字幕：英語字幕/日本語字幕
画面アスペクト比：1.78：1
MPAA（上映制限）：G（一般・年齢制限なし） |

薦	●小学生　○中学生　○高校生　○大学生　○社会人	リスニング難易表		発売元：ウォルト・ディズニー・スタジオ・ジャパン（平成26年5月現在、税込み）DVD価格：3,456円　ブルーレイ価格：5,076円

お薦めの理由	不朽の名作である『ピーター・パン』に登場したティンカー・ベルは世界中の人から愛らしい存在として親しまれています。そのティンカー・ベルを主人公にした映画で、妖精の誕生秘話、自然界にあるものを利用して作られている妖精の洋服や仕事道具、仲間たちとの暮らしだけでなく、試行錯誤しながら自分自身を受け入れ行動していく主人公の姿が描かれており、大人も十分楽しめます。	スピード	2
		明瞭さ	2
		アメリカ訛	1
		外国語	2
		語彙	2
英語の特徴	子供向けのディズニー作品ということもあり、全体的にとてもわかりやすい英語で話されています。特に主人公ティンカー・ベルは、明るく元気なキャラクターですので、はっきりとした英語で話されています。多くの妖精が米語アクセントで話していますが、別のアクセントで話す妖精もみられます。例えば、もの作りの妖精仲間である『クランク』と『ボブル』の英語は、アクセントが大きく異なります。	専門語	1
		ジョーク	2
		スラング	1
		文法	2

授業での留意点

【言葉遊び】日本語で意味が違っていても音が同じ語、もしくは似た語を使って、言葉遊びをしますが、これは英語でも見られます。例えば、ティンカー・ベルが仕事を抜け出して別の才能を持つ仲間の所に行っている間、もの作りの妖精仲間のクランクとボブルがティンカー・ベルを気に掛けるシーン（Chapter 7）があります。（ティンカー・ベルの愛称は『ティンク』です。）ボブルが "Have you seen Tink?"（ティンク知らない？）と尋ねますが、耳栓をしていてよく聞こえないクランクが "No, thank you. Not thirsty."（ドリンク？いらないな。（喉が乾いてないよ））と答えます。それに対し、"Not 'drink,' Tink!"（ドリンクじゃないよ、ティンクだよ。）ともう一度言うボブルですが、クランクは "Pink? I like purple meself*!"（meself*はmyselfの地域方言）（ピンク？紫が好きだな。）とまた的外れな答えを返します。イラついたボブルが再度 "Tink! Have you seen Tink?" と言うと、"What? I do not stink! Maybe it's you, eh?"（おいら臭ってないよ、お前じゃないか？）と言い、耳栓を外した後、クランクが "Hey, have you seen Tink?" と先ほどまで聞かれていたことを聞き返すのでした。下線で引いた単語 Tink, drink, pink, stinkの語尾が –ink で終わっており、聞き間違いの状況を複数の韻を踏む語を用いてコミカルに描いています。既に英語に十分慣れ親しんでいる児童には、単語の響きを確認してもらった上で、単語の終わりの音が似たものを複数紹介したり、ゲーム形式で似た音をグループ分けしてもらうのも良いでしょう。また、ティンカー・ベルが光の妖精イリデッサから仕事を教えてもらうシーン（Chapter 8）で、フォーンが "Do you think it's heavy?"（文中のit＝light）（光は重いと思う？）と尋ねると、ロゼッタが "No. It's light." と答え、みんなで笑います。これは、light という語が「光」という意味の他に、「軽い」という意味があることから「光（light）だから、軽い（light）でしょう」という言葉遊びになっているのです。

【短い英語表現】低学年を対象とする場合、教室で導入する Hello! といった挨拶や I'm ○○（自分の名前）.という（初めて会う人に）自分を紹介する表現が最初のシーン（Chapter 2）で確認できます。また、英語に慣れ親しんでいる高学年の児童には、様々なシーンで用いることが出来る短い表現を紹介すると良いでしょう。例えば、ティンカー・ベルが水の妖精の仕事に挑戦するシーン（Chapter 7）で、シルバーミストの "I got it!"（そうだ！（思いついた！））という表現や、仲間を励ます際の "Good luck, △△（友達の名前）!" "You can do it!" "Go get'em!" といった表現、Chapter 7やChapter 15で "Guess what?"（聞いて。）と話しかける表現も確認できます。その他に、同じ表現でもシーンによって異なる意味を指すことを確認させるのもいいでしょう。例えば、"Excuse me." という表現は、Chapter 6のフェアリー・メアリーは語尾を上げて「（今）何といいましたか？」と聞き返す際に用い、Chapter 11のティンカー・ベルは、「すみません、通してください。」という意味で用いています。

映画の背景と見所

映画『ピーター・パン』が上映されてから長い時月を経て、その登場人物の1人ティンカー・ベルを描いた映画が製作されました。この映画は、4部作のうちの最初の作品となります。

映像の美しさにまず目を奪われますが、それ以外にも心の成長過程がみられる作品です。私たちが一度は直面する「自分の才能とは？」「自分とは？」という大きな問題に、ティンカー・ベルも直面することになります。他の人からアドバイスを受けても心に響かず受け流してしまったりすることもありますが、試行錯誤しながら最終的に自分の仕事の大切さ、人と違う才能（自分自身）を見つめ直し、受け入れていく過程を示しています。小学校高学年の子どもや大人は、その過程を見ていくことによって、「自分自身」のことを改めて考える機会となるかもしれません。また、春の準備に費やす時間が十分にない状況で、1人では解決できないことを、仲間たちの協力によってみごとに乗り切ったシーンは、仲間の大切さを私たちに示してくれるものと言えます。

映画の最後で、ティンカー・ベルは、自分が修理した「まよいもの」を届けるために、念願だったメインランド行きを果たします。届け先の子どもの名前がわかると、ピーターパンが登場する作品のファンや作品の登場人物を知っている人は、この映画とのつながりを改めて感じ、とてもほほえましく思うことでしょう。

スタッフ

監　　督：ブラッドリー・レイモンド
製　　作：ジーニー・ラッセル
原　　案：ブラッドリー・レイモンド
原案・脚本：ジェフリー・M.ハワード
製作総指揮：ジョン・ラセター

キャスト

ティンカー・ベル（ティンク）
　　　　　　：（声）メイ・ウィットマン
ロゼッタ　　：（声）クリスティン・チェノウェス
イリデッサ　：（声）レイヴン・シモーネ
シルバーミスト：（声）ルーシー・リュー

テラビシアにかける橋	Bridge to Terabithia	（執筆）戸谷　鉱一

セリフ紹介	ジェスがレスリーの葬儀に行って音楽のエドマンズ先生に会った時に言ったセリフです： エドマンズ先生: Jess. ジェス ジェス　　　　: Next time, we should invite Leslie to go. She'd like that. 次はレスリーも誘いましょう 喜びます この段階ではレスリーはもうこの世に存在しません。彼は自分を責めていて、その意識が意味不明なセリフを言わせています。冷静を保つジェスですが、後にレスリーを捜しに森の中を駆け回り父に心の想いを打ち明ける以下の場面につながる重要なセリフです。 妹メイベルには常に優しいがジェスには厳しい父親が彼を初めて抱きかかえながら優しく接する場面からです： ジェス: Is it like the Bible says? Is she going to hell?　聖書を信じないと地獄へ落ちるの？ 父　　: I don't know everything about God, but I do know He's not gonna send that little girl to hell. 　　　　神様があの子を地獄へ落とすもんか　… 父　　: She brought you something special when she came here, didn't she? あの子には何かもらったろ？ 　　　　That's what you hold on to. それを大事にしろ 　　　　That's how you keep her alive. そうすればあの子は死なない ジェスの父親は決して彼を冷たく扱っていたわけでも気に留めていなかったわけでもありません。男親が娘と息子へ接する方法は様々で、父親は息子に他の4人の娘とは違い厳しく接することで愛情を注いでいたと思われます。
ふれあいポイント	【音声】作品を通して 'get (過去・過去分詞形got)' を含む表現が頻繁に登場します。それらを中心に聞き取りをしてみましょう: He stinks. He's gotta shower before he eats with us. ママ シャワーを浴びるよう言ってよ ／ Got a dollar? 1ドルある？ ／ Fulcher, Hoager, get in here. Get ready. Let's get this race started. フルチャー ホーガー 競走を始めるぞ ／ I've got four, and I'd trade them all for a good dog. 姉妹4人を犬と交換したい ／ On your mark, get set, go! 道の終わりまで競走ね ／ If they work at your house, you must get to hang out with them a lot. 家で働いてたらいつも一緒だね ／ Can't afford to share them with animals that get in here. うちも苦しいんだ 動物に食わせる余裕はない ／ Well, he's not gonna get in here now, right, Dad? 二度と入ってこないよね？ ／ Go on, get out of here. And don't come back. 行け 二度と来るなよ ／ Get your head out of the clouds and do as I say. 夢ばかり見ずに働け ／ You've got your head in the clouds, Leslie. 夢ばかり見てんなよ ／ We'll get her back. Won't we, Jess? いつか仕返しするから そうだよね？ ／ Oh, no! We've got company! まずい 敵だ ／ Who's she got a crush on? 男子じゃない？ 好きな相手は？ ／ It's gotta be you. 君が書いて ／ It's got dried-up blood and old bones. 血のにおいがするやつ ／ Why you don't you Grab one and get going. 手伝って ／ Jess, don't let those other kids get in your way. 他の子を気にしないで ／ Get out of here! 出てけ！ ／ Her dad gets really mad at her. お父さんが怒るんだって ／ And it got out. And all the seventh and the eighth graders know about it. 近所の噂になって 同級生にも広まった ／ I've got dresses, Jess. スカートもあるよ ／ You gotta believe the Bible, Leslie. 聖書は信じなきゃ ／ Get my drill out of the greenhouse. 温室からドリルを ／ They gotta be right here. この辺だよ ／ Please don't anyone get mad at me. お願い 怒らないで ／ It's my job to get Dad's keys back. 僕の問題だから ／ "Get your head out of the clouds, boy. Draw me some money. "夢見てるな 金を作れ" ／ May Belle's got her. メイベルが見てる ／ I gotta do my chores first. 先に仕事しなきゃ ／ Who gets to be the princess? 誰がお姫様になるの？ ／ But you gotta look really hard. でも よく見ること ／ 　On your mark. Get set. 位置について 用意 　Get in there! ホーガー 頑張れ ／ Honey, uh... I've only got what I've got to work with. We gotta... これしか ないんだもの 　You gotta figure out a way to get down on this. どこかを切りつめないと 　It's a problem, but I'm gonna try to get going. 今月は何とかなるわ
あらすじ	ジェス・アーロンズはLARK CREEK SCHOOLに通う11歳です。両親と4人姉妹の3男で、家では居心地が悪く、学校ではからかわれ居場所がありません。空想で絵を描くことが楽しみと、走ることが得意です。ある日レスリー・バークという、後に隣人と分かる女の子が引っ越してきます。男子だけの競走に不意に加わり、かけっこで学年トップをとるはずだったジェスを簡単に追い抜きます。彼を虐める同級生ホーガーとフルチャーを見返す機会を奪われたジェスは、レスリーをよく思いませんでした。彼女に絵を褒められたのを機に彼の見方が変わり、想像力に長けているという共通点からも二人は親友となります。二人で行った森にかつてのツリーハウスを利用して、魔法の国テラビシアの砦を建てます。ある日曜ジェス、レスリー、メイベルとで教会に行った帰りの車の荷台で、聖書、キリスト、神が話題にのぼります。聖書を信じないレスリーにジェスは違和感を持ちます。後にレスリーに起こる惨事を誰が予想するでしょうか。それからジェスとレスリーは、メイベルの仕業で鐘の代わりとしてテラビシアにある父の職場の鍵を取りに森へ行きますが、これが二人の最後の出会いになります。土曜日にジェスはエドマンズ先生に美術館へ誘われますが、レスリーには声をかけませんでした。帰宅すると、深刻な雰囲気の中父親からレスリーの死亡を聞かされます。ジェスはレスリーの家の庭の廃材でテラビシアにかける橋を作り、新しいお姫様としてメイビルを迎えます。
映画情報	原　　作：キャサリン・パターソン　　　　　　　　　　公開日：2007年2月16日（全米） 原　　題：Bridge to Terabithia　　　　　　　　　　　　　　　　2008年1月26日（日本） 製作年：2007年　　製作費：2,000万ドル　　興行収入：1億3,758万7,063ドル（米国） 製作国：米国　　言　語：英語　　　　　　　　　上映時間：約95分 配給会社：東北新社　　カラー映画　　　　　　　　　字　　幕：日本語字幕

薦	●小学生　●中学生　●高校生　●大学生　○社会人	リスニング難易表	発売元：ポニーキャニオン （平成26年5月現在、税込み） DVD価格：5,076円（プレミアム・エディション）
お薦めの理由	主人公は11歳の少年ジェスと転校生のレスリーという女の子です。この作品のタイトルの中の「テラビシア」は彼女達が創り上げる空想の王国です。動物のリスがダークマスターの手下"リスガー"という悪者になったり、大木が巨人になったり、トンボがテラビシアの兵士になったりします。彼女達のような想像力を働かせるのが大好きな小学校高学年以上の学習者が理解するのに適していると思います。	スピード　3 明瞭さ　3 アメリカ訛　2 外国語　1 語彙　3	
英語の特徴	舞台はバージニア州南西部の田舎町です。登場人物はそこで暮らすアーロンズ一家と隣人のバーク家と主人公が通う学校の生徒達です。彼らの英語は米国発音です。ネイティヴ特有の言い回し（dead meat くたばれ、Free to pee! オシッコに自由を！、Twinkies クリーム入りの米国のスポンジケーキ、など）が英語学習初心者には難しいかもしれません。また、からかい、いじめ、仕返しの場面が登場します。	専門語　1 ジョーク　1 スラング　3 文法　2	

授業での留意点	【語彙】聞き取りで注目した'get'という単語について学習させてみましょう。'get'にはたくさんの用法、意味がありますので、ここで使用されている使い方、とりわけ理解し易い慣用句に焦点を絞りましょう。ある程度語句の意味を確認して、再びセリフの日本語字幕を読みながら英語を聞く方が、英語が頭に入り易くなると思います。 　　get ... back は「〜（物）を返す；取り戻す」と「〜（人）に仕返しをする」という意味です。 　　get in 「入る」 　これに関連して、You've got your head in the clouds.の直訳は「あなたは頭を雲の中に入れている」なので、「あなたの考えは実際的ではない。空想にふけっているので、もとに戻るべきだ」ということを表しています。 　　get in thereのin there には「たゆまず（戦って、努力して）」という意味で、get in there で「頑張れ、その勢いで行け」というようなことを表しています。 　　get out 「〈秘密・ニュースなどが〉漏れる、知れわたる」 　　get out of … 「〜から出る」 　　get ... out of … 「〜から…を引き抜く[抜き取る]、引き[取り]出す」 　've gotは have got のことで、口語で用いられます。have（持って[所有して]いる）と同じ扱いです。これにtoを伴うhave got to ... は have to ... と同じ扱われ方で、「〜しなければならない」という意味を表します。主に米国のくだけた言い方では、この句の have が脱落し、got to ... となり、gotta とつづられることもあります。ですから作品中の gotta と He's gotta shower before he eats with us. の 's gotta（=has got to）は同じ意味です。また I's gotta be you. の has got to ... は「〜であるに違いない」という別の意味です。さらに get to + 動詞の原形では「（動詞の原形）するようになる」という意味を表します。 　Got a dollar? は Have you got a dollar? のことで Have you は省略されることがあります。このような省略は口語では頻繁に起こります。You got any Barbies? や You got any? は You have got ... ? つまり Have you got ... ? のことで、「〜を持っていますか」の意味です。 　　get set は「用意する」という意味で、日本語の競走の時に言う「位置に着いて、用意、ドン！」は英語で On your mark! Get set! Go! と言います。よく使われる決まった言い方です。 【習慣】主人公ジェスのように学校へ行く前に家の手伝いをすることは米国では珍しくありません。米国の子供達は日本人より家事を手伝うことが日常的だそうです。米国と日本の場合を比較したり話し合ったりさせましょう。

映画の背景と見所	ジェスと彼の妹メイベルとレスリーとで日曜日教会に行く場面が登場します。その帰り道トラックの荷台に乗っている時の会話に着目して下さい。聖書にあるキリストは私たちの罪を背負って死んだ話を信じるジェスとメイベルに対してレスリーは反論します。聖書を信じないと地獄へ落ちると続けるメイベルですが、レスリーは「神様は人を地獄に落としたりしない」と言い信じようとしません。後にレスリーは森へ入る時に使うロープが切れて、頭を打ち死んでしまいます。神を信じないから、死に追いやられたとも受け取れるこの流れは私達視聴者に神の存在を投げかけています。また地獄＝死であるのかというキリスト教の世界観も投じられています。実際神を信じなくても、冒涜しても幸せに生きている人もいれば、信じても不幸な生活を送っていたり、不慮の死を遂げたりする人もいます。 　思春期中の多感な少年ジェスの気持ちを考えながら見て下さい。家では居場所がなく、楽しみは絵を描くことです。しかしそれを父親に咎められたり、妹と自分の扱いに違和感を抱き孤独に耐えたりしています。さらにせっかく出会えた気の合う友人レスリーを失ってしまいます。しかも、エドマンズ先生からの招待にわざと誘わなかった自らの意地悪さに苦しみます。誰にでも独占欲はあるものです。それが異性に対するもので、まして予期しない出来事につながってしまった時の気持ちを自分に置き換えて考えてみると、一層この作品を味わえるはずです。

スタッフ	監　督：ガボア・クスポ 脚　本：デヴィッド・パターソン 　　　　ジェフ・ストックウェル 音　楽：アーロン・ジグマン 撮　影：マイケル・チャップマン	キャスト	ジェス・アーロンズ　：ジョシュ・ハッチャーソン レスリー・バーク　　：アナソフィア・ロブ ジャック・アーロンズ：ロバート・パトリック メイベル・アーロンズ：ベイリー・マディソン エドマンズ先生　　　：ズーイー・デシャネル

トイ・ストーリー		**Toy Story**		（執筆）柴田　真季

セリフ紹介	本作品では初期の英語学習に適した My name is..., I'm from... といったような典型的な自己紹介文が、おもちゃ同士の紹介時に使用されており、小学生は親しみやすい基礎的な英語表現に触れられます。また、日常会話でよく使用される挨拶の基本である "Thank you."（ありがとう）"You're welcome."（どういたしまして）という呼応表現や、口語で子供の時から使用する "Got it!"（分かった！）、 "What's wrong?"（どうしたの？）等、非常に使いやすい口語表現が数多く含まれています。 　また、主人公のおもちゃウッディがカウボーイ人形であることから西部劇を思わせるセリフあるいは語彙が使用されています。ただ、それほど専門的な語彙は使用されていないため問題はなく、むしろ色々な言い回しを聞くことが出来て楽しみながら解釈できるでしょう。例えば、ウッディに内蔵された決めセリフの1つに "You're are my favorite deputy."（あんたはオレの相棒だぜ）という表現がありますが、deputy とは副官という意味があることから、本作品では相棒という解釈で捉えられています。また、ウッディが誕生日プレゼントの偵察命令をおもちゃの軍曹に出す時には、米軍での号令の際に使われる "At Ease"（楽にしろ）という用語が使われています。これは「安めの姿勢よりも楽な位置に手を下す休め」を表すフレーズですが、映画の画像と一緒に見ればより理解がしやすいでしょう。 　バズ・ライトイヤーのアクションボタンを押した時に再生される "To infinity and beyond!"（無限の彼方へさあ行くぞ！）、 "Buzz Lightyear to the rescue"（バズ・ライトイヤー参上）というセリフが、所々に登場人物によっても発話されたりして出てくるので繰り返し耳にすることによって復習にも役立ちます。
ふれあいポイント	子供向けのアニメーション映画であるため、戦争のような惨殺な場面や、性的な描写は一切含まれていません。この意味では非常に扱いやすい映画であると言えます。 【言語獲得】英語学習に関しては言語獲得理論の点からも、言語習得の臨界期を迎える小学生は非常に大切な時期でもあります。特に低学年のうちに、母語獲得と同様に生の英語に多く触れる事は大変有意義でしょう。中学生になってから完全に外国語として視覚的に綴り・文法等を学習する前に、耳から生きた英語の音に触れ合う教材として、こうした子供向けの映画を鑑賞することは役立ちます。 【英語表現】進学してから中学生以降にイディオムとして学習するような "carry on"、 "run out"、 "catch up"、 "take care of"、 "count on"、 "look out" といった重要度の高い熟語も使用されています。映画の中でこうした英語表現を聞くことで、その表現を使用する状況が理解しやすいのが映画の利点です。役立つ口語表現と、それを使うシーンをセットで覚えることが出来ます。その他にも、 "Take a break."、 "I made it!"、 "Keep out of reach of children."、 "It's getting on my nerves." というような非常に頻繁に使用される簡単な短い1文のフレーズも本作品内で使用されているため、一度の鑑賞だけでは理解出来なかった表現も何度も見るうちに適切な使用場面と共にインプットされるでしょう。 【日常生活における学習のポイント】親子で参加できる英語表現としては、この映画の中では2度、数字のカウントダウンをする場面があります。親御さんがお子さんと一緒に英語でカウントダウンして数字の練習をしてあげるのも良い練習になるでしょう。また本作品には "Way to go" という表現が使用されています。これは "That's the way to go." の省略された形で、省略されずに使うこともあるフレーズとなっています。誰かが何かをうまくやったことに対してその人に自分の喜びを伝える表現として「やった」「いいぞ」「その調子だ」のような意味で日常会話においてよく使用されます。普段のお子さんとの会話の中で "Way to go" を使ってあげることによって映画の場面を思い出し、使う場面が認識されることで自然にこうした表現を身に着ける事が出来るでしょう。同様に、目の前の相手に向かって「良かったね！」「やったね！」という表現に "Good for you!" というフレーズもよく使用されるので、お子さんとの普段の会話の中で使用してあげるのも良いと思います。 　この映画の主人公ウッディのおもちゃの所有者であるアンディは、おもちゃを大切にし、自分のおもちゃには「ANDY」のサインを入れて可愛がり、壊れた場合には壊れた部分を頑張って修理して使おうとする感受性豊かな少年です。この映画を通しておもちゃの大切さを認識出来るのも、英語学習以外のもう1つの醍醐味でもあります。
あらすじ	アンディという少年は沢山のおもちゃを持っており、そのおもちゃを使って自作の人形劇をして毎日のように遊ぶのが大好きな少年です。そんなおもちゃ達には実は大きな秘密があり、彼らは人間が見ていない所では生きていて、話したり自由に行動したり出来るのです。そんなアンディの一番のお気に入りがカウボーイ人形のウッディです。ウッディは古めかしいおしゃべり人形ではありますが、背中の紐を引っ張るとパンチの効いたカウボーイトークを聞かせてくれる、おもちゃの中でもリーダー的存在でした。ところが、アンディの誕生日に母親のプレゼントにより最新式のスペース・レンジャーのバズ・ライトイヤーが現れて、これまで1番に遊んでくれていたアンディや他のおもちゃ達もバズに興味津々になり、ウッディの主役の座が奪われそうになります。ウッディはバズに嫉妬します。そんな時に、アンディの部屋からバズが転落してしまい、助けようとしたウッディと共に、おもちゃいじめが趣味の隣家の少年シドに捕まってしまい大ピンチになります。そこで、ウッディとバズは脱出作戦で力を合わせて頑張るうちに、やがて友情の絆が芽生えていくことになります。果たしてウッディとバズは大好きなアンディの元へ戻ることが出来るのでしょうか。大人から子供まで楽しめるユーモア溢れるオモチャたちの冒険と友情を描いたストーリーとなっています。

映画情報	製　作　費：3,000万ドル 製　作　国：米国 製　作　年：1995年　　　　言語：英語 配給会社：ウォルト・ディズニー・スタジオ ジャンル：CGアニメーション	公開情報	公　開　日：1995年11月22日（米国） 　　　　　　1996年 3月23日（日本） 上映時間：81分 興行収入：約3億6,200万ドル アカデミー賞オリジナル主題歌賞ノミネート

薦	●小学生　○中学生　○高校生　○大学生　○社会人	リスニング難易表	発売元：ウォルト・ディズニー・スタジオ・ジャパン（平成26年5月現在、税込み）DVD+ブルーレイ価格：4,320円

お薦めの理由	本作品は少年と母親の日常会話や、おもちゃ同士の会話が多いことから小学生向けの教材としてふさわしいでしょう。テーマには、物を大事にする事、物を粗末に扱うといつか自分にしっぺ返しが来るという部分を隣人の少年を通して描写しています。おもちゃに内蔵された英語のフレーズを決め台詞として覚えることで、子供達が思わず言いたくなるような表現も含まれています。	スピード	2
		明瞭さ	2
		アメリカ訛	1
		外国語	1
英語の特徴	作品内の会話の大半がおもちゃ同士、あるいは主人公のおもちゃの所有者である少年によるものであることから、比較的容易な英語の言い回しが使用されています。1文も短く、専門用語もほとんど見られず、米国発音中心で訛りもありません。上映時間も約80分と通常の映画に比べて短くなっていますのでお子様でも集中して鑑賞出来る長さです。スロースピードの歌と易しい語彙によって構成されています。	語彙	2
		専門語	2
		ジョーク	2
		スラング	2
		文法	2

授業での留意点

　本作品を授業で取り入れる際に、まず利用したいのが歌です。主題歌はアカデミー賞候補としてオリジナル主題歌賞ノミネートにも輝いた"You've Got a Friend in Me"（邦題「君はともだち」）ですが、それ以外にも"Strange Things Are Happening to Me"というような比較的スロースピードで、繰り返し表現が多く使われている歌が挿入されています。歌詞の内容を簡単に説明した後に、児童と一緒に歌うのも良い英語練習になるでしょう。

　【英語の発音】発音の観点から見ると、この作品でも2単語あるいは3単語がまるで1語のように発音されるリンキングが多く使用されています。例えば"We gotta (= got to) save him.""We gotta run.""Get outta (= out of) here"という表現をフラッシュカード等を利用して動詞の部分を変えたりして色々な表現を学習することも可能でしょう。会話が単語の単位ではなく短い単位（チャンク）で進行している映画なので、チャンクごとでリピートして日常会話練習に役立てる事も出来ます。さらに、同じ"what"を用いた一般的な表現を例に挙げても、"What's wrong?""What's going on?""What are you talking about?""What are you doing?"など様々な文が使用されています。チャンクで学習すると同時に関連表現としてクラスで導入するのも良いでしょう。

　【授業内活動】授業でDVDを鑑賞させながら授業を進めていく場合には、バズ・ライトイヤーの"To infinity and beyond!"といったような決め台詞の後にDVDを停止させて、その表現を繰り返し発言させるのも良いでしょう。さらに、少年アンディと母親とのやりとりの場面も分かりやすい設定になっていますので、クラス内のロールプレイングで例えば、母親役を先生、少年役を児童にさせる練習もより身近なものになると思います。

　羊飼いの少女の人形であるボー・ピープは英語文化圏の子供達には非常に親しみのあるマザーグースの唄の1つ『Little BO-PEEP』がモチーフになっています。"Twinkle, twinkle, little star"を始め、"London Bridge"や"Ten Little Niggers, Ten Little Indians"、"Mary had a little lamb"といった、非常に小学生にも馴染みのあるものも多くありますので、授業の前後にそうしたマザーグースを取り上げてみるのも有益です。マザーグースは英国の伝承童謡でもありますので、そこから派生して英国の文化や習慣に触れることも可能となるでしょう。

　英語の字幕を利用することで、音と単語との関連性を認識し、その定着を図ることが出来ます。主人公の誕生日プレゼントにドキドキし、様々な可愛いおもちゃ達の動きにワクワクして、最後には無事におもちゃ達が仲間の元に帰る感動も味わえます。短文で飛び交うおもちゃ同士の口調をクラスの皆で真似をし、歌を一緒に歌って活気ある子供たち主体の授業が展開出来ます。本作品に興味を持った場合には、続編のトイ・ストーリー2＆3への導入ともなり、さらなる英語学習にも役立ちます。

映画の背景と見所

　元々は短編『ティン・トイ』の、主人公のおもちゃが仲間を探して旅をするという内容で、30分間のクリスマスの時のテレビ番組として企画されていたものです。本作品は、米国の中流家庭の子供部屋がそのまま舞台となっており、実際に米国で発売されている、あるいは発売されていたおもちゃが多数登場します。スリンキー、ポテトヘッド、エッチ・ア・スケッチ、トロール等は昔から親しまれている有名な実在するおもちゃです。また、映画の中では他のディズニー映画に使用されている楽曲やフレーズが使用されていますので既に鑑賞した事がある場合には、映画の世界により引き込まれる事になるでしょう。また本作品中では2度、太陽光の屈折による反射熱を利用した場面が登場します。小学生にとっては理科の実験にも関連しているため、興味を持って映画に入り込めることでしょう。

　一概に子供達が何気なく遊ぶおもちゃと言っても、世界中で同じであるとは限りません。文化が反映されてくるものです。そうした視点から日本・米国のおもちゃの相違点を見られるのも小学生にとっては新鮮かもしれません。おもちゃの世界であっても人間の縮図を感じられるような同等の関係もあれば、上下関係もあり、さらには皆のリーダー的な存在のおもちゃもいれば、軍曹のような社会も垣間見られる映画となっていますので、単なる楽しいおもちゃ映画では終わらない映画になっています。

スタッフ	監　督：ジョン・ラセター 脚　本：アンドリュー・スタントン　他 音　楽：ランディ・ニューマン 製　作：ラルフ・グッゲンハイム　他 美　術：ラルフ・エッグルトン	キャスト	ウッディ　　　　　：トム・ハンクス バズ・ライトイヤー：ティム・アレン ボー・ピープ　　　：アニー・ポッツ アンディ・デイヴィス：ジョン・モリス レックス　　　　　：ウォーレス・ショーン

トイ・ストーリー3	Toy Story 3	（執筆）木下　恭子

セリフ紹介

アンディは自分の大切なおもちゃをもらって欲しいとボニーに話している場面での台詞です。
Andy　　　　　：I have some toys.（おもちゃを持ってきたんです。）
Bonnie's Mom：Hear that, Bonnie.（ワァー聞いたボニー。）
Andy　　　　　：So, you're Bonnie? I'm Andy. Someone told me you're really good with toys. These are mine, but I'm going away now, so I need someone really special to play with them. Now you gotta promise to take care of these guys. They mean a lot to me.（ああ君がボニー？ぼくはアンディ。君はおもちゃを大事にする子だってきいてね。もう引っ越すからぼくの代わりに遊んでくれないか？どうだい？みんなのことは大事にするって約束してくれるかな？みんなぼくの宝物なんだ。）
Bonnie　　　　：My cowboy.（私のカーボーイだ。）
Andy　　　　　：Woody? What's he doing in there? Now, Woody, he's been my pal for as long as I can remember. He's brave, like a cowboy should be. And kind. And smart. But the thing that makes Woody special is he'll never give up on you. Ever. He'll be there for you no matter what.（ウッディ？どうしてここにあるんだ。ウッディは覚えてないくらい昔からぼくの友だちだった。強いカーボーイで勇気があるんだ。でもウッディーの一番すごいところは友だちを見捨てないってとこ。）
ボニーが大学に持っていく予定のウッディを気に入っているのを見て、アンディはウッディをあげることにします。

ふれあいポイント

【電話に出る時の一言】日常生活に関連した表現として、ジェシーが家のコードレス電話でアンディに電話をかけておもちゃ箱の中にある携帯電話をとって"Hello...? Anyone there?"と言っています。日本語なら一言「もしもし」と言うところを英語では電話の相手が誰か特定できない時はアンディのように言うのが一般的です。電話での会話は英会話学習で必ず出てきますから、電話に関連したこの表現は練習してみるといいです。

【繰り返しの表現】ウッディは任務は終了したと言ってウッディたちのそばを離れるため窓から飛び出して行った軍曹たちを見て"No, no, no, Wait, wait, wait, wait!"（おーい、待て、待て、待て、待て）と3〜4回同じ単語を繰り返しています。英語は抑揚（イントネーション）があってリズミカルな言葉なので繰り返し表現はくどさを感じさせません。ウッディはよく同じ単語を繰り返し言っていることが多いですから注意してそのセリフを英語字幕を画面に出して探してみましょう。ミセス・ポテトヘッドが"Should we leave?"（私たちも逃げよう）と言ったらウッディは"Whoa, whoa, whoa, whoa."（おい、おい、ちょっと待て）と言っています。擬声語"whoa"はしゃべる相手を制する時に使われます。英会話ではさまざまな擬声語が出てきて、足をすりむいて痛い時は"Ouch!"と言いますし、おいしい料理を食べた時は"Yummy!"と言います。英語に興味を持たせるためには発音しやすく、米国の小学生が会話でよく使う擬声語を使う練習をしてみるといいでしょう。また、アンディのママがおもちゃの入った屋根裏へアンディが運ぶはずの袋を間違えて歩道のごみ置き場へ持って行くのを発見して、あせってどうすればいいか迷うウッディは"Think, think, Woody. Think, think, think, think."（考えろ、ウッディ）と自分自身を励まして、良いアイディアを考えようとしています。

【捨てるという表現】英語は類義語が多い言語です。おもちゃたちが捨てられるかもしれないという恐怖心を表現して、恐竜ティラノサウルスの人形レックスは"We're getting thrown away?"（ぼくたち捨てられるの？）と話し、ジェシーも"We're being abandoned!"（私たち捨てられる）と嘆いています。そんな仲間を励ましてウッディは"No one's getting thrown out, okay? We're all still here."（誰も捨てられたりしない。いいな、みんなまだここにいる）と話しています。"abandon"、"thrown away"、"throw out"と捨てると英語で表現したい場合は多くの類義語を使って変化にとんだ会話が生み出されます。

【hold onについて】捨てられることにおびえるおもちゃにウッディは"Hold on now."（待ってくれ）と呼びかけています。"Hold on a minute."（電話を切らずにそのままお待ちください）は電話でよく使われます。英文には複数の意味があり、その言葉が発せられる状況によって意味が違ってくることを教えてあげるといいでしょう。

あらすじ

1日に何時間もおもちゃたちと遊んでくれたアンディはもうすぐ大学生になるため、家を出ます。ウッディとおもちゃの仲間たちは、久しぶりにアンディに遊んでもらおうとある作戦を実行します。ジェシーがアンディの携帯の番号に電話をかけ、呼び出し音が鳴りアンディが部屋に入ってきました。でも、アンディはレックスを手にしただけでおもちゃ箱のフタをしめてしまいました。アンディの母、デイビス夫人から言われてアンディはおもちゃたちを屋根裏行きのゴミ袋にしまいます。ウッディだけは大学行きの箱に入れてもらいます。悲劇が起こります。おもちゃたちのゴミ袋はデイビス夫人がごみ置き場に出してしまいます。おもちゃたちはアンディに捨てられたと勘違いします。レックスのしっぽでゴミ袋から脱出して彼らはサニーサイド保育園行きの箱に入ります。保育園はおもちゃたちにとって恐ろしい所でクマのロッツオがボスで、彼らは乱暴におもちゃを扱う子供の教室で散々な目に遭います。仲間を助けに来たウッディによって脱出作戦を実行して成功します。おもちゃたちはごみ収集トラックの荷台にしがみつき、大学へ持っていく荷物を積んでいるアンディの所へ着きます。部屋で屋根裏行きの箱にもぐりこむことに間に合います。ウッディは大学行きの箱から出て仲間と一緒にいれるよう屋根裏行きの箱に入り直します。アンディはおもちゃを寄付することに決めて、ボニーにウッディと仲間たちをかわいがってと頼みました。

映画情報

製作費：2億ドル
製作年：2010年
製作国：米国
言　語：英語、スペイン語
ジャンル：アニメ

公開情報

公 開 日：2010年6月18日（米国）
　　　　　2010年7月10日（日本）
上映時間：103分
MPAA（上映制限）：PG12
興業収入：10億6,316万5,731ポンド

薦	●小学生　○中学生　○高校生　○大学生　○社会人	リスニング難易表	発売元：ウォルト・ディズニー・スタジオ・ジャパン（平成26年5月現在、税込み）DVD+ブルーレイ価格：4,320円

お薦めの理由	主人公がおもちゃの物語を通じて、仲間同士で協力し合い問題を友情の力で解決していく設定は、小学生に理解しやすい内容となっています。アンディのおもちゃたち、サニーサイド保育園のおもちゃたち、ボニーのおもちゃたちなど個性のあるキャラクターも魅力的です。胴体がばねでできていて長く伸びるダックスフントのスリンキーや目鼻や手足がはめこみ式のポテトヘッド夫妻などの行動はユーモラスです。	スピード	2
		明瞭さ	3
		アメリカ訛	2
		外国語	1
英語の特徴	ウッディ役はトム・ハンクスが声優をしているため、米国英語の発音でセリフは多めで英語が話される速度はちょうど聞き取りやすく、スラングはほとんどありません。日常会話における自然なフレーズが多く、リスニングや会話練習に適しています。大部分の台詞はウッディによって発せられているのでわかりやすいです。ロッツオは母音を引き伸ばしたゆっくりした速度で英語を話し、英語学習初心者向けです。	語彙	2
		専門語	1
		ジョーク	2
		スラング	1
		文法	2

授業での留意点

【提案・勧誘の表現】"Let's"は（〜しよう）と相手を誘う便利な表現です。この映画の始めでアンディに電話をかけて部屋へ呼ぶ作戦を実行しようとする時、ジェシーは"Let's do it!"（さあやりましょう）と言って電話のボタンを押します。"Let's"を使って「遊ぼう」とか「家へ帰ろう」、「サッカーをしよう」、「お昼を食べよう」などの英語の言い方を教えてあげて、声に出して言ってもらいましょう。英語の表現で短く覚えやすいものを取り上げ、授業に取り入れることで英語の楽しさが伝わるでしょう。

【comeを使った便利な表現】"come"は米国の子供がよく使う動詞といえるかもしれません。ほとんどの米国の家庭では犬をペットとして飼っていますから、犬を呼ぶ時必ず使います。ウッディはデイビス夫人が間違えて屋根裏部屋行きのおもちゃの入った袋をごみ置き場に持っていくのを追いかけるため、ダックスフントのバスターを呼ぶ時"Buster! Come here, boy!"（バスター、こっちへ来い！）と言っています。おもちゃたちはレックスのしっぽでゴミ袋を破り、脱出後ガレージの車の後部にある段ボール箱に入ってサニーサイド保育園に行くことを決めました。その時、バズは親友のウッディをどうするか仲間に相談するとジェシーはウッディについて"He's fine, Buzz. Andy's taking him to college. Now we need to go."（大丈夫だってば。アンディが大学に連れていくんだから。ホラ私たちも行こう）というのに同感したバズは"You're right. Come on."（そうだな、行くぞ）とみんなに声をかけています。米国の日常生活で車で出かける時やカフェテリアでお昼を一緒に食べようと言う時、はじめに"Come on!"と言って相手を誘います。映画のこのジェシーとバズの会話を取り上げて、"Come on."の使い方を理解させるといいでしょう。使われる頻度の高い表現から英語の世界に入っていくことで、英語のおもしろさを感じることでしょう。

【チャッターフォンとウッディの会話表現】ボニーのリュックに入って保育園に戻ってきたウッディは貴重なアドバイスをしてくれるおもちゃの電話チャッターフォンと出会います。チャッターフォンは受話器から"Want my advice?"（忠告しよう）と語りだし、おもちゃが外に出れるのは壊れた時だけと言いウッディはチャッターフォンに丁寧に助けを求めて"If you'd help us, one toy to another, I'd sure be grateful."（君がもし助けてくれるなら本当にうれしいんだけど）と"would"を2回も使って頼んでいます。英語に敬語のような厳密なものはないですが、丁寧表現はあることを説明してあげましょう。ブロック塀を超えるか下をくぐれば脱出できると考えたウッディに脱出は困難だとチャッターフォンは"Your real problem is the monkey. The monkey's the eye in the sky. He sees everything. Classrooms. Hallways. Even the playground."（一番の問題はサルだ。恐るべき見張り役さ。奴は全てを見ている。教室。廊下。そして遊び場も）と語り、サルを始末するよう教えてくれます。

映画の背景と見所

この映画は、米国のピクサー・アニメーション・スタジオが製作し大ヒットした「トーイ・ストーリー」と「トーイ・ストーリー2」に続く第3作目で完結作品となります。場面は2階にあるアンディの部屋、サニーサイド保育園、焼却炉、ごみ収集トラックの荷台、ボニーの家と5つに限定されていて、それぞれの場所が最高の場所と最悪の場所に分けて描かれていて、内容理解の助けとなっています。

この映画では脱出作戦が3回出てきます。1回目はデイビス夫人に間違ってごみ置き場に出されてしまったおもちゃたちがごみ袋を破るためにプラスチックでできたレックスのとがったしっぽを使って脱出に成功します。2回目はクマのロッツオがボスのサニーサイド保育園のキャタピラ・ルームで子供たちから乱暴な扱いをうけ、ミセス・ポテトヘッドがアンディの部屋に忘れてきた片方の目がアンディのおもちゃたちを捜している姿を映し出し、保育園からの脱出に挑戦します。3回目はウッディのリーダーシップのもとごみ捨て場で危険な目に遭いながらもエイリアン3人娘のクレーンのアーム操作によりすくい上げられ助かります。それぞれの脱出作戦ではチームワークでどんな困難も乗り越えていく場面が見所です。また、アンディがおもちゃたちを自分の代わりにボニーに遊んでほしいと話し、1人ずつ名前や性格を説明してあげてウッディも置いて去るアンディとおもちゃたちの別れの場面は感動的です。

スタッフ	監督：リー・アンクリッチ 脚本：マイケル・アーント 原案：ジョン・ラセター 音楽：ランディ・ニューマン 編集：ケン・シュレッツマン	キャスト	ウッディ：トム・ハンクス バズ・ライトイヤー：ティム・アレン ジェシー：ジョーン・キューザック ミスター・ポテトヘッド：ドン・リックルズ ミセス・ポテトヘッド：エステル・ハリス

	となりのトトロ　My Neighbor Totoro　　　　　　　（執筆）矢後　智子
セリフ紹介	メイがトトロに会ったことをお父さんとサツキに伝え、会った場所に連れていこうとしますが見つかりません。しかし、そこでお父さんはメイの言葉を信じ森の精にあいさつに行こうと言います。 　　Mei: Quit laughing! I really did see Totoro! I'm not lying. It's not a lie, Dad. 　　Dad: Hmm. Don't worry, Mei. Satsuki and I believe you, and I bet I know what happened. You must have met one of the spirits of the forest. That means you're a very lucky girl. But you can't always see the spirits. You can only see them when they want you to. Let's give the forest spirits a proper greeting. 　また、トトロにもらったどんぐりの芽がなかなか出ず、心配になっているメイに、お父さんは「トトロに聞いてごらん」と言います。 　　Mei: Do you think that they will sprout tomorrow? 　　Dad: I don't know. You should ask Totoro. He would know. 　お母さんはお化け屋敷みたいな家は好きじゃないんじゃないかと、心配なメイに対して「退院して早くオバケに会いたいわ」と答えるお母さん。 　　Mei : Do you like haunted houses? 　　Mom: Of course. I'll have to get better soon so I can meet some ghosts 　子どもたちの夢を大切に育てようとするお父さん、お母さんの優しさを感じるセリフです。
ふれあいポイント	【架空の生き物】このお話にはトトロをはじめ架空の生き物が出てきます。まずはサツキやメイが「まっくろくろすけ」と呼ぶ「すすわたり」。英語ではsoot gremlinsまたはsoot spritesと呼ばれています。gremlinはいたずら好きな妖精、spriteは不思議な小さな生き物・妖精です。またトトロはforest spirit（森の精）だと信じられています。ghost, gremlin, sprite, spiritなど、架空の生き物たちはこのように様々な名前で呼ばれています。カンタのおばあちゃんが "I used to able to see them（=soot sprites）when I was your age." と言ったように、これらの不思議な生き物たちは、純粋な心の子どもたちにしか見えない、子どもたちの素敵な友だちなのかもしれません。 【となりのトトロとどんぐり】このお話のキーワードは何でしょう。それは「どんぐり<acorn>」かもしれませんね。子どもたちにはなじみのある単語ですが、大人向けの英語学習の教材にはなかなか登場しない単語です。草壁一家の引っ越しの最中、サツキとメイは引っ越した家の天井から落ちてくるacornを見つけ、この家には何かが隠れているのではないかとワクワクしました。メイが庭に落ちているacornをたどっていくとトトロに会うことができました。またバスを待っているトトロに、サツキが傘を貸してあげると、そのお礼にトトロからacornがいっぱい入った包みのお土産をもらいました。acornが出てくる場面は、二人にとって素敵なことが起こる場面です。（メイが迷子になった時、トトロにお願いしたサツキが猫バスに乗ってメイを見つける場面ではacornでなくただのcorn<とうもろこし>でしたね）秋に公園に散歩に行くとたくさんのどんぐりが落ちています。子どもたちと一緒にどんぐり拾い<acorn-collecting>をして、"How many acorns did you pick?" などと質問してみてはどうでしょうか。 　トトロにもらったacornを庭に植え、芽が出るのを心待ちにしているサツキとメイ。サツキはお母さんへの手紙に次のように書きます。"We wanted to grow a beautiful forest with the acorns, so we planted them in your garden out back...but they won't grow. Mei watches them all day, every day waiting for them to sprout and it's starting to make her crabby." 一方、メイはお父さんに "Do you think that they'll sprout tomorrow?" と尋ねます。「芽が出る」はsprout、「育つ（大きくなる）」はgrowと言います。小学校では授業で植物や野菜を育てますし、最近は家庭菜園のある家庭も多いので、"Let's grow bitter melons this year!" などと、クラスや家庭で提案してみるのもよいでしょう。sproutはここでは「芽が出る」という意味で使われていますが、それ以外にも「芽」という意味もあります。種から芽が出た野菜をsproutと呼びます。例えば、broccoli sprout<ブロッコリースプラウト>はスーパーマーケットでも見かけるので聞いたことがあるかもしれません。どんな野菜がsproutなのかを子どもたちと一緒に考え、radish sprout<かいわれ大根>やbean sprout<もやし>などの野菜の名前を覚えることにも挑戦してみるとよいでしょう。
あらすじ	小学6年生のサツキと妹のメイは、退院が近いお母さんを迎えるために空気のきれいな田舎の一軒屋に引っ越してきました。その家で最初に二人を迎えたのは、"すすわたり" というオバケでした。ある日、メイは庭で2匹の不思議な生き物トトロに出会いました。メイが後をつけると、森の奥にはさらに大きなトトロが眠っていました。メイは大喜びで、サツキとお父さんにトトロと会ったことを話します。その話を聞いてサツキもトトロにどうしても会いたくなります。雨の日の夕方、サツキが傘を持ってバス停でお父さんを待っていると、いつの間にか隣でトトロもバスを待っていました。しばらくすると猫バスがやって来て、トトロはそれに乗って去っていきました。傘を貸してあげたお礼に、サツキとメイはトトロからドングリのお土産をもらい、それを庭に撒くのでした。ある日病院から電報が届きます。お母さんの退院が延びてしまったことを知り二人はとても心配になります。新鮮なとうもろこしをお母さんに届けようと一人で病院に向かったメイは途中で道に迷ってしまいます。サツキは村の人たちとメイを探しますが見つかりません。そこでトトロに助けを求めました。トトロが呼んだ猫バスは、サツキを乗せてメイのいる場所へ連れていってくれました。さらに猫バスは二人を山の向こうの病院まで運んでくれました。窓から病室をのぞくとお父さんとお母さんが笑いながら話していました。安心した二人はお土産のとうもろこしを窓際に置き家に帰るのでした。
映画情報	原　作：宮﨑　駿 製 作 年：1988年 製 作 国：日本　　　　　　　言語：日本語 配給会社：東宝　　　　白黒／カラー：カラー ジャンル：アニメーション、ファンタジー	公開情報	公開日：1988年4月16日（日本） 興行収入：11億7,000万円 上映時間：88分 字　幕：なし アスペクト比：1.85：1　　MPAA（上位制限）：PG

| 薦 | ●小学生 ●中学生 ○高校生 ○大学生 ○社会人 | リスニング難易表 | 発売元：ウォルト・ディズニー・スタジオ・ジャパン（平成26年5月現在、税込み）
DVD価格：5,076円　ブルーレイ価格：7,344円 |

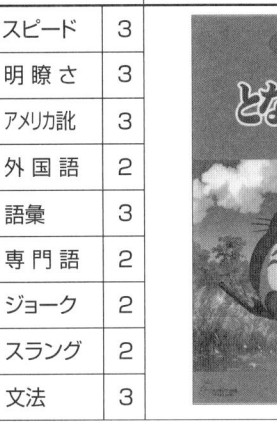

お薦めの理由	サツキ・メイの姉妹とトトロの交流を描いた心温まる作品で、昭和30年代の日本の田舎が舞台なので、日本語版で観たことのない人も簡単にストーリーを理解することができるでしょう。日本人の小学生が主人公なので、子どもたちが共感できる場面もたくさんあるはずです。また子どもたちの身の回りにあるものや興味のあるものがたくさん描かれているので、子ども目線での英語を学ぶこともできる作品です。	スピード	3
		明瞭さ	3
		アメリカ訛	3
		外国語	2
		語彙	3
英語の特徴	全編を通して米国英語が話されています。スピードは少々早く感じますが、文法的にも複雑な表現は使われず、省略やスラング・難しい単語などもほとんど聞かれないので理解しやすいです。日本の日常的な生活を描いた作品で、私たちの身の回りにあるもの、身の回りで起こっているような場面がたくさん出てくることが英語を理解する助けにもなっています。また日常会話表現をたくさん身に付けることができます。	専門語	2
		ジョーク	2
		スラング	2
		文法	3

授業での留意点

【子どもに身近な単語や表現】このお話には生活に密着した単語や表現がたくさん出てきます。「いってきます」「いってらっしゃい」「いただきます」「ごちそうさま」などの決まり文句は、日本文化や習慣に根付いた表現なので、これらを訳した英語表現がないことはよく知られています。学校に出かける場面でサツキは "See you later!" と言って出かけます。この他にも "Bye!" "I'm leaving." などの表現が「いってきます」の場面で使えます。それに対してお父さんとメイは "Have a nice day!" と言い返します。この「いってらっしゃい」も、"See you!" "Bye!" "Take care." などの言い方があるので、是非使ってみましょう。ちなみに「ただいま」はサツキが言っている "I'm home." がよく使われ、「おかえり」は簡単に "Hi there." "Hello." "Did you have a good day?" などと言うことが多いです。おばあちゃんの畑から収穫した新鮮な野菜を食べる時にサツキが「いただきます！」と言いますが、「いただきます」の英語訳もないので、よく使われる表現として "Let's eat." があります。しかしこの場面でサツキは、「位置について、よーい、どん」にあたる "Mark, get set, go!"（On your mark. Get set. Go!）と言って、きゅうりにかぶりつきます。「よし、食べてやるぞー」と言う気持ちがよく伝わってきて面白いですね。

さて、サツキとメイがカンタのおばあちゃんと一緒に畑から収穫した野菜の名前を全部知っていますか。（トマト＝tomato、きゅうり＝cucumber、なす＝eggplant（米）/ aubergine（英）、とうもろこし＝corn、いんげん豆＝string bean/runner bean）野菜は毎日食べるものですから、食事の際に一つずつ野菜の名前を覚えていくのはどうでしょう。

学校でサツキが担任の先生を "Miss Hara!" と呼んでいます。「はら先生」はつい "Hara Teacher" と呼びたくなりますが、学校の先生はMr、Ms（Miss/ Mrs）を使って呼びます。またサツキがクラブをお休みする時に、"I have to skip our club meeting." と友だちに言っています。skipとは簡単な表現ですね。森の精にあいさつに行った時にお父さんが「気をつけ！」"Attention!" と声をかけました。これもまた学校で使えそうな表現です。

お父さん、サツキ、メイの三人が森の大きなクスノキにあいさつをしてから家に帰る時に、お父さんが "The last one home is a rotten egg." と言って走り出します。子どもたちの遊びの際に使われる表現で、遊びに誘ったり挑発したりする時に使われ、ここでは「家まで競争だ！」という意味になります。お父さんが走り出した後にサツキが "Not fair!" と言いますが、これも、遊びの場面や家庭内でもよく使われる、知っていると便利なことばです。

サツキが入院中のお母さんに手紙を書きます。"Dear Mom, We had such a weird, mysterious and spectacular day.（中略）Please get well soon. Love, Satsuki" 最近は書くことの少なくなった手紙ですが、英語での手紙の書き方を知るよい機会になるでしょう。

映画の背景と見所

スタジオジブリの作品の中でも世界的に人気の作品で、米国をはじめ世界の様々な国で上映されています。現在発売のDVDは2か国語仕様ですが、ブルーレイ（2012年発売）は8ヶ国語仕様で、英語のみならず様々な言語でこの作品を楽しむことができます。英語の吹替版はストリームライン版とディズニー版の2種類があり、ディズニー版ではサツキとメイの声を本当の姉妹が演じています。また、この映画のキャラクターであるトトロや猫バスは、現在でも子どもだけなく大人にも大変人気があります。2005年開催の「愛・地球博」で再現されたサツキとメイの家は、たくさんの入場者で賑わい、博覧会終了後の現在も愛・地球博記念公園にて保存されています。

この作品には、昔懐かしいものや風景がたくさん描かれています。薪で火を起こし釜でご飯を炊く、井戸で水をくむ、洗濯板で洗濯をする、蚊帳の中で寝る、自動式の壁掛け電話機など、これらは現在の都会の生活では見られません。この様な生活を経験した人は懐かしさを感じるでしょうし、それらを知らない子どもたちには、昔の生活を紹介するよい機会になるでしょう。田舎での生活の他にも、子どものころの不思議な体験、家族愛、隣人愛、自然など、この作品の見所はたくさんあり、大人の目線でも子どもの目線でも楽しめる作品になっています。また、私たちの日常生活を描いた作品なので、使える単語や表現がたくさん聞かれるのも、この作品の英語版を観る魅力です。

スタッフ		キャスト	
原作：宮崎 駿		サツキ	：日高のりこ/ ダコタ・ファニング
監督：宮崎 駿		メイ	：坂本千夏/ エル・ファニング
製作：徳間 康快		お父さん(タツオ)	：糸井重里/ ティモシー・デイソー
脚本：宮崎 駿		お母さん(ヤスコ)	：島本須美/ レア・サロンガ
音楽：久石 譲		トトロ	：高木均/ フランク・ウェルカー

	飛べないアヒル	The Mighty Ducks	（執筆）戸谷　鉱一

セリフ紹介	ゴードンが小さい頃、ホークスのチームの一員だった頃からの知り合いのスポーツ店主ハンスのセリフです。ゴードンが自分の思い通りに試合をしない子供達に苛立ち、怒鳴り散らしていた時、彼と偶然再会します。彼の言葉をきっかけに、ゴードンは心を動かされ、心に長い間引っかかっていて、かつて忘れかけていた思いを思い出し始め、大切な事に気づき、変わり始めます。 Gordon : The guy(=Reilly) wins.　（でも勝ってる） Hans　 : It's not about winning, Gordon. It never was. Just show them how to play. 　　　　 Show them how to have fun. 　　　　 Teach them to fly! I mean, that is what they'll remember, long after you've gone back to being a doctor. 　　　　 （勝ち負けが何だ　楽しいプレーを教えてやれ　飛ばせてやれ　お前が医者に戻っても忘れぬプレーを） Gordon : Lawyer　（弁護士） Hans　 : And long after they've stopped buying skates from me.　（一生心に残るプレーを） これは、ゴードンが弁護士であるにもかかわらず、勘違いをして医者と答えることによるハンスのお茶目な性格で真剣さを和らげていますが、意味深長なセリフです。勝負も大切ですが楽しむ心も失くしては台無しになることを表面上は伝えていますが、内面上はハンスのセリフ中の 'fly' は後のチーム名 Ducks を、'long after you've ... doctor' や 'long after they've ... me' はゴードンが弁護士をやめマイナーリーグに挑戦することを醸し出しています。
ふれあいポイント	【語彙1】弁護士ゴードンやそれに関わる子供達が使う法廷や弁護士事務所、アイスホッケーの用語や俗語に、難易や適切さの点で注意が必要です。それ以外は音声や映像を頼りに、理解することが可能と思われます。何度聞いても理解できない語句は、文字で確認することをお薦めします。以下では具体的にどの程度の言葉が使われているかを挙げておきますので、学習の際の参考にして下さい。法廷や弁護士事務所での会話に、"What about the Frazier case?"（事件）, "The city of Minneapolis does not wish to pursue a plea bargain in this case, Your Honor."（答弁の取引）, "Oh, I thought you might be researching your defense…"（弁護、抗弁、訴答）, "And I found a loophole（（法律などの）抜け穴）, and I'm gonna plead not guilty."（無罪を主張する）があります。アイスホッケー用語として、"Get those loose pucks."（パック《硬質ゴム製の円盤》）, "Let's get the face-off!"（試合開始）, "Point!"（相手側のブルーラインのすぐ内側の位置）が登場します。子供達（と一部大人）が使う俗語は、"I don't want to see any goats around here."（愚か者、悪人、劣った者）, "Yo, dude."（気取り屋、めかし屋。きみ、おい）, "You obviously in the wrong 'hood"（=neighborhood）"We really suck."（へたである）, "What a jerk."（まぬけ、くだらんやつ、やな奴）, "She looks pissed."（がっかりして、いらいらして）, "Would you get off me before I clock you?"（…をなぐる）, "You don't even know what to do with it, wuss-breath."（赤ん坊）, "Holy cow."（（若い）女）, "A widdle?"（=little）といったものです。また大人が子供を叱る場面で "Little bastards"（くそったれ、あの野郎、あやつ）, "Anybody could beat these pansies."（めめしい[にやけた]男）のような侮蔑に近い言葉も聞かれます。 【語彙2】慣れてきたら、レベルアップを図るために、次のような点にも関心を向けさせて欲しいです。実の兄弟や息子を指すのではなく親しい男性や年少者に対して "Thanks, bro（=brother）.", "Let's go, son!" という表現や、日本語の名前でも愛称があるように英語でも Gordon のことを "Gordie" と呼んでいること、"Quack"（クヮックヮッ《アヒルの鳴き声》）, "Puck's headed in, and then, clang.（カラン[ガラン]と鳴る音）", "Pow!"（《銃》ポーン、パーン）といった擬音語、are not の短縮形の "We ain't buyin' nothin'." や going to の発音上の略の "so I'm gonna let you get your sorry vanilla bootie outta here…" です。 【注意点】俗語は知っている単語でも普段とは異なった意味で使われるために理解の妨げとなります。また学習初心者が俗語を使うことは誤解を招き兼ねませんので、飽くまで聞いて理解することに留めましょう。ただこの作品での俗語は、くだけた言い方、米国口語表現のことで、口にするのも憚れるわけではありません。上述の点を除けばそれほど難しい表現はありませんので、それらにこだわらず分かる所から始め、登場人物のセリフを楽しませて下さい。
あらすじ	弁護士のゴードンは、勝敗にばかりこだわる裁判のやり方を事務所の経営者ダックスワース氏から注意を受け、気をまぎらすために飲んだ酒による運転で捕まります。その償いとして免停処分の他に、500時間の社会奉仕活動をすることになります。それは地元の子供達の、後にダックスと名付けられるアイスホッケーチームの監督です。ところがそのチームはリーグ最下位の弱小チーム。0勝9敗で、スケートも満足に滑れない有様。アイスホッケーを本気でやる気のない子供達の集まりです。かつてアイスホッケーの名選手であったゴードンは、チームを手っ取り早く勝たせようと卑劣な作戦を子供達に無理強いし、反感をかってしまいます。ゴードンを信頼していたチームの一人チャーリーだけでなく、彼の母親やその他の子供達の保護者にまで信頼を失ってしまいます。ゴードンはチャーリーからの信頼を回復していく中で、彼とチャーリーの母親ケイシーとの仲が深まっていきます。勝つことにこだわる意味は彼の子供時代のアイスホッケーでの試合にあります。彼が子供の頃所属していた強豪チームで、ダックスの敵となるホークスの監督ライリーの教えに遡ります。子供達と接していく過程で、彼の勝利への固執の原点に辿り着き、楽しむことの重要性を見出し、子供達の特性を活かした非現実的で奇跡といえる技でシュートを決め、チームを勝利へと導いていきます。真剣な中にも笑いがある感動的な映画です。

| 映画情報 | 原　　　題：Mighty Ducks
製　作　年：1992年　　　　カラー映画
製　作　費：1,000万ドル
製　作　国：米国　　　　　　言語：英語
配給会社：ブエナ ビスタ インターナショナル ジャパン | 公開情報 | 公　開　日：1992年10月2日（全米）
　　　　　　1993年 7月3日（日本）
興行収入：5,075万ドル（全米）
上映時間：約103分
字　　幕：日本語字幕／英語字幕 |

薦	●小学生 ●中学生 ●高校生 ●大学生 ○社会人	リスニング難易表		発売元：ウォルト・ディズニー・スタジオ・ジャパン（平成26年5月現在、税込み）DVD価格：1,543円
お薦めの理由	過去の触れられたくない経験は誰にでもあるはずです。そんな苦い思いと時には素直に正面から向き合ってみることで解決できることもあることを、この映画は教えてくれます。また自分が気付かないうちに忘れかけていた人物が自分を陰で支えてくれていることも。最近等閑にされがちな人とのつながりも思い出させてくれる作品です。悪戯好きな子供達が主な登場人物と同年代の小学生高学年以上に向いています。	スピード	3	
		明瞭さ	3	
		アメリカ訛	2	
		外国語	1	
		語彙	3	
英語の特徴	舞台は米国ミネソタ州で米国発音です。大人が話す英語には長い難解な語句はなく分かり易いです。ただ登場人物の一人ゴードンの仕事が弁護士のため、法廷の場面や法律事務所での法律用語と、アイスホッケーの用語が使用されていますが、専門的な難しいものはなく日常的な語彙の範囲内です。子供達に関しては、生意気盛りの年齢のため俗語が多く、文法違反も多少あるため、すべてを理解するのは難しいです。	専門語	3	
		ジョーク	1	
		スラング	3	
		文法	3	

授業での留意点	【音声】子供達、特に男の子達が話す英語は母語話者らしい自然な速さの自然な表現を含んでいて、学習初心者には理解するのが難しいと思われます。むしろ大人達が話す英語、あるいはアイスホッケーと関わっている時の子供達の英語に耳を傾けさせましょう。大人達が話す英語と言っても、内容は子供達の事やアイスホッケーの話題が中心です。先ずは Hold it!（待つんだ）、Do it again.（もう一度）、Over here.（来い）といった短い表現を聞き取って、理解できるようになることから始めさせて下さい。これらの表現のほとんどは決まり文句で、特定の場面だけで使用されるような語句ではありませんので、日常的な場面に活用できます。ただ短い表現とは言え、実際は「ホールド イット」や「ドゥー イット アゲイン」のように一語一語区切って発音されるわけではなく、「ホールディット」や「ドゥーイッタゲン」のように連結が起こることの説明が必要とされるので、何らかの形で言及して下さい。映像の音声面以外に、次のような点に触れ、英語学習に活用させてみることを提案します。
	【繰り返し表現】最初のは修辞論の中の反復（Repetition）と言い、日本語でも見られる技法です。反復の最大の目的は強調ですが、意味を統一し、拡大し、確認し、リズムを生じる効果も持ち、真剣さにも、こっけいさにも、皮肉さにも用いられます。これから先、このような表現に出くわした時に、その文の真意は何かを考えさせてみましょう。
	
	    Gordon　　　　　: A team isn't a bunch of kids out to win.（勝敗にこだわるな）
	    　　　　　　　　 A team is something you belong to, something you feel. Something you have to earn.
	    　　　　　　　　 （大切なのはチームの連帯感　一体感…報われる喜びだと）
	    Mr. Ducksworth: Are you prepared to lose your job over some kids? Some game?
	    　　　　　　　　 （子供のお遊びのために職を棒に振る気か？）
	    Gordon　　　　　: Are you prepared to fire me over some kids? Some game?
	    　　　　　　　　 （子供のお遊びのために私をクビに？）
	
	【省略】次のものは文字化すると肯定文、命令文に見えますが、音声では語尾が上がっていますので、疑問文です。口語ではいちいち Did you get it? や Did you talk to the guys? と言わず、肯定文で語尾を上げ、尋ねることはよくあることを理解させ、口頭練習させて下さい："He better not make another shot, you got it?"や"Talk to the guys?"
	【習慣や文化】ジェスチャーや文化の違いに気が付かせることによっても英語に親しむアプローチとなるでしょう。ライリー監督がダックスとの試合中にゴードンに対して襟を立てたり、ホークスのメンバーの一人と拳を見せ合ったりする仕草や、フルトン・リードが目の下に線を描く姿が見られます。これらの意味を考えさせてみましょう。

映画の背景と見所	舞台のミネソタ州ミネアポリスはアイスホッケーが盛んな所です。多くの湖があり、冬には−20℃を下回る日があり、自然のアイススケートリンクができます。子供達が日常的にアイスホッケーを楽しむ光景が見られます。そのアイスホッケーのルールの概観は、主将（1名）・副将（2名以内）・ゴールキーパー（2名）を含め22名で構成され、一度に競技に参加できるのは最大6名で、交代は自ベンチ前氷上の仮想範囲内でいつでも可能です。スティックで硬質ゴムのパックをゴールに入れて、得点を競います。 悪戯好きで生意気な子供達がいる弱小アイスホッケーチームが大変身をする様子を描きながら、ゴードンが子供達と触れ合っていく中で、彼の心に少しずつ変化が起きている点に着目して欲しいです。回想場面に続いて裁判を行っている法廷の場面から物語は始まります。そこでの彼は勝つことに執着し、上司からそのことを咎められいらいらします。その時の彼にはその苛立ちがどこから起きて来るのかがまだ分かっていません。子供達と出会い、そこで反感をかい、チームの一人チャーリーの母親、ゴードンが子供の頃所属していたホークスのライリー監督、スポーツ用品店主ハンスとの出会いを通して、ゴードンは彼自身のこだわりが間違っていたことに気が付き、それがかつての監督の教え「勝たなければ意味がない」から来ていることに気付き、人間的成長を見せていく姿を描きます。

スタッフ	監督：スティーヴン・ヘレク 製作：ジョーダン・カーナー、ジョン・アヴネット 原作：スティーヴン・ブリル 撮影：トーマス・デル・ルース（A.S.C.） 音楽：デヴィッド・ニューマン	キャスト	ゴードン・ボンベイ：エミリオ・エステベス ハンス：ジョス・アクランド ライリー・コーチ：レーン・スミス ケイシー・コンウェイ：ハイディ・クリング チャーリー・コンウェイ：ジョシュア・ジャクソン

| トム・ソーヤーの大冒険 | Tom and Huck | （執筆）伊與田洋之 |

セリフ紹介

トムとハックは墓場で偶然、殺人現場を目撃します。ハックは、二人だけの秘密にしようとトムに約束させます。しかし、真実を話さなければ、無実のマフが死刑になってしまいます。悩んだ末、トムは法廷で証言します。

Judge ：Thomas Sawyer, do you solemnly swear to tell the truth…the whole truth and nothin' but truth… So help you God?（トーマス・ソーヤー、君は真実のみを話すと神に誓えるかね。）
Tom ：I do.（誓います。）
Lawyer：Mr. Sawyer, where were you on the 28th of this month at the hour of midnight?
（ソーヤー君、今月28日の深夜はどこにいたかね。）
Tom ：I was in the graveyard, sir（墓地にいました。）
Lawyer：Were you close to the grave that Muff Potter was digging up?（マフが掘った墓の近くにいたかね。）
トムはこの質問につまりますが、検察官にトムはいつもうそをついていると言われ、強い調子でこう答えます。
Tom ：I was there! I saw the murder. Doc Robinson wasn't stabbed four times! He was stabbed three times.
（ぼくはそこにいたんだ。殺すところを見たんだ。ロビンソン先生が刺されたのは、4回じゃない、3回だ。）
It wasn't Muff. But Injun Joe took Muff's knife and stabbed the doc.
（マフじゃない。インジャン・ジョーがマフのナイフを取って、先生を刺したんだ。）
この証言が決め手となって、事件の真相が明らかになり、トムはマフの命を助けることができます。

ふれあいポイント

【見て体験する】映画の中で、トム・ソーヤーがどのような言葉のやり取りをしているかをよく観察してください。トムは学校の授業に遅刻してきた時に、先生にこう言います。"Sorry, I'm late for school, Mr.Dobbins.（ドビンズ先生、ごめんなさい、遅刻しました。）" 謝る時は "I'm sorry.（ごめんなさい）" 「アィムソリー」と言います。「アィ」と「ソ」を強めに発音します。約束の時間に遅れてしまった時は "I'm sorry, I'm late."「アィムソリー、アィムレィト」です。「先生」と言う時は、"Teacher.（先生）"とは言わずに、名字の前に男性の先生の場合は、"Mr."、女性の先生の場合は、"Mrs." や "Miss" あるいは "Ms." をつけて呼びます。また、トムは先生の質問に答える時に "Yes, sir." とか "No, sir." と言っています。目上の人と話す時は "sir." をつけて丁寧な気持ちを表現しています。
レベッカとトムが橋のところで出会ってあいさつします。"Hello, Tom.（こんにちは、トム）"、"Hey, Becky.（やあ、ベッキィ）" 日本語と違うところは、「こんにちは」とあいさつしたあと、相手の名前を言うことです。大人も同じように相手の名前を言う人が多いです。あいさつする時だけではなく、普通の会話の中でも日本語ではほとんど入れないような場面で、相手の名前を入れます。元気がないトムを心配したベッキィはこう言います。"What's the matter, Tom?（どうしたの）" ここでも名前を言っています。英語の世界ではそういう習慣になっています。実際にせりふを声に出して言ってみるといいですね。

【聞いて慣れる】ミュージシャンたちはメロディーにのって、リズムをとりながら演奏しています。メロディーやリズムは音楽になくてはならないものです。同じように英語もイントネーションやリズムがとても大切です。イントネーションを変えると意味も変わります。相手に何かを聞くときは最後の方を上げ調子にします。全体的な発音の仕方も違います。日本語で「ミルク」は「ミ・ル・ク」と、一つ一つの音を同じような間隔で発音します。英語の 'Milk' はどういうふうに発音しますか。「ミ」を強く発音して「ル」は間隔を短くして、「ク」は弱くあまり聞こえないような発音の仕方をします。映画に出てくる人はどんなふうに発音しているか耳を澄ましてよく聞いてください。"dollar.（ドル）" は「ダラー」のように聞こえます。弟のシドは家出するトムに "again?（またなの）" と言います。聞いているので、上げ調子です。"night.（夜）"「ナイト」の「ト」の部分が弱くて、はっきり聞こえません。"scrambled eggs.（スクランブル・エッグズ）" の「エッ」を強く、「グズ」は弱くてあまり聞こえません。トムの友だちが「ペンキをちょっとだけ塗らせてくれよ」と言います。「ちょっとだけ」は "Just a little." ですが、「ジャスタ・リトー」のように聞こえます。慣れないとうまく発音できません。カタカナで発音の仕方を書きましたが、カタカナでは正確に表現できません。自分の耳で確認してください。

あらすじ

町一番のわんぱく少年トム・ソーヤーが豊かな自然の中で、親友のハックと冒険する物語です。トム・ソーヤーはミシシッピー川沿いの小さな町で、おばさんに引き取られて暮らしている少年です。ハックは町はずれでホームレス同然の暮らしをしています。ある夜、トムとハックは偶然、墓場で恐ろしい光景を目撃してしまいます。ならず者のジョーが町の医者を殺し、海賊の財宝の地図を手に入れます。二人は恐怖のあまり一目散に逃げ出します。ハックはジョーの仕返しを恐れて、このことは二人だけの秘密にしようとトムに約束させます。ところが、ジョーはうそをついて自分の罪を一緒にいたマフになすりつけてしまいます。マフは酔っぱらいで、無実だと言っても人に信用されません。このままでは無実のマフが死刑になってしまいます。トムは大いに悩みます。一方、ジョーは海賊の地図を使って財宝を掘り当てます。トムとハックはジョーの後を付け、その一部始終を目撃します。
牢屋に入れられているマフはトムに無実を訴えます。悩んだ末、トムは法廷で真実を証言します。
ピクニックで洞窟の中に入りますが、トムとベッキーは迷子になってしまいます。脱出しようとしますが、運悪くジョーに出会い、命をねらわれます。危機一髪で、ハックが助けに来て、ジョーは奈落の底に落ちていきます。そこでトムとハックが見た物は・・・

映画情報

原　　作：マーク・トウェイン
製　作　年：1995年
製　作　国：米国
言　　語：英語
ジャンル：アクション・アドベンチャー

公開情報

公　開　日：劇場未公開
上映時間：92分
字　　幕：日本語字幕/英語字幕
音　　声：ドルビーデジタル
画面アスペクト比：4：3

薦	●小学生　●中学生　○高校生　○大学生　○社会人	リスニング難易表	発売元：ウォルト・ディズニー・スタジオ・ジャパン （平成26年5月現在、税込み） DVD価格：1,543円

お薦めの理由	ミズーリ州のいなか町で、海賊が隠した財宝のありかが描かれた地図をめぐって殺人事件が起こります。財宝の行方がどうなるのか、子どもだけでなく大人も冒険心を駆り立てられます。一方でトムは無実の罪をきせられたマフを法廷証言で救います。子どもが主人公のストーリーで、古い時代の子どもの暮らしぶりも観察できます。残酷なシーンなどがないので、安心して子どもに見せることができます。	スピード	4
		明瞭さ	3
		アメリカ訛	4
		外国語	2
英語の特徴	米国英語ですが、ミズーリ州のいなかで、100年以上も前の設定なので、違和感のある表現が多く出てきます。たとえば、"gonna let her" "you wanna drop" "it ain't, Joe" などです。特に "ain't" は "isn't（ではない）" という意味ですが、馴染みがない表現です。また、"Whatcha doin'?（どうなっているんだ）" では "are you" が "cha" に縮まっています。このような特徴的な話し言葉が多く出てきます。	語彙	3
		専門語	3
		ジョーク	3
		スラング	4
		文法	3

授業での留意点	【英語活動】英語活動は子どもたちにとって、楽しい内容であること、より自然で必然性のある場であること、子どもたちが体験を通して、積極的にコミュニケーション活動ができることが求められます。映画の中に出てくる場面や道具を絵に描かせたり、あるいは絵カードなどを利用して、作業的な活動をさせることをおすすめします。実際に何かを体験させることで、子どもたちの興味や関心を引き出すことができると思います。初期の段階では、文字は使わず音声中心の指導になります。映画に出てくる言葉のやり取りは自然で意味のあるものです。何よりも本物を映像で見せることで、大きな効果が期待できます。ただし、子どもにとって楽しい内容かどうか、テーマやレベルが子どもたちにふさわしいものかどうか、また教員が指導しやすい場面があるかどうか吟味する必要があります。無理、無駄のない英語活動にするために、工夫やアイデアも必要です。準備に時間がかかって大変ですが、しっかりやれば、それ以上のものが子どもたちから返ってくるはずです。 　「ふれあいポイント」では短い言葉のやり取りの中にも、英語と日本語との違いがあることを紹介しています。実際に子どもたちに友だち同士で体験させてみると理解度が確認できますし、生きた指導につながると思います。 【英語の音声】英語を教える上で重要なポイントが、発音の指導です。まず、英語のもつ音声やリズムなどの特性に気づかせることが大切です。映画の中に出てくる実例をいくつか紹介しましたが、まだたくさんあります。いくつ探したか子どもたちにポイントを与えると競ってやるかもしれません。子どもが集中できる時間を考慮して、場面ごとに区切ると効果が上がると思います。 　英語の音声は日本語と違って、音の間隔が不規則です。一つ一つの音を同じ間隔で区切ることに慣れている日本語話者には大変です。強弱アクセントやイントネーションも重要です。覚えることもたくさんあります。発音指導はなかなか自信がもてないかもしれませんが、どういう現象が起こっているか理解を深めていくことが大切です。決してネイティブスピーカーのように流暢に話す必要はありません。リスニング力をアップさせて、たどたどしくても、自分の伝えたいことが相手に伝わればそれでいいのです。小学校の段階では、基本的なことに気づかせ、親しませることが大切です。 　「ふれあいポイント」で強いリズムと弱いリズムの具体例をいくつか紹介しましたが、これ以外にも、英語ではr(アール)音とl(エル)音を区別していること、英語には、/θ//ð//ə/のような日本語にはない音があること、音が連結して、知っている単語でもまるで違う単語のように聞こえてしまうことがある、などを発達段階に応じて、気づかせる必要があると思います。

映画の背景と見所	原作はマーク・トウェインです。彼は少年時代の友だちや経験をもとにして、この作品を書いたと言われています。実際、ミズーリ州ハンニバルがセント・ピーターズのモデルになっています。映画の中に出てくる洞窟や川の中の島も実在します。小説の挿絵を描いたノーマン・ロックウェルは洞窟のシーンを描くために、一週間洞窟にこもったという話が残されています。 　のどかな自然が広がる古き良き時代のアメリカにタイムスリップしたかのようです。舞台は140年前のミズーリ州のいなか町です。登場人物の服で当時のファッションがわかります。教室の黒板は文字通り黒色です。授業の終了にベルが鳴り、往来では馬車が行き来しています。この時代のライフスタイルがどこかゆったりしていて、時間がゆっくり流れているように感じられます。こういう環境の中で、海賊の財宝のありかを記した地図をめぐって、殺人事件が起こります。財宝の行方がどうなるのか、冒険心が駆り立てられる一方、トムやハック、トムの友人、町の人たちが織りなす人間模様が見事に表現されています。殺人事件を目撃したトムは悩みます。黙ったままだと無実のマフが死刑になってしまう、そうかと言ってハックとの約束を破るわけにもいかない、しかし、トムはついに決意します。トム・ソーヤーが法廷で力強く真実を証言するシーンは圧巻です。

スタッフ	監　督：ピーター・ヒューイット 製作総指揮：スティーヴン・ソマーズ 製　作：ローレンス・マーク、ジョン・マルデッチ 撮　影：ボビー・ブコウスキー 音　楽：スティーブン・エンデルマン	キャスト	トム・ソーヤー　　：ジョナサン・テイラー・トーマス ハック・フィン　　：ブラッド・レンフロ インジャン・ジョー：エリック・シュウェイグ サッチャー判事　　：チャールズ・ロケット ベッキー・サッチャー：レイチェル・リー・クック

ナニー・マクフィーの魔法のステッキ		Nanny McPhee	（執筆）山﨑　僚子

セリフ紹介	ナニー・マクフィーが、ブラウン家に到着した夜に、子供たち対して言うセリフです。ナニー・マクフィーが何者なのか、どこから来たのか、誰にもわかりません。しかし間違いなく、ブラウン家にとって必要な人物だったのです。このセリフは物語の最後でも語られ、その時にこのセリフの真意がわかります。Nanny McPhee : There is something you should understand about the way I work. When you need me but do not want me, then I must stay. When you want me but no longer need me, then I have to go. It's rather sad, really, but there it is.（私のやり方を覚えておいて。必要とされる限り嫌われても残ります。その役目が済めば望まれようとも私は去ります。どんなに悲しくても）Simon: We will never want you.（望むもんか）Nanny Mcphee: Then I will never go.（ではここに残ります）これまで、17人の乳母を家から追い出してきたサイモンにとって、自分たちのいたずらがナニー・マクフィーの魔法に完敗したことは、屈辱的（？）だったのかもしれませんね。「居てほしいわけがない」と、強い口調で反抗します。ナニー・マクフィーの最後の"but there it is."は、必要とされなくなれば、出ていかなければいけないという事実は、非常に悲しいことではあるけれども、実情はそうなのだ、つまり「仕方のないことだ」、という意味です。これまで映画や文学作品に、多くの乳母（ナニー）が描かれてきましたが、ナニー・マクフィーは今までのナニーとは、一線を画するものがあります。ナニー・マクフィーは、自分から提案したり、意見を押し付けたりしません。一方でどんなに難しく、重要な決断も子供たちだけで考えるよう促します。それは時として冷たい態度に映るかもしれません。しかし自分が去った後も子供たちが自ら人生を切り開き、強く生きていけるよう導いているとも言えます。
ふれあいポイント	【命令文の英語】まず命令文に注目してみましょう。命令文は、動詞ひとつで完成させることもできますし、主語や動詞の順番といった文法を知らなくても使うことができますので、英語に初めて触れる初学者でも、抵抗なく始められるという利点があります。例えば、Chapter 1では、お父さんが子供部屋に来るのを察知した子が、他のきょうだいに"Hide."（隠れて）と言います。おもちゃを誰かに取られたときに"Give it back now!"（返してよ！）、嫌なことをされたら"Stop it/ Stop doing this."（やめてよ）、などのセリフが頻繁に出てきます。他にも普段の日本語での生活で交わされているような表現が出てきます。できるだけたくさん見つけてみましょう。そして、映画の子供たちを真似て、一緒に発音してみましょう。さて、命令文に慣れたら次の段階です。命令文は please をつけることによって、丁寧にお願いする表現になります。ナニー・マクフィーがブラウン家に来て、最初に子供たちに教えることは、この please を言うことです。Chapter 4では、台所で大暴れする子供たちに、ナニー・マクフィーは魔法をかけ、一番下のきょうだいである赤ちゃんが危機に陥ります。魔法を解いてほしいなら"Say, 'please'"（please と言いなさい）とナニー・マクフィーは言います。これ以降、子供たちは、父親やエヴァンジェリンにも please を言うようになります。さらに、Chapter 9で、クリスチアナのピンチを救ってくれた時、子供たちは"Thank you for saving me, Nanny McPhee."（助けてくれてありがとう）と、Thank you. も言えるようになるのです。英語圏の家庭では幼い頃から、子供たちは何かをお願いするときは please をつける、何かをしてもらったら Thank you. と言うように教育されるのです。 【19世紀の英国の社会】Chapter 2では、エヴァンジェリンは、リリーに文字を教わりながら本を読みます。英国には長く、階級制度が存在し、労働者階級に属するメイドは教育を受けることができず、読み書きができない人が多かったのです。ましてや階級の違いを乗り越えて結婚することは、物語などではみられますが、現実的ではありませんでした。こういった社会背景を知らなければ、なぜエヴァンジェリンが子供のリリーに文字を教わらなければいけないのか、セドリックはなぜ再婚に躊躇するのか、理解できないかもしれません。視聴後、児童と話してみて、わからないようでしたら、英国の階級制度について少し説明をする必要があると思います。この映画を通して、英国の階級制度という社会的背景も学ぶことができれば、いつか同じような時代設定の映画を観るときも、ストーリーの理解が早くなるでしょう。ちなみに Chapter 7に、エヴァンジェリンが音読の練習をする場面があります。英語を学習する時、黙って文字を読んだり映画を観たりするだけではなく、この場面のエヴァンジェリンのように声に出して発音することは非常に重要です。このことは、学習が進んでからも大切ですから、特に英語初学者には英語を声に出して読むように促してください。
あらすじ	映画の舞台は、19世紀、英国のある村に暮らすブラウン一家です。父親のセドリックは1年前に妻を亡くし、葬儀社に勤めながら、赤ん坊を含む7人の子供を養っています。しかし、やんちゃな子供たちのいたずらのせいで、17人の乳母が辞めてしまい、新しい乳母探しに頭を抱えています。しかも、経済的援助を受けているアデレイド夫人（亡くなった母親のおば）からセドリックが再婚しなければ、援助を打ち切ると、宣告されてしまいます。一方事情を知らない子供たちは、かまってくれない父親を困らせてばかりです。そこにナニー・マクフィーが新しい乳母として一家にやってきますが、実は彼女は魔法使いなのです。ナニー・マクフィーのおかげで子供たちのいたずらは沈静化しますが、今度はアデレイド夫人がきょうだいの中の一人を引き取ると言い出します。家族は離れ離れになってしまうのでしょうか？母の死後、決裂していた家族が再生していく過程が描かれます。この映画を印象付けるナニー・マクフィーの容姿は、一度見たら忘れられないインパクトがあります。つながった眉毛、大きな鼻、2つの目立つ wart（いぼ）、1本の反っ歯、小太りの体型、これらの美しいとは言えない容姿が、物語が進むにつれて変わっていきます。いつ、どの部分が、そしてなぜ変わったのか、ぜひ児童と話し合ってみてください。ナニー・マクフィーの最後の変身を遂げた時の表情は児童だけではなく、大人にとっても必見です。
映画情報	製　作　費：2,500万ドル（推定） 製　作　年：2005年 製　作　国：米国、イギリス、フランス 言　　　語：英語 ジャンル：コメディ、ファンタジー	公開情報	公　開　日：2005年10月21日（英国） 　　　　　　2006年　1月27日（米国） 　　　　　　2006年　4月15日（日本） 上映時間：97分 MPAA（上映制限）：PG

薦	●小学生　●中学生　○高校生　○大学生　○社会人	リスニング難易表		発売元：NBCユニバーサル・エンターテイメントジャパン（平成26年5月現在、税込み） DVD価格：1,543円　ブルーレイ価格：2,037円

お薦めの理由	この映画では、子供たちと父親が、本音で語りあった時、初めて「一緒に暮らしたい」という思いを共有していたことに気が付きます。ナニー・マクフィーは、家族の危機を救いますが、最後に家族をひとつにしたのは子供たちの成長と父親の愛情かもしれません。母の死と父親の再婚というテーマを、重くなり過ぎないようコメディの要素も加えて描き出している点が、お薦めの理由です。	スピード	3
		明瞭さ	2
		アメリカ訛	2
		外国語	1
英語の特徴	主に英国英語が話されますが、子供同士のやりとりは短いものが多いですし、それほど難しいと感じることはないと思います。子供たちのいたずらが、時として度を越すことがあり、注意を必要とする場面もあります。特に、Chapter 1で、子供たちが赤ちゃんを食べたように見せかける場面があり、残酷さは否めません。また、セドリックは葬儀社に勤めていますので、死体が登場します。	語彙	3
		専門語	1
		ジョーク	2
		スラング	1
		文法	1

授業での留意点

【日常生活の英語表現】この映画の特徴のひとつとして、場面が家庭内に限定されていることが挙げられるでしょう。そのため、自分たちが普段家の中で行っていることを、英語でどう表現するのかを知ることができます。例えば夜、父親は夜でも落ち着きのない子供たちに "go to bed."（寝なさい）とよく言います。Chapter 5では、ナニー・マクフィーが朝、なかなか起きない子供たちに、"I shall give you half an hour to be up, washed, dressed, teeth cleaned, beds made and out into the garden for healthful fresh air before breakfast."（30分の間に洗面、着替え、歯磨き、ベッドメイクを済ませ、庭で新鮮な空気を吸いなさい）と言います。この映画を観ることで普段している行動の英語表現を知る事ができます。go to bed（就寝する）、be/get up（起床する）、wash one's face（洗顔する）、clean one's teeth（歯を磨く）、make a/one's bed（起床後のベッドを整える）という感じです。dressを使って「服を着る」と言うには、get dressedやdress oneselfと言うと良いでしょう。このように、普段の生活で行っている行動を、英語で表現することは、大切なことだと思います。英語学習は、日常からかけ離れて、身構えて行うものだけではないと思うのです。普段している行動について「英語では何というのかな？」と疑問をもち、英語表現を知っていくことは、初学者にとって、大切なことだと思います。児童の日常生活と英語をリンクさせることで、英語をより身近に感じることができれば良いですね。

【身近なものの英語】この映画では、日常の行動に関する英語だけではなく、身近にあるものの英単語が多くでてきます。例えば動物の名前です。動物は、一家にとって家族同様であり、また映画のコメディの一面を引き出す重要な存在です。ブラウン家にはpig（豚）、donkey（ロバ）、horse（馬）、dog（犬）、tarantula（タランチュラ）、そしてchicken（鶏）がいます。観賞中に動物が出てきたら What's this?（これは何？）などと質問し、児童に It's a ....と声に出して答えるように指導してみてください。もし興味がありそうなら、他の映画や絵などで上記以外の動物の英語の名前も紹介してあげてください。豊富な語彙は、児童の今後の英語学習への自信につながるはずです。

【needを用いた英語表現】この映画では needという動詞が頻繁に出てきます。Chapter 8でアデレイド夫人が訪問する日の午後に休みを取るというナニー・マクフィーに、セドリックは "You can't be off duty. I need you. They need you."（こんな日に困る。あなたが必要なんだ）と頼みます。同じ Chapter 8でクリスチアナのピンチの時、エリックは "Nanny McPhee, please, we need you." と言います。映画の該当する場面を観て、登場人物たちがどういう状況にあってどんな気持ちでいるのか、話し合ってみましょう。映画でストーリーを追うことで、わかりやすくなるでしょう。そのうえで、気持ちを込めて発音するように伝えてください。I/We need you. は、「君がいないと始まらないよ（必要な人だ）」という意味で、日常生活でよく使われます。

映画の背景と見所

クリスチアナ・ブランド（1907-1968）の児童文学、『ふしぎなマチルダばあや（Nurse Mathilda）』の3部作が原作となっています。原作は映画公開に合わせて、3部を1冊にまとめ、Nanny McPhee: The Collected Tales of Nurse Matilda として再出版されており、容易に入手できます。乳母はかつて nurse と呼ばれていましたが、現代では nanny と言います。そのため、この映画のタイトルにも「ナニー・マクフィー（乳母のマクフィー）」と表現されています。呼び方は変わっても、わんぱくな子供たちと彼らと奮闘する大人たちという関係は、時代を超えた普遍的なものなのかもしれません。映画のプロットは原作と異なりますが、ナニー・マクフィーの特徴的な容姿、アデレイド夫人の帽子をロバにかぶせるいたずらなどは、原作に忠実に再現されています。子供たちは全員いたずらっ子ですが、よく観察しているとそれぞれ個性があることがわかります。リーダー格のサイモン、頭脳明晰なエリック、ロマンチストのリリー。鑑賞後好きなキャラクターや自分に一番近いと思うキャラクターは誰か、話し合ってみると面白いかもしれません。また、この映画は19世紀に時代設定されており、階級制度の問題を避けて語ることはできません。エヴァンジェリンは、ナニー・マクフィーの魔法のおかげで、アデレイド夫人からレディとしてのたしなみや行儀作法を教わります。しかしそれでもメイドはメイドなのです。さて、エヴァンジェリンはどのような生き方を選ぶでしょうか。

スタッフ	監督：カーク・ジョーンズ 脚本：エマ・トンプソン 原作：クリスチアナ・ブランド 音楽：パトリック・ドイル 撮影：ヘンリー・ブラーム	キャスト	ナニー・マクフィー　：エマ・トンプソン セドリック・ブラウン：コリン・ファース エヴァンジェリン　　：ケリー・マクドナルド アデレイド　　　　　：アンジェラ・ランズベリー クイックリー夫人　　：セリア・イムリー

ナルニア国物語／第1章:ライオンと魔女

The Chronicles of Narnia: The Lion, the Witch and the Wardrobe

（執筆）河合　利江

セリフ紹介

　ナルニア国に行くきっかけとなったのは、ルーシーの "We could play hide and seek."（かくれんぼしない？）という提案でした。ルーシーはタムナスに出会い、ナルニアの大きさを教えられると、"This is an awfully big wardrobe."（すごく大きな衣装だんすね。）と、目を輝かせます。別れ際にタムナスは"You've made me feel warmer than I've felt in a hundred years."（100年間で初めて温かい気持ちに。）と言って二人の出会いに感謝します。ルーシーの話を信じない他の兄弟たちに対し教授は "What do they teach in schools these days?"（今の学校では何を教えとる。）と、まるでナルニアを知っているかのようです。アスランに会いに行く途中で兄弟たちはサンタクロースに出会います。ナルニアの冬はクリスマスがないのでは、と不思議がるスーザンに対し、"But the hope that you have brought, Your Majesties, is finally starting to weaken the Witch's power."（しかし君たちの運んできた"希望"がついに魔女の力を弱めたのだ。）と答え、兄弟たちに戦いで必要なものをプレゼントとして渡します。ルーシーは "Told you he was real."（サンタはいるのよ。）と、得意顔です。思いがけず衣装だんすから戻ってきた時、ちょうど教授が部屋に入ってきて "What were you doing in the wardrobe?"（衣装だんすで何をしていた？）と聞きます。ピーターが "You wouldn't believe us if we told you, sir."（話しても信じませんよ。）と答えると、教授は "Try me."（話してみろ。）と、嬉しそうな目で兄弟たちを見つめます。後日ルーシーがそっと衣装だんすに入ろうとすると、いつのまにか教授がいて、"I don't think you'll get back in that way. You see... I've already tried."（そう簡単には行かれんよ。実はわしも試したのだ。）と言います。

ふれあいポイント

　戦時下のロンドンで、父親は戦争に行き、毎日不安と恐怖におびえながら暮らしている兄弟は、お互いを思いやる余裕もなく、衝突が絶えません。そんな4人がナルニア国での出来事を通して次第にお互いの大切さに気付き、心を一つにしていきます。兄弟たちの心の変化をセリフを通して確認してみましょう。
【アスランに会う前】ピーターは自分が父親の代わりを務めなければと気負っていて、エドマンドが無謀な行動をした時は "Why can't you think of anyone but yourself? You're so selfish!"（なぜ言うとおりにしない。）と、とても高圧的です。エドマンドがルーシーを心なくからかった時は "You just have to make everything worse, don't you?"（意地が悪すぎる。）と咎め、エドマンドはそんな兄に "You think you're Dad, but you're not!"（父さんじゃないくせに。）と言って反発します。スーザンはその様子にうんざりしてピーターに "Well, that was nicely handled."（兄らしい態度だこと。）と、冷たい態度です。エドマンドが魔女のところに行ってしまった時には、スーザンはピーターに "This is all your fault."（兄さんのせいよ。）と言い、口論になります。氷が溶け始めた危険な川を渡る選択しか残されていない時、"I'm just trying to be realistic."（もっと現実的に…。）と言ってためらうスーザンに対し、ピーターは "No, you're trying to be smart. As usual."（頭がいいフリか。いつもだ。）と、ここでも言い争います。
【アスランに会ってから】兄弟たちは、次第に思いやりの心を取り戻し、アスランにエドマンドが兄弟たちを裏切って魔女のところへ行ったのには訳があるはずだと言われると、ピーターは "It's my fault, really. I was too hard on him."（僕のせいです。厳しくしすぎて。）と言い、スーザンは "We all were."（私もです。）と言ってエドマンドをかばいます。つかの間アスランの陣営の中でほっとしたスーザンは "We used to have fun together, didn't we?"（昔は楽しく過ごしたわね。）と優しくルーシーに話しかけ、ルーシーは "Before you got boring."（今のお姉ちゃんは退屈。）と、いたずらっぽく答えます。ルーシーのこの言葉でスーザンは大人になろうと気負いすぎていたことに気付かされます。アスランがいなくなり、代わりに軍を率いなければならなくなったピーターは自信がありません。その時、エドマンドは、"Aslan believed you could. And so do I."（兄さんならできる。アスランは信じてた。僕も信じる。）と言って初めて兄への信頼の気持ちを言葉にします。戦闘で劣勢の時、ピーターはエドマンドに逃げるよう指示しますが、エドマンドはピーターを救おうと戦い、魔女に傷を負わされます。戦闘に勝利し、ルーシーが魔法の薬をエドマンドに飲ませ、エドマンドは無事に回復します。ピーターは "When are you gonna learn to do as you're told?"（言うことを聞けよな。）と言いますが、以前のように責め立てる言い方ではなく、無事でほっとしたという愛情のこもった言い方になっています。

あらすじ

　4人兄弟の長男ピーター、長女スーザン、次男エドマンド、次女ルーシーは、疎開のため親と離れてカーク教授の屋敷で暮らします。かくれんぼをしていた時、ルーシーは大きな衣装だんすに隠れ、その奥のナルニア国に足を踏み入れてしまいます。ルーシーが兄弟にこの話をしても信じてもらえず、もう一度真夜中に衣装だんすに入ってみます。この時、エドマンドが後をつけていて、彼もナルニア国に入ります。エドマンドはナルニア国を100年間冬の状態にしている魔女に出会い、やさしくされて虜になります。次に兄弟4人でナルニア国に入ると、ビーバーに会い、伝説を聞かされます。それは、人間の子供4人がアスランとともに戦い、魔女を倒してナルニア国を統治するというものでした。一方、いつの間にか兄弟たちから離れて魔女に会いに行ったエドマンドは捕虜にされてしまいます。エドマンドを救うために兄弟たちは魔女と戦うことを決意します。魔女はアスランの命と引き換えにエドマンドを生かすことを持ちかけ、アスランは承諾し、屈辱を与えられながら命を奪われます。さらに魔女は兄弟たちを殺すため総攻撃を仕掛け、戦闘が始まります。アスランは純粋な犠牲の魂を捧げたため、復活することができ、戦闘に加わって勝利を納めます。4人は王座に就き、ナルニアで暮らしますが、ある日、衣装ダンスの入り口付近を通りかかり、呼び覚まされた記憶を頼りに中に入ってみると、元の世界に戻ってしまいます。過ぎ去ったはずの時間も元のままでした。

映画情報

原　　作：C・S・ルイス
製 作 費：1億8,000万ドル
製 作 年：2005年
製 作 国：米国　　　言　語：英語
ジャンル：ファンタジー、アドベンチャー

公開情報

公 開 日：2005年12月8日（英国）
　　　　　2005年12月9日（米国）
　　　　　2006年 3月4日（日本）
上映時間：143分　MPAA（上映制限）：PG
興行収入：2億9,170万ドル

薦	●小学生	●中学生	●高校生	●大学生	●社会人	リスニング難易表		発売元：ウォルト・ディズニー・スタジオ・ジャパン （平成26年5月現在、税込み） DVD価格：1,944円　ブルーレイ価格：2,571円

		リスニング項目	難易度
お薦めの理由	原作の『ナルニア国物語』は英国児童文学の中で特に人気の高い作品です。その第1巻を映画化したもので、動物や想像上の生き物がCGで巧みに合成されており、クオリティーが高く、ファンタジーの世界に引き込まれます。原書を読んで想像することも大切ですが、壮大なスケールの戦闘シーン、日本人には馴染みの薄いイギリスの重厚な建物や調度品など、映画ならではの魅力がたっぷり詰まっています。	スピード	3
		明瞭さ	2
		アメリカ訛	2
		外国語	1
		語彙	3
英語の特徴	全体的に明瞭な発音の英国英語で聞き取りやすいです。魔女の話し方は威厳と気品があり、英国英語のお手本のようです。兄弟で交わされる会話は平易な表現が多く、特にルーシーは基本単語が中心で、ゆっくり話すので分かりやすいです。ルーシーとタムナスが初めて会ったときの会話の中で"wardrobe"（衣装だんす）という単語が出てきますが、タムナスは初めて聞いた語なのでうまく発音ができていません。	専門語	2
		ジョーク	2
		スラング	2
		文法	2

授業での留意点

【原作の情報】C.S.ルイス原作の児童文学、『ナルニア国物語』は全7巻で、全体としてはナルニア国の成り立ちから崩壊までという壮大な年代記になっています。この映画の元となっている第1巻は1950年に出版され、ナルニア国成立から数世紀後が舞台の物語です。邦訳本は全巻出版されていて、自分で読むなら小学4年生ぐらいからです。映画ではルーシーがかくれんぼで衣装だんすに隠れたことからナルニア国に入りますが、原作は広い屋敷を兄弟で探検していて衣装だんすに興味を引かれたルーシーが中に入ったことがナルニア国に行くきっかけです。

【映画の続編】2008年に『ナルニア国物語　第2章：カスピアン王子の角笛』、2010年に『ナルニア国物語　第3章：アスラン王と魔法の島』が公開されています。白い魔女とペベンシー4兄弟は同一のキャストで3作品ともに登場します。さらに、シリーズ第4弾の製作も決定しています。

【映画に出てくる食べ物】タムナスがルーシーを家に誘うとき、"And, perhaps, we'll even break into the sardines."（イワシの缶詰を開けてもいいです。）と言い、ルーシーは"If you have sardines."（イワシがあるなら。）と言って誘いを受けます。原作にもイワシは出てきますが、映画ではとても特別な食べ物のように扱われています。エドマンドが白い魔女に頼んで食べさせてもらうのは"Turkish delight"（ターッキッシュ・ディライト）というお菓子です。トルコ由来のお菓子ですが、英国ではスーパーでも売られている一般的なお菓子です。日本のゆべしに似ていますが、甘さはターッキッシュ・ディライトの方が格段に甘く、表面には砂糖がまぶしてあります。エドマンドが口の周りを真っ白にして食べていましたね。原作の邦訳本では、プリンになっていて、ターッキッシュ・ディライトが日本の子供たちに馴染みがないのでプリンに置き換えたと訳者があとがきに記しています。ビーバー夫妻の家で、ふるまわれる料理は英国でお馴染みのフィッシュ・アンド・チップスです。チップスとは普通英国英語ではフライドポテトのことを指しますが、ビーバー家でフィッシュ・アンド・チップスといったら、魚と木切れのようです。

【想像上の生き物】ナルニア国には現実の世界と同じ動物もいますが、不思議な生き物が暮らしていて人間の言葉を話します。原作者が創作した生き物の他に神話や伝説に登場する生き物もいます。アスランの近衛隊長、オレイアスはセントールという種族で、上半身が人間、下半身が馬のケンタウロスのことです。タムナスはフォーンという精霊の種族で、ギリシャ神話に登場し、美しい青年の顔に鹿のような耳と足を持ち、笛の名手で穏やかな性質だと定義されています。白い魔女の軍勢を率いる将軍オトミンは、牛頭人身のミノタウロスです。ファンタジーでお馴染みのドワーフもたくさん登場し、タムナスは初めてルーシーに会った時、"You must be some kind of beardless dwarf?"（ヒゲのないドワーフですか？）と聞きます。

映画の背景と見所

ペベンシー兄弟が暮らしていた現実の世界は第二次世界大戦中の英国でした。ロンドンやリバプールなどの大都会では空襲があり、子供は遊び場を奪われ、大人たちも生きていくことに必死なので目をかけてもらえず、自分たちの居場所がどこにもないと感じていたことでしょう。映画の中では、まるで荷物のように札を付けられた子供たちが駅にひしめき、集団疎開をする場面がありました。ペベンシー兄弟は疎開先でも家政婦に厄介者扱いされ、役に立たない子供でいることに潜在的な罪悪感すら抱いていたのかもしれません。ルーシー以外の兄弟は皆、大人ぶって冷めた態度を取っていました。そんな子供たちを必要とし、活躍の場を与えてくれたのがナルニア国でした。現実の世界以上に命をかけた厳しい世界ですが、自分が必要とされているという責任感から、困難に立ち向かう勇気が生まれ、力を合わせて目的を達する仲間意識が生まれたのです。では、今の日本の子供たちにこの映画を見せる意義は何でしょうか。もちろん、子供たちは理屈抜きにこの映画を楽しむでしょうが、何もかもが便利でお膳立てされた世界で生きていると、主体的に行動をする体験が少なくなっている可能性があります。この映画を見る子供たちは、ペベンシー兄弟の誰かに自分を重ねてファンタジーの世界を疑似体験することでしょう。そして、自分が主人公として活躍する現実世界の物語を探し始めるかもしれません。

スタッフ			キャスト	
監督	：アンドリュー・アダムソン		ピーター・ペベンシー	：ウィリアム・モーズリー
製作	：マーク・ジョンソン		スーザン・ペベンシー	：アナ・ポップルウェル
脚本	：アンドリュー・アダムソン、他3名		エドマンド・ペベンシー	：スキャンダー・ケインズ
撮影	：ドナルド・M・マカルパイン		ルーシー・ペベンシー	：ジョージー・ヘンリー
音楽	：ハリー・グレッグソン＝ウィリアムズ		白い魔女	：ティルダ・スウィントン

	ナルニア国物語/第3章: アスラン王と魔法の島	The Chronicles of Narnia: The Voyage of the Dawn Treader	（執筆）服部　有紀

セリフ紹介	部屋に飾ってある海の絵を見てエドマンドとルーシーが話します。"Have you seen this ship before?"（その船に見覚えは？）"Yes. It's very Narnian-looking, isn't it?"（あるわ。とてもナルニアっぽいわよね。）"Just another reminder that we're here and not there."（ナルニアに戻りたくなる。）という字幕で出ますが、「この絵を見ると今はナルニア国にはいないことをもう一度思い起こさせる。」という意味合いです。絵を見ていると、動いて見え始め、水が溢れ出します。一緒に居合わせた、いとこのユースチスは、"What's going on here?"（何なんだ！）と驚きます。こうしてエドマンドとルーシーはナルニア国に再び戻ることになります。久しぶりにナルニア国の人と再会し、"It's great to see you."（会えて嬉しいよ。）"What a pleasure."（何と光栄な。）などの挨拶が交わされます。ユースチスは初めてナルニア国に来たため突然のことに困惑し、"I'm going back to England!"（イギリスに帰る！）とわめきます。 　ナルニア王国を築いたアスランとも再会したいとルーシーは強く思っていますが、ある時アスランの姿が見え、ルーシーに"You doubt your value."（自分の価値を疑うな。）"Don't run from who you are."（自分から逃げてはいかん。）と伝えます。アスランの言葉を人生の冒険の中で本当に理解したルーシーは、後に"When I grow up, I want to be just like you."（大きくなったらあなたのようになりたい。）と言われ、"When you grow up…you should be just like you."（あなたが成長したら、しっかりとあなた自身にならないといけないわ。）と伝える立場になります。王様も存在するナルニア国ですので、映画の中で"Your Majesty"（陛下）という呼びかけが何度か聞かれます。
ふれあいポイント	【映画の冒頭部分】ナルニア海軍で一番速い船の指揮官であるカスピアンは、"There is peace across all of Narnia."（ナルニアに平和が）訪れていることを喜んでいます。完全に王国に光を取り戻すためには、7卿が持っている7本の剣を集めなくてはいけません。この7卿達はどこへ消えてしまったのか、"It's my duty to find out."（それを突き止めるのが私の義務だ。）と言い切るカスピアンは王の誇りです。この船の上で、カスピアンとエドマンドは剣の腕試しをし、"You've grown stronger, my friend."（随分強くなったね。）とカスピアンはエドマンドを称えます。その一方で嫌味な感じのユースチスは船の上で散々な目に遭い、ルーシーが"Are you feeling better?"（調子良くなった？）と優しく問いかけても、ひねくれた返事をします。おまけにネズミのリーピチープとはウマが合わず、"He's quite the complainer, isn't he?"（文句が多いですな。）とリーピチープが言うと、ユースチスをよく知るエドマンドは、"He's just warming up."（まだこのくらい序の口さ）と答えます。 【様々な誘惑】最初に辿り着いた島でエドマンドとカスピアンは牢獄の中で7卿の1人に出会い、そこで"Is he one of the seven?"（7卿の1人？）とエドマンドが確認します。そして、その島で一本目の剣を手にしますが、7本揃うまでに様々な出来事が起こります。例えば、ルーシーが寝ているところを目に見えない何者かが連れ去り、"There is no escape."（逃げられないぜ。）という声が聞こえます。"Well, what do you want?"（何が目的なの？）と尋ねると、"We can't read."（読めない。）「字が読めないから読んでほしい。」という答えが返り、"Why didn't you just say so?"（だったら素直にそう言えばいいのに。）となります。Why don't you~?という表現は、「~したらどう？」のように何かを提案したい時に便利な表現です。館の扉が開くと部屋の中に本があり、ルーシー自身が映る鏡のようなページがありました。そこには自分がなりたいと思っている憧れの姿が映し出されます。 【悪に打ち勝つカギ】くらやみ島には邪悪な力があり、この世界から光を奪うとされています。そこでルーシーが"How do we stop it?"（どうやってそれを止めるの？）と聞くと、"To break the spell…you must follow the Blue Star…"（魔法を解くには　青い星を追って。）というヒントを得ます。さらに、"There, the seven swords must be laid at Aslan's table."（アスランのテーブルに剣が7本並ばなくてはいけない。）そして、"Only then can their true magical power be released."（その時のみ、真の魔力が解き放たれる。）という重要な証言を得ます。剣を捜し求める冒険には、危険が潜んでいます。続いて忠告があり、"But beware… you are all about to be tested."（だが用心しろ、お前達は皆、試されようとしている。）、"To defeat the darkness out there…you must defeat the darkness inside yourself."（闇の力に勝つためには一心の闇に打ち勝て。）と告げられ、誘惑に負けない心が大切になってきます。
あらすじ	ナルニア国に戻ったエドマンドとルーシーはカスピアン、ネズミのリーピチープとも再会し航海に出ます。東の果てにあるアスランの国をその船は目指し、雄大な景色の中、陸が見えます。見えたのは、ナルニアの領土である離れ島諸島でした。この船の指揮官はカスピアン王です。着いた島で早速剣での戦いが始まります。仲間を人質に取られたり牢獄へ入れられたりと大変なことも起きますが、なんとか脱出し7卿が持っている7本の剣を探し求める冒険は続いてゆきます。7本を探していく途中で霧が立ち込めてくると、誘惑が始まります。誘惑の内容は、人それぞれ違いますが、それに支配されることで戦いなど、邪悪なことが顔を覗かせるのです。誘惑に負けてしまったユースチスはドラゴンの姿に変えられてしまいます。途中で誘惑されそうになりながらも仲間同士で協力し、とうとう最後の1本を探すところまでやってきました。しかし、そこでは難題が待ち受けています。なんと、とても勇気が必要なくらやみの島へ行かなくてはいけないのです。ここでは、恐怖や不安など悪いことを考えるとそのことが現実となります。最後はユースチスが元の姿に戻り、7本目の剣をアスランのテーブルの上に置き、皆で勇敢に立ち向かい、協力し合った結果、戦いに勝利します。最後にアスランが登場し、「よくやった！」と褒め称えますが、元の世界に帰らなくてはいけないため、大好きな仲間と美しいナルニア国とも涙のお別れの時が来ます。

映画情報	予　　算：1億5,500万ドル 製 作 年：2010年 製 作 国：英国 言　　語：英語 ジャンル：ファンタジー、アドベンチャー	公開情報	公 開 日：2010年12月9日（英国） 　　　　　2010年12月10日（米国） 　　　　　2011年2月25日（日本） 上映時間：113分　MPAA（上映制限）：PG 興行収入：1億438万3,624ドル（米国）

薦	●小学生 ●中学生 ●高校生 ●大学生 ●社会人	リスニング難易表		発売元：20世紀フォックス ホーム エンターテイメント ジャパン （平成26年5月現在、税込み） DVD価格：1,533円　ブルーレイ価格：2,571円

お薦めの理由	第1章と第2章もそれぞれに魅力がありますが、第3章は海の景色などが壮大でとても綺麗な印象です。迫力がある映像と共に、登場人物達の感動の再会、仲間意識の芽生えや成長していく様子が描かれていることも大きな魅力です。動物達も話しますので、親近感が湧きますし、大切なお友達として捉えられています。日常的に使える英語表現からより深い表現まで触れることができます。	スピード	3
		明瞭さ	3
		アメリカ訛	2
		外国語	1
		語彙	3
英語の特徴	英国英語が中心です。英国英語と米国英語は、イントネーションや発音にそれぞれの特徴がありますので、英国英語に親しむ良い機会になります。顕著な違いとして、米国英語ではcanを「キャン」に近い音で発音されるのに対し、英国英語では「カン」に近い音で発音されます。登場人物の口の動きを見れるということは、聞き取りの際のヒントとなりますので、リスニング力が伸びることにも繋がります。	専門語	2
		ジョーク	2
		スラング	2
		文法	2

授業での留意点

【エドマンドとカスピアンの葛藤と絆】忠告にあった通り、誘惑によって悪夢に苦しめられたり、時には負けてしまいそうになる場面が出てきます。泉で新たに2本の剣を見つけた場面では、エドマンドが "Whoever has access to this pool...could be the most powerful person in the world."（この泉を制する者は世界一の権力を持てる）、"You know I'm braver than both of you."（僕が一番　勇敢なのに）、"I deserve a kingdom of my own."（王国を統治すべきなのはこの僕だ）とカスピアン王を挑発します。"If you think you're so brave, prove it!"（勇敢だと思うなら　証明しろ！）とカスピアンも言い返し、あろうことか、カスピアン王と王位を争う決闘が始まります。ルーシーが、"Stop it."（やめて）と二人の間に割って入り、"Can't you see what's happening?"（どういうことかわからないの？）、"This place has tempted you."（この場所に惑わされているのよ）と二人を誘惑から目覚めさせ、"Let's just get out of here."（ここから出ましょう）と言ってその場から立ち去ります。一方、独りで歩いていたユースチスは黄金に輝く宝物に目が眩み、集め始めます。このことから彼はなんと、ドラゴンの姿に変えられてしまいます。ユースチスの姿が見えないことを皆が心配し、エドマンドが "I'll go find him."（捜しに行く）と言うと、カスピアンが "I'll come with you."（私も行く）と二人で捜しに行きます。先程のこともありましたので、一安心です。

【クライマックス】アスランのテーブルに辿り着き、6本の剣が見つかり、"Still missing one."（あと一本か）というところまで進みます。そこで "Are you not hungry?"（お腹が空いてるでしょ）、"Help yourselves."（さぁ、どうぞ）と食べ物を勧められます。"Do you know where the seventh is?"（7本目がどこにあるか知ってますか）と問うと、"In there. You will need great courage."（あそこよ。行くには勇気が必要です）と言い、くらやみ島を指さします。ナルニアの運命がかかっている戦いに、皆の心が一つになります。ユースチスはドラゴンの姿になっていますが、戦いにも加わり、元の姿に戻ると、7本目の剣を手にして魔法を解きます。皆で力を合わせ、誘惑にも負けない強い精神で敵を倒します。"We can beat this."（始末できる）という強気の言葉が途中で聞かれ、勝った時には "We did it!"（やったわね）と言って喜んでいます。戦いの最中 "Aslan, please help us."（アスラン、助けて）とルーシーが願っていましたが、最後にアスランが登場し、皆と一緒に浜辺を歩きます。アスランは "Welcome, children. You have done well."（ようこそ　子供たち　よくやった）と栄光を褒め称えます。カスピアン王が、"I promise to be a better king."（善き王になります）とアスランに誓うと、"You already are."（すでに立派な王だ）とアスランも太鼓判を押します。この場面では、お互いが敬意を払い、情景とも重なり合う何とも言えない美しさがあります。涙のお別れのシーンでは、アスランが "I shall be watching you, always."（いつでも見守っている）と言って送り出します。

映画の背景と見所

　初めはリーピチープと意地の悪いユースチスは仲が良くありませんでしたが、この冒険の中で様々なことを経験しユースチスは今までの自分を反省し、仲間に謝ります。また、エドマンドとカスピアンも誘惑され、仲違いしそうになりますが、次第にお互いを兄弟の様に感じ始め、深い絆が生まれます。このように、心理的成長にも着目しながら観ると、この作品をより理解することができると思います。人間は、誘惑に負けそうになることもありますし、理想の人に憧れるあまり、自分を見失いそうになることさえあるのかもしれません。しかし、「せっかく自分という人間に生まれたのだから、自分らしく生きるべきである。」という強いメッセージがこの作品に込められているのです。

　カスピアン王は父上に会いたいと思い続けていますが、会いに行くとこの国にはもう戻れないということがあります。難しい決断に迫られますが、「父が命がけで守ったナルニア国を捨てられない。」と言い、映画の中で何度か聞かれる "For Narnia."（ナルニアの為に。）という信念の下、この国に王として残ります。作品後半でずっと会いたかった人達と仲間が再会しますが、仲間の1人が "I miss my mummy."（ママに会いたい。）と言ったときにも、「信じることが大切、きっと会える。」というメッセージが聞かれます。最後は皆で一致団結し、素晴らしい力を発揮して悪を倒します。ナルニア国での出来事は、夢のような空想のような出来事にも思えてきます。

スタッフ	監　督：マイケル・アプテッド 脚　本：クリストファー・マルクス　他2名 製　作：マーク・ジョンソン　他2名 音　楽：デヴィッド・アーノルド 撮　影：ダンテ・スピノッティ	キャスト	エドマンド・ペベンシー　：スキャンダー・ケインズ ルーシー・ペベンシー　：ジョージー・ヘンリー ユースチス　　　　　　：ウィル・ポールター カスピアン　　　　　　：ベン・バーンズ アスラン（声の出演）　：リーアム・ニーソン

ネバーエンディングストーリー　The NeverEnding Story　（執筆）石川　淳子

セリフ紹介

　この物語で最も重要な場面、それは主人公バスチアンが書店でこの本を見つける場面です。店主は、"Get out of here. I hate kids."と、にべもなくバスチアン少年を追い払おうとします。どうせおまえの読んでいる本は、ろくなものではない、と寄せ付けません。189冊持っているという少年に「どうせコミックだろ」と最初はとりあわない店主ですが、最終的に彼の持っている本には冒険ものが多いことを知ると"Oh this is something special. Your book.... Safe. Yeah, afterwards you get to be a little boy again. Forget about it. This book is not for you."と非常に誘うような口ぶりになります。そして、バスチアンは、黙って本を持ち出すことに成功し（もちろん後で返すとのメッセージを残し。）学校の旧校舎の屋根裏らしき部屋で、その本を覗きます。その瞬間、バスチアン少年と物語の中のアトレーユとの旅が始まります。映画中ではとうとうその本の持ち主であるコレアンダーが何者か、わかる場面はないのですが、コレアンダーは、「いじめっ子になぜ立ち向かわないか」バスチアンに問いかけ、この本を持たせる役割を果たします。ファンタジー心をなくしつつある現代人への問題提起が動作の節々に現れる重要な人物なのです。（最後まで彼がなぜその本を持ち得たのかは語られません）そして、対照的に、バスチアンの分身とも言うべきアトレーユが白い竜ファルコンと出会う場面で、ファルコンは"I like children."アトレーユの「朝食に？（食べるの？）」との問いに笑います。そう、非現実世界では、子供はちゃんと愛されるのです。そのことをこの場面では、はっきりと述べています。愛されるべき子供とファンタジーの世界、崩れぬようにするにはどうしたらいいか、この映画にはそのヒントが要所にあります。

ふれあいポイント

【主人公の立場】この映画の主人公は、バスチアン少年とファンタジー世界のアトレーユという少年となります。ふたりは南のお告げ所の鏡で本当の姿を見る場面からもわかるように、表裏一体の存在です。現実世界におけるバスチアンとあちらの世界のアトレーユ。現実世界において、バスチアンは母親を亡くしたばかり辛い気持ちの時期にあります。それを察することができない大人の意向により、「しっかり生きる」ことを余儀なくされ、戸惑っています。また学校にも彼の居場所はありません。毎日3人のいたずらな少年たちに追いかけられ、なじられ、町の大きなゴミ箱に落とされる毎日です。自分を理解してくれたであろう母親の不在と、まったく理解しない周囲との齟齬（そご）に苦しめられる日々です。反撃もできないのは、信頼してくれる人間がいないことで彼自身への自信を持つ機会がないからなのです。これは守ってくれる存在を失ったものだけが感じる焦燥感なのです。気持ちの動揺をどうすることもできず、誰も理解してくれない気落ちで、彼は本の世界に没頭します。一方、ファンタジー世界の主人公アトレーユも孤独です。森を"The nothing"「無」がおそいます。それを救うことができるかもしれない女王も深い病に沈みます。それを救うための旅にでて、親友の馬を「悲しみの沼」で失います。両主人公が絶望に立っているところからこの物語が始まることを念頭にこの映画を見るとより理解が深まります。ここから大いなる旅が始まります。

【味方との出会い】バスチアンとアトレーユは映画では同画面に存在しません。ただ本当の姿を見せる鏡の前にアトレーユが立つとき以外は。一方が出ているときは一方はいないのです。だから一方の活躍はもう一方の活躍とも言えます。アトレーユが苦難を乗り越え克服するとき、バスチアンも同時に克服します。最終的にファンタージェンを救うには、人間の子供が女王に新しい名前を授けることで、アトレーユにはできないこと、と感じます。が、それはこのふたりの図式を考えれば、答えはでます。バスチアンは、女王に名前を与え、ファンタージェンは救われます。ふたりの相補関係を常に意識して見ることが重要になります。図式にしても面白い効果となります。

【ファンタジーの持つ意味】失われつつあるファンタジー。それを取り戻すことができるのは子供だけ。現実社会でも、ファンタジー界でも、大人は子供の力を軽んじます。軽んじながらも、子供が秘めた可能性の前には、無力であることを知ります。現実世界におけるファンタジーは子供の世界における子供と母親しか介在しないごく短い成長期にしかないのかもしれません。親がどんなに引き留めても、子供は成長しファンタジーを失います。と同時に取り返す力も子供サイドにあります。子供の心しかそれをコントロールできないもの、それがファンタジーの危うさではあるけれど、それ故にファンタジーは、永遠に生き続けることができます。なぜならどんな大人もいつでも子供に帰ることができるからです。そのこと胸にファンタジーとは….と考えたいです。

あらすじ

　バスチアンは悪ガキ三人に追いかけられ古本屋に逃げこみます。そこで『はてしない物語』という本を見つけます。主人のコレアンダー氏が電話に出ているすきに、バスチアンは本をつかみ店を出て学校の屋根裏部屋へ行き、本を読み始めます。夜に包まれたハウレの森には、とんがり鼻の夜魔と赤いシルク・ハットに赤い服のティーニー・ウィーニーがいます。あとから岩を喰う巨人もやって来ます。ファンタージェンというこの国で、誰の目にも見えぬ何者かが、嵐とともに襲来しすべてを「無」に変えています。この国を治める女王は不明の病におかされて、その病を治せるのは、勇士アトレーユだけとなります。アトレーユは、女王の命を救うため、危険な旅に出て巨大な亀のモーラから「次に新しい名前をさしあげられる者を知りたければ南のお告げ所ウウララに行き尋ねてみろ」と教えられます。白い竜のファルコンに助けられて、南のお告げ所へ行きます。お告げは人間の子供だけが新しい名前を授けられるというもの。一方無はすさまじい勢いで広がり、海辺も無に侵食されており、廃墟と化した町の一角で、アトレーユは無の手先である人狼のグモルクと対決しグモルクを倒します。人間は見つからなかったと報告するアトレーユに、女王は「もうそこまで来ています」といい、「バスチアン」と叫びます。するとファンタージェンは爆発し、新しい国が生まれます。力を得たバスチアンは白い竜に乗って悪ガキ三人組に復讐するのでした。

映画情報

原　作：『はてしない物語』ミヒャエル・エンデ
製作年：1984年
製作国：西ドイツ・米国
配　給：ワーナー・ブラザース映画
言　語：英語　　ジャンル：SF・ファンタジー

公開情報

公　開　日：1985年3月16日（日本）
上映時間：94分
オープニングウィークエンド：432万5,823ドル（米国）
字　　幕：日本語字幕／英語字幕／吹替字幕
MPAA（上映制限）：PG

薦	●小学生　○中学生　○高校生　○大学生　○社会人	リスニング難易表		発売元：ワーナー・ホーム・ビデオ （平成26年5月現在、税込み） DVD価格：1,543円　ブルーレイ価格：2,571円

お薦めの理由	単なるエンターテインメントにはないストーリーが、多面性を失いつつある現代社会に開放感を持ってこの映画は迫ってきます。なぜ「女王」がいつまでも子供なのか、ドラゴンなのに犬の顔をした巨大竜の意味、"The nothing"と言われる闇の存在、何も説明はなく、すべてのものは割り切れない、人は楽しむことを心情に生きていること理解する可能性をこの映画は秘めています。	スピード	3	
		明瞭さ	3	
		アメリカ訛	2	
		外国語	2	
英語の特徴	ドイツ語の物語をベースにしているので固有名詞がなかなか英語の中でも覚えにくい部分があります。が、物語が進むにつれ、それは気にならなくなり、そればかりか愛着すらも沸くネーミングとなって愛着のある「異質」として印象に残ります。バスチアン・アトレイユ・モーラ・ファルコン、一度刻まれれば、忘れがたい名前となります。固有名詞さえクリアできれば、内容理解はすぐそこに来ます。	語彙	2	
		専門語	2	
		ジョーク	1	
		スラング	2	
		文法	2	

授業での留意点	【音声英語ポイント】"Have a good day, son."とか"You have to try."「がんばれ」、"Yummy"「おいしい」といった日常語が見られるので、それを足がかりにこの映画を見たいです。アトレーユの馬が「悲しみの沼」に沈むとき"I won't give up."と彼は叫びます。ギブアップの部分は聞き慣れているので、その表現"won't"と"want"という同音異義の使い方へと導きます。映画後半でも、女王の"Save us."の部分から人に頼むときの話法、命令形でも"Please"をつけることで、そうとうな謙譲になることも伝えることが可能です。女王の言葉に"So will I."とあるので"me, too."の違うバージョン表現もクイズ形式出すことで、児童の英語音声体得の鍵になります。 【コミカルさを探る】ファンタージェンに入ってすぐに岩でできたロックバイターというキャラと小さな人たちとのやりとりにもファンタジー故のおもしろみがあります。岩が岩を美味しくいただく場面にユーモラスさを欧米人は感じます。また女王に至急お願いにいくのに乗っているものがカタツムリであること。急ぎ「無」を何とかするためのお願いにもっとも動作が遅いと言われるカタツムリを使うウィット。コウモリも逆さに寝ているところを起こされ、急ぎ女王のもとにはせ参じることになるのですが、やはりその顔も豚に似せ、のんびり感を出し面白い感じです。さらに彼の傷を癒した小さな夫婦の掛け合いのちぐはぐさがコミカルさを醸し出しています。これはファンタジーをなくした社会、悲しみが支配するとそこに行った人や動物は沈んでしまう沼、自分を信じられない気持ちがあると、人を焼き尽くす南のお告げ所の門番の像といった生きることへの教訓がふんだんに込められているファンタージェンの世界が現実のリアリズムを緩和するのに役立っています。ファンタジーといいながらシビアな人間社会そのままに人を試す世界の厳しさをコミカルさがコーティングしていることに気づくと、より深い映画理解への道となります。 【ストーリーの問題点】この物語はエンディングについて制作側と原作者側の意見の食い違いがあり、その後、制作側の主張が通り原作者は映画にその名前を載せないことで決着するという波乱含みのスタートを切ります。結果、いじめ問題に立ち向かうのに、バスチアンはファンタジーの力を借り、いたずらっ子たちを追い払うという、自力では何もできていないのでは？という疑問が残ってしまう形で幕を閉じます。この場面の解釈については、この物語の主人公バスチアンとアトレーユがふたりでひとりと捕らえるならば、アトレーユの人狼グモルクとの戦い、南のお告げ所にての信じる心を問われる試練との戦いは、バスチアンの経験とも言えるので、最終的ないじめ問題を越える力は、バスチアンに備わったと考えることができることを、授業ではうまく触れなくてはなりません。バスチアン＝アトレーユである前提ならば、この物語は説得力があるものとして生きてきます。その上で、いじめ問題と合わせて考える時間にできれば、この映画の存在は意味があるものになるはずです。

映画の背景と見所	ミヒャエル・エンデのファンタジー小説を、『U・ボート』『パーフェクトストーム』のドイツ人監督、ウォルフガング・ペーターゼンが映画化。ハリウッドにはない素朴なSFXやマペットなど、鮮明で幻想的な映像美で魅せる本作は、本国西ドイツを始め、アメリカ、日本でも大ヒットしました。また数々の親しみやすいクリーチャーたちもすばらしいです。中でも犬の顔をしたドラゴン、"ファルコン"は作品自体のマスコット的役割を果たしました。 　幻想の国が無に襲われ危機に瀕するというファンタジーと、その物語に読みふける少年を並行して描きます。ベルント・アイヒンガーとディーター・ガイスラーがノイエ・コンスタンチンのために製作。アメリカのWBが配給会社PSOを通じて製作費を出資しています。エグゼクティヴ・プロデューサーはマーク・デーモン（PSO社長）とジョン・ハイド。ミヒャエル・エンデの『はてしない物語』（岩波書店）に基づいてペーターゼンとヘルマン・ヴァイゲルが脚本を執筆しています。ただし、原作者は映画の出来に不満で、法廷に訴えて自分の名前をクレジットから削らせています。撮影はヨスト・ヴァカーノ、音楽はクラウス・ドルディンガー、特殊効果はブライアン・ジョンソンが担当。主題歌は当時の人気バンドであるカジャグーグーのヴォーカル、リマールがソロとして歌っています。出演はノア・ハサウェイ、バレット・オリヴァーなど。本国での題名は"Die Unendliche Geschichte"です。

スタッフ	監　督：ウォルフガング・ペーターゼン 脚　本：ウォルフガング・ペーターゼン 　　　　ヘルマン・ヴァイゲル 製　作：ベルント・アイヒンガー 音　楽：クラウス・ドルティンガー、他	キャスト	バスチアン　　　　　　：バレット・オリバー アトレーユ　　　　　　：ノア・アザウェイ 幼ごころの君（女王）　：タミー・ストロナッハ コリアンダー　　　　　：トーマス・ヒル ロックバイター　　　　：アラン・オッペンハイマー

ハックフィンの大冒険　The Adventures of Huck Finn　　　（執筆）竹野富美子

セリフ紹介

霧のかかる夜の闇の中を筏でミシシッピ川を下りながら、ハック・フィンは黒人奴隷のジムに、フランス語について話します。フランス人は違う言葉を話すのだとハックから聞かされたジムは、そのことが信じられません。そんなジムにハックは「猫は人の言葉を話す？牛は猫のように話す？違うでしょう？」「それと同じでフランス人も違った言葉を話すんだよ」と説明します。しかしジムは反論します。Jim "Is a cow a cat?"（牛は猫かな？）"Is a cat a cow?"（猫は牛かな？）Huck "No."（いや。）Jim "Is a cow a man?"（牛は人か？）"Is a cat a man?"（猫は人か？）Huck "No."（いや。）Jim "Is a Frenchman a man?"（フランス人は人か？）Huck "Yeah."（そうだ。）Jim "Then why don't he talk like a man?"（だったら、俺たちと同じく人のように話すはずだ。）その通りだと賛成するハックに対し、ジムはこう言い聞かせます。"And the point is. . . just because you're taught somethin's right. . . and everybody believes it's right. . . it don't make it right. You get my meaning?"（いいか、みなが正しいということが、本当に正しいとは限らない。分かるか？）猫は人ではないから、人の言葉を話さない。同じようにフランス人も違う言葉を話すのだと主張するハックの論理はともすると、違う言葉を話す者同士は、猫と牛のように全く違う生物なのだ、黒人と白人も、外見や話す言葉も違うから、全く違う生き物なのだとする奴隷制の論理を無意識に受け入れているのです。ジムはそれに対し、たとえ違う言葉を話したとしても同じ人間であり、人間として扱われなくてはいけないのだ、とハックに語りかけるのです。奴隷制が温存されている19世紀の米国南部を舞台としながら、この映画は世間の常識よりも、自分の目で確かめて判断することの重要性を静かに訴えかけます。

ふれあいポイント

【ハックの作り話】19世紀米国南部の奴隷制への批判、更には現代社会にも存在する様々な差別への批判を背景にしている本作ですが、この物語の見所はなんといっても、愛らしいイライジャ・ウッド演じるハック・フィンが大人たちを手玉に取っていくところでしょう。ハックは自分やジムの身を守るために、一癖も二癖もある大人を相手に次から次へと作り話を聞かせては、窮地を脱していきます。大人たちの反応はそっくりそのまま信じたり、全く信じていなかったりと様々ですが、ハックは何とかごまかして逃げ出していきます。ハックがどのような嘘の話を作り出したか、なぜそのような嘘を言ったのか、また大人たちはどんな反応をしたか、場面ごとにまとめてみると良いでしょう。ハックの話に対する大人たちの反応をよく見ることで、その大人たちの人となりを理解することもできます。具体的には、主なものとして ①ダグラス未亡人とワトソン嬢とのやりとり ②父親との会話 ③掘立小屋のおかみさんとの会話 ④保安官との会話 ⑤グレンジャーフォード一家での会話 ⑥詐欺師の王様と公爵にする身の上話などが挙げられます。

【ダグラス夫人との会話】ダグラス夫人らとの会話を見てみましょう。Miss Watson "Hey, where is your fancy school clothes, Huckleberry! What are these rags?"（ハック学校用のきれいな服はどうしたの？）Mrs. Douglass "You played hooky, didn't ya?"（サボったのね。）Huck "No, ma'am. I went to school. And on my way home, I ran into a poor mother with her ten poor children."（ううん学校の帰りに子供を10人連れた女の人がいて。）Mrs. Douglass "Last week that poor mother only had eight children."（先週は8人だったよ。）Huck "Well, now she's got two more."（二人増えたの。）Mrs. Douglass "Uh-huh."（それで？）Huck "Anyways, I gave 'em my fancy clothes to help 'em stay warm."（寒そうだったから服をあげた。）Miss Watson "Oh, you sweet child! I knew we could change him. I just knew it."（なんて優しいのかしら。本当はいい子だと思っていた。）この会話を見てから "Does Mrs. Douglas believe his tale?" "How about Miss Watson?" などの質問をしてみても良いでしょう。ハックのせりふが、そのままヒントになります。

【ビリーとの会話】グレンジャーフォー家のビリーとの会話も取り上げる価値がありそうです。自分の偽名を忘れてしまったハックですが、なんとビリーにそれとなく名前の綴りを言わせることで、自分の偽名を思い出すことに成功します。Huck "Bet ya can't spell my name?"（僕の名なんて綴れないでしょ？）Billy "I'll bet ya that dare. It's G-O-R-G J-X-O-N."（簡単さ。）Huck "You done it, all right. I'm George Jackson."（その通り。）ビルの言う綴りが間違っているのはご愛嬌です。

あらすじ

舞台は南北戦争前、まだ奴隷制度の残るミズーリ州です。母親を亡くし、ダグラス未亡人らに引き取られたハック・フィンですが、亡くなった母親の財産目当てに舞い戻ってきた父親に捕まってしまいます。ハックはなんとか父親のもとを逃げ出すのですが、途中で脱走してきた奴隷のジムに出会います。逃亡奴隷の手助けに抵抗を感じるハックですが、2人は自由州に渡るため、オハイオ川との合流点ケイロを目指して筏でミシシッピ川に乗り出すことになりました。旅の途中、ハックはグレンジャーフォード家に保護され、その息子と友達になる一方、ジムは逃亡奴隷として捕まって奴隷にされてしまいます。敵対する近隣の一族から襲撃され、殺されてしまった一家の下を去り、ジムとハックは再び旅に戻ります。しかし今度は詐欺師の二人組に捕まってしまい、詐欺の片棒を担がされます。彼らは英国からやってきた兄弟に成りすまし、亡くなった男の遺産をだまし取ろうとするのです。優しい遺族たちをだませなかったハックはメアリ・ジェインに告白し、逃亡奴隷としてまた捕えられたジムを助け出して逃げ出そうとします。詐欺師たちの嘘に気が付いた町民たちは、ハックとジムを追跡します。間一髪のところをメアリ・ジェインに助けられたハックはワトソン夫人の下に返され、ジムはワトソン嬢の遺言で自由の身になっていたことがわかったのでした。もとの窮屈な生活に戻されたハックは、また自由の身に戻ろうとこっそりと家を出るのでした。

映画情報

原　　作：マーク・トウェイン
　　　　『ハックルベリー・フィンの冒険』(1884)
製 作 年：1993年　製作費：650万ドル（推定）
製 作 国：米国　　　言　語：英語
ジャンル：冒険ものがたり、コメディ、ドラマ

公開情報

公 開 日：1993年4月2日（米国）
　　　　　劇場未公開（日本）
上映時間：108分
MPAA（上映制限）：PG
興行収入：2,410万ドル（米国）

薦	●小学生　●中学生　○高校生　○大学生　○社会人	リスニング難易表		発売元：ウォルト・ディズニー・スタジオ・ジャパン（平成26年5月現在、税込み）DVD価格：1,543円

お薦めの理由	大人の束縛から逃れ、自分の力だけで冒険に乗り出すことは子どもなら誰もが考える夢でしょう。ミシシッピ川を下る旅の途中で危険な目にあいながらも、ハックは持ち前の機知で切り抜けます。ジムとの旅を通して、奴隷制が悪いことだと気が付き、ジムと心の底から信頼し合える友情をはぐくむハックは、周囲の偏見に惑わされずに自分の頭で考える勇気の大切さ、友情の素晴らしさを私たちに教えてくれます。	スピード	3	
		明瞭さ	2	
		アメリカ訛	4	
		外国語	3	
		語彙	3	
英語の特徴	主人公のハック・フィンを演じるイライジャ・ウッドは、明瞭でわかりやすい英語を話します。しかし登場人物たちの英語は、物語の舞台の設定上、奴隷黒人のジムを始めおおむね南部訛りがあり、ハックも彼らと会話するときは、南部英語になります。例えば be not が ain't となったり、mightyを多用したりする特徴がありますが、軽い訛りですので、聞き取りに問題はないでしょう。	専門語	2	
		ジョーク	2	
		スラング	2	
		文法	4	

授業での留意点

【ミシシッピ川について】ハックたちが筏で下るミシシッピ川は、米国中部を北から南へと流れる大きな河川です。北はミネソタ州のイタスカ湖に源を発し、最後はメキシコ湾に注いでおり、全長6,000キロの米国では最大、世界では第4位の河川となっています。物語の時代、1830年代には水運は最盛期に達しており、ミシシッピ川には当時最先端の輸送手段である蒸気船が、忙しく人や荷物をのせて行き来したのでした。原作に従うとハックとジムはミズーリ州のハンニバルからアーカンソー州まで直線にしておそらく約400キロ以上、日本で言うなら東京から名古屋の先くらいまでの距離を旅したことになります。このような地理的な話を確認すると、具体的にイメージができて理解しやすいかと思います。

【ハックとジムの出会った人たち】ミシシッピ川の旅の途中で出会った人たちを場面ごとにまとめて児童たちに確認すると、映画の理解を深めることができます。個人の作業から、ペアワーク、グループワークへとつなげて活動させて、英語の定着を図りましょう。ジムやハックが出会った人を、時系列順に挙げていきますと、①後見人のダグラス未亡人とワトソン嬢②ハックの父親③掘立小屋のおかみさん④逃亡奴隷を捜索している保安官⑤グレンジャーフォード家⑥王様と公爵⑦ウィルクス一家⑧メアリー・ジェーンなどがいます。これらの登場人物を書き出したワークシートを作って児童に配り、登場人物についてわかることを書かせます。ペアになってそれを見せ合い、お互いの記述を増やすように促します。次にグループになって、同様に話し合わせます。その後、映像を見て確認します。この映画は登場人物が多く、ともすると混同しがちですが、ここまでくると登場人物とストーリーを大まかに把握することができるようになるでしょう。さらに、印象的な登場人物を数名選び、これらの人物を紹介する場面を何回か見せた後、英語で質問してみると良いでしょう。例えば導入部分のダグラス未亡人とワトソン嬢の紹介の場面の、ハックのナレーションの場面を取り上げます。"Jim was owned by Miss Watson, and about a year ago, Miss Watson and her sister, the Widow Douglas, took me in. They wanted to civilize me, which most people thought was a right nice idea."（ジムの主人ワトソンさんとダグラスさんに僕は1年前引き取られた。姉妹は熱心に僕をしつけようとした。）このナレーションから、"Who is the Widow Douglas?" などの質問を用意し、ナレーションを参照させながら答えさせます。

【歴史的背景について】『ハックフィンの大冒険』の歴史的背景には、南部の奴隷制が存在します。米国における黒人の歴史はこの制度抜きに語ることはできません。良い機会ですので時間があれば、米国での黒人奴隷制度についてクラスで調べても良いでしょう。

映画の背景と見所

この映画は19世紀の作家、マーク・トウェインが1884年に発表した「ハックルベリー・フィンの冒険」を原作としています。リアリスティックな風景描写や口語体を米国近代小説として初めて取り入れ、大人の社会のエゴや欺瞞を子どもの素直な目を通して語るこの小説は、長年大人から子供まで多くの人に愛読され、また多くのアメリカ文学作家に影響を与えてきました。映画もまたこの小説の伝統を継承し、溌剌として愛らしいイライジャ・ウッドをハックに起用して、「永遠の少年」ハック・フィンの性格造形を、現代的に映像表現しています。舞台は奴隷制が南部の社会基盤として、法的にも倫理的にも認められていた1830年代のミズーリ州です。物語の設定されている当時の常識では、奴隷制は無知な黒人を守る温情ある社会制度であり、白人が信仰するキリスト教にも認められているしきたりでした。白人の子どもたちは、逃亡奴隷を見つけたら当局や所有者に知らせなければ、奴隷逃亡幇助の罪が着せられ、キリストの教えにも反するために地獄に落ちると教えられていました。映画では小説と同様、このような南部社会で暮らし、大人の教えることを無批判に受け入れ、奴隷制度を当然のことと思っていたハックが、黒人ジムとの筏の上での生活を通して、奴隷制の悲惨さを目の当たりにし、自分が間違っていたことに気づくという人間的な成長を主題としています。

スタッフ

監督・脚本：スティーヴン・ソマーズ
製　　作：ローレンス・マーク
原　　作：マーク・トウェイン
製作総指揮：バリー・ベルナルディ、スティーブ・ホワイト
音　　楽：ビル・コンティ

キャスト

ハック　　　：イライジャ・ウッド
ジム　　　　：コートニー・B・ヴァンス
公爵　　　　：ロビー・コルトレーン
王様　　　　：ジェイソン・ロバーズ
ダグラス未亡人：ダナ・アイヴィ

ハリー・ポッターとアズカバンの囚人	Harry Potter and the Prisoner of Azkaban	（執筆）岩塚さおり

セリフ紹介

　この作品は、魔法使いの世界を描いていますが、魔法使いでも人間のような心を持っていることが分かります。
Sirius Black: I expect you're tired of hearing this. But you look so like your father. Except your eyes.
　　　　（もううんざりだろうけど、君は本当にお父さんにそっくりだ。君の目を除いては。）
Harry Potter: Yeah, my mother's eyes.（目はお母さんに似たんだ。）
Sirius Black: But know this — the ones that love us never really leaves us. And you can always find them in here.
　　　　（だけど、覚えておくんだよ。僕たちを愛してくれた人たちは決して僕たちから離れることはないのさ。そしていつも君の心の中に両親がいるってことを忘れてはだめだよ。）
　この会話は、ハリーの両親と親友でハリーの名付け親でもあったシリウス・ブラックが、死刑の求刑を受けていたところをハリーに救ってもらい、ハリーと別れる時の会話です。ハリーの両親はハリーが幼い頃、闇の魔法使いヴォルデモートに殺されてしまっており、ブラックの会話の中の「僕たちを愛してくれた人たち」はハリーの両親のことを意味します。ブラックは、ハリーに両親は心の中で生きているのだから、ホグワーツ魔法魔術学校でしっかり学ぶべきだと言い残し去っていきます。魔法使いの世界なのだから魔術でハリーの両親も生き返らせることも出来ると思いますが、そうではないようです。ブラックとハリーが、亡くなったハリーの両親はずっと彼らの心の中で生き続けると信じる姿を見ると、魔法使いも人間と同じ感情があり、死者を思って苦しんだり悲しんだりすることが分かります。ハリーたちが大変身近な存在に感じられる場面です。

ふれあいポイント

【日常生活で使えるフレーズを暗記してみよう！】"I think it's time you went to bed."（もう寝る時間ですよ。）と親が子供に「寝なさい」言う場合の典型的な言い方です。どうして、寝てもいないのに "you went to bed." なんて過去形が使われるのと思われるかもしれませんが、これは、もう既に過去の動作であるべきことが、いまだ行われていないことを咎めるからです。この言い回しを使って「もう学校へ行く時間ですよ。」「もう食事の時間ですよ」など言い換えて練習してみるのもいいでしょう。
　"Who would you like to come and say hello?"（誰がこっちへ来て挨拶したいですか）ホグワーツ魔法魔術学校の番人ハグリッドがハリーのクラスに、Care of Magical Creatures（魔法生物の飼い方）を教えることになり、ハグリッドが飼っている魔法の動物 hippogriff（ヒポグリフ）を授業で披露します。ハグリッドは、飼い方を説明した後、"Who would you like to come and say hello?" と言い、ハリーはバックピーク（ヒッポグリフの名前）を怖がりながらもハグリッドに勧められて挑戦します。このフレーズ "Who would you like to〜?" は、授業中、"Who would like to answer this question?"（誰がこの問題に答えたいですか）積極的に答える生徒を探したり、また、"Who would like to help Mary work on this problem?"（メアリーがこの問題に取り組むのを誰が手伝いたいですか）と、級友のお手伝いをするボランティアを募る時などによく耳にします。この様な場合、自信がなくても積極的に "Yes, I would."（はい、します）と答えて積極的な姿勢を見せることが欧米の社会では望ましいと思われているようです。この言い回しは "Who would like to help 〜?" や "Who would like to tell us?" と言い換えて先生が授業中積極的に使われると良いと思います。
　"I have a hunch."（そんな気がする。）このフレーズは、ロンが柳の木の下に引っ張られてしまい、後を追うハリーが、ハーマイオニーに向かって、「こっちだ、そんな気がするんだ。」と言う場面に登場します。"hunch" は、名詞で「予感、直感、虫の知らせ」などの意味があります。簡単な言い回しなので覚えてみましょう。
　"Keep a close eye on your pet."（自分のペットなんだから注意して見張ってなさい。）ロンのペットである鼠のスキャバーズが突然姿を消し、そして突然ハグリッドの前に現れたのです。これは、ハグリッドがロンに返す時に言った台詞です。ロンはスキャバーズがいなくなってしまった時、ハーマイオニーの猫に食べられてしまったと思い、ハーマイオニーを責めたのですが、今度はよく見張っているようにハグリッドから注意を受けたのです。"Keep a close eye on 〜." を覚えれば、my dog（私の犬）, my little sister（私の妹）など、色々な単語を入れ替えて「〜を注意深く見ていてね」と授業で練習出来るでしょう。

あらすじ

　ハリーはホグワーツ魔法魔術学校の夏休みのため帰省しますが、マージおばさんの嫌がらせに腹を立てて家を飛び出します。偶然通りかかった夜の騎士バスに乗り込みますが、その時黒い犬を見かけます。その犬の正体は、アズカバンを脱獄したシリウス・ブラックであり、彼は、ヴォルデモートの部下だが、ハリーの父親と親友だったのに裏切って両親を死に追いやった人物であること、また、ハリーの名付け親であったことをウィズリー夫妻から聞き出します。ブラックに対して深い憤りを感じたハリーはブラックと闘う決心をしますが、真実はスキャバーズに姿を変えたピーター・ペティグリューがハリーの両親を死に追いやったことが分かります。ハーマイオニーとハリーはピーターを捕らえて魔法省へ引き渡そうとしますが、逆に無数の吸魂鬼に襲われてしまいます。その時、意識の薄れていく中で守護霊の呪文を唱えるハリーは、父の姿を見たような気がします。二人が目を覚ました時には既にブラックは捕らえられて死刑の中でも吸魂鬼に襲われる重い刑に処せられることに決まってしまいます。二人は「逆転時計」を使ってバックピークを呼び出し、ブラックを乗せて逃亡を手伝います。そして無意識の中で見た父の姿は実はハリー自身であったことに気付くのです。ピーターを捕らえることが出来ず意気消沈するハリーでしたが、ホグワーツ宅急便でブラックからの手紙とファイアボルト（クィディッチの箒）の贈り物を受け取り、ブラックの無事を喜びます。

映画情報

原　　作：J.K.ローリング
製 作 費：1億3,000万ドル　　製 作 年：2004年
製 作 国：英国、米国　　　　言　　語：英語
配給会社：ワーナー・ブラザーズ
ジャンル：冒険ファンタジー　　カラー

公開情報

公 開 日：2004年 5月31日（英国）
　　　　　2004年 6月 4日（米国）
　　　　　2001年12月 1日（日本）
上映時間：142分　MPAA（上映制限）：PG
興行収入：7億9,563万4,069ドル

薦	●小学生	●中学生	●高校生	○大学生	○社会人	リスニング難易表		発売元：ワーナー・ホーム・ビデオ（平成26年5月現在、税込み） DVD価格：1,543円　ブルーレイ価格：2,571円

お薦めの理由	この作品は覚えのない罪で、12年間も魔法使いの監獄、アズカバンに囚人として入れられていたハリーの父の親友シリウス・ブラックをハリーが救い出す物語です。自分を犠牲にしてまでもハリーの両親を救おうとした父の親友ブラックがいたということを、孤児ハリーは知って胸が熱くなる様子が画面からも伝わります。イギリスの篤い友情の話が存在することを見てみましょう。	スピード	5
		明瞭さ	5
		アメリカ訛	1
		外国語	3
英語の特徴	台詞を言う登場人物が全て白人の英国人のため、聞き取りやすいブリティッシュ・イングリッシュとなっています。米国英語に聞き慣れていると、多少聞き取りにくいところもあるでしょう。会話のスピードが速い上、英語の単語は原作者ローリングが作った言葉も数多くあり、語彙が難しく聞き取りにくいと感じられることがあるでしょう。けれど少しずつ楽しく学習出来るでしょう。	語彙	5
		専門語	5
		ジョーク	5
		スラング	5
		文法	5

授業での留意点

　【語彙の説明】"Hogwarts School of Witchcraft and Wizardry"ホグワーツ魔法魔術学校（松岡佑子訳）
主人公はハリーポッターが在籍する7年制の教育機関です。全寮制で、入学するためには、11歳以上の魔女や魔法使いでなければいけません。この教育機関で魔女や魔法使いの教授から理論や技術を学びます。
　"Lord Vordemort"闇の魔法使いヴォルデモートが、本作品には何度が名前だけ登場しますが、全ての魔法使いが恐れていて、ヴォルデモートを名指しすることはありません。そしてヴォルデモートを呼ぶ際、誰もが、"You-Know-Who"（あなたの知ってるあの人）"He-Who-Must-Not-be-Named"（名前で呼んではいけないあの人）と呼んでいるのを聞いて一体誰のことだろうと映画を鑑賞しながら思われたことでしょう。魔法使いもヴォルデモートの悪事が恐ろしすぎて口には出せないのです。
　"Time-Turner"ハーマイオニーは、"This is a Time-Turner. McGonagall gave it to me first term. This is how I've been getting my lessons all year."（これは時間を逆戻りさせる魔術よ。マクゴナガル先生から一学期に習ったの。ずっとこの一年練習してきたのよ。）と言ってハリーの後見人であり、名付け親でもある、ブラックを死刑から逃れさせるため、そして、バックビークの処刑はされなかったことにして逃がすために時間を過去に戻して現在起こっている結果にならないよう阻止する方法です。ハーマイオニーの魔術によって、バックビークは殺されずにすみ、ブラックもバックビークに乗って刑場から逃亡することが出来ました。現実の世界で、時間は過去へ戻せませんが、簡単な単語なので覚えてみましょう。
　"hippogriff"バックビークは、雌馬とギリシャ神話に登場するグリフォン（翼を持ったライオン）との間に生まれたヒッポグリフと呼ばれる想像上の動物です。『ハリーポッター』の原作者、J.K. ローリングが考え出しました。動物好きのハリーの友人でホグワーツ魔法魔術学校の番人ハグリッドが飼っている面白い動物です。ハグリッドは、ハリーやハリーのクラスメートたちに、"You do not want to insult a hippogriff"（侮辱してはだめだよ）"Just make your bow"（ただ、お辞儀をするだけさ）といってバックビークと仲良くなる方法を教えます。友達になるためにはまず、お辞儀をして相手に敬意を表さなければならない大変プライドの高い動物です。ハグリッドの言ったとおり、お辞儀をしたハリーは仲良くなって飛行に連れて行ってもらえたけれど、侮ったドラコは蹴飛ばされて怪我をします。
　"make one's bow"（お辞儀をする）は日本でも大切な習慣ですから、英語で覚えましょう。お辞儀をする行為は、日本独自の習慣と思っている児童も多いと思われますが、王室、皇室の存在する国では、よく見られる行為であることを話してみると良いでしょう。ニュースの外交場面など注意して見るきっかけとなるかもしれません。

映画の背景と見所

　『ハリー・ポッター』の一連の作品の中には原作者J.K.ローリングが想像から創り出した動物や言葉がたくさん出てきます。本作品に頻繁に登場するヒッポグリフは、ギリシャ神話と深く関係がある造語ですし、Dementorはラテン語dement（発狂した、気が狂った）が語源となっています。また、ハリーが魔法の箒に乗ってプレイするクィディッチもローリングが作り出した架空の球技です。いかに、ローリングが想像力豊かな上に言語の知識が豊富であるかがうかがえます。しかし、Dementor（吸魂鬼：松岡佑子訳）という言葉は、ローリングが『ハリー・ポッター』を執筆する前、ひどいうつ病となり自殺も考えた時期に思いついた造語であり、まるで自分の魂を吸い取られて廃人になるような気がした状況を登場人物に投影したと後に語っていることから、『ハリー・ポッター』シリーズは絶望の中生まれた作品であることが分かります。人間は生きている限り、魂を吸い取られると思うほど、苦しく悲しい状況に直面することもあるでしょう。けれど、絶望感とは何か偉大なことを成し遂げる前兆と、捉えることを話した後、Dementorという登場人物をローリングがなぜ挿入させたのか、児童に話してあげると良いでしょう。ローリングが絶望感を克服した後、紡ぎ出した作品であることを知ったら、苦労した後には、大きなものが生まれるということを感じ、児童たちの作品の見方も変わってくるかもしれません。

| スタッフ | 監　督：アルフォンソ・キュアロン
脚　本：スティーヴ・クローヴス
原　作：J. K. ローリング
音　楽：ジョン・ウィリアムズ
編　集：スティーヴン・ワイスバーグ | キャスト | ハリー・ポッター　　　　　：ダニエル・ラドクリフ
ロン・ウィーズリー　　　　：ルパート・グリント
ハーマイオニー・グレンジャー：エマ・ワトソン
シリウス・ブラック　　　　：ゲイリー・オールドマン
ピーター・ペティグリュー　：ティモシー・スポール |

ハリー・ポッターと賢者の石	Harry Potter and the Sorcerer's Stone	（執筆）子安　惠子

セリフ紹介

印象的なセリフ満載ですが、ハリーへの言葉として心に残るセリフを集めました。

【原作第1章】原作の第1章のタイトル "The boy who lived"（生き残った男の子）でしょう。映画ではダイアゴン横丁で入学用品を揃え終え、少しだけ真実を知ったハリーにハグリッドが言います。"You are the boy who lived."

【オリバンダーの店】杖を買うならオリバンダーの店が一番。店に入ると、オリバンダーは顔を見ただけでハリーとわかって杖を選んでくれますが、"The wand chooses the wizard."（杖は自らその持ち主を選ぶ）と言い添えます。

【ハーマイオニー】人間チェスで、ロンは自分が犠牲になってもとハリーに言います。"Harry, it's you that has to go on. Not me. Not Hermione. You."（ハリー、君が先に進まなきゃいけない。僕でもなく、彼女でもなく、君だ）ハーマイオニーも、"You'll be okay, Harry. You're a great wizard. You really are."（あなたならやれるわ。偉大な魔法使いだもの）。でもハリーが "Not as good as you."（君こそ）と答えると、"Me? Books and cleverness. There are more important things. Friendship and Bravery. And Harry, just be careful."（私はただのガリ勉優等生。もっと大切なのは、友情とそして勇気よ。ハリー、気をつけてね）

【ヴォルデモート】失った体を取り戻すため、今ハリーが手にしている賢者の石を渡すよう脅すヴォルデモートが、"There is no good and evil. There is only power and those too weak to seek it."（この世には善も悪もない。力を求める強き者と、力を求めぬ弱き者の区別だけだ）と、石を渡せば再び両親に会わせてあげようと、ハリーに自分の側に入るよう誘惑する迫力ある場面です。

ふれあいポイント

ハリーがホグワーツ魔法魔術学校へ入学してから1年を過ごし、また夏休みのために家路へ、という1年間の学校生活が描かれていますので、9月から5月までに廻ってくる祭事・学校行事が随時登場します。

【誕生日】夏休みに入る前、いつもハリーに意地悪な従兄ダッドリー・ダーズリーの誕生日があります。居間には山ほどのプレゼント。それらを見せないように、母親はダッドリーを目隠しして居間へ連れてきます。そうです。誕生日プレゼントは、誕生日当日まで絶対本人に見せてはいけないのです。また包み紙も、お店やデパートの包みのままではなく、きれいなラッピング・ペーパーに包み直すのが習慣です。

7月31日は、プレゼントもバースデー・ケーキもないハリーの誕生日。おまけにふくろう便から逃れるため、無人島の小屋の砂の上で迎える誕生日です。砂の上に指でロウソクがのったバースデー・ケーキを描き、午前0時、31日なった瞬間、"Make a wish, Harry." と小さな声で言い、ロウソクの火を消すよう砂に息を吹きかけます。日本語字幕では「おめでとう、ハリー」ですが、「お願いしましょう」ですね。バースデー・ケーキのロウソクの火を吹き消す前に願い事をし、願いがかなうよう祈って火を消すのです。『アーサーとミニモイの不思議の国』にも同じ場面が。

【ハロウィーン】10月31日はハロウィーンです。お化けの姿に変装して家々を回り、チョコレートやお菓子をねだるというハロウィーンの迎え方は、寮にいるホグワーツ生にはできません。その代りハロウィーンのお料理やお菓子が長いテーブル一杯あふれています。キャロット・ケーキ、リンゴ、パンプキン・パイ、ありとあらゆるキャンディーやお菓子が置かれたテーブルの上を、カメラは移動していきます。ハロウィーンの夜の変装は『E.T.』を参考に。

【クリスマス】もうすぐクリスマス。ハグリッドは森からモミの木を切り倒して持ってきます。ホールには豪華に飾られたクリスマス・ツリー。各寮の談話室にもツリーはあります。クリスマス休暇で帰宅する生徒たちやホグワーツでクリスマスを迎える生徒たち。そんな慌ただしい校内を、透明な幽霊の3人は厳かに讃美の歌を歌いながら、キャロリングしています。"Merry Christmas Merry Christmas Ring the Hogwart bell. Merry Christmas Merry Christmas Cast a Christmas spell."（メリー・クリスマス金がなる。楽しいクリスマスはホグワーツで）一緒に歌っては？

12月25日クリスマスの朝、いつもならちっとも起きないロンが早く起きて、ハリーを呼びます。2人ともパジャマ姿で、"Happy Christmas!"（メリー・クリスマス）と朝一番の挨拶を交わします。そしてプレゼントを開けるのが待ちきれないので、25日の朝は早起きして、着替えることもせずパジャマ姿のままプレゼントを開けます。この映画では寄宿舎でクリスマスを迎えていますが、家庭でサンタ・クロースの迎えるための準備やプレゼントを開ける様子は、『ポーラー・エクスプレス』で詳しく描かれています。

あらすじ

両親の死後、親戚の家でひどい扱いを受けながらも11歳の誕生日の直前、ハリー宛にホグワーツ魔法魔術学校から入学許可証が届きます。ハグリッドの迎えで、無事キングス・クロス駅9と3/4線からホグワーツ特急に。車内で出会ったロンとはすぐ仲良しに、お節介で優等生のハーマイオニーとは、トロールから救ったことで仲良し3人組になります。立入禁止の3階の廊下には隠された「なにか」があり、スネイプ先生が狙っていると3人は考えました。スネイプが狙う「なにか」とは、不老不死の生命の水を作り出す「賢者の石」でした。校則を破った罰として行かされた禁じられた森で、ハリーは何者かに襲われます。助けてくれたケンタウルスから、襲ったのはヴォルデモートで、失った肉体を取り戻すため賢者の石を狙っていると聞かされます。校長不在の夜に盗まれると確信した3人は、石を守るため秘密の部屋へ向かいます。各先生が作った罠や仕掛けを突破し、人間チェスにも勝利し、ハリーは秘密の部屋へ。そこにいたのはスネイプではなくクィレルでした。肉体を失ったヴォルデモートは、クィレルの体の一部に寄生していました。石は何故かハリーのポケットに入り、ヴォルデモートはクィレルにハリーを殺させて石を奪おうとしますが、ハリーの体に触れただけで焼け死んでしまいます。再び体を失ったヴォルデモートは逃げ去りました。校長が戻り、冷静さ、勇気、友情の証が評されて点が与えられ、グリフィンドールは寮杯を獲得したのでした。

映画情報

原　　作：J.K.ローリング　　　製作年：2001年
製　作　費：1億2,500万ドル　　　製作国：英国、米国
配給会社：ワーナー・ブラザーズ　　言　　語：英語
ジャンル：冒険ファンタジー　　　　カラー
脚　　本：スティーブ・クローブス

公開情報

公開日：2001年11月日（米国）12月1日（日本）
オープニングウィークエンド：835万290ドル
興行収入：9億7,473万3,550ドル
上映時間：152分　　画面アスペクト比：2.35：1
MPAA（上映制限）：PG

薦	●小学生　●中学生　○高校生　○大学生　○社会人	リスニング難易表	発売元：ワーナー・ホーム・ビデオ（平成26年5月現在、税込み）DVD価格：1,543円　ブルーレイ価格：2,571円
お薦めの理由	魔法が使えたらと誰もが思うことでしょう。11歳の誕生日に自分が魔法使いだと知ったハリー。死の呪文を浴びても生き残ったハリー。史上最強の闇の魔法使いがハリーの命を狙います。魔法界では、自分のことを皆の方がよく知っている。なぜ？でもホグワーツ魔法魔術学校で起こる難事件を、親友ロンとハーマイオニー、そしてダンブルドア校長の助けを借りて切り抜けていきます。「愛、友情、勇気」を柱に、密度の濃い感動巨編です。	スピード　3　明瞭さ　2　アメリカ訛　1　外国語　1　語彙　2	
英語の特徴	子供たちは全員英国人をとのローリングの希望で、配役はすべて英国人。英国英語で発音は明瞭、特にハーマイオニーはしっかり口を動かして聞き取り易く、スネイプ先生は口を動かしませんが、ゆっくり話します。ハグリッドは原作ではスコットランド訛りですが、映画では"ain't"を使ったり、主語なしで"Won't"から始めたりします。親戚の家でのひどい扱いはコミカルともいえ、暴力的表現はありません。	専門語　2　ジョーク　2　スラング　1　文法　2	

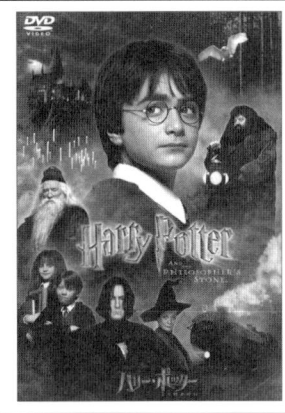

授業での留意点

英国ならではの寮生活とはどんなものでしょう。この映画は、寮生活が少し見られるだけでなく、授業や学校生活で使われる身近な表現がいくつも出てきます。また英国英語は、米国英語と比べると、発音のみならず単語や表現が違うこともあります。

【学校生活での表現】まず先生の表現から取りあげましょう。マクゴナガル先生が1年生を引き連れて、"Will you wait along here, please?"（ここで待ちなさい）。Stop ではありませんね。校長の挨拶のため生徒たちに静かにするよう穏やかに言う時は "Your attention, please."（皆さん、静かに）ですが、トロールが地下に入ってきた緊急事態ではダンブルドア校長が"Silence!"（騒ぐでない）です。次に監督生が1年生を初めて談話室へ連れていく場面（Chapter 13）。"Follow me, everyone. Keep up. Quickly, come on. Gather around here."（皆遅れないように。さあ、急いで。集まって）。同じ表現ですがトロールが出たため急いで寮に戻る場面（Chapter 18）では、"Keep up, please, and stay alert."（気をつけて進め）です。先生も監督生も、1年生に対してでさえ please を必ずつけていますし、Thank you も言い添えられている点は、伝統あるイギリスの寮生活を感じさせます。

皆が夢中になるクィディッチの試合での表現は、短くてシンプル。すぐ使えます。短すぎて日本語字幕に訳されていないものまであります。例えば、アンジェリーナが点を入れた時、"Angelina Johnson scores!"（アンジェリーナが点を入れました！）は字幕がありません。でも試合中継のセリフは字幕があります。グリフィンドールが10点先取した時は、"Ten points for Griffindor!"で、再び10点入れると "Another 10 points to Gryffindor!"（10点追加！）。for と to と前置詞はどちらも使うのですね。そして観客の応援は "Go! Go! Gryffindor!"。すぐ真似られます。

【英国英語と米国英語】英国英語と米国英語では can の発音や語尾の /r/ 音などが特徴的に違います。また辞書を見ても発音に違いがある際は英音・米音と載っています。秘密の部屋へ至る前の人間チェスの場面（Chapter 29）。自分を犠牲にしようとしているロンに対し、ハーマイオニーが "No, you can't!" と叫ぶ彼女の can の発音は明確にわかります。英米両方の発音をしてみるのも楽しいかもしれません。

また発音だけでなく、単語や表現が違うこともあります。この映画で一番目立つ表現の違いはクリスマスの日でしょう。25日朝一番にロンとハリーがお互いに交わす言葉は、"Happy Christmas!"。"Merry Christmas"ではありません。なお、1ヶ所だけ英国でも米国でもない発音の単語があります。見つかりますか？同じく Chapter 29 の人間チェスの場面。ロンが犠牲になる覚悟を決めて "Night to H 3." と叫ぶ際の "H" の発音です。[eitʃ] ではなく [aitʃ] と発音しています。これは豪州英語。ロン役のルパート・グリントは小さい頃オーストラリアで過ごしたからです。

映画の背景と見所

【背景】作者J.K.ローリングは、ロンドンへ戻る列車の中で「ハリーの物語」を思いつきました。そのひらめきは、ロンドンのキングス・クロス駅に着くまでには頭の中で形になっていたと言います。その後母親を失い、英語教師としてポルトガルに行き結婚。長女が生まれた直後に離婚し、妹のいるエジンバラに戻ります。乳飲み子を抱えたシングル・マザーのローリングは、生活保護を受けながら、エジンバラのカフェで、寝入っている子供を横にコーヒー1杯で何時間もねばって書き上げたのが、第1巻『ハリー・ポッターと賢者の石』でした。

【題名】この映画の題はローリング原作の Harry Potter and the Philosopher's Stone ではなく、"Sorcerer's" となっています。本の『賢者の石』米国版が、出版社の強い要求で"the Sorcerer's Stone"に変更されて出版されていたからです。英国では "philosopher" という単語は「魔法使い」（錬金術師）というニュアンスが読者に伝わるのですが、米国では "philosopher" だと読者は「哲学者」を連想し、「魔法使い」につながることがほとんどない、という主張で変更されて出版されました。国際版の題は、原作通り Philosopher です。

【プロット】ローリングはインタビューで、プロットが重要なので力を注ぎ、「第1巻を書き上げる前に、全7巻のプロットができていた」と語っているように、ブレのないストーリー構成となっています。

スタッフ・キャスト

監　　督：クリス・コロンバス
製作総指揮：クリス・コロンバス、M.ラドクリフ、D.ハイマン、M.バーナサン、D.ヘンダーソン
編　　集：R.フランシス＝ブルース
音　　楽：ジョン・ウィリアムズ　脚本：S.クローブス

ハリー・ポッター：ダニエル・ラドクリフ
ロン・ウィーズリー：ルパート・グリント
ハーマイオニー・グレンジャー：エマ・ワトソン
ダンブルドア校長：リチャード・ハリス
セブルス・スネイプ：アラン・リックマン

| ピーター・パン | Peter Pan | （執筆）伊與田洋之 |

セリフ紹介

ウェンディーの叔母が、「ウェンディーの体は大人のようになってきている、もう結婚の準備をするように」と勧めます。ところが、当のウェンディーは冒険を夢みています。

Father : My Wendy… a woman.（ウェンディーが大人の女性に・・・）
Her aunt : Almost a woman. She must spend less time with her brothers and more time with me. She must have her own room.
（もうすぐ大人になるわ。弟たちと離して私にお預けなさい。彼女には個室が必要よ。）

そこへピーター・パンが現れ、ウェンディーを『ネバーランド』へ誘います。

Peter Pan : Forget them of all. Come with me where you'll never have to worry about grownup things again.
（何もかも忘れるんだ。一緒に行こう。永遠に子どもでいられる国へ。）
Wendy : Never is an awfully long time.（『永遠』はものすごく長い時間よ。）

『ネバーランド』で過ごすうち、弟たちも両親の名前を思い出せなくなり、ウェンディーはみんなと一緒に家に帰る決心をします。

Peter Pan : Then go home. Go home and grow up. And take your feelings with you.
（じゃ、帰れ。帰って、大人になれ。『気持ち』も持っていけ。）
Wendy : Peter. I'm sorry I must grow up.（ピーター。ごめんね、私は大人になるわ。）

ふれあいポイント

【英語を話す国の文化や習慣】家の中の場面から始まりますが、子どもたちのベッドや家具、室内装飾、どこか違いますね。家の中で靴を履いています。外国には日本と違う文化や習慣があるのです。もちろん言葉も違います。例えば、ピーター・パンとウェンディーがまず身振りであいさつし、その後"What is your name?（君の名前は何）"と名前を聞く場面があります。ピーター・パンは右手を前に回して、おじぎをします。ウェンディーは指先で服を少し持ち上げて、ひざをちょっと曲げます。こんなあいさつは日本にはありませんね。身振りだけではありません。ピーター・パンとフック船長が戦うシーンで、フック船長は"You shall die."と言います。これは「お前は死ぬだろう。」と訳せます。なにか変です。この表現を日本語の言い方に合わせて「お前を殺すぞ。」と訳すのが普通です。言葉は文化の中から生まれてきているので、同じ内容でも表現の仕方が違うのです。このようなことはよくあります。その国の言葉の中に独特のルールがあります。このことを意識して、映画を見ながら外国の生活に興味を持ってほしいのです。英語で外国の人と話をしたいという気持ちになればさらにいいですね。

【英語の音声】この映画の中では、子ども同士の会話、子どもと大人の会話、ナレーションなど、いろいろな英語が聞こえてきますね。日本語と同じように発音していますか。英語は発音の仕方が違うのです。強弱アクセントといって、強く発音したり、弱く発音したりするのです。最初の場面で、ウェンディーが弟たちに海賊の話をしています。"…at which time his eyes turn red.（その時、彼の目は赤くなった）"ウェンディーは"eyes（目）"と"red（赤い）"を特に強く発音しています。英語は強弱アクセント・イントネーション・リズムをつけて発音する言葉なのです。ウェンディーはピーター・パンに初めて話しかける時、"You can fly!（あなた飛べるのね）"と言います。このせりふでは"can（できる）"を強く、"fly（飛ぶ）"を長めに発音しています。日本語を覚えたての外国人が「おはようございます」と言う時、抑揚をつけて発音するので、まるで日本語ではないように聞こえます。抑揚をつけないで発音する日本語のルールと違うからです。人とコミュニケーションする時は言葉と同時に身振りや顔の表情で、たくさんの情報を伝えています。ところがこの情報の伝え方も英語と日本語では違うのです。映画を観るとどういう場面でどういう表情をしながら話しているかがよく分かります。できるだけ登場人物の気持ちになって練習すると、英語の上達が早いと思います。

もう一つ大事なことは、英語には日本語にはない音がたくさんあるということです。日本語は開音節といって母音（あいうえお）で終わる音節が多く聞き取り易いです。ところが、英語には母音や子音で終わる音節が混ざっていて聞き取りにくいことがよくあります。このことを意識して少しずつ英語の発音に慣れてください。

あらすじ

この物語は"All children grow up except one."（子どもはみんな大きくなる。一人の少年を除いては…）というオープニングで始まります。心のどこかにあるかも知れない気持ち―子どものままでいたい―という願いがピーター・パンという少年を作りだし、ウェンディーとの関わり合いの中でストーリーが展開していきます。ウェンディーは冒険好きの普通の子ども、やがてピーター・パンと別れて大人になる決心をします。オープニングの言葉が端的にこの物語のテーマを語っているようです。

ロンドンの寒い夜、ウェンディーが弟たちにおとぎ話を聞かせています。子ども部屋に忍び込んだピーター・パンとティンカー・ベルは、ウェンディーたちを永遠に子どものままでいられる国『ネバーランド』へ誘います。『ネバーランド』に行くと、迷子の子どもたちがピーター・パンの隠れ家に住んでいます。海賊船にはフック船長がいます。ピーターの隠れ家にいた子どもたちは、ウェンディーのお母さんの話を聞いて家に帰りたくなり、外に出たところで海賊に捕まってしまいます。ピーター・パンが子どもたちを助けに行き、そこでフック船長と一騎打ちになります。ピーター・パンと大格闘の末、フック船長は海に落ち、姿を消します。みんなが乗った船は妖精の粉で金色に輝き、一気に大空に舞い、ロンドンに向かう…。

映画情報

製 作 費：1億ドル
製 作 年：2003年
製 作 国：米国、英国、オーストラリア
言　　語：英語
ジャンル：ファンタジー、ファミリー

公開情報

公 開 日：2003年12月25日（米国）
　　　　　2004年4月17日（日本）
上映時間：113分
興行収入：1億2,200万ドル
字　　幕：日本語字幕／英語字幕

薦	●小学生　●中学生　○高校生　○大学生　○社会人	リスニング難易表		発売元：ソニー・ピクチャーズ エンターテインメント（平成26年5月現在、税込み）ブルーレイ価格：2,571円

お薦めの理由	子どもが楽しいと思える内容であることが重要だと思います。この映画は子どもたちが自由に空を飛んだり、妖精が魔法の粉を飛び散らせたり、はっとさせられるシーンが次々に繰り広げられます。美しい映像とともにストーリーのおもしろさで子どもたちはファンタジーの世界にぐいぐいと引き込まれ、夢中になってしまいます。映画の中で使われている英語は、標準的なもので、難しい表現などは含まれていません。

リスニング難易表	
スピード	2
明瞭さ	3
アメリカ訛	2
外国語	2
語彙	3
専門語	2
ジョーク	2
スラング	3
文法	3

英語の特徴

この映画では、子どもたち同士の会話が多く、親しみ易いと思います。難しい単語や言い回しはほとんど使われていません。また、短い英文が多く、覚え易い表現がたくさん含まれています。ナレーションは大人の声ですが、はっきりと発音され、スピードも比較的ゆっくりしていて聞き取りやすいです。ストーリーは空想の冒険物語ですが、子どもが日常の生活の中でごく普通に話す表現が多く使われています。

授業での留意点

【子どもに合った指導法】早期英語教育では指導法が子どもにあっているかどうかが成否の鍵を握ると言われています。まず、子どもへの指導はその特殊性を理解することが大事です。大人と同じ指導法では子どもたちはついてきませんし、学び方も違うので、子どもに合っているかどうかを常に検証する必要があります。授業をする際には、児童心理を理解した上で、具体的な展開を考えなければなりません。たとえば、子どもは集中力が長続きしないので、一つの項目の学習は10分間から15分間以内が適切だと言われています。子どもの様子を見ながら、適切な教材を用い、最もふさわしい指導法を取り入れることが重要です。あきさせないで、興味や関心を引き付ける教材が必要です。その点、映画は有力な教材の一つだと言えます。ストーリーのおもしろさや視覚情報がたくさんあるからです。

外国語を学習する主要な目的の一つは異文化を理解し、その文化の人たちを尊重し、主体的にコミュニケーションできる能力を養うことです。この映画ではイギリスの文化や習慣が、自分たちの国とどのように違うのか注意を向けさせることができます。子どもの目線から普段の生活ぶりを知ることもできます。特徴的な習慣が出てきたら、一度止めて子どもたちにどんな風に違うのか、それについてどう思うかを尋ねるのも効果的な指導だと思います。

【英語の音声】前にも述べましたが、英語は強弱のアクセント、イントネーション、リズムがある言葉で、日本語にはない音素があることに注意する必要があります。例えば、/θ/ /ð/ /ə/ という音を含む単語 "mouth（口）" "that（あれ）" "hurt（傷つける）" などが映画の中で出てきます。日本語の「す」「ず」「あ」とは違います。正確に発音しないと通じないことがあるので、少しずつ練習して、英語らしい発音に近づける工夫が必要です。

映画が文字の教材と決定的に違うことは、言葉の意味だけでなく、喜怒哀楽の感情も同時に伝えていることです。例えば、ウェンディーはピーター・パンに初めて話かける時、"You can fly!（あなた飛べるのね）" と言っています。驚いているのです。驚いた時はこんな発音の仕方をするんだ、ということに子どもは敏感に気づくでしょう。この表現はまた、子ども用の教材、例えば「英語ノート」の "I can swim.（私は泳ぐことができる）" という表現に連動させて、ウェンディーになったつもりで、"You can fly!" の練習をさせることは効果的でしょう。子どもたちは状況がわかっているので、定着の度合いが増すはずです。また、印象に残った場面を子どもに聞いて、その場面で練習しやすい表現があれば、子どもたちに馴染みのあるサイモン・セズなどにくっつけて練習させるという方法も、有効だと思います。さらに、少し難しいかもしれませんが、役割を決めて登場人物になったつもりで、気持ちをこめながら言うロール・プレイの手法がうまくいけば素晴らしいと思います。その場面をイメージしながら、まさに生きた英語を教える絶好のチャンスです。映画で英語を教える醍醐味はこういうところにあると思います。

映画の背景と見所

原作は英国人作家ジェームズ・バリーです。元々は童話劇で初演が1904年でした。その後、1953年にディズニー社によって製作されたアニメーション映画『ピーター・パンとウェンディー』はとても有名になりました。2003年には原作の初公演100周年を記念して、米国、英国、オーストラリアの合作映画『ピーター・パン』が製作されました。また、ミュージカルとして欧米や日本で度々上演されています。テレビ番組にもなっています。この物語から『ピーター・パン症候群』という言葉が生まれ、話題になりました。これは心理学者カイリー博士によって提唱された言葉で、大人になることを拒み、子どものままでいたいという心理を示しています。

『ピーター・パン』は現代風のファンタジーで、『桃太郎』『かぐや姫』『一寸法師』のようなおとぎ話とは趣が異なり、英国風の空想豊かな世界が展開されています。冒険心いっぱいの子どもたちはピーター・パンに誘われて『ネバーランド』に旅立ちます。そこには迷子たちがいたり、妖精が出てきたり、海賊と戦ったりと、別世界の冒険が待ち受けています。楽しいことを考えてティンカー・ベルが金の粉をふりかけると空を飛べるようになったり、魔法の力で不思議なことが次々に起こり、思わず引き込まれてしまいます。ピーター・パンとフック船長との一騎打ちもハラハラドキドキさせられるシーンの連続です。

スタッフ

監督・脚本：P.J.ホーガン
脚　　本：マイケル・ゴールデンバーグ
製　　作：ルーシー・フィッシャー、他
音　　楽：ジェームズ・ニュートン・ハワード
撮　　影：ドナルド・マッカルパイン

キャスト

ピーター・パン：ジェレミー・サンプター
フック/ダーリング氏：ジェイソン・アイザックス
ティンカー・ベル：リュイデヴィーヌ・サニエ
ウェンディー：レイチェル・ハード＝ウッド
ダーリング夫人：オリヴィア・ウィリアムズ

美女と野獣　Beauty and the Beast

（執筆）大達　誉華

セリフ紹介

　ベルこそ魔法を解いてくれる相手かもしれないと、ルミエールは喜び勇んで野獣を急かしますが、ポット夫人にたしなめられます。
　Lumiere　　：So, you fall in love with her, she falls in love with you, and poof! The spell is broken. We'll be human again by midnight.（早く想い想われる仲になって呪いが解ければ人間に戻れます。）
　Mrs. Potts：Ooh, it's not that easy, Lumiere, these things take time.（簡単じゃないの。時間をかけないと。）
　またそれを聞いた野獣は、自分の醜さでは彼女に愛されるはずがないと苦悩を抱きます。
　Beast　　　：Oh, it's no use. She's so beautiful, and I'm....（お手上げだ…。彼女は美しいが、私は…。）
　　　　　　　　She'll never see me as anything... but a monster. It's hopeless.（彼女にとって私は…ただの怪物だ。望みはない。）
　しかしその後2人はポット夫人の言葉通り時間をかけて心を通わせ合うようになり、物語の終末ではベルの呟いた"I love you."の言葉で魔法が解けて野獣も従者たちもお城も元の姿に戻ります。その続きはチップとポット夫人の会話にある通りでしょう。
　Chip　　　　：Are they going to live happily ever after, Mama?（2人はいつまでも幸せに暮らすの？）
　Mrs. Potts：Of course, my dear. Of course.（ええ、もちろんよ。ずっとね。）
　"happily ever after" は幸せな結末の決まり文句です。

ふれあいポイント

　【食事の際のマナー】ベルと野獣が一緒に食事をする場面が出てきます。食事の作法は国や文化によって様々です。マナーについて考えてみましょう。
　2人が食事を共にする最初の場面では、野獣がお皿を両手でつかみ、そこに顔を突っ込んで音を立てながら食べています。食べ物は器から飛び散り、野獣は口の周りの汚れを袖でぬぐいます。ベルはそんな野獣を見て眉をひそめ、見かねたポット夫人とチップは野獣にスプーンを使うよう促します。野獣はぎこちなくスプーンを使いますが、あまり上手く使えません。それを見た優しいベルは、野獣に合わせるように自分の器を両手で持ち上げて、器に直接口をつけます。しかしながら、西洋では通常カップやグラス以外の器をテーブルから持ち上げることはありません。音を立てるのも無作法です。一方、日本では茶碗や小皿を持ち上げますし、麺類は音を立てて食べることがあります。国や文化が異なるとマナーも異なることを意識して下さい。
　【生活用品の語い】城の従者たちは魔法で色々な生活用品に姿を変えられています。それぞれ何の姿に変えられているのか確認しながら生活用品の語いを学習しましょう。
　ルミエールは"candlestick/ candleholder"（燭台）になっており、手にはいつも"candles"（ろうそく）を携えています。コグスワースは"clock"（置き時計）で、ポット夫人は"(tea) pot"（お茶を入れるポット）、その息子のチップは"(tea) cup"（ティーカップ）で、チップの寝床は"cupboard"（食器棚）です。ルミエールには"feather duster/ dusting brush"（羽根ばたき／ほこり取りブラシ）の恋人がおり、ドレスを用意する着付け係は"wardrobe"（洋服ダンス）の姿になっています。ペットの犬は"footrest"（足置き）で、晩餐での楽器演奏や野獣の散髪をしているのは"hall tree"（帽子・コート掛け）です。
　映像にはほかにも、スプーンやフォーク、ナプキンなど、生活用品に姿を変えられた従者たちがたくさん出てきます。これ以外にも、身の回りにある生活用品を英語では何というのか調べてみましょう。
　【場所名】町でベルのお気に入りの場所は"bookshop"（本屋）です。その帰り道ガストンに声を掛けられ、一緒に"tavern"（酒場）へ行こうと誘われます。ベルの父は発明大会に向かう途中"woods"（森）で道に迷い、野獣の住む"castle"（城）に行き着きます。城内には"tower"（塔）や"dining room"（ダイニングルーム）、"kitchen"（台所）、"garden"（庭）、"library"（図書室）があります。魔法がかけられたバラがあるのは"west wing"（西の棟）です。コグスワースはベルに城内を案内しながら"ceiling"（天井）の装飾についても説明します。自分の住む町や家、学校にはどんな場所があるか、身近な場所の英語名を確認してみて下さい。

あらすじ

　昔々ある国に、きらびやかな城に住むとても身勝手な王子がいました。ある夜一人の老婆が訪ねて来て一輪のバラを差し出し、一晩の宿を求めましたが、老婆の醜い姿を見た王子はすげなく断りました。すると老婆の姿は消え、代わりに美しい魔女が現れました。魔女は傲慢な王子への罰として王子を野獣の姿に変え、城や従者らにも魔法をかけました。そして先ほどのバラを渡し、その花びらが全て散る前に王子が誰かと心から愛し合えなければ魔法は永遠に解けることはないと言い渡したのです。
　時は流れ、ある田舎町にベルという美しい娘がいます。読書と空想が大好きなベルは発明家の父と2人暮らしです。ある日父は馬に乗って街の発明大会に出かけますが、ベルの元には馬しか戻りません。不安を感じたベルは馬に乗って父を捜しに出かけ、馬の案内で野獣が住む城に辿り着きます。ベルの父親はそこで野獣に捕らえられていたのでした。父親思いのベルは、自分が身代わりになるから父を解放して欲しいと野獣に頼みます。そうして父は解放され、ベルは城で野獣や魔法で姿を変えられた従者たちと一緒に暮らし始めます。自己中心的で礼儀知らずの野獣とベルは最初はぶつかり合いますが、ある時森の中で危機にさらされたベルを野獣が傷を負いながらも救います。これをきっかけに2人は打ち解け始め、徐々に心を通わせ合うようになります。

映画情報

製作費：2,500万ドル
製作年：1991年
製作国：米国
言　　語：英語、仏語
ジャンル：アニメ、ファミリー、ファンタジー

公開情報

公開日：1991年11月22日（米国）
　　　　1992年 9月23日（日本）
　　　　1992年10月 9日（英国）
上映時間：84分　　MPAA（上映制限）：PG
興行収入：2億1,896万7,620ドル

薦	●小学生　●中学生　●高校生　●大学生　●社会人	リスニング難易表		発売元：ウォルト・ディズニー・スタジオ・ジャパン （平成26年5月現在、DVD発売なし） 中古販売店等で確認してください。

お薦めの理由	世界的に有名な物語がディズニーによって美しいアニメーション映画化されています。「人を外見で判断するなかれ」、「真実の愛」、「フェミニズム」など色々なテーマが込められつつ、老若男女問わず誰もが楽しめる作品となっています。アニメーションの美しさや音楽の秀逸さも作品の魅力で、お城の広間でベルと野獣が主題歌の『Beauty and the Beast』に合わせて踊るシーンは見物です。	スピード	2
		明瞭さ	1
		アメリカ訛	1
英語の特徴	米国英語が主となっていますが、ところどころに "bonjour"（こんにちは）や、"Monsieur"（旦那、殿方）、"Mademoiselle"（お嬢さん）などのフランス語が使われていたり、登場キャラクターがフランス語のアクセントで話していたりします。"Once upon a time"（昔々）での出だしや、"enchanted castle"（魔法をかけられた城）、"break the spell"（魔法を解く）、"magic mirror" などの表現は、おとぎ話ならではです。	外国語	2
		語彙	2
		専門語	1
		ジョーク	1
		スラング	1
		文法	1

授業での留意点	【行き先】物語の冒頭では、町中を行くベルにパン屋の男性が "Where are you off to?"（どこへ行く？）と声をかけています。禁じられた西の塔に忍び込んだところを見つかって野獣に "Get out."（出て行け！）と怒鳴りつけられたベルは、急いで城から逃げ出そうとするところをルミエールに "Where are you going?"（どこへ行くんです？）と尋ねられます。これらはどちらも行き先を訊く質問です。"off to" は他の場面でも出て来るので、各場面でどのように使われているか確認してみましょう。 　お城での初めての夜、ルミエールの歓待を受けながら食事を終えたベルにコグスワースは "Now it's off to bed. Off to bed."（さぁ、お休みになって。お休みに。）と言って寝室へ急き立てます。野獣とベルが広間で踊る姿に見とれるチップには、ポット夫人が "Off to the cupboard with you now, Chip."（食器棚へお行き。）と促します。ここではどちらも指示となっていますが、自分の行き先を伝える場合は "I'm off to..." の後に向かう場所を入れて表します。このほかに "I'm going to..." や、ベルが城から父の元へ向かう際に使っている "I'm on my way." を使って "I'm on my way to..."（…に向かっている途中）でも表現できます。先の質問とこれらの表現を組み合わせ、色々な相手と行き先を尋ねたり答えたりして会話練習をしましょう。 　【人の性格や容姿の表現】物語に登場するキャラクターたちの容姿や性格は様々です。それらはどのように表現されているでしょうか。 　ベルは誰からも "beautiful"（美しい）と言われていますが、城で暮らし始めた当初は野獣やルミエールから "difficult"（気難しい）、"stubborn"（強情な）と評されています。ベルに想いを寄せるガストンは町の娘たちからは "cute"（かっこいい）、"tall"（背が高い）、"strong"（強い）、"gorgeous"（素敵な）と憧れられており、ベルの父も "He's a handsome fellow."（なかなか男前だ。）と言っています。でもベルにとって彼は "rude"（無作法な）、"boorish"（粗暴な）、"brainless"（能なしの）でしかありません。"cute" は日本では女性にしか使われませんが、英語では男性にも容姿の賛辞として使います。また "handsome" は凛々しさや容姿の良さを表して女性に対しても使われます。"gorgeous" も男女両方に使用可能です。野獣は身体が "enormous"（巨大な）で、一見 "vicious"（凶暴な）そうですが、その実 "really kind and gentle"（とても優しく親切である）とベルは擁護しています。 　人の容姿や性格を表すには、上記の語とは対照的な意となる "short"（背が低い）、"polite"（礼儀正しい）、"smart"（頭がいい）などもよく使われます。尋ねる時は "What's ... like?"（…はどんな人ですか？）の表現が一般的です。これらを使い、物語の登場人物や有名人、あるいは身近な人について尋ねたり表したりしてみましょう。

映画の背景と見所	フランス民話を元にヴィルヌーヴ夫人やボーモン夫人がフランス語で書いた同名の物語が原作となっています。本作品以前にもフランスでジャン・コクトー監督による実写映画が作られています。ディズニーからは関連作品として、魔法が解ける前のお城を舞台とした「美女と野獣／ベルの素敵なプレゼント」がDVDで出ています。 　原作ではベルの父は3人の娘を持つ商人で、ベルはその末っ子です。父親の身代わりとして囚われの身となるのは同じですが、原作では野獣がベルの帰郷を期限付きで許し、ベルがそれまでに戻らなければ野獣の命が尽きるとなっています。原作には本作品に出てくるガストンのような恋敵はいないなど、ほかにもいくつか異なる点があるので、原作も読んで内容を比べてみるのも良いでしょう。 　本作品ではフランスの片田舎が物語の舞台で、ベルは単調な暮らしに物足りなさを感じています。本好きでしっかり者のベルを村人たちは「美人だけれど変わり者」と見ており、ベルにしつこく言い寄るガストンは「本を読んで知識を得る女は不幸になる」と言ったり、「たくさんの子どもたちや飼い犬がたわむれる傍らで、頼もしい夫の足を揉む可愛らしい妻」こそベルの夢であるはずと決めつけたりしています。封建的な地域社会にありがちな、男性は身体的な逞しさが重要で、そのような男性の庇護の元で従順に過ごすことが女性の幸せという固定観念が伺われます。

スタッフ	監　督：ゲーリー・トゥルースデイル、カーク・ワイズ 脚　本：リンダ・ウールヴァートン 製　作：ハワード・アシュマン 音　楽：アラン・メンケン 編　集：ジョン・カーナカン	キャスト	ベル　　　　：ペイジ・オハラ 野獣　　　　：ロビー・ベンソン ガストン　　：リチャード・ホワイト ルミエール　：ジェリー・オーバック コグスワース：デイヴィッド・オグデン・ステイアーズ

ヒックとドラゴン　How to Train Your Dragon　（執筆）白木　玲子

セリフ紹介

　冒頭と結末では、ヒックがバーク島の様子、そして、過去と現在における村人とドラゴンの関係を語ります。まず、冒頭の台詞です。"This is Berk. It's twelve days north of hopeless and a few degrees south of freezing to death. It's located solidly on the meridian of misery. My village. In a word, sturdy. It's been here for seven generations, but every single building is new. We have fishing, hunting and a charming view of the sunsets. The only problems are the pets. You see, most places have mice or mosquitoes. We have…dragons."（ここはバーク島。"絶望の淵"から北に12日、"凍死"より少々南側。"憂いの海"にポツンと浮かんでいる。僕の村。一言で言えば"頑丈"。7代前から住んでる建物はどれも新しい。釣りや狩り、美しい夕日も楽しめる。唯一の悩みは"有害生物"。有害生物といえばネズミや蚊だけど、この島では―ドラゴンだ。）

　最後の語りは以下のようです。"This is Berk. It snows nine months of the year and hails the other three. Any food that grows here is tough and tasteless. The people that grow here are even more so. The only upsides are the pets. While other places have ponies or parrots…We have…dragons."（ここはバーク島。1年の9ヵ月は雪、3ヵ月はヒョウが降る。ここで育つ作物は硬くて味気ない。ここで育つ人間も頑固で味気ない。でも唯一の自慢はペット。ペットといえばポニーやオウムだけど、この島では―ドラゴンだ。）これら2つの語りは、韻を踏んだ英単語、類似した表現を意図的に用いた文章で構成されています。そして、その内容は映画の主軸となるストーリー、すなわち、ヒックの功績がもたらした人間とドラゴンの和解を説明しています。

ふれあいポイント

　【ヒックの友情と成長】ヒックは、自分が傷つけたせいで飛べなくなったトゥースを救うために、得意の発明と鍛冶を生かして尾翼を作ります。試行錯誤を重ねながら飛行訓練をするうちに、"Everything we know about you guys is wrong."（僕らは君たちを誤解してたよ。）と、ドラゴンに対して偏見を抱いていたことに気づき、トゥースと秘密の友情を築きます。そのおかげで他のドラゴンも操れるようになったヒックは、ドラゴン退治の名手として仲間や村人から尊敬されるようになります。一方、ストイックは、天敵ドラゴンを殺せないヒックはバイキングでも息子でもないと述べ、ヒックの"For once in your life, would you please just listen to me?!"（一生に一度くらい僕の言うことを聞いてよ！）という訴えにも耳を貸しませんでした。しかし、率先してボスドラゴンに立ち向かうヒックを見て、ストイックはヒックを見直し、自分の過ちを認めます。ヒックが左足を失ってしまう結末は、子供向けの映画にしては珍しい辛辣な展開かもしれません。しかし、彼の勇姿は村の常識や人々の意識を変え、人間とドラゴンが共存する新しい世界を創り上げます。映画では、このようなヒックの友情と和解、すなわち、彼がトゥースや仲間、ストイックと距離を縮めていく過程が非常に丁寧に描かれています。トゥースとの出会いを通して、他人と違うために自分の在り方に悩んでいた気弱なヒックが成長していく姿は、相手の立場に立ってお互いの存在を認め合うことの大切さ、ゲップの"Stop trying so hard to be something you're not."（自分と違う者にムリしてなろうとするな。）という言葉のように、自分なりの解決策を見出して立ち向かう勇気、そして、得るものがあれば失うものもあるという現実の厳しさを教えてくれます。

　【原作との違い】原作は、イギリスの女性作家クレシッダ・コーウェルによる児童小説です。「ヒックとドラゴン」シリーズとして全9巻が出版されており、日本でもすべて翻訳されています。物語は、作者のクレシッダが、バイキングのヒーローであるヒック・ホレンダス・ハドック3世がドラゴン語で書いた自伝を偶然手に入れ、英訳したという設定になっています。映画は巨大な怪物ドラゴンとの戦いを描く第1巻をベースとしていますが、原作とはかなり異なる設定に脚色されています。例えば、映画には、ヒックがドラゴン語を話せること、バイキングは巣から捕獲したドラゴンを飼い馴らしてこそ一人前とみなされること、ヒックのドラゴンは小さくて歯も生えていないためにトゥースレスと名付けられること、トゥースは我が儘でヒックの指示を聞かない、しかも、ダジャレが好きな「平凡ドラゴン」であることは描かれていません。また、ヒックと淡い恋愛関係になるアスティも原作には登場しません。しかし、手書き風のイラストや飾り文字で埋められた小説は飽きることなく楽しく読めるため、映画の内容と比較したり、この先のヒックとトゥースの関係を読み進めるのも良いでしょう。

あらすじ

　昔々、はるか北の海に浮かぶバーク島で暮らすバイキング一族は、家畜を狙って襲撃してくるドラゴンと長年にわたって争い続けていました。ドラゴンを殺してこそ一人前だと見なされるこの村では、子供達は幼い頃から戦いの訓練を強いられますが、ヒックは小さくて腕力も弱く、何かと問題を引き起こし、戦いにも参加させてもらえず、邪魔者扱いをされています。彼の父親で一族のリーダーでもあるストイックも、そんな息子の行く末を心配しています。ある時ドラゴンが来襲すると、ヒックは最も危険とされる伝説のドラゴン、ナイト・ヒューリーを自作の武器で打ち落としますが、心優しいヒックは傷ついたドラゴンに止めを刺すことができません。トゥースと名付けてかくまって世話をし、尾翼を作って飛べるようにしてあげ、友情を深めていきます。しかし、この関係を知った村人は、ヒックを裏切り者とみなし、トゥースを捕え、ドラゴンを全滅させるために巣穴に向かいます。ドラゴンは敵ではなく、巨大なボスドラゴンの餌を得るために村を襲っていただけだと知るヒックは、戦いを止めさせ、トゥースを救うために仲間と共にドラゴンに乗って駆けつけます。彼らの活躍のおかげで、ボスドラゴンを前に絶体絶命だったストイック達は助かりますが、ボスドラゴンを倒したヒックは大怪我を負ってしまいます。目を覚ましたヒックは左足を失っていましたが、ドラゴンとバイキングが共存する夢のような村をトゥースに乗って飛び回るのです。

映画情報

製作年：2010年
製作国：米国
言　語：英語
ジャンル：アニメ、アドベンチャー、ファンタジー
配給会社：ドリームワークス　　カラー映画

公開情報

公開日：2010年3月26日（米国）
　　　　2010年8月 7日（日本）
興行収入：4億9,487万8,759ドル
上映時間：98分
第67回ヴェネツィア国際映画祭3D部門グランプリ

薦	●小学生 ○中学生 ○高校生 ○大学生 ○社会人	リスニング難易表	発売元：パラマウント ジャパン（平成26年5月現在、税込み）DVD価格：1,944円 ブルーレイ価格：2,700円

お薦めの理由	冒険や友情、戦いと和解を描くシンプルなストーリーからは展開や結末が予想できるかもしれませんが、抜群の安心感、安定感があります。物語の進行において必要な説明は端的で中だるみもなく、ヒューモアと共にテンポ良く進みます。短い時間にもかかわらず、テーマ設定、歴史や背景、登場人物の性格や心情などが丁寧に描かれています。残忍な場面もなく、まさに子供向け映画の見本だと言えます。	スピード	3
		明瞭さ	4
		アメリカ訛	1
		外国語	1
		語彙	2
英語の特徴	冒頭と結末、時に作中には、ヒックによる一人称の語りがありますが、大半は登場人物間の会話で展開されます。彼らの台詞は短く簡単な英単語で構成されており、聴き取りもそれほど難解ではなく、形式的な堅苦しい表現もありません。また、英語特有の面白い言い回しも多々使われています。冗談や皮肉、激励や感謝など、喜怒哀楽を表現するために使う多くの日常的な台詞を学ぶことができます。	専門語	1
		ジョーク	4
		スラング	1
		文法	2

授業での留意点	【人物・ドラゴンの名前】主要な登場人物とドラゴンの名前は、英語音声と字幕表記において必ずしも一致していません。英語音声では、主人公ヒックは本名の'Hiccup'のままで呼ばれています。この単語にはしゃっくり、そして、ちょっとした問題や不都合という意味があり、ヒックのイメージに合っています。また、アスティは'Astrid'、スノットは'Snotlout'、フィッシュは'Fishlegs'、ラフとタフは'Ruffnut'と'Tuffnut'、ゲップは'Gobber'など、同じく本名で呼ばれています。また、トゥースの名は普段歯がないように見えることから、'tooth'〈歯〉と'-less'〈・・・のない〉を合わせた'Toothless'〈歯なし〉といいます。他のドラゴンも同様に、ダブルジップは'Zippleback'、デッドリー・デンジャーは"Deadly Nadder"と呼ばれており、'Night Fury'、'Monstrous Nightmare'、'Terrible Terror'などのように、意味のある英単語が使われているドラゴンもいます。語彙力を増やすために、登場人物やドラゴンの名前を聴き取ってそれぞれの単語の意味を調べてみましょう。なぜそのような名前が付けられたのか、そして、名前が内面や外見と関連付けられていないか話し合ってみるのも良いでしょう。 【ドラゴン訓練】how + to 不定詞は、方法や手段を表す便利な表現です。そのため、原題は〈ドラゴン訓練の方法〉となります。タイトルの通り、作中ではヒックがトゥースに飛び方を教えたり、トゥースとの関係を通してドラゴンの習性を知ったヒックが他のドラゴンを操ったり、子供達がドラゴン退治のために"survival"（サバイバル）や"attack"（攻撃）、"teamwork"（チームワーク）などの訓練を受け、実戦します。その際、訓練を指導し、指示を伝えるために大人が使う台詞からは、"Focus."（集中しろ。）や"Get in there."（とっとと行け！）のように、動詞の原型で始まる命令文を学ぶことができます。一方、子供達には、"No turning back."（行くしかない。）、"It was my fault."（僕のせい。）、"Stay out of my way! I'm winning this thing."（ジャマしないで。勝つのは私。）、"That's my speciality."（それ得意。）、"We got it covered!"（任せとけ！）、"Do something!"（何とかして！）、"I can't miss."（百発百中だ。）などのように、友達と遊ぶ際に使えそうな台詞が聴き取れます。また、ドラゴンおたくのフィッシュが各種ドラゴンの威力を述べる"Speed 8."（スピード8。）、"Plus 11 stealth."（ステルス能力11。）などは、TVゲームなどでも使われる表現です。さらには、感想や意見、例えば"Oh, I'm hurt! I am very much hurt."（痛え、すっげぇ痛え！）、"You've done it."（やったな。）、"This is pretty cool."（本当に最高。）、"It's OK."（大丈夫だから。）などは、日常生活で何気なく口にしてしまう表現でもあります。'yes'と'no'の略式表現である'yep'や'nope'を始め、全編通して多くのカジュアルな表現を学ぶことができます。色々な文章を聴き取って、今日は英語で話しながら遊んでみようと、日常の遊びに取り入れてみるのも良いでしょう。

映画の背景と見所	監督クリス・サンダースとディーン・デュボアは、ディズニーによるアニメーション映画『リロ・アンド・スティッチ』の監督も務めました。また、ジブリ映画のファンでもあるために、キャラクターや場面状況に親近感を抱く人も多いのではないでしょうか。デジタル3Dでも公開されましたが、この映画の迫力と魅力は2Dでも存分に味わえます。ドラゴンが襲来する冒頭から結末まで、特に、ヒックがトゥースの背に乗って大空を縦横に飛び回る場面は圧巻です。トゥースの飛行実験、アスティとのロマンティックな夜間飛行、そして、クライマックスでの巨大ドラゴンとの壮絶な大決戦などでは、上下の分からない浮遊感、ジェットコースターのような疾走感があり、映像を通してダイナミックなドラゴン乗りを体感できます。それらと共に描かれる自然、例えば、顔にあたる風や霧、木々の幹や葉、湖海の飛沫や波、ドラゴンが吐く炎、また、風になびく髪の毛やそばかす、毛皮などの衣服の質感、そして、バーク島の村の景色やバイキングが乗る舟など、陸海空と登場人物の細部における光と影を駆使した美しい描写には感嘆せずにはいられません。音楽も聴きやすく、映像と一体化しています。このように見事に構築された世界観は、そのストーリー性も含め、人気あるロールプレイングゲームを想起させるかのようで、ゲーム世代の子供達はより一層楽しめることでしょう。

スタッフ	監督・脚本：クリス・サンダース、ディーン・デュボア 製　作：ボニー・アーノルド 原　作：クレシッダ・コーウェル 音　楽：ジョン・パウエル 美　術：ピエール=オリバヴィエ・ヴィンセント	キャスト	ヒック　：ジェイ・バルチェル ストイック：ジェラルド・バトラー アスティ　：アメリカ・フェレーラ ゲップ　：クレイグ・ファーガソン スノット　：ジョナ・ヒル

ピノキオ	Pinocchio	（執筆）黒澤　純子

セリフ紹介

ブルー・フェアリ（青い妖精）は人形のピノキオに "Prove yourself brave, truthful, and unselfish, and someday you will be a real boy."（勇気を持って生き、正直で優しければ、いつかは本当の人間になれる）と言います。この "brave, truthful, and unselfish" は、この映画において重要なテーマになっています。

ゼペットとピノキオがクジラを怒らせ、筏に乗った二人が海に投げ出され、さらにクジラに追いかけられる場面での台詞です。ゼペットは、"Don't mind me. Save yourself."（私のことは気にせず、助かるんだ。）と、ピノキオに叫びます。何よりもピノキオが助かって欲しいと思う、父としての強い気持ちの表れです。動かなくなったピノキオにゼペットは "He was such a good boy."（いつもいい子だったのにな。）、"My little brave boy."（わしの勇敢な息子よ。）と呼びかけます。ゼペットは、良い子だったピノキオの姿を思い出します。そして、クジラに追いかけられた時も、勇敢に最後まで父を助けようとしたピノキオを讃える言葉です。

ブルー・フェアリは、寝ているゼペットに、"You have given so much happiness to others. You deserve to have your wish comes true."（あなたは人々に喜びを与えました。あなたの夢をかなえてあげます。）と言います。そしてピノキオに命を与えます。最後にもジミニーは "He deserved to be a real boy."（ピノキオを本当の子にしてくださった。）と空に輝く星に向かって言います。この deserve は「〜する価値がある、〜してもおかしくない」の意味です。ゼペットとピノキオ二人の願いが叶えられました。ピノキオは途中誘惑に負けたり、嘘をつくこともありましたが、その後の行いは彼の夢を叶えてもらうに値するものでした。

ふれあいポイント

【昆虫、動物、その仲間】映画に登場する昆虫や動物の名前を英語で言ってみましょう。大半の単語は児童たちがすでに聞いたことがあるものばかりだと思います。cricket（こおろぎ）、goldfish（金魚）、cat（猫）、donkey（ろば）、fox（キツネ）、whale（クジラ）tuna（まぐろ）などです。さらに、それらはどこに生息するのか、他の仲間の動物についてクイズ形式で答えていく活動は楽しいでしょう。例えば、cricket は秋（fall, autumn）の昆虫です。語彙を広げ、他の使用頻度の高い秋の昆虫 dragonfly（とんぼ）、grasshopper（きりぎりす）などまで言及します。さらに、秋の植物、maple（もみじ）、cosmos（コスモス）、acorn（どんぐり）や果物、pear（梨）、persimmon（柿）などまで広げてみるのも良いでしょう。児童たちの日常生活と関連がある動植物、季節、食べ物を英語で確認しながら、さらに新しい単語を知る楽しみにもつながることでしょう。なお、ピノキオの元の姿の英語は、marionette（糸操り人形）です。

【良心、誘惑、罰】難しい言葉ですが、この映画のキーワードになっています。日本語で考えていきましょう。ジミニーはピノキオの「良心」となり、彼を正しい方向に導く役目を引き受けます。「正しい」（right）、「間違っている」（wrong）の区別を教えることです。

ジミニーは "Now, you see, the world is full of temptations."（世の中には誘惑といのが多くてね。）と言います。ピノキオはこの誘惑という言葉の意味がわかりません。英語でも日本語でも難しい言葉ですが、この映画における誘惑とは、ピノキオが甘い誘いの言葉、"the easy road to success"（成功への近道）、"Bright lights! Music! Applause! Fame!"（輝くライト！、音楽！、拍手と名声！）に心を動かされて舞台に立ってしまうことです。その結果、籠に入れられてしまい家に帰ることができなくなることが罰です。ブルー・フェアリに、"This is the last time I can help you."（私が助けてあげられるのはこれで最後ですよ。）と言われて助けられたものの、ピノキオは再度の誘惑に打ち勝てず、"Pleasure Island"（島の遊園地）で楽しみ、タバコを吸い、ビリヤードをしたピノキオはその後どのような目に遭うのか、ピノキオの行動を追いながらみんなで話をすることは有意義でしょう。

Mr. Honest John（正直なジョン）は名前の通りのキツネなのか考えてみましょう。さらに、ジョンと似た登場人物は他に誰なのか分類してみましょう。「島の遊園地」では、何を壊してもいい、好きな事をやりたい放大、好きな物何を食べても無料です。ストロンボリが声高に言う、"It's all free!"（全部タダだよ！）の島は本当に子どもたちにとって楽しい所なのか、子どもたちがそこで遊んだあとにどのような姿になるのか、を考えながら話し合いをするといいでしょう。

あらすじ

時計職人のゼペットさんは子どもがいません。自分で作った木の人形（少年）の完成を楽しみにしています。この人形がいつかは本当の子どもになって欲しいと星に願いをかけます。その夜ブルー・フェアリが現れ、ピノキオに命を与えます。ピノキオが動き、話ができることを知ったゼペットは大喜びし、ピノキオは早速翌日から学校へ通うことになります。しかし、吊り糸なしに動くピノキオを見たジョンは、商売道具にしようと巧みにピノキオを誘います。誘いに対し、何度も断るピノキオですが、強く拒否することができずストロンボリの元に連れて行かれ舞台に立ちます。大成功を収めたピノキオは檻に閉じ込められ家に帰ることはできません。その夜ブルー・フェアリが現れ、ピノキオが檻に入れられているわけを聞きます。都合よく嘘をつくピノキオの鼻はどんどん長くなっていきました。しかし、正直に謝り、妖精に助けられます。家に戻る途中再度ジョンに連れて行かれ、他の子どもたちと島の遊園地に連れて行かれます。ジミニーの助けでやっと家に戻ると、ゼペットはピノキオを探しに行き、クジラに飲み込まれたことがわかります。ピノキオもクジラに飲み込まれ父と再会し、クジラの体から脱出することができました。怒ったクジラから追いかけられますが、二人は助かります。そしてピノキオの勇気と優しさ、正直な心が芽生えたことが認められ、本当の人間になることができました。

映画情報

製　作　年：1940年
製　作　国：米国
製　作　費：228万ドル
配給会社：RKO Radio Pictures
言　　　語：英語

公開情報

公　開　日：1940年2月7日（米国）
上映時間：88分
オープニングウィークエンド：380万ドル
興行収入：1,300万ドル（1940年）
総興行収入：8,425万ドル

薦	●小学生　●中学生　○高校生　○大学生　○社会人	リスニング難易表	発売元：ウォルト・ディズニー・スタジオ・ジャパン（平成26年5月現在、税込み）DVD価格：3,024円　ブルーレイ価格：5,076円
お薦めの理由	誘惑や口車に乗りやすいピノキオは人の心の弱さを表しています。やっとのことで、悪人から逃れて家に戻ることができたピノキオですが、お父さんはピノキオを探しに旅に出ていました。ピノキオの嘘や間違った行い、そして自分の行いを反省する様子を見て欲しいと思います。また後半部では、お父さんを助けるために自分の持つ力と勇気を奮い起し懸命に努力する姿に感動することでしょう。	スピード　2　明瞭さ　3　アメリカ訛　1　外国語　1　語彙　2　専門語　1　ジョーク　1　スラング　1　文法　2	
英語の特徴	英語は標準的米語で、会話の速さは標準より少し遅めです。ピノキオとゼペットの言葉は理解しやすいでしょう。正直なジョン（キツネ）が口にする病名は早口で難しいですが、他の登場人物の語彙は難しくありません。ジミニーは口語表現をよく使っています。ストロンボリは多少荒い言葉を使いますが、暴力的ではありません。俗語はいくつかありますが、卑語はありません。文法は基本的で理解しやすいです。		

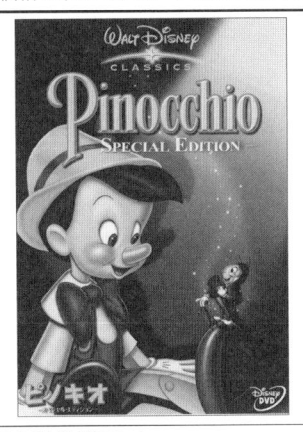

授業での留意点

【挨拶と頻出表現】ブルー・フェアリに命を吹き込まれたピノキオが一番先にしたことは挨拶でした。"Say hello to Figaro."（フィガロにこんにちは、と言ってごらん。）、"Say, how do you do?"（初めまして、と言ってごらん。）、"Good day."（こんにちは。）"Good night."（おやすみ。）、"I'm home."（ただいま。）などみなさんは既に知っていると思いますが、クラスのみんなで再確認をしましょう。"Take it easy."（慌てることないよ。）、"It won't work."（うまくいかないよ。）、"It's no use."（だめだ。）、"They're scared."（怖いね。）、"We made it."（やったよ！）などは学校生活の中でよく使う表現です。クラスのみんなが、一言ずつ発話できる状況を設定して、練習してみましょう。

【文章で意思を伝える活動】ピノキオはブルー・フェアリのお蔭で自由に動くことができるようになりました。"I can move. I can talk, walk."（僕は動くことができる。喋ることができる。歩くことができる。）と言います。この can（～することができる）を使って文章を作ってみるとよいでしょう。例えば、write（書く）、read（読む）、study（勉強する）、eat（食べる）、cook（料理する）、run（走る）、jump（跳ぶ）、skip（スキップする）など児童が耳にしたことのある基本的で、かつ日常生活でよく使用する動詞を入れていきましょう。

さらに応用として wish を取り上げます。ゼペットは "I wish that my little Pinocchio might be a real boy."（わしのピノキオが本当の子どもになりますように。）と言います。簡単に文法を説明し、wish が「現実の事実に反すること、実現不可能なことに対する願望を表す」ことに言及してみるのも良いでしょう。I wish（過去形）～.の（過去形）の場所に入れる動詞を指導者が複数用意し、児童たちの願望などを発表し合うことも楽しいでしょう。

【使役の let と make】"Let him go."（彼に行かせろ。）、"Let me outta (=out of) here."（ここから出して。）、"Let me handle this."（任せておけ。）など、let を使う表現が出てきます。この let は、人が「人・事に」～させる、の意味です。例えば、"Let me think about it."（考えさせて。）など日常ではよく使われます。

クジラに飲み込まれたゼペットとピノキオはクジラのお腹から出る方法を考えます。そして、お腹の中で魚を焼き、煙を出してくしゃみをさせることを思いつきました。この時ピノキオは "We'll make him sneeze."（クジラにくしゃみをさせるんだ。）と言います。この make は「（人などに）～させる」という意味ですが、let より強制的な意味を持ちます。他の例文を挙げますと、"I make him go."（私は彼を行かせる。）などです。let と make の違いは難しいと思いますが、今後の英語学習につながるので、高学年の児童クラスではふれても良いでしょう。あくまで、知的好奇心を喚起させる程度で良いでしょう。

映画の背景と見所

カルロ・コッローディの原作『ピノキオの冒険』に基づいたウォルト・ディズニーの2作目（1作目は『白雪姫』です。）のアニメーション映画です。原作は社会風刺小説でしたが、ウォルト・ディズニーが変更を加え、冒険物語にしました。作中ジミニーが歌う『星に願いを』（When You Wish Upon a Star）は第13回アカデミー賞、歌曲賞を受賞しました。古典のアニメーション映画として今日も人気のある映画です。

島の遊園地に連れて行かれたピノキオがどうやってそこから逃れることができるのか、ジミニーが手助けして、二人（一人と一匹）で島から海へ飛び込む場面はドキドキします。

また、ゼペット（お父さん）を探しに行く旅に出かけたピノキオはクジラに飲み込まれ、偶然にゼペットと再会します。クジラの体の中から脱出するための策略に成功した時の喜びもつかの間、くしゃみをさせられ怒ったクジラが執拗に二人を追いかけてくる場面は観客をハラハラさせます。

最後にピノキオが動かなくなり、ゼペットがピノキオの眠るベッドわきで嘆き悲しんでいる時、私たち観客も悲しみを感じます。そこに再びブルー・フェアリが現れ、ピノキオの勇気、正直さ、優しさを認めピノキオに命を吹き込み、本当の人間にしてくれた時は大きな安堵と喜びを感じます。

| スタッフ | 監督：ベン・シャープスティーン、ハミルトン・ラスク　原作：カルロ・コロディ　脚本：テッド・シアーズ、オットー・イングランダー、ウェブ・スミス、ウィリアム・コトレル | キャスト | ゼペット　　　　：クリスチャン・ラブ　ピノキオ　　　　：ディッキー・ジョーンズ　ジミニー（こおろぎ）：クリフ・エドワーズ　ブルー・フェアリ　：イヴリン・ヴェナブル　ストロンボリ　　：チャールズ・ジューデルス |

秘密の花園	The Secret Garden　　　　　　　　（執筆）坂田智惠子

セリフ紹介	両親を亡くし英国の親戚に引き取られたメアリーは、他の子供たちから「気難し屋のメアリー」とからかわれるほどに、両親の死を悲しむ術も知らない愛情を注がれないで育った子供でした。しかし、表面上は不毛に見えるけれど豊かさを秘めたヨークシャーの自然の中で、女中のマーサの心遣いを受け、自分以外のものに興味を持ち始めます。10年間閉じられた庭を見つけたメアリーは、自分の手でそれをよみがえらせようと決心し、妻を失った悲しみから世捨て人同様になっている伯父に頼みます。 　Mary　　　　: All I need is… could I?…could I have a bit of earth?（メアリー：お願いが…欲しいの—地面が。） 　Lord Craven: A bit of earth?（クレイブン：地面？） 　Mary　　　　: To plant seeds in. To make things grow.（メアリー：お花の種をまいて育てたいの。）（Chapter 16） 　庭を再生させることは同時に、愛されていると実感できない寂しさや愛を失った悲しみから、言わば種のように自分の殻の中に閉じこもっていたメアリーやコリン、そしてコリンの父のクレイブンも再生させます。愛情や友情と言う水が注がれ、種が芽を出し花を咲かせるのです。 　Mary: The spell was broken. My uncle learned to laugh, and I learned to cry. The secret garden is always open, now. Open, and awake, and alive. If you look the right way, you can see that the whole world is a garden. 　（メアリー：おじ様は初めて笑い、わたしは泣くことを知った。花園はいつも開いている。そして力強く生きている。わたしたちの世界は愛の花園なのだ。）（Chapter 30）
ふれあいポイント	【原作との相違点】原作の翻訳は、絵本、子供向け、一般向けと色々出版されているので、読んだことのあるお子さんも多いのではないでしょうか。原作との違いを指摘する子もいるでしょう。原作と映画とが異なる理由として、原作者と脚本家は違う場合がほとんどだということ、映画には時間の制約があるので原作のエピソード全てを使えるわけではないこと、映画では視覚的・聴覚的な効果を上げることが必要だということを分かりやすく説明して下さい。大きなお子さんであれば、原作と映画を比べて話し合ってもいいのではないでしょうか。 　原作との主な相違点を挙げます。原作は、インドで甘やかされているメアリーの描写から始まり、手をつなぐクレイブンとコリンの描写で終わっています。メアリーはどうなったの、という疑問を持つ人も多いのではないでしょうか。この映画では、また独りぼっちになったと思い泣くメアリーに、クレイブンが優しく話しかけ、コリンと3人で屋敷に戻ります。 　この映画はメアリーの視点で語られている、と言えると思います。原作にはないメアリーの語りで映画は始まり、そして終わります。その結果メアリーの知りえないこと、ディッコンと母親の会話などは省かれています。そのため、原作では大きな役割を果たすディッコンの母親（物語中唯一の母親らしい登場人物）は全く登場しなくなります。そして彼女がクレイブンに宛てて書く帰宅を促す手紙の代わりに、3人の子供たちは夜かがり火を焚いてクレイブンを呼び寄せようとするというエピソードが映画では描かれます。 　原作ではメアリーの父親とコリンの母親が兄妹ですが、映画では母親同士が双子の姉妹になっています。そしてメアリーは母親似なので、クレイブンはメアリーと亡き妻が似ていることに驚きます。またメアリーの両親の死因は原作ではコレラ、映画では地震になっています。閉ざされた庭の入口の鍵は最初の友達コマドリが教えてくれた土の中ではなく、伯母の部屋の小箱の中にありました。初めからメアリーは秘密を開ける鍵を手に入れていたことになります。頑なメアリーの中には既に変化のきっかけがあったことを示していると思われます。 【Moor（ムア、荒野）】メアリーが引き取られた Misslethwaite Manor（ミッセルスウェイト屋敷）はムアの中に建てられています。エミリー・ブロンテの『嵐が丘』のヨークシャーのムア、コナン・ドイルの『バスカビル家の犬』のダート・ムアは日本でも知られているでしょう。通例ヒースで覆われた農耕に適さない土地です。原作ではメドロック夫人がメアリーに "It's just miles and miles and miles of wild land that nothing grows on but heather and gorse and broom, and nothing lives on but wild ponies and sheep."（何マイルも何マイルも続く原野で、ヒースやハリエニシダ、エニシダしか生えず、野生の小馬や羊しか住んでいない。）と説明しています。
あらすじ	インドで生まれ育った10歳のメアリーは、自分たちの楽しみを優先する親には無視され、召使には甘やかされて育ったひ弱で我儘な子供でした。地震で両親を失い、母の姉妹の夫、クレイブンに引き取られて英国のヨークシャーに住むことになります。 　一人では何もできないメアリーに女中のマーサは最初びっくりしますが、弟や妹が沢山いるマーサはメアリーを気遣って縄跳びの縄を与えたりします。メアリーは「死んでいる」と感じられた壮大な屋敷には10年前に閉ざされた庭と時折聞こえる泣き声という2つの秘密があると気づきます。妻を亡くした悲しみで伯父が閉じてしまった庭の入口とその鍵を見つけたメアリーは、クレイブンに「土地を使わせて下さい」と頼みます。マーサの弟で自然をよく知っているディッコンと一緒にメアリーは庭を生き返らせていきます。外で過ごすことで彼女は健康になっていきます。一方、泣き声の主は生まれてすぐ母を亡くした従兄弟のコリンでした。自分は長生きできない、父と同じようにせむしになる、と思いこんでいたコリンは、母が愛していた庭で過ごすことにより、自分の足で歩けるようになります。3人はクレイブンを呼び戻そうとかがり火を焚いて「魔法」を行います。夢で妻の声を聞いて戻ってきたクレイブンは、息子を抱きしめます。3人が幸せそうに戻って来る姿に屋敷中の人たちが喜びます。
映画情報	製作年：1993年 製作国：米国 言　語：英語 ジャンル：ファミリー 配給会社：ワーナー・ブラザース
公開情報	公開日：1993年8月13日（米国） 上映時間：101分 MPAA（上映制限）：G 興行収入：3,118万1,347ドル 　　　　　262万293ポンド（1993年11月14日）

薦	●小学生　●中学生　○高校生　○大学生　○社会人	リスニング難易表		発売元：ワーナー・ホーム・ビデオ（平成26年5月現在、税込み）DVD価格：1,543円
お薦めの理由	原作は英米児童文学の古典の一つとして日本でもお馴染です。1993年のこの米映画は、いくつか設定は変えられていますが、原作の雰囲気をうまく出している作品になっています。メアリーの変化が着ている服で表されたり、内に閉じこもっていたメアリーとコリンが愛情や友情を与えられて外に踏み出していくことがスローモーションで捕えられた発芽や開花で象徴されるなど視覚的な工夫が凝らされています。	スピード	3	
		明瞭さ	3	
		アメリカ訛	1	
		外国語	2	
		語彙	3	
英語の特徴	階級と出身地による英語の違いがあります。女中のマーサや弟のディッコン、庭師のベンはヨークシャー訛りなので、聞き取りが難しいかもしれません。my が me になるなど英語字幕でも確かめることができます。しかし、1975年製作の英国BBCのドラマと比べれば、米国製作のこの映画は随分聞きやすいです。階級が上になるメアリーやコリン、メドロック夫人の発音は聞き取るのは難しくはないでしょう。	専門語	1	
		ジョーク	1	
		スラング	1	
		文法	2	

授業での留意点

【映画で使われている歌】英国では Nursery Rhymes, 米国では Mother Goose と呼ばれている童謡は子供だけでなく大人にも親しまれ、さまざまな所で引用されています。Chapter 3で英国に戻った港で子供たちがメアリーをからかって歌っているのは、よく知られた童謡の一つです。Chapter 14でもメアリーとディッコンが歌っています。

英語の字幕では "Mary, Mary, quite contrary, /How does your garden grow? / With silver bells and cockle shells, / And pretty maids all in a row."、日本語の字幕では（メアリーは意地っ張り/どんなお庭を作るの？銀の鈴　貝殻　キンセンカ/全部　ごった混ぜ）となっています。原作の Chapter 2でバーネットが、1行目を "Mistress Mary, quite contrary" 4行目を "And marigolds in a row" という形にしているのを参考にしたようです。映画の3・4行は正確に訳すと（銀の鈴　ザルガイの貝殻/きれいな娘がずらりと並ぶ）という所でしょう。勿論子供たちはメアリーの名前に引っ掛けて歌うわけですが、彼女が見捨てられていた庭を再生させることも暗示しています。

メアリーが母の双子の姉妹である伯母の部屋で、鍵が入っているのを見つけた箱はオルゴールになっていますが（Chapter 5）、流れる曲は日本でも良く知られている『Green Sleeves（グリーン・スリーブス）』です。これは映画化に際しての変更・演出ですが、後のシーン（Chapter 14）でも、台所で粉をこねながら女中の一人がこの曲を歌っています。音楽の教科書に取り上げられることがあるので、メロディーを知っている生徒も多いかもしれません。歌の大意は、「緑の袖の服を着ていた恋人は無情にも私を捨ててしまった」というもので、これは妻に先立たれたクレイブンを暗示しているととることができるでしょう。

【歌の用い方】この二つの歌や、その他の童謡（例えば、『Mary Had a Little Lamb（メリーさんの羊）』、『Twinkle, Twinkle, Little Star（きらきら星）』）を見終わった後に発展学習として使うこともできると思います。歌が英語学習に適している理由としては、日常よく使われる短い単語が使われている、文法のレベルが高くなく会話的な表現なので理解しやすい、話す時よりもゆっくりとした速さで歌われている場合が多いので聞き取りが容易である、歌詞の中に同じ語句や構文が繰り返されることが多いので覚えやすい、英語のリズムに馴染むのに役に立つ、などが考えられるでしょう。

【身分・階級を表す言葉】映画ではクレイブンは貴族という設定になっているようで（原作では Mr. Craven）、my lord や Your Lordship（閣下）と呼びかけられ、3人称としては His Lordship も使われています。その息子であるコリンは Master Colin（コリン様）、メアリーは Miss（映画の字幕ではMs）Mary と呼ばれています。メドロック夫人は housekeeper で、男性の steward（家令）butler（執事）と共に使用人たちの監督に当たり人事権も持っています。

映画の背景と見所

原作は英国生まれの米国人作家のフランシス・ホジソン・バーネットが1911年に発表した小説です。彼女の作品としては他に1886年の『Little Lord Fauntleroy（小公子）』や1905年の『A Little Princess（小公女）』がやはり映画化されたりしてよく知られています。この2つの作品では主人公たち、セドリックとセーラが物語の最初から理想的な子供として描かれているのに対し、『秘密の花園』のメアリーやコリンは、最初は甘やかされて育った言わば「嫌な」子供として登場します。この二人がヨークシャーの自然の「魔法」によって癒され、成長し、外の世界に踏み出していく過程が描かれています。100年以上前の作品ですが、現在の子供たちにも理解し受け入れられるテーマを持っています。

監督のホランドはこの作品が愛読書だったというポーランド人の女性監督です。彼女は『秘密の花園』には「活力と強さと詩的な情感があります。そしてなんといっても、希望があるのです。」と述べています。米国映画ですが、主な出演者は英国人やアイルランド人、ロケ地は英国各地です。ミッセルスウェイト屋敷は複数の邸宅や庭、有名な私立中高であるイートン校やハロウ校などで撮影したものを組み合わせています。「秘密の庭」の構造は映像からはよく分かりませんが、あずまや、睡蓮の池があり、バラや色々な花が咲く壁で囲まれた英国式庭園です。

スタッフ	監　督：アニエシュカ・ホランド 脚　本：キャロライン・トンプソン 製　作：フレッド・フックス、フレッド・ルース、他 原　作：フランシス・ホジソン・バーネット 美　術：スチュアート・クレイグ	キャスト	メアリー・レノックス　：ケイト・メイバリー コリン・クレイブン　　：ヘイドン・プラウズ ディッコン　　　　　　：アンドリュー・ノット メドロック夫人　　　　：マギー・スミス クレイブン伯爵　　　　：ジョン・リンチ

	ファインディング・ニモ	Finding Nemo	（執筆）黒澤 純子

セリフ紹介	ニモが捕らえられたことは自分のせいだったかのように、マーリンがドリーに"I promised him I'd never let anything happen to you."（彼に決して何も起こらないようにするよ、とニモに約束したんだ）と、言います。その言葉にドリーは、"Then nothing would ever happen to him. You can never let anything happen to him."（じゃあ、彼には何も起こらないで、子どもは何もできないわ。何も起こらないようにするなんて無理なことよ。）と、答えます。いつもは忘れっぽく、頼りなさそうにみえるドリーからの言葉は的を得ています。子どもを心配するマーリンの気持ちに共感する一方で、ドリーの言葉は、子どものことを心配し過ぎる親に対する警鐘ともとれます。 　ニモとマーリンが無事再会を果たし、家路に向かう途中、ドリーが沢山の魚と一緒に漁船の底引き網に捕らえられます。ニモはドリーを助けるために自ら網の中に入ります。心配そうに見ている父に向かいニモは、"I can do this."と自信を持って答えます。マーリンはそんな息子の姿を心強く感じながら、"You're right. I know you can do it."（そうだな、おまえならできる。）と言って、魚たちを応援しながら見守ります。魚たちの重みで網は破れ、魚たちとドリーは助かります。感動したマーリンは、ニモの勇気ある行動と最後まで諦めない姿に対し、"You're doing great, son!"（おまえ、すごいぞ！）と賞賛の言葉をかけました。再び元の生活に戻ったニモにマーリンは、"Go have an adventure."（いっぱい冒険しておいで。）と言って、ニモを送り出します。"Daddy's (daddy is) here."（お父さんはここにいるよ。）と、常にニモを見守っています。最後にマーリンはドリーに、"If it wasn't for you, I never would've even made it here."（君がいなかったら、ここまでこられなかった。）と感謝の言葉を述べます。
ふれあいポイント	【日常に使う表現】ニモが学校に行く初日のことです。うきうきして早起きし、まだ寝ている父のマーリンを"It's time for school. Wake up, wake up."（学校の時間だよ。目を覚まして。）、"Get up, get up."（起きて、起きて。）と言いながら起こします。みなさんの日常生活ではニモと父の役割は反対の場合かもしれません。短い文ですので、練習して朝の場面を英語で言うことを親子で挑戦してみましょう。学校に出かける子どもにかける言葉、"Be safe."（気を付けて。）、"Be nice."（いい子でね。）、"Have fun."（楽しんでおいで）も英語で声掛けしてみましょう。また、学校に行くニモのことを心配するあまり、マーリンは"You are not ready."（おまえはまだ準備ができてないよ。）と言いますが、この文を肯定文"I am ready."や疑問文"Are you ready?"に替えながら、何回も音に出して、使用頻度が高い表現を身につけましょう。 　マーリンはニモに"How old are sea turtles?"（ウミガメは何歳まで生きると思う？）と質問します。ニモは、"Sea turtles live to be about 100 years."（100歳くらいまで生きると聞いてるよ。）と答えます。その後、ニモを探しに行く途上、マーリンは東オーストラリア海流で海ガメに出会い、年を聞くと、150歳と言われます。100までの数字はすでに身についているみなさんは、さらに100以上の大きな数を覚えていきましょう。その時に、100は one hundred, 200は two hundred で"s"をつけないことに言及することも大切です。3けたの数字を英語で言うゲームをしたり、数字を文字化して少しずつ長く複雑な英語の綴りに挑戦するのも今後の学習に有効でしょう。加えて、"How old are you?"（何歳ですか？）、"I'm ～ years old."（私は～歳です）という表現も覚えましょう。 【魚の種類と色】映画には数々の魚が登場します。普段耳にしない魚もありますが、図鑑を参考にして調べてみましょう。その中でも英語で確認する魚は、カクレクマノミ（clownfish）、crab（かに）、pelican（ペリカン）、海ガメ（sea turtle）、くらげ（jelly fish）、ray（エイ）、starfish（ヒトデ）、shark（サメ）、octopus（たこ）、sea horse（タツノオトシゴ）、shrimp（エビ）、whale（くじら）など主要なものだけにして、児童たちの負担にならないようにしましょう。 　ニモが連れていかれる歯医者の診察室にある水槽の中の鑑賞魚の色彩の豊かさに注目し、色の学習としてみるのもいいでしょう。"What color is this fish?"（この魚の色は何？）と尋ね、事前に用意していた色のカードと綴りを書いたものを提示し、児童が画面を見ながら答えていくなども1つの方法だと思います。色の項目は、black, blue, brown, gray, (grey), green, orange, purple, yellow などです。さらに、縞模様の魚も数種いるので、～色と～色の縞模様（stripe）の表現も使ってみましょう。
あらすじ	オーストラリアのグレートバリアリーフでカクレクマノミのマーリン（夫）とコーラル（妻）は2日後に孵化して誕生する子どもたちのことを楽しみにしていました。そこに、オニカマスが現れ、体当たりして気を失っていたマーリンが目を覚ますと、1つの卵以外、すべてが消えていました。マーリンは残った子にニモと名付け、大切に育てました。その過保護ぶりに嫌気がさしていたニモは冒険がしたくてボートの近くまで行き、人間に捕獲されます。マーリンはボートの速さには追いつけず、ニモがどこに連れていかれたかもわからず絶望します。 　しかし、偶然出会ったドリーは字が読め、人間の落としたゴーグルからニモはシドニーに連れていかれたことがわかります。シドニーにたどり着くまでに、マーリンは様々な困難に遭遇します。ニモが飼われている歯医者までたどり着きながら、ニモを助け出すことができなかったマーリンは失望し、ペリカンがマーリンとドリーを放した場所から家に戻ろうとします。その場所は偶然歯医者が使用している下水の近くでした。下水管から無事に海に出たニモは父を呼び、父もその声に気がつき、二匹は奇跡的に再会します。二匹が家路に向かい始めた時、ドリーが漁船の網に捕えられます。ドリーを助けるためニモは自らその網に入り、捕獲された沢山の魚と一緒に網を破り自由になります。ニモは元の生活に戻ることができました。
映画情報	製　作　年：2003年　　　　製作費：9,400万ドル 製　作　国：米国、オーストラリア 配 給 会 社：ウオールトディズニー・ピクチャーズ 発　売　元：ブエナビスタ・ホームエンターテインメント ジ ャ ン ル：アニメーション・コメディドラマ
公開情報	公　開　日：2003年 5月30日（米国） 　　　　　　2003年12月 6日（日本） 上映時間：100分 オープニングウィーケンド：7,025万ドル 受　　　賞：アカデミー長編アニメ賞

薦	●小学生　●中学生　○高校生　○大学生　○社会人	リスニング難易表		発売元：ウォルト・ディズニー・スタジオ・ジャパン（平成26年5月現在、税込み）ブルーレイ+DVD価格：4,104円

お薦めの理由	ニモを助けるために自らの危険を顧みず、最後まで努力をする父マーリンの姿、そして、網に捕らわれた友を助けるために自らその網の中に入るニモの勇気を見てください。 また、ニモの両親の言葉、子どもには最高の環境を与えたい"They deserve the best."という子どもへの気持ち、そして外に出たがるニモに、It's not safe.（安全じゃないよ）という父の言葉を児童たちの心に留めて欲しいと思います。	スピード	3
		明瞭さ	3
		アメリカ訛	1
		外国語	1
		語彙	2
英語の特徴	標準的な米国英語です。マーリンとドリーが興奮して話す箇所、ドリーが物忘れしてパニックになる時の英語は速く、聞き取りにくいですが、それ以外は標準の聞き取りやすい英語です。学校に通う海の生き物の英語もわかりやすい英語で、標準よりやや遅めの速さです。水槽にいるヒトデは歯科についての専門用語を使って仲間と話をしますが、児童が日常生活で耳にする頻度も少ないので聞き流していいでしょう。	専門語	2
		ジョーク	1
		スラング	1
		文法	2

授業での留意点	【覚えたい日常表現】まず、日常よく使われる動詞が入った表現を挙げます。Grab it.（取って。）、Hold on.（つかまって。）、Look out.（気をつけて。）、Follow me.（僕についてきて。）、Stay calm.（落ち着いて。）、Who's next?（次は誰？）、Let's do it.（それをやろうよ。）、You did it.（やったね。）、It's gone.（行っちゃった。）、Take a guess.（あててごらん。）、Wait up.（あとから追いついてくる時に言う、待って。）、などは学校生活の中でも使用頻度が高いので、覚えていくといいでしょう。英語活動の時間でも、Who's next? や Take a guess. などの表現は先生も積極的に使ってください。児童への褒め言葉として、That's great/righteous.（それはすごいね。）、Nicely done.（よくできたね。）と言うことも大切です。 　子ども同士の遊びの中でよく耳にする表現は、Trust me.（私を信じて。）、That's incredible.（それってすごい）、That sounds fun.（おもしろそうだね。）、It's frustrating.（いらいらするなあ。）、What's the matter?（どうしたの？）、What happened?（何か起きたの？）、What's going on?（何が起きているの？）、He was mad at me.（彼は僕に怒っている。）、I got something to tell you.（君に言いたいことがあるんだ。）、Catch me if you can.（できるものなら捕まえてみろ。）、There's no way out.（出口がないよ。）、This is our spot.（これは僕たちの場所だ。）、Can you give us directions?（方向を教えてくれる？）などです。また、感謝の言葉を言われた時に、(You are)welcome. No problem.（どういたしまして。）、Don't mention it.（いいってことよ。）などと返答することも覚えておきましょう。You miss dad.（お父さんが恋しいのね。）の文で、dad のところに、人、場所、物などを入れることができます。食べ物を入れる時には、"I miss eating hamburger."のように、eating を入れるようにすると、より明確な表現になります。この miss はよく使われます。 　たくさんの表現を一度に覚えるのは大変なことです。学校での場面、友だち同士の遊びの場面を設定し、短い劇のようにしてグループで発表し合う活動も有効でしょう。児童が担当するセリフ（表現）を覚える機会にもなり、どのような状況でそのセリフを使うべきなのか実感できることでしょう。 【応用としての大切な動詞】水槽の中のボス的な存在のギルは、"All drains lead to the ocean."（すべての下水は海に通じている。）と言います。この lead は、「道路などが人を導く；連れて行く」という意味です。同様の例文は、This road will lead you to the park.（この道を行けば、公園に出ます。）です。このような表現を言う時に、日本語からはこのleadはなかなか出てこない動詞だと思います。高学年のみなさんは今後の学習のためにも文単位の表現で、自分のものにしておくと有効でしょう。

映画の背景と見所	この映画のアイディアは監督の経験から生まれました。小さいころ通った歯医者にあった魚がいる水槽を見るのを楽しみにしていた思い出から、そして自身の子どもと一緒に水族館に行った時、海底の世界を美しく描くことを思いついたことからです。ピクサーの5本目の長編映画で、初めて北半球の夏を背景にした映画です。映画の影響で2003年の夏と秋は東部オーストラリアの海岸に観光客が殺到しました。ニモの人気で、カクレクマノミや熱帯魚、さらにはその棲み処のサンゴ礁（かくれ岩）がたくさん獲られて、生態系への影響も懸念されました。 　映画が公開された2003年において、第2位の売り上げを記録するほど人気があり、DVDは常に一番の売り上げをあげています。今後、続編のファインディング・ニモ2(原題未定)が製作される予定です。 　ニモを探す旅の途上、くじらに飲み込まれたマーリンとドリーでしたが、その後運よく海へ吹き出され、ニモの捜索を再開します。ニモのことを知っていたペリカンがマーリンとドリーを口に入れ、ニモの元へ運んでくれようとします。しかし、カモメの大群がマーリンとドリーを食べようとし、ペリカンを追いかける場面はハラハラさせられます。やっとニモの姿を歯医者の水槽の中に発見しますが、助けることができない場面は観客をがっかりさせます。しかし、最後に奇跡的な事が起きます。

スタッフ	監督：アンドリュー・スタントン、リー・アンクリッチ 脚本：アンドリュー・スタントン、 　　　ボブ・ピーターソン、デヴィッド・レイノルズ プロデューサー：グラハム・ウォルターズ 製作総指揮：ジョン・ラセター	キャスト	ニモ　　　　　　　　：アレクサンダー・グールド マーリン（ニモの父）：アルバート・ブルックス ドリー　　　　　　　：エレン・デジュネス ギル（歯医者の水槽のタンク・ギャング） 　　　　　　　　　　：ウィレム・デフォー

ファミリーゲーム/双子の天使　　The Parent Trap	（執筆）大達　誉華

セリフ紹介	お互いの存在すら知らないまま11年を過ごした双子のハリーとアニー。偶然同じサマーキャンプに参加した2人は、話をするうちに自分たちの繋がりに気付き始めます。 Annie: I only have a mother… and you only have a father. You've never seen your mom… and I've never seen my dad. You have one old picture of your mom… and I have one old picture of my dad. 　　　（私にはママだけ、あなたにはパパだけ。あなたはママに、私はパパに一度も会ったことがない。あなたはママの写真を、私はパパの写真を一枚だけ持ってる。） 　2人はそれぞれ自分が持っている写真を見せ合い、自分たちの両親が同じ人物であることを知ります。 Hallie: So if― your mom is my mom… and my dad is your dad… and we're both born on October 11… then you and I are like sisters. 　　　（じゃあもしあなたのママが私のママで、私のパパがあなたのパパなら、そして2人の誕生日が10月11日なら、私たちは姉妹なんだわ。） Annie: Sisters? Hallie, we're like twins.（姉妹？　私たち双子なのよ。） 　思いがけない巡り会いを抱き合って喜んだのち、ハリーはアニーに提案をします。 Hallie: I think we should switch places.（私たち入れ替わるの。） 　どれも簡単な語から成る単純な文ですが、物語の主要な要素が詰まっています。
ふれあいポイント	【数に関する英語】作品中に登場する様々な数字がそれぞれ何を表しているか、確認しましょう。 　ハリーに年齢を訊かれたアニーは、"I'll be 12 on October 11."（10月11日で12歳よ。）と答えます。英語では月が数字でなく個別の名称を持ちます。学習者自身の誕生日や年齢はどう表すのか調べ、"I'll be ...."以下にその情報を入れて発話練習もしてみて下さい。現在の年齢は "I'm 11."（11歳です。）と表せます。 　ハリーとアニーがそれぞれの持つ親の写真を初めて見せ合う時にはアニーが、また、ハリーがアニーの耳にピアスの穴を開ける時にはハリーが、"On the count of three."（みっつ数えたら。）と前置きし、"One, two, three."と音頭を取ります。"on the count of…"に続く数字を変えて使えます。子どもだけでなく大人にも便利な表現です。 　父ニックの婚約者メレディスに敵対心を抱くアニーは、父のありもしない女性遍歴を匂わせ、"Do you want the 411?"（情報が欲しい？）とメレディスを挑発します。411は、米国では電話番号案内の番号で、そこから「情報」という意味でこの数字を使っています。後にメレディスも、父から再婚のことを聞かされ落ち込むアニーに "For your 411."（一つ教えてあげましょうか。）と言っています。 　父の再婚のことを聞き慌てたアニーは、ロンドンにいるハリーに "911" と書いたファックスを送ります。911は米国では緊急の際にかける番号です。警察、消防、救急いずれの場合もこの番号にかけます。作品中ではアニーがハリーに緊急事態であることを伝えるためにこの番号を記しています。日本では緊急の際や電話番号案内は何番にかけますか？　それらの番号を英語で言えるかどうかも声に出して試してみましょう。 【米国と英国の違い】作品の舞台は米国ー英国間を何度も行き来します。同じ英語圏の2国間にはどのような違いがあるか、作品の中で探してください。サマーキャンプで知り合った当初、ハリーとアニーはお互いいたずらとその仕返しをし合います。どちらも自分の仕掛けたいたずらの場には自分の住む国の国旗を掲げています。米国と英国、どちらの国がどのような国旗でしょうか。 　2人はサマーキャンプでポーカーの勝負もします。ポーカーでは現金を賭けており、英国と米国、どちらの通貨も出てきます。それぞれの国の通貨単位や紙幣、貨幣の種類、形など調べてみて下さい。 　キャンプから戻ったハリーとアニーは電話やファックスで連絡を取り合います。電話の呼び出し音も国によって異なります。街中の風景からも色々な違いが見つけられます。米国と英国、それぞれどのような町並みでしょうか？　車は道路のどちら側を走っていますか？赤い2階建てバスが走っているのはどちらの国でしょうか？　タクシーも国によって特徴があります。色々な場面でそれぞれの国の特徴を観察してみましょう。
あらすじ	米国のカリフォルニアで父と暮らす11歳のハリー。英国のロンドンで母と暮らす、同じく11歳のアニー。2人はそれぞれ米国メイン州で開かれる8週間のサマーキャンプに参加します。初めて顔を合わせた2人はびっくり仰天。なぜなら、相手の容姿が自分のそれとそっくりだったからです。 　体質や食べ物の好みも似通う2人は、話をするうちに自分たちが両親の離婚により離ればなれとなった双子であることに気付きます。ハリーは母親に、アニーは父親に会いたいと、写真でしか見たことのないもう一方の親への気持ちを募らせます。その願いを叶え、かつ両親を引き合わせて再度結びつけたいとの思いから、2人は入れ替わりの計画を立てます。ハリーはアニーに、アニーはハリーに成り代わり、サマーキャンプのあとは互いの家へ帰ります。 　念願の対面を果たして感激に浸ったのもつかの間、アニーは父ニックが恋人メレディスとの再婚を考えていることを知り慌てます。なんとかニックとメレディスの仲を裂き、母エリザベスとの仲を取り持とうと、アニーはロンドンにいるハリーに助けを求めて連絡をします。ところがその電話での会話を祖父に聞かれたことから入れ替わりがばれてしまい、アニーになりすましていたハリーはエリザベスにも本当のことを打ち明けざるを得なくなります。入れ替わった自分たちが元に戻るのを機に、ハリーとアニーは両親をなんとか復縁させようと画策します。
映画情報	製　作　年：1995年 製　作　国：米国 言　　　語：英語、フランス語 ジャンル：冒険、コメディ、ドラマ カラー映画	公開情報	公　開　日：1998年　7月29日（米国） 　　　　　　1998年12月11日（英国） 　　　　　　1999年　8月14日（日本） 上映時間：127分　　MPAA（上映制限）：PG 受賞：Young Artist Award（リンジー・ローハン）受賞

薦	●小学生　●中学生　●高校生　●大学生　●社会人	リスニング難易表		発売元：ウォルト・ディズニー・スタジオ・ジャパン（平成26年5月現在、税込み）DVD価格：1,543円
お薦めの理由	代表的な英語圏である米国と英国が舞台となっています。両国とも英語圏ですが、それぞれの言語や文化には特色があり、それが物語でも描かれています。英国と米国の共通点や相違点を知るのに適した作品です。原作はドイツの児童文学ですが、日本でも児童向けに翻訳本が出版されています。本作品鑑賞後に原作も読むなどして、学習者の興味を外国文学の世界に広げるきっかけにもできるでしょう。	スピード	2	
^	^	明瞭さ	1	
^	^	アメリカ訛	1	
^	^	外国語	1	
^	^	語彙	1	
英語の特徴	英国に住むアニーや母エリザベス、祖父や執事らは英国英語、米国に住むハリーや父ニック、乳母のチェシーや父の婚約者メレディスらは米国英語を話しています。発音だけでなく言い回しなども異なり、それが物語にも関わっているため、その違いがわかりやすく描かれています。実際は同一人物によって演じられているハリーとアニーは、状況によって英語と米語を使い分けています。	専門語	1	
^	^	ジョーク	1	
^	^	スラング	1	
^	^	文法	1	

授業での留意点

【人間関係を表す語】ハリーとアニーは twins、あるいは twin sisters です。自分たちが双子であると気付いた際、ハリーは"I'm not an only child. I'm a twin."（私、1人っ子じゃない。双子なのね。）と言っています。双子の片方だけを指す場合は"a twin"と表します。ニックは双子の father または Dad で、エリザベスは mother、Mom です。彼らは双子の parents（両親）、双子は彼らの daughters（娘たち）です。両親も、親一人だけを表す場合は"a parent"です。学習者も良く耳にするであろう"PTA"は"Parent-Teacher Association"（親と教師の会）の略です。離婚したニックとエリザベスは"ex"（元の、かつての）関係となり、互いを"ex-husband"（元夫）や"ex-wife"（元妻）と表します。

アニーとエリザベスはロンドンで grandfather（祖父）や butler（執事）のマーティンと暮らしています。長年一緒にいるマーティンは friend（友達）でもあるとエリザベスは言っています。ハリーとニックの家には nanny（子守り）のチェシーが一緒に住んでいます。そこに現れたメレディスはニックの fiancé（婚約者）です。メレディスの母はハリーやアニーに"You may call me Aunt Vicki."（ヴィッキーおばちゃまと呼んでね。）と言います。日本語では名前のあとにその人との関係を表す語や敬称をつけて相手を呼びますが、英語ではその順序が逆になります。

人間関係を表す他の語も調べてみて下さい。"grandmother"（祖母）や"grandparents"（祖父母）、"brother"（兄または弟）、"son"（息子）、"uncle"（おじ）などはよく使う語です。自分の家族や親族について誰がどのような関係にあるのか確認し、相関図を描いてみてもいいでしょう。

【ジェスチャー】アニーはキャンプ終了日に、自分に成り代わって迎えの車に乗ったハリーを見送ります。その際両手の中指をすぐ隣の人差し指の上に引っ掛けて交差させ、さらにその腕を、自分の胸を抱え込むように胸の前で交差させて"Good luck."（うまくいきますように。）と呟きます。また、ハリーとしてナパに行ったアニーはチェシーに"Something's changed."（どこか変わった。）と言われ、"Really? Well, it's just the same old me. Honest."（そう？ いつもの私よ。本当に。）と言いながらこっそり片手を後ろに回して人差し指と中指を交差させます。ハリーも母とともに父やアニーに会いにサンフランシスコへ向けて出発する際、親指を立てて見送る祖父に、キャンプ場でのアニーと同じ動作をして見せます。いずれも幸運を祈る動作です。

思いがけず元夫と再会することになってうろたえるエリザベスに、ハリーは調子のいいことを言ってごまかします。その様子を見て嘘を咎めるマーティンにハリーは"Shh."（シーッ。）と言って手刀を首の前で横に切る仕草をしてみせます。これは、日本では「職場を首になる」ことを表しますが、ここでは「黙って」を意味します。

映画の背景と見所

ドイツ人作家エーリッヒ・ケストナーの児童文学『ふたりのロッテ』が原作です。1961年にも『罠にかかったパパとママ』の題名で本作品と同じくディズニーから実写映画化されており、日本でもアニメーションでのTV放映歴があります。前作の映画では双子の居住地はどちらも米国内、東海岸のボストンと西海岸のカリフォルニアでしたが、本作品ではそれが英国と米国になっています。

物語の舞台はロンドン、メイン州のキャンプ場、カリフォルニア州のナパやサンフランシスコを巡ります。ロンドンの老舗高級百貨店『Harrods』、米国メイン州の雄大な自然、ナパの美しい田園風景、サンフランシスコのゴールデンゲートブリッジなどが映し出されます。各地の代表的な風景を楽しめるのも作品の見所の一つです。

現代では、米国、英国、そして日本でも離婚する夫婦は増加しており、子どもたちはそれにより多少なりとも人生を左右されることになります。ハリーとアニーのように、大人の都合で知らないうちに肉親と生き別れることもあれば、親の再婚により、兄弟姉妹と血縁がない場合もあります。作品中、ハリーとアニーが"Hallie: It's scary the way nobody stays together anymore."（みんな離婚しちゃうのね。）"Annie: Tell me about it."（まったくよ。）と語り合う言葉には、そんな子どもたちの呆れや嘆きも伺われるようです。

スタッフ

監　督：ナンシー・マイヤーズ
脚　本：ディヴィッド・スウィフト
原　作：エーリッヒ・ケストナー
編　集：スティーヴン・A・ロッター
音　楽：アラン・シルヴェストリ

キャスト

ハリー・パーカー＆アニー・ジェイムズ：リンジー・ローハン
ニック・パーカー　　　　　：デニス・クエイド
エリザベス・ジェイムズ：ナターシャ・リチャードソン
メレディス・ブレイク　：エレイン・ヘンドリックス
チェシー　　　　　　　：リサ・アン・ウォルター

ふしぎの国のアリス | Alice in Wonderland

(執筆) 山﨑　僚子

セリフ紹介

　三月ウサギの家を訪れたアリスは、A very merry un-birthday のお茶会に参加することになります。まず un-birthday についてご説明しましょう。誕生日は1年に1日しかありません。それでは寂しいので、残りの364日を誕生日じゃない日として、お祝いをしようというものです。アリスはここまで来た経緯を「初めダイナと川岸に座ってたの」と話し始めます。三月ウサギにダイナについて聞かれたアリスは、ダイナは自分の猫だと答えます。ところが、ポットの中で眠っていたヤマネが、アリスの「猫」という言葉に驚き、あちこち走りまわって、さあ大変！（ヤマネは猫が苦手なのです。）帽子屋と三月ウサギはアリスに次のように不用意な発言を責めます。
　March Hare : See all the trouble you've started?（君のせいだ）　Alice : Really, I didn't think....（つい…）
　March Hare : Ah, that's the point. If you don't think, you shouldn't talk.（よく考えて話せ）
　アリスは、ヤマネが「猫」と言っただけであんなに驚くなんて、考えてなかった、と言いたかったのかもしれませんね。しかし、英語は、日本語と文法の構造が異なり、まず I didn't think....（考えてなかった）と先に言って、何を考えてなかったのかを後に続けて言います。ですから、アリスが何を言おうと思っても、考えていないなら話してはいけないわけですから、結局何も話せなくなってしまうわけです。このやりとりは、ナンセンスな冗談であると同時に、私たちに教訓を与えているとも捉える事ができないでしょうか。インターネット上で匿名・非匿名を問わず様々な発言が日々交わされ、中には「よく考えずに」発言されたものも多くあるかもしれない、そんな現代社会に生きる私たちにとって、三月ウサギの「よく考えてから話すこと」というセリフは教訓的なメッセージとして受け取ることもできるかもしれません。大人でも考えさせられるセリフもこの映画の魅力のひとつでしょう。

ふれあいポイント

　【絵本】この映画には、関連書籍として多数の絵本が出版されています。英語初学者には、Little Golden Book シリーズの Walt Disney's Alice in Wonderland などがお薦めです。イラストが多く、英語は少ないので、映画を観る前でも観た後でも楽しめると思います。ぜひ、読み聞かせてあげてください。また、英語既修者や、ある程度英語学習が進んだら、今度は Big Golden Book シリーズの同タイトルに挑戦してみましょう。こちらは、英語が多いですが、イラストも豊富ですし、映画を何度も観て、ストーリーを把握していれば、それほど難しくないと思います。
　【英語の感情表現】もっとも簡単な感情表現を知ることから始めてみましょう。例えば、驚いた時の日本語とは違う英語独特の反応を、音やリズムを聞いて、発音してみます。自分が全く予測していなかった事態に遭遇したら？ 日本語では「あれ!?」とか「え!?」などと言うかもしれませんね。この映画を観ることで、英語では "Whoa, whoa, whoa, oh!" (Chapter 6) や "Yi Yi Yi Yi!" (Chapter 15) などと言って驚きの気持ちを表現することがわかります。日本語との違いに注目してみましょう。この映画はアニメーションですが、登場人物たちの喜怒哀楽が非常にわかりやすく描かれています。アリスは怒ったとき、呆れた時、どのようなジェスチャーをしていますか？ その時の声は普段のアリスの声とどう違いますか？ この映画を通して、話すときの気持ちに合わせた声のトーンも学ぶことができます。
　【すぐ使える英語表現】次は、すぐに覚えられる表現を使って、もっと英語に親しんでいきます。白うさぎやチェシャ猫を見つけた時、アリスは "There he is! " と言います。「あそこにうさぎ（もしくは猫）がいる！」という意味ですね。このセリフの音とリズムをまねて、何度か発音練習をしてみてください。Chapter 21のアリスがハートの女王とクロッケーをする場面でチェシャ猫が、ハートの女王の周りに急に現れたり消えたりします。チェシャ猫が画面に映ったら There he is! と児童と一緒に言ってみてください。チェシャ猫を見つけてすばやく言うゲームを通して、楽しみながら英語表現を覚えることができます。映画ならではの学習法です。チェシャ猫は神出鬼没ですので、場面を変えたり、他の児童の好きなキャラクターで、繰り返し行ったりしてもいいでしょう。また、後ろの部分を変えることで表現のパターンが広がります。There you are!（君/君たちはそこにいたんだね！）、There they are!（みんなはあそこにいるよ！）などの表現は、はぐれてしまった相手を見つけた時など、日常会話の中に応用することができます。それ以外にも、Chapter 15で、チェシャ猫と再会したアリスは "Cheshire Cat , it's you!"（チェシャ猫ね）と呼びかけますが、この表現も、It's の後を変えれば、簡単に応用可能です。It's me.（あれは僕だよ）、It's Mom/Dad.（あれは、ママ/パパだね）といった感じです。家族や友達と撮った写真かビデオ映像などがあれば、自分や友達、家族を英語で紹介することができますね。この表現は、「電話は誰からだった？」という問いに It's Alice.（アリスからよ）と答えるときにも使えますよ。

あらすじ

　よく晴れた昼下がり、アリスはお姉さんに歴史の本を読み聞かせてもらいます。イラストのない堅苦しい本にアリスは、「絵のない本はつまらないわ」と、退屈気味。お姉さんから世界には「絵がなくてもいい本は沢山ある」とお説教されたアリスは、もし「私の世界」があったら、本は絵しかなく、動物も人間と同じように話しているだろうと、空想にふけります。するとその時、懐中時計を手に、急ぎ足の白うさぎを発見します。「大変だ！遅れる」と言う白うさぎに、アリスは「何に遅れるのかしら」と興味津津。好奇心からうさぎの後を追って「ふしぎの国」に入っていきます。アリスは白うさぎを追いかける途中、ドアノブ、双子のトゥイードル・ディーとトゥイードル・ダム、イモムシ、チェシャ猫、そしてマッドハッター（いかれ帽子屋）、三月ウサギなど、個性的なキャラクターたちに翻弄されながら、ついに「ふしぎの国」を支配するハートの女王と会うことになるのです。摩訶不思議な世界に迷い込んでしまった好奇心旺盛な少女が、現実離れした人々との出会いを経験していく、楽しくて、少しシュールな作品です。不思議の国の住人達の言葉遊びや、ダブルミーニング（一言で二重の意味をもつセリフ）、ナンセンスなジョークには、単なる冗談と受け流すのは、もったいないほど、人生の教訓やメッセージを読みとることもでき、子供から大人まで、世代を超えて愛され続けている作品のひとつです。

映画情報

製 作 費：300万ドル（推定）
製 作 年：1951年
製 作 国：米国
言　　語：英語
ジャンル：カラーアニメーション　ファンタジー

公開情報

公 開 日：1951年7月26日（米国、ニューヨーク）
　　　　　1951年7月28日（米国）
　　　　　1953年8月22日（日本）
上映時間：75分
MPAA（上映制限）：G

薦	●小学生 ●中学生 ○高校生 ○大学生 ○社会人	リスニング難易表	発売元：ウォルト・ディズニー・スタジオ・ジャパン （平成26年5月現在、税込み） DVD価格：3,024円 ブルーレイ価格：4,104円

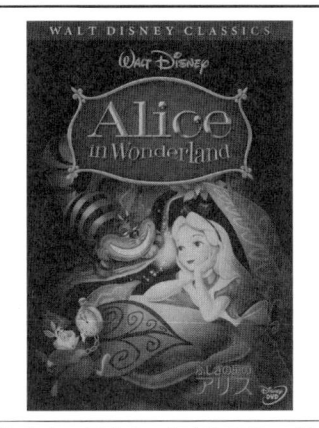

お薦めの理由	英語の映画の中には、訛やスラングが多用されているものもありますが、この映画は、正統的な英語が、標準的なスピードと発音で話されています。この点が、英語初学者へお薦めしたい最大の理由です。アリスの年齢設定は14歳で、小学生にとっては「お姉さん」ですが、表情豊かな主人公に感情移入しやすいと思います。また、ティー・パーティーやマザーグースなど、英国独特の文化的風習を知ることができる点もお薦めの理由です。	スピード 明瞭さ アメリカ訛 外国語 語彙 専門語 ジョーク スラング 文法	3 3 1 1 3 1 3 1 1
英語の特徴	「お薦めの理由」でも述べましたが、発音、スピードともに自然で聞き取りやすいです。アニメーション映画の名作ですので、小学生でも安心して鑑賞することができます。正しく、標準的な英語が明瞭かつ、適切な早さで話されており、発音の練習をするのに大変適した作品と言えるでしょう。さらに、時折挿入される歌は、初学者にも親しみやすく、英語のイントネーションやリズムを学習することもできます。		

授業での留意点	【丁寧な英語の使い方】アリスは、とても礼儀正しい女の子です。そのため、どんなキャラクターに対しても、基本的に丁寧に話す傾向があります。ある程度英語学習をこなしてきた既修者なら、命令文に please をつけることで、丁寧な依頼の意味になることは既に知っているでしょう。そこから一歩先に進みましょう。丁寧さの度合いによって、英語の表現を変えてみます。Chapter 7で、アリスは、ドードー鳥に助けを求める際、最初、"Please help me!"（お願い。助けて！）と言いますが、無視されたため "Would you mind helping me?" と言い換えています。 Would you mind helping me? は、「助けていただけませんか？」という意味です。mind はそもそも「何かをするのを迷惑に思う」と言う意味です。Would you mind ...ing? の表現は、何かをしてもらうことを「ご迷惑でしょうか？」と尋ねていますので、相当丁寧な表現だと言えます。相手が No と答えたら、「迷惑ではありませんよ/いいですよ」という意味ですから、早急に断られてしまったと思わないように児童に伝えてください。Chapter 5でのアリスとドアノブとのやりとりでは、"So, um, if you don't mind...." というセリフも出てきます。相手に少し面倒なお願いをするときに、「もし、ご迷惑でなければなのですが…」と切り出す時に使います。これを加えるだけでも、ぐっと自然な英語に近づきます。一方で、Will you....? や Won't you....? は、必ずしも「丁寧な依頼」を表すわけではないことに注意しましょう。映画の冒頭の場面では、勉強に集中しないアリスにお姉さんが、"Will you kindly pay attention to your history lesson?"（これは歴史のお勉強よ）というセリフがあります。この場面の、アリスのお姉さんのように少し早口で、いらいらした感じで言うと、「…してくれますか？」というよりも、「…しなさい」という命令文のような意味合いになる場合があります。上記の場面では、アリスのお姉さんは「歴史の勉強に集中しなさい」と注意しているのですね。依頼の表現における丁寧さは、単に表現を覚えるだけではなく、言い方によって心からお願いしているように聞こえたり、命令しているように聞こえたりすることを学習しましょう。映画を通して学習することで、その場面の発言している登場人物の気持ちを理解することが容易になるでしょう。まず、その人物の気持ちをクラスで意見を出し合い、皆で考えたうえで、気持ちをこめて発音練習をするよう指導するのはいかがでしょうか。 【英語表現のバリエーション】また、アリスは頻繁に "(I) beg your pardon."（ごめんなさい）と言います。これは I'm sorry. と同じような意味ですが、より丁寧な言い方です。日常では Pardon. と省略して使うことも多いです。言葉の最後を上げ気味にして発音すると Pardon?（なんとおっしゃいましたか？）と英語が聞き取れなかった、よく理解できなかったなど、もう一度言ってほしい時に使うことができます。"That's very kind of you."（ご親切にどうも）"That would be very nice."（とてもうれしいわ）などの Thank you. 以外のお礼の言い方のバリエーションも、この映画から学ぶことができます。シンプルな表現ほど沢山知っておくと英語を使う楽しみが増えるはずです。

映画の背景と見所	ルイス・キャロルの小説、『不思議の国のアリス(Alice in Wonderland)』をもとにしたアニメーション映画です。トゥイードル兄弟など『鏡の国のアリス(Through the Looking-Glass, and What Alice Found There)』の登場人物や、ドアノブのように原作にないキャラクターも付け加えられています。原作と同様、マザーグースと呼ばれる英語文化圏で伝承されてきた童謡のパロディやダジャレ、なぞなぞ、ナンセンスな言葉遊びが語られます。また、時々ミュージカル風に、歌が挿入されています。お茶会の場面でヤマネが口ずさむ童謡は、「きらきら星」。日本でもなじみ深いメロディですが、本物の歌詞から変更が加えられているところにご注意を。本物とどこが変わっているか比べてみてください。Chapter 17でアリスは帽子屋たちのお茶会に参加しますが、この紅茶は英国文化にとって、重要な意味をもちます。英国では、1日に何度も「お茶の時間」があります。帽子屋たちの周りでは、時間が午後6時（大人のお茶の時間のひとつです。）で止まっているのです。（なぜ時間が止まったかについては、映画では言及されませんが原作に描かれています。ぜひ原作をご覧下さい。）そのせいで、帽子屋たちにとっては、常にお茶の時間となり、カップを洗う時間がありません。そのため、お茶が終わると新しい席に移動し、新しいカップでまたお茶を飲み始めます。この映画を観ることで、英語圏で伝承されてきた童謡や、英国の文化的風習も知ることができます。

スタッフ	監　督：クライド・ジェロニミ、ハミルトン・ラスケ 　　　　　ウィルフレッド・ジャクソン 脚　本：ウィンストン・ヒブラー、他 原　作：ルイス・キャロル 音　楽：オリバー・ウォーレス	キャスト	アリス　　　　：キャサリン・ボーモント マッドハッター：エド・ウィン イモムシ毛虫　：リチャード・ヘイデン チェシャ猫　　：スターリング・ホロウェイ ハートの女王　：ヴェルナ・フェルトン

フルーク	Fluke	（執筆）戸谷　鉱一

セリフ紹介

ホームレスのベラという女性が本を読みながら、幼少期のフルークに話しかけている場面です：
"My fancies are fireflies"　　"私の夢はホタルのよう"
"Specks of living light"　　"小さな命の灯火のよう"
"twinkling in the dark"　　"夜空にキラキラ輝く"
Poetry is food for the soul, little puppy.　詩はね―　心を豊かにするごはんよ

お金を恵んでもらえず、空腹のベラとフルークですが、この詩の一節のように、貧しくても心を豊かにする方法を知っている彼女の表情にはひもじさは表れておらず、むしろきらめいています。ベラが朗読したこの詩はその後、真実となります。ベラの亡骸の指から出た小さな光はフルークの周りを飛んで夜空に向かっています。

次はフルークとランボーの会話です。ランボーは自分の命が間もなく消えることを悟り、出会った頃フルークに尋ねられた質問（Rumbo, have you always been a dog?　ランボーはずっと犬だった？）の真相を語ります：
That was me in another life. Bert was my brother.　あれは人間だった頃の俺だ　バートは兄貴だった　…
Maybe we'll meet again, squirt, next time around.　生まれ変わって　また会うさ

これらのセリフからランボーは人間であったことを最初隠していたことが分かります。それは彼が言っているように 'there's no going back　過去には戻れない' ことを理解していたからです。また2回目の生まれ変わり―作品のラストシーンでランボーがリスとして生まれ変わりもう一度登場する―を悟られない効果もあるように思われます。

ふれあいポイント

【音声】作品を通して 'what' が頻繁に使用されています。'what' を含む表現を中心に聞き取りましょう：
They call me Rumbo. What about you?　俺は"ランボー"ってんだ
What do you say we get something to eat?　何か食おうぜ
– What about Bella?　でも　おばさんは？
Hey, Rumbo! What's going on? What'll it be?　いらっしゃいませだ ランボー　今日は何にするね？
What's going on?　何事だよ？
What you talking about? What else could I have been?　犬じゃなきゃ何だよ？
What are we going to do, Rumbo?　何するの？
What's with you?　どうした？
What's up? You look like you just saw a ghost.　幽霊に出くわした顔だぜ
What the hell!　何やってんだ！
What's going on, Sylvester?　どういうことだ
What do you mean? I'm staying with you.　もちろん君も一緒にね
Fluke, things aren't always what they seem.　フルーク　物事は見た目どおりとは限らん
You can't be sorry about what's been, squirt. You got to be.　昔のことで悩むな　前を向くんだ
What is with this dog?　一体　何なのよ
What's wrong with it? I've never seen a dog act like this.　こんな犬　見たことないわ
What's going on?　何事？
What's the matter, Fluke?　どうしたの？
What about you?　君は？
What's going on?　変ね
What's happened?　どうした？
Then suddenly it came to me and I remembered what really happened.　その時突然真実がよみがえった
So what do you think of the prototype?　この試作品　どう？
Tom, what the hell is wrong with you?　どうしたんだ？

あらすじ

トーマス・P・ジョンソンは彼が仕向けた真の友ジェフとのカーチェイスで、命を落とした後、彼に起きたことは、犬としての生まれ変わりです。彼はANIMAL SHELTERから隙を見て外へ逃げ出し、最初に出会うホームレスの女性ベラと暮らします。彼女が提案した小石を見つけるゲームで、確実に当てる彼を見ていた観客の一人から出た言葉 FLUKE（まぐれあたり）から、彼女は彼をフルークと名付けます。しばらくして彼女が亡くなった後、出会うのが犬のランボーです。犬同士の生活を送る中、ランボー行きつけの店で彼に噛みつかれた男が、腹癒せにフルークを捕まえ「ゴールデン・サマー化粧品」という研究所に拘束します。助けに来たランボーは男に撃たれ息絶えます。一人になったフルークは人間の時の家族がいるホープウェルに向かい、THOMAS DALE ELEMENTARYの前で息子ブライアンと妻キャロルに遭遇します。息子の説得で気味悪がる彼女も飼うことに承知します。ある時フルークは復讐の為、この家に出入りしているジェフを車の後部座席から襲い、二人とも怪我を負います。その時になってやっとフルークに真実が蘇ります。助けに寄るフルークにジェフは、フルークを捜しに行ったまま帰らない熱のあるブライアンを捜すよう言います。父の墓石前で雪に埋もれるブライアンを見つけフルークは迎えが来るまで暖めます。ブライアンを車に乗せた妻に対し、フルークは墓表の刻印を露わにし彼女達の許を去ります。そこで彼が出会うリスの正体は…。

映画情報

製作年：1995年
製作費：150万ドル
製作国：米国　　言語：英語
配給会社：メトロ・ゴールドウィン・メイヤー
ジャンル：ファミリー、ファンタジー、ドラマ

公開情報

公開日：1995年6月2日（米国）
興行収入：398万7,649ドル（米国）
上映時間：95分
字　幕：日本語字幕/英語字幕
画像アスペクト比：1.33：1

薦	●小学生　●中学生　●高校生　○大学生　○社会人	リスニング難易表	発売元：20世紀フォックス ホーム エンターテイメント ジャパン（平成26年5月現在、DVD発売なし）中古販売店等で確認してください。

お薦めの理由	主人公の犬はゴールデン・レトリバーで本来備わっている知的さと、犬の持つかわいらしさが最大限に活かされて、とても心魅かれる作品です。フルークの怒られた時の申し訳なさそうな表情や、キャロルが目を覚ますと横で寝ていたフルークに驚いた時の彼の反応は、俳優をも唸らせる演技です。また犬の表情や仕草で意思疎通を図り、会話が比較的少ないので、小学校低学年からの学習者にお薦めです。	スピード	2
		明瞭さ	2
		アメリカ訛	1
		外国語	1
英語の特徴	ヴァージニア州東部の都市ホープウェルに住むトム／フルークと彼の家族と友人らが話す英語は米国発音です。幼い頃のフルークとボス犬ランボーの会話スピードはややゆっくりめ、トムや彼の家族や友人ジェフの会話スピードは普通です。'What (are) you talking about?'の'are'の省略や、'Pictures ain't got no business being inside your head.'における'ain't'の使用のような文法違反が見られます。	語彙	2
		専門語	1
		ジョーク	1
		スラング	1
		文法	2

授業での留意点

【語彙】聞き取りにおいて出てきた'what'の用法についてさらに学習させてみましょう。'what'は「何、どんなもの[こと]」を表す疑問代名詞と「（…する）もの[こと、人]」を表す関係代名詞があります。ここでは何度も出てきている慣用句や日常会話で頻繁に用いられるものに絞って学習させてみましょう。
　What are you / we going to do?　あなた／私達は何をするつもりですか、どうするつもりですか
　What do you mean?　どういう意味ですか（相手の言わんとすることがわからない場合に用いる）
　What is wrong with you?　どうしたの；具合でも悪いの
　What are you talking about?　何の話をしているのか；何言っているんだ
　What's going on?　何が起こっているのか
　What's happened?　何が起こったんだ
　What's the matter?　どうしたんですか？
　What's up?　どうしたのだ；何が起きているのだ
　What about ... ?の〜には名詞・動名詞が来ます。それには、(1)提案を示して「〜をしてはどうですか」、
(2)関連する話題を持ち出しながら情報・意見を求めて「〜についてはどう思いますか、〜はどうしますか」、
(3)依頼を表して「〜してくれませんか」、(4)非難を示して「〜はどうなったのか」という意味があります。
　What do you say ... ?　〜してはどうですか
　What do you think of ... ?　〜をどう思いますか？
　What's with ... ?　《俗》〜はどうしたのか、〜はどうですか
　What's wrong with ... ?　〜はどうかしたのか
【音声】'come'や'have to / must'を含む表現もよく聞かれます。これらを含む表現を聞き取らせて下さい。キャロルのセリフで'Your father used to brag he could sell ice cubes to the Eskimos.'というものがあり、字幕では「パパもそうやって物を頼むの」となっています。この表現を正しく理解するためには背景的情報が必要です。米国の文化やエスキモーについて調べさせてみましょう。
【社会事情】次の3点について調べさせてみましょう。1．米国の社会保険制度について。ベラおばさんのような家のない人々の孤独死は日本だけでなく米国社会でも珍しくありません。2．捨てられたペットや野良犬・野良猫などが連れて行かれるANIMAL SHELTERやAnimal Control（動物保護センター）。3．輪廻転生について。

映画の背景と見所

　動物の保護施設を抜け出した後最初に飼い主となるベラという女性がホームレスとして登場します。彼女は最後には体の具合を悪くし路上で死んでいきます。通りを行き交う人々はたくさんいますが、彼女の死を哀れんだり、彼女の死を嘆いてくれる人は誰もいません。彼女の最期をみとってくれたのは、家族、友人、人間ではなく、見知らぬ野良犬でした。しかしこのような光景は決して映画の中の特別な出来事ではなく、現在どこにでも起きている日常茶飯事です。この場面は作品中の一光景にすぎませんが、米国社会を反映しています。働く場所と住む家を失くした労働者達が路上や公園で野宿するいわゆるホームレスと呼ばれる人達の問題は、日本でも抱えています。不安定な経済の中、国土面積が大きく、移民の数も多く、州ごとに異なる法律を持つ米国ではもっと深刻だと推測できます。
　人間から犬に生まれ変わったフルークや人間から犬へそしてリスに生まれ変わったランボーを登場させる作品の構成は、キリスト教国では珍しい輪廻転生という仏教的な考え方が反映されているようです。
　人間の演技顔負けの犬の演技に注目する価値があります。友達になった同じ犬のランボーとはテレパシーのような心の声で会話をしますが、相手が人間の場合、その人の言葉を理解しても、話しかけることはできません。そんな時に表情や仕草や鳴き声で気持ちを表しますが、それらがぴったりとその場面に合っていて、とても魅力的です。

スタッフ	監　督：カルロ・カルレイ 製　作：ポール・マスランスキー、ラタ・ライアン 原　作：ジェームズ・ハーバート 脚　本：カルロ・カルレイ、ジェームズ・キャリントン 音　楽：カルロ・シリオット	キャスト	トム／フルーク：マシュー・モディーン ジェフ　　　　：エリック・ストルツ キャロル　　　：ナンシー・トラビス ランボー　　　：サミュエル・L・ジャクソン ブライアン　　：マックス・ポメランク

| ベイブ | BABE | （執筆）木下　恭子 |

セリフ紹介

ホゲットが牧羊犬コンテストにベイブと出場後、4人の審判と審判長が100点のスコアボードを掲げたのを見て、牧羊犬や3匹のネズミが歓喜する場面で、最後に無口なホゲットが言う台詞です。

FERDINAND　　　: The pig did it! The pig did It!
　　　　　　　　　（豚がやったぞ！　豚がやったぞ！　100点満点だ！）
THE THREE MICE : Hurray!
　　　　　　　　　（やった！）
NARRATOR　　　 : And though every single human, it stands or in the commentary boxes, was at a complete loss for words, the man who in his life had uttered fewer words thanany of them knew exactly what to say.
　　　　　　　　　（そして、客席にいる人であれ解説席にいる人であれ、どんな人間も完全に言葉を失っていたにもかかわらず、人生で彼らの誰よりも少ない言葉しか発したことがない男は、何をいうべきか理解していた。）
HOGGETT　　　　 : That'll do, Pig.
　　　　　　　　　（それでいい、豚）

"That'll do, Pig."を、農産物品評会で鳴き続けていたベイブと、初めて会った時もホゲットは言っています。

ふれあいポイント

【英語の歌】小学生が英語を学習するきっかけとしてこの映画で用いられている歌から始めてみてください。この歌はサン＝サーンス「交響曲第3番」の第2部に歌詞がつけられた1997年の英国のヒット曲"If I Had Words"です。ホゲットが雨に濡れて風邪をひいてしまったベイブを元気づけるためこの歌を歌っている場面を参考に、その発音を真似しながら歌ってみましょう。

【動物の鳴き方】この映画では多くの動物が登場します。歌で英語の音に慣れてきたらそれぞれの動物を英語で言ってもらうものいいでしょう。たとえば、豚は"pig"子豚は"piglet"、犬は"dog"子犬は"puppy"、猫は"cat"子猫は"kitten"、羊は"sheep"子羊は"lamb"、雄鶏は"rooster"雌鶏は"hen"ひよこは"chick"です。
また、動物の鳴き方は、日本語と英語では違うということを教えてあげるのもいいでしょう。犬の「ワンワン」は"bowwow"、猫の「ニャー」は"mew"、雄鶏の「コケコッコー」は"cock-a-doodle-doo"、ひよこの「ピー」は"cheep"、豚の「ブー」は"oink"です。動物の子供を表すための別の単語があることや動物の鳴き方が日本と欧米では違うことを知ることで、異文化に興味をもたせることができるでしょう。

【英会話練習】親子でセリフを練習してみましょう。ベイブと母親代わりをしている牧羊犬フライとの会話は親子の会話に近いため感情移入しやすくなっています。ベイブがフライに競技場で何が行われているか質問するため、"What are they doing?（彼らは何をしているの？）"と言いフライが、"It's a sheepdog trial.（それは牧羊犬のコンテストよ。）"と教えている場面は台詞が発音しやすいでしょう。
その他に会話練習に取り組みやすいやりとりとしては、雄鶏になることを夢見ているアヒルのフェルディナンド、ホゲットの家の目覚まし時計を盗もうとする場面があります。フェルディナンドが、"Stop, stop, stop! Go. Outside. Now. Please.（止まれ、止まれ、止まれ！　出ろ。外だ。すぐ。頼むから。）"と言うとベイブが"But you said you can't do without me.（でも、僕がいないとできないと言ったじゃない。）"と答えます。フェルディナンドの英語には、同じ言葉を3度繰り返すという特徴があり、英語で意思疎通する方法とともに英語の発音をする時のリズムの楽しさを理解することができるでしょう。
また、「いけない」という禁止の命令は日常生活で活用できる表現で、物音をたてないようベイブがフェルディナンドに"Don't sneeze.（くしゃみをしてはダメ）"、ホゲットがベイブを励まして、"Don't worry.（大丈夫だ）"などがあげられます。この表現を使って、"Don't play the game.（ゲームをしてはダメ）"など日常生活で言われていることについて、英語で言う練習をしてみるのもいいでしょう。

あらすじ

幼い頃に母親から引き離された子豚のベイブは、遊園地で行われた「子豚の体重当てコンテスト」で、見事にベイブの体重を16ポンド2オンスと言い当てた農場主ホゲットにもらわれていきます。農場には、家畜の羊たち、牧羊犬のレックスとフライ、アヒルのフェルディナンド、鶏など様々な動物が暮らしていました。農場で、フライやその子どもたちは、ベイブを見て、豚はバカな動物だと話しています。そのことを聞いたベイブは、小さな声で反論します。母親から引き離されたベイブは、寂しく、孤独でした。独りぼっちのベイブをフライは哀れに思い、母親代わりとなり、面倒をみます。フライのことを「ママ」と呼ぶベイブは、牧羊犬の仕事に興味をもちます。また、ブリキ屋根の小屋で、ベイブは年老いた病気の羊メーと出会います。牧羊犬のことを狼と呼ぶメーは、牧羊犬が羊たちに野蛮な行動をとると、ベイブに話します。ベイブは自分の顔中をなめて、愛情をそそいでくれるフライのそばで横になります。そして、メーが他の生き物を悪く思うのは、間違いだと確信します。ホゲットは、家畜泥棒を知らせる手柄を立てたベイブを、「牧羊豚」として訓練することを始めます。牧羊犬コンテストに出場することになったベイブは、猫のダッチェスから悪いうわさを聞き、家出してしまいます。ホゲットと牧羊犬のレックスに発見されたベイブは、コンテスト会場に向かいます。レックスの尽力を得たベイブは、牧羊豚になる夢を現実のものとします。

映画情報

製作費：3,000万ドル
製作年：1995年
製作国：米国、オーストラリア
言　語：英語
ジャンル：ファンタジー　　カラー映画

公開情報

公開日：1995年　8月　4日（米国）
　　　　1995年12月14日（オーストラリア）
　　　　1996年　3月　9日（日本）
上映時間：92分
MPAA（上映制限）：PG12

薦	●小学生　○中学生　○高校生　○大学生　○社会人	リスニング難易表		発売元：NBCユニバーサル・エンターテイメントジャパン（平成26年5月現在、税込み）DVD価格：1,543円　ブルーレイ価格：2,037円
お薦めの理由	動物から教訓的なことが学べる設定は、小学生に映画の内容が理解しやすくなっています。動物たちを良い性格と悪い性格に分けて描いています。ベイブに豚の役割を平然とした様子で話す悪い性格の代表格ダッチェスの悪役ぶりは、ベイブの気持ちをどれほど傷つけるかを学ぶ教訓となります。英語の良いフレーズを覚えるといいでしょう。物事を頼む時は、丁寧な英語を使うベイブの英語は役立つでしょう。	スピード	2	
		明瞭さ	2	
		アメリカ訛	2	
		外国語	3	
英語の特徴	動物が話す速度はゆっくりで、そのため聞き取り易くなっています。また、命令、依頼、質問とそれらに対する応答が多いので、フレーズを日常生活で話してみるのもいいでしょう。動物たちの話す言語は米国訛りで、羊のメーは南部訛り、アヒルのフェルディナンドはニューヨーク訛りです。例えば、南部訛りはbe動詞を変化させず、"What be your name?（名前はなんと言うの？）"と言います。	語彙	2	
		専門語	2	
		ジョーク	1	
		スラング	1	
		文法	2	

授業での留意点	【日常生活で使う英語表現】この映画のストーリーはわかりやすい内容となっています。場面が9つに分かれており時系列に話が展開して1つの場面が長すぎないです。授業で毎回場面を1つ取り上げるといいでしょう。そして、場面での日常生活で役立つ表現を先生の後についてクラス全員で発音してみてください。値段を質問する"How much do I owe you?（いくら払えばいいですか）"や相手に行き先を尋ねたい時、"Where will you go?（どこへ行くのですか）"、何か頼みたい時、"Would you do me a favor?（頼みを聞いてもらえますか）"などです。疑問詞 Whatの使い方に慣れるため、"What's happening?（何が起こっているのですか）"や"What is wrong with you?（どうしたんですか）"を発音してみましょう。ベイブは牧羊犬が出掛けることを聞いて、"What's sheep?（羊は何ですか）"と言い子犬が"Sheep is animals with thick woolly coats.（羊は厚いもじゃもじゃの毛の動物です）"と答えています。"What is ～?（～は何ですか）"を使って他の動物やものについての質問を考えてもらいその質問を答えてもらうのは、表現が身につくとともに楽しく英語が学習できます。 【気持ちを表す英語表現】この映画では、気持ちを表す、日本語にはない英語独特の表現が出てきます。例えば、おいしいものを食べた時の"Yum, yum"やしまったことをした時の"Oops!"、痛みを感じた時の"Ow"や気持ち悪いことを示す"Yuck!"などです。 　また、"Oh"などは、様々な感情を表現する便利な語です。例えば、"Oh, yes!（そう）"、"Oh, boy!（やれやれ）"、"Oh, no.（ああ、もう）"、"Oh-Oh-Oh（おっとっと）"などです。これらを口に出して発音してみましょう。 【丁寧な英語表現】ベイブはとても丁寧な見本となる英語を使っています。丁寧に相手に物事を依頼する表現を何回も音読を繰り返させ積極的に暗記させるのが英語を上達させる上で重要です。例えば、牧羊豚の仕事に早くとりかかりたいベイブは雄鶏に丁重に次のように話しています。"Sorry to disturb you, but it's nearly dawn and I wandered if you mind crowing just a few minutes early this morning.（じゃましてすいません。しかし夜明けが近いため、今朝はいつもより２，３分早めに鳴いていただけないですか）"はDVDを見れば覚えやすいフレーズなので練習させてみるといいでしょう。 　この映画では"Get"を使った命令文が出てきます。ベイブに子犬たちが"Get Up!（起きろ）"、ホゲットがケンカをしているレックスに"Get down!（下がれ）"、今朝は早めに鳴いてほしいと要望したベイブに雄鶏が"Get out of here.（ここから出て行け）"と言っています。声に出して、練習させましょう。"Get"を命令文に使って、このようにさまざまなことが英語で表現できることを知ってもらうといいでしょう。

映画の背景と見所	この映画は、ディック・キング＝スミスの童話『子ブタシープピッグ(The Sheep-pig)』を基に、ジョージ・ミラーとクリス・ヌーナンが脚本を手がけたものです。映画版は原作をほぼ忠実に再現していますが、猫がベイブに豚は人間に食べられる動物だと告げ、ベイブが家出するという設定は原作にはないものです。緑豊かで、広大なホゲットの農場に、羊の群れと羊の誘導をする牧羊犬たちの走り回る姿が、いかにもイギリスの典型的な田園風景を印象づける映画となっています。 　ベイブが数々の試練に遭い、くじけそうになった時、問題の解決の糸口となるような助言をしてくれる牧羊犬のフライ、アヒルのフェルディナンド、老羊のメーとベイブの心温まる会話は、まるで人間同士の会話を彷彿させ、注目です。特に、ベイブが「ママ」と呼び甘えている牧羊犬のフライは、常にやさしい眼差しでベイブを見守り、豚なのに自分の子供と同じように面倒をみる姿にも注目です。また、口数の少ないホゲットが、ベイブとの運命的な出会いを直観し、家出の後で衰弱しきったベイブを元気づけるため、明るくダンスを踊り、変わっていく姿を描くことに成功しています。ベイブは、周りの動物からかわいがられ、さまざまな助言を受け、ベイブはすぐに素直にそれを行動に移します。反抗的な態度をとることなく、純粋なベイブの行動は、人間社会でも見習うべき普遍的テーマと言えます。

スタッフ	監　督：クリス・ヌーナン 脚　本：ジョージ・ミラー、クリス・ヌーナン 原　作：ディック・キング＝スミス 音　楽：ナイジェル・ウェストレイク 編　集：マーカス・ダルシー、ジェイ・フリードキン	キャスト	ホゲット　　　　：ジェームズ・クロムウェル ホゲット夫人　　：マグダ・ズバンスキー ベイブ　　　　　：クリスティン・カバナー フライ　　　　　：ミリアム・マーゴリーズ フェルディナンド：ダニー・マン

ベートーベン	Beethoven

（執筆）大達　誉華

セリフ紹介

　自宅に迷い込んできた子犬を見つけて喜ぶ妻や子どもたちに押し切られ、ジョージはしぶしぶ子犬を飼うことを認めます。でもやはり犬嫌いは変わりません。ある日、ベートーベンに大事な商談を潰されたと思い込むジョージは妻アリスに鬱憤を吐き出します。"You know, everything was just fine until Beethoven came into our lives. I've tried to be patient... but I've had it. The dog has to go."（何もかもうまくいっていたんだよ、ベートーベンが現れるまでは。今まで我慢したが、もう限界だ。あいつを追い出す。）

　家族の気持ちを考えてその時は思いとどまったジョージですが、その後獣医バーニックの画策でベートーベンが人を襲ったと信じ込み、とうとうベートーベンを手放すことにします。処分のため獣医院に向かう車中、ジョージはベートーベンに語りかけます。"My dad had to take our dog to the vet to be put down. I hated him for it. Now I'm doing it myself. I know you won't believe me, but I don't want to do this. You understand. It's not your fault."（僕の親父も犬を獣医のところへ…。恨んだよ。今は僕が同じことをしている。お前は信じないだろうが、本当は連れていきたかないんだ。分かるね。僕だって辛いんだ。）

　獣医の陰謀を暴き、ペット泥棒の一味逮捕に大活躍を果たしたニュートン一家を紹介するニュースで、ジョージはレポーターにベートーベンへの気持ちを語ります。"He— he's a member of our family. We—we—we love him very much."（ベートーベンはただの迷い犬ではなく、我が家の一員です。）

　これらのセリフにジョージのベートーベンへの思いや葛藤、気持ちの変化がよく表れています。

ふれあいポイント

【日常生活における実用表現】ニュートン一家の家族間での会話には、日常で使える表現がたくさん出てきます。土曜の朝、ジョージは家族を起こすのに "Seven a.m.. Up and at them."（7時だぞ。みんな起きて）と呼びかけます。日本では時間を言う際に午前、午後を時間の前につけますが、英語では後になります。午前、午後や数字を変えて、色々な時間の言い方を練習してみて下さい。"Up and at them." は、寝ている人を起こしたり、「やるぞ」の意で気合いを入れる時に使います。また、母アリスは朝なかなか階下に来ないテッドに "Get down here."（早く下りてらっしゃい。）と声を掛けます。ここではテッドは2階にいて1階に来るよう言われていますが、空間的に同じ高さにいる人に「こちらへ来て。」と呼びかける場合にもこの表現が使えます。

　子犬を相手にはしゃぐ子どもたちは、早く自分も抱きたいと口々に "It's my turn."（私の番でしょ。）"No, it's my turn."（いや、僕の番だ。）と言い合います。my を "your" にすると（あなたの番。）となります。家庭でも学校でも使える表現なので、機会を見つけて学習者に使ったり使わせたりしてみましょう。

【衣類に関する語】出掛け際にベートーベンにスーツを汚されたジョージは "I'm going to change my pants, Alice... but if I change my pants, I gotta change my jacket. If I change my jacket, I gotta change my shirt. If I change my shirt, I gotta change my tie. I have to change my belt. I've gotta change my shoes. I've gotta change my socks."（でもズボンを替えたら上着を替えなきゃならないし、上着を替えたらシャツを替えなきゃならないんだ。シャツを替えたらタイを替えなきゃならないんだよ。当然ベルトもくつもソックスも、全部替えるはめになるんだから！）と怒ります。ここに出てくる衣類の語は、「ジャケット」「シャツ」「ベルト」など、ほとんどが日本語でもそのまま使われており、学習者にもなじみがあるでしょう。しかしながら、発音は日本語と英語とでは異なります。英語の音を聴きながら発音も練習して下さい。

【犬に関する語】ベートーベンをはじめ主に登場する動物は dog（犬）ですが、度々 doggy（わんちゃん）や puppy（子犬）といった語も出てきます。作品に登場する人物らはこれらの語を使って "Hi, puppy."（やあ、わんちゃん。）"Come on, puppy."（わんちゃん、おいで。）"Come here, you little puppies."（子犬ちゃんたち、いらっしゃい。）や、"Good doggy."（良い子だ。）"Nice doggies."（おりこうだね。）などと犬に声をかけています。犬に声をかける際には、ほかにも "Good boy."（いい子だ。）が頻繁に出てきます。叱る時には掛ける言葉も "Bad boy."（悪いヤツだ。）に変わります。ベートーベンは雄なので "boy" となっていますが、雌の場合は "Good girl." や "Bad girl." となります。

あらすじ

　ペットショップに忍び込んだ2人組の泥棒に連れ出されてトラックで輸送される途中、セントバーナードの子犬は泥棒たちのすきをついてトラックから逃げ出します。住宅地をさまよったのち、子犬はニュートン家に入り込みます。ニュートン一家は父ジョージ、母アリス、長女ライス、弟のテッドに末っ子エミリーの5人家族。迷い込んできた子犬を見つけた子どもたちやアリスが家で飼おうと喜ぶ一方、犬嫌いのジョージは猛反対をします。それでも1人では反対しきれず、「持ち主が見つかるまで」という条件付きでジョージは子犬を飼うことをしぶしぶ承諾します。

　子犬は「ベートーベン」と名付けられ、ニュートン家のペットとして成長します。ジョージの犬嫌いは相変わらずですが、アリスや子どもたちに愛される賢いベートーベンは、一家を危機から度々救います。ところが、予防注射のために訪れた獣医院の医師バーニックは裏で実験動物を売って儲ける悪徳獣医で、ベートーベンも目をつけられてしまいます。ベートーベンを意のままにしようと企むバーニックはジョージに「セントバーナードが突然人間を襲う事故が増えている」と嘘を吹き込み、ジョージにベートーベンを手放させようとベートーベンに襲われたふりをします。それに乗せられたジョージは一旦ベートーベンをバーニックに委ねますが、その後陰謀に気付き、一家でベートーベンの救出に向かいます。

映画情報

製作年：1992年
製作国：米国
言　語：英語
ジャンル：コメディ、ドラマ、ファミリー
カラー映画

公開情報

公開日：1992年 4月 3日（米国）
　　　　1992年 7月24日（英国）
　　　　1992年12月 5日（日本）
上映時間：87分　MPAA（上映制限）：PG
受賞：ジェネシス賞（全米人道協会主催）映画部門受賞

薦	●小学生　●中学生　●高校生　●大学生　●社会人	リスニング難易表		発売元：NBCユニバーサル・エンターテイメントジャパン （平成26年5月現在、税込み） DVD価格：1,543円
お薦めの理由	動物は学習者にとって興味を抱きやすい対象の1つでしょう。特に犬は身近な存在です。この作品は人間の言語を話さない犬が主役であるため、物語は視覚的にも理解しやすくなっています。ベートーベンは一家の数々の危機を救い、そしてベートーベン自身も一家に救われ、ベートーベンも含めて一家の絆はより強まっていきます。家族みんなで楽しめる物語です。	スピード	1	
		明瞭さ	1	
		アメリカ訛	1	
		外国語	1	
		語彙	2	
英語の特徴	標準的な米国英語が話されています。主要なキャラクターが動物や子どもである分、物語全体を通してあまり難解な語は使われておらず、セリフは短めで簡単なものがほとんどです。動物に向けたセリフは大半が命令形で、人間に対しても使える表現が多く含まれており、作品中ではそのほかにも提案や誘いかけ、依頼など、様々な機能の言語が使われています。	専門語	1	
		ジョーク	1	
		スラング	1	
		文法	1	

授業での留意点	【謝罪表現】"Sorry."（ごめんなさい。）は英語学習の経験がない学習者にも比較的知られている表現でしょう。作品中、「いつ、どこで、だれが、どのように」この語を使っているか探してみて下さい。 　仕事の取引相手を待たせたジョージは "Sorry for the delay."（遅くなって申し訳ありません。）と謝ります。"Sorry for..." の後に状況に応じた語を入れ、何に対しての謝罪なのかを表します。それに対して取引相手の女性は "No problem."（大丈夫よ。）と返します。謝られた際はどのように返すのかも覚えておいて下さい。ほかにも、取引相手の男性はアリスに "I'm sorry, Alice. Could I have a refill, please?"（失礼、アリス。これのお代わり頂けますか？）と言って話の腰を折り、女性はグラスを倒した時に "Oh, Alice. I'm sorry."（まぁ、ごめんなさい。）と謝っています。 　また、獣医バーニックの企みでベートーベンがバーニックを襲ったと思い込むジョージは、バーニックに "I'm so sorry."（申し訳ありません。）"I'm terribly sorry."（本当にすみません。）と謝罪の言葉を重ねます。so や terribly をつけることで謝罪の気持ちがより強調されています。しかしながら、相手に謝罪の気持ちを伝えるには言葉だけでなく態度も大切です。各場面で謝罪している人物の表情や声のトーンなども観察してみて下さい。 【動物に関する語】作品には犬以外の動物も登場します。どんな動物が出てくるか探してみて下さい。泥棒たちの運転するトラックから逃げ出して街をさまよう子犬（のちのベートーベン）を威嚇するのは cat（ねこ）です。ニュートン家に迷い込んだ子犬を飼うのに反対するジョージは、子どもたちを "We're people people here.... I mean, we, we are goldfish people. Uh, we're ant farm people. We're not dog people."（人間は色々だ。うちは金魚や蟻を飼ってる家族だ。犬はやめにしよう。）と説得しようとします。ここに出てくる以外にも、身の回りにいる動物や自分の好きな動物を英語でなんと言うのか調べたり、それらのフラッシュカードを作るのも良いでしょう。 　形容表現にも動物名が使われています。テッドをいじめる子どもたちは、テッドに "What are you, little chicken?"（何だお前、弱虫め。）"Scaredy cat!"（意気地なし！）の言葉を浴びせたり、テッドの眼鏡を取り上げて "Blind as a bat."（コウモリか、お前は。）とからかいます。chicken も scaredy cat も「臆病者、弱虫」の意の口語表現で、"blind as a bat" は「全然目が見えない、盲目同然な」を意味する定型表現です。英語にはほかにも動物名を使った定型表現がたくさんあります。例えば "eat like a horse"（馬のようにたくさん食べる）や "gentle as a lamb"（羊のようにおとなしい）、"go to bed with the chickens"（早寝をする）など、動物名を伏せて表現を紹介し、何の動物が入るか学習者に当てさせてみてはいかがでしょうか。

映画の背景と見所	ジョン・ヒューズ（筆名エドモンド・ダンテス）とエイミー・ホールデン・ジョーンズによる脚本で、この作品の後続編として『ベートーベン2』『ベートーベン3』『ベートーベン4』『ベートーベン5』が出ています。また米国ではTVでも連続アニメとして放映されています。 　作品に登場する動物たちには当然セリフはありませんが、その分物語は映像で理解しやすいよう描かれています。セリフがなくとも動物たちの演技は動き、表情ともに人間に劣らず、鑑賞者を視覚的に楽しませてくれます。彼らの秀逸な演技もこの作品の見所の一つです。 　物語ではペットを飼う上での楽しみだけでなく、日々の世話の大変さも描かれています。ジョージは犬嫌いでありながら、飼い始めた以上は責任を持って家族の誰よりもベートーベンの世話をします。妻や子どもたちがベートーベンと一緒にのんびりおやつを食べる傍ら、カーペットの汚れをブラシでこすって一生懸命落とし、庭にはフェンスを張って小屋を用意します。ソファに絡み付いたベートーベンの抜け毛をクリーナーで吸い取り、サイクリングの時にはベートーベンを乗せたチャイルドトレーラーを引き、雨の日も散歩に連れていきます。動物を飼うというのはどういうことなのか、今一度よく考える機会にもなりそうです。

スタッフ	監　督：ブライアン・レヴァント 脚　本：ジョン・ヒューズ、 　　　　エイミー・ホールデン・ジョーンズ 製作総指揮：アイヴァン・ライトマン 製　作：ジョー・メジャック、マイケル・C・グロス	キャスト	ジョージ・ニュートン　：チャールズ・グローディン アリス・ニュートン　　：ボニー・ハント ハーマン・バーニック D.V.M.：ディーン・ジョーンズ ライス・ニュートン　　：ニコール・トム テッド・ニュートン　　：クリストファー・キャスティール

ベッドタイム・ストーリー　Bedtime Stories

(執筆) 高橋 本恵

セリフ紹介

★ウエンディは職探しで一週間家をあけていたが、帰って来ると子どものことで弟のスキーターと話します。
Skeeter : What are you mad at? I gave the kids junk food?（なんで怒ってるの。子どもにハンバーグ食わせたこと？）
Wendy : I figured you'd do that too. I'm mad because you told my kids that in real life there are no happy endings.（それもやるだろうと思っていた。私が怒っているのは、現実にはハッピーエンドなんかないって言ったこと。）

★スキーターを火の玉にして燃やしてしまおうとする子どもたちのお話は、パトリックを疑心暗鬼にさせます。
Patrick : Uncle Skeeter? Do you want to incinerate our school 'cause we incinerate you in the story?（スキーターおじさん。この学校を燃えカスにしちゃうの？　話でおじさんを燃えカスにしたから？）
Skeeter : No. I wouldn't do that.（まさかそんなことないよ。）

★お父さんのいない家庭で暮らしているボビーは、スキーターに深刻な質問をします。
Bobbi : Do you think my father will come back?（スキーターおじさん、パパは帰ってくると思う？）
Skeeter : Well, that's a tough one. But I do know this. You're always going to have your mother. You're always gonna have this girl to hang out with. And me, I ain't even going anywhere. Ok? I'm like the stink on your feet. I'll always be around.（その質問は難しいな。あの、これだけは言えるよ。ママはいつもそばにいるし、彼女[ジル]だっていつも一緒にいてくれるし、俺もいる。おじさんはどこにも行かない。君たちの足の匂いと一緒。どこにでもついてくる。）

ふれあいポイント

【自らの意見を述べる子ども】スキーターは、自分が語るお話の中で、盗賊たちに襲われ助けてもらったダベンポート姫がジュレマイヤにお礼がしたいというと、Jeremiah : "Fair enough. I'll take $100 million."（わかりました。では、現金で１億ドルもらいましょう。）という筋立てにしてしまいます。それに対して、子どもたちは、それぞれBobbi : "Jeremiah wouldn't take money for a good deed."（ジュレマイヤはお金のためにいいことするの？）Patrick : "Gentlemen don't get paid."（良い人はお金取らないよ。）と意見します。ベッドタイムストーリー上のお話とはいえ、ボビーとパトリックは自らの意見をきちんと話します。意見を闊達に述べることができることは素晴らしいことです。思うところを全てきちんと言えるほど成熟していない子どもたちかも知れませんが、ふだんから積極的に意見を述べようとする姿勢を育みたいものです。

【ウェンディの子育てから】ウェンディは母親１人でふたりの子どもを育てています。幼い頃自分が育てられたのと全く異なった教育方針です。読む本も環境の保全をテーマにした絵本など、スキーターによれば真面目すぎる本が与えられています。ウェンディは子供の頃はしょっちゅうハンバーガーも食べていたのですが、子どもたちには食品はオーガニックのものを食べさせたりで、パトリックはベーコンも食べたことがないのでどんなものかも知りません。スキーターと過ごす夜、ふたりの子どもは初めてハンバーガーを食べますが、ボビーは "Life-changing."（人生変わりそう。）、そして、パトリックは "Mom's gonna kill us."（ママに殺されちゃいそう。）と不安になります。ウエンディはテレビも見させません。子どもたちはスケボーもテレビゲームもしたことがありません。ボビーは、"Mom says they rot your brain."（ママが脳みそ腐るって。）と言っています。子どもたちはかなり窮屈で抑制された生活を強いられています。子育ては、ただテレビやゲームを取り上げればそれで事足りるわけではありません。子どもの健やかな成長には、バランスのとれた食生活、子どもの興味関心をほどよく刺激するテーマの読み物、そして、遊びや娯楽も子どもの成長には欠かす事ができないものです。ウェンディの母親業の一端を顧みると、大切なことはバランスよく子どもの生活を支えながら育てることだと読み取ることもできましょう。

【The television set...is broken and it needs to be fixed.】スキーターはテレビが映らないと言われて、テレビの修理に行きました。依頼主は何と言っていましたか。Nottingham : "The telly won't turn on."（テレビがつかないんだよ。）ノッティンガムは英国英語特有の語彙 telly を使っています。

【Not a chance!】（提案に対して）まっぴらだ！/冗談じゃない！/そんなことはさせない！という表現です。ジュレマイヤが盗賊たちに姫から奪ったものを返せと言うと Robbers : "Not a chance."（ふざけんな。お断りだ。）

あらすじ

マーティ・ブロンソンはモーテルを営んでいたが、経営の才覚がなくホテル経営が傾きます。そして、ホテル王のノッティンガムに将来ホテルを新築する際には息子のスキーターを支配人にするという約束で売却することになりました。それから25年後、スキーターはホテルの雑用係として働いていますが、姉のウェンディは小学校の校長をしています。ところが、ウェンディの学校が廃校になるということで、姉は職探しに出かけなければならず、甥のパトリックと姪のボビーの面倒を見ることになります。独身男のスキーターは、夜になると寝る前に子ども達にお話をせがまれます。子どもの頃、父にしてもらった寝物語を思い起こしながら、自分で作り上げた話を語って聞かせます。スキーターが話す物語に不満な子どもたちは、ストーリーの変更を求め、奇想天外な筋立てにしてしまいます。スキーターのお話は真面目に働く男が報われないとか、チャンスが与えられないなんておかしいと言って反論し、話は雨のガムが降る筋立てに脚色されたりします。物語は毎日続くのですが、話の翌日には、前日のお話で子ども達が大雨が降ると設定を創り変えてしまえば、晴天がずぶ濡れになるほどの大雨になったり、子供たちが創りだしたお話と同じ事がスキーターに起こったり、二人のアイデアが現実のものとなります。一方、スキーターの働くホテルの新築用地は姉の学校を廃校にし、その跡地に立てる予定でしたが、代替地が見つかり学校の廃校が取り消されます。

映画情報

製作費：8,000万ドル
製作年：2008年
製作国：米国
配給会社：ウォルト・ディズニー
ジャンル：コメディ、家族、ファンタジー、ロマンス

公開情報

公開日：2008年12月25日（米国）
　　　　2009年　3月20日（日本）
上映時間：99分
オープニングウィークエンド：2,745万ドル
レーティング：PG

薦	●小学生　○中学生　○高校生　○大学生　○社会人	リスニング難易表	発売元：ウォルト・ディズニー・スタジオ・ジャパン（平成26年5月現在、税込み）DVD価格：1,944円　ブルーレイ価格：2,571円

お薦めの理由	スキーターが聞かせる即興のお話は、子どもたちに物語の最後を変えられてしまいますが、その際のスキーターと子どもたちの丁々発止のやり取りや子どもたちの奇想天外な発想は見どころでもあります。ファンタジーの世界と現実になるストリーが交互に映像として展開していく子供向けのディズニー映画ですが、特に、スキーターがくりだすコメディ風の掛け合いは子どもから大人まで楽しむことができます。	スピード	3
		明瞭さ	3
		アメリカ訛	2
		外国語	3
		語彙	3
英語の特徴	ほとんどの登場人物は米国英語ですが、ふたりの英国人俳優が登場します。このふたりが話す英国英語は互いに全くアクセントの異なる英語です。その他にオーストラリア発音の役者もでてきます。格調高い英語表現から、かなりの口語体に至るまで聞こえてきます。主人公のスキーターがあやつる口語表現には I ain't ever going anywhere.（おじさんはどこにも行かないよ。）なども含まれています。	専門語	2
		ジョーク	3
		スラング	2
		文法	3

| 授業での留意点 | 【Patrick の恋】小さな子にも恋心は芽生えるものです。パトリックのお気に入りの女の子はトリシャ・スパークスです。"Girls are disgusting. Except for Trisha Sparks."（女の子なんて気持ち悪いよ。トリシャ・スパークスは別だけど。）と言っています。"She is hot."（ホットだもん。）ということです。学校が取り壊されるのを救ったパトリックにトリシャが感謝の口づけで報います。ジルは "Trisha Sparks is two years older than you."（トリシャ・スパークスは2つ年が上でしょ。）とパトリックに言っています。子どもたちの恋する人は何歳年上でしょうか。それとも年下でしょうか。上の文を参考にして設問を工夫すると、比較する文をいろいろ練習することができます。
【She's very hot.】パトリックはトリシャのことを "She is hot." と言っていますが、スキーターはノッティンガムに娘のバイオレットのことを知っているかと聞かれ "I always heard she's very hot."（お嬢さんはいい女だって。）と言っています。しかし、スキーターはこの自分の表現がちょっと適切でない言い方だと感じ、口ごもりながら "I mean warm. Warm-hearted."（え、心が温かいって意味で。）と言い替えます。スキーターは親に向かって娘が hot だと言うことに少し恐縮気味ですが、結局、"And she likes to go out and have fun, festive times in bars, with a lot of different guys and."（楽しいことが大好きで、しょっちゅうクラブとかで遊びまわって、いつもちがう男を連れて。）と付け加えています。Hot という語彙はいろいろな意味がありますが、子どものパトリックが使う hot とスキーターがここで使う言い方は少し異なりますので確認してみて下さい。
【What do you say+主語+動詞...?】誘ったり提案したりする時に「…したらどうですか。…しましょうか。」という表現です。★スキーターはバイオレットを電話で誘います。"What do you say we get lunchsky (lunch)?"（昼飯でも？）"That sounds so delightful."（行きたいけど。）★スキーターは、パパラッチがバイオレットに群がって撮った写真を返したらどうだいと言います。Skeeter: "What do you say you boys give the pretty lady back the pictures you took?"（どうだい、君たちこちらの美人に今とった写真をお返ししたら。）Paparazzi: "No way, man."（冗談だろ。）この表現は What do you say の後ろに普通の文を入れればできますので、簡単な文を入れて練習させてみて下さい。「簡単な文を作ってみましょうか。」What do you say we make a simple sentence?
【感謝の切り出し方は】★バイオレットはスキーターにパパラッチから救われて Violet: "How am I ever going to thank you?"（どうやってお礼すればいいの。）Skeeter: "No thanks is necessary, ma'am."（礼など要りません。）★トリシャがパトリックに感謝の意を表して Trisha: "There must be some way for me to show my appreciation."（感謝の気持を何かで表したいんだけど。） |
|---|---|

映画の背景と見所	ベッドタイム・ストーリーは、本来子どもを寝かしつけながら語り聞かせるお話で、子どもは心を静めながら眠りにつくものです。本編では二人の子どもが、語り手のお話に満足できず、意気軒昂に次々とそのストーリーを奇想天外なお話にしていきます。子どもたちはハッピーエンドのお話が大好きですが、スキーターのお話は子どもたちが期待するような終わり方でないと不満を言うと、スキーターは現実はハッピーエンドのことばかりではない、と子どもたちに言い聞かせるのです。しかし、スキーターも次第に子どもたちの創ったお話が現実になることに気づきます。子どもが創るお話の筋立ての中ではスキーターの話が逆手にとられてしまい、スキーターは火の玉で燃えてしまうストーリーにされていまうと、スキーターはちょっと分が悪くなり必死でストーリーラインを変更させようとします。このように子どもたちが逆に大人をやり込めてしまうところも痛快です。主役はコメディ畑でも活躍しているアダム・サンドラーで、彼にとっては子ども家族向け作品はこの『ベッドタイム・ストーリー』が初めての出演です。西部劇から騎士の出てくる古代ギリシャ風の物語、SF風の無重力空間での戦うシーンありで、これらの劇中劇は VFX（Visual Effects）の特撮を駆使したファンタジーで構成されています。作中には、80年代の曲も使われておりエンドロールが流れる時にも『Don't Stop Believin'』が聞こえてきます。

スタッフ	監　督：アダム・シャンクマン 脚　本：マット・ロペス 　　　　ティム・ハーリヒー 音　楽：ルパート・グレグソン＝ウィリアムズ 撮　影：マイケル・バレット	キャスト	スキーター・ブロンソン：アダム・サンドラー バリー・ノッティンガム：リチャード・グリフィス バイオレット・ノッティンガム：テレサ・パーマー ミッキー　　　　　　：ラッセル・ブランド ジル　　　　　　　　：ケリー・ラッセル

ホーム・アローン	HOME ALONE	（執筆）久米　和代

セリフ紹介

【ケビンの口癖は？】相手に指摘されたことを逆に聞き返して I don't think so.（まさか／それはあり得ない）と否定するお決まりのパターン。ちょっぴり大人びた口調のせいもあって、当時子供たちの間でも流行しました。
Check-out woman: Are you here all by yourself?（1人きりなの？）Kevin: Ma'am, I'm eight years old. You think I would be here alone! <u>I don't think so.</u>（あの、僕は8才なんです。1人でここにいるって？それはあり得ないでしょう。）相手にそれ以上口を挟ませないための、言わば自己防衛のテクニックです。他の場面でも探してみましょう。そして、あの独特のガッツポーズが印象的な Yes! も外せません。これらの口癖、続編でも健在です。

【忘れ物は？】I have a bad feeling.（嫌な予感がする）と母親のケイト。Did you lock up?（鍵は掛けた）、Did you close the garage?（ガレージ、閉めた）などと、飛行機の中で1つ1つ夫と確かめます。そして気付いた忘れ物は…、KEVIN!! でした。この叫び声、続編の HOME ALONE 2 でもまた聞くことになります。お楽しみに!?

【失って初めて気付いた大切なものは？】トラブルを起こして家族に責められ、I wish they would all just disappear.（みんな消えちゃえばいいのに）と願うケビン。すると翌朝それが現実となり I made my family disappear!（家族を消しちゃった）とご満悦。それでもやっぱり家族が恋しくなって Instead of presents, I want my family back.（プレゼントは要らないから家族を返して）とサンタへ伝言を頼むケビンなのでした。

【ブラブラしてただけ】最後の場面で父親に、買い物以外に1人で何をしたのかと聞かれ Just hung around.（別に、何も）と答えるケビン。その大人びた表現からは「家を守り切った」という成長の跡が見られますね。

ふれあいポイント

【英語で電話】度々登場する電話の場面、まず子供と覚えたいのは telephone/phone（電話）、call（電話する）、hello（もしもし）。電話中に子供に話しかけられた時はケイトのように "I'm on the phone."（電話中よ）と言いましょう。他に hang up [the phone]（電話を切る）、pick up [the phone]（電話に出る）、hold/hang on（電話を切らずに待つ）、on hold（通話保留中）、call back（折り返し電話する）、answering machine（留守番電話）なども映画で確認を。

【寝過ごした！】家庭では「起床」に関する表現も欠かせません。停電で目覚まし時計が鳴らず "We slept in!"（寝過ごした！）と飛び起きたケビンの両親。子供たちはぜひ肉声で起こしましょう。Wake up[, sleepy head].や [It's] time to wake up.、Rise and shine. など、英語で一日のスタートを切るのはいかがでしょう？

【[Go] upstairs. はお仕置きの予感!?】トラブルを起こした夜、ケビンが何度も言われた表現です。[Go/Get] upstairs.（上の階／2階に行きなさい）は「2階にある自分の部屋に行って反省しなさい」の意味にもなります。

【家中、英語で言えるかな？】舞台は他ならぬケビンの家。映像とともに、或いは家の内外を実際に親子で回りながら確認しましょう。日本の住宅とは勝手が違ったり、あまり見られないものには説明が必要です。bathroom は、バス・トイレが一緒になったもので、使っていない時はドアを開けておきます。laundry chute（ランドリーシュート）も子供たちには馴染みのないものですね。ケビンがエアガンで撃ち落としたおもちゃのフィギュアは、この中を通って basement（地下室）の洗濯かごへ。上階から汚れた洗濯物を washing machine（洗濯機）と drier（乾燥機）のある地下室に直接落とせる仕組みです。ケビンを恐がらせた furnace（暖房炉）も地下室にありました。backyard（裏庭）には、子供世帯にお決まりの tree house（ツリーハウス）。ケビンが2階の窓から脱出する場面などで確かめましょう。

【米国のクリスマス事情】庭のもみの木を切り出してツリーにするケビン。米国では生木を飾ることが多く、空き地や駐車場にできる臨時のツリー売り場や苗木屋、ホームセンターで購入したり、山中のクリスマスツリー・ファームに切り出しに行ったりすることや、車の屋根にツリーを括り付けて運ぶこと、悪い子には暖炉に吊した stocking（靴下）にサンタが coal（炭）を入れること、そして米国の子供たちはサンタのためにクッキーとミルクを用意することなど、日本とは異なる習慣の説明を。ちなみに、ケビンはトナカイ用の人参もちゃんと用意していました。

【チーズは子供の大好物】旅行前夜の兄弟げんかの原因は、兄のバズがケビンの分まで plain cheese pizza（チーズピザ）を食べてしまったこと。後で "A lovely cheese pizza, just for me." と独り占めできてご満悦。macaroni and cheese（マカロニチーズ）も子供のお気に入り。ケビンは冷凍のものを買い、食卓に並べていましたね。grilled cheese sandwich（グリルチーズサンド）もキッズメニューの定番。親子でチーズ料理、作って食べてみませんか？

あらすじ

米国・中西部のシカゴに住むマカリスター家は、クリスマス休暇をパリで過ごすことになっていましたが、出発前夜に予期せぬことが起こります。Windy City（風の都）という異名通り、強風によって電線が切れて停電。セットしてあった電動目覚まし時計が鳴らず、全員が寝過ごしてしまいますが、大慌てで空港へと向かい何とか飛行機に間に合います。しかし、その飛び立った飛行機の機内で、母親のケイトが末っ子のケビンを1人家に置き去りにしたことに気付きます。実は、前の晩に兄と喧嘩しトラブルを起こした罰として、屋根裏部屋に寝かせたことを忘れていたのです。パリに着きすぐに引き返そうにも、クリスマス休暇で飛行機は全て満席、電話も通じないためケイトはパニックに陥ります。一方、たった1人家に残されたケビンは、煩わしい兄姉や両親、従姉や叔父から小言を言われることもなく「1人」を満喫するのでした。ところが、留守宅を狙って空き巣を働いているハリーとマーヴの2人組に自宅を狙われていることを知り、自らの手で家を守ろうと決意、悪党の撃退作戦を決行します。絶体絶命のピンチも隣に住む老人マーリーに助けられ、泥棒を警察に引き渡すことができたのでした。そしてクリスマス当日の朝、実は何よりケビンが望んだプレゼントであった「家族」が彼の元に戻ってきます。そして、ケビンの助言通り、閉ざした心を開いたマーリーのもとにも「家族」が戻ってきたのでした。

映画情報

製作国：米国　　　　製作費：1,500万ドル
製作会社：ヒューズ・エンターテイメント
　　　　　20世紀フォックス
配給会社：20世紀フォックス
ジャンル：ファミリー、コメディ

公開情報

公　開　日：1990年11月16日（米国）
　　　　　　1991年 6月22日（日本）
興行収入：4億7,668万4,675ドル（全世界）
上映時間：103分　　　MPAA（上映制限）：PG
受　　賞：アカデミー賞作曲賞・主題歌賞ノミネート

薦	●小学生　●中学生　○高校生　○大学生　○社会人	リスニング難易表		発売元：20世紀フォックス ホーム エンターテイメント ジャパン（平成26年5月現在、税込み）DVD価格：1,533円　ブルーレイ価格：2,571円
お薦めの理由	この映画は、子供が悪党を撃退して大活躍するという単なる娯楽映画ではありません。痛快コメディの部分で子供たちをぐっと惹きつけて、英語表現や米国独特の文化に興味を持たせ、「家族」の意味まで考えさせてしまう、そんな多彩な魅力を持った映画なのです。特に、クリスマスというホリデーシーズンは、米国の伝統文化や家族の存在価値が一層際立つため、小学生にも分かりやすい設定となっています。	スピード	3	
		明瞭さ	3	
		アメリカ訛	3	
		外国語	2	
英語の特徴	標準的な米語ですが、パリの空港では仏語訛りの英語も登場します。また、ケビンは8才ですが年上の兄姉たちに囲まれているため、同年代の子供に比べると少々大人びた表現を使ったりします。劇中映画は、この映画のために意図的に乱暴な言葉遣いや暴力シーンを含んで作られた言わばR指定に匹敵するものですが、他にそれほど極端に汚い言葉は出てきません。少々危ないセリフ"Son of a."はありましたが…。	語彙	1	
		専門語	1	
		ジョーク	1	
		スラング	1	
		文法	1	

授業での留意点

【ホーム・アローンとは？】まず、タイトルの意味の確認から。実際に home alone が使われている会話も指摘させましょう。パリの空港での母や姉のセリフに My son/brother is home all alone. など4回、泥棒2人組のセリフに He's home alone. など3回と、何度も確認できます。He's home all by himself. の言い換え表現も出てきます。この時、日本とは違って「13歳未満の子供のお留守番」は米国では法律違反であることも説明して下さい。

【恐いのは何？】この映画のキーワードの中に挙げられる「恐い」(afraid/scared/scary)、これを克服していくことが1つのテーマになっています。home alone という状況からくる孤独感、暗闇・夜、家族に受け入れてもらえないのではという不安などがこれらの言葉で15回近くも表現されています。確認しましょう。例えば、ケビンの"Don't get scared now."（もう恐がるな）、泥棒マーヴの"Kids are afraid of the dark."（ガキは暗闇を恐がる）、そして、長年 home alone だという隣に住む老人とは、わずか数分の会話ながら7回も afraid という言葉が交わされます。この表現を用いて自分の恐れているものや人について、クラスメイトと教え合うのもいいでしょう。

【Stranger Danger】韻を踏んで覚えやすいこの標語とともに、米国の子供たちは Don't talk to strangers.（見知らぬ人と話さない）、Don't accept gifts from strangers.（見知らぬ人から贈り物を受け取らない）などと学校や家庭で教わります。スーパーのレジ係に住所を聞かれても教えなかったケビンの理由も "'Cause you're stranger."（だって、おばさん知らない人だから）でした。stranger の意味とともにこの点も説明しましょう。

【緊急事態！】「警察に電話する」は call the police/cops という表現で3回登場しますが、call 911もよく使われます。米国の緊急電話番号はこの911番だけです。子供たちにも教えておきたい番号です。Help, my house is being robbed. My address is .... My name is ....（助けて下さい、強盗に入られています。住所は…、名前は…）というケビンの通報内容も取り上げて、自分の住所や名前、電話番号に置き換えて練習させましょう。緊急時に役立つ表現です。日本とは逆に番地から始める住所の言い方や、電話番号の読み方の説明をしっかりとして練習させて下さい。

【クリスマス風の数え方】総勢15名の大移動、人数確認も大変です。頭数を数えるは文字通り count heads です。"Heather, did you count heads?"（ヘザー、数えた）と尋ねる母に "Eleven including me. Five boys, six girls, four parents, two drivers, and a partridge in a pear tree."（私を入れて11人。男子5人、女子6人、親4人、運転手2人と梨の木に一羽の山鶉）と娘は有名なクリスマスキャロルの1つ The Twelfth Day of Christmas を意識して答えます。12までの数字と序数を順に加えて繰り返す数え歌（cumulative song）です。メロディも美しく、数字と序数を含むフレーズが何度も繰り返されるので子供たちもすぐに覚えられる歌です。歌えるようになったら、メロディと数字以外を自由に作る「替え歌」に挑戦、発表させるなど、楽しく英語の数え方や順序の表し方を覚えさせましょう。

映画の背景と見所

「鍵っ子」という言葉が当たり前のように通用する日本では、それほど珍しくない子供の home alone。一方、米国では連邦法で「13歳未満の子供を13歳以上の監督なしに1人にさせてはならない」と定められているため、映画のようなシチュエーションは非常事態だという認識、つまり日本と米国の社会背景の違いを理解する必要があります。（もちろん、日本でも子供を1人置いて泊まりがけの旅行に出かける親はいないと思いますが…）こうして初めて経験する home alone という状況で、2人の悪党たちを相手に炸裂する茶目っ気たっぷりの撃退作戦は大人気となり、その後の4つの続編へと受け継がれます。第1作目から22年後の2012年にテレビで公開された5作目の HOME ALONE: THE HOLIDAY HEIST『ホーム・アローン5』に登場する作戦は、今時のオンライン・ビデオゲームの実践版といったところ。ゲームの対戦相手からリアルタイムでアドバイスを受けながら、泥棒たちに挑みます。さて、この映画から受け継がれているのは、こうした痛快アクションだけではありません。米国のワクワクするクリスマスの風景や心温まるクリスマススピリットも、お馴染みのクリスマスソングにのせて届けてくれるのです。この HOME ALONE は、今や外せない米国クリスマス映画の定番ともいえる作品となっています。

スタッフ	監　　督：クリス・コロンバス 製作・脚本：ジョン・ヒューズ 製作総指揮：マーク・レヴィンソン、他 音　　楽：ジョン・ウィリアムズ 編　　集：ラジャ・ゴズネル	キャスト	ケビン：マコーレー・カルキン ハリー：ジョー・ペン マーヴ：ダニエル・スターン ピーター：ジョン・ハード ケイト：キャサリン・オハラ

ポーラー・エクスプレス	The Polar Express　　　　　（執筆）子安　惠子

セリフ紹介	サンタクロースの存在に疑いを持ち始めた少年。父親はそれに気づいて、"an end of the Magic."（魔法の終わりだ）と。ところが続いて「ポーラー・エクスプレス」の車掌の声、"All aboard!"（ご乗車ください）。飛行機だけでなく列車も aboard という単語を使うのですね。乗車をためらう少年に車掌は「お好きなように」と言って立ち去ります。その時の表現 "Suit yourself." 勝手にしろという意味もあり、あまり親切そうな感じではありません。でも車掌は、少年と少女に "Sometimes seeing is believing. And sometimes the most real things in the world are the things we can't see."（「百聞は一見にしかず」だが、「見えないものこそ真実」ということもある）と教えたり、また別れの時 "It doesn't matter where you're going. What matter is deciding to get on."（大事なのは列車の行先じゃない。「乗ろう」と決めたことだ）と少年自身の決断だと暖かい言葉をかけ、列車は出ていきます。知ったかぶりの少年も別れの際、"It's the thought that counts."（贈り物は気持ちが大切なんだよ）とねぎらいます。 　最後に、落としてしまった鈴を再び手にした少年。でも両親にはその鈴の音は聞こえませんでした。エピローグは、大人になった少年が "At one time, most of my friends could hear the bell. But years passed, it fell silent for all of them. Even Sarah found, one Christmas, that she could no longer hear its sweet sound.（友達にも鈴の音は聞こえたが、歳月とともに聞こえなくなった。妹にもある年を境に鈴は聞こえなくなった）と言い、"Though I've grown old, the bell still rings for me. As it does for who truly believe."（でも大人になった今も僕には聞こえる。心から信じていれば聞こえるんだ）と語ります。作品を締めくくるのにふさわしい、余韻を残すセリフです。
ふれあいポイント	【信じる心】「ポーラー・エクスプレス」に乗ってからはハラハラ、ドキドキ、北極点に到着してからはワクワク、と大人も子供も一緒に楽しめます。楽しめない人は "BELIEVE"（信じる）心を失ってしまった…。主人公の少年がそうでした。そんな子供だましには乗らないぞ、という気持ちが芽生えてきた少年の口から出る言葉は "Are you sure?" ばかり。3つの場面で4回も言っています。皆さんで見つけてみませんか。ゆっくり明確に発音されています。1回目は、少女が独りぼっちの男の子にココアを持っていく時。席を離れるのは安全規則違反だと指摘された少女が「大丈夫よ」と答えたら、「本当に？」。2回目は、黄色がブレーキだと教わったと話す少女に、赤色の方がブレーキらしく感じるため「本当に？」、たたみかけて「間違いない？」と3回目。4回目は、北極点に到着したものの迷ってしまい、少女が鈴の音を頼りに進もうとすると、「確かかい？」。列車の上にただ乗りしている浮浪者が、信じようとせず疑っている少年の心を見通して、まやかしだと思っている、だまされるものかと思っているんだろ、と指摘します。壊れたおもちゃを積んでいる車両を通り抜ける時、浮浪者はスクルージの人形を操りながら、くだらないまやかしだと考えて信じていない疑い深い子だ、疑っていて信じようとしない、"You're a doubter. You don't believe." とたたみかけます。この doubter という単語を覚えておいて下さい。北極点に到着すると、皆が待望するサンタの登場です。でも少年にはその姿が見えません。一緒に来た少女にも男の子にも見えるのに、なぜ少年には見えないのでしょう。トナカイにつけられた鈴の音も少年には全く聞こえません。鈴が1つちぎれて飛んできて少年の足元に落ちます。その鈴を拾って耳元で鳴らすと、"Doubter. Doubter."（お前は疑っている！疑っている）と聞こえます。前に出た表現ですね。心底悲しくなった少年は "I believe."（信じます）と何回も言い続けたら、鈴はきれいな音を鳴らしました。鈴の音が聞こえるようになった途端、サンタの姿が目に入りました。なぜ見えなかったの？なぜ聞こえなかった？どうして聞こえるようになったの？親子で話しあってみませんか。 【クリスマスの迎え方】アメリカでのクリスマスの迎え方を見てみましょう。車掌が少年に言います、"No letter to Santa. And you made your sister put out the milk and cookies."（サンタにお願いする手紙を書かなかった、サンタへのおやつも妹に用意させた）。クリスマス・ツリー、そして暖炉には大きなソックスを飾ります。暖炉を必要としない現在でも、アメリカの家にはそれらしい場所があります。子供たちはサンタに手紙を書きます。手紙には、この1年間良い子であったこと（悪い子は贈り物をもらえませんから）、そして欲しい贈り物を書きます。クリスマス・イブにはサンタへのおやつを用意しておきます。最後にもう1つ、しっかりと見ておかなくてはいけないのは、クリスマス・プレゼントは12月25日の朝に開けることです。その前に開けてはいけませんよ、絶対に！
あらすじ	クリスマス・イブの夜11時55分、サンタクロースの存在を疑いだした少年の家の前に、大きな蒸気機関車が突然現れます。それは北極点行きの急行「ポーラー・エクスプレス」。パジャマのまま飛び出した少年に、車掌は「乗客名簿には君の名前が載っているけど、君の好きにすればいいさ」と。車掌の一言を残して動き出した汽車に、少年は思い切って飛び乗ります。車内はもう寝間着姿の子供達で一杯でした。知ったかぶりの少年や、親切で積極的な少女、最後に乗ってきた男の子はいつまでたっても皆から離れたまま独りぼっち。 　「ポーラー・エクスプレス」は北極点を目指して様々な場所、氷の上さえも走り続けます。旅の行く手には、数々の事件や不思議な出来事が起こります。そしてついに北極点にあるサンタと妖精エルフの国に到着。数百人いえ数千人というエルフたちはクリスマスの準備に大忙しです。車掌の率いるグループからはぐれてしまった少年、少女、独りぼっちの男の子の3人は、プレゼントが用意される現場を目撃し、鈴の音を頼りにようやく皆のいるところに間に合います。でも皆がサンクロースの登場を大歓迎する中、少年にはサンタも見えず、何の音も聞こえませんでした。でも鈴の音が聞こえた途端、サンタから今年1番最初にプレゼントをもらう光栄に預かり、少年はサンタに鈴をもらうのですが…。少年少女たちは、この旅を通して自分たちに必要なもの、大切なものに気づいていきます。
映画情報	原　作：クリス・ヴァン・オールズバーグ 言　語：英語　　　　　　製作年：2004年 製作国：米国　　　　　　製作費：1億6,500万ドル 配給会社：ワーナー・ブラザーズ ジャンル：ファンタジー・アドベンチャー
公開情報	公開日：2004年11月10日（米国）、11月27日（日本） 興行収入：66万5,425ドル（米国） オープニングウィークエンド：2万8955ドル 上映時間：100分　　　画面アスペクト比：2.35：1 音　声：ドルビー・デジタル

薦	●小学生	○中学生	○高校生	○大学生	○社会人	リスニング難易表	発売元：ワーナー・ホーム・ビデオ （平成26年5月現在、税込み） DVD価格：1,543円　ブルーレイ価格：5,122円

お薦めの理由	信じる心や純粋さを失いサンタの姿が見えない人、鈴の音が聞こえない人たちにお奨めです。その人たちは、映画と共に、北極への旅で子供たちが得ていくものに再び目を向けてみては？謙虚に学ぶ姿勢、指導力、判断力、そして人を信頼する気持ち。目に見える豪華な物だけが良いわけではありません。クリスマスの心は胸の中にあり、「心で見ること」「心で聞くこと」をこの作品は教えてくれます。	スピード	2
		明瞭さ	2
		アメリカ訛	1
		外国語	1
		語彙	2
英語の特徴	舞台はアメリカ、米国英語です。主人公の少年、少女、独りぼっちの男の子の3人のやり取りは、聞き取りやすいテンポですが、知ったかぶりの少年だけ滑舌はいいものの早口です。また主語が省略された不完全文が時々あります。例えば、最後に1つ残されていたクリスマス・プレゼントの中のメモ、"[I] Found this on the seat of my sleigh. [You] Better fix that hole in your pocket. Mr. C."	専門語	1
		ジョーク	1
		スラング	1
		文法	2

授業での留意点

　この作品は学べるものをたくさん提供してくれます。高学年には諺が2つ用意されています。低学年・中学年には単語、それも小学生に良き指針となる単語です。サンタからの少年少女たちへのメッセージは、そのまま小学生たちに受け入れられるものですし、小学生にお薦めの本の登場人物も1人出演しています。

　【諺】高学年向けの諺 "Seeing is believing."（百聞は一見にしかず）は、浮浪者の口からも車掌の口からも出てきます。直訳は「見ることは信じること」ですが、諺ですので古い言い回しの日本語ですが、そのままの日本文を覚えましょう。もう1つは北極点にある妖精エルフの国です。妖精たちがカプセルのような3人乗りの乗り物に乗り込み、"Time is money."（時は金なり）と言って猛スピードで移動します。どちらの諺もきちんとした説明とともに、正しい理解をさせたいものです。他にも、短い英文の諺をみつけて習得するいい機会となるかもしれません。

　【単語当てゲーム】急行「ポーラー・エクスプレス」に乗るための金色のチケット。それに車掌が1人1人異なるパンチを入れます。でもどれも単語の2文字だけ。帰りに残りをパンチして完成。それぞれが北極点への旅で何を学んだかがわかります。作品の中の子供たちは "LEARN" "COUNT ON" "LEAD" "BELIEVE" ですが、サンタから子供たちへの言葉の中にも、小学生が内容的に学ぶのによい単語はたくさんあります：patience, humanity, decision, confidence, spirit, symbol, remember, heart、そしてdoubterも入れましょうか。カードか紙に、金色のチケットのように、これらの単語から2つか3つだけ文字を抜き出して書いておきます。これで「単語当てゲーム」の準備完了です。

　【スクルージ】知識として、ほんの短い場面ですが、壊れたおもちゃの中から操り人形のスクルージが登場します。これは、チャールズ・ディケンズが書いた『クリスマス・キャロル』の主人公、エベネーザ・スクルージです。お金の亡者、守銭奴、業突く張りの代名詞として使われる人物です。クリスマスの物語として一番有名な名作ですので、これを機会にぜひ読んでみてはいかがでしょう。絵本からリトールド版まで様々な段階のものがあります。

　【クリスマスの心】サンタからの少年への言葉、またエピローグのナレーションは、内容を理解するのにヒントなりアドバイスが必要になるかもしれません。サンタの言う "the true spirit of Christmas lies in your heart."（クリスマスの「心」は君の胸の中にある）の「心」とは何かを話し合わせるのもよいでしょう。また落としてしまった鈴を再びサンタからプレゼントしてもらいましたが、両親にはその鈴の音は聞こえません。友達や妹には聞こえましたが、歳月とともに皆鈴の音は聞こえなくなりました。少年は大人になりましたが、「大人になった今も僕には聞こえる」と言います。どうしたらいつまでも聞こえるのでしょうか。少し難しいかもしれませんが、先生を交えて皆で話し合ってみてはいかがですか。

映画の背景と見所

　原作はクリス・ヴァン・オールズバーグが1985年に出版した絵本『The Polar Express』です。クリスマスの本の定番として人気が高く、日本では『急行「北極号」』の題で、村上春樹の訳により1987年12月に出版されました。

　俳優トム・ハンクスは、自分の子供に読み聞かせているうちに魅了されてしまい、『フォレスト・ガンプ』の監督であり盟友のロバート・ゼメキスと組み、幻想的で美しい絵本の世界を映像化しました。実際の俳優の動き・表情をモーションキャプチャによって精細に記録し、そのデータから登場人物をレンダリングしています（パフォーマンスキャプチャとも呼ばれます）。トム・ハンクスは1人で5役の声を担当する熱の入れようです。

　子供たちは列車の旅から、自分たちに必要な事、大切な事を学んでいく姿が、ファンタジックに描かれます。1番の見所はChapter 11、独りぼっちの男の子と少女の歌の場面です。皆の中に入ろうとしない男の子が、サンタは忙しくて自分の所へ来たことがないから星にお願いするんだと歌うと、少女は、贈り物を持ったサンタのソリと鈴の音が聞こえ、子供たちの夢が叶う1年で1番楽しい時、クリスマスが来たらそうなってほしい、と歌います。男の子は贈り物なんて、鈴の音なんてと言いつつ少女の気持ちが伝わり、少年にも伝わっていくのです。贈り物、トナカイ、ソリが星のように輝き、最後にオーロラが夜空を埋め尽くし、3人の心が1つになっていく心温まる場面です。

| スタッフ | 監督・脚本・製作：ロバート・ゼメキス
製作総指揮：トム・ハンクス、C・V・オールズバーグ
編　集：J・オドリスコル、R・O・ドゥエイナス
音　楽：アラン・シルヴェストリ
撮　影：ドン・バージェス、ロバート・プレスリー | キャスト | ヒーロー・ボーイ、父親、車掌、
浮浪者、サンタクロース　　　：トム・ハンクス
ヒーロー・ガール　　　　　　：ノーナ・ゲイ
知ったかぶりっ子　　　　　　：エディ・ディーゼン
スモーキー、スチーマー　　　：マイケル・ジェッター |

ボビー・フィッシャーを探して　Searching for Bobby Fischer

（執筆）河合　利江

セリフ紹介

"It's just a game."（ただのゲームだぞ。）ジョシュの父親は、あまりに自分が息子のチェスの才能を伸ばす事だけに夢中になりすぎていたと反省し、ジョシュに向かって言うセリフです。たかがチェス、されどチェス。勝ちたいと思う子供たち、勝たせてやりたいと思う大人たちの心の揺れ動きを表すセリフをご紹介しましょう。

ジョシュの父親は、ジョシュの腕前を試そうと軽い気持ちで "Go easy. It's a while since I played."（久しぶりだ。お手やわらかに。）と言って対戦を始めますが、ジョシュの実力はとんでもないものでした。大会決勝戦の前夜、ジョシュは、"Maybe it's better not to be the best. Then you can lose and it's OK."（トップにならない方がいい。負けても平気だもの。）と言って不安な気持ちを父親に打ち明けます。ジョシュの父親はジョシュが勝つべき相手にあっさり負けてしまった時、厳しく原因を追求します。でもジョシュの "Why are you standing so far away from me?"（なぜ僕から離れてるの？）という言葉で我に返り、ジョシュを抱きしめます。全国大会の決勝戦に残り、ライバルのジョナサンとの対戦を前に、ジョシュはコーチに弱気な発言をします。コーチはジョシュの気持ちに寄り添い、"I'm honored to call myself your teacher."（コーチになれて光栄だ。）と言って惜しみない賛辞を贈ります。緊迫した決勝戦をモニターで大人たちが見守る中、対戦相手のコーチがつぶやきます。"It's unsettling when you realize there are only so many things you can teach a child. And finally...they are who they are."（不安なものだ。子供に教えたい事は山ほどあるのに…結局彼らは自分の力で戦う。）大人が子供にできる事は、最終的には信じて見守ることだけなのかもしれません。

ふれあいポイント

子供のチェスの大会に付き添う親は皆、まるで自分の事のように、またはそれ以上に真剣そのものです。こっそり打つ手を教えようとする親、喧嘩を始める親、とにかく熱心に指導をする親など、子供の人間的な成長という大きな目的を忘れて目先の勝負に固執する姿がさり気なく批判的に描かれています。そこで、ここでは、ジョシュの両親がジョシュにどんな態度で接しているのかセリフで確認してみましょう。

【ジョシュの母親、ボニーの態度】ジョシュがチェスに興味があることに気付き、柄の悪い人々が集う野外チェスにも付き添います。一貫してジョシュの気持ちを第一に考えつつ、チェスをする環境を整えてやります。父親のチェスの誘いに渋るジョシュに対し、"Your dad wants to see you play, like in the park."（公園でやったようにプレーして。）と言います。勝負はジョシュの負けでしたが、ボニーはジョシュの気持ちを見抜いていて、"He wasn't trying to win."（わざと負けたのよ。）"He doesn't want to beat his daddy."（パパを負かしたくないからよ。）と、夫に伝えます。ジョシュのコーチ、ブルースが、指導に熱が入るあまり行き過ぎてジョシュの子供らしい夢を壊してしまう場面では、"Get out of my house."（出てって。）と言って、ジョシュをしっかり抱きしめます。ジョシュがスランプに陥ったとき、夫が根性論をジョシュに押し付けようとするのに対し、ボニーは、"He's afraid of losing your love."（あなたの愛を失うことを恐れてるのよ。）と言って、問題の本質を冷静に見極めます。さらに、"And if you or Bruce or anyone else tries to beat that out of him, I swear to God, I'll take him away."（あなたやブルースやほかの誰であれあの子を苦しめるなら私が許さない。）と言ってジョシュをかばいます。

【ジョシュの父親、フレッドの態度】野球の記者で、ジョシュの誕生日にはグローブを贈り、ジョシュに野球をしてもらいたいと思っていましたが、ジョシュがチェスに興味があると分かると、それを応援します。記者の情報網を駆使していいコーチを探して弟子入りさせ、大会に出場するためにアメリカ全土をジョシュとともにまわります。はじめはチェスをする目的を "For fun."（面白いぞ。）と、答えていましたが、次第に熱が入り、学校の先生の忠告に対しては、"My son has a gift."（息子の才能は偉大だ。）と言って、聞く耳を持たず、逆にチェスに理解のない先生を非難します。さらには、チェスのクラスがある学校にジョシュ転校させようとします。しかし、ジョシュのためにと思ってやっていたつもりが、実際はトップランクに上り詰めたジョシュを自分と同一視して満足感に浸り、ジョシュを苦しめていたことに気付きます。ジョシュの気持ちを大切にしようと決めたとき、フレッドはリビングに飾っていた優勝トロフィーを "These belong to you."（お前のだ。）と言ってジョシュの部屋に飾ります。その後はチェス一辺倒の生活ではなく、様々なことをジョシュに経験させます。

あらすじ

ジョシュ・ウェイツキンは７歳の誕生日に近所の公園で野外チェスを偶然目にし、その白熱したプレーにすっかり心を奪われます。父親は息子にチェスの才能があることに気付き、かつての名チェスプレーヤーにコーチを頼み、本格的にチェスを習わせます。ジョシュは大会に出てどんどん強くなり、ランキング１位に上り詰めます。父親もコーチも次第に結果ばかりを追い求めるようになり、父親はジョシュにチェス中心の生活を送らせ、コーチは伝説のチェス世界チャンピオン、ボビー・フィッシャーと同じ打ち方をすることを求め、自分が研究した型にジョシュをはめようとします。ジョシュはそんな父親とコーチの態度と、勝って当たり前という重圧に息苦しくなり、ある大会の決勝で格下の相手にあっさり負けてしまいます。父親は、ジョシュを非難しますが、負けた自分も受け入れてほしいというジョシュの心のメッセージに気付き、勝敗のみにこだわるのをやめ、ジョシュにとって何が大切かを考えるようになります。一方、ジョシュはこの機を境に、父親のために勝つチェスから自分のために勝つチェスを目指すようになります。コーチに禁止されていた野外チェスも再開し、持ち味の攻めのチェスに磨きがかかります。そんなジョシュにコーチは失望していましたが、全国大会のジョシュの戦いぶりを見て自分の方針が間違っていた事に気付きます。決勝戦でジョシュは野外チェスで鍛えた攻撃力と、コーチに教えられた冷静な読みでライバルを倒し優勝します。

映画情報

製　作　費：１万２,０００ドル
製　作　年：１９９３年
製　作　国：米国
言　　　語：英語
ジャンル：ドラマ　　カラー映画

公開情報

公　開　日：１９９３年８月１１日（米国）
　　　　　　１９９４年２月　５日（日本）
上映時間：１１０分
MPAA（上映制限）：PG
興行収入：７００万ドル（米国）

薦	●小学生　●中学生　●高校生　●大学生　●社会人	リスニング難易表	発売元：パラマウント ジャパン（平成26年5月現在、税込み）DVD価格：4,298円	
お薦めの理由	親なら誰しも子供の才能を見出して伸ばしてやりたいと思うもの。始めは褒めて励ましていたのに、ダメ出しばかりになって、強制したり、他人の子供と比べたり…。そんな親の姿がリアルに描かれているので、子供との関わり方を考えさせられます。ジョシュは、相手を負かして優越感に浸りたいのではなく、純粋な真剣勝負の世界に魅了されています。大きな澄んだ瞳が人として何が大切かを語っているようです。	スピード	4	
^	^	明瞭さ	4	
^	^	アメリカ訛	3	
^	^	外国語	2	
^	^	語彙	3	
英語の特徴	親しい者同士の会話がほとんどなので、語の省略、子音の脱落があり、やや聞き取りにくいです。テンポも速くて不明瞭な発音が多いですが、語彙は限られているので繰り返し聞けば耳になじんでくるでしょう。ジョシュの声によるナレーションの部分は比較的聞き取りやすいです。また、ジョシュのコーチ、ブルースはイギリス英語で、ジョシュを指導している時はゆっくり明瞭に話しています。	専門語	3	
^	^	ジョーク	3	
^	^	スラング	3	
^	^	文法	3	

授業での留意点

　伝説のチェス世界チャンピオン、ボビー・フィッシャーの半生を紹介しながら、その再来ともてはやされた少年が紆余曲折ありながらも強くなっていく姿が描かれているので、当然チェスの場面がたくさん出てきます。チェスを知らなくても十分映画を楽しむことができますが、知っているとさらに理解が深まります。

【ワシントン・スクエア公園】映画の序盤で、ジョシュが学校から母親と妹の3人で帰る途中、大きな凱旋門が映し出されます。ニューヨーク市にあるワシントン・スクエア公園の入口に立つ、この公園のシンボルです。この公園が映画の中で活気に満ちた野外チェスが行われていた舞台で、ジョシュはこの近くに住んでいるようです。実際の公園内にもチェスコーナーが設けられています。

【グランド・マスター】チェスプレーヤー最高位のタイトルで、チェス協会認定の試合に出場してポイントを稼ぎ、ポイントと出場数が規定に達するとグランド・マスターとして認定されます。映画の中でブルースがジョシュにグランド・マスターの認定書を渡しますが、"This is to certify that Josh Waizkin, on this day, has, in the eyes of his teacher, attained the rank of Grandmaster."（ここに認める。ジョシュ・ウェイツキンを優れた得点によりグランド・マスターとする。）と書かれてあります。"in the eyes of his teacher"の部分が日本語字幕には訳されていませんが、あくまで「指導者の判断」による私的な認定書であることが示されています。

【早指しチェス】公園で行われるチェスは、10分程度の持ち時間が定められている早指しチェスと呼ばれるもので、専用の時計を用いて消費した時間を計測します。映画の中で駒を動かしては時計を押すというリズミカルな勝負の映像が何度か出てきますが、このテンポが早指しチェスの特徴です。ジョシュが久々の野外チェスを始めるときに"Two minutes"（2分）と、指定されます。これは持ち時間2分の早指しチェスをするという意味です。持ち時間2分というのは相当に短い設定で、瞬時に判断して駒を動かさなければ持ち時間が切れて負けてしまうことになります。しかし、ジョシュはこの勝敗をつけるのも難しい短期戦で、"Mate."（メイト。）と言って勝っています。また、映画の序盤では、ある名の通ったグランド・マスターが早指しチェスに挑戦し、てこずっている場面が見られます。じっくりすべての手筋を吟味する時間がないので、通常のチェスとはかなり戦術が変わってきます。ちなみに、ボビー・フィッシャーは早指しチェスの名手でもあったようです。

【チェスの流儀】将棋で負けが確定したときは「負けました」と言って頭を下げますが、チェスでは自分のキングの駒を倒すことで負けを認めたことになり、試合終了となります。全国大会の決勝戦で、ジョナサンが何とも言えない表情で自分のキングを倒す場面があります。

映画の背景と見所

　ボビー・フィッシャーが米国人初の世界チャンピオンになったのは冷戦さなかの1972年でした。そのような時代に旧ソ連のチャンピオンを倒したということで、一躍国民的な英雄となりました。当然、政治的にフィッシャーを利用しようという動きもあったでしょう。政府の広告塔となり、一生保証された生活を送る事も可能だったかもしれません。しかし、フィッシャーの行動は、映画で紹介されているように人々の理解を超える謎の多いものでした。勝負の世界にとどまるにはそれしか選択肢がなかった可能性もあります。

　この映画ではジョシュが全米ジュニアチャンピオンになるまでの軌跡を描きつつ、フィッシャーの半生が時折ナレーションで紹介され、二人の人生を重ね合わせて見るよう仕向けられています。二人に共通するのは、チェスの魅力に取り憑かれ、才能にも恵まれ努力を惜しまない点でしょう。そのようなたぐいまれな人物を周囲が放っておくはずがありません。ジョシュは大人の都合で振り回されていましたが、フィッシャーは国家の都合で振り回されていたとも言えます。ジョシュのコーチ、ブルースはあるときジョシュに対戦相手を憎むよう教えていましたが、ジョシュは憎しみという負のエネルギーで相手を倒すことは望みませんでした。ライバルへの思いやりも忘れず、自分にとってベストのプレーをすることが何よりの目的なのでしょう。

| スタッフ | 監督・脚本：スティーヴン・ザイリアン
製作総指揮：シドニー・ポラック
製　　作：スコット・ルーディン、ウィリアム・ホーバーグ
撮　　影：コンラッド・L・ホール
音　　楽：ジェームズ・ホーナー | キャスト | ジョシュ・ウェイツキン　　：マックス・ポメランク
フレッド・ウェイツキン　　：ジョー・マンテーニャ
ボニー・ウェイツキン　　　：ジョーン・アレン
ブルース・パンドルフィーニ：ベン・キングスレー
ヴィニー　　　　　　　　　：ローレンス・フィッシュバーン |

マゴリアムおじさんの不思議なおもちゃ屋	Mr. Magorium's Wonder Emporium	（執筆）岩塚さおり

セリフ紹介	マゴリアムおじさんは、店をマホーニーに譲り、243歳で亡くなります。「まだ、死なないで」と泣きながら頼むマホーニーに、その時、マゴリアムおじさんは、店のみんなに"He died."（彼は死んだ。）と言ってくれと頼みます。それは、シェイクスピアの『リア王』の中で壮絶な人生を生き抜いたリア王の最期をシェイクスピアはただ、"He dies."（彼は死ぬ）とだけ書いただけで何の装飾もしないその表現が何と素晴らしいと思ったからだと話します。何世紀にも渡って子供たちを楽しませ幸せにしてきたという点で盛大なお葬式に見合った最後がふさわしいと思うのが一般の考え方だと思うのですが、人生の終わりを美辞麗句で飾って欲しくなく、静かにこの世との別れをしたいと願うマゴリアムおじさんの遺言の謙虚さに感動させられます。 　マゴリアムおじさんは病院を退院した後に店の常連客のエリックと会計士のヘンリーに公衆電話から電話をかけます。その時、"Please deposit an additional 35 cents."（さらに、35セント入れて下さい。）と言う声が受話器から聞こえてきます。この表現ですが、アメリカの公衆電話は日本の公衆電話と使い方はほぼ同じですが、日本は一定の金額分話すと「ピー」となってお金を足さないと自然に切れてしまいますが、アメリカは「35セント入れて下さい。」というアナウンスが2−3度流れ、通話者がお金を入れないと切れる仕組みになっています。また、depositという語はこの場合では動詞で使われ、「前金を入れる」という意味ですが、銀行では「預金をする」という意味になります。また、レンタカーなど、レンタルでものを借りる場合、「頭金」賃貸住宅を借りる場合は「保証金」（日本で言う「敷金」という名詞としてよく見られます。
ふれあいポイント	【語彙の説明】授業内で習得出来そうな多くの表現が見られます。 　"sale""For Sale"（売り物）という熟語です。これは、不動産の売買、また、カタログ・ショッピングや、店の広告などで多く眼にする言葉ですが、しばしば"4-Sale"（Four-Sale）など当て字で書かれたりもします。日本で"Sale"という場合、バーゲンを思い浮かべますが、それは日本人のみの解釈であることを加えておくと良いでしょう。 　"Congreve Cube"この作品の中で何度も登場する少し難しい語です。木製のサイコロのことですが、消極的で自身のないヒロイン、マホーニーに彼女の素晴らしさを気付かせるという大変な役目を果たします。コンブリーヴは、17世紀から18世紀にかけて喜劇作家として知られたイギリスの、実在の人物、ウィリアム・コンブリーヴ（引用：ブリタニカ国際大百科事典）から引用し、喜劇性を示したと思われますが、作品の中でコンブリーヴ・キューブについての名の由来の説明は全くありません。マゴリアムおじさんは、マホーニーに「キューブの存在を信じていれば、新しい人生へと道を切り開いてくれるよ」と言うだけですが、日本人の感覚で考えれば「お守り」のようなものと説明してあげると良いのではないかと思います。キューブは立方体とかサイコロの形をしたものであり、数学にも出てくる言葉ですから覚えておくように指示しましょう。 　"work"マホーニーが売りに出したおもちゃ屋を買おうと興味を示す事業家の女性とその女性の子供ジャックと呼ばれる男の子が、不動産屋に案内されて店を訪れます。その時ジャックは、母親が商談をする間、灰色になってしまったたばねと磁石で出来たおもちゃに興味を示し、"Do you know how it works?"（どうやって動かすの？）とマホーニーに尋ねます。"work"という語は一般的に働くという動詞の意味でよく使われますが、他にも、機械が作動する、薬が効く、計画がうまくいくと多岐に亘って使用出来るとても便利な言葉であることを説明してあげましょう。また"homework"（宿題）の言葉にも含まれていることから、勉強するという意味もあることも付け加えてあげると、現実的な単語として忘れることはないでしょう。 　"cool"マホーニーがジャックにおもちゃの遊び方を教えると少年は"Cool, that's neat."（「かっこいい、すごい。」）と言って目を輝かせます。この場合に使う"cool"ですが、日本語で人物描写の時使うクールとは少し意味が違います。日本語では冷たさを感じさせると同時に、外見がステキな男女を描写する時に使います。けれど、アメリカ英語では、「粋な、カッコイイ、素晴らしい」などという意味になります。そして、昨今では、児童から、大人まで、"That's good"（いいね、良かったね）や、"That's fun"（楽しいよ、面白いよ）などの代わりに"That's cool"を使うほど、"cool"という語を頻繁に耳にするようになっています。
あらすじ	243歳のマゴリアムおじさんは、命を吹き込まれたように動くおもちゃを商品として売る、夢のおもちゃ屋を113年に亘って営んでいます。マゴリアムおじさんの店では、他に店員のモリー・マホーニー、マゴリアムおじさんの伝記を書き続けているベリーニ、そして新しく会計士として雇われたヘンリーが働き、おもちゃ屋へは、毎日、友達を作ることの出来ないエリックが遊びに来ています。そんなある日、マゴリアムおじさんは引退を宣言し、作曲家兼ピアニストとして活躍したいと思いながら行き詰っているマホーニーに店を譲るから、夢を叶えるようにと言います。その時、Congreve Cube（コングリーヴ・キューヴ）と呼ばれる木製のさいころを渡して、「このキューヴを信じなさい。」と言いますが、マホーニーはマゴリアムおじさんの言う意味が分かりません。魔法を使うことの出来ないマホーニーは、店を売りに出すことにしますが、ヘンリーに、「私は魔法を心の底から信じているけど、このキューブはどうやって使うのか分からないの」と叫んだ途端、キューヴは動き始めます。マホーニーはキューヴを操ることが出来るのを見たヘンリーは、マホーニーに「君は魔法を信じていても、自信を持って困難に向かっていく姿勢が必要だったんだ。」と叫びます。ヘンリーに励まされたマホーニーは店を続けることを決心し、マゴリアムおじさんが消えてしまった後、灰色になって動かなくなってしまった全てのおもちゃの息を吹きかえらせていくのです。

映画情報	製　作　年：2007年 製　作　国：米国 言　　　語：英語 ジャンル：ファンタジー、コメディ カラー映画	公開情報	公　開　日：2007年11月16日（米国） 　　　　　　2007年12月28日（英国） 上映時間：95分 興行収入：6,947万4,661ドル MPAA（上映制限）：G

薦	●小学生　●中学生　○高校生　○大学生　○社会人	リスニング難易表	発売元：ポニーキャニオン（平成26年5月現在、税込み）DVD価格：4,104円　ブルーレイ価格：5,076円

お薦めの理由	おもちゃがまるで生き物のように動いている、また、欲しいと思ったおもちゃはすぐその場で作られて手に入るなんて大人にとってみたら全く信じられない世界です。この映画は、もともと、現実に起こりえないことも無邪気に信じられる幼児に向けて作られた作品ですが、23歳のマホーニーは、木製のサイコロを信じることで自分に自信を持つ女性へと成長していくことが示されています。	スピード	3
		明瞭さ	5
		アメリカ訛	3
		外国語	1
		語彙	3
英語の特徴	登場人物は白人がほとんどで、米国英語です。おもちゃ屋の買い物客として、黒人の女性が、また、売りに出されたマゴリアムおじさんの店を案内する不動産屋仲介人として黒人の男性が登場しますが、大変聞き取りやすい標準的な米国英語を話しています。感情的な態度を俳優が見せる時、台詞のスピードが速く聞き取りにくいこともありますが、児童対象の作品のため、英語は全体的に分かりやすいと思います。	専門語	2
		ジョーク	5
		スラング	3
		文法	3

授業での留意点	【『ふれあいポイント』に加えて】"Cool, that's neat."の"cool"についてもう少し説明を加えておきます。昨今では、児童から若者に至るまで"cool"が、"good"の代わりをしていると感じるぐらい"cool"という言葉を耳にするようになりました。そして、次の語、"that's neat"の"neat"ですが、ファッションやインテリアなど外観が「素敵で粋」、人物描写の際、「良い人、素敵な人、格好いい人」と褒める時、週末が楽しかった、また、素敵な出来事があった場合に使われます。また、"neat"には「きちんとした」「上品な」という意味もありますから、使い方の例を幾つか取り上げて指導すると良いでしょう。"allowance"友達が出来ないと嘆くエリックですが、大人のマホーニーやヘンリーに対しても自分の意見が堂々と言える積極的に生きる少年です。エリックは、マゴリアムおじさんの店をマホーニー以外の誰の手にも渡したくないので、ある日、ヘンリーの事務所を訪ねます。そこで、ヘンリーに、"The following simply states that I can offer Mahoney a down payment of \$237 in pennies."（「次の報告書に僕は、マホーニーに237ドル、全てpenny（1セント）で頭金を払うと書いてあるよ。」）と言い、エリックは9歳だから他の買い手よりも長く生きられて、残りの借金を"allowance"「お小遣い」で払い続けられるから、店は僕が買い取れるように助けてとヘンリーにすがります。マゴリアムおじさんの店が、他の人に渡ったら、もう魔法の店ではなくなるからです。ここで、"allowance"という言葉ですが、アメリカの子供たちも日本と同じようにお小遣いを親から、また、祖父母から貰います。ただ、家庭が裕福でも日本のように高額なお小遣いを子供に与えるということはあまりありません。それよりも、毎日の仕事が家庭の中で決められ、それを守った時にのみお小遣いが支払われるという形態が多く見られます。お手伝い賃というものでしょうか。お小遣いという単語、聞きなれませんが、覚えておくとよいでしょう。 【友達とは？】お小遣いで残りの借金を払い続けるエリックのアイデアは、さすがに子供らしい考えですが、エリックのファンタジーや魔法を信じて楽しむ姿は、数字だけしか信じられない現実的なヘンリーの気持ちを変えていきます。最後にヘンリーが、魔法の存在と威力を信じてマホーニーを励ましていくのです。たった9歳のエリックですが、現実的で非科学的なことを受け付けないヘンリーの気持ちを和らげ、マホーニーにも店の大切さを語って気づかせていきます。そしてエリックは、友達が作れないのではなく、エリックとは年齢の差こそあれ、マゴリアムおじさん、ヘンリー、マホーニーがエリックの友達であることを見せています。ここで、この作品を見ている児童たちは、友達について考える機会が与えられると良いでしょう。友達とは、年齢など関係なく助けて欲しいときに救いを求めることの出来る友人、自分の考えていることを正直に言ってあげることの出来る相手が友人なのではないでしょうか。

映画の背景と見所	この映画作品は原作、脚本、監督まで全て一人三役でこなしたザック・ヘルムの初の監督作品ですが、2006年初めて脚本家として参加した映画作品、「主人公は僕だった」の続きを書こうとしたのが本作品を制作するに至ったきっかけです。ヘルム監督は、かつておもちゃ屋で店員をしていた頃を思い出し、設定を膨らませて子供向けに作り上げたと述べている（引用：映画批評家、前田有一）そうですが、確かにぬいぐるみが動き、多くのおもちゃが音を出したり話したりする場面は夢一杯の低学年児童に向けたものだと納得させられます。この年代は、人と空想の中で命を宿したおもちゃの境界が遊びに夢中になってしまうと分からなくなるからです。色彩豊かなファンタジーの世界を映し出したこの作品はどの児童の心にも灯を与えてくれるでしょう。そして児童でも高学年となるとファンタジーの世界を否定し、現実の世界ばかりに眼を向けるようになっていきます。特に日本の高学年児童にとってファンタジーの価値は低く感じるかもしれませんが、この作品には社会人が見ても励まされるメッセージが幾つか含まれています。例えば、自分の人生に消極的で否定的なマホーニーが、自分を信じることでどんなことにでも挑戦していけるのだと気付くことは大人の私達と重なります。大人になると、職場での失敗から自身の能力に対して否定的になりやすいものですが、新たに自分を信じ直すことでマホーニーのように生き生きと生きることだって出来るのです。

スタッフ	監督・脚本：ザック・ヘルム 音　楽：アレクサンドル・デプラ、アーロン・ジグマン 編　集：サブリナ・プリスコ 撮　影：ロマン・オーシン 美　術：テレーズ・デプレス	キャスト	エドワード・マゴリアム　：ダスティン・ホフマン モリー・マホーニー　：ナタリー・ポートマン ヘンリー・ウエストン　：ジェイソン・ベイトマン エリック・アップルバウム　：ザック・ミルズ ベリーニ　：テッド・ルジック

	マダガスカル	Madagascar	（執筆）平野　尚美

セリフ紹介

　米国ニューヨークの真ん中にある動物園で何不自由なく育ったライオンの『アレックス』は、マダガスカル島に漂着後、空腹のあまり友達であるシマウマの『マーティ』にかみついてしまいました。その行動に自己嫌悪してしまったアレックスは、1人離れて肉食動物のエリアに身を置きます。そのアレックスをマーティが迎えに行った時のやり取りはとても心に残るシーンです。"Stay back. Please. I'm a monster."（近寄るな。たのむ。俺はモンスターだ。）と言ったアレックスに対してマーティは "Alex, you're no monster. You're my friend. We're a team. You and me, remember?"（お前はモンスターなもんか。俺の友達さ。チームさ。さぁ、思い出せよ。）と言い、一緒に戻るよう必死に説得します。しかし、野生の本能からまたマーティに手を出そうとしてしまったアレックスは、我に返った後 "I don't want to hurt you."（お前を傷つけたくない。）と一言つぶやきます。自分の本能と理性のはざまに立ち、とまどうアレックスが、友達を思う優しさから発した言葉です。

　無事、肉食動物のエリアから戻ってきたアレックス達は、マダガスカル島の動物たちと共に祝杯をあげます。その際、マーティはアレックスの事を "This cat proved to me without a doubt that his heart is bigger than his stomach."（食欲より友情を大切にするやつだ。）とみんなに紹介し、困難を乗り越えた喜びを表現しています。また、動物園で暮らしていた時、あこがれていた野生の世界に来ることができたマーティは、今後の身の振り方について聞かれます。"I don't care where we are. As long as we're together, it doesn't matter to me."（住むところはどこでもいいよ。仲間がいれば。）と答え、困難を乗り越え、友達と一緒に過ごす大切さを実感して出てきた言葉といえます。

ふれあいポイント

　【動物の名前】ニューヨークの動物園でいろいろな動物たちが仲良く暮らすシーン、漂流先のマダガスカル島で動物園に帰る方法を話し合ったりするシーン、また、島の動物たちとコミュニケーションを取るシーンは、それぞれとてもおもしろく、引きつけられます。気に入ったシーンを親子で取り上げ、登場した動物の名前を英語で言ってみると良いでしょう。（例：ライオン(lion)、シマウマ(zebra)、カバ(hippo又はhippopotamus)、キリン(giraffe)、ペンギン(penguin)、サル(monkey)、フォッサ(fossa)（マダガスカル島原産のジャコウネコ科の動物））また、映画に登場する動物以外で、子ども達にとって身近な動物を取り上げ、さらに英語の語彙を増やしていくと良いでしょう。（例えば、自分が行ったことのある動物園にはどの種類の動物がいるか比較をしたり、子どもが気に入っている動物園の動物たちを英語ではどう言うのか親子で確認してみましょう。）

　【英語を話す国の習慣】動物園の閉園後、友達が集まってマーティの誕生日をお祝いするシーン（Chapter 3）があります。アレックス達は、ロウソクを吹き消す前に "Let's make a wish." とマーティに声をかけ、（心の中で）願い事を唱えるよう促します。誕生日のケーキにロウソクを立てて、歌を歌った後にロウソクを消すことは、日本でもおなじみの習慣ですが、米国やヨーロッパでは、「ロウソクを一息で消すことが出来れば、自分の願い事が叶う」と言われていることから、マーティに願い事をするよう声をかけたのです。また、この願い事はまわりに知られないようにすると良いと言われています。ロウソクを消した後、マーティの願い事が何だったかを知りたがるアレックス達と、それを最初は拒むマーティのやりとりの意味は、この背景がわかると理解できるでしょう。

　【地理】この映画では、米国ニューヨークの動物園の動物たちが、ある出来事をきっかけにして遠く離れたマダガスカル島に漂流することになります。また、ペンギン達は、動物園を脱走し、南極を目指します。映画で出てくる場所を地図で確認してみることにより、アレックス達がいかに遠く離れた土地まで大冒険をしたかがわかるでしょう。（マダガスカル島は、アフリカ大陸の南東に位置します。）

　【動物の生態】大自然の中では、動物園とは違いエサをくれる人間がいない為、肉食動物は他の動物をエサにして生きていかなくてはいけません。しかし、ライオンのアレックスは友達をエサにするわけにはいかないので、友達のもとを去り、肉食動物のエリアで過ごします。（Chapter 15）このシーンをきっかけにして、子ども達とそれぞれの動物がどこで生活して、何を食べるかについて話し合ってみて下さい。話し合いで出てきた言葉を取り上げて、英語で表現してみると良いでしょう。例えば、ライオンのアレックスは、meat または stake を食べるので、"Marty eats steak / meat." と言えます。また、アフリカに住んでいる場合は、"Marty lives in Africa." と表現できます。

あらすじ

　米国ニューヨークの真ん中にある動物園で何不自由のない生活を送っているライオンのアレックス、シマウマのマーティ、キリンのメルマン、カバのグロリアの4頭は大の仲良しで、動物園の人気者でした。いつもと変わらない生活を送っていたある日のこと、マーティは動物園から脱走する計画を立てていたペンギン達と出会います。大自然にあこがれていたマーティは、ペンギンたちの計画に触発されて、「自分も大自然というものをちょっと見に行ってみよう」という軽い気持ちで、動物園から抜け出すのでした。アレックス達は、いなくなったマーティを追いかけ、夜のニューヨーク市内に出かけますが、4頭が合流できたところで、人間達につかまります。抜け出した動物達は大自然に戻されることになりますが、輸送途中にアクシデントがあり、漂流した後に着いたのはアフリカのマダガスカル島でした。大都会と正反対の自然あふれるマダガスカル島で、とまといながらも4頭は野生生活を送ることになります。島での生活を通して、ライオンのアレックスはこれまで意識することのなかった野生の本能に目覚めていきますが、その代償として友達との離別を経験します。弱肉強食という自然の摂理に従った生活を取るのか、それとも友達と共存する道を取るのかという究極の選択に直面して苦悩するアレックスですが、その問題を自分で乗り越えることによって、かけがえのないものを手にすることができる素晴らしさを私たちに教えてくれています。

映画情報

製作年：2005年
製作国：米国
配給会社：ドリーム・ワークス（米国）
　　　　　アスミック・エース（日本）
言　　語：英語

公開情報

公開日：2005年5月27日（米国）
　　　　2005年8月13日（日本）
上映時間：86分
画面アスペクト比：1.85：1
MPAA（上映制限）：PG

薦	●小学生　○中学生　○高校生　○大学生　○社会人	リスニング難易表	発売元：パラマウント ジャパン（平成26年5月現在、税込み）DVD価格：1,944円　ブルーレイ価格：2,700円

お薦めの理由	動物園で何不自由ない生活を送っていたライオンのアレックスは、マダガスカル島に漂流し、大自然に突然身を置くことになり、自分の中に眠っていた野生動物が持つ本能と向き合うことになります。アレックスが、とまどいながら自分自身と向き合い、最終的に本当に大切にしたいものが何かを見つけていく姿を通して、私たちも自分を見つめなおし、考える機会を持つことが出来るでしょう。	スピード	3
		明瞭さ	2
		アメリカ訛	2
		外国語	2
英語の特徴	ニューヨークの動物園で生活するアレックスとマーティの会話は、とても軽快で、冗談を交えたトークが随所に見られる為、比較的早口で会話が進められています。アレックスとその友達がゆっくりとした口調でやり取りするシーンや、カバのグロリアがマーティやメルマンに語りかけるシーンは比較的聞き取りやすいので、その部分の英語を聞き取ってみると良いでしょう。	語彙	2
		専門語	2
		ジョーク	3
		スラング	2
		文法	2

授業での留意点

【名詞の語順】動物園の人気者のアレックスは、動物園のイベントショーで"Alex the lion"と紹介されていますが、日本語では『ライオンのアレックス』と表現されます。日本語と英語の語順が異なることを子供たちと一緒に確認して、その他の登場人物も同様に表現してみると良いでしょう。(Marty the zebra, Melman the giraffe, Gloria the hippo)

【曜日】アレックスがカバのグロリアを起こすシーン（Chapter 1）で、グロリアが"What day is it?"と聞き、それに対して アレックスが"It's Friday. Field trip day."と答えています。グロリアの曜日を訪ねる表現を使って、月曜日から日曜日までの英語の表現を児童同士で確認することができます。（"What day is it?" -- "It's ○○."）もし追加の情報が付け加えることができる場合は、"△△ day."と続けると良いでしょう。

【英語の簡単な表現】行動を表す言葉（動詞）を映画のシーンから取り出すことによって、映像と言葉がリンクして、言葉の意味がより定着しやすくなります。例えば、子どもたちが開園と同時に元気よく動物園に入ってくるシーン（Chapter 1）では"Lets' go."や"Come on."といった表現を使っています。また、アレックスがショーで吠えるシーンでは"Roar!"と言っています。ペンギンたちが来場者に手を振るシーン（Chapter 2）では、"Just smile and wave, boys. Smile and wave."と言っています。（この表現は、映画の終わりに船に乗り込んだアレックス達を見送るシーン（Chapter 19）でも用いられています。）

【英語の言葉遊び】小学校の高学年や英語に慣れ親しんだ児童には、動物たちの会話の中にみられる言葉遊びを一緒に確認してみると良いでしょう。英語の文化を知っていると、どうしてそういった表現を用いたのか理解することが出来ます。例えば、マダガスカル島の動物たちと初めて会話するシーン（Chapter 10）では、漂流してきたアレックス達は"Where are you giants from?"（どっから来たジャイアンツさん？）と声をかけられます。それに対して、"We're from New York."と答えると、キング・ジュリアンは"All hail the New York Giants!"（みんな、ご挨拶。ニューヨーク・ジャイアンツだ。）と叫びます。自分達よりもかなり大きな4頭に対して用いた言葉 giants と、ニューヨークでとても人気のあるアメリカンフットボールチームの名前を結びつけたジョークとなっているのです。

【英語の音とリズム】英語の音に慣れ親しむ際に、英語の歌を歌うのはとても効果的です。この映画の中盤（Chapter 9）とエンド・ロールに流れる歌の中で、頻繁に繰り返される"I like to move it, move it."というフレーズは覚えやすく、軽快な音楽に合わせて楽しく歌うことが出来ます。また、この表現をもとにして I like to ○○（行動を表す言葉（動詞））. というように、move it 以外の表現も使えるようにすると良いでしょう。

映画の背景と見所

映画『シュレック』をはじめ、いくつもの作品で子どもや大人を楽しませてくれるドリーム・ワークスが手掛けた作品で、ニューヨークの動物園で育った主人公アレックスやその友達がとても個性的なキャラクターとなっています。

人間によって手厚い世話をうけ、何不自由のない生活をいつもと変わらず過ごしていたある日、動物園の壁画に描かれた大自然にあこがれているシマウマのマーティが、ペンギン達の行動に触発されて動物園を抜け出すことから物語が大きく動きます。都会育ちの動物たちが、アフリカのマダガスカル島に漂着して、大自然の中でどう過ごしていいのか戸惑う姿がコミカルに描かれていますが、文明社会で生活する私たちが同じような境遇に置かれた場合、果たしてどのように理性的に対応できるのだろうかと考えさせられる作品です。

また、友達との関わりについても取り上げられています。動物園内で何の問題もなく過ごしている時は、自分を第一に考え、適度に友達との距離を取りながら過ごしていたアレックスでしたが、大自然に身を置くことにより、これまでの友達関係に影響する大きな問題に直面します。自分が肉食動物であるという事実を受け入れられないアレックスでしたが、ありのままの自分を受け止め、救いに来てくれたマーティの言葉が心に響き、真の友達の大切さに気付いていく過程が描かれています。

| スタッフ | 監督・脚本：エリック・ダーネル、トム・マクグラス
脚　　本：マーク・バート、ビリー・フロリック
製　　作：ミレイユ・ソリア
共同製作：テレサ・チェン
音　　楽：ハンス・ジマー | キャスト | アレックス：（声）ベン・スティラー
マーティ　：（声）クリス・ロック
メルマン　：（声）デイヴィッド・シュワイマー
グロリア　：（声）ジェイダ・ピンケット＝スミス
モーリス　：（声）セドリック・ジ・エンターテイナー |

マダガスカル3	Madagascar 3 :Europe's Most Wanted	（執筆）木下　恭子

セリフ紹介

　アレックスはサーカス一座のショーを成功させるため、ビタ一リにもう一度昔の勇敢な姿に戻って輪くぐりをするよう説得している場面のセリフです。

Alex : Come on, where's that Vitaly?（オイあのビタ一リはどこへ行った？）
Vitaly : That Vitaly is no more.（あのビタ一リはもういない。）
Alex : Listen, man. You may have given up on yourself, but your friends haven't given up on you. Are you just going to turn your back on them and sit and eat borscht the rest of your life? Or are you gonna get out there and jump through that tiny little hoop?（なあ、あんたが見捨てても仲間は見捨てないよ。あんたそんなみんなに背を向けて一生ボルシチ食べて生きるか？それより舞台に出ていって輪っかをくぐり抜けたらどう？）
Vitaly : It is impossible.（それは無理な相談だ。）
Alex : It was always impossible, Vitaly. That's why people loved it.（もともと無理だったんじゃないか。だからみんな喜んだ。）
Vitaly : That is why I loved it. Because I did the impossible. I was once a brave tiger. Light the hoop on fire.（だからサーカスが好きだった。そうわしは不可能を可能にした。あの頃は勇敢なトラだった。輪っかに火をつけてくれ。）
Alex : Come on. You got it.（大丈夫いける。）

ふれあいポイント

【動物の英単語について】多くの動物が登場するこの映画で、単語を覚えてみましょう。Lion のアレックス、giraffe のメルマン、zebra のマーティ、tiger のビタ一リ、big bearのソニア、leopard のジア、正式名称hippopotamusの略式 hippo のグロリアについて、辞書で単語の意味を確認してみましょう。身近で興味のもてる単語をグループでまとめてこのように口に出して言ってみると単語が覚えやすいです。日本語での言い方と違って英単語にはアクセントがあるということを感じてみましょう。

【可能性を示す表現】可能性を示す"can"と可能性を否定する"can't"はこの映画で多く使われています。壊れてしまった飛行機についてアレックスは"We can fix it!"（直せるよ！）と楽観的に答えています。マーティは動物管理局の追跡について"We can't hide forever."（隠れ続けるのは無理だ）と悲観的になっていて、グロリアも"And we can't just blend! You know this ain't Africa."（紛れられないしね。アフリカじゃないから）と同意しています。この映画では、登場する動物たちがどのような場面で"can"や"can't"を使っているか理解しやすい設定となっています。日本語で文を考えさせて、"I can run fast."（速く走ることができるよ）とか"I can't eat green pepper."（ピーマンが食べられない）など言ってもらいましょう。どんな状況でどのような事柄について"can"を使うか早いうちにわかるようになると英語を話すことが楽しくなります。

【動詞waitの使い方】アレックスは列車に乗っているビタ一リに自分たちをかくまってくれるよう頼んだ時にビタ一リに"This train is for circus animals only."（この列車はサーカスの動物だけだ）と言われてしまったので"No, no! Wait, wait, wait!"（おおちょっと。行かないで）と日常生活でよく使われる"wait"を懇願して言っています。3回繰り返して"wait"と言うことで気持ちを強調することができます。さらにアレックスは"Wait, listen! We are circus animals. You got to let us in!"（待ってよ。オレたちもサーカスの動物だよ。入れて）と言っています。相手の関心を自分に向けさせるためにはこのように"wait"を繰り返し使うことが効果的なのです。

【circusをキーワードにした会話】会話がはずむジアとアレックスのやりとりを見てみましょう。ジアが"You are really circus?"（本当にサーカスの動物？）と質問した時、アレックスはテンポよくリズミカルに"Yes. Full circus. My mama was circus. My daddy was circus."（そう。100%そうさ。母ちゃんもサーカス。父ちゃんもサーカス）と答えます。するとジアはアレックスに親近感をもったまなざしを向けて"They are circus. Circus stick together."（サーカスの仲間は助け合わなきゃだめでしょ）とビタ一リに助言します。アレックス役とジア役になってペアワークで会話をしてみたら楽しいでしょう。また子供はお父さんのことを"dad"とか"daddy"と言うういます。

あらすじ

　ニューヨークのセントラルパーク動物園を抜け出したライオンのアレックス、シマウマのマーティ、キリンのメルマン、カバのグロリアの4頭は、ヨーロッパを舞台に大冒険を繰り広げます。仲良し4人組のアレックス、マーティ、メルマン、グロリアは、マダガスカル島、アフリカ大陸での大自然の厳しさを痛感してニューヨークに戻りたくなります。頼りになるペンギンズを捜してフランスのモナコにあるモンテカルロのカジノへ行きます。カジノで騒ぎを起こしてしまったため、指名手配を受けてシャンタル・デュポア警部に追われてしまいます。動物管理局のデュポア警部たちの注意を引くことなくアレックス、マーティ、メルマン、グロリア、ペンギンズ4羽、サル2匹、キング・ジュリアン、モーリス、モートたちはニューヨークに戻れるように移動サーカスの一座にアレックスがサーカスの経験はあるとうそをついて入れてもらい、どこまでも人間離れした動きのデュボア警部の追跡をかわそうとします。サーカスの一座はカジノで大金をもうけたサルがオーナーからサーカスを買収します。このサーカス一座の芸は時代遅れで観客からとても不評でした。トラのビタ一リは輪くぐりの芸で失敗して毛が焼けて離婚を経験してから、ボルシチを食べることだけが楽しみで、芸をやる気が出ません。そんなビタ一リを励まして輪くぐりの再チャレンジをさせたり、サーカスの芸を観客が感動するような新しい芸に変えるのにリーダーシップをとったのはアレックスです。

映画情報

製　作　費：1億45百万ドル
製　作　年：2012年
製　作　国：米国
言　　　語：英語
ジャンル：アニメ

公開情報

公　開　日：2012年6月8日（米国）
　　　　　　2012年8月1日（日本）
上映時間：93分
MPAA（上映制限）：PG12
興業収入：3億8,017万2,000ドル

薦	●小学生　○中学生　○高校生　○大学生　○社会人	リスニング難易表		発売元：パラマウント ジャパン（平成26年5月現在、税込み）DVD価格：1,944円　ブルーレイ価格：2,700円

スピード	3	
明瞭さ	3	
アメリカ訛り	3	
外国語	4	
語彙	3	
専門語	1	
ジョーク	3	
スラング	2	
文法	3	

お薦めの理由

　アレックス、マーティ、メルマン、グロリアが動物管理局の追跡から逃れてセントラルパーク動物園に戻ったという設定は、小学生に理解しやすい内容となっています。彼らの物事の決定方法はリーダーのアレックスの意見に無条件に従うのでなく、議論をしてどうするか決めています。空気を読んで相手の意見に同調することを美徳とせず、個人主義で自分の意見を明確に述べる米国人の態度が学べてお奨めです。

英語の特徴

　セントラルパーク動物園にいたアレックス、マーティ、グロリア、メルマンはニューヨーク訛りの英語で、話す速度は少し早いです。この映画では移動サーカスの動物たちの英語が独特です。ビターリはロシア訛りの英語で、速度はゆっくりなので聞き取りやすいです。おしゃべりのステファノはスペイン語訛りの英語です。彼らの会話は母国語訛りの英語でアレックスたちとやりとりが十分できることを示します。

授業での留意点

【舞台となった国について】この映画で舞台となった特に3つの都市は観光地としても有名です。映画の内容をさらに理解する助けとなるようモンテカルロ、ローマ、ニューヨークについてインターネットで調べさせ、グループごとに発表してもらうといいでしょう。映画ではそれぞれの都市の詳しい説明はありませんから、新しい発見となるでしょう。カジノへサルのメイソンやペンギンズは何をするために行ったのでしょう。また、コロッセオは歴史上何が行われたのでしょう。

【チャンクの練習】8語までの単語で構成された短い英文のことをチャンクと呼びます。この映画は大量のセリフで構成されており、意味を説明した上でたくさんのチャンクを練習させてみましょう。マーティはこれからどうしたらいいか迷っている時仲間に "What are we gonna do?"（ねえ、どうする？）と相談しています。相手に待ってほしいと言う時オットセイのステファノは丁寧に "Just give us a minute."（ちょっと待っててちょうだい）とアレックスたちに話しています。初対面の相手には "Wait." ではなくて、礼儀正しくステファノみたいに言うことを教えてあげましょう。移動サーカスについて行きたいという気持ちをマーティは "Could we go with you?"（一緒に行ってもいい？）と言っています。このチャンクでは答え方もセットで理解してもらいましょう。英語では一言 "Sure!"（いいとも！）と言えばいいのです。相手にやめなさいと一言注意する時キング・ジュリアンはモートに "Mort! Stop it!"（モートやめろ！）と言っています。ローマのコロッセオに到着してアレックスは驚くような事実をマーティに告げます。アレックスは "The Colosseum,"（コロッセオだよ、マーティ。円形劇場の元祖。オレの先祖はここに出てたんだ）と言うので、マーティは "No kidding!"（まじで！）とびっくりしています。驚いた時に発する一言は覚えておいて使ってみると会話が弾むことでしょう。コロッセオでのサーカスのショーは芸で失敗が続き、観客たちは怒り出しチケット代を返金するよう窓口に押しかけます。観客から逃げながらアレックスは "This is a desaster"（ああ、最悪だ）と嘆いています。このチャンクはゆっくりと感情をこめて言うということを教えてあげましょう。

【サーカス改造計画】オンボロサーカスを変えようと訴えるアレックスの言葉はとても力強いものです。"We don'tneed humans because we've got passion. What does human say when he's passionate? He says, I'm an animal! Well, we are animals!"（人間なんかいなくたってオレたちには情熱がある。よくあつい人間が言うだろおれたちはアニマルだって。おれたちこそアニマルだ）とユーモアを交えて言ってます。さらに動物だけのサーカスを作ろうとみんなに話し、"We can do anything! Take our circus back and we'll do it together."（みんなで力を合わせれば何だってできるんだ。サーカスを取り戻そう）とみんなの気持ちをまとめます。心を討つセリフがすばらしいです。

映画の背景と見所

　この映画は、米国のドリームワークス・アニメーションが製作し大ヒットした「マダガスカル」と「マダガスカル2」に続く第3作目で完結作品となります。ニューヨークのセントラルパーク動物園を脱出したアレックス、マーティ、メルマン、グロリアはマダガスカルに着き、次にアフリカのサバンナにペンギンズの飛行機が不時着し、今回はヨーロッパが舞台となっています。

　この映画ではヨーロッパの美しい観光地の景色が楽しめます。最初はモンテカルロで青空とカジノの白い建物が美しい色のコントラストで映しだされます。サルのメイソンが白髪のロココ調のカツラをかぶり、口紅をつけ、ペンギンズはベッドではしゃいでいます。正装をした人々に囲まれたメイソンはカジノで大儲けします。天井からアレックスたちが落ちてきて始まりはスピーディで展開が早く見応えがあります。列車でサーカス一座が着いたローマは歴史的な香りが漂うコロッセオの外観が映しだされ、観光名所が楽しめる景色となっています。動物たちと観光名所という一見結びつかない2つのものが国を超えて大人も子供も楽しめるサーカスのショーでつながっているのが魅力的です。スイスのアルプス山脈は雪で真っ白で列車の車体を際立たせています。サーカスが大成功したロンドンで米国公演の契約を獲得し、夢を現実のものとするアレックスたちの姿は不可能は可能になることを伝えていて感動的です。

スタッフ

監　督：エリック・ダーネル
脚　本：エリック・ダーネル
製　作：ミレーユ・ソリア
音　楽：ハンス・ジマー
編　集：ニック・フレッチャー

キャスト

アレックス　　　　：ベン・スティラー
マーティ　　　　　：クリス・ロック
メルマン　　　　　：ディヴィッド・シュワイマー
グロリア　　　　　：ジェイダ・ピンケット＝スミス
キング・ジュリアン：サシャ・バロン・コーエン

	# ミクロキッズ　　Honey, I Shrunk the Kids　　（執筆）木下　恭子

セリフ紹介	サリンスキー博士が実験の成功を最初に知らせた相手は妻のダイアンでした。 Mr. Salinsky: I was looking for the kids. 　　　　　（子供たちだよ） Diane: Where, in a coal mine? 　　　　　（炭鉱に？） Mr. Salinsky: They're in the back yard. 　　　　　（裏庭だよ） Diane: They are? Mr. Salinsky: Diane, I got to tell you.　That is the couch from the attic.　You can see the marks where Quark chewed the arms.　I found it on the floor.　It's my thinking couch. 　　　　　（ダイアン、君に話が… 屋根裏のソファだ。ひじの傷で分かるだろう？　床に落ちてた） Diane: Are you trying to tell me… you did it? 　　　　　（ということは実験が成功したのね） 　　妻のダイアンは夫の実験の成功に喜びつつも、子供がミクロ化したショッキングな事実をその後知らされ気絶してしまいます。子供の失踪により家族の大切さを確認する夫妻が仲直りをするキーポイントとなる場面が後に続きます。
ふれあいポイント	【日常生活の会話】初めて英語を学ぶ場合は英語の音に興味をもち、英語を発音することの楽しさをしることから始めるといいでしょう。この映画では親子の日常生活で使える会話が出てきます。トンプソン家では中庭のテントで寝ているロンにいたずらされ、バキュームが額にくっついた父ビック・ラスがびっくりして"What's on this thing?"（取れんぞ）と聞くとロンは"Super Glue."（接着剤が…）と答えます。それを使う理由としてロンは"Gotta mark those trespassers, Dad."（敵をやっつける）と言うと、ビック・ラスは"I'm not a trespasser. I'm your father!"（父親だぞ）と少し悲しそうな顔で答えます。ニックとサリンスキー博士との会話ではニックは役に立つ装置を作り自慢げに"Dad,. Look, I finished mine.　Looks just like yours, huh?"（パパ、僕の発明は出来上がったよ）と言い、サリンスキー博士は息子をほめて"That's great, Nick."と言います。会話練習で"I did my homework."（宿題をした）とか"I helped my mother."（お母さんの手伝いをした）などを英語で言ってもらい、"That's great!"とほめてみましょう。また、サリンスキー家の長女エミーが仕事に出かけようとするサリンスキー博士に"Dad, don't forget my dress from cleaners, Nick's allergy pills."（ニックのアレルギー薬を）と頼みごとをしています。サリンスキー博士は"It's all in my head.　Don't worry."（忘れないよ）と答えています。"Don't worry."（心配しないで）は短いフレーズで言いやすいですから何回も声に出して練習しましょう。体の調子を心配されて"Are you O.K.?"と聞かれた時は"Don't worry. I'm fine."と答えたりします。 【親子関係】物語の始めと終わりではサリンスキー家とトンプソン家の親子はいい関係に改善しています。ニックはミクロ化した原因は野球のボールだったことに気づいたのは自分だと自慢して"I was right, wasn't I?　It was the ball, wasn't it?"（ボールが正解だった？）とサリンスキー博士に言います。それに対して博士は最上級のほめ言葉で"You were right. You were brilliant."（大正解だ。偉いぞ）と答えています。英語はほめ言葉が豊かな言語ですからことフレーズを練習して"brilliant"を"excellent"という他のほめ言葉に入れ替えて言ってみましょう。また、父との関係がうまくいってなかったラスはやめてしまったバスケットボール部に戻るべきかを父に聞いて"Dad, if you really want me back on the team…"（もう一度チームに入るよ）と言います。父はリーダーシップをとってミクロ化した子供たちを守った息子を誇りに思い"I don't care about the team.　I care about you.　Proud of you."（チームなんか。お前が無事でよかった）と最大限のほめ言葉で息子をたたえています。正確には"I 'm proud of you."と言いますが会話で主語と述語の省略はよくあります。書き言葉と話し言葉の英語には違いを知っておくといいです。 【英語の数字】ニックは"Ants can lift 50 times"と言っています。"50 times"の意味を辞書で調べてみましょう。
あらすじ	ウェイン・サリンスキーは全ての物を260分の1に縮小する「物体縮小装置」の研究を家で行っています。装置の実験はまだ成功していません。隣の家のトンプソン家の次男ロンがバッティング練習で打った野球の球がサリンスキーの研究室に飛び込み装置が動き出してソファを縮小化します。そして、野球の球でガラスを割ったことを謝りにいったロンと兄のラス、サリンスキーの娘エミーと息子ニックは装置の光線を浴びて6ミリのサイズに縮んでしまいます。何も知らないサリンスキーは大学で行ったプレゼンテーションで笑われて怒っています。帰宅後、研究室で装置を破壊してほうきで散らばった部品とともに子供たちもゴミ袋に入れて捨ててしまいます。4人の子供たちはジャングルのような裏庭で冒険を始めることになります。サリンスキーに元のサイズに戻してもらうために子供たちは家を目指すことになります。子供たちがいなくなり不審に思ったサリンスキーは研究室で縮小したソファを発見します。それで子供たちも縮小してしまったことに気づきます。裏庭で子供たちを踏みつぶさないように注意してロープを張ってサリンスキーは自分の体をつり芝生の間を捜しますが、なかなか見つかりません。愛犬クワークは子供たちのために大活躍してくれます。子供たちをクワークは家の中に運びます。サリンスキーは装置を使ってなんとか無事に4人を元の大きさに戻すことを成功させました。
映画情報	製作年：1989年 製作国：米国 言　　語：英語 ジャンル：コメディ カラー映画
公開情報	公開日：1989年6月23日（米国） 　　　　1990年3月17日（日本） 上映時間：93分 興業収入：2億2,272万4,172ドル MPAA（上映制限）：PG12

薦	●小学生　○中学生　○高校生　○大学生　○社会人	リスニング難易表	発売元：ウォルト・ディズニー・スタジオ・ジャパン（平成26年5月現在、税込み）DVD価格：1,543円

リスニング難易表	
スピード	3
明瞭さ	3
アメリカ訛	3
外国語	3
語彙	2
専門語	2
ジョーク	2
スラング	1
文法	2

お薦めの理由

　アリなどの生物よりも自分たちの体が小さくなる設定は、小学生がこの映画に興味をもってもらいやすくなっています。アリとの出会いで4人の子供たちは庭での移動が容易になります。そして、愛犬クワークは庭から叫ぶ声に気づいて子供たちをサリンスキーの所へ運んでくれます。動物との交流で構成されているこの映画は小学生の関心に内容が合っていて映画の内容が理解しやすくなっています。

英語の特徴

　親子の会話が多くやさしい英語で短い表現のため聞き取りやすくなっています。命令や質問とその応答がありフレーズは日常生活ですぐ使えるものです。ロンとニックは少し早口なので、英語を何回も聞いてみるといいでしょう。サリンスキー博士は比較的ゆっくり話すので聞きとりやすいです。息子たちに自分が尊敬されることを願うトンプソン氏は人間味あふれる英語が特徴です。

授業での留意点

　【子供の話す英語】この映画のストーリーは場面が3つに分かれています。サリンスキー家とトンプソン家の日常生活と6ミリのサイズに縮んでしまった子供たちの冒険と体のサイズを元に戻してもらったその後の生活です。授業では前半のミクロ・サイズに縮む前の4人の子供のやりとりをペアワークやグループワークでしてもらうといいでしょう。サリンスキー家のエミーは15才、ニックは9才、トンプソン家のラスは15才、ロンは10才です。子供らしい生き生きとした英語のやりとりは感情移入しながら練習してもらうのに適しています。

　【会話練習】ペアワークとしては姉エミーと弟ニックのやりとりをしてみましょう。ニックが外出中の母についてエミーに "Amy, when's Mom coming home?"（エミー、ママは戻る？）と聞いてエミーが "She's working, Nick. She'll be home this afternoon."（仕事が済んだら戻るわよ）と答える場面です。また、朝食を準備したエミーが "Elbows up."（どけて）と言って朝食を食べようとしないニックに "What's the matter with you?"（食べないの？）と聞き、ニックが "I'm on a special diet. No toxic waste."（炭素は食べないことにしている）と答えるやりとりもおもしろいです。次に兄ラスと弟ロンとのやりとりをしてみましょう。サリンスキー家の二階の窓ガラスを割ってしまったことを伝えるため兄弟は隣の家に向かいます。エミーにラスは "I'm Russ Thompson from next door. Uh, my brother has something to tell you, or else I could tell her."（隣のラス・トンプソンだ。弟から何か話があるそうだ）と言って、ロンは "Okay! See, I was playing with my ball, right? Well-well, actually, it's not my ball exactly. It's Charlie Sudzen's."（僕のボールが本当は友だちのボールだけど…）と謝る様子はありません。しっかり者のラスは "Just tell her what you did."（話せよ）と催促します。兄に反抗的な態度のロンは "It never would've happened if their house wasn't so close!"（隣が近すぎるんだよ）と言います。素直でないロンの代弁者としてラスは "He hit a baseball through your attic window."（屋根裏の窓を…）と説明します。身近な話題だとペアワークは楽しく取り組めていいでしょう。ペアワークに慣れてきたらグループワークをさせるといいでしょう。体が6ミリに縮小化した直後の4人の会話でラスが "God, what happened?"（変だぞ）と言いエミーが "Nick, what happened?"（どういうこと？）と繰り返します。ロンが "We're all the size of boogers."（縮んじゃったのか）と言い、エミーが "Be quiet, Quark! Nick, what did you do?"（クオーク静かに！ 何したの？）と言います。ニックは "Me? It was his ball!"（こいつだよ）と答えます。短いセリフは話やすいですし同じ文の反復があり、役を変えて何回もやってみると楽しいでしょう。短いセリフだと文の暗記がしやすいので会話練習では、基本的にセリフは暗記をして映画の登場人物になった気持ちで英語を話してみましょう。

映画の背景と見所

　この映画の原案はスチュアート・ゴードンとエド・ナーハの共同で映画の原題は "Honey, I Shrunk the Kids" です。監督は「スター・ウォーズ」3部作を手がけたジョー・ジョンストンでこの作品が彼の監督デビュー作となります。テーマは人の縮小化で過去にも人の科学的なミクロ化を取り上げた映画はいくつかあります。地道に研究を続けてきたサリンスキー博士の発明した機械が、この映画では子供たちの縮小化に作用します。何も不思議なことが起こりそうにない生活の中で、急に子供たちが縮小化してゴミ袋に捨てられてしまい見慣れた家の芝生に放り出されます。芝生で子供たちはさまざまなニックの物を見つけます。たとえば、おもちゃのレゴです。ニックがなくしたレゴが見つかり、その穴が彼らの寝る場所として役立つ所はおもしろいです。また、ニックが食べかけて落としたクリームのはさまったチョコレートクッキーも見つかり、甘いもの好きな子供たちが口の周りにクリームをいっぱいつけながら食べる場面はわくわくさせられます。動物との交流では群れからはぐれてチョコレートクッキーを食べにきたアリと友だちになる所はほほえましいです。また、サリンスキー家の愛犬クワークは人より何倍も優れた聴力を持つため芝生からの子供たちの口笛に気づいて近くに走っていこうとします。彼らが縮小化したことに一番初めに気づき家まで運んでくれたクワークの活躍ぶりがこの映画の見所の1つといえるでしょう。

スタッフ

監　督：ジョー・ジョンストン
脚　本：エド・ナハ、トム・シュルマン
原　案：スチュアート・ゴードン
音　楽：ジェームズ・ホーナー
撮　影：ヒロ・ナリタ

キャスト

ウェイン・サリンスキー　：リック・モラニス
ビッグ・ラス・トンプソン：マット・フルーワー
ダイアン・サリンスキー　：マーシャ・ストラスマン
ニック・サリンスキー　　：ロバート・オリヴェリ
エミー・サリンスキー　　：エミー・オニール

Mr. インクレディブル	The Incredibles	（執筆）柴田　真季

セリフ紹介

　ヒーロースーツ作りが大好きなデザイナーであるエドナが新たなスーツをイラスティガールに紹介する場面には、インクレディブル一家の各メンバーの特殊能力を考慮に入れたスーツが分かりやすく登場します。登場人物の名前の由来ともなっている特徴が簡潔に描写されています。

E: I started with the baby. Shh! I cut it a little roomy for the free movement. The fabric is comfortable for sensitive skin, and can also withstand a temperature of over 1000 degrees. Completely bulletproof. And machine washable, darling. That's a new feature.
（まずは赤ん坊から。ゆったりと動きやすくデリケートな肌に優しい素材。そして1000度以上の高熱にも耐えられるのよ。防弾も完璧。おまけに洗濯機で洗える。）

E: Your boy's suit I designed to withstand enormous friction without heating up or wearing out. A useful feature.
（坊やのはどんなに速く走っても摩擦熱もないし磨り切れないわ。）

E: Your daughter's suit was tricky. But I finally created a sturdy material that will disappear completely as she does.
（娘さんのは苦労したわ。本人と一緒に消える丈夫な素材を開発したの。）

E: Your suit can stretch as far as you can, without injuring yourself, and still retain its shape. Virtually indestructible…yet it breathes like Egyptian cotton.
（あなたのスーツはいくらでも伸びるしすぐに元の形に戻るわ。すごく丈夫だけどエジプト綿のような通気性。）

ふれあいポイント

　日本と外国との生活習慣の相違や異文化理解を深めるのに外国映画を見ることは非常に有益です。お子さんと一緒に映像を見ながら話し合ったり、実際の生活に取り入れる事によって、より身近な物として体感する事が出来ます。

【呼びかけによる文化の相違】本作品の中心人物が家族である事から、家族間でそれぞれを呼び合う機会が多く見られます。そんな中にも日本とは異なった文化が垣間見えます。愛する人に対して使う愛称として本作品でも、darling, sweetheart, sweetie, honey といった呼びかけ語がセリフの最後に付けられています。夫婦間・恋人同士・親子間で用いられる表現ではありますが、映画で使用されている場面を見る事で、特に相手が女性の場合に用いられるのか、年齢との関わり、男女共に使用される語であるのかを自然に把握する事が出来るでしょう。

【食文化の日米相違】何度か登場する家族全員で食事をする場面でも日本との相違点を見て取れます。米国ではお箸ではなくフォークとナイフで食事をする点は異なりますが、学校であった事などを親子が話しながら食事をする点は共通する事です。また色々と欧米化する近年において食生活は決して見逃せません。

【口語表現・現代用語】人間家族を扱った映画であるからこそ、日常生活で頻繁に使用されるフレーズが出てくるのも映画も魅力です。"Calm down." "Stop it." "What's going on?" "Have a great trip." "Nice to be back." "I'm really thirsty." "Do your best!" といった普段の生活で耳にするようなフレーズから、"Cool!"（スゴイ！カッコイイ！）といった若者言葉まで場面と共に把握する事で自然に理解出来ます。

　また本作品中には現代生活に必須のパソコンやタブレットが登場するため、日頃から慣れ親しんでいるお子さんには身近に感じられますし、リモコンなどの日本語英語が実際に英語ではどのように言われるのかも自然に耳に入ってきます。

【キリスト教文化】姉と弟がそれまでは隠す事を強いられていた能力を父親を助けるために存分に発揮しなくてはいけない際には、多くの欧米の人々に浸透しているキリスト教文化で有名な聖書の『マタイによる福音書』にあるタラントの教えを思い出させるものとなっています。

【発展学習】作品中でスーパーパワーを持つキャラクター達は他の映画に登場する有名キャラクターをモチーフにしているものが幾つか使用されています。例えば、主人公のインクレディブルは『スーパーマン』、夫人のヘレンと長女ヴァイオレットと二男は『ファンタスティック・フォー』、長男ダッシュと仲間のフロゾンは『X-メン』と深い関係があります。また『ファインディング・ニモ』といった他の作品に本作品が登場していますで、これらの作品と関連させて更なる英語学習に役立てるにも有益です。

あらすじ

　インクレディブル一家は世間的には隠していますが、全員が桁外れの特殊能力を持っているスーパー家族です。Mr.インクレディブルことボブが結婚する前には、悪者と戦って市民を守り、平和のために他の仲間と共に日夜尽くすスーパーヒーローとして活躍していた時代がありました。しかしある事が発端となり、政府の政策により15年前にボブだけでなく全てのスーパーヒーロー達は引退に追いやられ、正体を隠して普通の生活を始めました。主人公もその一人で、保険会社に勤務し、上司の下でストレスの溜まる日々を送っていました。同じくスーパーパワーを持つ妻のヘレンは日常生活に順応していました。長女ヴァイオレットは能力を隠そうとするあまり引っ込み思案になり、長男ダッシュは備わった能力を活かすような全速で走り回ることも出来ない窮屈な生活にうっぷんが溜まっていました。そんなある日、日々のストレスを上司にぶつけてしまったのが原因で保険会社を解雇されたボブのもとへ、謎の女性からの伝言が届きます。再び世界を救うことを夢見続けていたボブは、家族に内緒でその誘いにのり、スーパーヒーローとしての活動を再開することに。しかしその背後には、かつてMr.インクレディブルの相棒になろうとしたが断られた事を逆恨みしていたシンドロームによる恐るべき陰謀が潜んでいたのでした。ボブを救おうと家族がそれぞれの能力を存分に発揮し、最後にはかつての仲間も加わり一致団結して困難に立ち向かう感動的な物語となっています。

映画情報

製　作　費：9,200万ドル
製　作　国：米国
製　作　年：2004年
言　　　語：英語、スペイン語、フランス語
配給会社：ブエナ・ビスタ

公開情報

公　開　日：2004年11月5日（米国）
　　　　　　2004年12月4日（日本）
上映時間：115分
興行収入：約2億6,100万ドル
アカデミー長編アニメ映画賞受賞

薦	●小学生　○中学生　○高校生　○大学生　○社会人	リスニング難易表		発売元：ウォルト・ディズニー・スタジオ・ジャパン（平成26年5月現在、税込み）DVD価格：1,944円　ブルーレイ価格：4,104円
お薦めの理由	本作品は家族向けのアニメーション映画になっており、ストーリーも悪と闘うヒーローが活躍するというシンプルなもので、小学生にも分かり易い内容となっています。特殊能力を持った家族の活躍により、スピード感もあり、テンポも良く飽きさせない展開になっています。また、登場人物がそれほど多くなく、家族が中心になっており、場面にも家庭や学校が使用されている事から、日常生活とリンク出来ます。	スピード	3	
		明瞭さ	2	
		アメリカ訛	1	
		外国語	1	
		語彙	2	
英語の特徴	英語に関しては、難しいやりとりが繰り広げられるような医療現場や裁判のような場面がないことから、専門用語もほとんど使用されておらず、家族同士の会話も多くあることから、日常生活にも出てくるような比較的容易な英語が多いのが特徴です。米国発音中心で主人公一家の英語にも訛りはなく小学生には分かり易くなっています。また、それぞれのキャラクターが持つ能力と名前を関連付けて学習出来ます。	専門語	2	
		ジョーク	2	
		スラング	2	
		文法	3	

授業での留意点

　小学生の学習指導要領の外国語活動に掲げられている、日本と外国の言語や文化について体験的に理解を深める際に本作品のような映画を用いての授業は非常に取り組みやすく、役立ちます。
【キャラクター名と語彙との関連学習】まず本作品の登場人物の名前は、各々が持つ特殊な能力を表した語彙と関連しています。映像を見て視覚的にも認知されることで、より自然に語彙が頭に入ってきます。

Mr. Incredible：incredible（驚くべき、信じられない）という語彙の持つ意味の通り、主人公ことボブは大抵の物理的な衝撃に耐えうる頑強な肉体と驚くべき怪力の持ち主となっています。

Elastigirl：elastic（伸縮自在の、順応性のある）な女性である主人公の妻ヘレンは、伸縮自在の柔軟で強靭な体の持主であり、特殊能力を隠しての一般生活にも一番順応していた女性です。

Violet　　：violet（スミレ色＝濃紫色）という意味を表す名前の長女ヴァイオレットは、自らを透明にして消える事が出来るほか、紫色のフォースフィールドで特殊バリアを張ってあらゆる衝突から身を守る事が出来ます。

Dash　　：dash（突進・突撃）の名前を持つ長男のダッシュは、超スピードで走る事ができ、その早さは目にも止まらぬ程に水陸共に走る事が出来る能力を持つ少年です。

Frozone　：frozen（凍った、氷結した）という名前を持つ主人公の友人でもありスーパーヒーローの仲間でもあるフロゾンは、空気中の水分を瞬間的に氷結させる事が出来る能力を持っています。

　同様に本作品の原題である『The Incredibles』は the+incredible + s 、つまり驚くべき能力を持ち合わせた家族、インクレディブル一家という意味を持つタイトルとなっています。授業内で各々の一家を英語で表現してみるのも良いでしょう。

【カードによる授業内活動】本作品には年月日や時間や温度等の数字が何度も出てきます。高学年では映像を見た後にフラッシュカードを用いて12カ月や簡単な数字を学習したり、温度や距離に関しては、日英における単位の相違について触れるのも異文化理解につながります。

　また映画の中では同じ英語表現が繰り返し使用されているものもあります。"I can fly. Can you fly?" では can を用いた可能表現の学習を、また "I'm not happy, not happy." では not を用いた否定表現を学習します。同様に、"Do you know where he is?" "Where is my supersuit?" のような表現では、他のwhの疑問詞をカードに記して児童とゲーム形式にして学習させても楽しいでしょう。

　長男のダッシュが小学生である事から、学校の場面ではドアに Principal という札がある校長室に親子で入るシーンがあります。発展させて、その他の教室や校内にある施設等を英語ではどのように言うのかを学習する良い機会となります。

映画の背景と見所

　本作品以前のピクサー作品は、トイ・ストーリーを始め玩具、モンスター、虫等が主人公でしたが、この作品で初めて人間社会を舞台にしたストーリーを描くという興味深いものになっています。監督自身の経験談から「異質分子は社会で苦労する」というテーマは含まれているものの、全体的には典型的な正義の味方であるヒーローの活躍が米国社会を上手く反映しつつ描写されています。

　キャラクター設定に関しては、スーパーヒーロー達の中にはスーパーマンやX-メン、ファンタスティックフォーといった他の有名なヒーロー作品が元となっているキャラクターもおり、子供達がワクワクして見られるスピード感に加えて非常に分かりやすいストーリー展開となっています。

　そして最後には、どんなヒーローも1人では決して敵わない相手にも愛する家族や仲間と協力し助け合う事によって最大限のパワーを発揮し、一致団結する事によってさらに大きなパワーを生み出す事が可能となるというメッセージを含む感動的なファミリーエンターテイメント作品となっています。

| スタッフ | 監督・脚本：ブラッド・バード
製　　作：ジョン・ウォーカー
製作総指揮：ジョン・ラセター
音　　楽：マイケル・ジアッキノ
編　　集：スティーヴン・シェイファー | キャスト | Mr.インクレディブル：クレイグ・T・ネルソン
イラスティガール　：ホリー・ハンター
ヴァイオレット　　：サラ・ヴァウエル
ダッシュ　　　　　：スペンサー・フォックス
シンドローム　　　：ジェイソン・リー |

	ミリオンズ		**Millions**	（執筆）白木　玲子

セリフ紹介	この物語は、純粋無垢で聖人に詳しいダミアンが亡き母に抱く思慕、そして、彼が引き起こす奇跡を描いています。繰り返されたり、結末を示唆したりするいくつかのセリフが、その展開を物語っています。ダミアンは、道行く人々に "Are you poor?"（貧乏ですか？）と尋ね、拾った大金を人助けのために使いたいと思っています。また、色々な聖人の幻を見るダミアンは、彼らと会う度に "Do you ever come across a Saint Maureen?"（聖モーリーンに会った？）、"She hasn't been there long."（新入りだけど。）と、母が天国で聖人になれたのかどうかを尋ねます。聖人の多くは、"Don't ring a bell."（さあてどうかな。）などと答えますが、聖ペテロはパンと魚の話を例に挙げ、ダミアンがりきみすぎであること、そして、"Something that looks like a miracle turns out to be dead simple."（何でもないことから奇跡は起きるんだ。）と諭します。このようなダミアンの美しい心と聖人との出会いは、彼が母と再会する結末への伏線となっています。ダミアンの前に現れた母は、自分のことは心配しなくてもよいこと、お金よりも人間の方がもっとややこしいこと、ダミアンには家族3人を支える力があること、そして "If you've got faith in people, that makes them stronger."（人を信じれば心は強くなれるの。）と話します。聖人になるためには、善い行いをするだけではなく、奇跡を起こさないといけないと言う母は、ダミアンこそが彼女の "miracle"（奇跡）だと告げます。ダミアンは、信じ続けたことで奇跡を起こしました。そして、この話を聞いたダミアンは、最後に母に "Bye."（さよなら。）と別れを告げます。彼は、母が天国で聖人になれたこと、つまり、母の死を理解し、乗り越えるのです。
ふれあいポイント	【金銭感覚】貧しい人や慈善団体に献金するダミアンの善意に満ちた言動が認められがちですが、年齢の割に経済観念の鋭いアンソニーと大人達も、物語において重要な存在です。物質主義のアンソニーは数字や為替に詳しく、税金を懸念しながら策略的にお金を使います。ロニーやドロシーは警察に届けるのを躊躇い、清貧な生活を送るはずのモルモン教徒は最新の家電を買いあさり、訳の分からない団体がお金をもらおうと押し寄せるように、ダミアン以外の登場人物は欲深く、彼らが大金に翻弄される姿が滑稽かつ諷刺的に描かれます。日本では、神や宗教、寄付などの習慣が欧米ほど浸透していないため、このような現実的な金銭感覚に親近感や共感を抱くかもしれません。この映画の設定のように、貯金ができない状況のなかで大金を手に入れたらどのように使うでしょうか？作中では、わずかな金額でアフリカの国々の干ばつや食料不足を救えるという現実にも触れています。"donation"（寄付）や募金制度を調べながら、有効で価値あるお金の使い方を考えてみるもの良いでしょう。 【お金の意義】冒頭では、ダミアンが "Money's just a thing. And things change."（お金なんて変わるものだ。）と語ります。彼は、大金を手にした兄や大人達の実利的な言動を理解できません。人助けとはいえあっさりお金を使うダミアンは、お金の価値、悪徳と善行の区別がまだつかないのかもしれません。生きる上でお金は必要不可欠です。しかし、"The money makes it harder to see what's what."（お金は人の目をくらませる。）と母が語るように、お金には人を惑わす力があります。この映画は、お金で何ができるのか、お金がいかに人を変えてしまうのかという現実を描きながら、その価値や意義を再考するきっかけを与えてくれます。ダミアンが流動的なお金を燃やすと母が現れるという結末は、お金では解決できないこともあること、本当に大切なものはお金で買えないことを教えてくれます。 【家族愛】ダミアンとは対照的に、一見社交的で打算的なクールなアンソニーも決して悪い子ではありません。2歳年上の兄として、いつも弟のダミアンの姿を探して気遣い、家事の手伝いもしています。兄弟2人を結びつけているものは、死んだ母に対する想いです。そのため、聖人なんて見えるわけがないとダミアンに怒ったアンソニーも、最後には母の姿を見て、ダミアンと思いを分かち合うことができるのです。ドロシーに対するぶっきらぼうな態度も、彼女が新しい母になることへの警戒心と、彼女が去れば父の笑顔がまた消えてしまうという懸念から生じています。母がアンソニーの "good heart"（優しい心）に気づいているように、彼も家族を思いやっています。子供の面倒をみながら優しく接するロニーも、前向きに生きようとしています。カニンガム一家は、お互いに支え合う家族愛を今一度気づかせてくれるでしょう。
あらすじ	母を病気で失った8歳のダミアンと10歳のアンソニーは、父ロニーと共に新しい街へ引っ越します。信心深いダミアンは、母が天国で聖人になれたのかどうかを心配しています。ある朝、ダミアンが線路脇に作った段ボールの秘密基地にいると、22万9,320ポンドもの紙幣の入ったバッグが空から降ってきます。12日後のクリスマスには、英国でもユーロが導入されるため、兄弟は紙幣が紙くずになるのを避けようと大金の使い道を考えます。ダミアンはこのお金を神様からの贈り物だと思い、寄付や募金などの善行に使います。一方、アンソニーは不動産投資を考え、高額な買い物をし、学校での地位を確立するために友人に賄賂として配ります。しかし、この大金は、組織的強盗が盗んだお金の一部で、彼らが列車から随所に投げ落としたものでした。そして、バッグの行方を捜していた強盗の1人（貧しい男）が、ついにダミアンの前に現れます。何とか難を逃れますが、大金の存在を知ったロニーの提案で、一家とドロシーは欲しいものを買いあさり、残りをユーロに換金します。脅迫を続けていた強盗は逮捕されますが、ダミアンの家には、大金の噂を聞きつけた人々が寄付を求めて行列を作ります。お金に嫌気がさしたダミアンは、残っていたユーロをすべて持ち出して、燃やしてしまいます。すると、亡き母が現れ、ダミアンは大好きだった母とクリスマスに再会し、語り合うことができたのです。
映画情報	製　作　年：2004年 製　作　国：英国 言　　　語：英語 ジャンル：ファンタジー、コメディ 配給会社：フォックス・サーチライト　　カラー映画
公開情報	公　開　日：2005年4月 8日（米国） 　　　　　　2005年5月27日（英国） 上映時間：98分 2005年英国インディペンデント映画賞 最優秀脚本賞受賞

薦	●小学生　●中学生　○高校生　○大学生　○社会人	リスニング難易表	発売元：KADOKAWA （平成26年5月現在、税込み） DVD価格：5,076円

	スピード	3
	明瞭さ	4
	アメリカ訛	3
	外国語	1
	語彙	4
	専門語	4
	ジョーク	2
	スラング	2
	文法	2

お薦めの理由

幼い兄弟が繰り広げるマネーゲームには、ファンタジーと現実感、サスペンス要素が組み込まれ、程よい緊張感を与えてくれます。アンソニーが女性用下着のサイトを見たり、ロニーとドロシーがベッドで眠る場面がありますが、性的意味合いは感じられません。若干難解な専門用語やブラック・ユーモアもありますが、テンポ良い展開と子供に対する優しい視点は揺らぐことなくハッピーエンドを迎えます。

英語の特徴

物語の大半を占める会話とダミアンの語りは、英国英語です。舞台である北部訛りの英語は味わい深いですが、時に聴き取りにくい台詞もあります。しかし、兄弟の日常および学校生活が描かれているため、ストーリーは掴みやすく、簡単な受答えやインフォーマルな表現が多用されています。ダミアンが使う小学生ならではの英単語も含め、普段の生活に取り入れやすい多くの表現を学ぶことができます。

授業での留意点

【通貨事情】2014年2月現在、英国はEU〈欧州連合〉に加盟していますが、統一通貨単位の"euro"（ユーロ）ではなく、"pound"（ポンド）を使い続けています。この映画は、英国が"EMU"（経済通貨同盟）に参加し、ユーロが導入されるという架空の状況に設定されています。そのため、ヨーロッパ、特に英国の通貨や、タイトルにもなっている"millions"（数百万）などの数の表現が頻繁に出てきます。英国には、ポンドとペンスという2種類の通貨単位があり、ポンドには略式の"quid"も使われています。兄弟が紙幣を数えたり、アンソニーが金額を述べる場面は、数字のリスニング学習に活用できます。

【聖人の存在】引っ越しの聖人"Saint Anne"（聖アンナ）を筆頭に、ダミアンの話や彼が見る幻を通して、キリスト教の様々な"the patron saint"（聖人）の名前や偉業を知ることができます。まず、ダミアンが転入先の小学校で尊敬する人物として挙げた"Saint Roch"（聖ロクス）や"Saint Agatha"（聖アガサ）などは、みな悲惨な死に方をしています。また、ダミアンが出会う"Clara of Assisi"（アッシジの聖クララ）、"Francis of Assisi"（アッシジの聖フランチェスコ）、サンタクロースのモデルとも言われる"St. Nicholas of Myra"（ミュラの聖ニコラス）、"Martyrs of Uganda"（ウガンダの殉教者）、"Saint Peter"（聖ペテロ）、"Joseph the Worker"（大工のヨセフ）は、彼に助言を与えてくれます。キリスト教徒なら誰もが知っている聖人ですが、その姿や言動は人間臭く、面白く描かれているため、宗教色は感じられません。各聖人には、有名なエピソードがあります。それらと関連付けながら、各聖人たちがなぜその場面に登場しているのか考えてみましょう。

【日常生活】英国の一般的な日常、学校生活が描かれていることも魅力の1つです。食事や電化製品、子供部屋やそのインテリア、学校の授業や休み時間の過ごし方などを、日本の様子と比較してみると面白いでしょう。例えば、子供達が床に座って話を聞く時、"Everybody sitting up nicely?"（みんな姿勢を正して。）と言われると、一斉に腕を組んで胸を張る姿は興味深いです。また、大人が子供に言い聞かせる場面では、動詞から始まる命令文が使われていますが、子供が教師に話す際には、文末にsirを付け、目上の人に対する丁寧文を使っていることが学べます。また、ダミアンのクラスメートが、尊敬する人物として"Manchester United"（マン・U）の有名な"footballer"（選手）を挙げたり、強盗達が前もって"Newcastle United"（ニューカッスル）のユニフォームを着ており、試合を見に来た観客に紛れて警察からの追跡を逃れる場面からは、英国ではサッカーのことを"football"ということ、そして、その人気の高さがうかがえます。昨今、日本人選手も所属するようになった英国のプレミアリーグや、その有名なチームについて調べてみるのも良いでしょう。

映画の背景と見所

数々の衝撃作品を世に送り、2012年夏にはロンドンオリンピック開会式の芸術監督としても記憶に新しいダニー・ボイルが監督を務めています。デビュー作『シャロウ・グレイブ』では、大人が大金を手に入れ、最終的に愛よりお金を選びますが、この映画では子供を主人公にし、お金よりも目に見えない大切なものを重視しています。脚本家によるノベライズ版も出版されていますが、愛する自分の子供達に堂々と見せたいという思いを込めて創り上げた本作は従来のボイル作品とは異なり、ドラッグや殺人、暴力や狂人ウィルス、自堕落な生活や流血場面などは一切出てきません。唯一の悪人である強盗は、お金を取り戻そうとダミアンを脅しはしますが、傷つけることはしません。兄弟は時には母が死んだことを告げて大人の同情を利用するものの、子供特有の感性やバイタリティーで満ち溢れ、心温まるメッセージと明るい未来を描いています。そして、ボイルならではの映像センスも健在です。兄弟が自転車で花畑を疾走する冒頭場面から、スピード感も感じられます。また、新興住宅地や小学校などの建物、明るい太陽や青空などの風景、遊具や家具などの色遣いはカラフルですし、家が建つ様子やテレビ電話の電波を描く鮮やかなCG、早送りやカメラアングルなどの工夫を凝らした映像、効果的な音楽は、観る者を惹きつけて止みません。子供が喜びそうな演出が随所に成され、物語の世界観と雰囲気と見事に融合しています。

スタッフ	監　督：ダニー・ボイル 脚　本：フランク・コットレル・ボイス 製　作：アンドリュー・ハウプトマン 撮　影：アントニー・ドッド・マンドル 音　楽：ジョン・マーフィ	キャスト	ダミアン　：アレックス・エテル アンソニー：ルイス・マクギボン ロニー　　：ジェームズ・ネスビット ドロシー　：デイジー・ドノヴァン 貧しい男　：クリストファー・フルフォード

| メリー・ポピンズ | Mary Poppins | （執筆）竹野富美子 |

セリフ紹介

　映画の中ではユーモラスな会話が数々登場します。メリー・ポピンズが階段の手すりに腰かけて昇ってくるのを見て、びっくりしている子供たちに言うせりふ。"Close your mouth, please, Michael. We are not a codfish."（口を閉じて、マイケル。タラではないのだから。）あるいは、行方不明だったバンクス氏が、家に帰ってきたときのバンクス夫人のせりふ。"Oh, George, you didn't jump into the river. How sensible of you!"（まあ、ジョージ、川に飛び込んでいなかったのね。なんて分別があるんでしょう！）などユーモアとウィットに富んだ表現を楽しんでください。

　物語の冒頭、子ども部屋でメリーが子どもたちに言ってきかせる言葉は、これから展開する物語の大事なテーマとなっています。空の旅行かばんからいろいろな物を取り出すメリーを見てびっくりするマイケルに、彼女は次のように言います。"Never judge things by their appearance. Even carpetbags. I'm sure I never do."（見かけで物事を判断してはいけません。旅行かばんでもです。私は決してしません。）メリー・ポピンズは続けて、物事はいろいろな見方ができるものなのだ、と言い聞かせます。Mary "Very well then. Our first game is called 'Well begun is half done'."（それでは始めましょう。最初のゲームは「始めが良ければ半分は終了」と呼ばれています。）Michael "I don' like the sound of that."（変な名前のゲーム。）Mary "Otherwise entitled, 'Let's tidy up the nursery.'"（「子ども部屋の片づけごっこ」とも呼ばれています。）Jane "It is a game, isn't it, Mary Poppins?"（本当にゲームなの、メリー・ポピンズ？）Mary "Well, it depends on your point of view. You see, in every job that must be done, there is an element of fun."（それは見方によります。どんな仕事も楽しくやる方法はあるのです。）

ふれあいポイント

【映画に出てくる歌】小さい子供を抱える保護者ならば、誰もが遭遇する修羅場、散らかりっぱなしの子供部屋、とっくに寝る時間を過ぎているのに寝たがらない子供たち―大人たちがうんざりするこのような状況を、メリー・ポピンズは楽しく歌いながら解決します。大変な仕事も「一匙のお砂糖」があれば、楽にこなせると説く "A Spoonful of Sugar"（「お砂糖ひとさじで」）、世界中が眠っていて枕は柔らかくてふかふかだけど、眠たくなければ寝なくていいのよ、と歌って聞かせる "Stay Awake"（「眠らないで」）など、メリー・ポピンズは楽しく歌って、子供たちと部屋の片づけをし、彼らを眠らせてしまうのです。英語の歌の練習は、普段の遊びの感覚で英語のリズムと発音に慣れることができ、小さなお子さんにお勧めです。テンポの良い "A Spoonful of Sugar" では繰り返し歌われる「一匙のお砂糖があればどんな薬もへっちゃら」という英語のフレーズだけをまず覚えて、お子さんと歌うと楽しいでしょう。"Stay Awake" はゆっくりとしたテンポで歌いやすいものです。stay という単語も awake という単語も、どちらも二重母音と言われる[ei]という発音を含み、特に awake という単語は、日本語にはない[w]の発音を伴います。メリー・ポピンズ役のジュリー・アンドリュースがこの単語を発音するとき、口をはっきりすぼめてawakeと発音していることにご着目ください。彼女の発音を真似て単語を練習してみると、英語らしい[ei]や[w]の発音ができるようになります。

【言葉遊び】空想の世界で楽しく遊んだメリー・ポピンズが、競馬で優勝して高揚した気持ちを表現するために歌う "Supercalifragilisticexpialidocious" も、子供たちが楽しく歌える歌です。Supercalifragilisticexpialidocious という単語は、オックスフォード英語辞典によると1940年代には存在していたようですが、この映画で広く認知されることになりました。映画では "It's something to say when you don't know what to say."（どう言っていいかわからないとき、言う言葉）と説明されていますが、辞書によると「素晴らしい」という意味になります。英語で最も長い単語として英語圏の子供たちの間に知られています。日本の「寿限無寿限無」と同じような言葉遊びであり、これを覚えたからといって何の得にもなりませんが、子供はなぜかこのような言葉遊びが大好きです。特に厳格なバンクス氏がこの単語をうまく発音できない場面は、子供たちの共感を呼ぶでしょう。日本人が苦手とする[æ]や[l]の発音をそれぞれ3つも含んでおり、発音練習にもなります。メリー・ポピンズ役のジュリー・アンドリュースの声は伸びのある優しい声質を持ち、BBCイングリッシュと言われるなまりのない標準英語を話します。4オクターブとも5オクターブともいわれるビロードのような声で、これらの歌を丁寧かつ明瞭に歌っているので、初心者にも聞き取りやすく、発音の練習のお手本にもうってつけです。ジュリー・アンドリュースが歌うとき、彼女の顔のアップが多用されています。口の形と舌の動きに注目して、実際に発音してみてください。

あらすじ

　舞台は1910年、ロンドンの高級住宅街。やんちゃな姉弟に辟易して、次々とやめていったナニーの後釜として、メリー・ポピンズがやってきました。彼女は不思議な能力を発揮して、いたずら好きの子どもたち、ジェインとマイケルを魅了します。指をパチンと鳴らすと子ども部屋は片付き、空のカバンからは大きな帽子掛けが出現します。散歩先ではメリーの友人、バートが路上に書いたチョーク絵の中に皆で入り込み、メリーゴーランドや競馬を楽しむのです。メリー・ポピンズになつき始めた子どもたちに、厳格な父親、バンクス氏はとまどいを隠せません。社会勉強をさせようと、勤務先の銀行へ子どもたちを連れて行きますが、老頭取からおこづかいの2ペンスを預金するよう強要され、子どもたちは逃げ出します。それが原因となって、銀行では取り付け騒ぎが起きてしまいます。責任を取らされクビとなったバンクス氏は、メリー・ポピンズの魔法の言葉 "supercalifragilisticexpialidocious" を思い出し、気分が軽くなります。そして初めて一番大事なのは仕事ではなく、家族だったことに気が付くのです。家に戻ったバンクス氏は妻や子どもたちと公園に出かけます。そこにバンクス氏を辞めさせた銀行の重役たちがやってきて、笑いすぎて死んでしまった老頭取の代わりに、バンクス氏に銀行に戻って来るよう頼むのでした。家族仲良く凧揚げをしている一家の姿を見て、メリー・ポピンズはやってきたのと同じように、パラソルを広げ風に乗って去っていくのでした。

映画情報

原　作：P.L.トラヴァーズ
　　　『風にのってきたメアリー・ポピンズ』(1934)
製作費：600万ドル（推定）　　製作年：1964年
製作国：米国　　　　　　　　言　語：英語
ジャンル：ファンタジー　　カラー映画

公開情報

公開日：1964年 8月27日（米国）
　　　　1965年12月10日（日本）
上映時間：139分　　興行収入：1億230万ドル
受賞：アカデミー賞主演女優賞、編集賞、オリジナル作曲賞、主題歌賞「チム・チム・チェリー」、特殊効果賞

薦	●小学生　●中学生　●高校生　●大学生　○社会人	リスニング難易表	発売元：ウォルト・ディズニー・スタジオ・ジャパン（平成26年5月現在、税込み）DVD&ブルーレイ価格：4,320円

お薦めの理由	アカデミー賞に13部門でノミネートされ、5部門で受賞、1964年の公開当時、世界中で大ヒットしたディズニー映画の名作の一つです。ウィットに富んだ会話、アカデミー賞オリジナル作曲賞と主題歌賞を勝ち取った名曲の数々は、大人が見ても楽しめる完成度の高いものになっています。魔法を使い、楽しい空想の世界へいざなってくれるナニーは、子どもたちの永遠の憧れでしょう。	スピード	2
		明瞭さ	2
		アメリカ訛	2
		外国語	3
		語彙	3
英語の特徴	子供向けの映画としてスラングや隠語、罵りの言葉などもなく、きちんとした英語が使われていて、安心して子供たちに見せられます。会話スピードは全般的にそれほど速くなく、聞き取りやすいものです。使われる英語は、主に標準的な英国英語ですが、メリーの友達バートは、下町英語と言われるコックニー英語、キツネ狩りのキツネはアイルランド英語をしゃべっています。	専門語	2
		ジョーク	2
		スラング	2
		文法	3

授業での留意点

【役に立つ表現】映画に出てくるジェインとマイケルは、ナニーたちからやんちゃで手に負えないとされていますが、イギリスの上位中流階級の家庭に育っている子供たちとして、きちんとした話し方をしています。特におませなジェインのせりふには、覚えると良いものがたくさん見られます。例えば大人に謝るときの表現、"We're very sorry about what we did today."（今日のこと、ごめんなさい）大人に物を頼むときの表現 "If you please, I'd much rather go there."（よかったらぜひそこに行きたいわ）"Please may we go, Mary Poppins? Please?"（そこに行けないかしら、お願い、メリー・ポピンズ）などなど、丁寧で好印象を与える表現が使われています。これらのせりふを場面設定ごとに整理して、児童に覚えさせても良いでしょう。

【映画の見所】この映画のクライマックスは、2ペンスの使い方を巡るメリー・ポピンズとバンクス氏の価値観の対立です。それは2人が歌う歌詞に如実に表れています。メリー・ポピンズは "Feed the Birds (Tuppence a Bag)"（2ペンスを鳩に）と歌い、お腹をすかせた鳩に餌をやることで、弱いものを慈しみ、他人を思いやるようにと促します。彼女とは対照的に、バンクス氏は "Fidelity Fiduciary Bank"（信用第一の銀行）という歌で、2ペンスを預金すれば「社会の勝者となり、裕福な暮らしを送り、名声をつかむことができる」と主張し bonds（公債）chattels（動産）dividends（配当）shares（株）amalgamation（合併）といった難しい言葉を使って、姉弟をおびえさせます。この両者の言葉の対照を味わってください。高学年の授業ならばメリー・ポピンズの歌と銀行の重役たちの歌に出てくる主な単語を抜書きした後、この場面を英語音声と日本語字幕で鑑賞し、どちらに2ペンスを使うか児童に考えさせても良いでしょう。

【煙突掃除人のダンス】ジェインとマイケルが屋根の上で見る煙突掃除人のダンスは、この映画の中でも子供たちに特に人気のある場面です。煙突掃除人たちが側転や後転とびを難なくこなしながら、スピード感にあふれたタップダンスを、一糸乱れず屋根の上で踊る様は圧巻です。ここで使われているせりふを授業に利用することができます。この場面では命令文が多用されています。"Get in line. Attention!"（整列　全員気を付け！）"A-slope arm"（ブラシをかついで）"Around turn!"（右向け右！）"Quick march!"（前進！）"Kick your knees up"（足を高く）"Round the chimney"（煙突の周りを回ろう）"Clap like a birdie"（羽ばたきして）などこれらの表現を使って、皆で実際にやってみましょう。『メリー・ポピンズ』は、英国文化研究者たちからもよく取り上げられています。野口裕子『メアリー・ポピンズのイギリス』（世界思想社、2008年）新井潤美『不機嫌なメアリー・ポピンズ』（平凡社新書、2005年）などをご覧になると、更に詳しく映画の背景や物語について知ることができます。

映画の背景と見所

第一次世界大戦が起きる直前の時期で、国際関係は緊張が増しており、大英帝国は繁栄を享受しながらも、新興国米国の台頭に脅かされ、国民はそこはかとない不安を抱いていた時期でした。世界経済の中心として、インド植民地、オーストラリア、ニュージーランド、カナダ、南アフリカなどの各自治領を従え、まさにバンクス氏が自画自賛するような「太陽の没するところのない帝国」でしたが、その水面下では依然としてなくならない貧富の格差への不満や、最下層労働者の悲惨な境遇から、バンクス夫人が参加するような婦人参政権運動や労働争議などが活発となっていった時代でもありました。19世紀英国中産階級独特の風習であったナニー、最下層の労働者として悲惨な生活を強いられていた煙突掃除人、大英帝国の繁栄を経済面から支えていた銀行家、活発になった婦人参政権運動など、当時の英国の問題点と社会情勢を的確に映画世界に反映させながら、極上の娯楽作品に仕上げた手際は、見事としかいいようがありません。仕事一筋で家族を顧みない銀行家の父親、婦人参政権運動に夢中で育児はナニーに任せっぱなしの母親、いたずらによってナニーを6人も追い出したやんちゃな子どもたち、といった各自ばらばらの家庭を、メリー・ポピンズがどのように立て直していくのか。彼女の手腕に喝采しながら、親しみやすいメロディの名曲の数々を堪能できるこの映画は、時代背景の予備知識などなくても、十分に楽しめる傑作となっています。

| スタッフ | 監　　督：ロバート・スティーヴソン
製　　作：ウォルト・ディズニー、
音　　楽：リチャード・M・シャーマン
　　　　　ロバート・B・シャーマン
美術監督：キャロル・クラーク、ウィリアム・タントク | キャスト | メリー・ポピンズ：ジュリー・アンドリュース
バート　　　　　：ディック・ヴァン・ダイク
バンクス氏　　　：デイヴィッド・トムリンスン
バンクス夫人　　：グリニス・ジョンズ
アルバート　　　：エド・ウィン |

モンスターズ・インク　　Monsters, Inc.

（執筆）平野　尚美

セリフ紹介

　この映画で重要な単語は、主人公『サリー』たちの仕事である scare（おどかす、怖がらせる）と、終わりに近いシーン（Chapter 29）でサリーがつぶやき、新しい仕事のきっかけとなる語 "Laughs ..."（笑う）です。それらの単語がいろいろなシーンに出てくるので確認してみて下さい。（例えば、scare floor（絶叫フロアー）、scare leader, scarer（怖がらせ屋）、"Make her laugh."（ブーを笑わせて。）、laugh floor（笑いのフロアー）などです。）

　映画の中盤（Chapter 24）でヒマラヤに追放されるサリーとその相棒『マイク』ですが、窮地に陥ったにもかかわらず、人間の女の子『ブー』を心配するサリーが、"I'm sorry, Mike. I'm sorry we're stuck out here. I didn't mean for this to happen. But Boo's in trouble. I think there might be a way to save her if we can just get down to that ..."（ごめんな、悪いと思っている。こんなつもりじゃなかったんだ。でも、ブーをほっとけない。今ならまだ助けられるんだ…。）と自分の気持ちを正直に伝えます。何としてもブーを助けたいという気持ちがよく表れているセリフとなっています。また、元の人間世界にブーが帰っていくシーン（Chapter 29）では、サリー、マイク、そしてブーそれぞれの最後のセリフが心に残ります。マイクは、"Well, so long, kid .... Ah, Boo, it's been fun. Go ahead. Go grow up."（じゃあね。ブー、楽しかったよ。さぁ、行って。大きくなれよ。）とブーに声をかけます。そのすぐ後にサリーがブーを部屋の中まで送り届けますが、幼いながら別れを感じ、名残惜しそうにするブーに対して、"Kitty has to go."（にゃんにゃん、行くよ。）と言ったサリーのセリフ、サリーが出て行った扉を再び開けても、もうそこにいないことを悟り "Kitty ..."（にゃんにゃん…。）とつぶやくブーのセリフが、短いながらとても印象的です。

ふれあいポイント

　【親子の会話表現】映画の最初のシーンで、就寝前にかわす親子の会話が出てきます。"Good night."（おやすみ。）という語だけではなく、その後にどのような言葉を続けているかを聞いて、子どもと真似してみると良いでしょう。

　　母："Good night, sweetheart."　（おやすみ、坊や。）
　　子："Good night, Mom."　　　（おやすみ、ママ。）
　　父："Sleep tight, Kiddo."　　　（おやすみ、坊や。）

　（お母さんやお父さんが使っている sweetheart や kiddo という語は、親愛の気持ちを込めた「呼びかけの言葉」になります。また、ベットに入った人に対して、sleep tight という表現を用い、「ゆっくりおやすみなさい」と声をかけたりします。）

　【英語の擬音語】英語における擬音語が日本語とは違うことを知ってもらう為に、この映画の登場人物の名前を聞き取ってみると良いでしょう。サリーは、2歳の女の子を『ブー』と名づけます。英語で Boo! というのは擬音語で、「ばぁー！」「わぁ！」と人を驚かす時にかける声です。ブーがサリーと出会った当初、サリーを驚かそうと "Boo!" と頻繁に声をかけたことから、こう呼ばれるようになったのです。（ちなみに、女の子の本当の名前は最後まで本編には出てきません。）英語の擬音語は、その他にもいろいろありますので、親子で探してみて下さい。

　【英語の幼児語】小さな子供が話す幼児語は、日本語のように英語にもあることが、ブーの呼びかけからわかります。ブーはサリーのことを何と呼んでいるのか確認してみましょう。サリーがふわふわした長い毛におおわれていることから、ブーがネコ（cat）を連想して、その言葉の幼児語である "Kitty"（子ネコちゃん）（日本語の吹き替え版では「にゃんにゃん」）と呼んでいると思われます。

　【自分の愛称を伝える表現】英語の音に慣れてきたら、映画の中で聞き取ることができた表現の一部を変えて、実際に使えるようにしていきましょう。例えば、Chapter 3 の入社したばかりのモンスターが、研修中にインストラクターとかわす表現を聞いてみましょう。インストラクターが "Mr. Bile, is it?"（Bile さんですよね？）と尋ねると、"My friends call me Phlegm."（フレムと呼んでくれませんか？）と新人モンスターが答えます。初対面の挨拶の時や、少しうちとけた呼び方をしてほしい際に、call me △△（呼んでほしい愛称）（僕（私）のことを△△と呼んで下さい。）という表現が使えるのです。この表現は、会社のロビーでサリーが同僚のモンスターと会話を交わすシーン（Chapter 6）でも、"Guys, I told you, call me Sulley."（君たち、サリーと呼んでよ。）とサリーが言っているので、再度確認することが出来ます。

あらすじ

　モンスター達が住む世界は、人間世界の子供部屋のクローゼットの扉とつながっています。その扉を通じて、モンスター達は子供の悲鳴を集め、その悲鳴を電気エネルギーに変換していました。昔に比べて現在の子供たちは簡単に怖がってくれないため、電力会社の経営は苦しい状況にあります。そんな中、少しでも優秀なモンスター達を育てる為に、シュミレーション装置を用いて、効果的に子供をおどかすにはどうしたらいいか新人研修したり、会社の優秀なモンスターを呼んでデモンストレーションをさせたりする取組みや、秘密裏に新たな悲鳴回収方法を模索したりする様子もみられます。

　そんな電力会社に勤めている主人公ジェームズ・P・サリバン（通称サリー）は、悲鳴獲得ポイントナンバーワンの存在で、日々その記録を更新中でした。相棒マイク・ワゾウスキと共に、今日もこれまでと変わらず悲鳴を集める仕事をするはずのサリーは、思わぬことから、扉を通じてモンスターの世界に迷い込んできた2歳の女の子ブーと出会います。ブーとの出会いを通じて、これまでの人間の子どもに対する考え方、会社の上司や同僚とのかかわり方、自分たちの仕事の在り方など様々な問題に直面し、悩みつつもそれらの問題と向き合い、これまでと異なるかかわり方、新しい方法を自ら見出していくことになるのでした。

映画情報

製　作　年：2001年
製　作　国：米国
製　作　費：1億1,500万ドル
配給会社：ブエナ ビスタ インターナショナル（日本）
言　　　語：英語

公開情報

公　開　日：2001年11月2日（米国）
　　　　　　2002年 2月8日（英国）
　　　　　　2002年 3月2日（日本）
上映時間：92分
受　　　賞：アカデミー主題歌賞

薦	●小学生　○中学生　○高校生　○大学生　○社会人	リスニング難易表	発売元：ウォルト・ディズニー・スタジオ・ジャパン（平成26年5月現在、税込み）DVD&ブルーレイ価格：4,320円

お薦めの理由	個性的な姿かたちをしたモンスターが映画の最初からたくさん登場するので、子供たちの目を引くことは間違いないでしょう。そのモンスター達が、人間のようにモンスター社会で生活し、振舞う様子はとても面白く、目が離せません。また、言葉が通じなくても心を通わすことができる様、自分の気持ちを信じて行動する大切さ、間違っている事に対して勇敢に立ち向かう姿の素晴らしさを教えてくれます。	スピード	2
		明瞭さ	2
		アメリカ訛	1
		外国語	1
		語彙	2
英語の特徴	子供向きの映画ということもあり、比較的はっきりと発音され、また聞き取りやすい米国英語の表現で構成されています。主人公サリーと相棒マイクが楽しげに話すシーンが多く、特にマイクのセリフは軽快で、冗談もたくさん盛り込まれています。しかし、聞き取るには早く難解なところも多いので、聞き取りやすいスピードで、発音しているサリーや他のモンスター達のセリフに注意して聞くと良いでしょう。	専門語	1
		ジョーク	2
		スラング	1
		文法	2

授業での留意点

【英語の数字表現】モンスター達が仕事の持ち場につくシーン(Chapter 8)は、とても格好よく描かれていますが、仕事開始直前に数字が7（seven）から順にカウントダウンされます。1から10までの数字の読み方を学習した後、今度は逆から数字を読ませてみるのもいいでしょう。また、子どもの靴下がモンスターの体についてしまい、緊急コードが発令される際の番号「2319」は本編で何度も出てくるので、何と言っているか一緒に確認してみましょう。（twenty-three nineteen）（この4桁の数は、最初の2桁をまとめて読み、その後残りの2桁を読みます。）

【英語のリズム・韻】韻を踏む表現は、リズムがあり、聞いている人の耳に心地よく響きます。英語では、この韻を踏んだ表現がよく用いられます。例えば、サリーの親友マイクは、ガールフレンドのセリアから"Googley (=Googly) Bear"（ぎょろめちゃん）（本来の意味は「目が大きなクマちゃん」）という愛称で呼ばれていますが、韻を踏んだ"Googley-woogley"という表現で呼ばれているシーンもあります。また、セリアがサリーの事を"Sully-wulley"と呼んでいるのも同様な表現と言えます。また、電力会社「モンスターズ・インク」のCMの終わりに出てきた"We scare because we care."（（私たちが）真心こめて脅かします）という1文では、scareとcareが韻を踏んでおり、響きを楽しめます。単語の終わりの音が似たものを紹介したり、似た音をグループ分けしてもらうのも良いでしょう。

【英語の音とリズム】児童に英語の単語1つ1つを意識して読ませるというよりも、英語の音に慣れ親しんでもらう事を目標としているので、前後の単語の音のつながりを教える側が意識しながら、最初は音のまとまりごとに繰り返しゆっくりと発音させ、慣れてきたら本来のリズムで発音するように指導すると良いでしょう。例えば、この映画の主題歌"If I Didn't Have You"（邦題「君がいないと」）はアカデミー主題歌賞を受賞しており、その曲のサビの部分をみんなで音楽に合わせて歌うことを通じて、英語の音を楽しみ、慣れ親しんでいけるでしょう。エンド・ロールの終わり（Chapter 32 01:31:03以降）の部分から利用できます。

【英語の言葉遊び】日本語と同様、英語にも言葉遊びがあるので、映画に出てきたものや他の簡単な例を紹介するといいでしょう。エンド・ロールの終わりに"A, E, I, O ... That means you, yeah."という表現が出てきます。（作中の日本語訳は「かわいいぎょろめ、それは君、イェーイ」となっています。）小学校の高学年や英語に慣れ親しんだ児童には、この表現を取り上げられます。日本語の母音「あ、い、う、え、お」と比較しながら、英語の母音について簡単に触れた後、この言葉遊びの説明をすると良いでしょう。本編の日本語訳には反映されておらず、「A, E, I, O… あと1つ足りない音、それは U」という意味になり、この「U（ユー）」は、同じ音の you を連想させます。タイトルの「君（you）がいない（と）」にかけた言葉遊びになります。

映画の背景と見所

ディズニーが提供するフル3D コンピューター・アニメーション。製作総指揮は「トイ・ストーリー」の監督として有名なジョン・ラセター、そして同じく「トイ・ストーリー」の脚本を書いたアンドリュー・スタントンのコンビが手掛けています。コメディの部分があったり、心温まる部分があったりと、大人から子供まで楽しめる作品に仕上がっています。

人間の子どもたちを驚かした際に出る悲鳴が、モンスター世界の電力源となっていますが、映画の前半のシーンで、電力会社社長ウォーターヌースの"A single touch could kill you!"（少しでも子どもに触れられたら死んでしまうぞ。）というセリフからわかるように、人間を驚かす立場にあるモンスター達は、実は子どもを怖がっているという興味深い設定になっています。

モンスター達にとって人間の子どもは「恐ろしい（モンスター的）」存在で、接触しないよう細心の注意を払わなくてはいけない中、サリーに対して物おじせず接するブーに、最初は戸惑い、おびえていたサリーです。言葉が通じないモンスターと人間の子どもですが、元の世界に戻すため、様々な困難を乗り越える度に、少しずつ距離を縮めていき、最後にはお互い別れがたい大切な存在「友達」になっていく様子は、見ているものの心を温かくしてくれます。

スタッフ	監督：ピート・ドクター　　製作：ダーラ・アンダーソン 製作総指揮：ジョン・ラセター 製作総指揮・脚本：アンドリュー・スタントン 脚本：ダン・ガーソン 音楽：ランディ・ニューマン	キャスト	サリー　　　　　：（声）ジョン・グッドマン マイク　　　　　：（声）ビリー・クリスタル ブー　　　　　　：（声）メアリー・ギブス ランドール　　　：（声）スティーブ・ブシェーミ ウォーターヌース：（声）ジェームズ・コバーン

	モンスター・ハウス	Monster House	（執筆）黒澤　純子

セリフ紹介

"As long as I'm here, I'll never let anyone hurt you."（私がいるかぎり、誰にも何にもさせやしない。）、"I've always done what's best for you, haven't I? Haven't I, girl?"（わしはいつもおまえの味方だった、そうだろ？そうだろ、おまえ？）と、ネバークラッカーはモンスター・ハウス（コンスタンスの魂が閉じ込められている）に言いながら、今まで愛情を注いできたことを口にします。

ネバークラッカーが家に近づくと子どもたちを追い払っていたのは、家が子どもたちに危害を加えることから子どもたちを守るために、故意に人を近づけていなかったことを告白します。DJは、"I know that you've been protecting us all these years. But now it's our turn to protect you. Let her go."（今まで僕らを守ってくれたんだから、今度は僕らがあなたを守る番だ。もう彼女を自由にしなくちゃ。）と、答えます。しかしネバークラッカーは、もう終わりにしたいと思う気持ちと、彼女がいなくなった後のことを考えます。"But if I let her go, then I'll have no one."（彼女がいなくなったら、私は一人になる。）そんな気弱な言葉に、"That's not true."（そんなことはない。）とDJは言い、ネバークラッカーと握手をします。二人の間に友情、そして信頼する気持ちが生まれた場面です。そして、"You have to help me. Please. I know you can do it."（わしの代わりに頼む。おまえならできる。）と言いながら、DJにダイナマイトを手渡す行為につながります。家がなくなったことはネバークラッカーにとっての魂の解放でした。

"For 45 years. We have been trapped for 45 years. But now, we're free. We're free. Thank you, friend."（ずっと45年間、わしらの魂はあの家に閉じ込められていた。だが今は自由だ。君たち、ありがとう。）

ふれあいポイント

【異文化の食べ物】ジェニーは"I don't like taco."（私はタコスが好きではない。）と言います。DJとチャウダーも好みが同じであると思われたいために、ジェニーと同じく、好きではない、と言う場面があります。後者の二人は明らかに、タコスは好きなことが画面の様子からわかります。タコスは日本でも馴染みがあるメキシコ料理です。この異文化の料理について話をしてみましょう。タコスの外皮になっている硬いクレープ状のものは何が原料なのか、中に何を包んで食べるのかなど、料理本の写真があると一層理解しやすいでしょう。子どもと一緒に作って異文化食を味わうことも一つの方法だと思います。さらに、メキシコの場所を地図帳で調べること、有名な文化遺産について話をすること、さらに、近隣の国々まで話を広げていくことも、子どもたちの知的好奇心を高める活動につながっていくでしょう。

ジェニーがジーにお菓子を売る場面で、グミ（"licorice whip"）をおまけします、と言います。このグミは日本で売っている一粒大のものではなく、赤紫色で棒状になった（長いもので約30センチ）グミのことです。食べる時は縦に好みの太さに裂いて食べます。日本の児童たちは普段目にする機会がないお菓子かもしれません。指導者が画像などで提示できるといいでしょう。食感も日本の児童にとっては好き嫌いがはっきりするおやつかもしれませんが、米加では多くの子どもたちが好むお菓子です。

【モンスター・ハウスの中と謎】パトカーごと飲み込まれたDJ、チャウダー、ジェニーは家の中を探検し、心臓の火を消そうとします。しかし、家の中は人間の体の中のようになっています。どういう部分があるか話し合ってみましょう。玄関ドアは口（mouth）、その上下の尖った木材部分は歯（teeth）、カーペットは舌（tongue）、ぶら下がっているランプの塊は口蓋垂（のどちんこ；uvula）とわかります。器官の複雑で予測不可能な動きに3人は怖い思いをしながら翻弄されます。この3人が幸運にも口から吐き出されるしくみも考えてみるとよいでしょう。

ネバークラッカーはいつも"Stay away from my house."（わしの家に近づくな。）と言いながら、子どもたちを家に寄せ付けませんでした。特に、ハロウィーンの日は神経をつかっていました。それは何故なのか、考えてみましょう。子どもたちが家にいたずらをするのを恐れているからでしょうか？病院から戻ってきたネバークラッカーはなぜ"It's running out of time. It's running out of time."（もう時間がないんだ。もう時間がないんだ。）と独り言のように口にしたのか。"Beware"（用心しろ）の立札を芝生に掲げ、家の敷地に入ってくる子どもたちを恐ろしい形相で叱るネバークラッカーの本当の気持ちはどのようなものだったのか、家に隠されている秘密と深い関係があることを読み解いていきましょう。

あらすじ

12歳のDJは、隣に住むネバークラッカーさんの家のことが気になっています。毎日変わったことがないか、自室の望遠鏡から観察しています。隣人の敷地内に入った物はなくなる不思議な家でした。ハロウィーンの前日、親友のチャウダーは大切なバスケットボールを家に取られてしまいます。さらに、翌日お菓子を売りにきたジェニーが家に食べられそうになり、DJ、チャウダー、ジェニーは警察を呼びますが、相手にされません。3人はパトカーごと家に飲み込まれました。3人は勇敢にも家の秘密を探ります。家の中では何度も怖い目に遭いながらも最後に、家の土台部分近くにセメントで固められたネバークラッカーの妻コンスタンスを見つけます。コンスタンスは不幸にも偶然家の建築現場で亡くなったことがわかります。家に近づく人々の危害を加えるモンスター・ハウスを破壊するしかない、と3人は決断します。そして、この家の心臓である火を消すために、煙突にダイナマイトを投げ込んで家を爆破します。家を破壊したことに対しDJは謝りますが、ネバークラッカーは長い間家に捕らわれていたことから解放されたことを喜びます。彼は子どもたちに危害が及ばないよう、わざと子どもたちをこの家に近づけないようにしていたのでした。この家の敷地内で、今までなくなっていたおもちゃなどが家の土台部分から出てきました。DJ、チャウダーはそれらを子どもたちに返す手伝いをしました。

映画情報

製作国：米国
製作費：7,500万ドル
配給会社：コロンビア・ピクチャーズ
ジャンル：アニメーション・ホラー・コメディー
言　　語：英語

公開情報

公開日：2006年7月21日（米国）
　　　　2007年1月31日（日本）
上映時間：91分
興行収入：1億4,000万ドル
受賞：ラスベガス映画批評家協会賞　最優秀アニメ作品賞

薦	●小学生	●中学生	●高校生	○大学生	○社会人	リスニング難易表	発売元：ソニー・ピクチャーズ エンターテインメント（平成26年5月現在、税込み）DVD価格：1,523円 ブルーレイ価格：2,571円

お薦めの理由	恐怖心を抱きながらも、逃げずに勇気と好奇心を持ち、モンスター化した家に立ち向かうDJ、チャウダー、ジェニーの力強さ、団結力と判断力の早さと的確さに感動するでしょう。すっかり形を変え、凶暴になってしまった妻コンスタンスにネバークラッカーがずっと愛情を注いでいたという事実と同時に、家に近づく子どもたちをモンスターから守りたかった彼の複雑な気持ちも理解して欲しいと思います。	スピード	3
		明瞭さ	2
		アメリカ訛	1
		外国語	1
英語の特徴	標準的な速さの米語です。ネバークラッカーさんの英語は多少聞きにくい箇所がありますが、他の登場人物については明瞭な発音で聞き取りやすいです。語彙も子どもが使う比較的平易なものばかりです。ジーの男友だちのボーンズは俗語を多少使いますが、専門的、暴力的な言葉、卑語は出てきません。口では言いにくい言葉については、チャウダーはジェスチャーやボディ・ランゲージで表しています。	語彙	2
		専門語	1
		ジョーク	2
		スラング	2
		文法	2

授業での留意点

【ハロウィーン】ハロウィーンは、10月の最後の夜、31日に行うお祭りです。アイルランドからの移民から伝えられました。この日は、死霊や魔女が現われ、人々にいたずらをすると信じられていました。人々は悪霊を追い払い、身を守るため、そして豊かな収穫の祈りと感謝のために火を焚きました。日本でも昨今はハロウィーンの催しは流布しています。"Trick or Treat"（お菓子をくれないと、悪戯するよ。）はおなじみだと思います。しかし、"Trick or Treat"のお菓子や、お化けの仮装などだけが取り沙汰されがちな日本のハロウィーンですが、元来の意味を児童たちに教えることは重要です。

そして、DJの近所の家の玄関先に置かれている"jack-o'-lantern"（かぼちゃや、かぶの中身を取り出して、目、口、鼻をあけて中に火をともして提灯にしたもの）についても説明するとよいでしょう。この提灯は死者の霊を表していて、悪霊から身を守るためのものです。文化的背景（歴史）を知ることで、この映画の背景となる時期がハロウィーンである謎が解けます。また、映画のオープニングで、三輪車（tricycle）に乗ってくる女の子の背景は、黄色に色づいている楓がたくさんあり、季節と祭りの時期がつながります。

【10以上の数字】ジェニーがお菓子の値段の交渉をジー（DJのシッター）とする時、20（twenty）、30（thirty）、40（forty）ドルが出てきます。チャウダーもDJに、"I paid $26 for the ball."（このバスケットボールに26ドル払ったんだ。）と、言います。10以下の数字はすでに知っている児童も多いでしょう。この映画をきっかけとして、100（one hundred）までの数を学びましょう。始めは10ずつの数字を、次に25、27などの複合数字に挑戦していきましょう。カードに書いた数字を言ってみる活動をしたり、それができたら、お店屋さんでのやりとりとして、品物の値段を尋ねて答える活動をグループごとで行うなどです。外国語で数字を言うこと、聞き取ること、特に、40なのか14なのか、など音を聞き分けることは大変難しいことです。しかし、始めはゆっくりと、楽しみながら少しずつ覚えていきたいものです。

【子どもどうしがよく使う表現】ジーがDJに"Good for you."（あなた天才ね。）と、言います。文脈によって多少の違いが出てきますが、「うまいぞ。よく言った。あなたにとっていいことだね。」という意味です。"freeze"（止まれ！）は、相手の動きを完全に止めたい時に言います。子どもどうしの遊びの中で、また、ドラマや映画で刑事が犯人を追いつめた時など、よく使われ、そしてよく耳にする言葉です。最後に、チャウダーが口にした、"It's not fair."（ずるいよ。）は、子どもたちが学校生活、日常生活の中で多用している表現です。"fair"は、「公正な、公平な、正しい」の意味です。ずるいことをすると、相手からこの言葉を言われます。

映画の背景と見所

この映画が話題になった一つの理由には、総指揮者にスティーヴン・スピスバーグとロバート・ゼメキスが加わっていることです。この二人が組むのは『Back to the Future, part III』以来です。映画の分野は、3D、アニメーション・アドベンチャー・ホラー・コメディーです。

DJ、チャウダー、ジェニーの3人がネバークラッカーの家の中で探検する場面は観客をドキドキさせます。まだ家の正体がわかっていないので、何が出てくるのかを想像させる興味深い場面が続きます。モンスター化した家が3人を執拗に追ってくる場面は迫力があります。恐怖を感じながらも、モンスター化した家を自分たちが力を合わせて破壊しようとする決断力と勇気には驚かせられます。

マンション建設予定地で一度壊れたように見えた家が再び元の形に戻り、チャウダーを追いかける場面、そして高いクレーンにぶら下がりながらダイナマイトを煙突に投げ込むまでの家との一連の戦いは息をのみます。最後の場面では、勇敢にも戦った少年たちが、"I'm practically a grownup."（ほとんど大人と変わりはない。）と言いながらも、まだハロウィーンを楽しむ、という子どもらしさに観客はほのぼのとした気分になるでしょう。その気持ちから一転、途中で行方不明になっていたボーンズの再登場の仕方は圧巻です。

| スタッフ | 監督：ギル・キーナン
製作：スティーヴ・スターキー、ジャック・ラプケ
製作総指揮：スティーヴン・スピスバーグ
　　　　　　ロバート・ゼメキス、ジェイソン・クラーク
脚本：ダン・ハーモン、ロブ・シュラブ | キャスト | DJ　　　　　　：ミッチェル・ムッソ
チャウダー　　：サム・ラーナー
ジェニー　　　：スペンサー・ロック
ネバークラッカー：スティーヴ・ブシェミ
ジー　　　　　：マギー・ギレンホール |

ライオン・キング　The Lion King

（執筆）河合　利江

セリフ紹介

シンバの父、ムファサは自分にいつ何があってもいいように王としての心構えをシンバに伝えるべく、威厳に満ちた言葉をシンバに残しています。"Everything the light touches is our kingdom. A king's time as ruler rises and falls like the sun. One day, Simba, the sun will set on my time here and will rise with you as the new king."（王国が朝日に輝いている。私たちはこの輝きを守らねばならない。やがて私の時代にも終わりが訪れ―お前が王国を引き継ぐ。）そして、自然界の摂理についてシンバに語ります。"When we die, our bodies become the grass and the antelope eat the grass. And so we are all connected in the great circle of life."（我々は死ぬと草になりレイヨウは、その草を食べる。命あるものは大きな輪でつながっているんだ。）ムファサはまた、歴代の王から受け継いだ言葉をシンバに伝えます。"Look at the stars. The great kings of the past look down on us from those stars. So, whenever you feel alone just remember that those kings will always be there to guide you and so will I.（あの星から―歴代の王たちが我々を見守っていると。お前が独りになった時は、王たちが空から導いてくれるだろう。私も見ている。）シンバは叔父の策略にはまり、王国を逃げるように出て行き、偶然出会った仲間と気ままな暮らしをします。ところがある日、ムファサ亡き後の王国の窮地を聞かされてシンバの心に葛藤がおこります。その時、ムファサの声が夜空の向こうから聞こえてきます。"You must take your place in the circle of life. Remember who you are. You are my son, and the one true king.（自然界はお前にかかっている。自分が誰であるか忘れるな。私の息子であり、真の王者だ。）この言葉によって、シンバは王としての自分の責任に目覚めるのです。

ふれあいポイント

この映画では、登場するキャラクターに実際の動物の生態がうまく反映されています。印象的なセリフとともに生態を確認してみましょう。

【ライオン】現在、アフリカでは危急種となっています。プライドとよばれる群れを作り、狩りをするのはメスで、雄は縄張りを守ります。スカーが王になってからは、メスたちは狩りをせず、スカーはナラの母親を呼びつけ、"Where is your hunting party? They're not doing their job."（女どもは、なぜ獲物を捕ってこない？）と不満を言います。また、スカーとシンバの戦いはまさに縄張り争いですね。肉食ですが、シンバが王国を離れた時にそうだったように、昆虫も食べます。

【サイチョウ】湾曲した大きなくちばしが特徴で、鳴き声はラッパのようです。その特徴から、国王の執事、ザズーは立て板に水のごとく、おしゃべりが止まりません。幼いシンバとナラに向かって、"One day, you two are going to be married."（お二人が結婚なさること。）と言います。

【ハイエナ】4種のハイエナのうち映画に出てくるのはブチハイエナです。「サバンナの掃除人」とも言われていますが、ブチハイエナはライオンに劣らぬ狩りの名手です。シンバとナラはハイエナの領域に入り込んで見つかり、"We'd love you to stick around for dinner."（夕食の時間までいてもらうよ。）と言われ、ムファサが助けに来なければ、危うく餌食にされるところでした。

【ヒヒ】類人猿をのぞく猿の仲間で最も知能が高いのがヒヒと言われています。映画の中では、王国の祈祷師のような賢者のような役割です。シンバが生きていることをいち早く察知し、見つけ出します。過去に目を背け、王国に戻ることをためらっているシンバをいきなり杖で殴り、"It doesn't matter. It's in the past."（怒るな。済んだことだ。）と、独特の弁舌で過去と現在のつながりを示し、シンバを目覚めさせます。

【ミーアキャット】直立して辺りをキョロキョロする姿が特徴的で、ティモンはほとんどこの姿勢を保っています。雑食で、ティモンは主にジャングルの昆虫を食べています。肉を食べたがるシンバに"If you live with us, you have to eat like us."（仲間なら同じものを食え。）と言って昆虫の美味しさをシンバに教えます。

【イボイノシシ】主に草食ですが、昆虫類も食べます。オス、メスともに牙と耳の下辺りにイボがありますが、これらはオスの方が圧倒的に大きいです。プンバァも見た目はいかついですが、心優しく、倒れているシンバを見て"He's so cute and all alone."（かわいい顔してるぜ。おまけに独りだ。）と言い、仲間にすることをティモンに提案します。

あらすじ

シンバは動物たちの王国に君臨するライオン、ムファサの子として生まれます。シンバは同じ年頃のメスライオン、ナラと仲良しで、好奇心旺盛に遊びまわり、両親の愛情を一杯に受けて幸せに暮らしていました。ところが、ムファサの弟、スカーは自分が王になるためムファサとシンバの殺害を企てます。ハイエナたちを味方に付け、事故と見せかけてムファサを殺します。シンバは何とか逃げ延びますが、自分のせいで父親が死んだと思い込まされ、誰にも告げずに王国を去ります。幼いシンバは飲まず食わずでさまよい歩き、力尽きてハゲタカの群れに襲われかけますが、ミーアキャットのティモンとイボイノシシのプンバァに助けられます。以来、シンバはこの愉快な2匹とともに気ままに日々を過ごします。ところが、たてがみも立派に成長したある日、幼なじみのナラにばったり出会い、王国の窮状を知らされます。スカーが君臨する王国はハイエナのさばり、荒れ果てていました。過去に背を向けていたシンバはナラに助けを求められても自分に自信がなく、王国を救うことをためらいますが、父親の生前残した言葉を思い出し、王位を継ぐ者としての責任に目覚め、決意を固めます。王国に戻ってスカーと対決し、激しい格闘の末、スカーを倒して王の座を勝ち取ります。ムファサの時代の豊かな王国を取り戻したころ、シンバとナラの間には王子も誕生し、ティモン、プンバァをはじめ、動物たち皆に祝福されます。

映画情報

製作費：4,500万ドル
製作年：1994年
製作国：米国
言　語：英語
ジャンル：ファミリー、アドベンチャー　　カラー映画

公開情報

公開日：1994年6月15日（米国）
　　　　1994年7月23日（日本）
上映時間：87分
MPAA（上映制限）：PG
興行収入：4億2,000万ドル（米国）

薦	●小学生　●中学生　●高校生　●大学生　●社会人	リスニング難易表		発売元：ウォルト・ディズニー・スタジオ・ジャパン（平成26年5月現在、DVD発売なし）中古販売店等で確認してください。
お薦めの理由	シンバは、叔父に裏切られて父親を亡くし、さらに父親の死は自分のせいだと思い込まされます。小さなお子さんには刺激が強い内容かもしれませんが、そこから困難をどう乗り越えるかがこの映画の見所です。シンバは「ハクナ・マタタ」、くよくよするなという言葉を教えられ、生き続けることができます。そして、成長すると自分の人生に与えられた使命に目覚め、そこに突き進んでいきます。	スピード	2	
		明瞭さ	2	
		アメリカ訛	2	
		外国語	2	
		語彙	2	
英語の特徴	ミュージカル仕立てになっているので歌の部分は少し難易度が上がりますが、全般的に癖のない聞き取りやすい英語です。動物の名前が出てくるので、その部分をお子さんに教えてあげるとよいでしょう。カタカナで知っている動物の名前が英語の会話の中で聞き取れるといいですね。幼少期のシンバとナラの声がとてもかわいらしく、子供がいかにも言いそうな表現がたくさん出てきます。	専門語	1	
		ジョーク	3	
		スラング	2	
		文法	3	

授業での留意点	この映画を見て子供が関心を示したり、疑問を持ちそうな点から、以下に挙げたような周辺知識の習得や、発展学習に結びつけるといいでしょう。 【映画の舞台】アフリカのサバンナが舞台です。広い草原にバオバブの木、切り立った崖など、独特の景色が描かれています。サバンナは熱帯の草原地帯の総称で、最も有名なものがタンザニアのセレンゲティ国立公園です。総面積は１万4763平方メートルの広大な地域で、岩手県の面積にほぼ匹敵します。約300万頭の大型動物が暮らし、種類は哺乳類だけで130種以上、鳥類も350種以上が生息しています。また、この映画の王国はライオンの一つの群れの縄張りとして見ることができますが、ライオンの一つの群れの縄張りは約250平方キロメートルと、かなり広大で、パトロールはオスの役割です。 【ゾウの墓場】シンバは父親に行ってはいけないと言われていた場所に象の墓場があるとスカーに教えられ、どうしても行きたくなってしまいます。象は自分で死期を悟ることができ、その時が来ると群れを離れて象の墓場に向かうという通説が主に欧米で知られています。これは、象の死体や骨が自然状態では発見されないことから生まれた想像上の話で、実際には死体も骨も肉食獣や鳥によって食べられ、骨も風化作用ですぐになくなってしまうため、人に発見されにくいのであって、ゾウ以外の他の動物にも言えることです。 【英語以外の言語】オープニング・ソング、「サークル・オブ・ライフ」は南アフリカ共和国のズールー語族の言語、ズールー語で始まります。英語との音の響きの違いが感じられるといいですね。また、ティモンとプンバァのモットー、「ハクナ・マタタ」は東アフリカ沿岸地域の多くの民族の母語となっているスワヒリ語です。この言葉が、挨拶のように交わされる地域もあるようです。 【さらなるライオン・キング】興行収入がアニメ映画史上第2位という、絶大な人気を誇るこの映画は、シリーズ化され、シンバの娘が登場する『ライオン・キング２シンバズ・プライド』（1998年）、ティモンとプンバァの出会いを描いた『ライオン・キング３ハクナ・マタタ』（2004年）が制作されており、DVDやブルーレイで視聴することができます。また、この映画をもとにミュージカルも作られており、日本では劇団四季が1998年から東京でロングラン公演中です。 【影響を受けた作品】手塚治の漫画で後にアニメ化された『ジャングル大帝』に登場するキャラクターや、筋が酷似しているとして、アメリカや日本のファンやマスコミが問題視しましたが、ディズニー側はその影響を否定し、シェイクスピアの『ハムレット』から着想を得ていると主張しています。
映画の背景と見所	この映画の中の動物たちの王国では、それぞれの動物が持って生まれた役割を果たすことで、王国の調和が保たれています。これは、地球上の生命誕生から40億年という歳月をかけて形成されたサバンナの生態系を表現しています。ムファサはシンバにこの自然界の摂理について、そしてそれを守る大切さをシンバに伝えていました。サバンナの食物連鎖の頂点に立つライオンという種族の生き方を描くことで、全地球上の食物連鎖の頂点に立つ人間の役割や使命とは何かを問いかけているようです。 　また、ムファサはシンバにハイエナの領土を侵してはならないことも伝えていました。幼く向こう見ずなシンバは、ライオンが一番強いのだからハイエナをやっつけてしまえばいいのに…と思っていたからです。これは、自然界に対する人間の姿勢を問うとともに、人間社会における異文化間の共存のあり方についても考えさせられます。同じ肉食獣として利益関係がぶつかる両種族は、そのまま人間界の民族紛争に重なるところがあります。 　この映画のテーマとなっている"circle of life"は、一つの種族の命のつながりであるとともに、全生命の命の循環でもあります。動物たちの躍動感あふれる映像と印象的な音楽によって、壮大な自然界の命のサイクルが輝きを与えられ、そのサイクルの中で懸命に生きる一つの生命に深い共感を覚えることでしょう。

スタッフ	監　督：ロジャー・アラーズ、ロブ・ミンコフ 脚　本：ジョナサン・ロバーツ、アイリーン・メッキ 製作総指揮：トム・シュマッカー 音　楽：ハンス・ジマー 主題歌：エルトン・ジョン	キャスト	シンバ（幼少期）：ジョナサン・テイラー・トーマス シンバ（青年期）：マシュー・ブロデリック ムファサ：ジェームズ・アール・ジョーンズ ザズ：ローワン・アトキンソン ナラ（幼少期）：ニキータ・カラム

	ライラの冒険 黄金の羅針盤	The Golden Compass	（執筆）矢後　智子

セリフ紹介

　誘拐された子どもたちを救うために、ジプシャン族と出発したライラは北の町トロールサンドで気球乗りのスコーズビーに出会います。この先旅を続けるのであれば気球乗りとよろいグマが必要だ、という彼のアドバイスで、ライラはよろいグマのイオレクを尋ねます。よろいを奪われ、町の人々に酒を報酬に働かされ、すっかり戦う気力をなくしたイオレクを見てライラは次のように言いました。

Lyra：　Iorek Byrnison...you're the first ice bear I've ever met, I was even so excited, and scared. But now I'm just disappointed.

　しかし、王子だったイオレクが戦いに負け、その結果王の座を奪われ、その上よろいまでも奪われたことをライラは黄金の羅針盤で知ります。そこでイオレクを助けようと心に決めます。

Lyra：　Iorek Byrnison, Iorek Byrnison, I know where your armour is. They tricked you out of it. They shouldn't have done that, Iorek Byrnison. It's in the district office of the Magisterium. Right here in Trollsund.
Iorek:　What is your name, child?
Lyra：　Lyra Belacqua.
Iorek:　Then Lyra Belacqua, I owe you a debt. I will serve you in your campaign until I am dead or you have a victory.

　イオレクもまたライラのために戦うことを誓い、ライラの一行に加わり、さらに北へと向かうのでした。

ふれあいポイント

　私たちの世界とよく似ているが異なる世界に住む11歳の少女ライラが、悪者たちに立ち向かっていく冒険ファンタジー物語で、動物の姿をしているダイモンやよろいクマがことばを話したり、魔女たちが出てきたりと、子どものみならず家族で楽しめることは間違いありません。

【重要な登場人物たち】この物語ではいろいろな登場人物がライラを助けますが、その中でもthe gyptians＜ジプシャン族＞, the witches＜魔女＞, the bears＜よろいグマ＞の存在はとても大きいです。映画の冒頭の部分で、それぞれの登場人物の特徴を、次のように説明しています。・・・the witches of the （　　）, the gyptians of the （　　）, the bears of the （　　）、・・・それぞれの（　　）に、ocean/ air/ iceのどの単語が入るのか、簡単なので少し考えてみましょう。「空を飛ぶのは誰ですか」、「北の国に住んでいるのは誰ですか」、「船で旅をするのは誰ですか」など、というヒントをもらえばきっと答えが見つかるでしょう。この他にも忘れてならないのは「気球乗り」です。気球は英語でballoon、気球乗りはaeronautといいます。aero-（発音はエアロ）はaeroplane＜飛行機＞（英国英語）やaerobics＜エアロビクス＞などの単語の一部にもなっているように「空気、空中、航空」という意味です。-nautはastronaut＜宇宙飛行士＞でも使われているようにtripper「旅する人」という意味ですから、aeronautで「空中を旅する人」、つまり「気球乗り」になるわけです。もう一匹忘れてならないのがライラのダイモンのパンタライモン（パン）です。彼はそれぞれの場面で色々な姿に変わっています。それぞれの場面でパンが何になっているか注意深く見て、その英語名を調べてみるのもよいですね。ferretやcat, mouseだけでなく空を飛ぶものにも変わっています。

【便利な英語表現】ライラがパンによく "Hush, Pan!" と言います。ここでhushは「しっ！、静かに！」という意味で使われています。"Quiet!" と同じ意味ですから学校や家庭でも使えそうですね。"It ain't nonsense." は、ライラがアスリエル卿に言ったセリフです。普通ならこの文章は"It isn't nonsense." と言うところでしょうが、ライラをはじめこの物語に登場する子どもたちは、このain't という単語をよく使います。am not/ aren't/ isn't/ hasn't/ haven't のいずれかを使う場面で使うことのできる表現で、主語や時制を気にせずに使えるカジュアルな口語表現です。映画の中では子どもたちのセリフで何回も聞くことができるので、どのように言い換えられるかを考えてみてください。例えばライラとロジャーの次の会話 "You are afraid of them (Gobblers), ain't you?" "No, I ain't." はどうでしょうか。次に発音についてです。米国英語ではcan'tは「キャーントゥ」と発音しますが、ライラは英国英語を話しているので「カーントゥ」と発音しています。英国英語ではcanとcan'tは、「キャン」と「カーントゥ」とはっきりと発音が違うので、肯定文なのか否定文なのかの区別がよく理解できます。是非聞きとってみてください。

あらすじ

　宇宙に存在する無数の世界の中に、動物の姿をした魂"ダイモン"を連れて人々が暮らしている世界がありました。両親のいないライラは、オックスフォード大学のジョーダン寮で生活していました。叔父で探検家のアスリエル卿とは滅多に顔を合わせる機会はありませんでしたが、ライラはダイモンのパンタライモンと共に、親友ロジャーと遊び回る日々を過ごしていました。その頃街では、子どもたちが連続して誘拐されており、それは誘拐団ゴブラーによる犯行と噂されていました。ある日、上流社会で絶大な力を持つコールター夫人がライラを引き取りたいと申します。その旅立ちの日、学寮長はライラに黄金の羅針盤を渡します。そしてついにロジャーも姿を消します。コールター夫人と新たな生活を始めるライラでしたが、誘拐された子どもたちの名前の載ったリストを夫人の書斎で見つけ、彼女こそがゴブラーの首謀者だったことを知ります。そしてライラはジプシャン族と誘拐された子どもたちを救いに旅立ちます。よろいグマのイオレクや魔女のセラフィナ、気球乗りのスコーズビー、そして黄金の羅針盤の力を借りて、ライラは誘拐された子どもたちがいる北国の実験施設へとたどりつきます。子どもたちを救うため、コールター夫人が支配する施設を破壊するライラ。そこでライラは、コールター夫人が自分の母親であるという衝撃の事実を知ります。またアスリエル卿が実の父親であることも知り、黄金の羅針盤を父親に届けるために再び旅立ちます。

映画情報

原　作：フィリップ・プルマン　　製作年：2007年
製作国：米・英合作　　　　　　　言　語：英語
製作費：1億8,000万ドル
配給会社：ギャガ・コミュニケーションズ
ジャンル：ファンタジー　　　　　白黒/カラー：カラー

公開情報

公開日：2007年12月　7日（米国）
　　　　2008年　3月　1日（日本）
興行収入：3億7,200万ドル
アカデミー賞視覚効果賞受賞
MPAA（上位制限）：PG-13　　　上映時間：113分

薦	●小学生　●中学生　●高校生　○大学生　○社会人	リスニング難易表		発売元：パピネット（平成26年5月現在、DVD発売なし）中古販売店等で確認してください。
お薦めの理由	黄金の羅針盤を手に入れたライラが、よろいグマ、気球乗り、魔女たちに出会い、彼らに助けられながら悪と戦うというストーリーラインは単純ではありますが、ライラの運命は謎につつまれており最後まで目が離せません。ファンタジー小説「ライラの冒険」シリーズの第一部「黄金の羅針盤」を原作とする実写版で、翻訳本も出版されているので映画と一緒に小説も楽しむことができるでしょう。	スピード	3	
		明瞭さ	3	
		アメリカ訛	2	
		外国語	4	
		語彙	3	
英語の特徴	ライラの英国訛りははっきりと聞き取ることができ、一部の登場人物には強い訛りが聞かれますが、全編を通して聞き取りやすい英国英語です。省略がよく聞かれますが、スラングなどはほとんど話されていません。またスピードもそれほど早くありません。また難解な文法表現も多くないので比較的理解しやすい英語です。人間だけなく動物たちも話をするのでそれを知って映画を観るとよいでしょう。	専門語	2	
		ジョーク	2	
		スラング	2	
		文法	2	

授業での留意点

　映画の冒頭の部分でライラの住む世界の背景がナレーションされていますが、この世界の背景をよく理解してから映画を観ると、よりストーリーを楽しむことができるでしょう。
　【dæmon：ダイモンの存在】ライラの住む世界では魂はダイモンと呼ばれ動物の姿をしてそばに寄り添って生活をしている。（私たちの住む世界では肉体と魂は一体になっている）ダイモンが傷つけばそのダイモンの主人も同様に傷つく。また子どものダイモンは自由に姿を変えることができるが、大人のダイモンはその人間の本性を表した姿に定まる。
　アスリエル卿とライラはライラのダイモンについて次のように話をします。

　　　　　Lord Asriel: I see your dæmon still changes shape. Hasn't settled yet?
　　　　　Lyra:　　　Yeah. That's to do with Dust, isn't it?
　　　　　　　　　　Why kids' dæmons can change shape but grown-ups' dæmon can't change.

物語の場面場面でパン（ライラのダイモン）が色々な動物に変化しているのをよく見てみましょう。アスリエル卿のダイモンは雪豹、コールタール夫人のダイモンは金色の猿ですね。
　【Dust：ダストの存在】宇宙にある様々な世界を結びつけているものと言われており、その正体については謎。
　【alethiometer：真理計の存在】真実を告げる羅針盤で学者たちによって作られたが、人々がダストの正体などの真実を知ることを恐れた支配者は、それらを破壊した。しかし、たった一つだけ残されており、それを読むことのできる人間もたった一人しかいない。
　物語では the golden compass＜黄金の羅針盤＞ またはthe truth measureと呼ばれており、それについてジプシャン族のFarder Coramは次のように説明しています。"It enables you see what others wish to hide. You got three hands you can control. By pointing three symbols you can ask any sort of question you can imagine. Once you got your question framed, this blue needle points to more symbols that give you the answer." この羅針盤には、lady＜女の人＞、lightning bolt＜稲妻＞、serpent＜へび＞、pot＜鍋＞、baby＜赤ちゃん＞、skull on hourglass＜砂時計の上のドクロ＞などのたくさんのシンボルがついており、ライラはそのただ一人のsymbol readerです。
　ちなみにコンパスには2つの意味がありますね。1つは方位を測るコンパス（羅針盤、方位磁石）、もう1つは図形を描くコンパス。どちらも日本語でコンパスと呼ばれますので英語ではcompass（羅針盤）とcompassesと区別されることもあります。

映画の背景と見所

　映画の冒頭で、オックスフォードという現実にある場所が出てきたり、登場人物が人間や動物だったりと、私たちの世界ととてもよく似ていますが、ライラの住む世界は私たちの世界とは少し異なる世界なのだ、ということを知って映画を観ると、ストーリーをよりよく理解することができるでしょう。
　この作品は英国の作家フィリップ・プルマンの児童向けのファンタジー小説「His Dark Material」（邦題「ライラの冒険」）三部作の第一部「The Golden Compass」（邦題「黄金の羅針盤」）が原作となっています。第二部「The Subtle Knife」（邦題「神秘の短剣」）、第三部「The Amber Spyglass」（邦題「琥珀の望遠鏡」)も合わせて三部作すべて日本語翻訳本が出版されています。第一部「The Golden Compass」はイギリスで出版された児童文学に送られるカーネギー賞を受賞、第三部「The Amber Spyglass」はイギリスの作家に与えられるコスタ賞（受賞当時ウィットブレッド賞）の大賞を児童文学部門のこの作品が初受賞しています。
　この映画は、ライラとその一行が誘拐された子どもたちを救うところで終わっています。ダストの謎については解明されておらず、その部分については次作に続いています。続きの作品が製作されていないところが大変残念ですが、翻訳版も含め小説が出版されているので、小説に挑戦するよい機会になるのではないでしょうか。

スタッフ

監督・脚本：クリス・ワイツ
製　　作：デボラ・フォート、ビル・カラッロ
音　　楽：アレクサンドル・デスプラ
美　　術：デニス・ガスナー
撮　　影：ヘンリー・ブラハム

キャスト

ライラ・ベラクア　　　：ダコタ・ブルー・リチャーズ
コールター夫人　　　：ニコール・キッドマン
アスリエル卿　　　　：ダニエル・クレイグ
パンタライモン（パン）：（声）フレディ・ハイモア
イオレク・バーニソン　：（声）イアン・マッケラン

リトル・プリンセス	A Little Princes	（執筆）岩塚さおり

セリフ紹介

　戦争へ出掛けていく父親が、見知らぬ国で寄宿学校に入れられ、心細そうな様子を見せる10歳の一人娘セーラ・クルーを励ます言葉としては最高だと思います。セリフを見てみましょう。

Captain Crewe: Did you know when we leave them alone in our room they come to life? Before we walk in, they return to their place, quick as lightning.
（知ってる？僕たちが部屋を出ると、この部屋にあるお前のおもちゃはみんな活動し始めるってこと。どのおもちゃもみんな生きているんだよ。そして僕たちが部屋に入る前にはきちんと元通りの場所に戻るんだ。）

Sarah Crew: Why don't they come to life in front of us, so we can see them?
（どうして私たちの前で生きている姿を見せてくれないの？そうすれば見られるのに。）

Captain Crewe: Because it's magic. Magic has to be believed. That's the only way it's real.
（それは魔法だからだよ。魔法というのは僕たちが信じなければならないのさ。魔法が実在する唯一の方法は、僕たちが信じることだよ。）

　おもちゃが生きていると思えば、セーラが寂しいと思った時はおもちゃに語りかけることだって出来るし、また、おもちゃから答えが返ってくるのを心の中で聞くことが出来ます。また、お父さんがいなくてもいると思えばお父さんからの答えがセーラの心の中で聞くことが出来るのです。magic（魔法）を信じることで、見えないもの、聞こえないものも心の中で見て聞く楽しみを教わったのです。孤独ではないことを言い聞かせる素敵な方法です。

ふれあいポイント

【語彙の説明】"Ramayana" 聞きなれない言葉、『ラーマーヤナ』を何度か耳にします。古代インドのヒンドゥー教の神話と古代英雄に関する伝説をまとめたもので成立は紀元前3世紀頃と考えられています（『新約ラーマーヤナ』中村了昭訳、平凡社東洋文庫2012年）。原作ではセーラは空想を友達に語って聞かせるのですが、映画では、『ラーマーヤナ』に変えられています。恐らく、セーラが英国領インド出身であり、米国人の寄宿生たちが全く想像もつかない異文化の話に興味を持つという設定で変更したと思われます。

"times" ミンチン校長の授業で "seven times five is thirty-five"（7かける5は35）、"seven times six is forty-two"（7かける6は42）と九九を暗誦させられる場面があります。この場合 "times" は名詞の「時間」ではなくて動詞の「かける」という意味になります。また、その際、"seven" は三人称単数の扱いなので原型 "time" に "s" を加えて "times" になることも説明するとよいでしょう。"time" は誰でも知っている英語なので、実際九九に言い直して練習したほうが児童も覚えやすいかもしれません。

"make friends" クルー大尉は娘セーラにエミリーをプレゼントした後、"You know dolls make the very best friends"（知ってるかい、人形は君の親友になれるってこと）と言います。この文の中の "make friends" は「友達になる」という意味です。また、"the best friend" は親友という意味です。身近に感じる熟語ですから是非覚えましょう。

"hug" クルー大尉は娘セーラにフランス人形のエミリーをプレゼントして、"So when you hug her (Emily), you'll be getting a hug from me"（エミリーを抱きしめたら、セーラはパパに抱きしめられているってことだよ）という言葉の中に出てくる "hug" を見てみましょう。昨今テレビなどで「ハグする」などという言葉に使われていますから、児童たちも憶えやすい単語と思います。クルー大尉のフレーズの中には、動詞と名詞の "hug" が使われているので、動詞と名詞の説明の後、このフレーズを児童に暗誦してもらうと良いでしょう。

"make-believe" セーラの架空の物語に引き込まれてしまう生徒たちに、ミンチン校長は、"There will be no more make-believe at this school"（この学校で架空の話は許しません）と怒鳴ります。ミンチン校長の厳しい小言を見てみましょう。この文の中の "no more" ですが、「もうそれ以上はない」という意味の熟語の形容詞となります。そして "make-believe" という語は、「～のふりをする」という名詞の意味を持ち、「架空の話」という意味になります。この文を直訳すると、「架空の話はこの学校でもう二度とない」、すなわち、架空の話は存在しない、してはならないという禁止の意味になります。架空の世界を持つことの禁止、すなわち生徒の創造力の否定という恐ろしい校長の一言となっています。

あらすじ

　10歳の少女セーラは、インドで父親と幸せに暮らしていましたが、父親のクルー大尉が第一次世界大戦に行くことになり、セーラは彼女の亡き母親が学んだニューヨークのミンチン学長の寄宿学校へ入ることになります。セーラは父親を恋しく思う一方、新しい環境の中でも持ち前の天真爛漫さで乗り切り、学校でも人気者となっていきます。しかし、セーラの11歳の誕生日パーティーの最中、父親が戦死したとの知らせを受けます。その途端、ミンチン学長のセーラに対する優しさは一変し、父親からのプレゼントであった人形エミリーを除いてセーラの持ち物全てが没収されてしまいます。そして黒人女中ベッキーと同じ小さい部屋へ入れられてミンチン学長の女中となって働かされるようになります。そんな時、隣人のチャールズ・ランドルフのインド出身の使用人ラム・ダスは、彼のペットである猿がセーラの部屋と行き来していることを機に、彼女がとても心優しい少女であること分かってきます。また、ランドルフの戦死した息子と同じ軍隊にいて重傷を負って記憶を喪失した男性をランドルフが引き取り世話をしていたことから、セーラはランドルフの屋敷に逃げ込んだ際、その男性と偶然出会います。セーラの喜びも束の間、記憶を喪失した男性はセーラの父親であることに気付きません。しかし、セーラの「パパ」という泣き叫ぶ声に記憶を取り戻しセーラは父親と抱き合って再会を喜びあいます。その後セーラは父親とベッキーとともにインドへ帰っていきます。

映画情報

製作費：1千700万ドル
製作年：1995年
製作国：米国
言語：英語
ジャンル：ファンタジー

公開情報

公開日：1995年 5月10日（米国）
　　　　1995年12月16日（日本）
上映時間：97分
MPAA（上映制限）：PG
興行収入：1億1万5,449ドル

薦	●小学生　●中学生　○高校生　○大学生　○社会人	リスニング難易表		発売元：ワーナー・ホーム・ビデオ（平成26年5月現在、税込み）DVD価格：2,160円

リスニング難易表	
スピード	5
明瞭さ	5
アメリカ訛	5
外国語	3
語彙	5
専門語	5
ジョーク	5
スラング	5
文法	5

お薦めの理由

作品の時代背景として第一次世界大戦が言及されています。当時、米国の社会おいて、黒人であるということは、いかに差別されていたかということが黒人女中のベッキーを通して見ることが出来ます。そんな中で黒人差別は正しくないと思ったセーラは、ミンチン校長の注意にも従わず、積極的に話しかけます。勇気を持つ大切さを教えてくれる作品です。

英語の特徴

本作品では、登場人物がほとんど白人で、聞き取りやすい米国英語となっています。作品の中に、黒人の使用人のベッキーと、インド出身でランドルフ家の使用人ラム・ダスが登場しますが、どちらも大変聞き取りやすい標準的な米国英語を話しています。どの生徒も明確な発音で話しているので、英語学習のリスニング教材には最適です。またフレーズを口に出して覚えてみましょう。

授業での留意点

【黒人差別】この作品の中で、黒人のベッキーは寄宿学校の生徒に話しかけてはならず、また、生徒がベッキーに話しかけることも許されていません。セーラはミンチン校長に咎められるのも気にせず、ベッキーに話しかけ、ベッキーから、"you better get back in line or we'll both be in trouble"（みんなが並んでいる列に戻って。そうしないと私達二人とも大変なことになるのよ）と言われます。このように、肌の色が黒いということは、当時の社会では白人と同等に扱われなかったことを意味するのです。黒人が白人と同じ列車の車両に乗ったり、病院で同じ待合室に座ること、レストランで食事をしたり、白人と同じ学校で学ぶ権利を米国の白人社会が認めるよう黒人が働きかけた公民権運動まで行き着くのに、この後、半世紀以上もかかったのです。南北戦争（1861年から65年まで）が終わり、奴隷から自由な市民となったと、多くの日本人は思っているかもしれませんが、南北戦争から公民権運動まで、100年にも渡って黒人はアメリカ社会の中で苦しめられ続けていたのです。そのような背景に触れることで、生徒とベッキーとが話すことを認められない理由を児童は理解することが出来るでしょう。

【プリンセス】この作品にはプリンセスという言葉が何度も登場します。ジーニアス英和辞典におけるプリンセスの意味は、王女、妃殿下ですが、屋根裏部屋に住むことになったセーラも使用人のベッキーも、そして寄宿生の生徒たちもみんな、自分自身をプリンセスだと言い合います。確かに、寄宿学校の生徒たちは裕福な家庭の子女たちであるから、将来、どこかの国の王女になることも可能でしょう。しかし、この作品では王女のことを言っているのではありません。セーラとベッキーは、いかに貧しくとも夢を持って想像を楽しむことが出来る女性をプリンセスだと信じているのです。自分はプリンセスだと思って生きていれば、ぼろをまとっていたとしても想像の中ではダイヤモンドを散りばめた素敵なドレスを着ているのだし、姿勢を正して意地悪なミンチン校長の小言に対しても堂々としていられることができるのです。お腹をすかしてひもじい思いをしているセーラが、貧しい花売りの子供たちに自分が食べようと思っていた菓子パンを差し出す姿はまさに高貴な精神を見せるプリンセスです。プリンセスとは、外見が高貴なのではなく、ぼろをまとっていても人のことを思いやることの出来る精神の気高さを持っている人こそがプリンセスだと訴えているのです。なぜ、映画の題名がプリンセスなのか、授業で話し合っても楽しいと思います。

【英国とインド】セーラはインド出身の英国人です。アメリカ映画になぜインドと思われるかもしれませんが、英国生まれの原作者バーネットは、英国との行き来が多く、英国について多く描きました。当時インドは英国の植民地で、多くの英国人がインドに住み、インド人を使用人としていた時代だったのです。使用人ラム・ダスがインド人なのもランドルフが英国人であるからです（ランドルフの息子とクルー大尉が同じ部隊である。）

映画の背景と見所

この作品は、英国生まれで米国へ帰化した作家フランシス・ホジソン・バーネットが1888年39歳の時書いた『セーラ・クルー』を16年後に書き直して『小公女』と改題した児童文学作品が映画化されたものです。この作品と原作には二つの大きな違いが見られます。まず、時代背景ですが、原作はボーア戦争（1880年代に起こった英国と南アフリカの戦争）時代で、本作品は第一次世界大戦となっています。また、物語の結末ですが、原作は、セーラの父親はダイアモンドの山を友人と探しに出かけて病死しますが、父の友人と出会って莫大な財産を相続します。一方、映画では、父親は戦争で重傷を負い記憶を喪失してしまいますが、最後は記憶を取り戻して父娘の再会を果たして喜び合います。原作と映画の結末の大きな違いは「魔法」を本作品の主題としたからでしょう。目に見えないことを信じるよう父親のクルー大尉から諭されたセーラは、屋根裏部屋へ入れられて使用人として働かされるようになっても、綺麗なドレスを身にまとったステキなプリンセスであることや、大好きな食べ物をあれこれと思い巡らし、ベッキーと言い合って慰めあいます。目に見えないものが目の前に存在していると信じることによって、想像が現実のように思え、幸せになるという「魔法」に励まされて生きる11歳の少女を描いているからです。そして、「魔法」によって本作品の結末まで原作とは異なったハッピーエンディングに変えられたのです。

スタッフ

監　督：アルフォンソ・キュアロン
脚　本：リチャード・ラグラヴェネーズ
原　作：フランシス・ホジソン・バーネット
音　楽：パトリック・ドイル
編　集：スティーヴ・ワイスバーグ

キャスト

セーラ・クルー　　：リーセル・マシューズ
クルー大尉　　　　：リーアム・カニンガム
ミンチン学長　　　：エレノア・ブロン
ベッキー　　　　　：ヴァネッサ・リー・チェスター
チャールズ・ランドルフ：アーサー・マレット

リトル・マーメイド／人魚姫		The Little Mermaid	（執筆）服部　有紀

セリフ紹介

　主人公アリエルは美しい容姿と美しい歌声を持ち合わせている人魚姫です。"She has the most beautiful voice."（一番美しい声をお持ちです）といった、最上級の表現が映画の中で何度か使われています。特に印象に残るシーンとしてアリエルがエリックを海から助けるシーンがありますが、助けた後にアリエルは浜辺で歌を歌っています。助けてもらったエリックは "A girl rescued me."（女の子が助けてくれた）"She was singing."（歌を歌っていた）"She had the most beautiful voice."（うっとりするような声だった）と言い、アリエルのことが忘れられなくなります。その証拠としてエリックは、"That voice. I can't get it out of my head."（あの声が頭から離れない）と言い、アリエルをあちこち捜し "Where could she be?"（彼女はどこにいるんだ？）と肩を落とします。アリエルへの想いはとても強く、"I'm gonna find that girl, and I'm gonna marry her."（彼女を必ず捜し出す。そして結婚する）と言い切ります。エリックの気持ちが届いたのか、アリエルと再会する日がやってきます。ただし、この時のアリエルは魔女の魔法によって話せない状態になってしまっています。まずエリックが、"You seem very familiar to me."（どこかで見覚えのある顔だ）"We have met. I knew it."（確かに会った）"You're the one I've been looking for."（僕の捜し求めていた人だ）とアリエルを見て言いますが、声が出ないことを知ると、"Then you couldn't be who I thought."（じゃ人違いか）となってしまい、アリエルもエリックの愛犬マックスもとてもがっかりします。最終的には "You can talk."（話せるんだね）"It was you all the time."（最初から君だったのか）と捜し求めていた人がアリエルであることがわかり、感動的な結末が待っています。

ふれあいポイント

【映画の活用方法】映画から英語表現を学ぶ有益な方法として、観て聞くことに加え、英語の発音・リズム・イントネーションを真似しながら音読練習をしっかり行うことが挙げられます。児童の皆さんが興味を持ちそうな場面を選び、日常でも使える表現を、登場人物に成り切って楽しく習得していきましょう。感覚的に何度か練習したり、演じたりした後でその場面を聞き直すと、理解が深まり、リスニング力も確実に伸びていきます。

【日常的に使える表現】映画の初めの方でトリトン王が "I'm really looking forward to this performance."（この演奏を楽しみにしていたぞ）という表現を使います。少し変化させて、I'm looking forward to watching the movie next week. など、状況に当てはまる文を作り、感情を込めて使っていくことがお薦めです。他にも、フランダーとアリエルが海を探検中の場面で、"Wait for me."（待って）"Hurry up."（急いで）"Isn't it fantastic?"（素敵でしょ？）"Yeah, sure. It's great."（ああ、そうだね。すごいよ。）"I'm going inside."（中に入ってみるわ）"Are you OK?"（大丈夫？）"Yeah, sure. No problem. I'm OK."（ああ、何ともないよ。平気だよ。）など馴染みやすい表現が多く出てきます。アリエルが船を見つけて "There it is."（あれよ。）と言いますが、捜し物をしていて、「ここにあった！」と言う時には、Here it is! と使ってみましょう。待っていた女の子が来た場合も Here she is! と使えます。お友達が恥ずかしがって、勇気が出ないような時には、"Don't be shy."（恥ずかしがらないで）と言って背中を押してあげることも良いでしょう。映画の中でエリックが "You look wonderful."（きれいだよ）と言ってドレス姿になったアリエルを誉めますが、wonderfulの部分の単語を入れ替えて nice, great, beautiful, sad, tired などを入れると、様々な表現ができますね。とても便利な表現です。

【表現のバリエーション】たとえ同じような内容を表していても、"Is that clear?"（分かったな？）、"Got that?"（いいかい？）など、様々な言い回しがあるので、映画から英語表現が学べるのはもちろんのこと、状況を把握しながらニュアンスを学ぶことも可能です。"That's right."（その通り）という表現は、日常会話でもよく使います。また、お友達に何かの場所を教えてあげるときには、"This way"（こっちだよ）とその場所を指し示してあげることができます。

　アリエルは花占いをし、"He loves me."（彼は私を愛してる）という結果が出たので、"I knew it."（やっぱり）と大喜びします。短めの一言会話であっても、日本語から英語を連想しにくいこともありますが、このように映画を鑑賞し、楽しみながら役立つ表現を身につけていけば、英語を聞いたり使ったりしていくことも益々楽しくなっていきますね。自然と印象に残るセリフも出てくると思いますので、一人一人の感受性と共に大切にしたいものです。

あらすじ

　この物語の主人公であり、トリトン王の末娘であるアリエルは、美しい人魚姫です。いつもは海底で海の仲間達と楽しく生活しているアリエルですが、好奇心旺盛なため、地上の世界にとても興味があります。そんな娘を父トリトン王は常に心配しており、海の生き物達にとって「人間は危険」であるということから、地上に行くことを禁じているのでした。そんな心配をよそに、アリエルは地上に出て、人間であるエリック王子に一目惚れしてしまいます。ある日嵐が起きました。愛犬を救おうとして海に落ちたエリック王子を救ったのはアリエルでした。アリエルのおかげで無事に助かったエリック王子もうっすらとアリエルのことを記憶しており、彼女の美声、容姿、優しさに惹かれます。頭からどうしても王子のことが離れないアリエルは、王子と一緒になりたい一心から、海の魔女アースラの力を借りることになります。そこでなんと「美声を引き換えに３日間だけ人間の姿を手に入れる」その代わりに、「３日目の日没までにエリック王と真実の愛のキスをしなければ、アリエルはアースラのものになる」という契約を結んでしまいます。アースラは悪知恵を働かせ、キスできないように操りますが、最終的にはエリック王と仲間達がアリエルを助け、王子との真実の愛が父親にも認められ、アリエルは父の力によって人間になります。求め合っていた二人の愛は実り、アリエルとエリック王は結婚し、大きな幸せを手に入れます。

映画情報

製作費：4,000万ドル（推定）
製作国：米国
言　語：英語
ジャンル：ファミリー、ファンタジー
ディズニーカラーアニメーション

公開情報

公開日：1989年11月17日（米国）
　　　　1990年10月12日（英国）
　　　　1991年 7月20日（日本）
上映時間：83分　　MPAA（上映制限）：G
オープニングウィークエンド：981万4,520ドル（米国）

薦	●小学生　●中学生　○高校生　○大学生　○社会人	リスニング難易表		発売元：ウォルト・ディズニー・スタジオ・ジャパン（平成26年5月現在、税込み）ブルーレイ+DVD価格：4,104円

リスニング難易表	
スピード	2
明瞭さ	2
アメリカ訛	2
外国語	2
語彙	2
専門語	2
ジョーク	3
スラング	1
文法	2

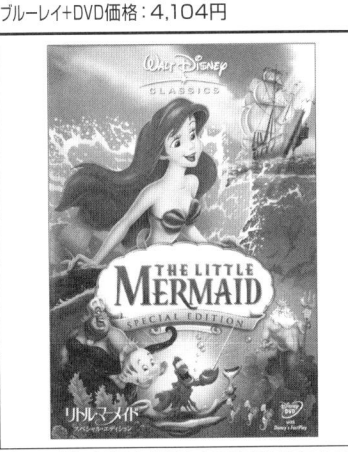

お薦めの理由
とてもカラフルでユニークなキャラクターが登場するこの作品は、ストーリー展開が面白く、ご家族の皆さんで一緒に楽しむことができます。海の生き物達の声や話し方はキャラクター毎に工夫されていますし、動き方もコミカルでついつい目を奪われてしまいます。お話がハッピーエンドであること、最終的には「悪が滅びて正義が勝つ」ということから、教育的視点から考えてもお薦めできます。

英語の特徴
基本的には米国英語ですが、少し個性的な話し方をするキャラクターも登場します。全体的には主人公も含め、聞き取りはしやすいですし、日常表現も学べます。ディズニーの作品には歌も多いですが、歌となると英語本来の発音やイントネーションとは異なることもあるので、少し聞き取りにくいかもしれません。エリック王の家令である白髪のグリムズビーは、声優が英国出身で英国英語です。

授業での留意点
【授業を踏まえて】海の生き物が仲間であると意識していく中で、最後の方に人間が魚介類を調理する場面があります。また、蟹のセバスチャンと人間でエリック王のシェフであるルイは、後に天敵となりますが、ルイが登場した時点からセバスチャンを調理しようと追いかける場面が出てきます。コミカルに仕上げてある点と、セバスチャンは調理されない点からは、安心して見ていられますが、ルイの歌う歌詞の中に残酷と受け取られる表現が含まれていると感じるかもしれないので、少し注意が必要です。この映画の中で悪質なのは魔女のアースラといえます。雰囲気的にも怖いと感じるお子様がみえるかもしれないので、年齢にも合わせて事前にチェックしておくと良いでしょう。

【より短く、くだけた表現】映画の中で、「be動詞＋ing」の形で近い未来を表す表現がいくつか用いられています。「be動詞＋going to」の形を使うよりもくだけた表現で、友達同士の日常会話で頻繁に使われます。アリエルは"Where are you going?"（どこへ行くの？）という質問に対して、"I'm going to see Ursula."（アースラに会いに行くの）と答えています。また、魔女のアースラが、アリエルとエリックを結婚させまいと魔法をかけ、アリエルとは別の女性と結婚するように見せかける場面では、"You know, he's getting married."（彼は結婚するんだ）が使われています。また、「going to」よりも短く、くだけた表現である「gonna」がたくさん使用されています。例えば、エリックがアリエルを捜している場面で、"I'm not gonna lose her again."（今度こそ彼女を失いたくない）"I'm gonna find that girl, and I'm gonna marry her."（僕を救ってくれた女性を必ず捜し出し、結婚する）のようにエリック王の意志がよく伝わってくる表現となっています。

"Now let's get outta here."（もう帰ろうよ）outtaは元々out ofですが、発音する時にofは弱い音になりますので、それに合わせて表記が変化したものです。I've gotta go.「行かなくちゃ」のgottaは元々got toですが、toの音が弱くなると、taと発音され、そのまま表記されることがあります。"Eric, you've gotta get away from here."（エリック逃げて）。他にもyouの音が弱まるとyaとなり、See you.はSee ya.の形で使われることがあります。

【トリトン王のアリエルへの愛情】最後はトリトン王も"She really does love him, doesn't she, Sebastian?"（セバスチャン、娘は本当に彼を愛しておるな）と言い、2人の結婚を認めます。様々な思いが込み上げ、"Then I guess there's just one problem left."（だがひとつだけ問題が）と言います。セバスチャンが"And what's that, Your Majesty?"（何でしょうか陛下？）と言うと、優しい表情で"How much I'm going to miss her."（娘がいなくなるとどれだけ寂しくなることか）と王様が心の内を開きます。本当に娘を愛し大切に育て、守ってきた王様が言うからこそ、優しさの中に威厳さえも漂います。

映画の背景と見所
この作品はデンマーク人であるハンス・クリスチャン・アンデルセンが書いた童話『人魚姫』が元になっています。こちらのディズニー作品では、我々人間が魚などの魚介類を食べ、海の生き物たちの命をもらって生きているという背景も重ねられています。そのため、アリエルの父であるトリトン王は、地上の世界とは接しないように、人間は怖い生き物だから、近づかないようにと決まりを作っていました。しかし、地上の世界に憧れを抱くアリエルは、「人間はそんなに怖い生き物ではないと思う」「接してもいないのに決めつけてはいけない」などと主張します。結果的には、王様もアリエルの熱意に心打たれ、人間を認め、海の生き物と人間が仲良くやっていく姿をも描いています。まずは「人魚姫のアリエル」と「人間の王子」という生きる世界も境遇も違う二人が繰り広げる恋愛の物語が大きな軸をなしています。少しリスクがあるにもかかわらず、二人の美しい真実の愛に感動し、最後に結ばれた時には幸せいっぱいの気分が味わえます。また、アリエルを応援する楽しく個性豊かな仲間達からも目を離せません。映画の中で、時には生き物たちが楽器になり、華やかな演奏や合唱をしているのもディズニー映画の特徴で、見所でもあります。いろいろな困難に直面した時の仲間同士の絆、友達、家族を大切に思う気持ち、そこから生まれる強さにも着目してみてください。人間・生き物の内面的成長も描かれています。

スタッフ
- 監督・脚本：ジョン・マスカー、ロン・クレメンツ
- 製作：ジョン・マスカー、他1人
- 音楽：アラン・メンケン
- 原作：ハンス・クリスチャン・アンデルセン『人魚姫』
- 作詞：ハワード・アッシュマン

キャスト
- アリエル／ヴァネッサ：ジョディ・ベンソン
- トリトン：ケネス・マース
- セバスチャン：サミュエル・E・ライト
- エリック王：クリストファー・ダニエル・バーンズ
- アースラ：パット・キャロル

ルイスと未来泥棒　Meet the Robinsons

（執筆）平野　尚美

セリフ紹介

　発明好きな主人公ルイスは、未来から来た1人の少年「ウィルバー」が操作するタイムマシーンに乗って未来の世界へ行きます。そこで出会ったウィルバーの家族「ロビンソン一家」と一緒に食事しますが（Chapter13）、その際、壊れた機械を修理するように頼まれます。上手く修理できず謝るルイスに対して、ロビンソン一家がかける言葉がとても印象的です。"You failed!"（しくじった！）"And it was awesome!"（みごとなものだった！）"Exceptional!"（すばらしかった！）"Outstanding!"（最高だ！）"I've seen better."（たいしたことないわ。）"From failing, you learn. From success, not so much."（人は失敗から学ぶの。成功からは学べない。）そして、ウィルバーのお母さん「フラニー」が"Like my husband always says ...."（私の旦那様も言っているわ。）と話しかけ、続けてロビンソン一家のモットーにもなっている"Keep moving forward."（前に進み続けよう。）という言葉をルイスに伝えるのでした。また、ルイスが未来の自分と会話するシーン（Chapter18）では、これからどうすればいいかを問いかけるルイスに対して、未来のルイスは"Nothing is set in stone. You gotta*make the right choices and keep moving forward."（確実な未来はない。正しい道を選んで前に進み続けないとね。）と答えます。（gotta*は、(have) got to の口語表現で、米語英語でよくみられます。）このセリフの中にある"Keep moving forward"という表現は、映画の中盤のシーンで事前に耳にすることが出来ます。ウィルバーが立会う中、ルイスがタイムマシンを修理しようと試みるシーン（Chapter10）では、修理が上手くいかず弱音を吐くルイスに対してウィルバーが何度も繰り返し言っています。テーマとなっているこの表現が作品全体にちりばめられ、映画を見るにつれて私たちの心にしみわたっていきます。

ふれあいポイント

【原作本】米国の絵本作家ウィリアム・ジョイスによって書かれた絵本「ロビンソン一家のゆかいな一日（原題：A Day with Wilbur Robinson）」（あすなろ書房）がこの映画の原作です。対象年齢は小学校中学年からとなっていますが、幅広い年代で楽しめる作品となっています。映画に登場する大変個性的なロビンソン一家が、原作となる絵本でどのように描かれているか親子で楽しみながら読むことができるでしょう。

【キーワード】この作品に頻繁に出てくる言葉や重要な語を親子で確認してみましょう。① future：「未来」という意味になります。この作品のメインテーマともいえる語で、挿入歌の歌詞を含め、何度も作品中に出てきます。また、ルイスがタイムマシンに乗って時間旅行をするので、これと対になる past（過去）という語も合わせて覚えると良いでしょう。② bowler hat：「山高帽」という意味です。「科学フェア」のシーンで登場する謎の男がかぶっている帽子になります。その男の事をルイスやウィルバーは Bowler Hat Guy（山高帽の男）と呼んでいます。③ orphan：「孤児」という意味です。その言葉と関連する語として、ルイスが赤ちゃんの頃から過ごしている「養護施設」orphanage も合わせて確認してみて下さい。④ adopt：「養子にする」という意味です。孤児であるルイスは、100回以上も養子縁組の面接をしており、いつか誰かが自分を「養子」に迎え入れ、「家族」の一員となる日を夢見ています。この語は、ルイス、グーブやミルドレッドのセリフの中に何度も出てきます。⑤ invention：「発明品」という意味です。ルイスが発明したものや未来の世界で発明されたものが数多く出てくるので、親子で一緒に発明品の名前を確認してみるのも楽しいでしょう。例えば、映画の前半で出てくるものは、Moving sidewalks（動く歩道）、Flying cars（空飛ぶ車）、Memory Scanner（記憶スキャナ）、Time Machine（タイムマシン）などがあります。また、未来の世界でルイスが出会う発明品もいろいろあります。（例：Robot（ロボット）、Travel Tubes（移動チューブ））

【野球に関係する言葉】ルームメイトの「グーブ」は、野球が大好きです。グーブのセリフには、身近なスポーツである野球に関係する表現がいくつも出てきますので、子どもが興味を持って聞き取りをすることが出来るでしょう。ルイスが発明品を組み立てている横でグーブが話をしているシーン（Chapter1）では、"I love baseball."（僕さぁ、野球大好き。）という表現の他に、play that game（（野球の）試合をする）、winning（勝利）、"We've lost every game."（うちのチーム、負けてばっかりだ。）、try to catch (a ball)（（ボールを）取ろうとする）、people in the outfield（外野の子）、"Let's play some baseball."（野球をしよう。）という表現を確認してみましょう。また、養子縁組の面接シーン（Chapter 1）では、どんなスポーツが好きか尋ねられた際、発明好きなルイスは野球に例えて答えているので聞き取ってみましょう。(hit a home run（ホームランを打つ（作中での意味は「成功する」です。））

あらすじ

　養護施設で赤ちゃんの頃から暮らす主人公ルイスは、発明好きな男の子です。なかなか養子縁組が決まらないある日の事、本当のお母さんを探す為に、自分の脳に蓄えられているお母さんの記憶を映し出す機械「記憶スキャナ」を発明します。記憶スキャナを「科学フェア」に出品することになりますが、山高帽をかぶった男に邪魔をされ、機械が誤動作してしまいます。落ち込むルイスの前に、ウィルバーという一人の少年が現れます。ウィルバーは、山高帽の男を追って未来からやって来たと伝えますが、ルイスに信じてもらえません。それを証明する為に、ルイスをタイムマシンで未来へ連れて行くことになります。未来では、元の時代に戻るまでの間に、ウィルバーの家族「ロビンソン一家」と出会います。個性的な家族とのやり取りに最初はとまどうルイスですが、それを通じて経験する家族の温かさに心動かされるのでした。その一方で、山高帽の男は「科学フェア」の会場からルイスが発明した機械を盗み出し、とある大きな会社に自分が発明したものとして売り込もうとします。一度は売り込みに失敗しますが、再度挑戦するために、直接ルイスに近づく山高帽の男でした。この機械が誰によって発明されたかによって未来が大きく変わってしまうことを知ったルイスは、大切な未来を守るために壊れたタイムマシンを修理します。一連のたくらみが誰によって行われたのかを突き止め、それを阻止するため奔走した後、無事に元の時代へ帰っていくのでした。

映画情報

製作年：2007年
製作国：米国
製作会社：ウォルト ディズニー アニメーション スタジオ
　　　　　ウォルト ディズニー ピクチャーズ
配給会社：ブエナ ビスタ インターナショナル

公開日：2007年　3月30日（米国）
　　　　2007年　3月30日（英国）
　　　　2007年12月22日（日本）
オープニングウィークエンド：2,512万ドル
上映時間：95分　　MPAA（上映制限）：G（一般）

薦	●小学生 ○中学生 ○高校生 ○大学生 ○社会人	リスニング難易表	発売元：ウォルト・ディズニー・スタジオ・ジャパン（平成26年5月現在、税込み） DVD価格：3,456円　ブルーレイ価格：4,104円

お薦めの理由	家族の温かみを知らず、さみしい思いをしているルイスですが、映画の最後には自分の家族と出会うことが出来、見ている人の心を温かくしてくれます。この映画を通して、改めて家族の大切さを見つめなおす機会が持てると思います。また、タイムマシンで過去や未来を自由に行き来するシーンや、未来の世界を描いた夢あふれるシーンは、子どもから大人までわくわくした気持ちにさせてくれます。	スピード	2
		明瞭さ	2
		アメリカ訛	1
		外国語	1
英語の特徴	子供向きの映画ということもあり、全体的にはっきりと発音され、また聞き取りやすい米国英語の表現で構成されています。 「科学フェア」に登場する先生のセリフやルイスとウィルバーが興奮してやり取りするシーンなど、聞き取るには少し早くて難解なところもありますが、ルイスとルームメイトであるグーブの会話は、比較的聞き取りやすいでしょう。	語彙	2
		専門語	1
		ジョーク	2
		スラング	1
		文法	2

授業での留意点	【家族に関係する語】未来の世界に行ったルイスは、ウィルバーの家族である「ロビンソン一家」と出会います。（Chapter 8）大変個性的な人達との会話から、（少し複雑ですが）その家族構成がわかります。家族のことについて話す際に用いられる語を学習してみましょう。mother / father（お母さん／お父さん）、sister（姉／妹）、brother（兄／弟）は、既に知っている人が多いと思いますが、その他に家族内で親愛の情をこめて呼びかける時の口語表現 mom / dad（ママ／パパ）、uncle（おじさん）という表現も確認できます。（ピザの宅配をしている人は、Uncle Art（アートおじさん）、玄関にいた双子は、Uncle Spike（スパイクおじさん）とUncle Dimitri（ディミトリおじさん）と呼ばれています。）uncleと対になる語は、aunt（おばさん）です。（Aunt Billie（ビリーおばさん）という表現が出てきます。）また、入れ歯を探しているウィルバーのおじいさん「バド」に入れ歯が見つかったことを伝えるシーンでは、grandpa（おじいさん）と呼びかけています。（grandfather の口語表現となります。）これに対応する語が grandma（おばあさん）です。（grandmother の口語表現となります。）twin（双子）という表現や、son（息子）、husband（夫／旦那さん）、wife（妻／奥さん）という言葉も用いられています。写真や絵を利用して、自分の家族紹介をすることによって、単語を定着させていきましょう。映画で用いられた表現 "That is ○○."（あちらは、○○さんです。）（または "This is ○○."（こちらは、○○さんです。））を使い練習するのもいいと思います。（例：This is my mom.（こちらは、私のママです。）This is my uncle.（こちらは、私のおじさんです。）） 【英語の短い表現】小学校の高学年や英語に慣れ親しんだ児童には、単語の聞き取りだけでなく、それぞれのシーンで用いられる短いフレーズを確認した後、実際に似た状況を作って、いろいろなフレーズを使う練習をしてみると良いでしょう。①養子縁組の面接シーン（Chapter 1）で、男性が "What's your favorite sport?"（好きなスポーツは何ですか。）とルイスに尋ねています。この表現のsportの部分を別の単語に置き換えると、別の質問表現になります。（例："What is your favorite food?" "What is your favorite color?"）②ルイスが元の時代に戻る直前のシーン（Chapter 18）で、フラニーから "Just a little tip for the future. I am always right. Even when I'm wrong, I'm right."（未来のためのアドバイス。私はいつも正しいの。間違っている時でも、正しいの。）と言われます。このright（正しい）／wrong（間違っている）を含む表現を楽しく覚えられるように、クラスメイトが言ったことが正しいか間違っているかを当てる「間違い探しゲーム」をするのも良いでしょう。（この表現は、ルイスが元の時代に戻り、「科学フェア」で女の子と言葉を交わすシーン（Chapter 18）でも出てきますので、再度確認することが出来ます。（"I think you're right." とルイスが話しています。））

映画の背景と見所	ディズニーが提供するフルCGアニメーションで、「チキン・リトル」に続き、2作品目となります。製作総指揮の一人にジョン・ラセターを迎え、丁寧にストーリーが組み立てられた質の高い作品に仕上がっています。子供から大人まで幅広い世代で楽しむことが出来るでしょう。 エンディングの曲が流れる前に書かれているウォルト・ディズニーの言葉 "Around here, however, we don't look backwards for very long. We keep moving forward, opening up new doors and doing new things, because we're curious ... and curiosity keeps keeping us down new paths. Keep moving forward."（過去を振り返らず、前へ進み続けよう。私たちは好奇心にあふれている。好奇心こそ——新しい世界への道しるべだ。前へ進み続けよう。）は、この映画の主人公ルイスの歩みと重なり、とても感慨深い言葉として心に残ります。 決して恵まれた環境といえない中で育ったルイスですが、自分の中に芽生えた好奇心に従い、何度も失敗を繰り返しながらも、その失敗を原動力に変えて、自分の目的に向かって行動し続ければ、道がひらけていくことを私たちに伝えてくれています。未来を夢見る子どもだけでなく、大人にとっても同様に当てはまり、年齢に関係なく、いつの時も心に芽生えた好奇心を大切にし、行動に移していくことによって、新たな道を進んでいけると思います。

スタッフ	監　督：スティーブン・J・アンダーソン 製　作：ドロシー・マッキム 原　作：ウィリアム・ジョイス 製作総指揮：ジョン・ラセター、ウィリアム・ジョイス 　　　　　クラーク・スペンサー	キャスト	ルイス　　：ダニエル・ハンセン、 　　　　　　ジョーダン・フライ ウィルバー：ウェズリー・シンガーマン 山高帽の男：スティーブン・ジョン・アンダーソン グーブ／マイク・ヤグービアン：マシュー・ヨーステン

レミーのおいしいレストラン	Ratatouille　　　　　　　　（執筆）山﨑　僚子

セリフ紹介

　リングイニがレストラン・グストーの新しいオーナーに就任すると、就任会見に料理批評家のアントン・イーゴが現れ、明日夕食を食べに行くとリングイニに予告します。イーゴは手厳しい批評で知られ、グストーの料理への考えにも批判的でした。しかもレストランの同僚たちはレミーの存在を知ると、去ってしまいます。イーゴや他のお客さんを待たせ、たった一人になったリングイニは窮地に陥ります。しかし、レミーやコレットの協力を得て、イーゴにある料理を出します。翌日、イーゴの批評記事が新聞に載りました。記事は次のような言葉で締めくくられます。

　Ego: In the past, I have made no secret of my disdain for Chef Gusteau's famous motto, "Anyone can cook." But I realize only now do I truly understand what he meant. Not everyone can become a great artist, but a great artist can come from anywhere. It is difficult to imagine more humble origins than those of the genius now cooking at Gusteau's, who is, in this critic's opinion, nothing less than the finest chef in France.
　（以前私はグストーの信念を軽蔑していた。「誰でも名シェフ」を。彼の真意を理解できたと思っている。誰もが偉大なシェフにはなれない。だがどこからでも偉大なシェフは誕生する。今グストーの店にいる天才シェフが見事に証明している。私が思うに彼こそフランス最高のシェフではなかろうか。）
　"Anyone can cook."はグストーの本のタイトルで、この映画が伝えるメッセージと言えます。グストーの言葉は料理だけに限らないと思います。やりたいことを「きっと無理だ」と最初から諦めず、「自分にもできる」という気持ちが大切だと思うのです。英語学習も然りではないでしょうか。 Anyone can SPEAK ENGLISH! なのですから。

ふれあいポイント

　【身近な食材を英語で言う】この映画にはラタトゥイユを含め多くの料理が登場しますので、食いしん坊にはたまらない作品と言えるでしょう。この映画を観ることで、料理の名前や食材を英語でどう表現するかを知ることができます。しかし、レストラン・グストーの場面に登場するフランス料理の名前は、あまり身近に感じられないかもしれません。そこで、Chapter 2 をご覧ください。レミーが捨てられたケーキの材料を "Flour, eggs, sugar, vanilla bean.... Oh! Small twist of lemon."（小麦粉、卵、砂糖、バニラ、レモンも少々。）と言い当てる場面があります。この直後で mushroom（キノコ）と cheese（チーズ）を使った料理をします。このような、家庭にある一般的な食べ物の英語表現を知ることで、英語への興味が湧いてくるでしょう。今日の夕食にはどんな食材が使われていますか？　児童と一緒に、英語でどう表現するかを調べてみるのも面白いですよ。

　【味の英語表現】先述のように、レミーはキノコを民家の煙突から立ち上る煙を使って燻製にします。すると、雷が傍にあったアンテナに当ってレミーと兄のエミールは吹き飛ばされてしまいます。しかしこの雷がスパイスとなったようです。ひとくち食べたレミーは、"You got to taste this! " と叫びます。ここでの got to (have got to の have が省略されています。) は、「…しなくちゃ」という意味です。「食べてみてよ/美味しいよ」と言っているのです。何度も聞いて、レミーの真似をして発音してみましょう。 You と taste が強く発音されます。レミーは自分の創作料理の味を説明するために、"It's burny, melty. It's not really a smoky taste. It's certain.... It's kind of like a ...." （香ばしくて、燻製とも違う。もっとこう…）と言葉を探します。そして料理の味を "ba-boom, zap" と表現するのです。これは面白い言い方ですね。レミーは雷の擬音語で味を説明しようとしているようです。"ba-boom, zap" は日本語の「ゴロゴロ、ズトン」などに相当すると思われます。擬音語の英語と日本語の違いを楽しみましょう。"ba-boom, zap" は、レミーが考えた擬音語で辞書などには載っていません。（雷がゴロゴロ鳴る音は普通 a rumble of thunder などと表現します。）雷以外の自然現象や動物の鳴き声など、英語と日本語で異なる擬音語は他にもたくさんあります。他の映画でも注意して観てみて下さい。

　【くだけた表現 Yeah】レミーのセリフで、Yeah が頻繁に出てくることにお気づきでしょうか？ Yeah は Yes のくだけた言い方です。レミーが誰と話している時に、Yeah と言っているかに注目しましょう。多くはエミールかグストーの幽霊との会話、独り言ですね。 Yes が「はい」であるのに対し、Yeah は「うん/そうだね」という意味で、親しい間柄で使われます。児童には、先生など目上の人に使うのは不適切であることを伝えて下さい。また、うれしい時と悲しい時で言い方が異なります。レミーの気持ちを考えながら、Yeah を聞き分けて下さい。

あらすじ

　主人公のネズミ、レミーは民家の屋根裏に家族と暮らしていました。料理のセンスをもつレミーは、父親には内緒で有名な料理人のグストーのテレビ番組を観たり、彼の本を読んだりして料理を覚えていきます。しかし、グストーの死をテレビで知り、傷心のレミーに更なる災難が降りかかります。住人に気づかれ一族で逃げることになるのです。そして逃げ遅れたレミーが、下水道を流れて行き着いた先は、パリのグストーのレストランでした。キッチンを眺めていると、雑用係のリングイニが、スープに勝手に味付けをしているのを見つけます。見かねたレミーは、スープに大幅な修正を加えます。ところがこのスープが「リングイニのスープ」として、評判になってしまうのです。料理の才能のないリングイニは困り果て、レミーにコック帽の中でリングイニに合図を送り、リングイニが料理をしているように見せかけようと持ちかけます。さらに、リングイニがグストーの息子だったことから、リングイニはレストランの正式な料理長となります。そこに現れたのが、グストーの料理を酷評し、彼を5つ星シェフから4つ星に降格させた料理批評家のイーゴです。グストーでさえ満足させられなかったイーゴに、料理の才能も経験もないリングイニはどんな料理を出すのでしょうか？　パリの高級レストランと、ネズミのシェフという相容れない存在が奇跡的に融合する、コメディ色の強いアニメーション作品です。

映画情報

製　作　費：1億5,000万ドル（推定）
製　作　年：2007年
製　作　国：米国
言　　　語：英語、フランス語
ジャンル：カラーアニメーション、コメディ

公開情報

公　開　日：2007年6月29日（米国）
　　　　　　2007年7月14日（日本）
上映時間：111分
受　　　賞：第80回アカデミー賞
　　　　　　長編アニメーション映画賞

薦	●小学生　●中学生　○高校生　○大学生　○社会人	リスニング難易表		発売元：ウォルト・ディズニー・スタジオ・ジャパン （平成26年5月現在、税込み） DVD価格：1,944円　ブルーレイ価格：4,104円
お薦めの理由	明瞭な発音と、コミカルなストーリー展開がお薦めの理由です。高級レストランとネズミという組み合わせに不潔さを感じさせないのは、高いアニメーション技術の賜物でしょう。この映画を通して、西洋の料理や食べ物の名前や英語表現を知ることもできます。困難を乗り越え、料理の世界で挑戦し続けるレミーの姿は児童に、「やりたいことを簡単に諦めてはいけない」というメッセージを与えてくれるでしょう。	スピード	4	（レミーのおいしいレストラン DVDジャケット画像）
^	^	明瞭さ	3	^
^	^	アメリカ訛	1	^
^	^	外国語	3	^
^	^	語彙	3	^
英語の特徴	舞台がパリですので、挨拶などがフランス語風に交わされる場面がありますが、主な登場人物の声優は、米国か英国の出身です。料理の専門用語は児童には難易度が高いかもしれません。レストランが忙しくなると、キッチンでの会話が速くなる場面もあります。しかしそれ以外の場面の中で、英語ならではのジョークや、すぐ覚えられそうな英語表現もたくさん出てきます。場面を上手く選んでみてください。	専門語	2	^
^	^	ジョーク	2	^
^	^	スラング	1	^
^	^	文法	1	^

授業での留意点

【好き嫌いの表現】この映画は、レストランが舞台ですから、料理に対する評価に関わる英語表現が出てきます。日本語の「美味しい」に当たる英語として、映画でも何度か出てくるのは delicious です。他にも tasty、lovely、nice、yummy などもよく会話に使われます。しかし、もっと簡単な言い方をこの映画から学びましょう。Chapter 9 をご覧ください。料理評論家のルクレアが、リングイニが作った（本当はレミーが作りました。）スープを褒めているとスキナーに伝言する際、"She likes the soup." と言っています。さらに、新作料理をというお客さんからのリクエストに応じて作った料理について、"They love it!" と報告されます。これら使って、好き、嫌いを英語で言う練習をしてみましょう。まず、児童と I like it.（好き）と I love it.（大好き）を何度も発音練習して下さい。両方とも、動詞の部分が強く発音されます。覚えた頃に、食べ物の写真やイラスト等を見せて、児童にそれが好きかどうか、質問してください。食べ物の中には、当然児童が嫌いなものもあるでしょう。その場合は I hate it. を使いましょう。I don't really like it. もぜひ紹介して下さい。「大嫌いではないけれど、好きというほどではない/それほど好きではない」という、I like it. と I hate it. の中間くらい表現することができます。この表現は、例えば出された料理を I hate it. というのがためらわれる場合、遠回しに苦手であることを伝えることができます。ご馳走してくれた相手に、それほど気分を害させることなく、食べられないことを伝えることができますよ。

【「できる」表現】"Anyone can cook." は「誰にでも料理はできる」という意味で、映画で何度も語られます。そこで can を使った表現を練習しましょう。I can の後に動詞をつけるだけで、自分ができることを伝えることができます。まず幾つかの簡単な動詞を児童に紹介して下さい。そして、その中から自分ができるものを選んで、I can swim.（僕は泳げるよ。）などのように自分のできることをクラスメートに伝える練習をするのはいかがでしょうか。

【教室の中の英語】この映画では、児童に教える英語表現だけではなく、先生自身が教室の中で使うことのできる表現がでてきます。Chapter 11 と Chapter 26でリングイニは "You with me?" と言います。これは、Are you with me? の最初の Are が省略されています。直訳すると「あなたは私と一緒にいますか？」という意味ですが、映画では、「僕に協力してくれる？/同意してくれる？」という意味で使われています。しかし、これを教室で先生から児童に言うと、「私の話を理解できていますか？」という意味になります。また、Chapter 8 や Chapter 16 に出てくる "See?" も「わかりますか？」と児童に理解の確認を求めるときに使えます。児童が、英語を話せたら、Chapter 16 に出てきた "Good for you."（よくやった）を使って、褒めてあげて下さい。先生から、積極的に英語を話すことで、児童の英語を話すことへの照れや抵抗感は軽減されるはずです。

映画の背景と見所

映画の原題になっている ratatouille は、リングイニが、Chapter 16 で言ったように、rat（ネズミ）と引っ掛けて付けられたと思われます。（本来は rata が「ごった煮」、touille は「かき混ぜる」という語源です。）フランス南部のニースの名物料理です。今ではレストランで食べることもできますし、レシピも出まわっており、日本でも市民権を得ていると言っていいでしょう。フランス料理ですが、ラタトゥイユは高級料理というより、伝統的な家庭料理です。使用する野菜や味付けは、各家庭によって異なり、日本で言う「おふくろの味」に近いものがあるのかもしれません。これまでで、一番美味しかった料理を思い出してみて下さい。それらは、必ずしも高級料理とは限らないのではないでしょうか？ 家族や大切な人たちと囲んだ食卓が、たとえ豪勢とは言えなくても、なぜか忘れられない、そんな食事の記憶はありませんか？ そこには、料理を通した人々のコミュニケーションが存在していたのかもしれません。食事は、私達が生きていく上で欠かせないものです。しかし、空腹を満たす以上の重要性があることを、この映画は語っていると解釈することもできるでしょう。孤独だったイーゴの人生を変えたひと皿、それを食べた時の彼の表情は、児童だけでなく、大人にも必見です。この映画は、料理を通して、人間とネズミが言葉や立場の壁を打ち破り、心を通わせるハートフルコメディです。

| スタッフ | 監督・脚本：ブラッド・バード
ストーリー原案：ヤン・ピンカヴァ、
　　　　　　　　ジム・カポビアンコ、
　　　　　　　　ブラッド・バード
ストーリー監修：マーク・アンドリュース | キャスト | レミー　　　　　　　　：パットン・オズワルト
アルフレッド・リングイニ：ルー・ロマーノ
スキナー　　　　　　　：イアン・ホルム
ジャンゴ　　　　　　　：ブライアン・デネヒー
エミール　　　　　　　：ピーター・ソーン |

	レモニースニケットの世にも不幸せな物語	Lemony Snicket's A Series of Unfortunate Events	（執筆）岩塚さおり

セリフ紹介	オラフ伯爵はヴァイオレット、クラウス、サニーの遺産を手に入れようとするけれどうまくいかず、最後、演劇を利用して擬似結婚式を舞台で行ない、本物の結婚誓約書をヴァイオレットに書かせてヴァイオレットの持つ財産を全て手に入れようと企てます。オラフ伯爵が仕組んだ罠とも露知らず、人前結婚式を指揮する役を演じることを引き受けたストラウス判事が、泣く泣く花嫁を演じるヴァイオレットにオラフ伯爵との結婚の誓いをさせます。結婚式の場面は、テレビドラマ、映画などで度々登場します。英語で何と言っているのか分かるためにも、アメリカの結婚式に触れてみましょう。Strauss判事は花嫁役ヴァイオレットに "Do you Violet Baudelarie take this Count Olaf to be your lawfully wedded husband, in sickness and in health, till death do you part?"（「ヴァイオレット、あなたはオラフ伯爵を病める時も健康な時も生涯あなたの夫とすることを誓いますか」）と聞きます。その際、結婚に同意する花嫁は "I do"（「誓います」）と答えるのが一般的です。花婿も同じ内容について聞かれ、同じように答えます。本作品においてはキリスト教に基づく結婚式ではないため "according to God's holy ordinance"（神の聖なる定めによって）が省略されていますが、人前結婚式の誓いの言葉は、キリスト教の結婚式の場合と大変よく似ています。アメリカでは、多くの人々が教会で牧師の司式の下、結婚式を挙げますが、ストラウス判事のように人前結婚式の立会人となる Justice of the Peace と呼ばれる地方判事がどこの町にもいるのです。地方判事は結婚式のほか、小さな事件を扱います。執拗に計画を練ったオラフ伯爵でしたが、クラウスの努力と機転によりヴァイオレットの誓約の言葉も無効となって結婚は成立せず、遺産は手に入らない結果となります。冷や冷やさせられる一場面です。
ふれあいポイント	【日常会話の役に立つ表現】両親と幸せに暮らしていた屋敷が火事となり、両親だけが焼死してしまったことを屋敷の管理人であるミスター・ポーが海辺で遊んでいた主人公である姉弟妹に告げに来た時の言い方を見てみましょう。 Mr. Poe: I'm afraid I must inform you of an extremely unfortunate event. I'm very sorry to tell you your parents have perished in a fire.（残念ながら、非常に不幸な出来事をあなた方にお伝えしなければいけません。お気の毒ですが、あなた方のご両親は火事で亡くなりました。） "I'm afraid〜." この中の "I'm afraid〜" という表現ですが、"afraid" は、怖い、恐れるという意味があります。しかしこのように相手に言いにくいことを話す場合、"I'm afraid〜"「言いにくいのですが、恐れ入りますが、残念ながら」と言う言葉から始めます。話手が "I'm afraid〜" を使うことにより、相手への同情の気持ちを表すことが出来る表現です。 "I'm sorry to tell you 〜." "I'm sorry to tell you that 〜" の "I'm sorry" はよく聞く言葉です。よく聞かれるのが「ごめんなさい。」という謝罪の意味で使われることが多いのですが、この場合は「お気の毒ですが・・・」という意味になります。ほかにも、「ご愁傷様でした」など、親しい人が亡くなった時にも使うことが出来る色々な意味を持つ表現であることを覚えておくとよいでしょう。 "There is always something." オラフ伯爵がヴァイオレット、クラウス、サニーの三人を車に乗せて運転し「飲み物を買うから」と言って踏切のど真ん中に車を放置して車外へ出ていきます。オラフ伯爵はあらかじめ列車がその場所を通る時間を調べておき、意図的に列車が車とぶつかるように仕向けたのです。車に残された三人は列車がやってくる音に驚き車外に出ようとしますが、オラフ伯爵から鍵をかけられて出ることが出来ません。その時、ヴァイオレットは "There is always something."（「必ず、何か方法があるはず」）言ってクラウスを励まします。直訳すると「常に何かある」ですが、使い方、場面によっては、簡単な表現がこのように生かされることがあります。 "You are unspeakable cad!"（「お前は何て奴だ」）このフレーズは、オラフ伯爵が、演劇を利用してヴァイオレットの持つ財産を全て手に入れようと企てた後、舞台が大失敗に終わり、ヴァイオレットによって真実が暴露された時、ボードレール家の遺産管理人であるミスター・ポーが、オラフ伯爵に向けて言う台詞です。「何て奴だ」とは普段言うべきではありませんが、"unspeakable"「言葉に表せない」は、「言葉では表せない味」、「言葉では表せない、言葉にはならない絵」などという時に、"unspeakable taste,""unspeakable picture" などと置き換えて練習して見るのもよいでしょう。
あらすじ	ボードレール家には、天才発明家である長女ヴァイオレット、多読家である長男のクラウス、噛むことが大好きで噛み付いたら離さない次女サニーの三人の姉弟妹が両親と共に幸せに暮らしている。ある日、海辺で遊んでいる最中、自宅が火事になり両親が焼け死んでしまったとの恐ろしい知らせが届く。両親の残した巨額の遺産はヴァイオレットが成人するまで使えず、遠縁にあたるオラフ伯爵が、身寄りのなくなった三人を引き取ることになるが、オラフ伯爵は大変な悪人で、三人の姉弟妹の暗殺を謀り、彼らの遺産を横取りすることをも眈んでいるのである。だから、オラフ伯爵は線路の上に車に閉じ込めた三人を放置し、列車に轢かれるように計画する。ヴァイオレットとクラウスの機転によって三人は一命をとりとめる。オラフ伯爵は親権を取り上げられ、爬虫類学者のモンティおじさんのところに三人は預けられるが、オラフ伯爵は研究助手のステファノと名乗り、モンティおじさんのところにやってくる。モンティおじさんは徐々に、ステファノは自分の研究を盗みに来たと思うようになり、挙句の果てオラフ伯爵に殺されてしまう。オラフ伯爵の悪事が警察の捜査によってばれると途端に姿を消す。そして子供たちは、次にジョセフィーンおばさんのところへ預けられる。かつておばさんは亡くなった夫と世界中で冒険をしていたのにつけこんで今度はオラフ伯爵がシャム船長と名乗って現われ、三人の暗殺計画を実行しようとするがそれも失敗する。

映画情報	製 作 費：1億2,500万ドル 製 作 年：2004年 製 作 国：米国 言　　語：英語 言　　語：英語　　　ジャンル：ファンタジー	公開情報	公 開 日：2004年12月17日（米国） 　　　　　2005年 5月 3日（日本） 上映時間：109分 MPAA（上映制限）：PG 興行収入：2億907万3,645ドル

薦	●小学生　●中学生　●高校生　○大学生　○社会人	リスニング難易表	発売元：パラマウント ジャパン（平成26年5月現在、税込み）DVD価格：2,700円

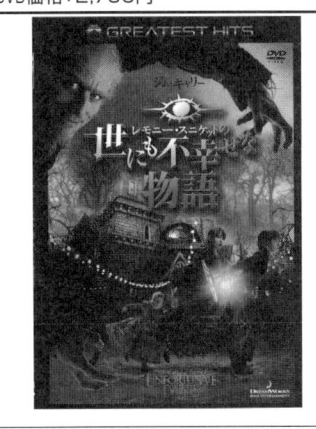

お薦めの理由	登場人物のヴァイオレット14歳、クラウスの実年齢は不明ですが12－3歳ぐらいでしょう。二人とも日本の同年代の子供たちよりずっと精神年齢が高いような印象を受けます。両親をなくし、幼児の妹を抱えて、あちらこちら、たらい回しにされて忍耐力がついていくのでしょう。人間は、苦しみに耐えてこそ成長していくものだという作者のメッセージでしょう。	スピード	5
		明瞭さ	5
		アメリカ訛	3
		外国語	3
英語の特徴	米国英語です。登場人物が、十代の場合、スラングが多く使われまた、英語のスピードも速いのが常ですが、ボードレール家の生き残った長女ヴァイオレット、そして、長男クラウスも知的な役どころのため、明瞭でスラングのない英語を話します。ただ姉弟が危機にさらされる時は興奮して二人の会話のスピードが速くなり、聞き取ることが難しくなります。そんな場合、画面から内容を想像してみましょう。	語彙	5
		専門語	5
		ジョーク	5
		スラング	5
		文法	5

授業での留意点

　学習のポイントの箇所では役に立つフレーズを取り上げましたが、ここでは役に立つ、または受験勉強などで余り取り上げられていない語彙を見ていきましょう。

【"beloved"】（親愛なる）ヴァイオレット、クラウス、サニーが、オラフ伯爵に引き取られることになった時、伯爵は"I'm your beloved Count Olaf"（「僕は君たちが愛すべきオラフ伯爵です」）と、と言って自己紹介します。ここで使われている"beloved"という言葉を見てみましょう。意味は「親愛なる、いとしい、最愛の、愛用の」などと訳されます。そして、手紙やカードなどの書き出しに"beloved"を使って、"My beloved father"「親愛なるお父様へ、「（又はお母様へ）」、"My beloved Mary"「愛しのメアリーへ」などと、書いて愛情、親愛の情を手紙の相手に伝えるのが英語圏の国では一般的です。授業で父の日や、母の日に向けてカードを作り、"beloved"を使って書いても楽しいでしょう。

【"spittoon"】（痰壺）オラフ伯爵の怪奇な家に連れてこられて、ヴァイオレットとクラウスは召使のように働かされます。鍋などの料理道具がなく"spittoon"（痰壺）を見つけてお湯を沸かすために使います。姉弟が面白い発想をすることを示す例の一つと解釈出来るでしょう。痰壺は昔の家庭にあったもので、現在ではほとんど見られなくなりました。作品の設定された時代が曖昧なため、アンティークなものとモダンなものとが混ざり合っているようです。

【"track switcher"】（鉄道線路切り替え機）オラフ伯爵がヴァイオレット、クラウス、サニーの三人を車に乗せて運転し踏切のど真ん中に車を放置して車外へ出ていき鍵をかけ三人を車内に閉じ込めます。その際、列車がやってくる音に驚き、車外に出ようとしますが、オラフ伯爵に車外から鍵をかけられてしまって出ることが出来ず絶望的になりますが、発明家で発想の転換から新しいものを作り出すことの出来るヴァイオレットは、"track switcher"（鉄道線路切り替え機）に目をつけます。窓から鉄道線路切り替え機を操作して列車が異なる方向へ進ませることが出来れば、ヴァイオレットたちのいる方向へはやってこないということをいち早く思いついたのです。"track switcher"という言葉を覚えることを指導すると同時に、切羽詰まった時でも、諦めないで最後まで考え抜く、やり遂げることで、何とか助かる方法が見つかるかもしれないことを切に訴えている場面でもあることを教えてあげて下さい。

【"leech"】（ヒル）ヴァイオレット、クラウス、サニーはジョセフィーンおばさんをCurdled Caveから救い出しに船で出かけていきますが、そこで大量の"leech"（ヒル）に出会います。ヒルは昔、日本の水田などで見られた環形動物でしたが、現在はほとんど目にすることがなくなりました。画面から見るヒルは巨大で恐ろしく、お化けのようですが、それは、ファンタジーとして描かれているからです。実際はとても小さい生き物で人間の血を吸います。

映画の背景と見所

　この作品は、レモニー・スニケットというペンネームを使って『世にも不幸な出来事』のシリーズを書いているダニエル・ハンドラーの作品から生まれたものです。ファンタジーで、登場人物の服装は20世紀初めを思わせますが、冷蔵庫、タイプライター、車、携帯電話、コンピューターが登場するという時代背景がはっきりしないストーリーとなっています。

　オラフ伯爵が莫大な遺産を持つ姉弟妹からその遺産を奪うため、その姉弟妹を執拗に追いかけて殺そうとする姿を見ることによって、小学生の観客でも、国や時代に関係なく、人々のお金を狙って殺人を起こす事件は世の常であることに気づくでしょう。また、世の中は大人にだけでなく無垢な子供にも親切を装いながら悪事を働く悪い人々がいるという世の中の恐ろしさを教訓として見せているのでしょう。その反面、肉親や親戚に真に愛され守られていることはいかに幸せなことであるかということも気づいて周囲への感謝の気持ちを感じることでしょう。

　ファンタジーながら、コンピューター・グラフィックス（CG）を出来る限り使わないで仕上げたとDavid Williamsが本作品について話していますが、それは、見る側に、作品が現実とはかけ離れた世界の物語だという印象を与えないようにしたためでしょう。

スタッフ	監　督：ブラッド・シルバーリング　脚　本：ロバート・ゴードン　原　作：レモニー・スニケット　音　楽：トーマス・ニューマン　編　集：マイケル・カーン	キャスト	オラフ伯爵　　　　　　　：ジム・キャリー　ヴァイオレット・ボードレール：エミリー・ブラウニング　クラウス・ボードレール　：リーアム・エイケン　サニー・ボードレール　　：カラ＆シェルビ・ホフマン　ジョセフィーンおばさん　：メリル・ストリープ

ロスト・キッズ　　　Like Mike　　　（執筆）松浦由美子

セリフ紹介

この映画の鍵となるバスケットシューズをカルビンが最初に手にしたとき（Chapter 3）のセリフを紹介します。

Calvin : Sister Theresa, do you know anything about these shoes right here?
（シスター・テレサ、このスニーカーは？）
Sister Theresa : I'm not sure.（さあね。）
Calvin : It's a perfect fit.（ピッタリだ。）
Sister Theresa : The guy who dropped them off said they used to belong to some famous basketball player when he was a kid.（有名なバスケ選手が子供の頃履いていたらしいわ。）
Calvin : Oh. Which basketball player?（その選手の名前は？）
Sister Theresa : You know, the, that tall, bald one.（ほら、背が高くてスキンヘッドのよ。）
Calvin :（スニーカーに書かれたイニシャルを見て）…MJ?
Murph, Reg, come here. Look. Look at the shoes.（マーフ、レッジ、ちょっと見て。）
Calvin : MJ.　Murph : MJ?　Reg : MJ?　全員で : It can't be.（まさか。）
Calvin : Michael Jordan? Was it Michael Jordan?（マイケル・ジョーダン？）
Sister Theresa : Go. Do your homework.（行って。宿題を。）
Calvin : It's gotta be! Michael Jordan wore these sneakers.（きっとそうだ！ジョーダンのだ。）

ふれあいポイント

【口語表現】この映画には口語英語がたくさん出てきます。学校で習う表現とは少し違いますが、米国の子供たちが実際によく使うようなものは覚えておくと便利ですし、そのような表現ほど子供たちは興味を示します。例えば、Chapter 10で初めて飛行機に乗ったカルビンが、興奮して椅子で遊びながら言う"Hey, coach, check this out."（監督、見て）。この場合の check out はよく見るという意味で、"Check this out."は、これを見て、と相手の注意をうながすときによく使われます。他にも、Chapter 23で靴がないことを知ったカルビンが電話でマーフに言う"I'll meet you ASAP."（即刻行く）。ASAP は、as soon as possible の略で「できるだけ早く」という意味になります。カルビンより幼いマーフはこの表現を知らなかったらしく、"Wait. What's 'ASAP'?"（'即刻'って？）と聞き返していますが。メールなどのやり取りでも使えますね。それから、cool の使い方も知っておくと良いでしょう。学校では「涼しい」と習いますが、実際には、「かっこいい」や「楽しい」、また「大丈夫」や「了解」といった意味にもなります。最後の場面（Chapter 27）で、明かりをつけておいたほうがいいか訊かれた暗闇恐怖症のカルビンは、"No, I'm cool."（いいや　大丈夫。）と答えています。

【何かもらうとき】もちろんカルビンはスラングばかりでなく、丁寧な表現も使うことができます。憧れの NBA のスター選手に会ったとき（Chapter 12）、カルビンは "May I please have your autograph?"（サインをもらえませんか？）と訊ねています。この"May I please…"は非常に丁寧な表現で、他の選手がカルビンにサインをもらいに来たとき（Chapter 13）は"Can I get your autograph?"（サインもらえるか？）ともう少しくだけた頼み方をしています。人にものをもらうときの直接的な言い方、つまり最も丁寧でないのは"Give me …"です。孤児院でカルビンは、"Give me your sneakers!"（靴をよこせ！）と言われて靴を取られそうになっています（Chapter 14）。簡単な"Give me"を使った言い方で自分の欲しいものが言えるかどうか練習した後、"Can I get…"や"May I please have…" の言い方もできるかどうか親子で練習してみましょう。そしてこういったお願いに「いいよ」と答えるときも、先ほどの"Cool."が使えますね。

【ルームサービス】もらう表現を練習したら、カルビンがルームサービスを頼むとき何と言っているか聞いてみましょう（Chapter 11）。トレイシーにホテルのルームサービスについて教えられたカルビンは、ルームサービスが"for free"（タダ）であることに半信半疑です。ルームサービスに電話をして、"Will you really bring me food for free?"（タダで食べ物が届くの？）と確認してからカルビンは、"I'll have a pepperoni pizza, french fries, cake, ice cream and lobster tails…."（ペパロニ・ピザとポテトとアイスクリームとロブスターと…）と山のように注文をします。

あらすじ

孤児院で暮らす14歳の少年カルビンは、ある日、"MJ"というイニシャルの書かれた古いバスケットシューズを手に入れます。バスケットボールが大好きなカルビンは、これはもしかしてバスケのスーパースター、マイケル・ジョーダンが使ったものでは!?と心が浮き立ちます。"Make me like Mike."（マイケル・ジョーダンのようにしてください）、そう祈ってからその靴をはいてバスケをすると、プロ選手たちも顔負けのスーパープレイが次々と繰り出され、あっという間にカルビンはNBAのスター選手に。最初はカルビンを煙たがっていたチームメイトのトレイシーも、無邪気でひたむきなカルビンに心を許すようになります。カルビンが大金をかせぐようになって、孤児院の院長は上機嫌ですが、お金ではなく、温かい家族が欲しいというカルビンの願いはなかなかかなえられません。有名になったカルビンのもとには養父母候補が次々と現れますが、カルビンはなかなかしっくりきません。親友のマーフとの仲もぎくしゃくし始めます。そんなカルビンの相談相手になってくれたのがトレイシー。トレイシーはやがてカルビンを養子にすることを考えるようになります。しかしカルビンには別の養父母候補が現れ、またバスケットシューズの秘密を知った院長によって大事な試合の前にそれが盗まれてしまいます。カルビンと孤児院の仲間たちは、靴を取り戻すために力を合わせます。

映画情報

製作費：3,000万ドル
製作年：2002年
製作国：米国
言　語：英語
ジャンル：コメディ、ファミリー、ファンタジー、スポーツ

公開情報

公開日：2002年7月3日（米国）
上映時間：99分
興行収入：6,227万4,780ドル
MPAA（上映制限）：PG
字　幕：日本語字幕／英語字幕

| 薦 | ●小学生 | ●中学生 | ○高校生 | ○大学生 | ○社会人 | リスニング難易表 | 発売元：20世紀フォックス ホーム エンターテイメント ジャパン（平成26年5月現在、DVD発売なし）中古販売店等で確認してください。 |

お薦めの理由	履けば天才的なプレーができるようになる魔法のバスケットシューズを、何も持たない孤児の男の子が手に入れスターになるという、小学生の児童にとってはわかりやすいストーリー展開で、飽きずに最後まで見ることができます。実際のNBA選手たちが数多く出演しており、また主人公を演じるリル・バウ・ワウ（現在はバウ・ワウ）によるラップを聴くことができ、現代米国の大衆文化の一端に触れられます。	スピード	2
		明瞭さ	2
		アメリカ訛	1
		外国語	1
英語の特徴	標準的な米国英語ですが、口語表現・スラングが多く出てきます。主人公は頻繁に"Darn!"という言葉を発します。これは"Damn"の婉曲表現で、ちぇっ、とか、しまった、というときに使いますが、品のいい言葉ではありません。他にも若者言葉が多く登場します。暴力はないものの、いじめのシーンが登場しますが、いじめっ子とは最終的に和解します。14歳の主人公が車を運転するシーンがあります。	語彙	2
		専門語	1
		ジョーク	2
		スラング	3
		文法	2

授業での留意点

【口語表現】授業では、よく使われる口語表現をさらにみていきましょう。未来形の be going to が gonna になり、have to や must と同じように使われる have got to が gotta になるのがわかります。be 動詞や助動詞の have や has は口語ではしばしば省略されます。監督たちが孤児院にカルビンをスカウトに来たとき（Chapter 6）、カルビンは "Am I gonna be a Knight?"（僕は入団を？）と訊ねます。また、バスケットシューズを初めて手にしたとき、カルビンは、マイケル・ジョーダンのものかどうか考えてから、"It's gotta be!" と言います。この場合は、「そうに違いない」の意味です。あるいはカルビンが試合中靴をとりに行くとき（Chapter 8）、「トイレへ」と言って試合を中断しますが、このときの英語は "I gotta pee" です。この場合は「トイレに行かなければいけない」という意味です。pee はおしっこをする、の意で使われる口語英語です。終盤の場面でトレイシーがカルビンに「勇気を出せ」と言うときも、"You gotta be brave." と言っています。この gotta も、〜しなければならない、の意です。

ain't も登場人物たちがよく使っています。英語を少し知っている児童ならば、知っている言い方と違う、ということに気づくかもしれませんので、説明しておきましょう。ain't は be 動詞の否定形（am not, isn't, aren't）の代わりとして口語で使われます。例えば、Chapter 1でいじめっ子のオークスがカルビンに向かって "You ain't gonna adopted"（養子縁組はあきらめな。）と言っています。また Chapter 10では、同室になって喜ぶカルビンにトレイシーが "I ain't your boy."（俺はお前のダチじゃない。）と言います。Chapter 19では、父親と話そうとしないトレイシーについてカルビンが "It ain't cool"（ヘンだよ。）とつぶやいています。他にもたくさんあるので探してみましょう。

【adoption】Adoption（養子縁組）は米国で非常に盛んに行われており、孤児院のカルビンとその仲間たちもいつか養子となることを切望しています。ここから、米国における多様な家族のあり方について授業で取り上げることもできるでしょう。カルビンは、"All orphans are special. All orphans have destinies." と言って、いつか養子にもらわれるであろう自分の運命を信じています（Chapter 1）。最終的にカルビンの養父になるのはトレイシーです。また、カルビンの親友のマーフもトレイシーの養子となるのです。独身の黒人男性トレイシーに、黒人のカルビンと白人のマーフ。皆血のつながりはありません。でも、カルビンもマーフも幸せそうにトレイシーに向かって "Good night, dad."（おやすみ、パパ。）と言っています（Chapter 27）。奇妙な家族に見えるでしょうか。それとも、多様な価値観が存在する多民族国家米国のありうるべき家族のひとつの姿でしょうか。カルビンが手に入れた家庭がもし「奇妙」に映るなら、どのような家庭だったらカルビンはもっと幸せになれると思うのか、それはなぜなのか、児童たちに話し合わせてみてはどうでしょう。

映画の背景と見所

邦題は「ロスト・キッズ」ですが、原題は『Like Mike（マイクのように）』です。マイクとは、「バスケットボールの神様」とも評された、NBAのスーパースター、マイケル・ジョーダン（2003年に引退）のことです。バスケットボールは野球、アメリカンフットボール、アイスホッケーとともに米国の4大プロスポーツとなっており、米国の子供たちにとってMJことマイケル・ジョーダンはヒーローなのです。カルビンがプレー中に舌を出したりするのはジョーダンの真似をしているのです。また、NBAの協力のもと作られたこの映画には A. アイバーソンや D. ロビンソン、J. キッドなどの実際の有名選手たちが本名で数多く出演しており、バスケ好きならば年齢を問わず楽しめるでしょう。もちろん、テンポの良いストーリー展開は、バスケを全く知らない子供でも十分楽しめるものです。魔法のシューズを履いたカルビンが繰り出すスーパープレイも見ものですが、本当の見所は、最後にバスケットシューズが壊れてしまったときの、カルビンが奇跡に頼らずに自身の力でプレーする瞬間でしょう。この映画は、それまで周りの大人に依存していた子供たちが、自分の力で考え、判断し、行動するようになるという自立の物語でもあります。カルビンが最終的に手に入れた家族は、カルビンがただ受動的に求めたからではなく、自立した結果として得ることのできた家族なのです。

スタッフ

監　督：ジョン・シュルツ
脚　本：マイケル・エリオット、
　　　　ジョーダン・モフェット
製　作：ピーター・ヘラー、バリー・ジョセフソン
音　楽：リチャード・ギブス

キャスト

カルビン　：リル・バウ・ワウ
トレイシー：モリス・チェスナット
マーフ　　：ジョナサン・リプニッキ
レッジ　　：ブレンダ・ソング
院長　　　：クリスピン・グローヴァー

索 引

The Adventures of Huck Finn	ハックフィンの大冒険	142
The Adventures of Tintin: The Secret of the Unicorn	タンタンの冒険　ユニコーン号の秘密	110
Aladdin	アラジン	24
Alice in Wonderland	ふしぎの国のアリス	162
Andre	アンドレ／海から来た天使	26
Anne of Green Gables	赤毛のアン	18
Annie	アニー	22
Arthur and the Minimoys	アーサーとミニモイの不思議な国	12
August Rush	奇跡のシンフォニー	52
Babe	ベイブ	166
Beauty and the Beast	美女と野獣	150
Bedtime Stories	ベッドタイム・ストーリー	170
Beethoven	ベートーベン	168
Bridge to Terabithia	テラビシアにかける橋	122
Casper	キャスパー	56
Charlie and the Chocolate Factory	チャーリーとチョコレート工場	116
Charlotte's Web	シャーロットのおくりもの	80
Chitty Chitty Bang Bang	チキチキバンバン	114
The Chronicles of Narnia: The Lion, the Witch and the Wardrobe	ナルニア国物語／第1章：ライオンと魔女	136
The Chronicles of Narnia: The Voyage of the Dawn Treader	ナルニア国物語／第3章：アスラン王と魔法の島	138
Cinderella	シンデレラ	96
Cloudy with a Chance of Meatballs	くもりときどきミートボール	64
Coraline	コラインとボタンの魔女	68
E.T. The Extra-Terrestrial	E.T.	28
Finding Nemo	ファインディング・ニモ	158
Five Children and It	ジム・ヘンソンの不思議の国の物語	78
Fluke	フルーク	164
Fly Away Home	グース	60
The Golden Compass	ライラの冒険　黄金の羅針盤	198
The Goonies	グーニーズ	62
The Grinch	グリンチ	66
Harry Potter and the Prisoner of Azkaban	ハリー・ポッターとアズカバンの囚人	144
Harry Potter and the Sorcerer's Stone	ハリー・ポッターと賢者の石	146
Holes	穴／HOLES	20
Home Alone	ホーム・アローン	172
Honey, I Shrunk the Kids	ミクロキッズ	184
How to Train Your Dragon	ヒックとドラゴン	152
Ice Age	アイス・エイジ	16
The Incredibles	Mr. インクレディブル	186
Inkheart	インクハート／魔法の声	30
The Iron Giant	アイアン・ジャイアント	14
Jack Frost	ジャック・フロスト　パパは雪だるま	84
James and the Giant Peach	ジャイアント・ピーチ	82
Jumanji	ジュマンジ	88
Jungle 2 Jungle	ジャングル2ジャングル	86
Kit Kittredge / An American Girl	キット・キトリッジ／アメリカン・ガール・ミステリー	54
Kung Fu Panda	カンフー・パンダ	50
Lemony Snicket's A Series of Unfortunate Events	レモニー・スニケットの世にも不幸せな物語	208
Like Mike	ロスト・キッズ	210
The Lion King	ライオン・キング	196

索引

The Little Mermaid	リトル・マーメイド　人魚姫	202
A Little Princess	リトル・プリンセス	200
Madagascar	マダガスカル	180
Madagascar 3: Europe's Most Wanted	マダガスカル3	182
Mary Poppins	メリー・ポピンズ	190
Meet the Robinsons	ルイスと未来泥棒	204
Melody	小さな恋のメロディ	112
The Mighty Ducks	飛べないアヒル	130
Millions	ミリオンズ	188
Monster House	モンスター・ハウス	194
Monsters, Inc.	モンスターズ・インク	192
Mr. Magorium's Wonder Emporium	マゴリアムおじさんの不思議なおもちゃ屋	178
My Neighbor Totoro	となりのトトロ	128
Nanny McPhee	ナニー・マクフィーの魔法のステッキ	134
The NeverEnding Story	ネバーエンディングストーリー	140
Nim's Island	幸せの1ページ	76
Oliver & Company	オリバー／ニューヨーク子猫ものがたり	40
The Pacifier	キャプテン・ウルフ	58
The Parent Trap	ファミリー・ゲーム／双子の天使	160
Peter Pan	ピーター・パン	148
Pinocchio	ピノキオ	154
The Polar Express	ポーラー・エクスプレス	174
Ponyo	崖の上のポニョ	46
Ratatouille	レミーのおいしいレストラン	206
Rookie of the Year	ガンバレ！ルーキー	48
The Santa Clause	サンタクローズ	74
School of Rock	スクール・オブ・ロック	100
Searching for Bobby Fischer	ボビー・フィッシャーを探して	176
Secondhand Lions	ウォルター少年と、夏の休日	34
The Secret Garden	秘密の花園	156
Shorts	ショーツ　魔法の石大作戦	92
Shrek	シュレック	90
Simon Birch	サイモン・バーチ	70
Sinbad: Legend of The Seven Seas	シンドバッド　7つの海の伝説	98
Snow Day	スノーデイ　学校お休み大作戦	104
Snow White and the Seven Dwarfs	白雪姫	94
The Spiderwick Chronicles	スパイダーウィックの謎	108
Spy Kids	スパイキッズ	106
Stuart Little	スチュアート・リトル	102
The Sword in the Stone	王様の剣	36
Tinker Bell	ティンカー・ベル	120
Tom and Huck	トム・ソーヤーの大冒険	132
Toy Story	トイ・ストーリー	124
Toy Story 3	トイ・ストーリー3	126
Up	カールじいさんの空飛ぶ家	42
The Water Horse: Legend of the Deep	ウォーター・ホース	32
Where the Wild Things Are	かいじゅうたちのいるところ	44
Wide Awake	翼のない天使	118
The Wizard of Oz	オズの魔法使	38
Zathura	ザスーラ	72

会　　則

第1章　総則

第1条　本学会を映画英語アカデミー学会（The Academy of Movie English、略称TAME）と称する。

第2条　本学会は、映画の持つ教育研究上の多様な可能性に着目し、英語Education と新作映画メディアEntertainment が融合したNew-Edutainment を研究し、様々な啓蒙普及活動を展開するなどして、我が国の英語学習と教育をより豊かにすることを目的とする。

第3条　本学会は教育界を中心に、映画業界・DVD業界・DVDレンタル業界・IT業界・放送業界・出版業界・雑誌業界、その他各種産業界（法人、団体、個人）出身者が対等平等の立場で参画する産学協同の学会である。

第4条　映画英語アカデミー賞の細則は別に定める。

第5条　本学会の事務局を名古屋市・出版社スクリーンプレイ社に置く。

第2章　事業

第6条　本学会は第2条の目的を達成するため、以下の事業を行なう。
①毎年、新作映画メディアの「映画英語アカデミー賞」を決定する。
②学会誌「映画英語アカデミー賞」を発行する。
③ポスターやチラシ、新聞雑誌広告など、多様な広報活動を行う。
④映画メディア会社の協力を得て、各種映画鑑賞と学習会を開催する。
⑤新作映画メディアの紹介、ワークシート作成およびその閲覧をする。
⑥大会（総会）、講演会および研究会の開催または後援をする。
⑦第2条の目的に添うその他の事業。

第3章　会員

第7条　本学会には会則を承認する英語教師の他、誰でも入会できる。

第8条　会員は会費を納めなければならない。既納の会費及び諸経費はいかなる理由があっても返還しない。

第9条　会員は一般会員、賛助会員および名誉会員とする。
①会員は本学会の会則を承認する個人とする。会員は学会誌を無料で受け取ることができる。ただし、その年度の会費納入が確認された会員に限る。
②賛助会員は本学会の会則を承認する企業等とし、1名の代表者を登録し、1名分の会員と同等の資格を有するものとする。
③名誉会員は本学会の活動に特別に寄与した個人とし、理事会の推薦に基づき、会長が任命する。

第10条　会費は年額（税抜）で会員3,000円、賛助会員20,000円、名誉会員は免除とする。

第11条　会員登録は所定の方法により入会を申し込んだ個人または企業等とする。

第12条　会員資格の発生は本学会の本部または支部がこれを受理した日とする。

第13条　会員資格の消滅は以下の通りとする。
①会員・賛助会員・名誉会員は本人（または代表者）により退会の意思が通達され、本学会の本部または支部がこれを受理した日とする。
②新入会員は、会員資格発生日より2ヶ月以内に初年度会費納入が確認されなかった場合、入会取り消しとする。
③会費の未納入が2年目年度に入った日に除籍とする。除籍会員の再入会は過去未納会費全額を納入しなければならない。

第14条　本学会の会則に著しく違反する行為があった時は、理事会の3分の2以上の同意をもって当会員を除名することができる。

第15条　学会誌を書店等購入で（または登録コード紹介で）、映画英語アカデミー賞の趣旨に賛同され、所定の期間と方法で応募し、事務局審査の上、登録した個人を「臨時会員」とし、次回一回限りの投票権が与えられる。

第4章　役員

第16条　本学会は以下の役員を置く。
①会長1名
②副会長若干名
③専務理事必要人数
④理事支部総数
⑤顧問若干名
⑥会計監査2名

第17条　各役員の役割は以下の通りとする。
①会長は本学会を代表し、業務を総理する。
②副会長は会長を補佐し、会長に事故ある時はその職務を代行する。
③専務理事は小学校・中学校・高等学校・大学の各部会、選考委員会、大会、映画英語フェスティバル、学会誌、事務局、各種業界出身者で構成し、それらの重要活動分野に関する業務を役割分担総括する。
④事務局担当専務理事（事務局長）は本学会の事務を統括し、学会事業の円滑な執行に寄与する。
⑤理事は理事会を構成し、各地方の実情・意見を反映しながら、本学会の全国的活動に関する事項を協議する。
⑥顧問は本学会の活動に関する著作権上または専門的諸課題について助言する。
⑦会計監査は学会の決算を監査する。

第18条　各役員の選出方法ならびに任期は以下の通りとする。
①会長は理事会の合議によって決定され、総会で承認する。
②副会長は専務理事の中から理事会で互選され、総会で承認する。

③専務理事は本学会に1年以上在籍している者より、理事会が推薦し、総会によって承認された会員とする。
④理事は原則として都道府県支部長とし、支部の決定の後、理事会に報告・承認により、自動的に交代する。
⑤顧問は本学会の活動に賛同する会社（団体）または個人の中から、理事会が推薦し、総会によって承認された担当者（個人）とする。
⑥会計監査は理事以外の会員の中より会長がこれを委嘱する。
⑦役員の任期は、承認を受けた総会から翌々年度の総会までの2年間、1期とする。ただし、会長の任期は最大連続2期とする。他の役員の再任は妨げない。
⑧役員に心身の故障、選任事情の変更、その他止むを得ない事情の生じた時、会長は理事会の同意を得てこれを解任できる。

第5章　理事会

第19条　①理事会は会長、（副会長）、専務理事、理事、（顧問、名誉会員）にて構成する。
②理事会は会長が必要と認めた時、あるいは、理事会構成員の4分の1以上からの請求があった時に、会長がこれを召集する。
③理事会は原則としてメール理事会とし、出席理事会を1年に1回以上開催する。出席理事会は委任状を含む構成員の2分の1以上が出席しなければ議決することができない。
④理事会の議長は事務局長がその任に当たり、事務局長欠席の場合は副会長とする。
⑤理事会の議決は、メール理事会は賛否返信の構成員、出席理事会は出席構成員の過半数で決し、可否同数の時は会長の決するところによる。
⑥顧問ならびに名誉会員は理事会に出席し助言することができ、出席の場合に限り（委任状は無効）構成員の一員となり、議決権を有する。

第6章　委員会

第20条　本学会は映画英語アカデミー賞選考委員会を常設する。委員会の詳細は細則に定める。
第21条　本学会は理事会の下にその他の委員会を臨時に置くことがあり、委員会の詳細は理事会の議決によって定める。

第7章　大会

第22条　①定例大会は原則として1年に1回、会長が召集する。
②理事会の要請により、会長は臨時大会を開催することができる。
第23条　大会は（会員）総会、映画英語アカデミー賞の発表、映画鑑賞、研究発表および会員の交流の場とする。研究発表者は理事会より依頼された会員・非会員、あるいは理事会に事前に通告、承認された会員とする。
第24条　総会に付議すべき事項は、以下の通りとする。

①活動報告と活動計画の承認②会計報告と予算案の承認
③役員人事の承認④会則（細則）改正の承認
⑤その他
第25条　総会の議決は出席会員の過半数で決し、可否同数の時は議長の決するところによる。

第8章　会計

第26条　事務局長は会計および事務局員を任命し、理事会の承認を得る。
第27条　本学会の経費は会員の会費、学会誌出版による著作権使用料収入、講演会等の収入及び寄付の内から支弁する。
第28条　学会業務に要した経費は、理事会が認めた範囲で支払われる。
第29条　本学会の会計年度は毎年3月1日に始まり、翌年2月末日に終わる。
第30条　会計は年度決算書を作成し、会計監査の後、理事会に提出し、その承認を得なければならない。

第9章　支部

第31条　本学会は理事会の承認の下、都道府県別に支部を設けることができる。その結成と運営方法については別に定める。
第32条　支部は必要に応じて支部の委員会を設けることができる。
第33条　理事会は本学会の趣旨・目的、あるいは会則に著しく反する支部活動があったときは、理事会の3分の2以上の同意をもって支部の承認を取り消すことができる。

第10章　会則の変更及び解散

第34条　本会則を変更しようとする時は構成員の3分の2以上が出席した理事会において、その過半数の同意を得た後、総会で承認されなければならない。
第35条　本学会を解散しようとする場合は構成員の3分の2以上が出席した理事会において、その全員の同意を得た後、総会で承認されなければならない。

第11章　責任の範囲

第36条　本学会は学会の公認・後援、及び依頼のもとに行われた行為であっても、その結果起こった損失に対してはいかなる責任も問われない。また、会員は学会に補償を請求することができない。

第12章　付則

第37条　本学会は第1回映画英語アカデミー賞が映画英語教育学会中部支部によって開始され、本学会の基礎となったことに鑑み、同学会中部支部会員（本学会の結成日時点）は、本人の入会申込があれば、本学会結成日より満2年間、本学会会員としての資格が与えられるものとする。会費の納入は免除とする。ただし、学会誌の受け取りは有料とする。
第38条　書籍「第1回映画英語アカデミー賞」に執筆者として協力されたその他の地方の著者も前条同様とする。
第39条　本会則は2014年（平成26年）3月1日に改定し、即日施行する。

運営細則

第1章　総　則

第1条　本賞を映画英語アカデミー賞（The Movie English Academy Award）と称する。

第2条　本賞は、米国の映画芸術科学アカデミー（Academy of Motion Picture Arts and Sciences、AMPAS）が行う映画の完成度を讃える"映画賞"と異なり、外国語として英語を学ぶ我が国小・中・高・大学生を対象にした、教材的価値を評価し、特選する"映画賞"である。

第3条　本賞を映画の単なる人気投票にはしない。特選とは文部科学省「新学習指導要領」の学校種類別外国語関係を参考とした教育的な基準で選出されるべきものとする。

第2章　対象映画の範囲

第4条　本賞は前年1月1日から12月31日までに、我が国で発売開始された英語音声を持つ、新作映画メディアを対象とする。

第5条　新作とは映画メディア発売開始前の少なくとも1年以内に、我が国で初めて映画館で上映が行われた映画とする。

第6条　映画とは映画館で上映されるために製作された動画作品のことであり、テレビで放映されるために作成されたテレビ映画その他を含まない。

第7条　メディアとは学習教材として一般利用できる、原則的にDVDを中心とするブルーレイ、3Dなど、同一映画の電子記録媒体の総体である。

第8条　日本映画のメディアで英語音声が記録されている場合は対象に含む。

第3章　選考委員会

第9条　選考委員会は会長、副会長、ノミネート部会長によって構成する。

第10条　選考委員会の議長は選考委員会担当専務理事がその任にあたる。

第11条　選考委員会に付議すべき事項は以下とする。
①ノミネート映画の決定
②投票方法と集計方法の詳細
③投票結果の承認
④特別賞の審議と決定
⑤その他本賞選考に関わる事項

第12条　選考委員会の決定は多数決による。同数の場合は会長が決する。

第4章　ノミネート部会

第13条　選考委員会の下に小学生・中学生・高校生・大学生部会を編成する。

第14条　各部会の部会長は専務理事である。

第15条　各部会の部員は会員の中から自薦・他薦とし、部会長が推薦し、選考委員会が決定する。

第16条　部会の決定は、所定の方法により、各部員の最大3作までのノミネート推薦を受けての多数決による。同数の場合は部会長が決する。

第5章　候補映画の選抜と表示

第17条　本賞の候補映画は、DVD発売開始直後、まず事務局で選抜される。

第18条　選抜は学習かつ教育教材としてふさわしいと評価できるものに限る。

第19条　選抜DVDは、学会ホームページで表示する。

第20条　表示後、会員は選抜に漏れた映画DVDを、事務局に追加提案できる。

第6章　ノミネート映画

第21条　選考委員会は毎年1月上旬に、ノミネート映画を審査、決定する。

第22条　選考委員会の審査は以下の方法による。
①各部会から3作以上の映画タイトルの提案を受ける。
②同一映画が重複した場合はいずれかの部会に審査、調整、補充する。
③各部会の最終ノミネートは原則として3作とする。
④選考委員会は部会からのノミネート提案映画を過半数の評決をもって否決することができる。
⑤また、過半数の賛成をもって追加することができる。

第7章　会員投票

第23条　投票は本学会会員による。

第24条　投票の対象は選考委員会によって決定されたノミネート映画のみとする。

第25条　投票期間は毎年、1月下旬から2月末日までとする。

第26条　投票の集計作業は原則として毎年3月1日、非公開かつ選考委員会立ち会いで、事務局長責任の下、事務局により厳正に行う。

第27条　投票結果は各部とも1票でも多い映画をもって確定、同数の場合は部会長が決し、選考委員会の承認を受ける。

第28条　投票総数ならびに得票数はこれを公開しない。

第29条　投票方法と集計方法の詳細は選考委員会によって定める。

第8章　発表

第30条　本賞は毎年3月初旬、受賞映画を発表する。

第31条　発表は適切な日時、場所、手段と方法による。

第32条　受賞の対象者は、原則として発表時点に、我が国でその映画メディアを発売している会社とする。

第9章　学会誌「映画英語アカデミー賞」

第33条　学会誌の、学会内での発行責任者は会長である。

第34条　学会誌の、学会内での編集責任者は学会誌担当専務理事である。

第35条　ただし、書店販売書籍としての、学会外での発行者は出版会社の代表者であり、「監修映画英語アカデミー学会」と表示する。

第36条　総合評価表（B5サイズ、見開き2ページ編集）
①学会HPで映画DVDが表示されたら、原則、その後2ヶ月を期限として総合評価表原稿を募集する。
②原稿は所定の見開き2ページ書式パソコンデータ原稿に限る。
③応募は本年度会費を納入したことが確認された会員に限る。
④応募期限終了後、学会誌担当専務理事は一定の基準により、その映画の担当部会を決し、その部会長に採用原稿の決定を諮問する。
⑤総合評価表の具体的項目と編集レイアウトは学会誌担当専務理事が出版会社と協議の上、適時、変更することができる。

第37条　部会別査読委員
①部会長は、部会内に若干名にて査読委員会を編成する。
②査読委員会は学会誌担当専務理事から諮問のあった原稿を精査する。
③部会長は査読委員会の報告に従って、採用原稿を決定する。
④部会長は採用に至らなかった原稿には意見を付して会員に返却する。

第38条　詳細原稿（B5サイズ、約30頁）
①部門別アカデミー賞映画が決定されたら、学会誌担当専務理事は原則、総合評価表原稿を執筆した会員に詳細原稿を依頼する。
②詳細原稿は所定のページ書式エクセル原稿に限る。
③詳細原稿には、著作権法に適法したワークシート数種含むものとする。
④万一、同人に依頼を承諾できない事情がある場合、学会誌担当専務理事はその部会長に適切な執筆者選出を諮問し、依頼する。
⑤学会誌担当専務理事が執筆を他の会員に依頼した方がよいと判断する場合、総合評価表執筆者に事前通知後、実行することができる。
⑥詳細原稿の具体的項目と編集レイアウトは学会誌担当専務理事が出版会社と協議の上、適時、変更することができる。

第39条　学会誌担当専務理事はその他、出版社との連携を密にして適切に学会誌を編集する。

第10章　著作権

第40条　学会誌「映画英語アカデミー賞」に掲載されたすべての原稿の著作権は学会に帰属する。

第41条　ただし、原稿提出者が執筆実績として他の出版物等に掲載を希望する場合は書類による事前の申し出により、許可されるものとする。

第42条　学会はスクリーンプレイ社と契約し、学会誌の出版を同社に委託する。

第43条　前条に基づく、著作権使用料は全額を学会会計に計上する。

第44条　掲載の原稿執筆会員には、学会誌当該号につき、アカデミー賞担当会員には１０部を、総合評価表担当会員には３部を無料で報償する。

第45条　理事会はすべての原稿につき、PDF化して学会ホームページに掲載したり、データベース化して同一覧表掲載したり、そのほか様々に広報・啓蒙活動に使用することがある。

第11章　細則の変更

第46条　本細則の変更は理事会構成員の３分の２以上が出席した理事会において、その過半数の同意を得て仮決定・実施されるが、その後１年以内に総会に報告、承認されなければならない。

第12章　付則

第47条　本細則は、2014年（平成26年）3月1日に改定し、即日施行する。

支部会則

第1条　支部は映画英語アカデミー学会○○都道府県支部（○○ branch, The Academy of Movie English）と称する。

第2条　支部は毎年アカデミー賞受賞映画の鑑賞・学習会を主催するなど、本学会の事業をその地域的の実情に即してさまざまに創意・工夫して発案し、実行することを目的とする。

第3条　支部の事務局は原則として支部長または支部事務局長が勤務する職場におく。

第4条　本学会の会員は入会時に、原則として居住または主な勤務先が所在するどちらかの支部（支部なき場合は登録のみ）を選択する。その後は、居住または勤務が変更されない限り移動することはできない。居住または勤務地に変更があった時に一回限り移動することができる。

第5条　会員は所属支部以外のいずれの支部事業にも参加することができるが、所属支部（都道府県）以外の支部役員に就任することはできない。

第6条　支部に次の役員を置く。
　①支部長1名
　②副支部長若干名
　③支部委員若干名
　④事務局長1名
　⑤会計監査2名

第7条　各役員の役割は以下のとおりとする。
　①支部長は支部委員会を招集し、これを主宰する。
　②副支部長は支部長を補佐し、必要に応じて支部長を代理する。
　③支部委員は支部の事業を協議、決定、実行する。
　④事務局長は事務局を設置し、支部活動を執行する。
　⑤支部長、副支部長、支部委員、事務局長は支部委員会を構成し、委任状を含む過半数の出席にて成立、多数決により議決する。

第8条　各役員の選出方法ならびに任期は以下のとおりとする。
　①支部長は支部委員会の合議によって決定される。
　②副支部長・事務局長は支部委員会の互選による。
　③支部委員は支部会員の中から支部委員会が推薦し、支部総会において承認する。
　④会計監査は支部委員以外の支部会員の中より支部長がこれを委嘱する。
　⑤役員の任期は承認を受けた総会から翌々年度の総会までの2年間、1期とする。ただし、支部長の任期は最大連続2期とする。他の役員の再任は妨げない。
　⑥役員に事故ある時は、残任期を対象に、後任人事を支部委員会にて決定することができる。

第9条　支部長は毎年1回支部大会を招集する。また支部委員会の要請により臨時支部大会を招集することがある。

第10条　支部結成の手順と方法は以下の通りとする。
　①支部は都道府県単位とする。
　②同一都道府県に所属する会員5名以上の発議があること。
　③理事会に提案し、承認を得ること。
　④発議者連名で所属内の全会員に支部設立大会の開催要項が案内されること。
　⑤支部結成大会開催日時点で所属会員の内、委任状を含む過半数の出席があること。
　⑥支部結成大会には、上記の確認のために、理事会からの代表者が出席すること。
　⑦支部結成後はその都道府県内の全会員が支部に所属するものとする。

第11条　事務局長または支部長は会員個人情報管理規定（内規）にしたがって支部会員個人情報を責任管理する。

第12条　事務局長は会計および事務局員を任命し、支部委員会の承認を得る。

第13条　支部の経費は理事会から配分された支部活動費およびその他の事業収入、寄付金、助成金などをもってこれにあてる。

第14条　支部委員会は、毎年度末＝2月末日時点での会費払い込み済み支部所属会員数×1,000円の合計額を支部活動費として理事会から受け取ることができる。

第15条　会計は会計監査の後、毎年1回支部（会員）総会において会計報告、承認を受け、また理事会に報告しなければならない。

第16条　本支部会則の変更は理事会の提案により、全国総会の承認を受けるものとする。

第17条　本支部会則は平成26年3月1日に改定し、即日施行する。

発起人

平成25年3月16日結成総会現在153名。都道府県別、名前（五十音順。敬称略）。主な勤務先は登録時点で常勤・非常勤、職位は表示されません。また会社名の場合、必ずしも会社を代表しているものではありません。

都道府県	名前	主な勤務先	都道府県	名前	主な勤務先	都道府県	名前	主な勤務先
北海道	穐元 民樹	北海道釧路明輝高等学校	福井県	原口 治	国立福井高等専門学校	〃	的馬 淳子	金城学院大学
〃	池田 恭子	札幌市立あいの里東中学校	山梨県	堤 和子	目白大学	〃	武藤美代子	愛知県立大学
〃	小林 敏彦	小樽商科大学	岐阜県	匿 名	個人	〃	諸江 哲男	愛知産業大学
〃	道西 智拓	札幌大谷高等学校	〃	網野千代美	中部学院大学	〃	山崎 僚子	中京大学
福島県	高橋 充美	個人	〃	伊藤明希良	岐阜聖徳学園大学大学院生	〃	山森 孝彦	愛知医科大学
栃木県	田野 伃行	株式会社エキスパートギグ	〃	今尾さとみ	個人	三重県	林 雅則	三重県立木本高等学校
埼玉県	設楽 優子	十文字学園女子大学	〃	今川奈津子	富田高等学校	滋賀県	大橋 洋平	個人
〃	チェンバレン暁子	聖学院大学	〃	岩佐佳菜恵	個人	〃	野村 邦彦	個人
〃	中林 正身	相模女子大学	〃	大石 晴美	岐阜聖徳学園大学	〃	八里 葵	個人
〃	村川 享一	ムラカワコンサルティング	〃	大竹 和行	大竹歯科医院	〃	山口 治	神戸親和女子大学名誉教授
千葉県	内山 和宏	柏日体高等学校	〃	岡本 照雄		〃	山田 優奈	個人
〃	大庭 香江	千葉大学	〃	小野田裕子	個人	京都府	小林 龍一	京都市立日吉ヶ丘高等学校
〃	岡島 勇太	専修大学	〃	加納 隆	個人	〃	中澤 大貴	個人
〃	高橋 本恵	文京学院大学	〃	北村 淳江	個人	〃	藤本 幸治	京都外国語大学
〃	益戸 理佳	千葉工業大学	〃	小石 雅秀	個人	〃	三島ヲヰキ	ものづくりキッズ基金
〃	宮津多美子	順天堂大学	〃	小山 大三	牧師	〃	横山 仁視	京都女子大学
〃	大和 恵美	千葉工業大学	〃	近藤 滿	個人	大阪府	植田 一三	アクエアリーズスクールオブコミュニケーション
東京都	石垣 弥麻	法政大学	〃	白井 雅子	個人	〃	小宅 智之	個人
〃	今村 隆介	個人	〃	千石 正和	個人	〃	太尾田真志	個人
〃	大谷 一彦	個人	〃	武山 箏子	個人	〃	堅山 隼太	俳優
〃	小関 吉直	保善高等学校	〃	東島ひとみ	東島獣医科	兵庫県	金澤 直志	奈良工業高等専門学校
〃	清水 直樹	エイベックス・マーケティング	〃	戸田 操子	くわなや文具店	〃	行村 徹	株式会社ワオ・コーポレーション
〃	杉本 孝子	中央大学	〃	中村 亜也	個人	香川県	日山 貴浩	尽誠学園高等学校
〃	杉本 豊久	成城大学	〃	中村 充	岐阜聖徳学園高等学校	福岡県	秋好 礼子	福岡大学
〃	平 純三	キヤノン株式会社	〃	長尾 美武	岐阜聖徳学園大学付属中学校	〃	Asher Grethel	英語講師
〃	堤 龍一郎	目白大学	〃	橋爪加代子	個人	〃	一月 正充	福岡歯科大学
〃	中垣恒太郎	大東文化大学	〃	古田 雪子	名城大学	〃	岡崎 修平	個人
〃	中村 真理	相模女子大学	〃	寶壺 貴之	岐阜聖徳学園大学短期大学部	〃	小林 明子	九州産業大学
〃	仁木 勝治	立正大学	〃	宝壺 直親	岐阜県立各務原西高等学校	〃	篠原 一英	福岡県立福島高等学校
〃	Bourke Gary	相模女子大学	〃	宝壺美栄子	生涯学習英語講師	〃	高瀬 春歌	福岡市立福岡女子高等学校
〃	道西 隆侑	JACリクルートメント	〃	吉田 譲	吉田胃腸科医院	〃	高瀬 文広	福岡学園福岡医療短期大学
〃	三井 敏朗	相模女子大学	〃	鷲野 嘉映	岐阜聖徳学園大学短期大学部	〃	鶴間知嘉香	福岡常葉高等学校
〃	三井 美穂	拓殖大学	〃	渡辺 康幸	岐阜県立多治見高等学校	〃	鶴間里美香	楽天カード株式会社
〃	吉田 豊	株式会社M.M.C.	静岡県	上久保 真	フリーランス	〃	中島 千春	福岡女学院大学
神奈川県	安部 佳子	東京女子大学	愛知県	石川 淳子	愛知教育大学	〃	中村 茂徳	西南女学院大学
〃	今福 一郎	横浜労災病院	〃	伊藤 保憲	東邦高等学校	〃	新山 美紀	久留米大学
〃	上原寿子	神奈川大学	〃	井土 康仁	藤田保健衛生大学	〃	Nikolai Nikandrov	福岡学園福岡医療短期大学
〃	上條美和子	相模女子大学	〃	井上 雅紀	愛知淑徳中学校・高等学校	〃	Haynes David	福岡学園福岡医療短期大学
〃	大月 敦子	相模女子大学	〃	梅川 理絵	南山国際高等学校	〃	福田 浩子	福岡大学医学部医学科循環器総合外科学講座
〃	鈴木 信隆	個人	〃	梅村 真平	梅村パソコン塾	〃	藤山 和久	九州大学大学院博士後期課程
〃	曽根田憲三	相模女子大学	〃	大達 誉華	名城大学	〃	三谷 泰	有限会社エス・エイチ・シー
〃	曽根田純子	青山学院大学	〃	久米 和代	名古屋大学	〃	八尋 春海	西南女学院大学
〃	羽井佐昭彦	相模女子大学	〃	黒澤 純子	愛知淑徳大学	〃	八尋真由実	西南女学院大学
〃	三浦 理高	株式会社キネマ旬報社	〃	小島 由美	岡崎城西高等学校	長崎県	山崎 祐一	長崎県立大学
〃	宮本 節子	相模女子大学	〃	子安 惠子	金城学院大学	熊本県	進藤 三雄	熊本県立大学
〃	八木橋美紀子	横浜清風高等学校	〃	柴田 真季	金城学院大学	〃	平野 順也	熊本大学
新潟県	近藤 亮太	個人	〃	杉浦恵美子	愛知県立大学	大分県	清水 孝子	日本文理大学
富山県	岩本 昌明	富山県立富山視覚総合支援学校	〃	鈴木 雅夫	スクリーンプレイ	宮崎県	南部みゆき	宮崎大学
石川県	須田久美子	北陸大学	〃	濵 ひかり	愛知大学	〃	松尾祐美子	宮崎公立大学
〃	安田 優	北陸大学	〃	松浦由美子	名城大学	鹿児島県	吉村 圭	鹿児島女子短期大学
福井県	長岡 亜生	福井県立大学	〃	松葉 明	名古屋市立平針中学校	海外	Alan Volker Craig	言語学者

219

理事会

- 映画英語アカデミー学会は、2013年3月16日結成大会にて、初代理事会が承認されました。
- なお、今後しばらくの間、、専務理事と理事は、事務局長に任命権を一任されましたので、随時、追加があります。

理事会（2013年3月16日総会承認、以下追加、3.28、4.9、4.10、4.15、4.17、6.17、6.24、11.27、1.25、1.30、3.7、4.24）

役職	担当（出身）	氏名	主な勤務先
顧問	レンタル業界	世良與志雄	CDV-JAPAN 理事長（フタバ図書社長）
〃	映画字幕翻訳家	戸田奈津子	相模女子大学客員教授
〃	弁護士	矢部 耕三	弁護士事務所
会長	学会代表	曽根田憲三	相模女子大学
副会長	映画上映会	吉田 豊	株式会社ムービーマネジメントカンパニー
〃	選考委員会	寶壺 貴之	岐阜聖徳学園大学短期大学部
〃	出版業界	鈴木 雅夫	スクリーンプレイ
専務理事	大会	宮本 節子	相模女子大学
〃	学会誌	内山 芳博	スクリーンプレイ
〃	フェスティバル	高瀬 文広	福岡医療短期大学
〃	ハード業界	平 純三	キヤノン株式会社
〃	レンタル業界	清水 直樹	株式会社ゲオ
〃	雑誌業界	三浦 理高	株式会社キネマ旬報社
〃	アニメ業界	鈴木 信隆	アニメ系有力企業
〃	IT業界	田野 存行	株式会社エキスパートギグ
〃	小学部会	子安 惠子	金城学院大学
〃	中学部会	松葉 明	名古屋市立（東区）あずま中学校
〃	高校部会	井上 雅紀	愛知淑徳中学校・高等学校
〃	大学部会	安田 優	北陸大学
〃	事務局長	鈴木 誠	スクリーンプレイ
理事	宮城県	Phelan Timothy	宮城大学
〃	埼玉県	設楽 優子	十文字学園女子大学
〃	千葉県	宮津多美子	順天堂大学
〃	東京都	中垣恒太郎	大東文化大学
〃	神奈川県	宮本 節子	相模女子大学
〃	山梨県	堤 和子	目白大学
〃	富山県	岩本 昌明	富山県立富山視覚総合支援学校
〃	石川県	安田 優	北陸大学
〃	福井県	長岡 亜生	福井県立大学
〃	静岡県	松家由美子	静岡大学
〃	岐阜県	寶壺 貴之	岐阜聖徳学園大学短期大学部
〃	愛知県	久米 和代	名古屋大学
〃	三重県	林 雅則	三重県立木本高等学校
〃	滋賀県	Walter Klinger	滋賀県立大学
〃	京都府	小林 龍一	京都市立日吉ヶ丘高等学校
〃	大阪府	植田 一三	Aquaries School
〃	奈良県	石崎 一樹	奈良大学
〃	兵庫県	金澤 直志	奈良工業高等専門学校
〃	香川県	日山 貴浩	尽誠学園高等学校
〃	福岡県	八尋 春海	西南女学院大学
〃	大分県	清水 孝子	日本文理大学
〃	長崎県	山崎 祐一	長崎県立大学
〃	宮崎県	松尾祐美子	宮崎公立大学
〃	熊本県	進藤 三雄	熊本県立大学
〃	鹿児島県	吉村 圭	鹿児島女子短期大学
会計		梅田 麻実	スクリーンプレイ
会計監査		長田 美保	愛知インターナショナルスクール
〃		河合 敦仁	スクリーンプレイ

ノミネート委員会

ノミネート部会

■小学生部（14名、平成25年10月15日現在）

東京都	土屋佳雅里	ABC Jamboree	
愛知県	石川　淳子	愛知教育大学	
〃	大達　誉華	名城大学	
〃	久米　和代	名古屋大学	
〃	黒澤　純子	愛知淑徳大学	
〃	子安　惠子	金城学院大学	
〃	柴田　真季	金城学院大学	
〃	白木　玲子	金城学院大学	
〃	杉浦　稚子	安城市立作野小学校	
〃	松浦由美子	名城大学	
〃	的馬　淳子	金城学院大学	
〃	矢後　智子	名古屋外国語大学	
奈良県	山崎　僚子	ロンドン大学大学院院生	
宮崎県	松尾麻衣子	（有）ARTS OF LIFE	

■中学生部（7名、平成25年10月23日現在）

北海道	池田　恭子	札幌市立あいの里東中学校	
千葉県	高橋　本恵	文京学院大学	
神奈川県	小池　幸子	鎌倉市立第一中学校	
〃	福重　茜	個人	
愛知県	大山志津江	蒲郡市立形原中学校	
〃	松葉　明	名古屋市立（東区）あずま中学校	
大阪府	能勢　英明	大阪市立本庄中学校	

■高校生部（16名、平成25年11月5日現在）

茨城県	多尾奈央子	筑波大学附属駒場中・高等学校	
千葉県	松河　舞	日本大学習志野高等学校	
神奈川県	伊藤すみ江	個人（元川崎市立総合科学高校）	
〃	塩飽佳穂里	岩谷学園	
〃	清水　悦子	神奈川県立百合丘高等学校	
〃	山田早百合	横浜市立横浜商業高校	
埼玉県	橋本　恭	中央大学横浜山手中学校・高等学校	
愛知県	井上　雅紀	愛知淑徳中学校・高等学校	
〃	岡本　洋美	東邦高等学校	
〃	濱　ひかり	岡崎城西高等学校	
三重県	林　雅則	三重県立木本高等学校	
京都府	三島ナヲキ	ものづくりキッズ基金	
大阪府	上田　敏子	大阪女学院高校	
奈良県	伊東　侑泰	東大阪大学敬愛高等学校	
富山県	岩本　昌明	富山県立富山視覚総合支援学校	
福岡県	篠原　一英	福岡県立福島高等学校	

■大学生部（47名、平成26年2月14日現在）

北海道	小林　敏彦	小樽商科大学	
埼玉県	設楽　優子	十文字学園女子大学	
〃	チェンバレン暁子	聖学院大学	
千葉県	大庭　香江	千葉大学	
〃	岡島　勇太	専修大学	
〃	宮津多美子	順天堂大学	
〃	森田　健	貝渕クリニック	
東京都	石垣　弥麻	法政大学	
〃	今村　隆介	個人	
〃	久米翔二郎	個人	
〃	杉本　孝子	中央大学	
〃	杉本　豊久	成城大学	
〃	堤　龍一郎	目白大学	
〃	中村　真理	相模女子大学	
〃	Bourke Gary	相模女子大学	
〃	三井　敏朗	相模女子大学	
〃	三井　美穂	拓殖大学	
神奈川県	上原寿和子	神奈川大学	
〃	大月　敦子	相模女子大学	
〃	曽根田憲三	相模女子大学	
〃	水野　資子	相模女子大学	
〃	宮本　節子	相模女子大学	
山梨県	堤　和子	目白大学	
静岡県	鎌塚　優子	静岡大学	
愛知県	井土　康仁	藤田保健衛生大学	
〃	小林憲一郎	南山大学	
〃	杉浦恵美子	愛知県立大学	
〃	諸江　哲男	愛知産業大学	
岐阜県	古田　雪子	名城大学	
〃	寶壺　貴之	岐阜聖徳学園大学短期大学部	
石川県	安田　優	北陸大学	
滋賀県	Walter Klinger	滋賀県立大学	
京都府	藤本　幸治	京都外国語大学	
〃	横山　仁視	京都女子大学	
大阪府	植田　一三	Aquaries-School of Communication	
〃	朴　真理子	立命館大学	
奈良県	石崎　一樹	奈良大学	
兵庫県	金澤　直志	奈良工業高等専門学校	
〃	行村　徹	株式会社ワオ・コーポレーション	
福井県	長岡　亜生	福井県立大学	
〃	原口　治	国立福井高専	
福岡県	秋好　礼子	福岡大学	
〃	小林　明子	九州産業大学	
〃	高瀬　文広	福岡学園福岡医療短期大学	
〃	八尋　春海	西南女学院大学	
宮崎県	松尾祐美子	宮崎公立大学	
熊本県	平野　順也	熊本大学	

リスニングシート作成委員会

委員長		鈴木　雅夫	（副会長）
委員		Mark Hill	（スクリーンプレイ）
〃		Bourke Gary	（相模女子大学）
〃		Walter Klinger	（滋賀県立大学）
〃	中学担当	小池　幸子	（鎌倉市立第一中学校）
〃	中学担当	水野　資子	（相模女子大学）
委員	高校担当	岩本　昌明	（富山県立富山視覚総合支援学校）
〃	高校担当	松河　舞	（日本大学習志野高等学校）
〃	大学担当	大庭　香江	（千葉大学）
〃	大学担当	松尾祐美子	（宮崎公立大学）
〃	上級担当	石崎　一樹	（奈良大学）
〃		映画英語アカデミー学会会員有志	
協力		スクリーンプレイ編集部	

■ 映画英語アカデミー学会に入会希望の方はこの用紙を使用してFAXまたは郵送にてご連絡ください。
For those who wish to join The Academy of Movie English (TAME), please complete this form and send by FAX or post.

Tel: 052-789-0975　　Fax: 052-789-0970　　E-mail：**office@academyme.org**

送付先は、〒464-0025 名古屋市千種区桜ヶ丘292 スクリーンプレイ内 TAME 事務局
Please send applications to : 〒464-0025 TAME Office, Screenplay Dept., Sakuragaoka 292, Chikusa, Nagoya.

■ 学会ホームページに接続されると、メールで申し込みができます。　http://www.academyme.org/index.html
Applications can also be made via the TAME website or by e-mail.

映画英語アカデミー学会入会申し込み用紙
Application to join The Academy of Movie English (TAME)

氏　名 Name	フリガナ姓		フリガナ名	
	姓 Family name		名 Given name	

E-mail	

自　宅 Home	住　所 Address	〒　　　－
	電　話 Phone number	－　　　－　　　　FAX FAX number　　　－　　　－

職　場 Work 学　校 Academic	名　前 Company or Academic Institute	
	所　属	
	住　所 Address	〒　　　－
	電　話 Phone number	－　　　－　　　　FAX FAX number　　　－　　　－

所属支部 Preferred branch	□ 自宅地域 Home Area	□ 職場地域 Work/Academic Institute Area
郵便物送付 Preferred mailing address	□ 自宅優先 Home	□ 職場優先 Work/Academic Institute
部　会 Group ／ 委　員 Membership	次のノミネート部会委員を引き受ける用意がある。 I would like to participate as a member of the following group. □ 小学生部会 Elementary group　□ 中学生部会 Junior high school group　□ 高校生部会 High school group　□ 大学生部会 University group	

後日、入会の確認連絡があります。万一、一ヶ月以上経過しても連絡がない場合、ご面倒でも事務局までご連絡ください。
TAME will send confirmation of your application once it has been received. Please contact the office if you do not receive confirmation within one month.

映画英語アカデミー学会

TAME (The Academy of Movie English)

賛 助 会 員 入会申込み用紙

年　　月　　日

映画英語アカデミー学会の会則を承認し、賛助会員の入会を申し込みます。

会社名	社名	(フリガナ)	
	住所	〒	
担当者名	氏名	(フリガナ)	年　月　日生
	部署名		
	電話		FAX

（上記は、書類の送付など、今後の連絡先としても使用しますので正確にご記入下さい）

◇賛助会費について◇

賛助会費	年会費２０,０００円を引き受けます。

この用紙は右記まで、郵送するかFAXにて送付してください。

映画英語アカデミー学会事務局　〒465-0025 名古屋市千種区桜が丘292 スクリーンプレイ内
TEL:(052)789-0975　FAX:(052)789-0970

編 著 者

| 久米　和代 | （名古屋大学） | 子安　惠子 | （金城学院大学） |

著　者

石川　淳子	（愛知教育大学）	白木　玲子	（金城学院大学）
伊與田洋之	（名古屋外国語大学）	高橋　本恵	（文京学院大学）
岩塚さおり	（名古屋外国語大学）	竹野富美子	（名城大学）
大達　誉華	（名城大学）	戸谷　鉱一	（愛知教育大学）
河合　利江	（愛知淑徳大学）	服部　有紀	（愛知淑徳大学）
木下　恭子	（中京大学）	平野　尚美	（金城学院大学）
黒澤　純子	（愛知淑徳大学）	松浦由美子	（名城大学）
坂田智恵子	（個人）	山﨑　僚子	（セント・メアリーズ大学大学院院生）
柴田　真季	（金城学院大学）	矢後　智子	（名古屋学院大学）

敬称略。各五十音順。( )内は発行日時点での主な勤務先です。職位は表示されません。

先生が薦める **英語学習のための特選映画100選**「小学生編」

発　　　行	平成26年(2014年)6月13日　初版第1刷
監　　　修	映画英語アカデミー学会
著　　　者	久米和代、子安惠子、他18名
編 集 者	内山芳博、鈴木誠、塚越日出夫
発 行 者	鈴木雅夫
発 売 元	株式会社フォーイン　スクリーンプレイ事業部
	〒464-0025 名古屋市千種区桜が丘292
	TEL:(052)789-1255　FAX:(052)789-1254
	振替:00860-3-99759
印刷製本	株式会社チューエツ

定価はカバーに表示してあります。
無断で複写、転載することを禁じます。
乱丁、落丁本はお取り替えいたします。
Printed in Japan
ISBN978-4-89407-521-4